SÜDTIROL, EUROPA

BIBLIOGRAFISCHE INFORMATION DER DEUTSCHEN NATIONALBIBLIOTHEK
Die Deutsche Nationalbibliothek verzeichnet diese Publikation in der Deutschen
Nationalbibliografie; detaillierte bibliografische Daten sind im Internet abrufbar:
http://dnb.d-nb.de

September 2010
Alle Rechte vorbehalten
© by Verlagsanstalt Athesia AG, Bozen
und Abteilung Deutsche Kultur der Autonomen Provinz Bozen-Südtirol
Koordination und Redaktion: Martin Sagmeister
Fotos: Martin Pardatscher, mit Ausnahme der Beiträge von Leo Andergassen,
Susanne Waiz und Marion Piffer Damiani
Lektorat: Ursula Stampfer
Design: Athesiaverlag, Marion Prossliner
Layout: Athesiaverlag, Ulrike Teutsch
Druck: Athesiadruck, Bozen

ISBN 978-88-8266-625-5

www.athesiabuch.it
buchverlag@athesia.it

SÜDTIROL, EUROPA

Kulturelle Motive und Reichweiten

Herausgegeben von

AUTONOME PROVINZ BOZEN SÜDTIROL — PROVINCIA AUTONOMA DI BOLZANO ALTO ADIGE

Deutsche Kultur

Koordination und Redaktion
MARTIN SAGMEISTER

Mit Fotos von
MARTIN PARDATSCHER

VERLAGSANSTALT ATHESIA · BOZEN

INHALTSVERZEICHNIS

7 »Südtirol, Europa, eine Ortsangabe«

9 Verbinden, Erinnern – zuhause in Europa

14 **Fremdberührung – Selbstbewahrung**
GESCHICHTE UND LEBEN IM KONTAKT MIT EUROPÄISCHER MOBILITÄT

38 **EMANZE · MARGARETE VON TIROL 1318–1369**

42 **Wie ladinisch ist Ladiniens Sagenwelt?**
AUF DER SUCHE NACH DEM VERLORENEN PARADIES

70 **MANNSBILD · OSWALD VON WOLKENSTEIN 1377–1445**

74 **Buchgeographie Südtirol**
EIN MITTELEUROPÄISCHES PROJEKT: ERSCHLIESSUNG HISTORISCHER BIBLIOTHEKEN

102 **BLICKFÄNGER · MICHAEL PACHER 1435–1498**

106 *Es mag auch chainer chain reichtum han, es mües ain ander mit armuet stan*
TIROLISCHE LITERATUR DES MITTELALTERS UND DER FRÜHNEUZEIT IN IHRER EUROPÄISCHEN DIMENSION

136 **UTOPIST · MICHAEL GAISMAIR 1490–1532**

140 **Südtirols Kunst in der europäischen Richtschnur**
ARGUMENTE EINER WECHSELWIRKUNG

166 **GÖTTERBOTIN · MARIA HUEBER 1653–1705**

170 **Bräuche – Bausteine unserer Identität**
SÜDTIROLER BRAUCHTUM IN ALPENLÄNDISCH-BAYERISCHEN ZUSAMMENHÄNGEN

196 **HELDENDARSTELLER · ANDREAS HOFER 1767–1810**

200 **Entwicklung und Erfindung**
TECHNIKGESCHICHTLICHE ASPEKTE ZU LAND UND LEUTEN IN SÜDTIROL

226 QUERDENKER · JAKOB PHILIPP FALLMERAYER 1790–1861

230 **Vom Transit- zum Genussland**
DIE TOURISMUSGESCHICHTE SÜDTIROLS, HÄPPCHENWEISE DARGEBOTEN ALS EINE GESCHICHTE VOM ESSEN

258 GASTARBEITERIN · EMMA HELLENSTAINER 1817–1904

262 **Momente Südtiroler Musikgeschichte**
VERSUCHE DER ÖFFNUNG GEGENÜBER EUROPÄISCHEN GESELLSCHAFTS- UND GEISTESSTRÖMUNGEN

280 SCHAUSPIELER · LUIS TRENKER 1892–1990

284 **Über die Schwierigkeiten europäisch zu sein**
DER STANDPUNKT- EINE EUROPÄISCHE KULTURZEITSCHRIFT IN SÜDTIROL

308 STERNGUCKER · MAX VALIER 1895–1930

312 **Facetten einer Architekturlandschaft**
VON LOKALEN EIGENHEITEN ZUM EUROPÄISCHEN KONTEXT

332 FEDERFUCHSER · SILVIUS MAGNAGO 1914–2010

336 **Ortsgespräch Europaweit**
ZEITGENÖSSISCHE KUNST ZWISCHEN CHRONIK UND ATELIERBESUCH

368 SOUND MACHINE · GIORGIO MORODER *1940

372 **Südtirol als Kulturmodell eines vereinten Europa**
AUTONOMIE ALS KULTURELLE ERRUNGENSCHAFT

402 Literaturverzeichnis der Personenporträts

403 Über den Autor der Personenporträts | Über den Fotografen
Über den Koordinator der Publikation

»Südtirol, Europa, eine Ortsangabe«

»Entweder entwickelt sich Europa als kulturelles Projekt oder es wird sich auch politisch nicht halten lassen.« Diese Aussage des Schweizer Schriftstellers Adolf Muschg mag im ersten Moment verwundern, bringt aber auf den Punkt, was Europa ausmacht: seine kulturelle Vielfalt.
Europa ist geprägt von verschiedenen Identitäten, von kleinen regionalen Räumen, die ihre Eigenheiten wahren und bewahren. Kultur und Kreativität sind besonders in Krisenzeiten gefragt und entscheiden auch über die wirtschaftliche Entwicklung eines Landes. Die Sorge, Opfer der weltweiten Globalisierung zu werden, hat das Identitätsbewusstsein der Bürgerinnen und Bürger in Europa verstärkt. Aufbauend auf das Erbe einer gemeinsamen Geschichte suchen sie nach Wegen für die Zukunft. Es geht dabei um die eigenständige Positionierung Europas, um die Entwicklung innovativer regionaler Profile und auch um einen grenzüberschreitenden kulturellen Austausch.

Welchen Platz nimmt Südtirol in Europa ein?
Die vorliegende Publikation möchte verschiedene Aspekte beleuchten, die im kulturellen Diskurs eine zunehmende Rolle spielen bzw. verdienen. Im Jahr 2008 standen mit der Abhaltung der Kunstbiennale Manifesta und der Eröffnung des Museion zeitgenössische Kunst und der Diskurs über Kunst im Fokus.
Das Gedenkjahr 2009 war dem Erinnern an die Tiroler Erhebung von 1809 gewidmet, ebenso der Selbstvergewisserung, welche aktuellen Gemeinsamkeiten den Raum des historischen Tirol bestimmen, zusammenhalten und neu beleben. Zudem lud das Motto des Gedenkjahres »Geschichte trifft Zukunft« dazu ein, auch über die Zukunft Südtirols nachzudenken, eine Zukunft, in der wir uns nicht abschotten dürfen, sondern in der wir an der Verwirklichung eines gemeinsamen friedlichen Europa mitwirken wollen.

Die vorliegende Publikation ruft anhand einer Auswahl von Themen ins Bewusstsein, wie sehr unser Land Teil der europäischen Entwicklung und Geschichte ist, und unterstreicht den Beitrag der Südtirolerinnen und Südtiroler zum gemeinsamen Ganzen.

Nach der Lektüre der wissenschaftlichen Beiträge, der Porträts und der Fotoerzählungen mag den Leserinnen und Lesern das Verwobensein mit Europa ein paar Spuren deutlicher und für Köpfe und Herzen tragfähiger sein.

Sabina Kasslatter Mur
LANDESRÄTIN FÜR BILDUNG UND DEUTSCHE KULTUR

Verbinden, Erinnern – zuhause in Europa

Zwar hat das Wachsen und Festigen der EU zur Folge, dass wir Europäer uns veranlasst sehen, vermehrt auch die kulturellen Themen, Stoffe, Wurzeln in den Blick zu nehmen, die als gemeinsame Nenner und Klammern den Kontinent verbinden. Aber Europa ist nicht neu in Europa. Immer wieder hat es im Lauf der Geschichte Entwicklungen gegeben – durch politische Raumbildungen, durch wirtschaftliche Zusammenhänge, durch geistige Strömungen, durch kulturelle Annäherungen –, die Gemeinschaft über den Kontinent hinweg hervorgebracht haben: das Römische Imperium, das Reich Karls des Großen, das Christentum, die Handelverflechtungen der Hanse oder der italienischen Seerepubliken, die Stil prägenden Epochen in der europäischen Architektur und Kunst, der Humanismus und die Aufklärung, die französische Revolution und die Demokratiebildungen in deren langfristigen Folgewirkungen. Die Gleichsetzung von Kultur und Nation war, so besehen, nicht mehr als eine Episode in der europäischen Geschichte.
Insofern bedeutet das Zusammenwachsen in der Europäischen Union nur so etwas wie eine Renaissance Europas – mit zusätzlich dem Mehrwert freilich, dass sich der gemeinsame kulturelle Raum nun auch in einem politischen Rahmen niederschlägt und wieder findet. Dieser Rahmen umfasst mittlerweile den Großteil des Kontinents. Von und in Kufstein oder Ala lassen sich Geschichte und Geschichten erzählen, die zu unserer Heimat gehören, unsere Identität mitgestiftet haben, aber genauso von und in Aachen, Avignon, Santiago de Compostela, Athen, Danzig oder St. Petersburg. Auf irgendeine Weise sind wir auch dort zuhause, und das bleibt nicht nur ein Gedanke, das wird mehr und mehr auch unser Empfinden werden. Wenn wir vor zwanzig Jahren nach Spanien fuhren, war das eine Reise ins Ausland; wenn wir heute dorthin fahren, haben wir schon etwas von dem Gefühl, uns innerhalb eines Binnenraums zu bewegen.
Jeder geografische Ausschnitt ist mit dem Ganzen verbunden, in jedem leuchten, auf unterschiedliche Weise, Bestände und Motive der europäischen Kultur auf. Dies bildet das Leitmotiv des Buches. Jeder Ort der europäischen Landkarte befindet

sich mannigfach im Zusammenhang mit anderen Orten auf dem Kontinent. Durch jeden Ort hindurch führen Achsen, die Orte verbinden und an denen entlang sich Niederschläge von diesen Verbindungen abgelagert haben. Jeder Ort ist, als Splitter eines Hologramms betrachtet, ein Teil, in dem gleichzeitig auch das Ganze sichtbar wird. In jedem Ausschnitt ist Europa erkennbar, nur mit wechselnder Perspektive, Schärfe, Schwerpunktbildung. Das Netz über einer Landschaft, die Achsen und Koordinaten, das Hologramm – das sind Bilder, die als Lektüreschlüssel dienen können.

Fragestellung

Wie sehr uns das Teilsein in Europa in dessen Gesamtzusammenhang verwickelt, wie unmittelbar gesamteuropäische Entwicklungen uns mit betreffen, erfahren wir jeden Tag: wirtschaftliche Verflechtungen, das Auf und Ab der Konjunkturen, der Transit von Nord nach Süd, die Migrationsströme, die neuen Mitbürger/innen, Werteverschiebungen, Meinungstrends. Als Hintergrund dabei bleibt immer auch die Errungenschaft der Südtirol-Autonomie erfahrbar, als Faktor für politische und wirtschaftliche Stabilität, als Faktor freilich auch, der mitunter zum Narzissmus verführt. Die Absicht dieses Buches, wenn es Südtirol in die europäische Gesamtlandkarte hineinstellt, ist nicht zu artikulieren, was an gegenwärtigen und auch zeitgeschichtlichen Entwicklungen uns Zeitgenossen ohnehin tagtäglich begleitet und unser Leben bestimmt. Der Fokus des Buches richtet sich auf den geschichtlich gewordenen Kulturbestand, der unser winziges Land mit Europa verbindet, in unserem Land sichtbar wird oder sich aus dem europäischen Zusammenhang erhellt. An welchen Orten, in welchen Zeugnissen leuchtet solcher Kulturbestand auf, was hat uns geprägt? Aber auch, umgekehrt: Womit, mit welchen Leistungen hat Südtirol beigetragen zum Fundus des europäischen Kulturbestands? Mit einem Wort: Die kulturellen Orte und Motive, von denen hier die Rede ist, haben Reichweiten, die sich weit über den Kontinent verzweigen.

Aufbau

Drei Stränge gliedern die Publikation: vertiefende Betrachtungen innerhalb einer Reihe von Fachgebieten (Themenbeiträge), Nachspüren der Lebensgeschichten von Personen (Porträts) sowie künstlerisch-bildhaftes Aufgreifen der Themen (Fotostrecke).

Themenbeiträge: In dreizehn Beiträgen gehen Wissenschaftler/innen bzw. Fachpersonen den Wechselwirkungen von Kulturen in verschiedensten Themenbereichen nach: Kunstgeschichte, Brauchtum, Tourismusgeschichte, Architektur usw. – die Palette ist breit gehalten. Vollständig zu sein, ist weder der Anspruch noch möglich. Die Autorinnen und Autoren zeigen vielmehr, mal mit einem umfassenden Blick, mal mit dem Fokus auf einem bestimmten Teilaspekt oder anhand eines Beispieles, kulturelle Vernetzungen und Einflüsse auf.

Porträts: Zwischen den Themenbeiträgen sind Beschreibungen der Lebenswege Südtiroler Persönlichkeiten zu finden, die über ihre Zeit und über den Raum Südtirol hinaus ihre Prägungen hinterlassen haben: in der Kunst, der Wissenschaft, der Kirche, der Wirtschaft und der Gesellschaft insgesamt.

Fotostrecke: Zwei Bilder, die vor den Fachbeiträgen stehen, greifen jeweils deren Thema auf und haben das gemeinsame Interesse, Brücken in die Gegenwart zu schlagen, die Themen ins Heute zu holen. Dabei geraten Details oder Motive in den Blick, deren Gegenüberstellung Spannungen, Analogien, auch Irritationen hervorrufen.

Wer sind wir? Woher kommen wir? Das Buch will ein paar zusätzliche Antworten wecken, über unsere gewohnten hinaus.

Armin Gatterer
DIREKTOR DER ABTEILUNG DEUTSCHE KULTUR

Martin Sagmeister
KOORDINATION UND REDAKTION

Georg Mühlberger

Fremdberührung – Selbstbewahrung
GESCHICHTE UND LEBEN IM KONTAKT MIT EUROPÄISCHER MOBILITÄT

Die vorliegende Arbeit kann im gegebenen Rahmen nicht viel mehr sein als ein Blick in das thematische Kaleidoskop jener Geschichte, die der Raum Südtirol, bedingt durch seine geographische Lage, erlebt hat. Darin zeichnen sich nicht nur die angrenzenden Räume, sondern vor allem die das Land durchquerenden Reisewege, die via Claudia Augusta, die Kaiserstraßen und auch die Wege der Pilger als kulturelle Berührungszonen ab. Südtirol in Wechselbeziehung zu Europa zu betrachten ist gleichwohl ein Unterfangen, das einiger Eingrenzungen und einiger begrifflicher Klärungen bedarf, bevor es darum gehen kann, was an den Besonderheiten des Landes und seiner Bevölkerung, an seiner kulturellen Überlieferung und an seiner historischen Entwicklung, Rolle und Eigentümlichkeit Teil europäischen Kulturerbes und Beitrag dazu ist.

Europa
Europa ist als politischer Begriff der Gegenwart zu unterscheiden von einem Europa, das als geographisch zusammenhängender Kulturraum seit der Antike, um irgendwo anzufangen, sich über die Jahrhunderte herauf der Unterordnung unter die aus ihm selbst herauswachsenden Herrschafts- und Machtsysteme immer wieder entzogen hat. Ein kontinentales Bewusstsein hat sich, nach Vorstufen in antiken Weltvorstellungen, in dem Augenblick eingestellt, in dem die Entdeckung anderer Kontinente zu einem Macht und Reichtum versprechenden Abenteuer wurde. Bis die europäischen Völker trotz und vielleicht wegen ihres Auseinanderdriftens in unterschiedlichen Entwicklungen, Problemlagen und Machtkonstellationen zu einer gegenseitigen Anerkennung und zur Wahrnehmung und Entdeckung von Gemeinsamkeiten vorstießen, sollte es noch ein weiter Weg mit vielen Hindernissen sein. Zu diesen gehört die seit dem 19. Jahrhundert von den europäischen Staaten mit Argwohn möglichst einheitlich bewahrte und verstandene nationale Kultur, absolut gesetzt in ihrem Anspruch und politisch hochmütig vorangetragen.

Südtirol

Südtirol ist als Bezeichnung einer politischen Verwaltungseinheit das Ergebnis eines vertraglich sanktionierten Gewaltaktes, der durch die imperialistisch-revanchistische Haltung der Siegermächte bei den Friedensschlüssen nach dem Ersten Weltkrieg gedeckt wurde. Der Begriff Südtirol bezeichnet heute jenen Teil des ehemaligen Gesamttirol, der als deutschsprachiges Land durch Annexion dem italienischen Staat einverleibt wurde und der als solcher noch keine hundert Jahre besteht. Als autonome Provinz des italienischen Staates blickt es auf den Pariser Vertrag von 1946 zurück, der die Grundlage für seine Sonderstellung bildet. In den Friedensverträgen beider Weltkriege war es einem machtpolitischen Länderschacher ausgeliefert, der nicht der Vision eines neuen Europa verpflichtet war, sondern – rückwärts gewandt – durch den Geist des 19. Jahrhunderts bestimmt war. Der geographische Begriff Südtirol bezeichnet heute, als Pendant zu den durch die Teilung entstandenen und nach wie vor gebräuchlichen Namen Nord- und Osttirol, den mit seiner geophysischen und klimatischen Eigenart mit dem italienischen Raum verbundenen Teil des historischen Tirol. Im historischen Tirol bezeichnete der Begriff Südtirol nicht ein Territorium, sondern ein landschaftlich-klimatisches Gebilde, dessen Nordrand sich in etwa mit den Grenzen des Weinbaues deckte. Als Bezeichnung einer autonomiepolitischen Einrichtung trägt der Begriff Südtirol dem Status der deutsch- und ladinischsprachigen Bevölkerung als Minderheit in Italien Rechnung. Die Geschichte dieser Autonomie Südtirols hängt auch zusammen mit dem seit den 20er Jahren und besonders in den 50er Jahren des 20. Jahrhunderts versuchten Majorisierung der Südtiroler Bevölkerung durch Zuwanderung aus Italien.

Südtirol und Europa – eine mögliche Fragestellung?

Die Betrachtung führt zunächst in einen Denkkonflikt. Die Betrachtung faktischer Verbindungen mit dem umliegenden Raum, aber auch jede Überlegung zu den geistig kulturellen Verbindungslinien muss den Raum selbst und die Nachbarräume mit einbeziehen und in eine Zusammenschau bringen. Welche Logik hätte es, Südtirol unvermittelt und direkt in einen Zusammenhang mit Europa stellen zu wollen, wenn nicht zumindest die Gesamtheit Tirols mitgedacht wird? Die elementarste äußere und

Brennerpass

innere Form der Verbindung sind die Verkehrswege, die Straßen und die Übergänge, die das Land durchziehen, die seit jeher der Mobilität, der Begegnung, dem Austausch dienen. Die geophysische Besonderheit der alpinen Landschaft hat Lebensart, Lebensformen und Denkweisen der Bevölkerung des Gesamttiroler Raumes insgesamt in und zu einer gewissen Ähnlichkeit und Affinität geprägt und doch in bemerkenswerter Vielfalt und Farbigkeit über den Lauf der Zeit herauf erhalten. Die Frage, unter welchen Bedingungen dies möglich war und welche Einflüsse auf den Raum eingewirkt haben, führt uns allerdings zur Betrachtung des Mikrokosmos einer europäischen Regionallandschaft, die an der Hauptlinie der innereuropäischen Nord-Süd-Verbindung liegt und gleichzeitig am Treffpunkt von Kulturräumen, die im geschichtlichen und kulturellen Werden Europas eine tragende Rolle gespielt haben. In diesem Mikrokosmos nun steht der engere Raum des heutigen Landes Südtirol an einer zentralen Stelle.

Der Schlagbaum auf dem Brenner oder: Grenzbegriffe

Was verbindet Südtirol mit Europa? Ausgehend von der Situation Südtirols im heutigen Europa gibt es einige interessante Aspekte, deren Vergleich mit historischen Situationen zeigt, welche Veränderungen der Sichtweise eintreten können und

Reschenpass

wie sich Entwicklungen vollziehen. Beispielsweise erweist sich das Schengener Abkommen als ein solches Korrektiv. Die seit der Entstehung der Brennergrenze geltende Apostrophierung Südtirols als Grenzland erhält eine bemerkenswerte Relativierung. Im Zentrum des die Grenzen betonenden Denkens, das seinen Ursprung in der nationalstaatlichen Einheitsidee und in der nicht nur in Italien propagierten Begründung der sogenannten natürlichen Grenzen hat, stehen in Südtirol der Brenner und der Reschenpass.

Zu berücksichtigen ist, dass die Brennergrenze, oder besser, die ganze Nordgrenze Italiens im Südtiroler Raum eine sensible Linie ist und war. Das Schengener Abkommen, das beispielsweise zwischen Deutschland und den Niederlanden keine besondere Sensibilität zu überwinden hatte, hat am Brenner jene symbolische Aussagekraft, die im Abbruch der Schranken liegt. Das durch nationalistische Überfremdung bedrohte und verstärkte Identitätsbewusstsein bildet die Empfindungsebene. Jahrzehntelanges Neben-, Mit- und Gegeneinander bildet die Erfahrungsebene. Es ist die Frage, wie weit das Ereignis der entfernten Grenzbalken den Zustand der Verbundenheit mit dem übrigen Tirol und mit Österreich wieder hergestellt hat, oder, wie weit es der Beginn einer spezifischen Südtiroler Emanzipation ist, die das Gefühl der innereuropäischen »Grenzenlosigkeit« für ein Land gebracht hat, das über viele Jahrzehnte gleich einer Insel zwischen der Brennergrenze im Norden und der Sprachgrenze im Süden eingeklemmt war. Erhält der Brenner wieder jene ursprüngliche Rolle, die ihm wie auch dem Reschenpass seit jeher zukam? Die einer Verbindung? So betrachtet, tritt damit ein vornationales Modell aus einer Jahrhunderte alten Geschichte exemplarisch in die europäische Gegenwart hinein und gibt Impulse, den Ballast nationalstaatlichen Denkens in Europa zu überwinden.

Es gibt in Südtirol noch einen anderen Grenzbegriff: den der Sprachgrenze. Auch dieser Begriff ist vielschichtig. Natürlich bezeichnet er konkret die geographische Linie, an der das Siedlungsgebiet der deutschsprachigen Bevölkerung endet. Eine andere, auf Austausch und gegenseitige Kenntnis bezogene Ebene lässt sich beobachten, wenn Sprache als Idiom und als Träger von Bedeutungen und Anschauungen wirksam und verstanden wird. In diesem Sinn ist die Sprachgrenze eine kulturelle Kontaktzone, in der das Eigene und das Fremde mit prägender Kraft in Wechselwirkung geraten.

Die Sprachgrenze – eine kulturelle Kontaktzone

Begegnung mit Bekanntem und Fremdem als geschichtliche Konstante

Die Bevölkerung des Südtiroler Raumes hat zu allen Zeiten erlebt, dass es in der Nachbarschaft Menschen gibt, die eine andere Sprache sprechen. Das deckte sich weitgehend mit dem, was man in den Bergen trotz der weitgehend gleichen Lebensweise gewohnt war: dass schon die Bewohner angrenzender Talschaften an Sprache, Kleidung und anderen Merkmalen erkennbar waren. So war es auch mit der ladinischen Nachbarschaft im Südosten, der rätoromanischen im Westen, der romanischen, später italienischen im Süden. Das Nebeneinander verschiedener Sprachen und Kulturen war ein natürliches regionales Faktum, das sich in der gemeinsamen Erfahrung der Bedingungen des alpinen Lebens als gegenseitige Kenntnis, als Wissen voneinander den Generationen überlieferte. Die Vergleichsmöglichkeiten, die sich in der Vielfalt und gleichzeitig Ähnlichkeit bieten, lenken den Blick auch auf die eigene Art. Das ist der Nährboden für die Wurzeln der Identität.

Mit der Regelmäßigkeit des Jahreslaufs aber, der Durchziehende vorbeiführte, hat die Bevölkerung des Südtiroler Raumes auch erlebt, dass es in der unbekannten weiten Welt Menschen gibt, die irgendwie anders aussehen, die andere Gewohnheiten haben, auch beim Essen und Trinken, die andere Gedanken und Geschichten haben und anderes Geld verwenden.

Der Erfahrungsraum, den die großen Verkehrswege boten, erschloss der ansässigen, im Umgang mit Verschiedenheiten erfahrenen Bevölkerung einen Zugang zu einer außerhalb der eigenen Vorstellungen liegenden Welt.

Mit dieser Überlegung treten wir ein in das Bild der historischen Mobilität in Europa und im Südtiroler Raum, und versuchen die Dynamik und die Wechselwirkungen, die die Verbindungslinien hergestellt haben und heute noch darstellen, zu beleuchten.

Verbindende Übergänge

Historisch gesehen war das heutige Südtirol bis 1919 kein Grenzland. Seine Übergänge nach Norden aber liegen an der von den Alpen gebildeten europäischen Wasserscheide. Der römische Schriftsteller Plutarch lässt die Kimbern über den Brenner nach Italien vorstoßen, auf für römische Begriffe ungebahnten, schneebedeckten Pfaden. Da präsentierten sich die ein Jahrhundert später von den nach Germanien vorgedrungenen Römern gebauten Heerstraßen doch ungleich besser. Ob Plutarch die Gegebenheiten wirklich kannte, braucht uns hier nicht zu kümmern.

Sicher ist, dass die Übergänge schon lange vor den Römern benutzt und gangbar waren. Die kulturellen Spuren belegen, dass das Land im Gebirge durch die Übergänge über die Alpen Verbindungsland war. Auch die römische Provinz Rätien war nicht durch Gebirgsgrenzen markiert.

Die landschaftliche und klimatische Besonderheit des Landes allerdings bot dem von Norden Durchziehenden, dem heimkehrenden römischen Legionär ebenso wie später den Kaisern, Gesandten, Kaufleuten oder Fernreisenden, doch das Gefühl, einen Raum zu betreten, wo die Beschwerden des Unterwegsseins erträglicher werden.

Der Alpenhauptkamm bildete das große Hindernis auf

dem Weg. An ihm schied sich der raue Norden von der freundlichen Südseite. So ergab sich eine völlig unpolitische Grenzempfindung beim Passieren des Reschenpasses oder des Brenners aus dem Wunsch des Reisenden, auf der Südseite angenehme Reisebedingungen vorzufinden oder angenehme Aufenthaltsorte. Die »Destination Südtirol« für Touristen und Feriengäste aus Europa wartete auf ihre große Zeit.

Spuren europäischer Geschichte

Im Blick auf die ideellen Leitlinien der europäischen Einigung relativieren sich historische Versuche der »Integration« Europas in interessanter Weise. Die fast europaweite römische Machtausbreitung in der Antike etwa, der die erste planmäßige militärische und verkehrstechnische Durchdringung unseres Landes und der angrenzenden Räume zu verdanken ist, steht im Widerspruch zum heutigen Europaverständnis und zum freien Zusammenschluss der Länder. Die großen imperialen Vereinnahmungen durch die Römer, später durch das Frankenreich, die Wege der Kaiser in Antike, im Mittelalter und in der Neuzeit haben ihre Spuren hinterlassen. Als niedrigster Pass der Zentralalpen bot der Brenner die flachste Möglichkeit der Alpenquerung und war dadurch prädestiniert, die mitteleuropäische Transversale aufzunehmen, die die mitteleuropäischen Städte und Residenzen mit Rom und mit dem Mittelmeerraum verband. Diese Besonderheit verleiht dem Raum am Alpenhauptkamm über die Jahrhunderte verkehrsgeschichtliche Bedeutung in der europäischen Nord-Süd-Dimension.

Die Präsenz der Römer im Lande, so beweist es der archäologische und der geschichtliche Befund, fand in der Anlage von Militärstraßen und entsprechendem Zubehör in Form von befestigten Stützpunkten und Stationen am Weg ihren markantesten Ausdruck. Als städtische Ansiedlungen haben Aguntum bei Lienz und die römische Stadt Tridentum (Trient) Seltenheitswert.

Insgesamt ist die Überwindung der Alpen als Straßenbauleistung der Römer eine europäische Pionierarbeit. Denn die Römerstraßen zeigen eine stabile, zweckmäßige und gleichzeitig repräsentative Ausführungsform, die es im alpinen Raum vorher nicht gab, mit einer durchschnittlichen Breite von 5 bis 7 Metern, der leichten Wölbung, die das Regenwasser in die links und rechts angelegten Abzugsgräben abfließen ließ. Diese in der Ebene übliche komfortable Bauform ließ sich im Gebirge nicht überall verwirklichen. Mit steinernen Brücken überwand man Schluchten und Geländeeinschnitte, über sumpfiges Gebiet legte man Knüppelwege an.

Kaiser Claudius legte um 46 n. Chr. die nach ihm benannte via Claudia Augusta als Verbindung zwischen den Provinzen Germaniens und Italien an. Sie nahm ihren Anfang in Altinum (in der Nähe des heutigen Venedigs gelegen), ging durch die Valsugana und folgte ab Trient flussaufwärts dem Lauf der Etsch. Über den Reschenpass, den Fernpass führte sie bis nach Augsburg (Augusta Vindelicorum). Der bei Rabland gefundene Meilenstein trägt eine Inschrift, die verrät, dass der Erbauer der Straße die 30 Jahre vorher von seinem Vater Drusus benützte Trasse ausgebaut hat. Ein Brückenkopf der via Claudia Augusta, die bei Algund die Etsch überquerte, ist noch erhalten. Was sich über die Römerstraßen ausbreitete, waren nicht nur politischer Einfluss und militärische Macht: Mit den Menschen bewegten sich auf ihnen auch kulturelle Einflüsse, Kunst, Lebenskultur und fremde religiöse Kulte. Archäologische

Die Via Claudia Augusta heute: Radweg am Reschen

Funde wie der Diana-Altar in Partschins und die Belegstücke des über Griechenland aus dem persischen Raum eingeflossenen Mithraskults (Sterzing) zeigen dies auf.

Das Zentrum im Norden

An der Durchdringung des europäischen Raumes von Süden aus, wie sie die Römer vollzogen, hatten besonders die via Claudia Augusta, aber auch der Brennerpass unmittelbar Anteil. Im Mittelalter kehrte sich die Bewegung um, und es erfolge eine Verschiebung des Machtzentrums nach Norden. Die politische Festigung des karolingischen Reiches und die Verlagerung des politischen Machtzentrums von Rom ins Frankenreich rückten die Alpen als geophysische Barriere zwischen die Zentren der weltlichen und der kirchlichen Machtausstrahlung. Die Pflege der wechselseitigen politischen Beziehungen zwischen Kaisertum und Papsttum war zwangsläufig alpenübergreifend. Die Italienpolitik der deutschen Kaiser hat seit Karl dem Großen ihr Fundament in der päpstlichen Legitimation der kaiserlichen Macht. Die Spannung, die sich dadurch aufbaute, wird über Jahrhunderte zur treibenden Kraft der politischen Nord-Süd-Bewegung, die auf die Brückenfunktion der Alpenpässe und der angrenzenden Regionen mehr und mehr angewiesen war.

Der Kampf zwischen der weltlichen und der geistlichen Macht um den Primat hat zur Folge, dass zwischen der Krönung Ottos des Großen mit der Eisernen Krone der Langobarden im Jahre 951 und dem Untergang des Stauferreichs nach dem Tode Friedrichs II. im Jahr 1250 die deutschen Kaiser, im Durchschnitt gerechnet, alle acht Jahre über die Alpen nach Italien bzw. nach Rom gezogen sind. Die bequemen Tiroler Pässe werden in dieser Epoche zunehmend Schauplatz des Geschehens.

Kirchliche Organisation: ein europäisches Netzwerk
Das Machtzentrum der Kirche bleibt zwar in Rom, doch ihre Aktivität breitet sich über Europa aus. Die Kirche selbst schafft einen gut organisierten Bewegungsraum, für den die alpenquerenden Wege von zentraler Bedeutung waren. Die umfassende, anhaltende Missionierungstätigkeit, die Ordensgründungen und Ordensniederlassungen setzen eine intensive Reisetätigkeit voraus. Schon die Einflüsse der irischen Mönche und ihrer Missionstätigkeit, die sie vom 6. bis ins frühe 8. Jahrhundert in weiten Teilen Westeuropas betreiben, reichen bis in den langobardisch dominierten südalpinen Raum. Die auf das Wirken des Winfried/Bonifatius aufbauende kirchliche Organisation gab den nach und nach eingerichteten Diözesen und auch den Klöstern eine gewisse einheitliche Prägung und Wirksamkeit. Erstmals wurden die europäischen Völker mit einem gemeinsamen kulturellen Element verbunden, das regional und überregional Verständigung und Austausch ermöglichte. Die Missionierung und Organisation von Westeuropa her, wie sie in der Gestalt des Mönchs Korbinian im frühen 8. Jahrhundert auch im Südtiroler Raum auftritt, schafft einen Zusammenhang, in dessen weiterer Entwicklung die vor- oder frühromanischen Kirchenbauten im Vinschgau, in St. Prokulus in Naturns und St. Benedikt in Mals, ihren Platz haben.

Das erste gemeinsame kulturelle Element

Die an den alpenquerenden Wegen liegenden Räume nördlich und südlich des Alpenhauptkamms waren eingegliedert in das Netz von Bistümern, Klöstern und kirchlichen Einflussbereichen, sie hatten Anteil an der effizienten Organisationsstruktur und an der daraus wachsenden kulturellen Einheitlichkeit. Diese Einheitlichkeit begünstigte die Mobilität der Menschen, die sich als Pilger, als Studierende, als Prediger, als Kaufleute usw. auf den Weg machten. Die Bischöfe von Brixen erhielten im Mittelalter auch weltliche Herrschaftsgewalt an der Brennerstraße, ebenso wie jene von Chur den Oberen Weg im Vinschgau unter ihrer Kontrolle hatten. An den Zeugnissen kirchlicher Kunst, die sich an den begangenen Wege und Routen finden, wird deutlich, wie und wo sich künstlerische Einflüsse aus dem Süden, besonders aus dem lombardischen Raum, und solche aus dem alemannisch-bairischen Raum begegnet sind. Aus Gegenbewegungen zur machtstrebenden Kirche entstehen im 12. Jahrhundert neue Ordensgemeinschaften, die Weltverzicht, Askese, Rückzug in die Einsamkeit predigen, und auch häretische Bewegungen, die gleichsam vor den

St.-Prokulus-Kirche, Naturns

St.-Benedikt-Kirche, Mals

Augen der misstrauischen Amtskirche viele Menschen in ihren Bann ziehen. Die Welt wurde zum Tummelplatz geistig religiöser Strömungen, deren Träger sich ebenso wie die Ideen in der bekannten Welt verbreiteten. Die Bettelorden nahmen nach 1200 durch ihre herumziehenden Prediger starken Einfluss auf das religiöse Denken.

Reisende auf Fernwegen: Kommunikatoren europäischer Bildung
Feudalismus, kirchliche Organisation und religiöse Durchdringung vernetzen als raumübergreifende Strukturen den innereuropäischen Raum nördlich und südlich des Alpenkamms. Der Wirtschaftsverkehr folgt wie überall auch auf alpenquerenden Wegen eigenen Gesetzen. Nachfrage steht in Wechselwirkung mit dem Angebot, aber auch die mit dem Austausch der Waren zunehmende gegenseitige Kenntnis der am Handel Beteiligten wird zu einem Wirtschaftsfaktor. Ein großer Teil des Reiseverkehrs folgte den durch den Wirtschaftsverkehr gebahnten Wegen und nutzte die am Wege entstehenden Einrichtungen und Stützpunkte. Die beginnende Loslösung des Bildungswesens aus dem Bereich der Klöster vorerst in Italien, das Aufkommen einer nichtklerikalen Bildungsschicht und Veränderungen der wirtschaftlichen und sozialen Verhältnisse haben auf die Mobilität immer größerer Kreise eingewirkt. Die Selbstverständlichkeit des Reisens nimmt in dem Maße zu, als das Auftreten der Reisenden an den Reiserouten durch das Land und besonders in den Städten und Märkten zum Alltag wird. Mit den Begegnungen und den ausgetauschten Erfahrungen wächst das Wissen von der Welt. Italien wird nördlich der Alpen zum Vorbild und zur Attraktion. Das Beispiel der italienischen Städte, deren wirtschaftliches und politisches Erstarken als Kommunen zieht viele Menschen in den Süden. Die Stadt Bozen, die als Marktplatz und Umschlagplatz schon im Mittelalter Bedeutung und Ruhm erlangt hatte, wurde von den Italienreisenden gleichsam als Tor zum Süden erlebt. Der Boden für ein neues Bildungsstreben, wie es sich im italienischen Humanismus mit europäischer Wirkung äußert, wurde auch durch die Reisetätigkeit bearbeitet. Das Interesse am Fremden nimmt zu und überwindet allmählich sogar die religiös gebotene Abgrenzung gegenüber dem da und dort auftretenden »Heiden«, der nicht nach der christlichen Sittenlehre lebte. Zwischen seiner Heimatstadt Lauingen und seiner Studienstadt Padua auch auf dem Oberen Weg unterwegs war beispielsweise kein Geringerer als Albertus Magnus (gest. 1280), der große Philosoph und Theologe des Mittelalters, der sich zukunftweisend dafür ausspricht, die Auseinandersetzung mit vorchristlichen und nichtchristlichen Kulturen in die europäische Bildung einzubeziehen. Der Minnesänger Tannhäuser ironisiert den modischen Gebrauch von Fremdwörtern bei seinen Landsleuten. Neue Kenntnisse, neue Begriffe werden in der Sprache feststellbar. Oswald von Wolkenstein (um 1377–1445), der weltläufige Minnesänger aus Südtirol, rühmt sich

Bildungswesen auch außerhalb des Bereichs der Klöster

seiner Fremdsprachenkenntnisse (»frantzoisch, mörisch, katlonisch und kastilian, teutzsch, latein, windisch, lampertisch, reuschisch und roman«). Wenn wir seinen Äußerungen glauben wollen, sehen wir ihn ein Stück jener sprachlichen Bildung voraus, die an den Bildungseinrichtungen unserer Zeit im Hinblick auf die europaweite Kommunikation vermittelt wird.

Kleine Leute auf Wanderschaft: Begegnung und Austausch

Die mittelalterlichen Straßen Südtirols waren in zunehmendem Maße mit einer Menge von Leuten aus den verschiedensten Schichten belebt, deren Unterwegssein meist kein historisches Aufsehen erregt hat. Neben den Fernreisenden bewegten sich in kleineren Räumen die Händler, die zum nächsten Markt wollten, Handwerker, die bereits im 14. Jahrhundert vielfach auf Wanderschaft oder auch auf der Suche nach Arbeit waren (der Wanderzwang wurde erst im 16. Jahrhundert eingeführt) und von der wirtschaftlichen Austauschbewegung profitierten. Sie befanden sich gewissermaßen im Gefolge der Künstler und Architekten, die in Form der weit gestreuten Kunst- und Bauwerke eine deutlichere Spur ihrer Reisen hinterlassen haben. So ist zum Beispiel das Wirken des (Außerferner?) Bildhauers Jörg Lederer (1470–1550) in den Kirchen der Orte Pfunds, Nauders, Latsch, Meran genau zu verfolgen, sogenannten Rodstationen, wo die im Warentransport arbeitenden Fuhrwerksbesitzer ihre Fracht dem nächsten Spediteur übergaben oder eine neue übernahmen. Die Studien- oder Auftragsreisen der Baumeister brachten ganze Bauhütten in Bewegung. Die Gemeinden und besonders die Städte, die sich sonst vor Zuwanderung zu schützen versuchten, nahmen vorzugsweise Personen bzw. Berufe auf, deren Fachkenntnisse gebraucht wurden oder die der Versorgung der Bürgerschaft von Nutzen sein konnten. Daneben gab es natürlich auch »Saison«- bzw. Gelegenheitsarbeiter und Hausierer, die sich über den Sommer verdingten, um den Winter wieder zuhause zu verbringen, oder aber den Winter auf der Südseite der Alpen verbrachten. Die Wanderschaft und der Aufenthalt an wechselnden Studienorten ist bereits ab dem 11. Jahrhundert ein Merkmal der Studierenden. Viele Bischöfe hatten ihre Studien in Bologna absolviert. Die Gründung der Universität von Padua 1222 zog Scholaren auch aus dem Norden an. Die als »Carmina Burana« überlieferte große Sammlung von Vagantenliedern (um 1230) dürfte nach neuesten Forschungen mit der Schule im Augustiner Chorherrenstift Neustift bei Brixen in Zusammenhang stehen, wo ihre Entstehung vermutet wird. Das im Instrumentenbau führende Italien entsandte Lautenmacher in die nördlichen Absatzgebiete. Zu den sozialen Randgruppen gehörten mit wenigen Ausnahmen die Spielleute, die als Gaukler und Possenreißer durch die Länder zogen auf der Suche nach Publikum und Broterwerb. Darunter befanden sich vielfach auch zwielichtige

> Zur Ausbildung gehört ab dem 11. Jahrhundert die Wanderschaft.

Gestalten, nicht selten suchten auch Anhänger verfolgter Sekten sich durch das wechselhafte Wanderleben der kirchlichen Aufsicht zu entziehen. Auf die unterste Sprosse der sozialen Leiter abgerutscht waren auch die von ihrer Berufung abgekommenen Priester, die sogenannten Lotterpfaffen, Scharlatane, gescheiterte Existenzen, die als fahrendes Volk auf der Straße zu Hause waren.

Europäische Köpfe, künstlerische Ausstrahlung
Unter dem fahrenden Volk eine Kategorie für sich waren die Minnesänger, die zum Broterwerb auf gastliche Aufnahme bei Höfen und in der Gesellschaft angewiesen waren, im Übrigen aber zu einem Wanderleben verurteilt waren, sofern sie nicht ein Zuhause hatten. In ihren Liedern sprechen sie manchmal auch von ihren Reisen und von den Ländern, die sie besucht haben. Aus der literarischen Geschichte Südtirols seien hier nur zwei Köpfe erwähnt, die beide mit hoher Geltung in der europäischen Tradition des Minnesangs stehen. Der bereits erwähnte Oswald von Wolkenstein ist als Person in geschichtliche Vorgänge seiner Zeit in Südtirol verwickelt, als Künstler, Diplomat und Abenteurer tritt er durchaus auch überregional auf. Gut 100 Jahre vor ihm hat Walther von der Vogelweide (um 1170–1230), für dessen Herkunft aus Südtirol vieles spricht, dem Minnesang und der Spruchdichtung im deutschen Sprachraum seinen Stempel aufgedrückt. Beide sind auf unverwechselbare Weise als Künstler auf europäischen Höfen aufgetreten. Dass es in Südtirol selbst eine Art Nahverhältnis zur höfischen Epik Europas und zur mittelalterlichen Literatur allgemein gab, bestätigt sich mehrfach, nicht zuletzt in den erhaltenen Beispielen zeitgenössischer profaner Malerei auf den Burgen (Rodeneck, Lichtenberg, Runkelstein).

Künstlerische Einflüsse verschmelzen zu einer neuen Kraft.

Auch im Bereich der sakralen Kunst hat Südtirols Lage zwischen dem nördlichen und dem südlichen europäischen Kulturraum ganz besondere Beispiele dafür hervorgebracht, wie künstlerische Einflüsse zu einer neuen Kraft verschmelzen und ein unvergleichliches, originäres Schaffen hervorrufen können, wie etwa in Bozen die giottesken Fresken von St. Johann im Dorf und in der Johanneskapelle. Eine lokal wirkende und stark in den salzburgischen Raum ausstrahlende Künstlerpersönlichkeit wie Michael Pacher (1435–1498) verarbeitet Einflüsse aus seiner Begegnung mit der oberitalienischen Kunst zu einer eigenständigen Bildsprache.

Der Pilger als Reisender
Eines der größten Abenteuer der mittelalterlichen Gesellschaft war die Kreuzzugsbewegung. Der Begriff ›Kreuzzug‹, der erst in der Neuzeit in Verwendung kam, bezeichnet bildhaft eine geistig-religiöse Konfliktsituation, die aus dem Zusammenprall der christlichen mit der islamischen Welt erwächst.

Mit den Kreuzzügen kam neue Bewegung in das Pilgerwesen. Wer es sich nur irgendwie leisten konnte, machte sich einmal in seinem Leben auf die Reise zum Grab Christi. Auch Rom war ein von Pilgern viel besuchtes Ziel. Eine wichtige Zwischenetappe für Jerusalemreisende war auch noch in späteren Zeiten, wie für den um 1470 zur Pilgerfahrt aufbrechenden Gaudenz von Kirchberg, Vogt von Matsch, die Lagunenstadt Venedig, die man dem Verlauf der alten via Claudia Augusta durch die Valsugana folgend ohne größere Umwege erreichen konnte. Venedig bot die Seefahrtverbindung ins Heilige Land.

Gegenüber diesem Bedürfnis, Gott durch eine Pilgerfahrt näher zu kommen, gab es in der Kirche geteilte Meinungen. Während Wallfahrten zu weit entfernten Orten in karolingischer Zeit nicht erlaubt waren, gab es auch Stimmen, die am Sinn der Pilgerfahrten überhaupt zweifelten. Der mittelalterliche Mensch konnte sich in jedem Fall auf das Wort des hl. Hieronymus berufen, dass man von jedem beliebigen Ort der Welt aus zu Gott beten könnte. Im Vertrauen darauf verabschiedete sich der überzeugte Pilger von der Sicherheit und Bequemlichkeit des Zuhauseseins und nahm die Gefahren und Mühen des Unterwegsseins auf sich. Dem Reisenden standen im Hochmittelalter auch im Südtiroler Raum Ordenshäuser und Spitäler offen. In einer frühen Form des Geldwechsels konnte er dort oder auch in einer Art Banken sein Geld in die ortsübliche Währung wechseln.

Pilgern – Unterwegssein unter Gefahren und Mühen

Das Ansehen des Reisenden war insgesamt durch Misstrauen eingeschränkt. Im Erscheinungsbild des Pilgers trat er am unverfänglichsten auf. Das Pilgern war ja ursprünglich nichts anderes als eine Form des Reisens, die nach und nach, besonders in Blütezeiten des Pilgerwesens, die Wallfahrer zu einer eigenen gesellschaftlichen Gruppe werden ließ. Die Pilger waren an gemeinsamen Merkmalen erkennbar: Das Gewand, der Pilgerstab, das Verhalten, das Pilgerabzeichen, das Reiseziel, mitgeführte Geleitbriefe, ja auch die benützten Routen gehörten dazu. Der Pilger legte seinen Weg zu Fuß zurück und führte durch seine Erscheinung ein Leben der Armut. Sein Ausgerichtetsein auf ein religiöses Ziel verlieh ihm Vertrauenswürdigkeit.

Der Fremde als Gast

Die christliche Verpflichtung zur Barmherzigkeit, die die Beherbergung und Verpflegung von Fremden einschloss, setzte den Gastgeber in Zugzwang. Natürlich gab es auch Gäste, deren Beherbergung Ehre einbrachte. Ein berühmter Reisender der beginnenden Neuzeit, der auf seinen Reisen von hohen gesellschaftlichen Kreisen umworben wurde, war zum Beispiel Albrecht Dürer (1471–1528). Sein Weg nach Venedig führte den 23-Jährigen 1494 auf der Brennerstraße an der Stadt Klausen vorbei, deren Ansicht er skizzierte und in einem Kupferstich mit dem Titel »Das große Glück« (Nemesis) abgebildet hat.

GEORG MÜHLBERGER

Das Wegenetz

Ein dichtes Netz von Übergängen und Saumpfaden, vergleichbar den heutigen Bergwanderwegen, wurde seit ältesten Zeiten benützt. Dieses Wegenetz verknüpft die Täler und Orte des Landes großteils nach dem Prinzip des kürzeren Weges, das für den Fußgänger vorrangig ist, Befahrbarkeit aber oft ausschließt. Der große Strom der Reisenden ging über die allgemein bekannten Übergänge und zog die gebahnten Durchzugswege vor. Wer auf dem Oberen Weg südwärts unterwegs war, musste sich auf der Malser Heide entscheiden, auf welchem Weg er weiter nach Süden gelangen wollte. Es gab an dieser Stelle mehrere Möglichkeiten:

- Über Taufers auf den Umbrailpass (Wormser Joch), hinunter nach Bormio, und weiter nach Sondrio und zum Comer See
- Über Glurns nach Prad, über das Stilfser Joch nach Bormio
- Bei Latsch über St. Medardus und das Rontscher Joch nach Ulten, von dort über Proveis ins Val di Sole und nach Madonna di Campiglio
- Bis Meran, von dort über den Gampenpass ins Nonstal
- Bis Meran, von dort an der rechten Talseite nach Eppan, Tramin und weiter nach Trient. Wer nach Graubünden musste, ging durch das Münstertal über den Ofenpass und fand dann den Anschluss an die Engadiner Route und den Malojapass.
- Von Graun aus bestand eine Verbindung über Langtaufers und über die Gletscher nach Rofen im Ötztal, oder man gelangte über das Kaunertal nach Prutz im Oberinntal.
- Über den Jaufenpass führte ein vielbegangener Weg, der als Saumpfad auch wirtschaftliche Bedeutung hatte. Er stellte die wichtige Verbindung des Meraner Raumes mit der Brennerstraße her.

Die Brennerstraße selbst wurde als die direkteste Nord-Süd-Verbindung aufgesucht und bot über das Pustertal und über die Valsugana Anschlussmöglichkeiten in die östlich oder süd-östlich angrenzenden Räume.

Die Hospize: Herberge und Schutz im Gebirge

Der Auftrag, den *peregrini* und *pauperes* die *hospitalitas* zu gewähren, wurde von Karl dem Großen überall eingeführt. Die ideelle Grundlegung dieses Auftrags liegt in der Benediktinerregel, die sagt, im Fremden solle Christus geehrt werden. Dieser Grundsatz ist auch in die Regeln anderer Orden eingeflossen. Der zunehmende Reise- und Pilgerverkehr stellte allerdings eine Herausforderung dar und machte die Ausbildung eines organisierten Beherbergungswesens notwendig. Dessen Ausbau wurde vor allem im 12. Jahrhundert großräumig sehr stark von den Augustiner Chorherren geleistet und betreut. Doch schon zwischen 1050 und 1200 entstehen zahlreiche Pilgerhospize und Hospitäler an den Alpenübergängen, im Sinne caritativer Hilfestellung vorzugsweise dort, wo der Bedarf am größten war: im Umkreis der Pässe und an Orten, wo sich die Verbindungswege kreuzten. Daher befanden sie sich unter anderem am Wormser Joch (St. Johann in Müstair), am Reschen (St. Valentinshospital um 1140), am Brenner, Sterzing, Jaufen (schon um 1300 eine Art Schutzhütte). Die Stiftung eines Hospizes galt besonders im

Ein organisiertes Beherbergungswesen wird notwendig.

Hospiz St. Johann, Taufers im Münstertal

Kommende des deutschen Ordens, Lengmoos am Ritten

12. und 13. Jahrhundert als ein Akt der Mildtätigkeit. Um die Mitte des 13. Jahrhunderts betreut der Deutsche Orden die Hospize in Sterzing, Bozen, Lengmoos am Ritten, Schlanders und Trient. In vielen Fällen haben die Hospize die Bildung von Siedlungen begünstigt.

Besonders bei den im Bereich der Städte und Ortschaften eingerichteten Hospitälern zeigte sich, dass die kommunale Versorgungsaufgabe für die Kranken, Armen, Pfründner in den Vordergrund drängte und dass die Aufgabe der Hospize für den Reiseverkehr auf der Strecke blieb. Diese einseitige Zweckbindung der Hospize war ein inhärentes Dauerproblem dieser Einrichtungen und dürfte zum Aufschwung der kommerziellen Gastlichkeit beigetragen haben.

Verkehr und Siedlungsausbau: Europäischer Handel als Antrieb
regionaler Entwicklung

Der Wirtschaftsverkehr durch Südtirol verlagerte sich ab dem 14. Jahrhundert, bedingt durch die Eröffnung der vorher nicht passierbaren Talroute durch das untere Eisacktal, zunehmend vom Oberen Weg auf die Brennerstraße. Der Durchzugshandel brachte den heranwachsenden Gemeinwesen großen wirtschaftlichen Nutzen und der daran teilhabenden Bevölkerung rechtliche Vorteile. Die vom Handelsbetrieb benötigten Einrichtungen fanden sich in zunehmender Anzahl entlang den Verkehrsrouten. Lokale Frächter waren durch die Regelungen des Rodfuhrwesens systematisch in den europäischen Fernhandel eingebunden. Viele der Rodstationen und Niederlassungen entwickeln sich zu Ortschaften, in denen Handwerker, Gewerbetreibende und die benötigten Dienstleister Arbeit finden konnten, unterstützt durch das Niederlagsrecht und durch die vom Landesfürsten erlassenen Marktprivilegien. Die Zolleinnahmen und die Mauten waren eine wertvolle Einnahmequelle, die zum Teil wieder in die Instandhaltung der Wege zurückfloss. Die Intensität des Durchzugsverkehrs war deshalb eine wichtige wirtschaftliche Größe, die mit allen Mitteln gefördert wurde. In Geleitsprivilegien waren nicht nur Handelsvorrechte der Reisenden festgelegt, der Landesfürst verbürgte sich darin auch für die Sicherheit der durchreisenden Kaufleute. Wie im übrigen Tirol gingen auch die Städte im Südtiroler Raum aus Marktgründungen hervor, was nur für Brixen und Trient nicht gilt.

Der Durchzugsverkehr – ein Wirtschaftsfaktor

Die Bozner Märkte – ein europäischer Treffpunkt

Die ersten urkundlichen Erwähnungen der Bozner Märkte reichen weit ins Mittelalter zurück. Ein Grund für die beständige und anwachsende Bedeutung der Stadt Bozen als Markt liegt sicher in der außerordentlich günstigen geographischen Lage. Die Brennerroute bediente den Nord-Süd-Verkehr, die West-Ost-Verbindung zwischen dem Drautal und dem Oberlauf der Etsch, dem Oberen Weg, ging ebenfalls über Bozen. So hat die Stadt auch der einstigen Landeshauptstadt Meran den Rang als Handelszentrum abgelaufen, ebenso wie der standortmäßig ungünstiger liegenden Stadt Trient.
Diese Vorteile ließen die Bozner Märkte in ein großräumiges Handelsnetz hineinwachsen, wodurch sie in ihrer weiteren Entwicklung den Charakter einer Messe annahmen.
Die Bozner Elle war als Tuchmaß weitum bekannt. An den Bozner Märkten berührten sich auch Entwicklungen des italienischen Handelsrechts mit den Gepflogenheiten, die die Kaufleute aus den nördlichen Gegenden hatten. Besondere Bedeutung hat die 1635 entstandene erstmalige Niederschrift eines deutschen Wechselrechts. Es hat den Anstoß dafür gegeben, dass viele deutsche Städte das Wechselrecht kodifiziert und weiterentwickelt haben.
Die Bozner Märkte halten sich bis in die Mitte des 19. Jahrhunderts. Ein Meilenstein ihrer Entwicklung war die Erteilung der Privilegien durch Erzherzogin Claudia de' Medici im Jahre 1635, einen Höhepunkt ihrer Bedeutung kann in der merkantilistischen Epoche des 18. Jahrhunderts gesehen werden.

Messe Bozen

Politische Weichenstellungen

Die wechselvolle mittelalterliche Geschichte des »Landes im Gebirge« zeigt, dass die Kontrolle über die alpenüberquerenden Verbindungswege ein politisches Ziel nicht nur der deutschen Kaiser, die ihre Romfahrten großteils über den Brenner unternahmen, sondern auch der anliegenden Adelsgeschlechter war. So wichtig es für die Reichspolitik war, die Übergänge in sicheren Händen zu wissen, so zielstrebig verstanden es die lokalen Kontrahenten, ihre Macht auszuspielen. Die Übertragung der Grafschaften an die Bischöfe von Brixen und Trient war langfristig, wenn auch nicht ohne Rückschläge, eine gut kalkulierte Lösung.

Wer vor 1271 das »Land im Gebirge« durchquerte, bereiste ein verschiedenen Herrschaften zugehöriges Gebiet. Die große Leistung Graf Meinhard II. (gest. 1295) bestand darin, das Land in wesentlichen Teilen unter eine einzige Herrschaft zu bringen. Er schuf damit erstmals ein territoriales Gebilde, das von Reisenden auch als solches wahrgenommen werden konnte und wahrgenommen wurde. Der ausgeprägt eigenstaatliche Charakter, den Meinhard mit seinem souveränen Herrschaftsanspruch durchsetzte, fand auch für den Reisenden sichtbaren

Ausdruck darin, dass in dem fortan »Tirol« genannten Land eigene Münzen geprägt wurden – zuerst in Meran, später in Hall – und dass hier ein eigenes Landrecht herrschte. Die im Land Tirol auch in späteren Jahrhunderten postulierten Eigenständigkeiten und die erlangten Sonderstellungen sind – mutatis mutandis – Vorstufen einer autonomistischen Grundhaltung, die sich regelmäßig bei auftretendem Gegendruck akzentuiert hat. Der Druck, der nach der Spaltung Tirols im 20. Jahrhundert auf Südtirol lastete, hat schließlich ein europäisches Ergebnis hervorgebracht: das Modell der Autonomie einer regionalen Einheit für ein Europa der Regionen.

Vom Nachteil des Nutzens
Südtirols Zukunft als touristisch attraktives Urlaubsland war aus dem Blickwinkel des Mittelalters und auch der nachfolgenden Jahrhunderte nicht absehbar. Es dauerte lange, bis die Reisenden ihre Reiseziele aus dem Interesse an der Landschaft zu wählen begannen. Der Zustand der Straßen und die Reisemittel waren nicht dazu angetan, Interessen solcher Art zu fördern. Die von den Römern für ihre Zwecke angelegten Straßen wurden in späteren Jahrhunderten oft sehr vernachlässigt. Die Instandhaltungspflichten, die im Mittelalter der Bevölkerung auferlegt wurden, waren eine erhebliche und verhasste Belastung. Durchziehende Heere, die diese Straßen nutzten, verbreiteten Angst und brachten jedenfalls Versorgungsprobleme mit sich. Dennoch waren die Straßen und Verbindungswege langfristig eine wirtschaftlich nutzbringende Einrichtung, die nicht nur den Maut und Zölle einhebenden Landesherren Vorteile gebracht hat. Entlang den Verkehrslinien entwickelte sich ein Dienstleistungs- und Gewerbewesen, das der anwohnenden Bevölkerung über Jahrhunderte Arbeit und Brot gab. Eine neue Erwerbsgrundlage, die sich zunehmend auch in die Seitentäler und auf entlegene Höhen verbreitete, hat die im Zuge der in der Romantik aufbrechenden Reiselust mit dem beginnenden Fremdenverkehr und Alpintourismus geschaffen.

Touristisches Reisen – eine Entdeckung der Spätromantik

Erst in allerjüngster Zeit sind die Verkehrswege, die ehemals Dörfer, Märkte und Städte in ein Wirtschaftssystem einbanden, durch die mit Überlandstraßen hergestellte Großräumigkeit, durch die Eigendynamik der europäischen Handels- und Transportwirtschaft zu einer um sich greifenden gesundheitlichen Bedrohung für die anliegende Bevölkerung geworden. Um dem absehbaren Kollaps vorzubeugen, macht man sich heute mit den Möglichkeiten der modernen Bautechnik daran, den seit jeher flachsten Alpenübergang der Zentralalpen mit einer Unterflurtrasse gleichsam waagrecht zu durchqueren. Wo sich einst römischer Imperialismus unaufhaltsam den Weg bahnte, lässt sich heute anscheinend das Gebot des Fortschritts nicht einbremsen. Beides stand und steht im Gegensatz zu einer europäischen Idee, die im Kern immer mehr sein wollte als eine fremdgesteuerte Größe und eine wirtschaftliche Dimension.

Südtirol hat sich bisher, an der Berührungslinie europäischer Kulturwelten zwischen den Nationen stehend und unter den Zugeständnissen an den Wohlstand fördernden Fremdenverkehr, seine historische und kulturelle Eigenart und Qualität noch einigermaßen bewahrt. Südtirol, das sich in seiner Geschichte aus den Erfahrungen als Land an europäischen Übergängen entwickelt hat, das im Wesen seiner Menschen eine durch friedliche Begegnung ebenso wie durch die Auseinandersetzung mit Fremdem geformte Identität heranwachsen ließ: Das Land Südtirol steht heute als lebendiges Beispiel dafür da, dass in Europa das Recht auf kulturelle Vielfalt nicht toter Buchstabe ist, oder, aus dem Blickwinkel des Alltags betrachtet, dass »Leben und Leben-Lassen« eine aus geschichtlicher Erfahrung erworbene Grundhaltung ist, die kulturelles Selbstbewusstsein und kulturelle Toleranz in entwicklungsoffener Weise einschließt.

Es hatte doch gleichsam sein Gutes, dass das Land die politischen Köpfe der europäischen Geschichte über die Jahrhunderte herauf lediglich als Durchreisende erlebt hat oder jedenfalls als vorübergehende Erscheinungen. Der Transitverkehr scheint diese gute Eigenschaft des Vorübergehenden nicht zu haben. Was einst mit dem Rhythmus, mit der Größenordnung und mit dem Tempo Fuß- oder Postkutschenreisender durch das Land zog, rollt heute als gewaltiges

Waidbruck

Verkehrsaufkommen ohne Innehalten und mit materieller Wucht durch und vorbei. Begegnung und Austausch, für die es ein natürliches Zeitpotential kaum noch gibt, haben sich auf andere Ebenen verlagert, wo sie eigens gepflegt werden oder wohlfeil einem indifferenten touristischen Interesse zur Verfügung stehen. Die alte Widerstandskraft des Landes gegenüber fremder Machtverfügung stößt an Grenzen. Wird sich Südtirol im Ringen um die Erhaltung seiner Eigenart mit der beharrlichen Einforderung, mit dem Erwerb, mit der Anpassung und Nutzung von Zuständigkeiten, so wie in seiner jüngeren Geschichte gegenüber dem italienischen Staatszentralismus, auch gegenüber dem mächtigen, nivellierenden Marktdiktat Europas behaupten können?

Literaturverzeichnis

Alte Landkarten. Von der Antike bis zum Ende des 19. Jahrhunderts, hg. von Ivan Kupcik. Hanau ³1985.

CARTELLIERI, Walther: Die römischen Alpenstraßen über den Brenner, Reschenscheideck und Plöckenpaß mit ihren Nebenlinien (Philologus, Suppl.Band XVIII/1, 1926).

DENGEL, Ignaz Philipp: Reisen mediceischer Fürsten durch Tirol in den Jahren 1620 und 1667/68. Veröffentlichungen des Museums Ferdinandeum VIII, (Innsbruck) 1928, S. 4.

DURIG, Josef: Beiträge zur historischen Geographie Tirols, Archiv der Geschichte Tirols Bd. 1 und 5, 1864.

FRASS, Hermann / Riedl, Franz H.: Historische Gaststätten in Tirol. Bozen / Innsbruck / Wien [1974].

GARBER, Josef: Die Reisen des Felix Faber durch Tirol in den Jahren 1483 und 1484 (Schlern-Schriften 3). Innsbruck 1923.

Gastfreundschaft, Taverne und Gasthaus im Mittelalter, hg. von Hans Conrad Peyer unter Mitarbeit von Elisabeth Müller-Luckner (Schriften des Historischen Kollegs. Kolloquien 3). München / Wien 1983.

GUDENUS, Ernst Freiherr von Eine Reise über den Brenner im 17. Jahrhundert, in: Der Schlern 5 (1924), S. 225/26 und 294/95.

HANKE, Georg (Hg): Die großen Alpenpässe. Reiseberichte aus neun Jahrhunderten. München 1967.

HASSINGER, Herbert: Zur Verkehrsgeschichte der Alpenpässe in der vorindustriellen Zeit. In: Vierteljahresschrift für Sozial- und Wirtschaftsgeschichte 66 (1979), S. 441–465.

HASSINGER, Herbert: Zollwesen und Verkehr in den österreichischen Alpenländern bis um 1300. In: Mitteilungen des Instituts für Österreichische Geschichtsforschung 73 (1965), S. 292–361.

Kaiser Heinrichs Romfahrt. Die Bilderchronik von Kaiser Heinrich VII. und Kurfürst Balduin von Luxemburg 1308–1313. München 1978.

Historischer Atlas der Schweiz, hg. von Hektor Ammann und Karl Schib. Aarau 1951. Karte 17: Die großen Verkehrswege des Mittelalters.

HUTER, Franz: Historische Städtebilder aus Alt-Tirol. Innsbruck / Wien / München 1967.

KREUER, Werner: Tagebuch der Heilig Land-Reise des Grafen Gaudenz von Kirchberg, Vogt von Matsch / Südtirol im Jahre 1470. Bearbeitung und Kommentierung des von seinem Diener Friedrich Staigerwallder verfaßten Reiseberichts (Essener Geographische Arbeiten 20). Paderborn 1990.

LOOSE, Rainer: Siedlungsgeschichte des südlichen mittleren Alpenraumes (Südtirol, Trentino, Bellunese) seit der Karolingerzeit. In: Tiroler Heimat 60 (1996), S. 5–86.

LOOSE; Rainer (Hg): Von der Via Claudia Augusta zum Oberen Weg. Leben an Etsch und Inn. Westtirol und angrenzende Räume von der Vorzeit bis heute (Schlern-Schriften 334). Innsbruck 2006.

LINDGREN, Uta: Alpenübergänge von Bayern nach Italien 1500–1850. München [1986].

LUDWIG, Friedrich: Untersuchungen über die Reise- und Marschgeschwindigkeit im XII. und XIII. Jahrhundert. Berlin 1897.

MÜHLBERGER, Georg: Die Kultur des Reisens im Mittelalter. In: Pässe, Übergänge, Hospize. Lana (1999), S. 52–88.

MUMELTER, Norbert: Der Kuntersweg. Die Überwindung der Eisackschlucht »zwischen Botzen und Trostperch«. Karneid 1984.

NOFLATSCHER, Heinz (Hg): Der Deutsche Orden in Tirol. Die Ballei an der Etsch und im Gebirge. (Quellen und Studien zur Geschichte des Deutschen Ordens 43). Bozen / Marburg 1991.

OHLER, Norbert: Reisen im Mittelalter. München [²1988].

PARDELLER, Josef: Die alten Fernwege über das Stilfser- und das Wormserjoch. In: Der Schlern 28 (1954), S. 292–295.

PAULI, Ludwig: Wege und Reisen über die Alpen von der Urzeit bis ins Frühmittelalter. In: Lindgren, Uta (Hg.): Alpenübergänge von Bayern nach Italien 1500–1850. München 1986, S. 11–19.

PEYER, Hans Conrad (Hg): Gastfreundschaft, Taverne und Gasthaus im Mittelalter. (Schriften des Historischen Kollegs, Kolloquien 3). München / Wien 1983.

PIZZININI, Meinrad: Tirol im Kartenbild bis 1800. Ausstellung des Tiroler Landesmuseums Ferdinandeum Innsbruck zum 40. Geographentag. Innsbruck 1975.

RIEDMANN, Josef: Verkehrswege, Verkehrsmittel. In: Rachewiltz, Siegfried de / Riedmann, Josef (Hg.): Kommunikation und Mobilität im Mittelalter, Begegnungen zwischen dem Süden und der Mitte Europas (11.–14. Jahrhundert). Sigmaringen 1995, S. 61–75.

RUTZ, Werner: Die Alpenüberquerungen, ihre Verkehrseignung, Verkehrsbedeutung und Ausnutzung durch Verkehrswege (Nürnberger Wirtschafts- und sozialgeographische Arbeiten 10). Nürnberg 1969.

SCHMID, Alois: Bayern und Italien vom 7. bis zum 10. Jahrhundert. In: Beumann, H. / Schröder, W. (Hg.): Die transalpinen Verbindungen der Bayern, Alemannen und Franken bis zum 10. Jahrhundert (Nationes. Historische und philologische Untersuchung zur Entstehung der europäischen Nationen im Mittelalter, 6). Sigmaringen 1987, S. 51–91.

SCHMUGGE, Ludwig: Zu den Anfängen des organisierten Pilgerverkehrs und zur Unterbringung und Verpflegung von Pilgern im Mittelalter. In: Peyer, Hans Conrad (Hg.): Gastfreundschaft, Taverne und Gasthaus im Mittelalter (Schriften des Historischen Kollegs, Kolloquien 3). München / Wien 1983, S. 37–60.

STOLZ, Otto: Geschichte des Zollwesens, Verkehrs und Handels in Tirol und Vorarlberg von den Anfängen bis ins 20. Jahrhundert (Schlern-Schriften 108). Bozen 1953.

VÖLKL, Karl: Der Obere Weg. In: Der obere Weg, hg. vom Südtiroler Kulturinstitut, Bozen 1965/67, S. 89–102.

Georg Mühlberger, geboren 1945 in Montan, studierte Germanistik sowie Geschichte an der Universität Innsbruck und unterrichtete anschließend viele Jahre lang am Humanistischen Gymnasium »Walther von der Vogelweide« in Bozen. 1986 trat er in die Laufbahn der Schulführungskräfte ein und leitete als Direktor die Realgymnasien in Sterzing, in Meran und zuletzt jenes in Bozen. Neben seiner beruflichen Tätigkeit verfasste er zahlreiche historische und landeskundliche Arbeiten.

Schloss Tirol

Emanze

**MARGARETE VON TIROL
1318–1369**

Als man sie verheiratet, ist Margarete zwölf und ihr Angetrauter gerade mal acht. Das ist nicht ungewöhnlich für eine Zeit, in der Grafen, Fürsten und Könige in einer Ehe vor allem ein Werkzeug für strategische Allianzen sehen. Ungewöhnlich aber ist, was Margarete aus ihrem Schicksal macht. Mit 23 wird sie ihren Mann aus dem Haus werfen, sich einen neuen suchen und damit einen Skandal provozieren, der sogar den Papst involviert.

Margaretes Großvater Meinhard II. ist als Graf von Görz und Herzog von Kärnten erst 1271 in den Besitz von Tirol gekommen. Durch sein umsichtiges Regieren vereint er das Land zu einer eigenständigen Grafschaft. Das weckt das Interesse der großen Herrscherhäuser, der Wittelsbacher, Luxemburger und Habsburger. Sie wissen: Wer Tirol besitzt, kontrolliert den Übergang zwischen Deutschland und Italien.

Margaretes Vater Heinrich hat nicht das Format eines Meinhard II. Er verprasst sein Vermögen. Der Versuch, sich als König von Böhmen zu etablieren, scheitert. Zu allem Überfluss bleiben auch noch seine drei Ehen ohne Sohn. Also wird die kleine Margarete zur potenziellen Erbin von Tirol – und zur guten Partie. Das Werben um sie gewinnen die Luxemburger. Das Mädchen ist erst neun, als es dem fünfjährigen Johann Heinrich versprochen wird, einem Sohn des böhmischen Königs. Die beiden Kinder wachsen fortan zusammen in Tirol auf, werden sich aber nie sympathisch. Auch nach der Hochzeit nicht. Die Literatur beschreibt den jungen Mann als Rüpel. Margarete wird später öffentlich behaupten, die Ehe sei wegen einer Impotenz Johann Heinrichs nie vollzogen worden.

Die beiden sind offiziell seit fünf Jahren verheiratet, als 1335 Margaretes Vater stirbt. Die Habsburger und Ludwig der Bayer, ein Wittelsbacher und zu der Zeit römisch-deutscher Kaiser, nutzen die Gelegenheit und besetzen Teile von Tirol und Kärnten, worauf die Luxemburger mit Truppen aufmarschieren. Erst nach einem Jahr Krieg ziehen sich die Streithähne zurück und die 18-jährige Margarete könnte ihre Regentschaft antreten.

Tatsächlich übernimmt die angeheiratete Verwandtschaft das Kommando. Margaretes Schwager, der spätere Kaiser Karl IV., setzt sich kurzerhand als Regent von Tirol ein, wichtige Ämter werden mit Beamten und Günstlingen aus Böhmen besetzt. Als Margaretes Ehemann und sein Bruder Karl 1340 verreisen, zettelt sie mit Tiroler Adeligen einen Aufstand gegen die böhmische Fremdherrschaft an. Er wird mit Unterstützung des Bischofs von Trient niedergeschlagen, einige der Tiroler Anführer landen am Galgen.

Margarete aber gibt nicht mehr auf. Sie ruft Ludwig den Bayer zu Hilfe und organisiert einen neuen Aufstand. Ihrem Ehemann, der gerade von einem Jagdausflug zurückkehrt, versperrt sie den Zugang zum Schloss Tirol. Er muss nach Norditalien flüchten. Ein halbes Jahr später, 1341, heiratet Margarete einen Sohn des Kaisers, Ludwig den Brandenburger.

Skandal! Papst Clemens VI. ergreift offen Partei für die gedemütigten Luxemburger. Er belegt die neue Ehe mit dem Kirchenbann und ganz Tirol über Jahre hinaus mit einem Interdikt, das alle religiösen Feiern verbietet. Als bald darauf die Pest durchs Land zieht, glaubt das Volk natürlich an eine Strafe Gottes für den Lebenswandel seiner Herrscherin. Immer wieder versuchen Margarete und Kaiser Ludwig, den Vatikan zu einer Annullierung der ersten Ehe zu bewegen. Aber der Papst ist gut Freund mit Margaretes Noch-Schwager Karl IV. Und Ludwig liegt seit vielen Jahren im Streit mit der Kirche, weil er sich gegen den Willen des Papstes zum Kaiser krönen ließ. Mehrmals haben sich Kaiser und Papst gegenseitig für abgesetzt erklärt. So ist Margarete wieder nur eine Figur im Spiel um höhere Interessen.

Der Papst und die Luxemburger versuchen ihrerseits, den Tiroler Adel zu einem Putsch gegen Margarete zu bewegen. Dieser scheitert genauso wie 1347 eine Belagerung von Schloss Tirol durch Karl IV. Auf dem Rückzug steckt er Meran in Brand. Nun endlich können sich Margarete und ihr zweiter Mann als Regenten von Tirol durchsetzen. Sie tun es mit harter Hand. Den Bann über Margaretes zweiter Ehe und das Interdikt über Tirol hebt der Papst jedoch erst 1359 auf. Zwei Jahre später stirbt ihr zweiter Mann, kurz darauf auch ihr einziger Sohn. Gebrochen zieht Margarete sich nach Wien zurück und vermacht Tirol den Habsburgern. Von ihr sind keine Bilder erhalten geblieben. So kann bald nach ihrem Tod das Gerücht entstehen, Margarete »Maultasch« sei ausgesprochen hässlich gewesen, eine männermordende Hure mit entsetzlich entstelltem Mund. Nur so lässt sich im damaligen Tirol erklären, warum eine Frau ihren Ehemann vor die Tür setzt.

1347	1349	1363
Eine Pestepidemie erreicht Europa. Ein Drittel der Bevölkerung stirbt.	Europaweite Pogrome gegen Juden, denen man die Schuld an der Pest gibt.	Die Habsburger übernehmen die Herrschaft über Tirol.

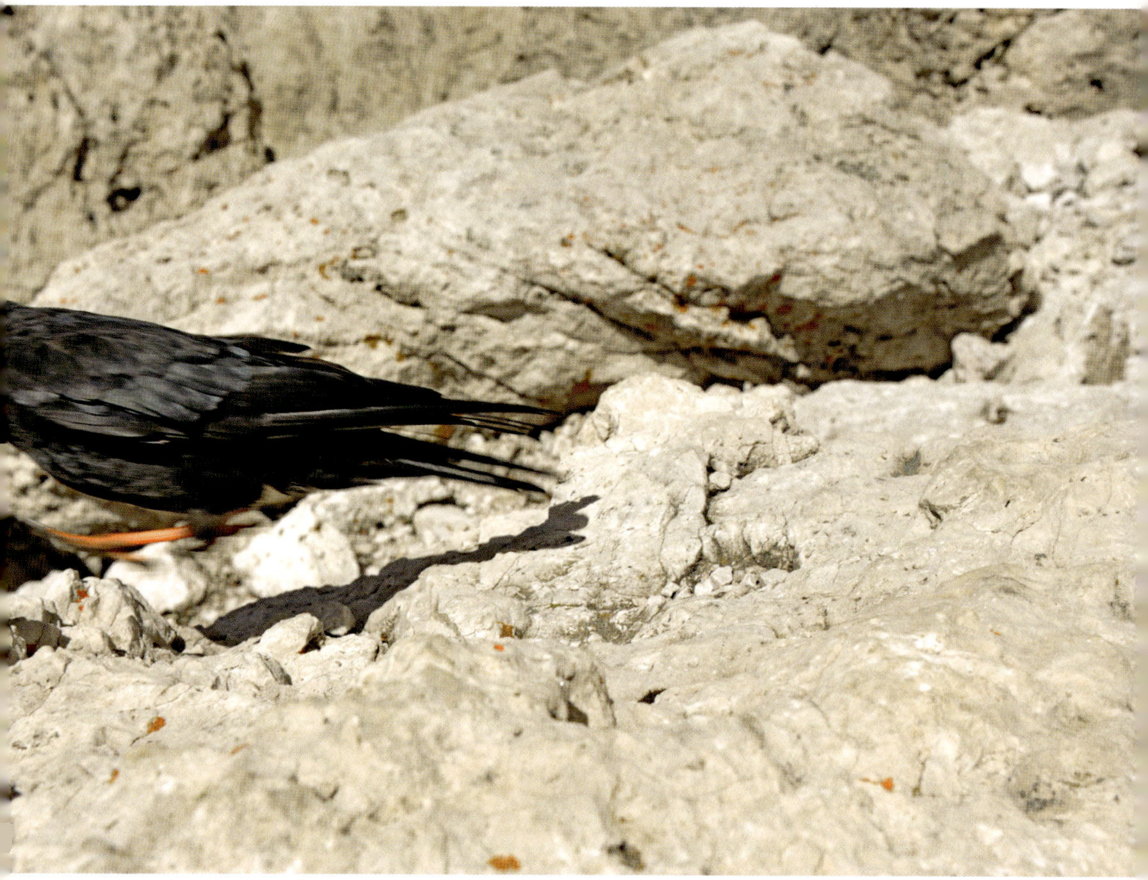

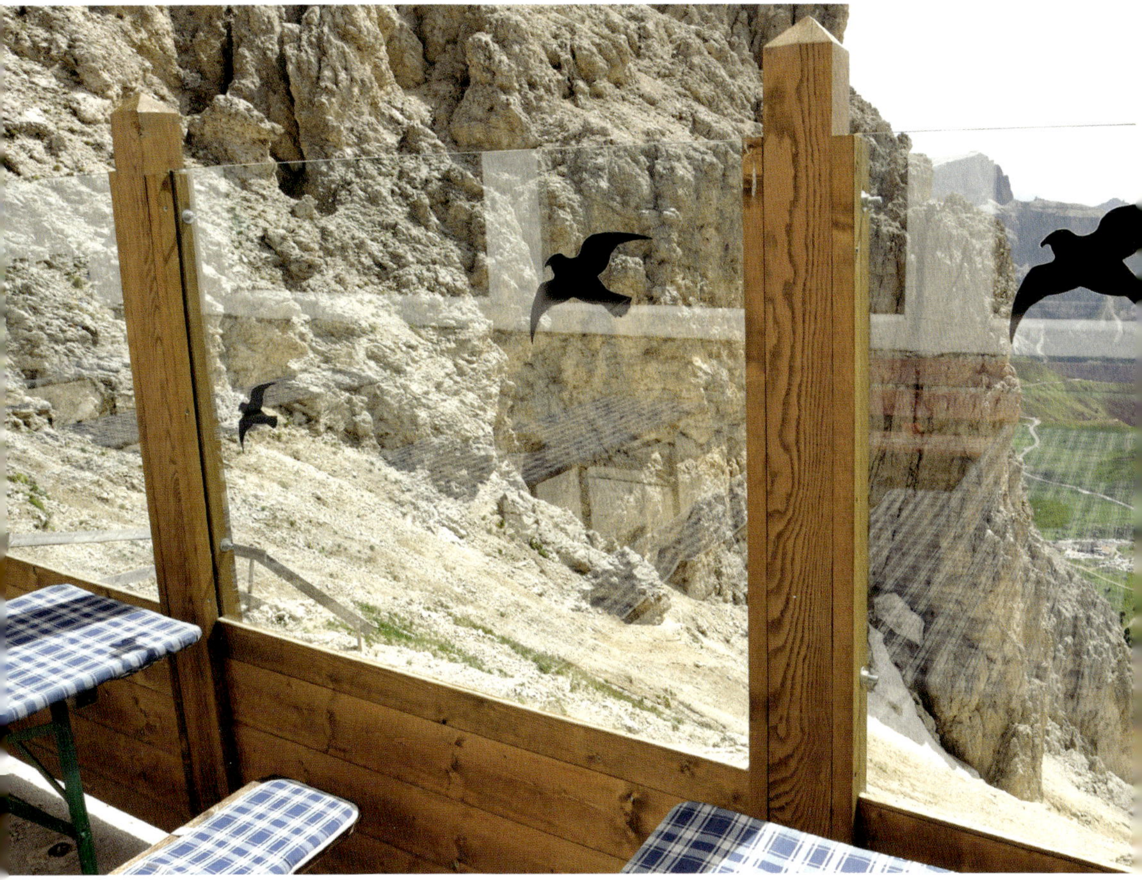

Rut Bernardi

Wie ladinisch ist Ladiniens Sagenwelt?
AUF DER SUCHE NACH DEM VERLORENEN PARADIES

WER sagt WIE zu WAS?
Wenn von der ›Sagenwelt Ladiniens‹ die Rede ist, bedarf es vorerst einiger Begriffsbestimmungen, da eine fundierte wissenschaftliche Untersuchung darüber in der ladinischen Sprachwissenschaft bzw. Literatur- oder Sagenforschung, die Untersuchungen von Ulrike Kindl[1] ausgenommen, noch nicht stattgefunden hat.

LIJENDA: Sage, Legende, Erzählung oder Märchen?

Die in den sechs offiziellen ladinischen Idiomen gebräuchlichen Termini, die als Entsprechungen für ›Sage‹ als »mündlich überlieferte Erzählung historischen oder mythologischen Inhalts«[2], bzw. ›leggenda‹ als »in der Tradition Geschehenes, jedoch ohne beweisbare Dokumente«[3] verwendet werden, sind ›lijenda‹ oder ›contia‹. Dabei es gilt, die ladinischen Talschaften klar zu unterscheiden, sei es in Hinsicht der ladinischen Benennungen der Erzählkonstrukte, wie auch der Lokalisierung der einzelnen Sagen.

> Dolomitenladinisch: Provinz Bozen: gherdëina (Grödental): lijënda (›Sage‹ Forni – 2002); badiot (Gadertal): liënda (›Legende‹ Mischì – 2000); mareo (Enneberg): lionda, fabola (›Legende‹ DLS – Dizionar dl Ladin Standard – 2002); Provinz Trient: fascian (Fassatal): lejenda, contìa (›leggenda‹ DILF – Dizionario Italiano – Ladino Fassano – 1999); Provinz Belluno: fodom (Buchenstein): lejenda (›leggenda‹ DLS); ampezan (Cortina d'Ampezzo): lejenda (›leggenda‹ DLS), štoria (›leggenda, favola‹ Voc. Italiano – Ampezzano – 1997); ladin dolomitan (Standardschriftsprache): lijenda (›Legende, leggenda‹ DLS); rumantsch grischun (Standardschriftsprache Graubünden): ditga (›Sage‹ Pledari grond – 1993); furlan (Friaul): liënde, lejende (›leggenda, racconto‹ Il nuovo Pirona – 1967).

Zu beachten ist, dass der italienische Terminus ›leggenda‹ die beiden deutschen Begriffe ›Sage‹ und ›Legende‹ subsumiert; der ladinische Begriff ›lijenda‹ entspricht semantisch jedoch eher der deutschen Sage und dem Märchen.
Der Begriff ›contia‹ bezieht sich mehr auf die Erzählung und die Geschichte, italienisch ›racconto, storia‹, und der Begriff ›lijenda‹ wird wiederum oft mit dem Terminus ›fabula‹, der Fabel und dem Märchen, italienisch ›fiaba, favola‹, in Verbindung gebracht.

Erwähnenswert ist die Tatsache, dass in den ladinischen Wortlisten und Wörterbüchern, die älter als 50 Jahre sind, das Stichwort ›lijenda‹ gar nicht und ›contia‹ nur selten für ›Sage‹ oder ›leggenda‹ gefunden wurden.

> Theodor Gartner: Die Gredner Mundart. Linz, 1879.
> Die Stichwörter Legende und Sage kommen nicht vor. Beleg nur für: ›štǫriä‹ Geschichte.
> Theodor Gartner: Ladinische Wörter aus den Dolomiten. Halle 1923.
> Erzählung: ›rakónt‹ und Märchen: ›filaštǫka‹; Geschichte: ›štǫria‹; Geschichtchen: ›uštǫria‹.
> Hugo von Rossi: Ladinisches Wörterbuch. Vocabolario ladino (brach) – tedesco con traduzione italiana. Ulrike Kindl; Fabio Chiocchetti (Hg.). Vich, Ist. Cult. Lad., Universität Innsbruck, 1999. Rossi hat dieses Wörterbuch 1923 veröffentlicht.
> Beleg für: ›kontía‹ Geschichte, Erzählung; ›stória‹ Geschichte.
> Angelo Majoni: Cortina d'Ampezzo nella sua parlata. Vocabolario ampezzano. Forlì 1929.
> Die Stichwörter ›leggenda‹, ›racconto‹ und ›storia‹ kommen nicht vor.
> Archangelus Lardschneider-Ciampac: Wörterbuch der Grödner Mundart). Innsbruck 1933.
> Die Stichwörter ›lijenda‹ und ›contia‹ kommen nicht vor.
> Belege nur für: ›fabula‹: Fabel, unwahre Erzählung; ›stória‹: Geschichte, Erzählung.
> W. Theodor Elwert: Die Mundart des Fassa-Tals. Unveränderter Nachdruck der 1943 erschienenen Abhandlung nebst vier ergänzenden Aufsätzen. Wiesbaden 1972.
> Beleg nur für: ›contià‹: Märchen.
> Giuseppe Sergio Martini (Hg.); A. Baldissera; F. Pizzinini; F. Vittur: Vocabolarietto Badiotto – Italiano. Firenze 1950.
> Die Stichwörter ›lijenda‹ und ›contia‹ kommen nicht vor.
> Giuseppe Sergio Martini: Vocabolarietto Gardenese – Italiano. Firenze 1953.
> Die Stichwörter ›lijenda‹ und ›contia‹ kommen nicht vor. Belege nur für: ›stòria‹: storia, favola, racconto.
> Gottfried Moroder Doss: 1. Wörterbuch Deutsch – Grödnerisch. Sëlva 1953.
> 2. Wörterbuch Deutsch-Grödnerisch. IMdR, Sëlva 1955–71.
> Belege für: Erzählung: ›štoria‹, ›kunteda‹; Geschichte: ›štoria‹; Märchen: ›fabula‹;
> Mär: ›nuvela‹; Legende: ›legende‹, ›libr d'la vita di sanč‹; Sage: ›soge‹, ›lěđënda‹.
> Antone Pizzinini: Parores Ladines. Innsbruck 1966.
> Belege für: ›fabola‹: Fabel, unwahre Geschichte; ›stòria‹: Geschichte, Erzählung; ›legènda‹: Legende.
> Massimiliano Mazzel: Dizionario Ladino Fassano (cazét) – Italiano. Vigo di Fassa 1976.
> Belege für: ›patòfià‹: racconto che ha dell'inverosimile (Lügengeschichte); ›contià‹: lungo racconto (lange Erzählung), favola, leggenda; ›falòpa‹: breve racconto inverosimile (unwahre Kurzgeschichte). Es fehlt: ›lijenda‹.

Erst in den 50er Jahren des letzten Jahrhunderts finden wir im Manuskript der Wörterbücher von Gottfried Moroder Doss erste Versuche, den deutschen Begriff ›Sage‹ und den italienischen Begriff ›leggenda‹ zu ladinisieren, wobei die orthographische Unsicherheit noch deutlich zu sehen ist: Legende: ›legende‹, ›libr d'la vita di sanč‹ (Buch der Heiligenviten); Sage: ›soge‹, ›lěđënda‹.

Hervorzuheben ist einzig das Manuskript der »Märchen und Sagen aus dem Fassatal« des Fassaners Hugo von Rossi, welchem der Autor in den 20er Jahren des letzten Jahrhunderts den ladinischen Titel »Veies dič e kontie de Val de Faša«[4] (Alte Sprichwörter und Erzählungen aus dem Fassatal) hinzufügt, wobei der Begriff ›kontie‹ wahrscheinlich zum ersten Mal schriftlich verwendet wird. De Rossi führt ›kontía‹ auch in seinem 1914 verfassten und 1923 veröffentlichten Wörterbuch[5] an.

Weiters ist für das Fassanische der Begriff ›patofia‹ für italienisch ›favola; fiaba; racconto (storiella)‹[6] hervorzuheben. ›Patofia‹ scheint, laut Information der fassanischen Sprachwissenschaftlerin Dr. Nadia Chiocchetti, im Fassatal ein relativ alter Ausdruck für eine sagenhafte Erzählung zu sein, doch im alltäglichen Gebrauch auch für Erzählung mit zweifelhaftem Wahrheitsgehalt. Der Fassaner Simon Soraperra de Giulio (1912–1987), Verfasser vieler ladinischer Reime, Erzählungen und Komödien, definiert die ›patofia‹ als erzählende Gattung humoristischer Natur, die sich im Gegensatz zur ›contia‹ immer auf eine historische Gestalt oder Tatsache bezieht.[7] Daraus ist zu folgern, dass der Begriff ›lijenda‹ und sogar ›contia‹ relativ junge Wortschöpfungen in den ladinischen Idiomen sind und als Bezeichnungen für den deutschen Begriff ›Sage‹ und ›Erzählung‹ als geeignet empfunden wurden. Seit den 1980er Jahren wird im Grödnerischen durchgehend der Begriff ›liejënda‹[8] und späterhin ›lijënda‹[9] gebraucht. Im Fassatal wird hingegen häufiger der Name ›contia‹ für ›Sage‹ bzw. ›Märchen‹ verwendet.

> Sagenhafte Erzählung oder Erzählung mit zweifelhaftem Wahrheitsgehalt

Im »Etymologisches Wörterbuch des Dolomitenladinischen« von Johannes Kramer findet sich unter dem ladinischen Stichwort ›legenda‹ die bestätigende Äußerung: »Schriftsprachlicher Italianismus, der in letzter Zeit zur Bezeichnung der mündlichen Erzählung (besonders in der Umformung durch Karl Felix Wolff) einige Popularität gewinnt.«

Der Begriff ›contia‹ wird im etymologischen Wörterbuch von Kramer leider nicht behandelt. Gesamtladinisch ist das Verb ›conté‹ für ›erzählen‹ gebräuchlich und bildet so in allen Idiomen das Substantiv ›contia‹ für ›Erzählung‹.

> Erzählen, berichten: Grödn.: ›cunté‹; Gadert.: ›cuntè‹; Fass.: ›contèr‹; Buchenst.: ›conté‹; Ampezz.: ›contà‹; LD: ›conté‹. (Dizionar dl Ladin Standard – 2002).
> Erzählung: Grödn.: ›cuntia‹; Gadert.: ›cuntia‹; Fass.: ›contia‹; Buchenst. und Ampezz.: //; ›storia‹; LD: ›contia‹. (Dizionar dl Ladin Standard – 2002).

Etymologisch ist der ladinische Begriff ›lijenda‹, wie bereits erwähnt, selbstverständlich mit dem italienischen ›leggenda‹ in Verbindung zu setzen. Im Altitalienischen, wie auch im Friaulischen bedeutete ›lienda‹: ›cosa noiosa che si ripete e non finisce più‹[10] (langweilige Sache, die sich wiederholt und nicht endet), und die semantische Entwicklung des Lateinischen legĕnda ›Legende‹ führt in der Romania (vom

Portugiesischen bis zum Rumänischen) zu den Bedeutungen ›Streit‹, ›Weitschweifigkeit‹ bis hin zu ›Totenklage‹[11]. Der neulateinische Plural legènda bedeutet ›cose da leggere‹[12] (Lesenswertes).

WAS wird WO erzählt?
Werfen wir einen Blick auf inhaltliche Definitionen dieser eben genannten Begriffe! Dabei halten wir uns wegen des Nachbarverhältnisses zwischen dem deutschen und ladinischen Kulturraum an deutschsprachige Fachliteratur.
Die Textsorte ›Sage‹ wird von Max Lüthi folgendermaßen definiert: »[…] die Sage […] blickt gebannt nach der anderen Welt hin. Sie erzählt von der erregenden und verwirrenden Begegnung des Menschen mit Jenseitigen aller Art: mit Toten und Unterirdischen, mit Wald- und Wasserwesen, Felddämonen, Hauskobolden, mit Berggeistern, Riesen und Zwergen.«[13]
Die im Deutschen mit dem Begriff ›Legende‹ benannte Erzählprosa wird auch als Unterform der Sage eingestuft: »Klassifizierungsschema für Sagen, nach der Budapester Konferenz von 1963 (Aarne-Thompson): 1. Ätiologische Sage; 2. Historische und kulturhistorische Sage; 3. Mythische Sage; 4. Legenden. Ausnahmslos alle Sagen, die sich in den großen Sammlungen des XIX. Jh.s finden, lassen sich unter der einen oder anderen Klasse subsumieren, und auch die ladinischen Sagen, die uns Alton, Schneller, Vittur usw. überliefert haben, lassen keinen Zweifel an ihrer unproblematischen Sagentypie. Da wimmelt es von Teufels-, Hexen- und Totensagen, von Spukerzählungen und Schatzsagen, kurzum: es ist alles da, was eine Sagentradition rund und ganz macht.«[14]
Ulrike Kindl klassifiziert die ladinischen Dolomitensagen in »jenem dritten Erzählsubstrat […], das von den Systematikern verlegen in die Ecke der ›Mythischen Erzählungen‹ abgeschoben wird.«[15] Doch diese – nach Maßgabe deutscher Definitionsgründlichkeit verwirrende Mehrdeutigkeit – störte Karl Felix Wolff überhaupt nicht. Er machte »zwischen ›Sagen‹ und ›Märchen‹ im volkskundlichen Sinn keinen großen Unterschied […]; vermutlich unterschied er höchstens im Sinne der Grimm die mehr ›poetischen‹ Märchen von den eher ›historischen‹ Sagen, und was ihm vorschwebte, war daraufhin so etwas wie eine ›poetische‹ Sage.«[16]

> Das Märchen ist poetischer, die Sage historischer.

»Das Märchen ist poetischer, die Sage historischer; jenes stehet beinahe nur in sich selber fest, in seiner angeborenen Blüte und Vollendung; die Sage, von einer geringern Mannigfaltigkeit der Farbe, hat noch das Besondere, dass sie an etwas Bekanntem und Bewusstem haftet, an einem Ort oder einem durch die Geschichte gesicherten Namen.«[17]
In der ladinischen Erzählprosa gibt es also keine so klare Begriffsunterscheidung zwischen Sage, Legende, Erzählung und Märchen. »[…] in diesem Prozeß wechsel-

seitiger Einflüsse gewinnt eine nach deutschem Verständnis eindeutige Sage oder historische Legende märchenhafte Züge, so daß ein Mischtyp entsteht, den der italienische Begriff der ›leggenda‹ noch am ehesten umreißt [...].«[18]

Die Ladiner unterscheiden keineswegs zwischen poetischerem Märchen und historischerer Sage, denn, wie Ulrike Kindl richtigerweise hervorhebt, kann eine mündlich überlieferte Erzähltradition, und dazu gehört die ladinische zweifelsfrei, keine geschichtlich verifizierbaren Tatsachen aufweisen. Der Geschichtsbegriff unseres heutigen Weltbildes, mit dem Prinzip der historischen Verifizierbarkeit, kann nicht auf die Geschichtsvorstellung einer mündlichen Erzählkultur übertragen werden.[19]

Die ladinischen Erzählungen sind mündlich überliefert.

Mittlerweile scheint in sämtlichen fünf ladinischen Idiomen der Begriff ›lijenda‹ einer Klarheit zugeführt. Wenn in Ladinien von ›lijendes‹ die Rede ist, so herrscht mittlerweile der Konsens, dass damit die Wolffschen »Dolomitensagen«, ›Les lijendes dles Dolomites‹ gemeint sind.

Die Verlegenheit vonseiten der Fachwelt, für die Erzählprosa Ladiniens eine systematische Einteilung zu finden, kann durchaus daher rühren, dass kaum eine »schützende Einschmelzung in den christlichen Kosmos«[20] stattgefunden hat. Diese ›verpasste‹ Einschmelzung könnte das Überleben unverständlicher Motive, wie die der ›Mondtochter‹ oder der ›Sonnentochter‹, die sich nur schwer den gängigen Kategorien zuordnen lassen, erklären. Die deutsch-tirolerischen mythischen Vorstellungen sind demgegenüber bruchlos in den gängigen Verständnishorizont eingeschmolzen.[21]

Es könnte sein, dass die Einschmelzung der ladinischen Sagen in den christlichen bzw. patriarchalen Kosmos zu gegebener Zeit aus sprachlichem Unverständnis nicht stattgefunden hat. Ladinisches Erzählgut, von Generation zu Generation mündlich überliefert, wurde von den ›Mächtigen‹ nicht verstanden und somit nicht ›verwandelt‹, ›eingenommen‹ oder ›vereinnahmt‹. Die ersten schriftlichen Übersetzungen ins Deutsche oder ins Italienische der ladinischsprachigen Sagen und Legenden erfolgten frühestens Anfang des 19. Jahrhunderts.

In der Sage der Mondprinzessin ist zum Beispiel das Prinzip der Matrilokalität und im Faneszyklus das der Matrilinearität noch unverkennbar vorhanden. Matrilokalität bedeutet, dass die direkten Verwandten, auch wenn sie erwachsen sind, im Sippenhaus der Mutter wohnen bleiben, und Matrilinearität, dass die Kinder den Namen der mütterlichen Sippe erhalten und das Eigentum von der Mutter auf die Tochter vererbt wird.[22] Die Mondprinzessin hält es auf der Erde nicht aus. Sie muss nach Hause, auf den Mond, zurückkehren, bis die dunkeln Berge in bleiche verwandelt werden. Und im Reich der Fanes sind die Zwillingsmädchen Dolasila und Luianta die Erstgeborenen und somit die Erbinnen.

Eine zur Zeit dieses Assimilierungsprozesses nicht mehr verständliche Vorstellungswelt wurde unverändert übernommen und weitergegeben. Wären diese unerklärbaren und unklassifizierbaren Motive verstanden worden, hätte der historisierende Zwang der Textsorte ›Sage‹ sie bald zeitgemäß verwandelt. Mond- und Sonnentochter wären zu einer Saligen, Gana oder Vivena geworden.[23]

Tatsächlich existierende Örtlichkeiten?
Vereinbar mit der Entsprechung ladinisch ›lijenda‹ – deutsch ›Sage‹ erweist sich auch folgende Begriffsdefinition von Friedrich Ranke: »Inhaltlich umfaßt sie [die Sage] das breite Spektrum menschlicher Auseinandersetzungen mit seiner eigenen und der ihn umgebenden Natur, mit der historischen Realität und der transzendenten Welt. So gesehen ist die Sage eine ›Urform menschlicher Aussage‹ und gehört als dichterische Form zu den ›ontologischen Gattungs-Archetypen‹, die wie alle diese Formen volkstümlicher Dichtung Grundbedürfnissen der menschlichen Psyche entspringen.«[24] Die Grundlegung und profundere Darstellung darüber geht meines Erachtens zurück auf das in diesem Zusammenhang sehr empfehlenswerte Werk »Einfache Formen« von André Jolles aus dem Jahre 1930.
Weiters schreibt Friedrich Ranke schon 1925: »Eine große Anzahl von Volkssagen verdankt ihre Entstehung dem Bedürfnis des Volkes nach einer Erklärung für gewisse auffallende reale Gegebenheiten seiner Umwelt. Eine Erscheinung in der Natur, […], aber auch auffallende Formen etwa eines Steines oder Berges, […] deren ganzer Sinn und Wert kein anderer ist als eben die Beantwortung der Frage nach dem Warum? […] das […] Prinzip der ätiologischen Sagenentstehung […].«[25]
Gerade diese »Auseinandersetzungen mit seiner eigenen und der ihn umgebenden Natur« und die »Grundbedürfnisse der menschlichen Psyche nach Erklärungen« hat der Ladiner in seinen ladinischen Sagen zahlreich entwickelt. Die Orte, an denen die Sagen spielen, werden durchwegs benannt, wie zum Beispiel das Fanesgebiet, der Berg Mont Poure, die Ortschaften Pera und Moncion im Fassatal, das Durontal, die Mastlé-Alm oder der Limo-See. Auch Sagen mit Erklärungen für Naturerscheinungen sind unübersehbar, wie zum Beispiel die rote und warme Croda Rossa, das Blühen des Rosengartens oder der Bergsturz der Torwände von Pontives in Gröden.

> Die Orte, an denen die Sagen spielen, werden benannt.

Als Paradebeispiel sei hier nochmals auf die Sage der ›Bleichen Berge‹ mit der ›Mondprinzessin‹ verwiesen. Diese Dolomitensage erklärte den Ladinern über Jahrhunderte, wenn nicht über Jahrtausende, erzählerisch, warum das Gestein der Dolomiten so hell ist. Doch heute können die Schulkinder Ladiniens auf die Frage nach den ›Bleichen Bergen‹ nur noch mit der chemischen Formel des französischen Geologen Deodat de Dolomieu antworten, der zur Zeit der Aufklärung das helle Dolomitgestein genauer untersuchen ließ, so dass die Dolomiten nach ihm benannt wurden. Das Dolomitgestein ist zusammengesetzt aus Kalzium-Magnesium-Karbonat mit allen Übergängen bis zum reinen Kalkstein. Die Mondprinzessin kennen die Schüler aber nicht mehr.

Langkofel

Im Gegensatz zur imaginierten Welt, wie sie uns von den Dolomitensagen überliefert worden ist, sind die historisch verifizierbaren Zeugnisse und die wissenschaftlich beweisbaren Tatsachen unseres aufgeklärten Weltbilds äußerst dürftig. Die Dolomitensagen lieferten den Ladinern ein Erklärungsmodell vom Anfang und vom Ende der Welt, vom Werden göttlicher Schöpfung und menschlicher Ordnung und schließlich von der Vergangenheit für die Jetztzeit.[26] Ob dieser imaginierten Welt ein historisch nachweisbarer Kern zu Grunde liegt, spielt überhaupt keine Rolle. Wichtig ist allein, dass die Idee von der Möglichkeit eines ursprünglichen Seins, zumindest als Traumbild, bewahrt bleibe.

Glaube ist nötig

Den gerade erwähnten Äußerungen zufolge verlangt die Sage laut Ranke ihrem Wesen nach, »dass sie geglaubt werde, vom Erzähler wie vom Hörer; sie will Wirklichkeit geben, Dinge erzählen, die wirklich geschehen sind. Das Märchen erhebt diesen Anspruch nicht, es verlangt keinen Glauben, […] die Wahrheit des Märchens liegt in einer anderen Sphäre als die der Sage; die Sage gehört ihrem eigenen Bewußtsein nach der Welt der Wirklichkeit an, gehört zum Wissen des Volkes […].«[27]

Hier haben verständlicherweise Urteile und Bewertungen, die von unserem heutigen Weltbild ausgehen, nichts zu suchen. Denn: »Sagen sind immer wahr, d. h. sie geben einen subjektiven Wahrheitsgehalt wieder, der für den Erzähler außer Zweifel steht, und sei es für den ›aufgeklärten‹, d. h. einem anderen Weltbild verhafteten Zuhörer auch der größte Unsinn.«[28]

Interessanterweise, oder sagen wir lieber glücklicherweise, hat das Prinzip des ›subjektiven Wahrheitsgehalts‹ einer Sage manchmal bis in die heutige aufgeklärte Zeit Gültigkeit. Im Fassatal ist von einem wirklich existierenden Vivanhof die Rede, der sein Glück einer Gana, die einst den damaligen Bauern geheiratet hat, verdankt. Noch im Jahre 1986 versichert ein Fassaner dem Volkskundler und Ethnologen Cesare Poppi[29], der eben in diesem Jahr im Fassatal eine flächendeckende Erhebung und Verifizierung mündlichen Erzählgutes durchführte, sein Urgroßvater habe diese seltsame ›Vivena‹ (wie die Ganes in Fassa genannt werden) auf dem Vivanhof in Mazzin gekannt.[30]

An dieser Stelle kurz eine selbst erlebte Anekdote: Als Ladinischlehrerin erzählte ich elfjährigen Schülern die Sage der Mondprinzessin. In keiner anderen Unterrichtsstunde hörten die Schüler dermaßen aufmerksam zu, dass sich mir anschließend die Frage aufdrängte: Funktionieren die längst verloren gegangenen Welterklärungsmuster doch noch besser als die wissenschaftlichen? Die Faszination der Sagen und ihre Wirkung sind auf jeden Fall bis heute erhalten geblieben.

Wie ladinisch sind König Laurin und sein Rosengarten?

Die Frage ist, ob es einen ›Ur-Laurin‹ gegeben hat, der nur das Rosengartenmotiv enthielt, ohne Zwergensage, lange bevor ein Tiroler Wanderdichter im 13. Jahrhundert DEN ›Laurin‹ gedichtet hat.[31] Das Spielmannslied vom Zwergenkönig Laurin und dem Recken Dietrich von Berne dürfte um 1250 herum im engeren Umkreis der alten Grafschaft Tirol entstanden sein.[32]

Die Anfänge der Spielmannsepik (Dietrichsepik)

Werfen wir vorerst einen Blick auf den Namen ›Rosengarten‹. Allseits bekannt ist die Tatsache, dass es im gesamten deutschsprachigem Raum eine stattliche Anzahl von Örtlichkeiten gibt, die den Namen Rosengarten tragen. Vom ›Kleinen Rosengarten‹ des König Laurin sagt der mittelalterliche Spielmann, er habe »ze Tirol im Tann« gelegen.[33]

> in dem Tiroldes tanne
> hât er im erzogen zarten
> einen rosengarten.
> daz diu mûre solde sîn,
> daz ist ein vadem sîdîn.[34]

RUT BERNARDI

Rosengarten

Doch wie kommt es, dass die meisten dieser Rosengarten benannten Gegenden steinig, felsig und unfruchtbar sind? Hat der Name Rosengarten vielleicht gar nichts mit Rosen zu tun? Und auch zum zweifelsohne berühmtesten Tiroler Rosengarten, der Gebirgskette der Dolomiten östlich von Bozen, passt eindeutig die etymologische Namenserklärung von Karl Theodor Hoeniger, welcher eine Wurzel *rus-, *ros- mit der Bedeutung ›Schutt, Geröll‹ erschloss. Laut Hoeniger bezeichnet man in den Alpen mit dem Namen ›Rose‹ seit der Vorzeit Schutthalden.[35] Die Rose findet als Blume erst um oder nach 800 in karolingischen Garteninventaren Erwähnung.[36] Es muss eine semantische Verschiebung stattgefunden haben. Daraus folgte, dass für den Namen dieser steinigen Felswände Erklärungen ausständig waren, bzw. für das Verschwinden der Rosengärten. So entstanden die Sagen.
Laurins Rosengarten wird auch in anderen Gegenden Südtirols angesiedelt und sein ernsthaftester Konkurrent ist sicherlich jener im Burggrafenamt zwischen Gratsch und Algund in der Nähe von Schloss Tirol.[37]
Diesbezüglich führt Hoeniger eine weitere interessante etymologische Quelle an. Er verweist auf das grödnerische Wort ›rujin‹ (heutige Schreibweise), Weintraube, welches er im Wörterbuch der Grödner Mundart von Archangelus Lardschneider-Ciampac mit dem lat. Etymon *racemus,* volkslat. **racimus, racinus,* mhd. *rosîn,* ausfin-

dig machte. Er hält es für einen wichtigen Grund für die Übertragung des Namens Rosengarten auf Südtiroler Weingärten.[38] Und tatsächlich finden wir bei Pokorny einen Bezug zu den Weinreben in folgendem Wortlaut: »Laurin war der Name eines Zwergenkönigs. Dort, wo das Stammschloss der alten Landesgrafen seine Zinnen in den Himmel türmt, wo Reb' an Reb' und Blüt' an Blüt' sich reiht, dort stand sein Reich, von alters her der Rosengarten genannt.«[39]

Es ist bekannt, dass die Laurinforschung durch Karl Felix Wolff völlig neue Impulse erhielt. Er war der erste, der ins ladinische Gebiet ging und Feldforschung betrieb, indem er mit den Leuten sprach und sich vieles auf ladinisch (fassanisch) notierte, wenn es auch sehr mühsam für ihn war, denn es gab noch keine offizielle Orthographie. Schon als junger Mann fing er in Bozen damit an, und seine erste Geschichte war keine andere als die der zwei Könige, welche späterhin einer der Schlüssel seiner Laurindeutungen werden sollte.[40]

Das Alter der Laurin-Sage geht nach Wolff bis zu vorindogermanische Volksgruppen zurück: »In großen Zügen stelle ich mir die Hauptabschnitte wie folgt vor: Rätisch sind die Sagen von der Rose des Gedenkens, vom Alpenglühen und von König Laurin; gotisch ist die Dietleib-Sage und ihre Verbindung mit der Laurin-Sage; baiwarisch-althochdeutsch ist das Urlied vom Kampfe Dietrichs mit dem Rosengarten-König; baiwarisch-mittelhochdeutsch ist der höfische ›Laurin A‹ und ebenso die Ausgestaltung der Wormser Rosengarten-Dichtung.«[41]

›Re Laurìn‹: gesamteuropäisches Kulturgut oder rätisches Erbe?

»Die Zeit, in welcher sich der Ur-Rosengarten Mythos entwickelt haben dürfte, verlege ich zwischen 10.000 und 3.000 vor Christo [...].«[42] »Der Mythos von der Versteinerung (des Rosengartens) mag sich in der Hallstadt-Zeit entwickelt haben, [...], zwischen 800 und 400 vor Christo.«[43] So schreibt Karl Felix Wolff in seiner ausgiebigen König Laurin Studie vom Jahre 1947. Dass solch bestimmte Altersangaben von Mythen die heutige wissenschaftsfixierte Fachwelt aufhorchen lassen, ist verständlich, doch hätte Wolff nicht diesen visionär-fantastischen Forschergeist gehabt und hätte er seine zahlreichen ladinischen Aufzeichnungen mit genauen Quellenangaben versehen, wäre das kulturelle Erbe der Ladiner heute um ein Vielfaches ärmer. Mündliche Überlieferung basiert nicht auf aufgeklärte Wissenschaft, sondern vielmehr auf Intuition und Erfindungsgeist. Dementsprechend schreibt auch Lüthi: »Die Märchenforschung ist sich nicht einmal darüber einig, ob die heute lebendigen Märchen in ihrem Grundstock viele Jahrtausende alt sind oder nur wenige Jahrhunderte.«[44]

Ranke scheint bereits 1925 die Problematik der Frage nach dem Ursprung der Sagen auf dem Punkt zu bringen: »Eine vierte Gruppe von Volkssagen [...] [sind] nicht als Erzeugnis der primitiven Gemeinschaft, sondern als gesunkenes Kultur-

> Mündliche Überlieferung basiert auf Intuition und Erfindungsgeist.

gut [zu sehen] […]. Bei solchen in ihrem Ursprung literarischen Sagen […] kann es sich für uns nicht mehr um die Frage nach der Entstehung, sondern nur noch um die Frage nach den Wegen handeln, auf denen sie ans Volk herangelangt sind, […], und weiter um die Frage nach ihrer Um- und Ausgestaltung im Munde des erzählenden Volkes.«[45]

Gerade auf diese Weise, als ›gesunkenes Kulturgut‹, welches von den Ladinern ›um- und ausgestaltet‹ wurde, versteht Wolff den ersten Abschnitt (Rose des Gedenkens, Alpenglühen und König Laurin) der Laurin-Sage und interpretiert die gotisch, baiwarisch-althochdeutschen und baiwarisch-mittelhochdeutschen Elemente als Supplement zu den rätischen Urmotiven der Laurin-Sage.

Werfen wir einen Blick auf die nach Wolff ursprüngliche bzw. rätische Phase der Laurin-Sage. Wolff nennt diesen Abschnitt die ›Miné = Stufe‹. Im Fassatal kannte man die Geschichten von der ›Tor del Miné‹ und der ›Rösa del Miné‹ (von dem ›Turm des Gedenkens‹ und der ›Rose des Gedenkens‹). ›Miné‹ ist nichts anderes als das altdeutsche Minne, ›wohlwollendes Gedenken, freundliche Erinnerung‹. Im Fassanischen gibt es dieses Wort nicht mehr, aber im Grödnerischen kennt man bis heute den Ausdruck ›menines‹ für Liebkosungen. In diesen Geschichten wird von der guten alten Zeit erzählt, von seiner Zerstörung und der Errichtung eines Gedenkturmes aus Rosenranken.[46]

Das Alpenglühen wird als eine Erinnerung an jene Zeit der Freiheit und des Friedens gedeutet. Die Menschen besinnen sich auf ihr innerstes Wesen; sie möchten wieder so sein wie einst. Doch das Land der friedlichen Ureinwohner wird erobert und es bildet sich die Vorstellung, dass man sein Hab und Gut tarnen müsse. So entwickelt sich die Sage vom versteinerten Rosengarten, der nur unter ganz besonderen Umständen sichtbar wird. Mit dem Begriff der Versteinerung hatte die Laurin-Sage begonnen, und nun musste noch ein Held hinzukommen, dessen Schicksal das Erlebnis einer ganzen Volksgruppe zum Ausdruck brachte.[47]

> Das Erlebnis einer ganzen Volksgruppe zum Ausdruck bringen

Was kann man aber als rein ladinisch bezeichnen? In dieser Kontaktzone zwischen großen Kulturkreisen und der deutsch-ladinischen Sprachgrenze muss es ein eifriges Hin und Her an Erzählstoffen gegeben haben und »im Fassatal muss alträtisches und deutsches Sagengut stark durcheinander gemischt worden sein.«[48]

Ulrike Kindl vermerkt übereinstimmend: »[…] das Motiv des zerstörten und versteinerten Rosengartens könnte tatsächlich aus der ladinischen Erzähltradition übernommen worden sein […]. Ganz sicher genuin ladinisch ist das damit (mit dem seidenen Faden) gekoppelte ätiologische Motiv vom Alpenglühen, das allerdings nicht im mittelalterlichen Spielmannslied belegt ist […].«[49]

Das von Kindl angesprochene genuin ladinische ›ätiologische Motiv vom Alpenglühen‹ ist der Sagenstoff vom ›Réy de Nyès‹ (›König von Nyès‹) und einer sehr verstümmelten Geschichte eines Gefangenen, der sich befreien konnte und in seine Heimat in den Bergen zurückkehrte. Der Name ›Nyès‹ haftet wohl ursprünglich an einem Landschaftsgebiet, aber wo diese Landschaft lag und was dieser Name bedeutet, konnte schon um die Jahrhundertwende niemand mehr sagen.[50] Diese Erzählfetzen gesunkenen Kulturgutes wurden von Wolff weitergesponnen und zu einem Abschluss für die Laurin-Sage zusammengesetzt, den das Heldenbuch nicht kennt.[51] Die Geschichte vom König von Nyès mit dem Titel ›Tei prúmes tèmpes‹ (›In den alten Zeiten‹) hatte sich Wolff von einem Fassaner aus Gries bei ›Cianacei‹ (Canazei) in dessen oberfasssanischen Mundart ›cazét‹ mehrfach sprachlich richtig stellen lassen und liegt uns in folgender Fassung vor:

> »Tei prumes tempes, kann ke se stasèa ben, el Rèy de Nyès, lèa de bíe ortsh kon tsóndres ke le fazhéa de gran fyóres rosh. E sta mont se la vedéa rossa da da léndzh. Per kist òmeyn, ke konyosséa 'l móndo, i ya dit al réy, de skóner kish fyóres, ke no i li véyde da da lendzh. Ma 'l réy nol ne voléa saér. E kossita lè venyù i veryères e i ya ruinà dut. Dapò i prumes tempes i è statsh finì e no i y è máy plu venyúi. Kista lè la vèya kontía die prumes tempes. – I prumes tempes i è passé, adès le la kontía dei tempes, ke dutsh stésh mél.«

Wolffs Übersetzung lautet: »In den alten Zeiten, als es den Menschen wohl erging, hatte der König von Nyès schöne Gärten mit Alpenrosen, welche große, rote Blüten trugen. Und dieses Gebirge sah man von weitem rot leuchten. Männer, welche die Welt kannten, sagten daher zu dem König, er möge jene Blumen verbergen, damit man sie nicht von weitem sehe. Aber der König wollte nichts davon wissen. Und so kamen die Krieger und zerstörten alles. Da war die gute, alte Zeit zu Ende und sie ist nie mehr gekommen. Das ist die Geschichte von der guten alten Zeit. Die gute, alte Zeit ist dahin; jetzt erzählt man von den Zeiten, in denen es Allen schlecht geht.«[52]
Die Erzählung rechtfertigt für Wolff die Schlussfolgerung: »[…] aus den Übereinstimmungen zwischen den ladinischen Erzählungen und den deutschen Heldenliedern ergibt sich, daß der König von Nyès mit Laurin identisch sein muß.«
Wolff führt noch eine weitere Erzählung an, die er von Fassanern gehört hat und die er in einen direkten Zusammenhang mit der Laurin-Sage stellt. Sie erzählt die schon erwähnte Geschichte von zwei mächtigen Königen, die miteinander Krieg führten. Darin sah Wolff nichts anderes als einen Nachhall des Reckenliedes vom Kampfe zwischen Laurin und Dietrich.[53] »Den Namen ›Laurin‹ aber habe ich nie von Ladinern nennen hören […]. Der Romanist Ernst Gamillscheg[54] hat überzeugend nachgewiesen, daß der Name ›Laurin‹ weder germanisch noch romanisch, sondern vorromanisch, also rätisch ist und etwa ›Steinhalde‹ oder ›Versteinerung‹ bedeutet. […] Der Pessimismus der ›Männer, welche die Welt kannten‹ und den König vor der Bosheit warnten, entspricht vollkommen den Erfahrungen und Stimmungen der Ladiner, die durch lange Zeiträume überall zurückgedrängt und der Verarmung preisgegeben worden sind.«[55]

Laurinsbrunnen vor dem Landhaus 1, Bozen

Der wichtigste Sagenteil, den Wolff im Fassatal vor dem Vergessenwerden gerettet hat, ist der ätiologische, von Kindl als genuin ladinisch bezeichnete, welcher das Entstehen des Alpenglühens erklärt und »dem bunten Kranze der Rosengartensagen erst Vollendung und Wert gibt«.[56]
»Als Laurin auf seiner Flucht aus der Gefangenschaft wieder den Rosengarten erreicht hatte, da ließ er ihn zu Stein werden und sprach einen Zauberspruch darüber aus, damit die Rosenfelder, die im Innern blühen, weder bei Tage noch bei Nacht gesehen werden könnten. Allein er hat die Dämmerung (Grödnerisch: ›danterëures‹ [zwischen den Stunden]) vergessen, die nicht Tag und nicht Nacht ist, und so kommt es, daß der verzauberte Garten in der Dämmerung seine Rosen zeigt.«[57]
Dieser romantisierende Abschluss rief unterschiedliche Reaktionen hervor. Einerseits war man davon begeistert, wie zum Beispiel Hermine Cloeter, die ihre Leser in der Wiener Zeitung Neue Freie Presse darauf aufmerksam machte, dass es traurig wäre, wenn der große Märchenkranz vom Rosengarten nicht diesen Abschluss gefunden hätte.[58] Andererseits warf man Wolff aber vor, den Schluss auf wissenschaftlich unannehmbare Weise erstellt zu haben.[59] Doch wie Ulrike Kindl bezeichnenderweise schreibt, handelt es sich hier um »eine Wolffsche Ehe, die fast nicht mehr geschieden werden kann«[60].

Es gibt nach Ulrike Kindl aber noch ein weiteres grundlegendes Problem. Der heute als Rosengarten, Catinaccio oder auf ladinisch ›Vael‹, ›Vaiolon‹ oder ›Vaiolet‹ benannte Berg, wobei keiner dieser ladinischen Namen auf irgendwelche Rosen hindeutet, entflamme zwar zur Zeit der Dämmerung in den schönsten Farben, dem Alpenglühen, doch nur wenn man ihn von Bozen aus betrachtet.

Vom Fassatal aus beobachtet, liege der Rosengarten im Westen und könne zur Dämmerzeit gar nicht von der Sonne beschienen werden. Laut Ulrike Kindl müssten also die ladinischen Rosen des Alpenglühens, in den Varianten von Gröden, Gadertal und dem Fassatal ›nrosadura, inrosadöra, enrosadira‹, zwangsläufig anderswo blühen. Der Name ›Catinaccio‹ soll auch ein sehr junges Lehnwort aus dem antiken ladinischen Ortsnamen ›Ciadinac‹ sein, wobei damit die Ladiner den Kesselkogel (Cima del catino), den höchsten Punkt der gesamten Berggruppe, meinten.[61] Doch Wolff behauptet, gerade den Abschluss der Laurin-Sage mit dem Alpenglühen-Motiv von einem ladinischen Gewährsmann gehört zu haben.[62]

Der Rosengarten glüht nur, wenn man ihn von Bozen aus betrachtet.

Wenn man aber folgende Passagen der ladinischen Aufzeichnung, die Wolff in der Gegend von Mazzin im Fassatal gehört hat, genauer liest, findet man eine mögliche Erklärung: »Tzakán in ki tèmpes, kann ke no lèra ne sassín ne vère e ke dutsh stazhéa ben, ›ndó le pèle lèra 'l Ré de Nyes [...]. (In jenen Zeiten, in denen es weder Mörder noch Kriege gab und alle Menschen sich wohl befanden, wohnte hoch oben in den Bergen der König von Nyès [...].)«[63]

Die ladinische Ortsbestimmung, ›ndó le pèle‹ wird von Wolff mit ›hoch oben in den Bergen‹ ins Deutsche übersetzt. Das ladinische ›'ndó le pèle‹ müsste man aber korrekterweise mit ›hinter den steilen Bergwänden‹ wiedergeben. Wenn nun der Fassaner von Fassa aus das Wort ›'ndó‹, ›hinter‹ benutzt, kann er durchaus den Rosengarten meinen. Weiters lesen wir in der etwas kürzeren Variante der Erzählung ›Tei prùmes tèmpes‹, ... E sta mont se la vedéa rossa da da léndzh. Per kist òmeyn, ke konyosséa 'l móndo, i ya dit al réy, de skóner kish fyóres, ke no i li véyde da da lendzh.«

»In den alten Zeiten, ... Und dieses Gebirge [Anm. d. A.: korrekter: diesen Berg oder diese Alm] sah man von weitem rot leuchten. Männer, welche die Welt kannten, sagten daher zu dem König, er möge jene Blumen verbergen, damit man sie nicht von weitem sehe.[64]

In dieser Passage lesen wir, dass man den Berg oder die Alm nur »von weitem rot leuchten« sah (›se la vedéa rossa da da léndzh‹) und dass es Männer waren, »welche die Welt kannten«, die also von weit her kamen, die den König darauf aufmerksam machten, dass seine Blumen so schön leuchteten. Das bedeutet, dass sich der König am Orte der Rosen befand und das Leuchten nie gesehen hat, sonst hätte er den Vorschlag, sie zu verstecken, sicherlich nicht abgelehnt. So wie der König haben auch die Fassaner nie das Alpenglühen am Rosengarten gesehen und von seinem Leuchten in der Dämmerung nur von anderen erfahren, sonst wäre die

Ausschnitt aus dem Bilderzyklus zur Laurin-Sage von Ignaz Stolz dem Älteren (1840–1907), Gasthaus am Völser Weiher

Passage von den fremden Männern, die den König warnen, nicht in die ladinische Sage aufgenommen worden. So gesehen, könnte das von Wolff in den ladinischen Sagenvarianten genannte Gebirge doch der Rosengarten sein.
Der fassanische Gewährsmann Wolffs habe laut Ulrike Kindl auch nichts von einem Laurin gewusst.[65]
Wolff behauptet aber, dass Laurin bekannt war: »Auch auf der Fassaner Seite des Gebirges ist mir der Name Laurin niemals begegnet. Daß er aber auch hier einmal lebendig war, ergibt sich aus folgender Bemerkung der italienischen Sagensammlerin Savi-Lopez: ›Nella Valle di Fassa ritrovasi anche il legendario Laurino, ma egli ha carattere diabolico‹ (Im Fassatale findet sich auch der sagenhafte Laurin, aber er besitzt hier einen dämonischen Charakter).[66] Man hat also im Fassatale noch in der zweiten Hälfte des 19. Jahrhunderts von Laurin erzählt, wenn auch in ganz entstellter Form […].«[67]
Das sogenannte europäische Erbe, der gotische, baiwarisch-althochdeutsche und der baiwarisch-mittelhochdeutsche Überbau, hat die Laurin-Sage demnach negativ beeinflusst.[68] »In rätischer Zeit waren die Gefühle der Erzähler mit Selbstverständlichkeit auf Seiten Laurins. Nun (nach Ablauf des 5. Jahrhunderts) mußte ins Gegenteil umgeschlagen werden: weil man den Einbruch in den Rosengarten zu

rechtfertigen hatte, sollte plötzlich der Rosengarten-König als finsterer, tückischer Unhold erscheinen.«[69]

»Die Verunholdung Laurins bei den Fassanern spricht weiter dafür, dass man schon in vorchristlicher Zeit viel von ihm erzählt habe, denn nur heidnische Gestalten wurden später verunholdet. Da die Laurin-Sage aber gar nichts Römisches an sich hat, so reicht sie in die rätische Vorzeit zurück. Ich kann es deshalb nicht gelten lassen, wenn manche Forscher meinen, jene Sage sei im 13. Jahrhundert aus der Kunstdichtung ins Volk gekommen und habe beim Volke etwa 300 Jahre lang fortgelebt, um dann zu erlöschen; endlich sei sie durch das Bekanntwerden der mittelhochdeutschen Dichtung in der ersten Hälfte des 19. Jahrhunderts wieder erweckt, d. h. aus den Büchern unter die Leute gebracht worden.«[70]

Ulrike Kindl vermerkt: »Ma intanto, il danno era fatto.« (Doch inzwischen war der Schaden angerichtet).[71] Damit meint sie die Wolffsche Vorgangsweise, die mittelhochdeutsche Spielmannsepik über König Laurin mit der ladinischen mündlichen Überlieferung der Verwünschung des Gartens, der Alpenglühen-Sage, zu verschmelzen. Doch stellen wir uns heute die Laurin-Sage ohne das Alpenglühen am Rosengarten vor! Aus ladinischer Sicht wäre die Sage ohne diese Schlussvariante jedenfalls allzu düster. Wenn es in einem der mittelhochdeutschen Texte heißt, Laurin habe in der Gefangenschaft als Gaukler die Recken zu Verona belustigen müssen:

> und der vil kleine Laurin
> der muoste ze Berne ein goukelaer sîn.[72]
>
> und der cleine Lauwerin
> must zu Bern ein gensshirte (sin).[73]

In einer anderen Schlussvariante wird Laurin zum Christentum bekehrt und Dietrichs Freund:

> dô sprach der kleine Laurîn
> ›herre, ich will bereit sîn,
> enphâhen willeclîch den segen
> den got der kristen hât gegeben.‹[74]
>
> er wart getauft sa.
> her Dietreich wart da sein tote.[75]
>
> da swuren si die freuntschaft,
> die seit niemer mer zeprochen wart.
> man hiete in fürpaz erlich
> und lerte in den glauben genzlich,
> wie ez scholte dienen got.
> daz lernte ez an allen spot.[76]

Demgegenüber weist Wolffs Konstrukt zumindest den Vorzug auf, die Sage des Zwergenvolks einem würdigeren Abschluss zugeführt zu haben.
Die Profanierung eines Naturgeheimnisses, welches nicht mehr geachtet wurde, konnte solcherart zumindest vermieden werden.
Insbesondere erscheint uns in diesem Zusammenhang eine sprachwissenschaftliche Beobachtung von Ulrike Kindl aus ladinischer Sicht bemerkenswert. Den Rosengarten König Laurins schützte keine starke Mauer, sondern ein Faden aus Seide.

> daz diu mûre solde sîn,
> daz ist ein vadem sîdîn.[77]

Ein ladinischer Gewährsmann aus dem Fassatal soll laut Ulrike Kindl auf die Frage, wo dieser Rosengarten sich befinde, geantwortet haben: an den ›seides de la val‹ (heutige Orthographie).[78] Wir wollen hier nicht auf die komplexe Deutungsproblematik dieses Seidenfadens eingehen, sondern allein darauf aufmerksam machen, dass im Ladinischen (in allen Idiomen) für ›Seide‹ und ›Grenze‹ dieselbe Bezeichnung verwendet wird.

> ›Grenze‹, ›Abgrenzung‹, ›Seide‹, ›Borste (Schwein)‹: Grödnerisch: ›sëida‹; Gadertalisch und Buchensteinisch: ›sëda‹; Fassanisch: ›seida‹; Ampezzanisch: ›séda‹.[79]

Auch dies könnte ein Hinweis dafür sein, dass das Alpenglühen im Wolffschen Abschluss der Laurin-Sage am heutigen Rosengarten leuchtet, denn geographisch wie auch sprachlich liegt er für die Fassaner klar an der Grenze zur damaligen in jeder Hinsicht fremden Welt.

Flächendeckendes europäisches Erbe: Salige Frauen, Aguanes, Ganes, Vivenes
Zum Zwecke einer Systematisierung der verwirrenden Vielfalt weiblicher Geisterwesen im ladinischen bzw. germanischen Sagengut habe ich daneben stehende Liste erstellt. Um den Rahmen unserer kleinen Arbeit nicht zu sprengen, werden wir hier auf die weibliche Figur der ›wilden Leute‹ eingehen, denn »nirgendwo erzählt Ladinien authentischer als hier«[80].
›La gana dla Val dala Salieries‹, die namenlose Gana des Wasserrinnen-Tals, hoch oben in den Geislerspitzen, ist wohl die bekannteste Gana aus Gröden. Sie verhalf einem Fremden, dem die Grödner keine Weiden gönnten, am Fuße der Fermedatürme zu großem Reichtum, indem sie Wasser aus dem Stein schlug. Doch als er heiratete und seine Frau eines Abends die Gana im Stall erblickte, verjagte sie das fremde Weib mit Schimpfreden. Nun versiegte die Quelle des Cisles-Baches, und bald war alles wieder eine Steinlahne.[81]
Nach ähnlichem Muster beggnen wir diesem elbischen Wesen in Geschichten zwischen irrealer Vorstellung und realer Darstellung unter verschiedenen Namen

Ladinisch/Rätoromanisch	Deutsch	Italienisch	Vorkommen
aguana; anguana	Wassernymphe	fata che vive nell' acqua	Gadertal, Gröden, Ampezzo
gana	gutmütige Waldfrau, Ehefrau des ›salvan‹, des wilden Mannes	fata benigna, moglie del ›salvan‹, abitante selvaggio del bosco	Gadertal, Gröden
aivana	gutmütige Wasserfee	fata benigna	Buchenstein
crestana	gutmütige Bergfee	fata benigna della montagna	Gröden
diela	Fee	fata benigna	Gröden
susana	bösartige Fee	maga malefica	Gröden
pantegana	bösartige Fee	maga malefica	Wengen – Gadertal
vivena	gutmütige Wasserfee	fata benigna	Fassatal
bregostena	bösartige Fee	maga malefica	Fassatal
stria	Hexe	strega	flächendeckend
langana; longana	Wassergottheit	Dea delle acque	Pieve di Cadore
eguana	Salige	fata, maga	Nonsberg
sagana	Hexe	strega	Friaul
agana	Fee	fata	Friaul
diala; diela, diaula	gütig gesinntes weibliches Geisterwesen	fata benigna	Graubünden, Vinschgau
	Ganaruna (Deuterin von Runen)	fata del bosco	Vintl/Rodeneck
	Ganabünna (Gute Gana)	fata buona	Vintl/Rodeneck
	Selege baiblen; Sâlige baibar	donna beata, contenta	Lusern (zimbrisch)
	Salige; Saliges Fräulein; Salige Gitschn;	fata, maga beata, contenta	Tirol
	Antrische Frau	donna che fa paura	Tirol
	Melusine – elbisches Wesen	fata, maga	Deutschspr. Raum
	Saelde – mächtige, geisterhafte Frau	spirito potente femminile	Deutschspr. Raum
	Kohlfräulein	fata	Laurein – Deutschnonsberg
	Salige Mimanda	fata	Wipptal
	Sealigen Sealn oder Lichter	fata – ›anima felice‹	Latzfons
	Frau Berta – wilde gutmütige Frau im Wald	donna benigna che vive nel bosco	Germanischen Ursprungs und nur im deutschen Sprachraum vorkommend
	wildes Weib	**donna selvadega**	Folgaria, Trambelino – Trient
	Fee	**aiguana**	Rovereto
	Teils junge und schöne, teils alte und runzelige weibliche Wesen	**aguana**	Valsugana
	Schönes und freundliches Wesen	**guana**	Primiero

in ganz Europa. Das bekannteste Beispiel im deutschsprachigen Raum ist wohl die mittelalterliche Überlieferung von Melusine, die zur mythischen Stamm-Mutter eines auserwählten Fürstengeschlechtes, derer von Lusignan, wird, die somit ihren Adel durch eine überirdische Abstammung verherrlichten und die ›saelde‹ ihres Geschlechts durch den Segen der sagenhaften Melusine erklärten.[82]

Im Tiroler Raum kennen wir die saligen Fräulein, kurz Salige genannt. Die Saligen entsprechen den ladinischen Aguanes, Ganes oder Vivenes. Einzig für Frau Berta mit ihrer männlichen Variante Beatric gibt es in den ladinischen Sagen keine deutliche Entsprechung; als freundliches Wesen erinnert sie etwa an die Dialas in Graubünden.[83]

»Über die Herkunft dieser sagenhaften Gestalten ist man sich noch heute nicht ganz im Klaren. Es glauben die einen, in ihnen aus dem Jenseits zurückgekehrte Bauernmägde zu sehen, die wegen zu Lebzeiten nicht oder nur ungenügend getaner Arbeit nun nachzuholen hätten, was sie versäumt haben. Andere denken sich die Saligen als bei der Auflehnung der bösen Engel im Jenseits vom Himmel gefallene Anhänger Luzifers, die aber während ihres Sturzes zur Hölle ihr Unrecht einsahen und so auf den Bäumen in den Wäldern hängenblieben. Ritter von Alpenburg schildert die Saligen als einstige Dienerinnen der nordischen Göttin Hulda, indes sie von anderen Forschern für halbgöttliche Waldfrauen der griechischen Mythologie gehalten werden.«[84] Tatsächlich kann man in der Sage ›Le granade‹ (Vivana der Fruchtbarkeit) aus dem Fassatal »beispielhaft […] den Weg einer früheren Korngottheit zur späteren Hexe verfolgen […].«[85]

Doch grundsätzlich müssen wir sicher »an die Volkssagen mit der Frage herantreten, welche Kultur und Vorstellungswelt die notwendige Grundlage ihres Inhalts bildet.«[86] Stellen wir uns die ladinischen Täler, so wie alle abgelegenen Alpentäler, in der Vergangenheit vor. In einer Zeit vor dem Christentum, dem Patriarchat, den Naturwissenschaften und der Psychoanalyse bedurften die Geräusche in den tiefen Wäldern, die wilden, sichtbar-unsichtbaren Gestalten, die bizarren Berge mit ihren Schwindel erregenden Felswänden, die zahlreichen Naturphänomene usw. plausibler Erklärungen. Es ist nur zu natürlich, dass sich in jener Welt heidnischen Glaubens, fernab der sogenannten ›hohen Kultur‹, die Menschen mit den Fabelwesen vermischten und dass sich ein System an Symbolen, Metaphern und Bildern in der Beziehung zwischen Realität und Natur entwickelte. Marzia Tomasi nennt es »Meccanismo di autodissefa« (Mechanismus zur Selbstverteidigung).[87]

Für die zahlreichen Naturphänomene bedurfte es plausibler Erklärungen.

Doch kehren wir zurück zu den wirklichen Ganes oder Vivenes, den weiblichen Geisterwesen. »Die ›Wilden Leute‹ in Ladinien – ich formuliere es jetzt bewusst provokant – hat es ganz wirklich und wahrhaftig gegeben, aber eben nicht als *objektive* Tatsache historischer Realität, sondern als *subjektive* Vorstellung imaginierter Wirklichkeit.«[88]

Diese ›Wilden Leute‹ sind gewandt, geschickt, gutmütig und hilfsbereit. Sie leben entweder im Wald, unterirdisch oder als Aguanes am Wasser oder im Wasser in kleinen Frauengruppen zusammen. Am liebsten tragen sie rote Röcke und sind meistens kinderlos. Außerdem haben sie die Fähigkeit, sich unsichtbar zu machen, sind zudem von außerordentlicher Schönheit und leben bis an das Ende der Welt. Im Gegensatz zu den wilden Menschen im Südosten Deutschlands, die sich vor dem wilden Jäger fürchten, haben die ›Wilden Leute‹ Ladiniens große Furcht vor dem Donner. Durch die Gewandtheit und Geschicklichkeit, die sie bei verschiedenen Arbeiten zeigen, werden sie auch mit den ›weisen Frauen‹ der Germanen verglichen. Da die Vivenes in der Weberei unerfahren sind, stibitzen sie manchmal dem Menschen Tücher und Kleider, in die sie sich und ihre Kleinen hüllen.[89]

Aschenbrenner unterscheidet sehr wohl zwischen einer Gana und einer Aguana: »Semantisch wird die gana zu einem von der agana usw. deutlich unterscheidbaren Geisterwesen. Sie (die gana) lebt mit dem salvan als dessen Gefährtin in Familiengemeinschaft, ist weniger gespenstisch und somit menschenähnlicher. Die aguana hingegen ist Mitglied einer sagenhaften Weiberhorde und tritt in die Nähe der Hexen und der unheimlichen oder gar bösen Wesen.«[90]

Ihre gleichberechtigten männlichen Partner sind die Salvans und die Vivans. Die Gana und der Salvan bzw. im Fassatal die Vivena und der Vivan sind in der ganzen Romania als einziges mythische Urpaar (Silvanus / *Aquana) mit paritätischer Koexistenz erhalten geblieben.[91]

Diese Salvans sind offensichtlich die ladinische Variante der gesamteuropäischen Vorstellung der ›Wilden Leute‹[92], von denen jedoch authentisch ladinisch erzählt wird. Fink vermerkt im Handwörterbuch des deutschen Aberglaubens, dass »Sagen um Salige oder ähnliche Gestalten so gut wie alle Völker der Erde in irgendeiner Form kennen«[93].

Allerdings ist hierbei eine Besonderheit des fassanischen Paares Vivena – Vivan bemerkenswert, nämlich »sie beharren auf der matrilinearen Funktion trotz der patriarchalen Einflüsse«[94]. Das bedeutet nach Benedetta Grossrubatscher, dass der männliche Partner seine Bezeichnung von der Vivena erhalten hat und nicht von Silvanus. Diese Tatsache ist keineswegs sonderbar, wenn wir bedenken, dass bis vor ein paar Jahrzehnten die Arbeiten am Hof und auf den Feldern fast zur Gänze den Frauen überlassen worden waren, da die Männer sich saisonweise im ›Lont‹ (Südtirol) verdingen mussten.[95]

Im Fassatal findet sich auch das Relikt eines positiv / negativ Paares. Dem positiven Paar Vivena und Vivan stehen die Bregostena und der Bregostan gegenüber. »Die Bregostane sind boshafte, wilde, raubgierige, ganz behaarte Weiber, die in Felseinöden, Höhlen und Wäldern leben. Sie gehen besonders auf Kinderraub aus, sind aber auch den Erwachsenen infolge ihres raubgierigen Wesen sehr gefährlich.«[96] Der Bregostan kann hingegen mit dem Orco verglichen werden, welcher später im Christentum mit Merkmalen des Diabolischen vermischt wird.[97]

Für das Grödental scheint angeblich als Gegenfigur der Crestana eine Susana als böse Fee auf.[98] In den anderen ladinischen Tälern, wie auch in deutschsprachigen Gebieten, wo wir nur das ›doppelte Gesicht‹ ein und derselben Figur kennen,[99] ist diese positiv / negativ Polarisierung verloren gegangen.

Die Aguanes oder Ganes können gut oder böse sein und die bösen Aguanes verwandeln sich später in Hexen, die »in jeder Hinsicht Menschen [sind] […] und die ›Wilden‹ stellt man sich teils menschenähnlich, teils geisterhaft vor«[100].

In den ladinischen Sagen kommen Hunde als besonders wirksamer Schutz gegen die Bregostenes vor, während in Deutsch-Tirol die Feindschaft zwischen Hunden und Wilden weniger bekannt ist.[101]

Die Mahrtenehe

Unzertrennlich mit den Saligen im deutschsprachigen Raum und mit den ladinischen Ganes und Vivenes ist der Themenkreis der Mahrtenehe. Dies ist eine Ehe zwischen einer Saligen bzw. Gana oder Vivena mit einem irdischen Mann, meist einem Bauern, »ähnlich wie im klassischen Altertum, wo es zwischen weiblichen Halbgöttinnen und irdischen Männern zu Liebesbeziehungen kam«[102].

Solange sich diese weiblichen Geisterwesen als Ehefrauen oder auch als Mägde am Hof befinden, sind Glück, Segen und Wohlstand der sichtbare Lohn für die rechte Verbindung von Diesseits und Anderswelt, denn sie verstehen viel vom Wetter und der Bauernarbeit. Eine solche Ehe oder ein derartiges Arbeitsverhältnis gingen die Saligen jedoch nur unter besonderen Bedingungen ein:

Die am häufigsten vorkommende ist die des Namenstabus: Der Gatte darf nie den Namen der Frau aussprechen. »Im Motiv von Amor und Psyche, der ältesten in Europa nachweisbaren Konstellation dieses Typs, oder in der Erzählung vom Schwanenritter ist es der männliche Partner, der das Tabu ausspricht. In den unzähligen Varianten der ›Wilde-Frau-Sagen‹, zu denen die ladinischen Ganes-Erzählungen gehören, ist es hingegen der weibliche Partner, der das Verbot auferlegt.«[103] Als Oswald von Wolkenstein in der Sage »Eisenhand« den Namen Antermoias ausspricht, verschwindet sie unter Tränen und wird in einen schwarzen See verwandelt.[104]

Weitere Forderungen an den männlichen Partner sind: Er darf nie mit dem Handrücken ihre Wange berühren, nie das Wörtlein ›Sonne‹ aussprechen, nie ihre Schulter aufdecken, nie zusehen, wie sie sich ihre langen Haare kämmt, oder nie ihre Haare vom Boden heben, während sie schläft. Auch nach ›dem Ende‹ von irgendetwas darf nie gefragt werden.

Wird eines dieser Tabus aus Unachtsamkeit oder auch aus Fürwitz gebrochen, und dies ist früher oder später unweigerlich der Fall, verschwindet die Frau für immer. Sind Kinder da, kommt sie bei Nacht, ohne jemals vom Mann gesehen zu werden, um die Kinder zu stillen, füttern, waschen und kämmen. Oft stellt sie auch den Pflug bereit, wenn die Zeit dafür gekommen ist.

Die Heimrufung

»Das Motiv der Heimrufung ist in ganz Europa verbreitet und namentlich in Tirol (und angrenzendem Alpengebiet) ausgesprochen häufig.«[105]

Diese Heimrufung zu ihrem Volk der Saligen bzw. der Gana oder der Vivena erfolgt entweder nach dem Bruch eines der Tabus oder dadurch, dass die Frauen die Nachricht vom Tode eines Verwandten erhalten. In der ladinschen Sage »Taratà und Taraton« wird die Vivena interessanterweise von der ›anderen Welt‹ bei ihrem Namen ›Taratà‹ heimgerufen.[106] Laut Fink werden die Saligen in allen diesen Geschichten nach Ablauf ihrer Dienstzeit von einer Stimme aus dem Wald abberufen, ein Analogon zum Ruf des griechischen Wald- und Hirtengottes Pan.[107]

Die Verjagung

Ein weiteres sprachgrenzenübergreifendes Sagenmotiv zu diesem Themenkreis, das besonders im deutschen, etwas seltener im ladinischen bzw. romanischsprachigen Gebiet vorkommt, ist das der verjagten Saligen oder Vivenes, die einen Fluch aussprechen.[108] Ein derartiger Fluch ist unaufhebbar und zieht unabwendbar ein tragisches Ende nach sich.

Etymologie

Auch etymologisch gibt es bezüglich elbischer Wesen gesamteuropäische Gemeinsamkeiten. Die verschiedenen Varianten von ›aguana, gana, vivena usw.‹ sowie die deutsche Bezeichnung ›Salige‹ können dem Wasser zugeordnet werden. Vulgärlatein *aquana* ist die ›Wassernymphe, Undine, Wasserkreatur‹.[109] Nach Giuliano Palmieri hängt der Begriff Salige mit vorlat. *sala*, dem griech. *salos* ›hervorspritzendes Wasser, Quelle‹ wie auch mit lad. *salota*, hölzerne Wasserrinne‹ zusammen.[110]

G. B. Pellegrini schließt sogar eine keltische Herkunft der ›aguana« nicht aus. Die keltische Gottheit ›Adgana‹ soll unter anderem auch ›Wassertier‹ bedeuten.

Eine weitere etymologische Hypothese schlägt Johann Baptist Alton vor. Aufgrund der Prämisse, dass die Vivenes »bis ans Ende der Welt leben«, sei ihr Name (ebenso Vivans) von ›vivere‹ – *vivanus abzuleiten.[111] Laut Aschenbrenner handelt es sich hierbei um eine volksetymologische Ansicht. Eine deverbale Bildung zu ›vivere‹ wäre gänzlich ungewöhnlich.[112]

Zusammenfassung

Ein endgültiges Fazit darüber, welche Sagenmotive auf gemeineuropäisches Erbe zurückgehen und welche genuin ladinischen Ursprungs sind, lässt sich nicht ohne weiteres ausmachen.

Authentisch Ladinisches ist wissenschaftlich nur schwer fassbar; doch auffallend ist, dass gerade irritierende, ja sogar störende Motive ein Indiz für ladinische Herkunft sein könnten. Das Motiv von Laurins Flucht aus der Gefangenschaft in Verona (Bern) oder das Motiv des Rosengartenfluchs (Voraussetzung für das Sekundärmotiv der ›nrosadura‹) fügen sich nur schwer in den Kontext des germanischen Spielmannslieds und bezeugen eher einen Ursprungs des romanischen Zwergenkönigs. Es handelt sich hierbei wohl um letzte pagane Relikte, die sich entgegen der christianisierenden Tendenz des Spielmannsdichters als resistent erwiesen haben. Diese für das germanische Weltbild fremden Sagenmotive könnten also durchaus ladinische Elemente sein, die laut Wolff gerade den entscheidenden Reiz der Laurin-Sage ausmachen: »Ihr [der Dietleib-Sage] besonderer Reiz liegt nun darin, daß sie das rätische Laurin-Epos mit der germanischen Sagenwelt, das Alpenländische mit dem Nordischen, also die Geister der Berge mit denen des Meeres verbindet […].«[113]

Fremde Sagenmotive für das germanische Weltbild

Auch die vom weiblichen Part ausgehende fassanische Variante des Waldmenschenpaares Vivena/Vivan erwecken den Anschein einer authentisch ladinischen Genese, denn es scheint noch sehr deutlich das Prinzip des Mutterrechts durch. Karl Felix Wolff war vom Matriarchatsgehalt in den Dolomitensagen überzeugt. Er hat im Rückgriff auf Bachofen zahlreiche Artikel über das Mutterrecht verfasst.

Weiters wäre der hier nicht berücksichtigte gesamte Erzählkreis um das Reich der Fanes mit seinen typisch ladinischen Erzählmotiven, der den Gründungs- und Weltbildmythen zugerechnet werden muss, als »weitum einzigartig und als authentisch ladinisch zu nennen«[114]. In ähnlicher Weise erläutert Ulrike Kindl diesen Kontaminationsprozess wenn sie behauptet, dass die deutsche Seite (z. B. Karl Felix Wolff) »die ursprünglichen (ladinischen) Erzählkerne nach fremdgesteuerten Mustern überarbeitet« und »die italienischen Versuche sich mit den »Leggende delle Dolomiti« auseinanderzusetzen, alle die Tendenz zu ausgesprochener Literarisierung tragen. Ladinische Märchen und Erzählungen werden zu Kunstprodukten mit mehr oder minder ladinischen Erzählmotiven in einer literarischen Erzählform […].«[115]

Flächendeckend europäisch ist sicherlich der Rosengarten als Variante des Motivs des verlorenen Paradieses. Für Ladinien erinnern wir uns an die Faneskönigin und Luianta, eine ihrer Zwillingstöchter, die einmal im Jahr auf einem Boot aus dem Sas dla Porta kommen, um auf dem Wildsee zu lauschen, ob sie die silbernen Trompeten hören, welche die verheißene Zeit ankündigen. Der Mythos der guten alten Zeit, auf dessen Wiederkehr man wartet, ist weltweit bekannt.

Universell ist ebenfalls das Motiv des Kontaktes mit geisterhaften guten Wesen, welche sich im Ladinischen in Form der Ganes oder Vivenes, die als Vermittlerinnen zwischen dieser und der anderen Welt auftauchen, ausgeprägt haben.

Ausführlicher zu behandeln wären in diesem Zusammenhang noch zahlreiche andere gesamteuropäische Sagenmotive, zum Beispiel die vielen Totensagen mit wiederkehrenden armen Seelen oder das Motiv des Teufels, worauf hier jedoch nicht näher eingegangen werden kann.

Bezüglich des problematischen Zusammenhangs zwischen gesamteuropäischem Kulturerbe und rätoromanischer Eigenständigkeit sei abschließend mit aller Bedenklichkeit Karl Felix Wolff zitiert: »Soweit es sich um meine eigenen Erhebungen in den ladinischen Dolomitentälern handelt, […] betone ich […], daß rätische Namen, Wörter und Begriffe sich im ganzen Alpenraume wiederfinden, woraus man für eine ferne Vorzeit Übereinstimmung in Mythos und Dichtung erschließen kann.«[116]

Der Rosengarten als Variante des Motivs des verlorenen Paradieses

Dennoch scheint die Fragestellung derzeit noch keiner definitiven Lösung zuführbar und immer noch nicht aus der von Friedrich Ranke resignativ eingestandenen Unentschiedenheit gelöst zu sein:

»Eine Unterscheidung des Inhalts seinem Wesen nach von den entsprechenden Inhalten und Vorstellungen fremden Volkstums, wenigstens solange wir innerhalb der europäischen Kulturgemeinschaft bleiben, ist nicht zu bewerkstelligen. Die Einzelinhalte sind verschieden genug, aber die Art der Auffassung, die Denk- und Empfindungsweise erscheint doch im Grunde als die gleiche […], und solange wir nicht mit einiger Sicherheit angeben können: dieser und dieser Zug, der sich hier findet, fehlt dort, solange ist an eine völker- oder stammespsychologische Auswertung der Volkssagen nicht ernstlich zu denken.«[117]

In diesem Sinne schließen wir diese Arbeit in der Hoffnung, dass die lokal spezifischen Einzelinhalte der ladinischen Sagenwelt, sofern sie überhaupt als authentisches Kulturerbe existieren, den kulturinteressierten Ladinern trotz allem noch lange in Erinnerung bleiben und weitergegeben werden.

Anmerkungen

1. Vgl. Ulrike Kindl, Kritische Lektüre der Dolomitensagen von Karl Felix Wolff. Band 1: Einzelsagen. Band 2: Sagenzyklen, San Martin de Tor, Istitut Cultural Ladin »Micurà de Rü« 1983, 1997.
2. Gerhard Wahrig, Deutsches Wörterbuch, Zürich 21989.
3. Fernando Palazzi, Dizionario della lingua italiana, Milano 21957.
4. Hugo von Rossi, Märchen und Sagen aus dem Fassatal, Innsbruck 1912, hg. von Ulrike Kindl, I. Teil. Vigo di Fassa, Istitut Cultural Ladin »majon di fašegn«, 1984.
5. Hugo von Rossi, Ladinisches Wörterbuch. Vocabolario ladino (brach) – tedesco con traduzione italiana, hg. von Ulrike Kindl / Fabio Chiocchetti, Vich, Ist. Cult. Lad., Universität Innsbruck 1999.
6. DILF – Dizionario Italiano – Ladino Fassano. Vich, Spell, Istitut Cultural Ladin »majon di fascegn« 1999.
7. Vgl. Marzia Tomasi, Salvans, vivènes, bregostènes ... ed altre figure tra fantasia e realtà diffuse nel Tirolo Storico. Manuskript. Tesi di Laurea, Trento 2003 / 04, S. 16–18.
8. Karl Felix Wolff, Liejëndes dla Dolomites, o. J.; L reiam de Fanes y d'autra liejëndes. 1985; L ciavalier cun la mirandules y d'autra liejëndes. 1988. Urtijëi, ULG.
9. Marco Forni, Wörterbuch Deutsch – Grödner-Ladinisch. Vocabuler Tudësch – Ladin de Gherdëina, San Martin de Tor, Istitut Cultural Ladin »Micurà de Rü« 2002.
10. Giulio Andrea Pirona / Ercole Carletti / Giov. Bat. Corgnali, Il nuovo Pirona. Vocabolario Friulano. Società Filologica Friulana, Udine ²1967.
11. Meyer-Lübke, W., Romanisches Etymologisches Wörterbuch, Heidelberg ⁴1968.
12. Palazzi, Dizionario.
13. Max Lüthi, Das europäische Volksmärchen, Bern ⁶1978, S. 8.
14. Kindl, Kritische Lektüre, 1983, S. 54.
15. Ebd., S. 59.
16. Ebd., S. 21.
17. Grimm (Brüder), Deutsche Sagen. 1816, Vorrede.
18. Ulrike Kindl, Märchen aus den Dolomiten. Eugen Diederichs V., München 1992, S. 290.
19. Kindl, Kritische Lektüre, 1997, S. 148.
20. Kindl, Kritische Lektüre, 1983, S. 59.
21. Ebd., S. 60.
22. Heide Göttner-Abendroth, Das Matriarchat II, 1. Stuttgart / Berlin / Köln 1991, S. 22 / 23.
23. Kindl, Kritische Lektüre, 1983, S. 60.
24. Leander Petzoldt, Probleme der Kategorisierung und Typisierung von Volkssagen, in: Mondo Ladino. Atti di convegno. Vigo di Fassa, Anno IX (1985), n. 3 / 4, S. 35.
25. Friedrich Ranke, Grundfragen der Volkssagenforschung. 1925, in: Leander Petzoldt, Vergleichende Sagenforschung (= Wege der Forschung, Bd. CLII), Darmstadt 1969, S. 6.
26. Kindl, Kritische Lektüre, 1997, S. 175.
27. Ranke, Grundfragen, S. 3 / 4.
28. Kindl, Kritische Lektüre, 1997, S. 149.
29. Cesare Poppi, Le contìes degli archivi Massimiliano Mazzel e Simon de Giulio, in: Mondo Ladino, XI (1987), Nr. 1 / 2, Vich, Ist. Cult. Lad. Majon di Fascegn, S. 19–57.
30. Ulrike Kindl, Welt gestalten, in: Aquanitis. Ausstellungskatalog, San Martin de Tor, Museum Ladin 2006, S. 20, Note 6.
31. Egon Kühebacher, Deutsche Heldenepik in Tirol (= Schriftenreihe des Südtiroler Kulturinstituts, Bd. 7), Bozen 1979, S. 45.
32. Kindl, Kritische Lektüre, 1997, S. 221.
33. Kindl, Märchen, S. 201.
34. Georg Holz, Laurin und der kleine Rosengarten, Halle a. d. Saale 1897, Textstufe A, Vers 66–70.
35. Karl Theodor Hoeniger, Wolff, Karl Felix, König Laurin und sein Rosengarten. 1932, 243, Bb: 1948, 197 Bb., in: Der Schlern 13 (1932), S. 109.
36. Tiroler Heimat. Jahrbuch für Geschichte und Volkskunde, hg. von Franz Huter, 35. Bd., Innsbruck / Wien 1971, S. 44.
37. Egon Kühebacher, Deutsche Heldenepik in Tirol (= Schriftenreihe des Südtiroler Kulturinstituts Bd. 7), Bozen 1979, S. 47.
38. Hoeniger, Wolff, König Laurin, S. 106.
39. Bruno Pokorny, Meraner Rosengarten = Sage, Meran 1931, S. 14.
40. Karl Felix Wolff, Die Grundgedanken der Rosengarten-Dichtung, in: Der Schlern 39 (1965), S. 400.
41. Karl Felix Wolff, König Laurin, Bozen 1947, S. 187.
42. Ebd., S. 188.
43. Ebd., S. 189.
44. Lüthi, Volksmärchen, S. 5.
45. Ranke, Grundfragen, S. 6.
46. Wolff, König Laurin, S. 124.
47. Ebd., S. 188 / 189.
48. Wolff, Die Grundgedanken, S. 403.
49. Kindl, Kritische Lektüre, 1997, S. 221.
50. Wolff, Die Grundgedanken, S. 403
51. Tiroler Heimat, 1971, S. 13.
52. Wolff, König Laurin, S. 123, Note 16.
53. Wolff, Die Grundgedanken, S. 403.

54 Ernst Gamillscheg, Beiträgen zur Geschichte der deutschen Sprache und Literatur, 50. Bd., Halle a. d. Saale 1926, S. 212.
55 Wolff, Die Grundgedanken, S. 403.
56 Ebd., S. 403.
57 Ebd., S. 404.
58 Hermine Cloeter, Die bleichen Berge, in: Neue Freie Presse, Nr. 17673 vom 5. 11. 1913, Wien.
59 Carlo Battisti, in: Tiroler Heimat. Jahrbuch für Geschichte und Volkskunde, hg. von Franz Huter, 35. Bd., Innsbruck/Wien 1971, S. 17.
60 Kindl, Kritische Lektüre, 1983, S. 55.
61 Ulrike Kindl, Le rose contese. Il motivo del ›Rosengarten‹ tra letteratura tedesco-medioevale e tradizione orale ladina, in: Mondo Ladino. XXII. Vich, Istitut Cultural Ladin »majon di fascegn« 1998, S. 335–357.
62 Ebd., S. 351.
63 Wolff, Die Grundgedanken, S. 402.
64 Wolff, König Laurin, S. 123.
65 Kindl, Le rose contese, S. 351.
66 Maria Salvi-Lopez, Legende delle Alpi, Torino 1889, S. 285.
67 Wolff, König Laurin, S. 121.
68 Ebd., S. 187.
69 Ebd., S. 196/197.
70 Ebd., S. 121/122.
71 Kindl, Le rose contese, S. 353.
72 Holz, Laurin, Textstufe A, Verse 1573-4.
73 Torsten Dahlberg, Zwei unberücksichtigte mittelhochdeutsche Laurin-Version, Lund 1948, Hs. b. Verse 1573-4.
74 Karl Müllenhoff, Laurin. Ein Tirolisches Heldenmärchen, Berlin 21886, Verse 1833-6.
75 Holz, Laurin, Textstufe A, Verse 1826-27.
76 Ebd., Textstufe A, Verse 1851-56.
77 Ebd., Textstufe A, Verse 1851-56.
78 Kindl, Le rose contese, S. 354.
79 DLS – Dizionar dl Ladin Standard. Urtijëi, Vich, San Martin de Tor, Bulsan, Spell 2002.
80 Kindl, Märchen, S. 294.
81 Karl Felix Wolff, Dolomiten Sagen. 15. Aufl., Innsbruck/Wien/München 1981, S. 45–47.
82 Kindl, Aquanitis, S. 21, Note 10.
83 Max Aschenbrenner, Die »wilden Menschen« (La jënt salvaria) in den Sagen der Dolomitenladiner, in: Ladinia. V. San Martin de Tor, Istitut Ladin »Micurà de Rü« 1981, S. 228, Note 23.
84 Hans Fink, Dolomitensagen im Eisacktal (= An der Etsch und im Gebirge), Bd. 43, Brixen 1988, S. 29.
 85 Rossi, Märchen, S. 174.
 86 Ranke, Grundfragen, S. 16.
 87 Tomasi, Salvans, S. 83.
88 Kindl, Kritische Lektüre, 1997, S. 153.
89 Aschenbrenner, Die »wilden Menschen«, S. 221–223.
90 Ebd., S. 228.
91 Benedetta Grossrubatscher, Querschnitt der ladinischen Sagen. Tesi di laurea. Manuskript, Venezia 1994/95, S. 117.
92 Kindl, Kritische Lektüre, 1997, S. 150.
93 Hans Fink, Les Ganes – Die Seligen Frauen, in: Corona Alpium. Miscellana di studi in onore di Carlo Alberto Rastrelli, Firenze, Ist. di studi per l'Alto Adige 1984, S. 103.
94 Grossrubatscher, Querschnitt, S. 118.
95 Tomasi, Salvans, S. 67.
96 Rossi, Märchen, S. 195.
97 Tomasi, Salvans, S. 70.
98 Marco Forni, La realtà e l'immaginario nelle valli ladine dolomitiche, San Martin de Tor, Istitut Ladin »Micurà de Rü« 1997, S. 82.
99 Fink, Les Ganes, S. 94/95.
100 Aschenbrenner, Die »wilden Menschen«, S. 221/222.
101 Rossi, Märchen, S. 196–198.
102 Fink, Les Ganes, S. 102.
103 Kindl, Aquanitis, S. 20, Note 10.
104 Wolff, Dolomiten Sagen, S. 176–179.
105 Rossi, Märchen, S. 186.
106 Ebd., S. 185/186.
107 Fink, Dolomitensagen, S. 29.
108 Rossi, Märchen, S. 180/181.
109 Daniela Perco, Anguane – longane: figure del mito nell'area ladina dolomitica, in: Mondo Ladino XXII. Vich, Ist. Cult. Lad Majon di Fascegn 1998, S. 406, Note 5.
110 Tomasi, Salvans, S. 64, Note 111.
111 Giovanni Alton, Proverbi, Tradizioni ed Anneddoti delle Valli ladine orientali, Innsbruck 1881, S. 11.
112 Aschenbrenner, Die »wilden Menschen«, S. 232.
113 Wolff, König Laurin, S. 8.
114 Kindl, Märchen, S. 297.
115 Ebd., S. 288/289.
116 Wolff, König Laurin, S.117.
117 Ranke, Grundfragen, 19.

Literaturverzeichnis

ALTON, Giovanni: Proverbi, Tradizioni ed Anneddoti delle Valli ladine orientali. Innsbruck 1881.

ASCHENBRENNER, Max: Die »wilden Menschen« (La jënt salvaria) in den Sagen der Dolomitenladiner. In: Ladinia. V. San Martin de Tor, Istitut Ladin »Micurà de Rü« 1981, S. 221–236.

BARNER, Wilfried (Hg.): Texte zur modernen Mythentheorie. Stuttgart 2003.

BATTISTI, Carlo. In: Tiroler Heimat. Jahrbuch für Geschichte und Volkskunde 35 (1971), S. 17.

CLOETER, Hermine: Die bleichen Berge. In: Neue Freie Presse, Nr. 17673 vom 5.11.1913, Wien.

DAHLBERG, Torsten: Zwei unberücksichtigte mittelhochdeutsche Laurin-Version. Lund 1948.

DILF – Dizionario Italiano – Ladino Fassano. Vich, Spell, Istitut Cultural Ladin »majon di fascegn« 1999.

DLS – Dizionar dl Ladin Standard. Urtijëi, Vich, San Martin de Tor / Bulsan / Spell 2002.

ELWERT, W. Theodor: Die Mundart des Fassa-Tals. Unveränderter Nachdruck der 1943 erschienenen Abhandlung nebst vier ergänzenden Aufsätzen. Wiesbaden 1972.

FINK, Hans: Dolomitensagen im Eisacktal (= An der Etsch und im Gebirge), Bd. 43. Brixen 1988.

FINK, Hans: Les Ganes – Die Seligen Frauen. In: Corona Alpium. Miscellana di studi in onore di Carlo Alberto Mastrelli. Firenze, Ist. di studi per l'Alto Adige 1984, S. 93–108.

FORNI, Marco: La realtà e l'immaginario nelle valli ladine dolomitiche. San Martin de Tor, Istitut Ladin »Micurà de Rü« 1997.

FORNI, Marco: Wörterbuch Deutsch – Grödner-Ladinisch. Vocabuler Tudësch – Ladin de Gherdëina. San Martin de Tor, Istitut Cultural Ladin »Micurà de Rü« 2002.

GAMILLSCHEG, Ernst: Beiträge zur Geschichte der deutschen Sprache und Literatur. 50. Bd. Halle a. d. Saale 1926.

GARTNER, Theodor: Die Gredner Mundart. Linz 1879.

GARTNER, Theodor: Ladinische Wörter aus den Dolomiten. Halle 1923.

GÖTTNER-ABENDROTH, Heide: Das Matriarchat II, 1. Stuttgart / Berlin / Köln 1991.

GRIMM (Brüder): Deutsche Sagen. 1816.

GROSSRUBATSCHER, Benedetta: Querschnitt der ladinischen Sagen. Tesi di laurea. Manuskript. Venezia 1994 / 95.

Handwörterbuch des deutschen Aberglaubens, hg. von Bächtold-Stäubli, Hanns. Berlin / Leipzig 1927 ff.

HOENIGER, Karl Theodor / Wolff, Karl Felix: König Laurin und sein Rosengarten. 1932, 243, Bb: 1948, 197 Bb. In: Der Schlern 13 (1932), S. xx.

HOLZ, Georg: Laurin und der kleine Rosengarten. Halle a. d. Saale 1897.

JOLLES, André: Einfache Formen. Darmstadt 1930 (1958, 2. Aufl.).

KINDL, Ulrike: Kritische Lektüre der Dolomitensagen von Karl Felix Wolff. Bd. 1: Einzelsagen. Bd. 2: Sagenzyklen. San Martin de Tor, Istitut Cultural Ladin »Micurà de Rü« 1983, 1997.

KINDL, Ulrike: Le rose contese. Il motivo del ›Rosengarten‹ tra letteratura tedesco-medioevale e tradizione orale ladina. In: Mondo Ladino. XXII. Vich, Istitut Cultural Ladin »majon di fascegn« 1998.

KINDL, Ulrike: Märchen aus den Dolomiten. Eugen Diederichs V. München 1992.

KINDL, Ulrike: Welt gestalten. In: Aquanitis. Ausstellungskatalog. San Martin de Tor, Museum Ladin 2006, S. 14–21.

KOHLER, J.: Der Ursprung der Melusinensage. Eine ethnologische Untersuchung. Leipzig, 1895.

KRAMER, Johannes: Etymologisches Wörterbuch des Dolomitenladinischen. Hamburg 1991.

KÜHEBACHER, Egon: Deutsche Heldenepik in Tirol (= Schriftenreihe des Südtiroler Kulturinstituts, Bd. 7). Bozen 1979.

LARDSCHNEIDER-CIAMPAC, Archangelus: Wörterbuch der Grödner Mundart (= Schlern-Schriften 23). Innsbruck 1933.

LÜTHI, Max: Das europäische Volksmärchen. Bern 61978.

MAJONI, Angelo: Cortina d'Ampezzo nella sua parlata. Vocabolario ampezzano. Forli 1929.

MARTINI, Giuseppe Sergio (Hg.); Baldissera, A.; Pizzinini, F.; Vittur, F.: Vocabolarietto Badiotto – Italiano. Firenze 1950.

MARTINI, Giuseppe Sergio: Vocabolarietto Gardenese – Italiano. Firenze 1953.

MAZZEL, Massimiliano: Dizionario Ladino Fassano (cazét) – Italiano. Vigo di Fassa 1976.

MEYER-LÜBKE, W.: Romanisches Etymologisches Wörterbuch. Heidelberg 41968.

MISCHÌ, Giovanni: Wörterbuch Deutsch – Gadertalisch. San Martin de Tor, Istitut Cultural Ladin »Micurà de Rü« 2000.

Mondo Ladino. Bollettino dell'Istituto Culturale Ladino. Le leggende fassane di Hugo de Rossi. Convegno di studio. Vigo di Fassa, 20 / 21 aprile 1985. Anno IX (1985) n. 3 / 4.

MORODER DOSS, Gottfried: 1. Wörterbuch Deutsch-Grödnerisch. Sëlva 1953. 2. Wörterbuch Deutsch-Grödnerisch. IMdR, Sëlva 1955–71.

MÜLLENHOFF, Karl: Laurin. Ein Tirolisches Heldenmärchen. Berlin 21886.

NOWAK, M.: Die Melusinen-Sage. Ihr mythischer Hintergrund, ihre Verwandtschaft mit anderen Sagenkeisen und ihre Stellung in der deutschen Literatur. Zürich 1886.

PALAZZI, Fernando: Dizionario della lingua italiana. Milano 21957.

PERCO, Daniela: Anguane – longane: figure del mito nell'area ladina dolomitica. In: Mondo Ladino. XXII. Vich 1998, S. 405–425.

PETZOLDT, Leander: Probleme der Kategorisierung und Typisierung von Volkssagen. In: Mondo Ladino. Atti di convegno. Vigo di Fassa, Anno IX (1985), n. 3/4, S. 35–48.

PETZOLDT, Leander: Vergleichende Sagenforschung (=Wege der Forschung, Bd. CLII). Darmstadt 1969.

PEUCKERT, Will-Erich: Die Welt der Sage. (1938). In: Petzoldt, Leander: Vergleichende Sagenforschung. (= Wege der Forschung, Bd. CLII). Darmstadt 1969, S. 135–188.

PIRONA, Giulio Andrea / CARLETTI, Ercole / CORGNALI, Giov. Bat.: Il nuovo Pirona. Vocabolario Friulano. Società Filologica Friulana, Udine 21967.

PIZZININI, Antone: Parores Ladines. Innsbruck 1966.

Pledari grond Deutsch-Romanisch. Cuira, Lia rumantscha 1993.

POKORNY, Bruno: Meraner Rosengarten=Sage. Meran 1931.

POPPI, Cesare: Le contìes degli archivi Massimiliano Mazzel e Simon de Giulio. In: Mondo Ladino, XI (1987), Nr. 1/2, S. 19–57.

RANKE, Friedrich: Grundfragen der Volkssagenforschung. 1925. In: Petzoldt, Leander: Vergleichende Sagenforschung (= Wege der Forschung, Bd. CLII). Darmstadt 1969, S. 1–20.

RÖHRICH, L.: Erzählungen des späten Mittelalters und ihr Weiterleben in Literatur und Volksdichtung bis zur Gegenwart. Bern 1962.

ROSSI, Hugo von: Ladinisches Wörterbuch. Vocabolario ladino (brach) – tedesco con traduzione italiana, hg. von Kindl, Ulrike / Chiocchetti Fabio. Vich, Ist. Cult. Lad., Universität Innsbruck 1999.

ROSSI, Hugo von: Märchen und Sagen aus dem Fassatal. Innsbruck 1912. hg. von Kindl, Ulrike. I. Teil. Vigo di Fassa, Istitut Cultural Ladin »majon di fašegn« 1984.

SALVI-LOPEZ, Maria: Legende delle Alpi. Torino 1889.

TOMASI, Marzia: Salvans, vivènes, bregostènes … ed altre figure tra fantasia e realtà diffuse nel Tirolo Storico. Manuskript. Tesi di Laurea, Trento 2003/04.

Vocabolario Italiano – Ampezzano. Cortina d'Ampezzo 1997.

WAHRIG, Gerhard: Deutsches Wörterbuch. Zürich 21989.

WOLFF, Karl Felix: Die Grundgedanken der Rosengarten – Dichtung. In: Der Schlern 39 (1965), S. 399–405.

WOLFF, Karl Felix: Dolomiten Sagen. 15. Aufl. Innsbruck/Wien/München 1981.

WOLFF, Karl Felix: König Laurin. Bozen 1947.

WOLFF, Karl Felix: Liejëndes dla Dolomites. o. J.; L reiam de Fanes y d'autra liejëndes. 1985; L ciavalier cun la mirandules y d'autra liejëndes. 1988. Urtijëi, ULG.

ZIPS, Manfred: König Laurin und sein Rosengarten. In: Tiroler Heimat. Jahrbuch für Geschichte und Volkskunde 35 (1972), S. 5–50.

Ruth Bernardi, geboren 1962, stammt aus St. Ulrich in Gröden, ihre Muttersprache ist Ladinisch. Nach dem Romanistikstudium an der Universität Innsbruck arbeitete sie u. a. für die Universität Zürich am »Handbuch des Rätoromanischen« und als Lehrbeauftragte für Ladinisch an den Universitäten Zürich, Innsbruck und München. Anschließend war Bernardi für die RAI in Bozen sowie als Übersetzerin tätig. Derzeit erstellt sie, im Auftrag der Freien Universität Bozen, eine ladinische Literaturgeschichte.

Ruine Hauenstein, Seis

Mannsbild

**OSWALD VON WOLKENSTEIN
1377–1445**

Er ist rauflustig und verprügelt sogar einen Bischof. In einem Erbstreit haut er die eigene Verwandtschaft übers Ohr, und auch sonst ist er nicht von der feinen Art. Ein Haudegen, der perfekt ins Klischee des Mittelalters passt. Doch dieser derbe Tiroler hat auch eine andere Seite. Oswald von Wolkenstein dichtet und komponiert, seine Lieder sind ein Nachhall auf den Minnegesang und markieren das Ende einer turbulenten Epoche. Turbulent verläuft auch sein Leben. Im Alter von erst zehn Jahren verlässt Oswald seine Familie im Pustertal und zieht als Knappe eines fahrenden Ritters durch die Lande. »Ich wolt besehen, wie die welt wär gestalt«, wie er später in einem seiner Verse schreibt. Für einen, der selbst einmal Ritter werden will, ist das eine durchaus übliche Ausbildung. Oswald betätigt sich als Stallknecht und Koch, er lernt lesen sowie die ritterliche Kunst des Dichtens und Musizierens. Wenn all das stimmt, was er in seinen Liedern berichtet, bringen ihn seine ersten Reisejahre bis nach Persien. In »ellend und armuet« wohnt er bei »cristen, kriechen, haiden«, nach einem Schiffsbruch im Schwarzen Meer rettet er sich auf ein im Wasser treibendes Weinfass. Das stets geschlossene rechte Auge lässt ihn besonders verwegen aussehen. Es ist aber nicht die Folge eines Kampfes, wie man später lange vermuten wird, sondern einer Krankheit im Kindesalter. Mit Anfang 20 kehrt Oswald fürs Erste nach Tirol zurück und beginnt die typische Karriere eines Ritters. Im Dienst eines deutschen Königs nimmt er an einem Italienfeldzug teil, als Kreuzritter zieht er nach Palästina,

1378
Beginn des abendländischen Schisma mit Päpsten in Rom und Avignon.

1410 ca.
In Europa erscheinen die ersten im Holzschnitt gedruckten Bücher.

1415
Der böhmische Reformer Jan Hus stirbt in Konstanz auf dem Scheiterhaufen.

und dem Adel erscheint er vorerst derart verlässlich, dass der Tiroler Landesherr Friedrich IV. (der »mit der leeren Tasche«) ihn 1415 zum Konzil nach Konstanz mitnimmt.

Das Konzil soll den Machtkampf der drei Päpste beenden, die gleichzeitig im Amt sind. Friedrich aber verhilft dem von der Absetzung bedrohten Johannes XXIII. zur Flucht, was den deutschen König Sigismund, den Organisator des Konzils, erzürnt. Das hindert diesen aber nicht, Friedrichs Gefolgsmann Oswald von Wolkenstein in seine Dienste zu nehmen. Im Gefolge von Sigismund reist Oswald nach Frankreich und in seinem Auftrag sogar nach England und Spanien, um das Schisma der katholischen Kirche überwinden zu helfen.

Zurück aus der Welt heiratet er Margarete, die »Gret« in einigen seiner Liebeslieder. Die Verhältnisse in Tirol werden ihm aber zum Verhängnis. Er verstrickt sich in einen langen Erbschaftsstreit um die Burg Hauenstein bei Seis, die er wohl zu unrecht in Besitz genommen hat. Um die gleiche Zeit tritt er einem Bündnis von Adeligen bei, die gegen Friedrich und seinen wachsenden Machthunger aufmucken. Kämpfe brechen aus, Friedrichs Truppen belagern mit Unterstützung der Bauern die Burgen einiger aufmüpfiger Adeliger und gehen schließlich als Sieger vom Platz. Silberfunde in mehreren Bergwerken füllen Friedrichs Kassen und festigen seine Herrschaft. Oswald von Wolkenstein, dessen Rebellion gegen seinen einstigen Dienstherrn sich mit dem Streit um die Burg Hauenstein vermischt, wird noch vor dem Ende des Aufstands eingekerkert. Erst nach fast zwei Jahren und gegen eine Bürgschaft von 6000 Dukaten kommt er frei. Vergeblich versucht er, dieses Geld bei seinem einstigen Gönner Sigismund aufzutreiben. Also flüchtet er, wird erneut gefangen und erst nach Annahme der Urfehde freigelassen – einem Gelöbnis, die Macht des Landesfürsten auf immer anzuerkennen. Sanftmütiger macht ihn das nicht. Noch als 52-Jähriger wird er in einem Streit unter Geistlichen dazwischenfahren und den Bischof von Brixen mit einem Faustschlag niederstrecken.

Die schwierigen Jahre des Konflikts mit dem Landesfürsten, zwischen 1425 und 1427, nützt Oswald für die Niederschrift einer ersten Sammlung von rund 100 Gedichten und Liedtexten. Die derbe Lyrik verarbeitet unter anderem seine Reiseerlebnisse und ist mithin eine Weiterentwicklung des Minnegesangs, der sich meist darauf beschränkte, eine für den Ritter unerreichbare Frau zu besingen. In seinen Texten verwendet Oswald als einer der ersten ein allgemein verständliches Frühneuhochdeutsch – immerhin rund 100 Jahre bevor Luther die Bibel übersetzt. Damit steht Wolkensteins Dichtung an der Grenze zweier Epochen: Das Spätmittelalter endet, die Renaissance beginnt.

In seinen letzten Lebensjahren kommt Ritter Wolkenstein noch zu hohen Ehren. Er wird in einen fünfköpfigen Rat ernannt, der das Erbe des verstorbenen Landesfürsten Friedrich erheben und für dessen noch minderjährigen Sohn aufbewahren soll. Derweil hat für das Rittertum, das Wolkenstein mit seinem betont männlichen Naturell repräsentierte, bereits der Niedergang eingesetzt.

BARZIA ET ZAMBRANA TOM. I.

VI.

...MINIC... PARS II.

R.D. BARZIA. SERMONES TOM. III. IV.

VIII.

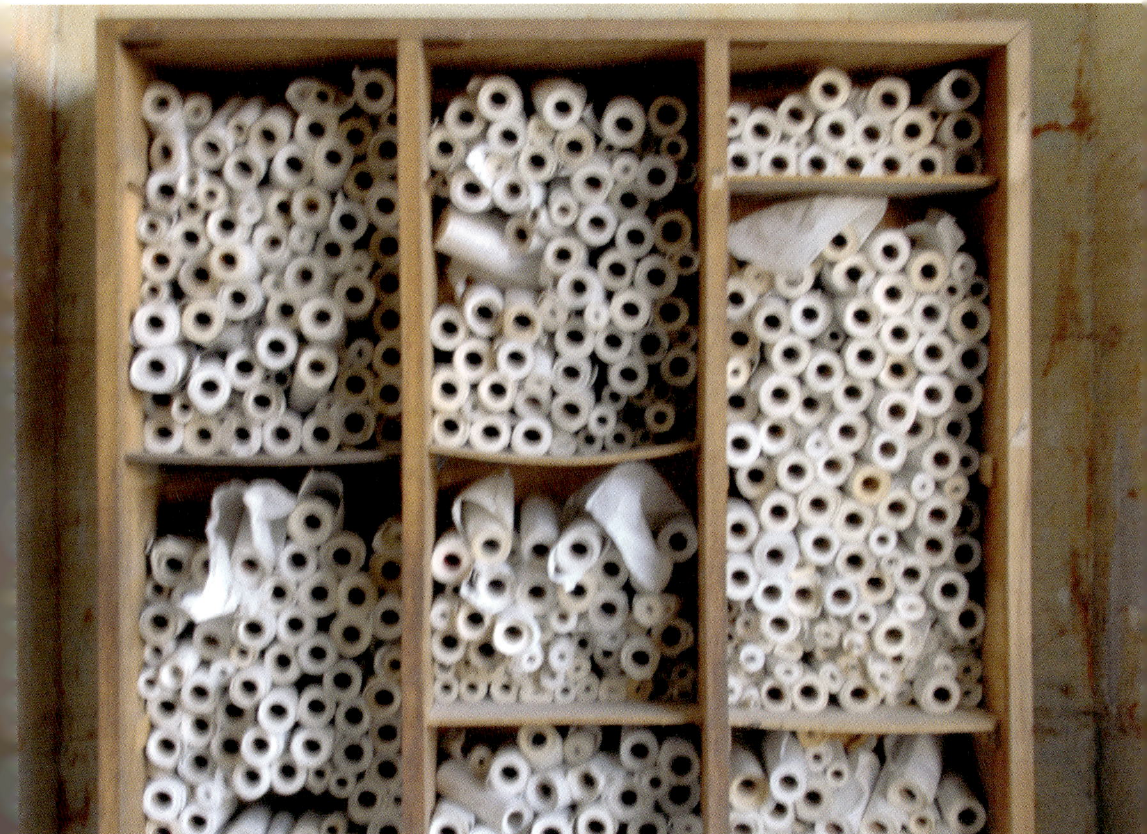

Bruno Klammer

Buchgeographie Südtirol
EIN MITTELEUROPÄISCHES PROJEKT: ERSCHLIESSUNG HISTORISCHER BIBLIOTHEKEN

Wenn eines Tages die Konflikte aufbrechen sollten zwischen angewandten Wissenschaften und geistesgeschichtlichen, historischen Wissenschaften, wird die technologische Umgestaltung der Welt nicht abbrechen, die mentale Partnerschaft der Menschen wird aber auf Seiten der Geschichte und der Bewusstseinskultur liegen. 1918 wurde Südtirol aus seinem jahrhundertealten politischen und kulturellen Kontext herausgerissen und durch die Siegermächte Italien zugeschlagen. Umgehend wurde eine intensive und gnadenlose Zeit kultureller und politischer Umprägung des Landes eingeleitet. Aus »deutschen Landen« sollte Südtirol »römisches« Kultur- und Reichsgebiet werden. In dieser Zeit erkannte Anton Dörrer bereits, und verwies in einem Schlern-Aufsatz 1933 auch darauf, dass ein Bibliothekskatalog zu den Buchbeständen des Landes eines Tages von zentraler kultureller Bedeutung werden könnte.[1] Was Dörrer aus seinem Umgang mit den historischen Buchbeständen des Landes mehr ahnte als zu belegen vermochte, war, dass ein Bestandskatalog sich gewissermaßen zu einem geistigen Inventarbuch des Landes entwickeln würde. Den roten Faden der Bestandskataloge entlang reisen wir in der Geschichte zurück in das eigene Werden. In die Netzwerke unseres Bewusstseins und unserer Identität. Hatte der Faschismus alles Deutsche und alle südtirolische Vergangenheit geächtet[2], lockerte sich nach 1945 der kulturelle Übergriff allmählich und eine weitsichtigere nationale Kulturpolitik ermöglichte dem Land, an seine kulturhistorische Vergangenheit wieder anzuknüpfen. Der Aufbau eines Landesdenkmalamtes und eines Landesarchivs wurde in Angriff genommen, und diesen oblag die Sicherung dessen, was es an dokumentarischem und kulturhistorischem Bestand im Lande gab. Aus der dokumentarischen Bestandsaufnahme weitgehend ausgeschlossen blieb aber zunächst das historische Buchgut. Wohl auch deshalb, weil dieses sich vorwiegend in kirchlicher Trägerschaft befand und von dort her auch keine sonderlichen Impulse zu dessen Aufarbeitung kamen.[3]
Die Lage änderte sich 1997. Die stärkste private Kulturstiftung des Landes, die Stiftung Südtiroler Sparkasse, gab in diesem Jahr das erste Mal Mittel frei für ein Projekt

zur Erschließung der historischen Buchbestände im Lande (EHB).[4] Das Projekt wurde angeregt und stand von Anfang an unter der Leitung von Dr. P. Bruno Klammer. Für die Projektdurchführung wurde Ende 2001 eine eigene Fachgenossenschaft gegründet (Bibliogamma Onlus). 2007 konnte EHB bereits auf eine zehnjährige Erschließungstätigkeit zurückblicken.

Mit dem EHB-Erschließungskatalog wurde Südtirols historisches Bucherbe an internationale Erschließungsstandards angebunden und in die europäische Buch- und Kulturlandschaft nach acht Jahrzehnten Vergessenheit und Verschluss wieder neu eingeführt.[5] Damit ist Südtirol in seine Jahrhunderte alten mentalitäts- und entwicklungsgeschichtlichen Zusammenhänge endgültig zurückgegliedert, sei es nach Norden wie nach dem Süden hin.

Was bedeutet »historisches Buchgut« im Rahmen von EHB?

Die EHB-Erschließungstätigkeit ist auf einen einheitlichen Landeskatalog hin ausgerichtet, der nach Abschluss der EHB-Tätigkeit in Betreuung und Verwaltung der Landesinstitutionen überführt werden soll. EHB ist kein archivalisches Projekt, sondern ein Projekt zur Erfassung der Druckwerke. Handgeschriebene Buchwerke (Codices) werden erfasst, soweit sie sich in Buchbeständen befinden. Zugleich mit den Buchwerken werden deren Bucheinträge, Besitzvermerke, Exlibris erfasst und in den Erschließungsberichten des Projekts die Bestandsgeschichte dokumentiert. Dadurch werden die Bestände mit den europäischen Buchströmen und Geistesströmungen wieder vernetzt und Einblicke in die europäische Bestandsvermittlung geboten.

Die Erschließung erfolgt nach den Regeln der Alphabetischen Katalogisierung für Wissenschaftliche Bibliotheken (RAK-WB und RAK-WB Alte Drucke, VD16, VD17).[6] Um für Öffentlichkeit und Forschung den jeweiligen Gesamtbestand einer Sammlung verfügbar zu machen, und weil viele Bestandsträger weder über die Mittel noch über das Personal verfügen, um eine umfassende Bestandsaufnahme in Eigenregie durchzuführen, werden in fortgeführten historischen Bibliotheken (»lebende«

Bibliotheken) die Bestände bis in die Gegenwart herauf erschlossen. Alt- und Neubestände werden so in ihrer gesamten Bestandskontinuität verfügbar.

Das frühe abendländische Buchgut ist ein weithin mönchsgeprägtes Bestandsgut

Um die Mitte des 9. Jahrhunderts gab es im fränkischen Reich 180 Bistümer und 700 große Abteien, dazu überall kleinere Niederlassungen mit ihren wirtschaftlichen und kulturellen Einflussterritorien. Von den diözesanen Zentren aus entfalteten und spannten sich die Netzwerke der Dekanate und Pfarreien über das Land. In den Schreibstuben (Skriptorien) der diözesanen und vor allem der mönchischen Netzwerke wurde das gesamte Wissensgut, das profane wie das sakrale gleicherweise, vermittelt. In der christlich-mittelalterlichen Kulturüberlieferung war die Trennung von Profanem und Sakralem weitgehend aufgehoben. Für sie gab es nur eine einzige, einheitliche, christlich durchprägte Welt. Selbst bei klösterlichen Sammelbeständen vom 16. bis zum 18. Jahrhundert ist von spezifisch »theologischen« Bibliotheken zu sprechen nur zum Teil richtig. Die Werkrelevanz ist eine solche der Gesamtprägung. Anhand der Bestände wurden die Menschen erzogen, erhielten sie ihre sittliche

Ausrichtung und wurden ihnen die lebenstragenden Anschauungen vermittelt. Die christliche Durchgestaltung erstreckte sich dabei auf alle Lebens-, Erfahrungs- und Berufsbereiche. Die Buchbestände in der Hand der Seelsorge reihten Mensch und Gesellschaft in die Alltagswelt der profanen Angelegenheiten ebenso ein wie in jene der Glaubensdinge.

Die Bestandsträgerschaften

Als die zentralen und aufschlussreichsten Bestandsträgerschaften erweisen sich in den Landesbeständen jene der unterschiedlichen Ordensgemeinschaften und das Netzwerk der Pfarreien. In der Trägerschaft von Klöstern liegen die großen Sammlungen, mit einem Bestandsumfang von zwischen 30.000 und 80.000 Bänden.[7] Mittlere Bestände liegen zwischen 10.000 und 25.000. Darunter liegen viele Kleinbestände, zum Beispiel in Dekanaten und Pfarreien. Über die kirchlichen Trägerschaften hinaus gibt es zahlreiche weitere Trägernetze (Vereine, Museen, Adelsfamilien, Berufsgruppennetze, Sammlergruppen …). Manche dieser Sammlungen sind typische Schwerpunktbibliotheken (Handel, Medizin, Verwaltung, Freimaurerei, naturkundliche Sammlungen, Bergbau, Landwirtschaft, Rechtswesen, Kunst und Literatur …). Wenig Beachtung erfahren haben bisher die Sonderbibliotheken der weiblichen Ordenszweige und Religiosen, obgleich sie wertvolle Einblicke zu geben vermögen und auch sie im Verbund überregionaler Netzwerke stehen, zum Beispiel die Bestände der Englischen Fräulein, der Ursulinen, der Benediktiner- und Zisterzienserinnen, der Klarissen.[8]

Die Bestandsüberlieferung

Zum Ziel der Katalogerstellung gehört nicht nur die Vollständigkeit der Erfassung, sondern auch, Lücken, Bestandsentnahmen, Bestandsveräußerungen, Bestandsentsorgungen, Bestandsverluste durch äußere Einwirkungen mitzuerfassen. Kernpunkt der Katalogsicherung der Bestände ist deren kulturelle europäische Rückgliederung und deren gesamteuropäische und weltweite Abrufbarkeit. Aufgrund der hohen Zugriffsquote aus dem angelsächsischen Interessenraum, ist auch eine englischsprachige Homepagepräsentation in Vorbereitung.

Es war eine glückliche und notwendige Wahl, die Bestandsaufnahme von den religiösen Trägerschaften aus zu beginnen. Zum einen waren Kloster- und Pfarrbestände durch Klosterauflassungen, Pfarrzusammenlegungen, Umbauarbeiten, Personalmangel besonders gefährdet. Zum anderen liefern Bestandsvergleiche und Bestandszusammenhänge mit Bibliotheken der nämlichen oder ähnlicher Ausrichtung außerhalb des Landes wertvolle Einsichten. In vielem wird überhaupt erst in der gesamteuropäischen Einordnung und Rückvernetzung das entsprechende Grundverständnis der Bestandsrollen wieder greifbar. Die meisten Landesbestände sind eingebunden in Kontexte einer viel weiteren Reichweite, als dies beispielsweise die herrschaftlichen Landesgrenzen darstellen. Die Ordensverbände etwa reichen über Tirol hinaus. Die Tirolische Kapuzinerordensprovinz in der ersten Hälfte des 17. Jahrhunderts reicht beispielsweise weit ins Salzburgische hinein[9], in die bayerischen Stammlande bis Augsburg und Regensburg, hinüber nach Schwaben und ins Vorarlbergische, im Süden bis Bozen und Neumarkt. Gleichzeitig steht die Provinz im weltweiten Verbund des Ordens. Die Arbeit an den Südtiroler historischen Beständen ist daher weithin die Aufgabe eines Bestandsvergleichs auch innerhalb und zwischen den Orden sowie innerhalb derjenigen Diözesen, in deren Einflussbereiche hinein sich Ordens- und Pfarrbestände erstrecken. Die Bestände sind in gesamteuropäischen Syn- und Diachronien zu betrachten. Über tirolische und bayerische Autoren und Druckorte fließen Bestände nach außen, und von draußen fließen Bestände ins Land, von Portugal bis Prag, von London bis Süditalien. Über die Missionsnetze reichen einige Bestände bis in die fernsten Länder der Erde und haben dort ihre Spuren hinterlassen. Durch den Funktionsverlust mancher Trägerschaften (Nachwuchsmangel, Ausrichtung auf andere Aufgaben, Umwidmung von Aufbewahrungsorten) sind nicht nur viele Pfarrbestände, sondern auch viele Sonderbestände wie Missions- und Privatbestände, aufgelassen worden.

> Die Bestände sind eingebunden in Kontexte, die weit über die Landesgrenzen reichen.

Die Bestandskataloge

Kataloge und Signatursysteme gliedern Bestände im Allgemeinen in größere Zusammenhänge ein (Ordensnetze, Adelsnetze, Herrschaftsbereiche, Druckernetze …). Bis zum Aufbau von EHB waren in einigen wenigen Bibliotheken noch ältere Bandkataloge vorhanden, In der Regel waren es aber nur Karteikartenkataloge bzw. Zettelkataloge. Diese waren verwundbar. Die Arbeit an den Beständen zeigt Tag für Tag, dass aus den Regal- bzw. Signaturabteilungen mit den Beständen die entsprechenden Karteikarten mitentfernt worden waren. Ausleihkataloge und Bestandsdokumentation fehlen. Bei kleineren Beständen (Pfarrbestände, Privatsammlungen) sind die ursprünglichen Ordnungen oft überhaupt nur noch aus Signaturresten und Signaturvergleichen zu ermitteln. Seit langem zeigen Inventardefizite einen Schwund in pastoralkultureller Hinsicht, Nachwuchsrückgänge in den Trägergemeinschaften, Überalterung, Bewusstseinsverluste und dergleichen an. Ohne digitale Katalognachweise ist es Amtsinstanzen auch praktisch unmöglich, die Werkbestände zu kontrollieren und für Bestandsstabilität zu sorgen. Wie der Fall der Kapuzinerbestände Altötting an der Universität Eichstätt belegt, retten selbst Landeszuständigkeiten Bestände nicht, wenn nicht die entsprechende Bewusstseinsbildung in den Bestandsträgern selbst sich mitentfaltet.[10] Da Altötting bis zur bayerischen Provinzabtrennung im Jahre 1668 zur tirolischen Kapuzinerprovinz gehörte, sind die Bestandsverluste in Eichstätt auch für die Bestandserschließung in Südtirol und für den Tiroliensiennachweis von EHB bedauerlich.

Die Bücher hinter uns sind Bücher vor uns

Als Beda Venerabilis im Jahr 735 im Sterben lag, rief er seinen Discipulus, den Buchschreiber Wilberth: »Beeile dich! Wie viel fehlt noch?« »Ein Satz«, sagte Wilberth. Und als dieser Satz geschrieben war, sagte Beda mit den Worten der Schöpfung und Christi am Ölberg: »Gut. Nun ist alles vollbracht.«

Beda selbst hatte über 40 Werke niedergeschrieben und hinterließ eine Bibliothek von 300 Bänden (Codices). Bei einer Schreibleistung von einem Werk pro Jahr, entsprechen 300 Codices 300 Schreibjahren. 50.000 Codices wurden schätzungsweise in den Skriptorien, den Schreibstuben der Mönche, abgeschrieben. Längst vor der Gründung eigener Abteien stand Südtirol im Schreib- und Kulturzusammenhang mit Freising und anderen Bistümern (Arbeo von Freising, Abrogans, freisingisch-tirolischer Heiligenkalender, Pfründennachweise, Gründung und Verleihung des Hochstifts Innichen von Bayern aus).

Im Rahmen des EHB-Katalogs wurden bisher bereits an die 700 Inkunabeln erhoben, Druckwerke aus der Zeit von 1450 bis 1500. Jedes dieser Werke ist eines von 200 bis 300 Exemplaren einer durchschnittlichen Werkauflage. Die Buchdrucke zwischen 1450 und 1500 werden auf 27.000 Editionen geschätzt. Durch Klosteraufhebungen, Säkularisation, Verkauf, Brandverluste und andere Ereignisse und Bestandseingriffe ist für das Land vieles abhanden gekommen. In dem aber, was vorhanden ist, zeigt sich, dass die großen Leitwerke der abendländischen Kultur im Lande vorhanden waren. Viele davon sind in mehreren Exemplaren vorhanden, zum Beispiel Rechtswerke, die großen Werke der Pastoral, der antiken und christlichen Philosophie, der Geschichte, der Medizin, der Geographie, der Moral, der theologischen und profanen Wissenschaften.

Unverständige Bibliothekare und selbst größere Bibliotheken haben in der Vergangenheit immer wieder sogenannte Dubletten (mehrfach vorhandene Druckwerke) ausgeschieden, um lediglich ein Exemplar im Katalog zu haben. Die meisten der nachprüfbaren Dubletten sind gar keine echten Dubletten, sondern

Bibliothek im Kloster Neustift

weisen vielmehr unterschiedliche Druckorte auf, unterschiedliche Editionsträger (Verleger), unterschiedliche Textdispositionen, sind Raubdrucke ohne Autorisierung (Imprimatur), haben diverse Besitzer- und Bucheinträge und anderes mehr. Zum anderen gibt gerade die Rekurrenz (Häufigkeit) von Werken Aufschlüsse über die Verteilungsgeographie und darüber, was Leitwerke einer bestimmten Epoche, irgendeines Ordenszweiges, einer Strömung oder Reform sind bzw. waren. Druckdichte und Verteilungsdichte eines Werkes stellen repräsentative Aussagen dar. Unabhängig von dem, was außer Landes gekommen ist, lässt sich im EHB-Inkunabelkatalog bisher von Nikolaus von Kues ein einziges Werkexemplar nachweisen, ein später Inkunabeldruck um 1500, während von vielen anderen Autoren bis zu Dutzenden Exemplare aus Nachdrucken vorhanden sind. Um die Druckdichte von einigen repräsentativen Autoren in der Inkunabelzeit zu nennen: Carletus, dessen »Summa Angelica« Luther als satanisches Werk verbrennen ließ, erreicht zwischen 1470 und 1500 23 Auflagen. Der Kartäuser Werner Rolevinck, der ebenso mehrmals im EHB-Katalog vorhanden ist, erreicht 33 Nachdrucke zwischen 1470 und 1500. Das Quadragesimale von Conrad Grütsch (Gritsch) kommt auf 29 Nachdrucke innerhalb des 15. Jahrhunderts. Der Franziskaner Nikolaus von Lyra, von dem allein zwischen 1350 und 1450 über 700 Handschriften belegt sind, kommt zwischen 1470 und 1550 mit seiner Postilla auf über 100 Drucke. Nicht Nikolaus von Kues, obwohl er tirolischer Diözesanbischof in loco war, bestimmt die Prägung und das Werden der Volksmentalität im 15. und frühen 16. Jahrhundert, sondern zahlreiche andere prägen in unterschiedlicher Weise (über Predigt, Beichtpraxis, Sakramentenpastoral und Manuale, Bibelkommentare, Verhaltenssummen, Volksandachten, Katechese) das Land in seinen ethischen und religiösen Grundauffassungen, in Brauchtum und Vorstellung: Thomas von Aquin, Petrus Lombardus, Nikolaus von Lyra, Wilhelm Durandus, Jacobus de Voragine, Bonaventura, Antoninus Florentinus, Hugo a Prato Florido (Campfleury, zitiert häufiger unter »Champsfleury«), Bellovacensis (Vinzenz von Beauvais), Duns Skotus, Albert der Große, Johannes Nider, Jean Gerson (Kanzler der Universität Paris) und zahlreiche andere. Obwohl sie allgemeiner und gängiger Pflichtbestand der theologischen Ausbildung waren, ist ihre mentalitätsgeschichtliche Auswirkung im Rahmen der Landeskunde noch wenig erschlossen. Sie stehen in der Traditions- und Bewusstseinsprägung hinter uns, in der mentalitätsgeschichtlichen Forschung aber noch vor uns. Was jedoch den Kusaner betrifft, liegt zwischen der idealisierenden und heroisierenden Geschichtsschreibung und der mentalitätsgeschichtlichen Prägung des Landes eine Kluft. Es muss wohl angenommen werden, dass der Klerus in seiner Mehrheit mehr hinter dem Landesfürsten stand als hinter dem Bischof.

Unter vielen Aspekten verschieben die EHB-Befunde die Schwerpunkte der Forschung. Eine Reihe von Werken und Autoren, die für die literarischen Gattungen und die Predigtoratorik laut Werkbefund eine bedeutende Rolle gespielt haben, werden selbst im »Lexikon für Theologie und Kirche« (LThK)[11] nicht verzeichnet, ebenso Schlüsselwörter für ganze Werkkategorien, zum Beispiel jene der Specula, der »Spiegel«. Selbst im »Lexikon für das gesamte Buchwesen« werden im EHB-Bestand vorhandene Drucker nicht verzeichnet.[12] Anhand der Werkbefunde kann aber auch die Zumutung, Nikolaus von Kues sei von seinem Klerus und in seiner Diözese nicht verstanden worden, zurückgewiesen werden.

Ein uraltes und ausgezeichnetes Kulturterritorium im europäischen Zusammenhang

Denn die Buchbestände sind voller Werke, die Kues an Anforderungen zumindest ebenbürtig sind (Duns Skotus, Johannes Chrysostomos, Thomas von Aquin, Jean Gerson, Dekretalien- und Rechtswerke, Sentenzenkommentare, casus conscientiae-Summen, Werke antiker Autoren). Südtirol ist kein Restgebiet der rustici, der rudes, der ungebildeten Landbevölkerung und der »Bauern«, sondern, wie anhand der Buchnetze deutlich wird, uraltes und ausgezeichnetes Kulturterritorium im europäischen Zusammenhang.[13] Zahlreiche Inhaber von Seelsorgsstellen und Pfründen vom 13. bis zum 16. Jahrhundert weisen akademische Grade und Bildung auf, haben universitäre Einrichtungen besucht von Rom bis Köln, von Paris bis Wien.[14]

Der EHB-Bestand im europäischen Kontext

In seiner »Carta caritatis« (1123/24) bestimmt der junge Zisterzienserorden für sich – und wiederholt dies auch in seinen Statuten –, dass eine neue Niederlassung nicht bezogen werden darf, wenn dort, unter anderem, das notwendige Buchgut nicht vorhanden ist.[15] Die Buchproduktion in den Skriptorien ist von profanem wie religiösem Wissen gleichermaßen geprägt und das Buchgut wirkt in beide Welten gleichermaßen ein, in die profane und in die religiös-kirchliche.

Wenn um 1470 ein Druckwerk in Rom beispielsweise noch ein Fünftel einer Codexabschrift kostet, so senken sich ab 1480 die Kosten rasch. Dies und die lateinische Sprache ermöglichen ein gesamteuropäisches Nutzungsareal, einen gesamteuropäischen Buchfluss und Absatz, so wie der Buchdruck einen neuen universaleren Wissenszugriff ermöglicht.

In seinen Beständen ist Südtirol mit allen großen Studienorten vom 12. bis zum 19. Jahrhundert verbunden: Köln, Lyon, Paris, Heidelberg, Bologna, Basel, Venedig, Salamanca, Ingolstadt, Löwen, Amsterdam und andere mehr. An die vierzig europäische Druckorte sind uns im Buchwerk (EHB-Katalog) vor 1500 verzeichnet. Dieses Buchgut zeichnet eine große europäische Buchstraße nach von Köln, den Rhein und die rheinangrenzenden Länder entlang (Speyer, Mainz, Frankfurt a. M. …) über das Elsass (Basel, Straßburg …), von dort in den süddeutschen Raum (Memmingen, Reutlingen, Ulm, Augsburg, Nürnberg …) und von dort nach Süden in den oberitalienischen Raum (Treviso, Vicenza, Padua, Mantua, Bologna und mit einem alles übertreffenden Schwerpunkt Venedig). Für diese Buchachse gibt es einen nördlichen Zufluss von Paris–Lyon ins Elsass und nach Köln, und einen südlichen, viel dichteren Seitenarm Paris–Lyon–Oberitalien, wieder mit Anlaufsschwerpunkt Venedig. Ein beachtlicher Prozentsatz der Inkunabeldrucke und der Cinquecentine des Trentino weisen zum Beispiel gerade Lyon als einen der bevorzugten Druckorte aus.[16]

Auf der Nord-Süd-Buchachse wandern die repräsentativen Werke durch Tirol nach Süden und vom Süden nach Norden. Typisch für diese frühe Buch- und Druckerstraße ist, dass sie eine »deutsche« Druckerstraße ist. Selbst die in Italien gedruckten Frühwerke sind wohl bis zu 80 Prozent in deutschen Druckoffizinen, vor allem in

Venedig, hergestellt worden. Nur einige Beispiele von deutschen Druckern an italienischen Druckorten anhand des EHB-Katalogs:

für Rom: Vitus Puecher, Stephan Plannck, Georg Herolt, Konr. Sweynheym, Arnold Pannartz, Eucharius Silber, Hermann Liechtenstein;

für Venedig: Nikolaus Jenson, Gerhard Aurl, Nikolaus von Frankfurt (de Francofordia), Franciscus Heilbronn (Renner), Joh. Manthen, Erhard Ratdolt, die Gebrüder Speyer und zahlreiche andere; für Treviso: Gerardo da Fiandra (von Flandern), Bernhard von Köln; für Mailand: Gerhard Pachel, Ulrich Scinzenzeler.

Auf den Weg der Buchstraße durch Tirol verweisen nicht nur die Landesbestände in Südtirol und Tirol, sondern auch die vielen frühen deutschen Druckwerke in den historischen Beständen des Trentino. Für den deutschsprachigen Werkbestand des Trentino ergeben sich teils Werkübereinstimmungen mit den übrigen tirolischen Beständen, aber es sind im Trentino (Welschtirol mit den Städten Trient und Rovereto sowie den Ordensniederlassungen) auch sehr viele bedeutende deutschsprachige Werke erhalten, für die es in Südtirol keine Belege mehr gibt. Noch in Aufarbeitung und Forschung befindet sich der sogenannte Parschalkbestand, mit seinen möglichen Verweisen auf die seit der Klosteraufhebung durch Josef II. verschwundene Dominikanerbibliothek von Bozen, einem der repräsentativsten Vermittlungsbestände entlang der Buchstraße überhaupt.

Von den Schreibstuben der Klöster zu den stadtansässigen Druckereien

Auf der Buchstraße werden auch Werke zum Druck nach Norden und vom Norden nach Süden vermittelt. Petrus Lombardus wird beispielsweise in Nürnberg (Koberger), Köln (Richel), in Venedig und an anderen Orten beinahe gleichzeitig gedruckt, Jean Gerson unter anderem in Augsburg (Georg Zainer), Ulm (Joh. Zainer), Strassburg (Flach). Die Druckerdynastien vermitteln auch untereinander Werke zum Druck. Im Unterschied zu den Schreibstuben der Klöster sind die Buchproduzenten jetzt Bürgernetze und stadtansässige Druckereien.

Als weitere Forschungsbeobachtung ergibt sich im Zusammenhang mit Drucknetzen und Buchstraße, dass die Orte, an denen die drei großen Reformkonzilien abgehalten wurden, Konstanz (1414–1418), Basel (1431–1437), Trient (1545–1563), alle entlang dieser Buchstraße liegen – und somit entweder in tirolischer Nachbarschaft bzw. direkt auf tirolischem bzw. kaiserlichem Einflussgebiete. Es sind die Länder dieser intensiven Buchstraße entlang, die längst im Vorfeld von Luther bereits entsprechend viel Volkssprachliches in den Beständen aufweisen (Deutsches für den deutschen Anteil der Diözese Trient und für die Gebiete der Diözese Brixen sowie für den Marienberger Umkreis und die Churer Gebiete von Meran bis Reschen, Italienisches für die Orientierung nach Süden zum italienischen Sprachraum hin) und sich mit Reformansätzen intensiv auseinandersetzen. Bevor die großen Kirchengemeinschaften des 16. Jahrhunderts (Katholizismus, Protestantismus, Anglikanismus, Kalvinismus,

Hugenotten) Themen kontrovers diskutieren, werden die meisten Themen bereits im 15. Jahrhundert in den Inkunabelbeständen des Landes kontrovers erörtert und verfügbar: Papstthema (Matthäus von Krakau und Jean Gerson): die Verhältnisse Papst – Kaiser (Dialogus inter clericum et militem super dignitate papali et regia, Köln 1497); Papsttum – Konziliarismus (Ulrich von Richental, Das Concilium zu Constanz gehalten ..., Augsburg 1483); die innerkirchliche Reformthematik (die Reformkonzilien von Basel und Konstanz, Savonarola, Jakob Locher); die Pastoralfragen und die Frage der Laien (»Summa rudium«, Leonardus de Ultino u. a.).

In den Auseinandersetzungen des 16. Jahrhunderts und mit Luther erweist sich diese Buchachse, entlang der sich Mitte des 16. Jahrhunderts die großen Jesuitenstationen (Ingolstadt, Dillingen, Augsburg, München, Frankfurt, Köln) ansiedeln, als tragfähig. In liturgischen Werken, Rechtswerken, Verwaltungsformularien dringt päpstlicher Einfluss ins römisch-deutsche Kaiserreich nach Norden. Spekulative Werke, Pastoralwerke und immer häufiger auch Predigtwerke, Beichtwerke wandern nach Süden. Und die Druckerstraße wird weithin zu einem katholischen Reformlimes.

Franziskanische Autoren, Jesuiten- und Kapuzinerautoren im Buchwesen des Landes
Die interfranziskanische Vernetzung
In der mentalitätsgeschichtlichen Prägung Tirols sind wesentliche Dinge im Zusammenhang mit dem Konzil von Trient noch weitgehend im Dunkeln. So finden sich beim Durchgehen der Buchnetze in Pfarreien und Ordensgemeinschaften Ende des 16. bis Anfang des 18. Jahrhundert auffallend viele spanische Autoren. Und zwar nicht nur jene jesuitischen vom bayerisch-süddeutschen Raum aus (Ingolstadt, Dillingen, Augsburg), sondern vor diesen und mit diesen gleich auf liegen Autoren der spanischen Ordenshochschulen und Universitäten, an denen Dominikaner und Franziskaner lehrten (Alcalá, Salamanca, Toledo). Darunter sind viele, die als Konzilsväter nach Tirol und Trient gekommen sind. Karl V. hatte sie persönlich als Reformkräfte und Berater zum Konzil nach Trient berufen.

Den stärksten Block der Konzilstheologen stellen mit über hundert Beratern und Theologen die Franziskaner. Manche von ihnen treffen wir in fast allen Südtiroler Beständen. Um einige zu nennen: Michael de Medina, nach dem Tode Karls V. von der Inquisition verfolgt und von 1571 bis 1577 wegen zu gewagter Thesen (gest. Toledo 1578) eingekerkert; Andreas Vega de Segovia (lehrt in Salamnaca, gest. 1549), der bedeutendste Rechtfertigungstheologe des Konzils; Alfons de Castro Zamorá (lehrt in Salamanca, gest. 1558 als designierter Bischof von Santjago); Ludwig Caravajal, der unerbittliche Gegner des Erasmus (gest. 1550); Franciscus Horantius (gest. 1584 als Bischof von Oviedo); Astulph Servantius (gest. 1572 als ernannter Erzbischof von Valencia), dessen Tagebuch zum Konzil von Trient bis

> Den stärksten Block der Konzilstheologen stellten die Franziskaner.

heute eine der wichtigsten Quellen ist für Verlauf, Schwierigkeiten, Hintergründe des Konzils, und zahlreiche andere, die in den Landesbeständen des Trentino und von Tirol / Südtirol nach dem Konzil eine bedeutende Rolle spielen und von denen manche selbst im »Lexikon für Theologie und Kirche« (Ausgabe 1958 ff.) kaum genannt sind bzw. überhaupt fehlen.

Neben den Franziskanergelehrten finden sich auch zahlreiche spanische Dominikanergelehrte in den Beständen, wie zum Beispiel Melchior Cano (lehrt in Alcalá und Salamanca, gest. Toledo 1560); Francisco de Vitoria (lehrt in Salamanca, gest. 1546), der aus Krankheitsgründen die Konzilseinladung Karls V. ablehnt. In keinem Bestand fehlen die Werke Ludwigs von Granada, dem Berater am königlichen Hof von Portugal. Er bestimmt für längere Zeit die aszetisch-spirituelle Ausrichtung des Klerus im tirolischen Raum und in den Ländern der Habsburger.

De Castro, Vega, Vitoria und andere schaffen zugleich die großen Grundwerke für das allgemeine Völkerrecht, für die Fragen des privaten und kollektiven Besitzrechts, für die Naturrechtslehre und die Fragen des Völkerfriedens sowie der rechtmäßigen Autorität und Herrschaft. Mit diesen Konzilsgelehrten hängen deren Nachfolgewerke, zum Beispiel von Joseph Scaliger und Hugo Grotius (u. a. Defensio fidei, 1617; De jure belli ac pacis, 1625) in den Sammlungen des Landes zusammen. Eine Aufarbeitung dessen, was durch das Konzil von Trient und über die habsburgische Reichspolitik in die Mentalitätskultur des Landes gekommen ist, und die Lesung des Konzils im kulturgeschichtlichen Zusammenhang der Bestände für Tirol stehen als Desiderate einer Neubewertung noch aus.

Noch zu erforschen: Das Konzil und die Mentalitätskultur des Landes

Eine intensive Rückstrahlung für den tirolischen Raum ergibt sich sodann aus dem bayerischen Raum. Wiederum sind Franziskanerautoren besonders dicht präsent, aber noch ganz unzureichend erforscht. So wären beispielsweise die Rolle von Philipp Diez (gest. 1601), von Johannes Franz Kamminger, dem Begründer eines Predigtseminars für Bayern in München (gest. 1606) und jene des Johannes Wild, dessen Postillen bereits 1533 auf der Synode von Mühldorf dem gesamten bayrischen Klerus anempfohlen werden und in zahlreichen Auflagen nachgedruckt werden, genauer zu beleuchten. Aus dem Münchner Franziskanerkloster kommen Kaspar Schatzgeyer und Johannes Nas(us), der als Weihebischof von Brixen amtsführend für alle seelsorglichen Belange wird (gest. 1590). Auch Tacitus Zegers' Werke (Professor in Löwen, gest. 1559) werden über Bayern nach Süddeutschland und Tirol vermittelt. Trotz kirchlicher Indizierung findet sich später sehr viel Jansenistisches in den Bibliotheken, und aus Bayern wirkt der Probabilismus kräftig herüber (Nach welchen Gründen und Argumenten rechtfertigt sich ein freieres, nicht von Gewissensängsten und Skrupeln gezeichnetes Handeln des Menschen?). Den »milden« Probabilismus lehren von franziskanischer Seite etwa Patriz Sporer (lehrt in Passau und Augsburg, gest. 1683).

BRUNO KLAMMER 85

Über seine »Theologia moralis«, die zahlreiche Auflagen erfährt, kommt ein entlastenderes ethisches Denken in Bestände und Land. Wie Sporer lehrt Benjam Elbel (gest. 1756) in Passau, ist Probabilist und schafft mit seiner »Theologia moralis decalogalis« ein weit verbreitetes Handbuch für Universitäten und Lehranstalten. Wie seine »Theolgia moralis« ist jene von Anaklet Reiffenstuel (lehrt in Freising, gest. 1703) und dessen »Ius canonicum« allgemein prägendes Bestandsgut für Erziehung, Predigt, Beichte, Seelsorge. Bis herauf zu Edelbert Menne (gest. 1826), mit seinem »Großen Katechismus eines Dorfpfarrers für das Landvolk« (19 Bände, Augsburg 1796–1810) sickert die mildere Auffassung franziskanischer Ethikprägung in die Landespastoral und wird nach 1600 über die Volksnähe der Kapuziner nochmals verstärkt. Alle obgenannten Werke werden über die Lokalkontexte hinaus zum europäischen Erziehungs- und Geistesgut.

Franziskanische Schriften werden zum europäischen Erziehungs- und Geistesgut.

Die Jesuiten

Im Unterschied zur Volksromantik vom ewig katholischen Land leidet Tirol in den Jahrhunderten von 1200 bis zum Konzil von Trient ständig an Priestermangel. Schätzungsweise 60 Prozent vom Bedarfsklerus der Brixner Diözese zwischen 1200 und 1500 war Zuzugsklerus, Klerus auf Wanderschaft, Vaganten auf der Suche nach tirolischem Brot, nach Anstellungen und Pfründen. Aus über 40 Bistümern wandern Pfründeninhaber und Hilfsklerus in die Diözese Brixen ein (Konstanz, Passau, Salzburg, Freising, Augsburg, von Albano bis Naumburg).[17]

Ebenso wenig ist das Trientner Konzil ein deutsches Konzil, allenfalls ist es ein kaiserliches Konzil. An der Eröffnung 1545 nimmt als einziger deutscher Bischof Kardinal Christoph von Madruzzo als Bischof von Trient teil. Die Schlussakte 1563 werden wiederum nur von einem einzigen anwesenden deutschen Diözesanbischof, nämlich jenem von Prag, unterzeichnet. Die Angst vor den Protestanten in ihren Ländern, geringes Interesse, ungenügende Kenntnisse halten die deutschen Bischöfe zurück. In deren theologische und pastorale Lücken tritt um die Mitte des 16. Jahrhunderts der Jesuitenorden ein.

Die ersten großen Jesuitenpersönlichkeiten in Deutschland waren keine Deutschen, sondern Spanier und Franzosen. Von Rom aus treten sie das Reformwerk in Deutschland an: Claude Jay, Petrus Faber, Salmerón Lainez, Bobadilla, Nadal. Peter Faber ist der Vater der Jesuitenkollegien; Ende des 16. Jahrhunderts gibt es bereits 245 solcher Studienstätten. Von Jay gingen die ersten Anregungen zur Errichtung von Seminarien für die Priesterausbildung aus (Gründung des Brixner Seminars 1607). Um 1710 gibt es nicht weniger als 770 Kollegien und Seminarien unter der Führung des jesuitischen Ordens. Petrus Canisius gibt zudem, nach dem Beispiel des »Großen« (1530) und des »Kleinen Katechismus« (1529) von Martin Luther, auch dem katholischen Bereich eine einheitliche, klare Lehr- und Sittenzusammenfassung an die Hand.

Von keinem anderen Orden sind die Kloster- und Pfarrbestände des Landes ab 1600 so geprägt wie von den Werken der großen Jesuitenautoren (u.a. Roberto Bellarmin, Franciscus Suárez, Luis de Molina, Paul Laymann, Cornelius a Lapide, Franz Xaver). Auch bedeutende Jesuiten-Literaten und Dichter des Ordens finden sich in den Pfarrbeständen, wie zum Beispiel Jakob Balde oder Friedrich von Spee. Auf ihrer Winterwanderung zu Fuß 1536/37 von Paris nach Venedig und Italien war die jesuitische Urgemeinschaft über den Reschen durch Bozen und Trient nach Süden gezogen. In ihren Ledertaschen befanden sich die wichtigsten Bücher und Aufzeichnungsblätter für ihre Eindrücke, Dispute, Programme.[18] Über 150 Jahre prägt dieser Orden bis zu seiner Aufhebung 1773 in seinen profanwissenschaftlichen und religiösen Werken das Land mit und um. Zuletzt ist dieser Prägeprozess an den historischen Buchbeständen des Landes als Teil eines gesamteuropäischen Neugestaltungsprozesses nachweisbar. Das Meiste von dieser gewaltigen Prägekraft ist bisher in den Darstellungen der Landesgeschichte unbekannt geblieben und nicht in sie eingegangen. Das Gleiche gilt für jenen mächtigen Prägestrom der Kapuziner im süddeutschen Raum nach 1600, wohl einfach deshalb, weil das alles prägende Buchgut selbst den meisten Autoren der Landesgeschichte verschlossen geblieben ist und erst über den EHB-Katalog sich den Nachweisen und der Forschung erschließt.

Das Buchgut ist den meisten Autoren der Landesgeschichte verschlossen geblieben.

Die Studienreform der Jesuiten

Als Kardinal von Toledo und Primas von Spanien von 1495 bis 1517 hatte der Franziskanerobservant Ximenes de Cisneros an der Universität von Alcalá den modus parisiensis eingeführt. Ignatius von Loyola lernt ihn zuerst dort kennen, bevor er nach Paris geht. Als Studienausrichtung bestimmt dieser Modus europaweit das Bildungsnetz der Gymnasien bis ins frühe 20. Jahrhundert hinein, mit den typischen Schwerpunkten: Zusammenführung der Schüler in Klassenverbänden (begabungsdurchlässig), Einbezug des zeitgenössischen Wissens und der Wissenschaften (Geschichte, Mathematik, Naturlehre ...), Lectio (Stoffdarstellung in klarer und prägnanter Weise im Unterricht), eigenständige Nacharbeit und Einübung des Stoffes (exercitium), schriftliche und mündliche Nachprüfung der Verarbeitung und des Stoffverständnisses.

Der modus parisiensis hat seine Wurzeln im Universitätssystem der Pariser Universität des 14. und 15. Jahrhunderts. Die Unterrichtssysteme der klassischen und der Realgymnasien des Landes spiegeln bis in die Gegenwart diese Ausrichtung mit einem gezielten Schwerpunkt auf Sprachschulung und Sprachbeherrschung wider. Auch über einige Schul- und über seine Seminarbestände ist Südtirol europaweit vernetzt, so wie über seine Kloster- und Pfarrbestände. Selbst mehrere Ordensbestände spiegeln diese Unterrichtsvernetzungen im Bucherbe ihrer ehemaligen

Bibliothek im Kapuzinerkloster, Brixen

Hauslehranstalten. Eine einmalige Fülle von klassischen Autoren der Antike, des Humanismus, der landeseigenen Klassiker, die immer wiederkehrenden Lexika, Grammatiken und Stilfibeln, der Aufbau von naturwissenschaftlichen und literarischen Kabinetten, die Theaterkultur, die bis ins Pfarrtheater und in die vielen Volksschauspiele im Tirolischen und Bayerischen hinein nachwirkt. All diese Ansätze wirken auch noch nach Aufhebung des Jesuitenordens fort – und harren noch einer gründlichen literarischen und historischen Wertung und Kontexteinreihung.[19]

Buchwerke in Kapuzinernetzen

Der Jesuitenprägung tritt ab 1600 die religiöse und kulturelle Prägung durch den Kapuzinerorden an die Seite. Um der Kürze willen, sei darauf nur in einigen aufschlussreichen Daten verwiesen.
145 Seiten umfasst der 1929 von P. Cassian Neuner erstellte Katalog der Autoren der tirolischen Kapuziner.[20] Für die Volksverbundenheit des Ordens und die tatsächliche Volksmentalität ist dieser Katalog eine Fundquelle. Er ist aber genauso eine Fundgrube für wissenschaftliches Werkgut, zum Beispiel für das rätoromanische Schrifttum zur Schweiz im Allgemeinen, zum Münstertal im Besonderen. Er verzeichnet eine ganze Reihe von Werken dazu.

Einen anderen Forschungsausschnitt von großem kulturhistorischen Interesse bieten die Predigten. Um 1716 besitzt die tirolische Kapuzinerprovinz, die sich damals auch noch bis nach Bayern erstreckt, 185 hauptamtliche Prediger und besetzt damit fast alle führenden Kanzeln in den Städten und größeren Ortschaften. 28 hauptberufliche Beichtväter stehen für die Beichtstühle des Landes zur Verfügung. Hinzu kommen die vielen Aushilfspriester des Ordens für Sonn- und Feiertage in den Pfarreien, für Exerzitien, Einkehrtage, Volksmissionen, Katechese, Drittordensbetreuungen und dergleichen.

Eine letzte statistische Angabe darüber, wie sich das Wirken der Kapuziner in ihren Klosterbeständen spiegelt, bietet uns im Jahre 1907 eine Buchzählung in den 28 tirolischen Niederlassungen. Diese ergab 164.505 Katalognennungen. Außerhalb der Zählung bleiben jene Werke, die zum Zeitpunkt der Zählung keinen Aufstellungsort in den Bibliotheken hatten. In Südtirol beispielsweise gab es nur wenige Außenpfarreien, die von einem Kapuziner- oder Franziskanerkloster aus an einem Tag Fußmarsch nicht zu erreichen waren (Predigtaushilfen, Beichtaushilfen, Katechese, Fastenpredigten). Die bisherige Erschließung der Kapuzinerbestände durch Bibliogamma ONLUS, abrufbar im Internet unter www.ehb.it, ermöglicht, Bestandszuwächse und Bestandsverluste seit 1907 quantitativ und qualitativ zu ermitteln (Fachbereiche, Bestandswerte, Interessenumschichtungen). Die Vorgänge im Buchgut der Kapuziner können wie jene des Jesuitenordens in den Pfarrbeständen relativ gut nachgezeichnet werden.[21]

Die Kapuzinerbestände bieten eine außerordentliche Fundgrube lokalkultureller Art.

Während die Ordensnetze und deren Bestände, zum Beispiel die Jesuitenbestände, Südtirol und Tirol in ein gesamteuropäisches Netzwerk einbinden, bieten die Kapuzinerbestände darüber hinaus eine außerordentliche Fundgrube lokalkultureller Art (Aufklärung, Säkularisation, die tirolischen Kriegsereignisse unter Napoleon, Lokalgeschehnisse und Verhältnisse in Schrifttum und Predigt, Brauchtum, Volksempfinden und Volksgläubigkeit). Unter Josef II. und nachher noch von Aufhebung bedroht, rücken sie in die Mitte kaiserlicher Interessenpolitik und in das Auge der Landesinteressen, als ihre volksnahen Predigtaufrufe und ihre begeisterten Militärkapläne im Abwehrkampf gegen Frankreich benötigt werden.[22] Für die Jahrhunderte nach 1600 bis herauf zum Zweiten Weltkrieg muss man in jedem Fall von einer wesentlichen Mitprägung der Volksmentalität durch den Kapuzinerorden sprechen. Und dementsprechend dicht finden sich die Werke des Ordens auch in den Pfarrbeständen.

Bestandsgeschichte e ist Motivgeschichte

In den historischen Erfahrungen des Landes stellt Andreas Hofer eine quasi-mythische Abwehrgestalt dar. In den Jahren 2004–2006 wurden von Bibliogamma im Rahmen des Förderprojekts EHB der Stiftung Südtiroler Sparkasse die Sammlungen der Museumsbibliothek Meran aufgearbeitet. In ihnen stellen die Ereignisse um Andreas Hofer und um 1809 (Abwehrkampf gegen Napoleon und die Baiern) einen Schwerpunkt dar.[23] Als erstaunlicher literarischer Befund ergibt sich eine auffällige Parallelisierung Christus – Judas, Andreas Hofer – Judas/Verräter von Tirol.

Das Thema »Judas – Juden – Verrat« hat in der Mentalitätsgeschichte des Landes eine lange Vorlaufsgeschichte. In den Spieltexten der Bozner Passion von 1495 werden Hinterlist, Verrat, Geld und Silberlinge aus dem persönlichen Charakterbild des Judas bereits auf das Verhalten der judaei ganz allgemein übertragen (Hoher Rat, Unglauben der Juden, Verhalten der jüdischen Volksmenge im Prozess Jesu).[24] In der Kunst zieht sich die Zeichnung des Judas und der Juden durch sämtliche Abendmahlsdarstellungen, durch die Ölbergbilder, Passionsstationen und Kreuzigungsgruppen. Für die süddeutsche und tirolische Volkspredigt ist über viele Jahrzehnte eines der maßgeblichen Leitwerke »Judas der Ertz-Schelm für ehrbare Leuth« von Abraham a Sancta Clara, erschienen in vier Bänden in Salzburg 1686–1695. Das Werk findet sich heute noch in Pfarrbeständen und in Sammlungen häufig. Die Judas- und Judenzeichnungen in der Verratsgeschichte von Andreas Hofer schöpfen ihre Bildlichkeit vor allem, wie es scheint, aus dieser Volks- und Bewusstseinsquelle.

Parallelisierung Christus – Judas, Andreas Hofer – Verräter von Tirol

Für Abraham a Sancta Clara seinerseits finden sich im EHB-Katalog zahlreiche Vorstufen, zum Beispiel die Juden-Judas-Schilderungen bei Gottfried von Viterbo (geb. 1192, »Pantheon«). Wie Gregorius auf dem Stein von Hartmann von Aue wird Judas als Kind auf dem Wasser ausgesetzt, von einer Königin gefunden, aufgezogen, wird zum Vatermörder und heiratet unerkannt seine eigene Mutter. Aus weit älteren Quellen wiederum werden auf Judas das Ödipusmotiv und Motive der Mosesgeschichte übertragen. Selbst die biblische Geschichte der 30 Silberlinge hat ihre lange vorchristliche Tradition. Einst war Joseph von seinen Brüdern um die Silberlinge nach Ägypten verkauft worden. Immer wieder werden die unreinen Silberlinge aus dem Tempelschatz für irgendwelche schuldbehafteten Ereignisse zu deren Bezahlung hergenommen, und immer wieder kehren sie als Sündengeld in den Tempel zurück. Sie finden keine Ruhe. Zuletzt werden sie an Judas für dessen Verrat ausbezahlt, und Judas wirft sie als Letzter in die Tempelschmelze zurück. Von Origenes (gest. 254) herauf kehrt die Judas-Juden-Thematik im EHB-Katalog beständig wieder. Einige, wie Origenes, Eusebius von Caesarea, Tertullian, Chrysostomus, Augustinus, bis herauf zu Vinzenz Ferrer, Lorenzo Valla, und, nach der Inkunabelzeit, Erasmus von Rotterdam, de Soto, Leibniz, Aufklärer und Enzyklopädisten (Mercier, d'Holbach) weigern sich, Judas (und Juden) eine ewige Verdammnis zuzuschreiben. Das Thema der frühen Kirchenschriftsteller ist ein pastorales: Hat Judas bereut (er bringt die Silberlinge zurück, erhängt sich aus Reueschmerz), und was vermag für den Bekennenden die Reue (die Reue des Sünders)? Die Frage der Reue ist entscheidend für die Wirkfähigkeit des Bußsakramentes. Andere leiten aus den Worten der Schrift (Mt 26,24; Mk 14,21; Lk 22,22.48) die ewige Verwerfung ab. Wie immer mehr Fragen, Themen, Zuständigkeiten, wandert im 18. Jahrhundert auch das Judas-Juden-Motiv aus Kirche, Volksandacht, Predigt und Liturgie (Karwochenliturgie, Passionsandachten) aus und in die profane Mentalitäts- und Bewusstseinsgeschichte hinüber. Und beginnt dort seine noch weit verhängnisvollere Wirkgeschichte. Und so treffen wir es auch in der Andreas Hofer- und Mentalitätsgeschichte des Landes. Dies ist nur ein Beispiel dafür, wie sich aus Buchgut Landesgeschichte und Mentalitätsgeschichte neu erschließen lassen. Und wie Mentalitäts- und Motivgeschichte des Landes viel hintergründiger verlaufen, als sie in deren rein faktenbezogenen urkundlichen Belegen vielfach aufgezeichnet werden.

Im EHB-Katalog findet sich auch das Werk des Paulus Burgensis, der mit seinem »Scrutinium … contra perfidiam Judaeorum«[25] die Judenerlässe der Katholischen Majestäten (1492/95) beeinflusst, welche das Motiv auf verhängnisvolle Weise ins Rassische übertragen (limpieza di sangre, Blutreinheit, rassische Reinheit) und entsprechende Abwehrmaßnahmen zum allgemeinen Gesetz erheben. Caspar Lavater in seinen aufklärerischen »Physiognomischen Fragmenten« (1772–1775) stellt ein bestimmtes physiognomisches Aussehen als Judentypus dar. Einen nächsten Schritt weiter geht Josef Rohr in seiner Beschreibung jüdischer Merkmale. Über eine Reihe von Zwischenwerken hat sich das Bild der »Juden-Füße« aus der »Passion Christi« von Gregor von Nazianz nicht nur in der Andreas Hofer-Literatur, sondern auch in der französischen und russischen Literatur des 19. Jh. verschärft und führt in Frankreich Ende des 19. Jahrhundert zur europäischen Affäre um den französisch-jüdischen Offizier Alfred Dreyfus (1894–1898, Aufsatz in Le Pilori 1894 »Judas!«). 1921 finden wir das Judasmotiv von Erich Mühsam auf die bayerische Räterepublik angewendet, und Karl Schönherr in »Der Judas von Tirol« wendet es zeitbezogen, zeitsymbolisch, auf Andreas Hofer und auf den »Verrat« und »Verkauf« Südtirols an Italien an (Leipzig 1927). Auf ähnliche Weise in einem europäischen Mentalitätszusammenhang finden sich längst vor Andreas Hofer auch die Judengeschichten des Anderl von Rinn und jene des Simon von Trient mehrfach in den Beständen. Auch hierin ist Tirol europäische Durchzugsstraße von Motiven und Ereignisnachbildung aus gesamteuropäischen Vor- und Kontexten.

Bestandsorganisatorische Zusammenhänge
Aufbewahrungsorte
Aus der ältesten Klosteranlage der Franziskaner in Bozen hat sich unter dem Treppenabgang zum alten Dormitorium eine Nische bis heute erhalten. Es ist der Kreuzungspunkt der drei Mönchswege: vom Kreuzgang her in Presbyterium und Mönchschor; von der Sakristei zur Liturgie und drittens, wenn der Mönch zur Nachtzeit

Bibliothek im Kloster Neustift

Bibliothek im Priesterseminar, Brixen

vom Dormitorium zu seinen Gebetszeiten in die Kirche herabstieg. In solchen Buchnischen befindet sich, laut Nikolaus von Clairvaux und anderen Zeugnissen[26], das Armatorium, die geistliche »Rüstkammer« für den uralten Dreischritt in Klöstern und Zisterzen: Liturgie – Chorgebet – Kollationslesung. Im Armatorium werden die Werke dafür aufbewahrt: Missale, Psalterien, Bücher für Betrachtung, das Schrifttum für die geistliche Lesung.

Der »Liber ordinis« von St. Viktor in Paris bestimmt (cap. 19), dass der Bibliothekszugang im Kloster nur wenigen vorbehalten sei. Zahlreiche Bestimmungen regeln Einrichtung und Funktion der Bibliotheken für das erste Jahrtausend.[27] Die älteren Orden vor 1200 sind zugleich Territorialorden, mit Besitz, Landwirtschaft, Handwerksbetrieben, Handelsbeziehungen, Pfarrzuständigkeiten, mit der Sorge für Altgewordene und Kranke, haben aber auch den Auftrag, für Spiritualität, Seelsorge, für das gesellschaftliche Verhalten und für die Rechtsfälle der Zeit zu sorgen. Bis zu 40 Lese- und Schreibpulte standen den großen Abteien des 15. Jahrhunderts für die Mehrung ihrer umfassenden Buchbedürfnisse zur Verfügung (Cluny, Clairvaux, Cîteaux, Fulda …). In Südtirol ist für Neustift ein größeres Skriptorium mehrfach bezeugt.

Den Besitzorden vor 1200 stehen im 13. Jahrhundert plötzlich die Armutsorden gegenüber (Dominikaner. Franziskaner), Auch ihnen ist gestattet, Bücher zu haben, so wie es die Verordnungen von Albacina (Nr. 24) 1529 wieder für den jungen Kapuzinerorden bestimmen. Bereits in Architektur und Optik treffen an den bedeutendsten Bibliotheksstandorten zwei Buchwelten aufeinander. Auf der einen Seite die niedriggeschossigen Buchmagazine der franziskanischen Bibliotheken (Franziskaner, Kapuziner, z. B. in Bozen und Brixen), angefüllt mit Regalen selbst in der Raummitte und mit lediglich schmalen Zugangskorridoren zu den Beständen. Die Bestände selbst sind in einfachem Gebrauchsleder gebunden und reihen sich gewichts- und formathalber in den Regalböden von unten (in folio) nach oben (Quart, Oktav, Duodez).

In Neustift, Priesterseminar Brixen, strukturmäßig auch in Muri-Gries und Marienberg tritt ein anderer Präsentationstyp auf. Die ursprünglichen Schreib- und Lesepulte, einst in der Raummitte, sind heute meist verschwunden. Die Regale sind nur an den Wänden aufgestellt. Im Obergeschoss umläuft eine Buchempore den Raum (Neustift, Priesterseminar, Muri-Gries). Die Raummitte ist zum repräsentativen Schauraum umgestaltet. Sie führt den Blick die Regale entlang und nach oben. Ganze Regalreihen sind in Weißleder gebunden oder die Werkeinbände weisen wertvolle Druckprofile auf. Fensternischen und Decke sind in Neustift und Priesterseminar Brixen in die künstlerische Ausgestaltung einbezogen, die Decken dekoriert bzw. mit Motivmalereien ausgestaltet. Die Regalfluchten an den Wänden

> Die ursprünglichen Schreib- und Lesepulte sind heute meist verschwunden.

BRUNO KLAMMER

Bibliothek im Kloster Muri Gries, Bozen

sind kunstvoll ausgeführt. Beide Bibliotheken folgen dem Repräsentationstypus der großen süddeutschen und österreichischen Abteien.

Ein bescheidener künstlerischer Reflex auf die Ordensausrichtungen im Bestandshintergrund sind in den Franziskaner- und Kapuzinerbibliotheken die Porträtbilder oder Figuren an den Stirnseiten der Regalzüge. Im Übrigen füllen die Regalzüge nach Art einer Magazinbibliothek den gesamten Mittelraum.

Auch die franziskanischen Gemeinschaften benötigen Bücher für ihre Aufgaben. Die Bibliotheken jedoch sind für sie keine Aufenthaltsorte. Der Prediger, sagt die Ordenschronik Origo et progressus Cappucinorum des Paolo da Foligno († 1638), darf nur am Abend vor seiner Predigt ein Licht anzünden (in seiner Zelle). Wer sonst studieren will, sollte es vor dem Tabernakel tun.[28]

Die Signatursysteme

Bibliotheksräume und Signatursysteme sind ausrichtungstypische und epochenrepräsentative Interpretationssysteme. Sie dokumentieren gleichzeitig überregionale Zusammenhänge, nicht nur im pastoralen und im kirchlichen Bereich, sondern auch in den Bereichen der Medizin, des Rechts, der Landwirtschaft, im Gesellschaftlichen, in den kulturellen und wissenschaftlichen Fragestellungen, zudem auch in der räumlichen architektonischen Darstellung.

Die ältesten uns greifbaren Einteilungssysteme folgen dem System der Artes liberales. Im Spätmittelalter wird dieses System teils abgelöst bzw. erweitert durch das Bildungs- und Zuweisungssystem der vier Fakultäten (Theologie, Philosophie, Recht, Medizin). Moral, Geschichte, Naturkundliches, Mathematik, Physik, Ökonomie, Politik werden auf unterschiedliche Weise der Theologie, der Philosophie, dem Recht und häufig einer Zusatzsignatur »Varia« oder »Historia« zugeordnet. Charakterkunde, Pflanzenkunde und Verhaltensformen werden außerdem ebenso mit der Medizin in Verbindung gebracht. Mit Ende des 15. Jahrhunderts gliedern sich eine Reihe von Wissensbereichen zu eigenständigen Fachgebieten aus. Am frühesten nachweisbar und am längsten erhalten in den Signatursystemen werden die Ausdifferenzierungsvorgänge an der Scheidung ›Historia profana‹ versus ›Historia sacra / ecclesiastica‹; ›Ius ecclesiasticum‹ versus ›Ius profanum / civile‹ bzw. ›Allgemeines Recht‹. Unter epochenunterschiedlichen Bezeichnungen setzt sich die Ausdifferenzierung fort in der Zuweisung ›Scriptores ecclesiastici‹ (›auctores christiani‹) und Profanliteratur (abgekürzt zumeist als Lit. für Litterae, Literatur). Nach und nach werden ›Scientiae‹ (Wissenschaften) als eigene Unterbereiche ausgewiesen. Der Ausgliederungsprozess setzt sich auch innertheologisch fort (Biblica / Bibelwissenschaften / Exegese, Dogmatik, Moraltheologie, Liturgie, Predigt, Sakramentenpastoral, Katechese, Aszese, Ordensliteratur …).

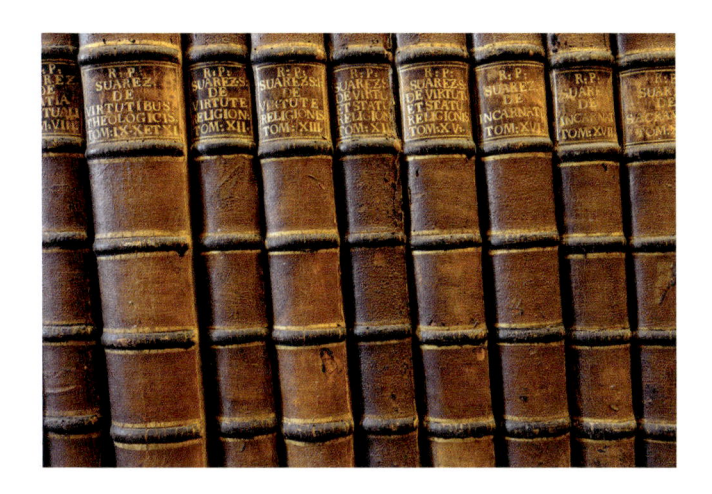

Im Zuge der Ausdifferenzierung kommt es auch zur Auflösung älterer Signaturbereiche, wie zum Beispiel des Fachs Rhetorik (›Rhetorica‹), einer uralten Signaturzuweisung, zurückverfolgbar bis in die Frühzeit der Artes liberales. Aus der Frühzeit der Bibliotheksanlegungen und hernach der Artes liberales haben sich zahlreiche

Autoren in den Landesbeständen erhalten: griechische und lateinische Kirchenschriftsteller und Autoren, Enzyklopädisten und Reformer, wie Isidor von Sevilla, Beda Venerabilis, Rhabanbus Maurus, Alkuin, Burchard von Worms, die großen Schriften der Kirchenlehrer (Patres, Patrologia), Dekretalisten, zahlreiche Sentenzenkommentare, Werke der Geschichtsschreibung, Viten, Predigtwerke und Werke der Sakramentenpastoral.

In den meisten Bestandsträgerschaften Südtirols sind im Verlauf der Zeit mehrere Bestände zusammengeführt worden. Am Beispiel Deutschorden Lana: ein Sammelbestand aus dem 19. Jahrhundert, ein Schulbestand aus dem Deutschhaus Bozen, ein Bestand aus dem Kapuzinerkloster Lana, einiges aus den inkorporierten Pfarreien, dazu einige Legate.

Wenig aufgearbeitet, aber auch signaturmäßig wenig erschlossen sind die sehr wertvollen schulhistorischen Bibliotheken (Englische Fräulein, Ursulinen Bruneck, Franziskaner Bozen, Neustift, Marienberg, Vinzentinum Brixen, Herz-Jesu-Institut Mühlbach und andere, dazu die schulhistorischen Reste und Nachlässe in Pfarrbeständen). Unter vielen Aspekten gelangt das Autoren- und Werkpotenzial »Südtirol von A bis Z« über und durch EHB ins Blickfeld von Aufarbeitung und Forschung, mit dem Ziel einer neuen Landesenzyklopädie, einer Mentalitäts- und Tiefengeschichte an der Seite der üblichen Fakten- und Zusammenhangsgeschichten. Geschichte ist dann bedeutungsgerecht erschlossen, wenn sie aus der schulbuchmäßigen Heroisierung von Schlachten und Helden weiterrückt zu den kultur- und mentalitätsgeschichtlichen Prägungen, Hintergründen und Zusammenhängen.

Laut den Konzilsbeschlüssen von Trient sollten Kandidaten ohne Lateinkenntnisse und Schreibunkundige nicht mehr zum Priesteramt zugelassen werden. Aber auch Notare und andere Gruppen mit öffentlichen Funktionen sollten besser ausgebildet werden.[29] »Betrachte«, sagt bereits Alkuin, »die Schätze deiner Bibliothek, die Pracht deiner Kirchen. Glücklich der Mensch, der von diesen zwei Bauwerken aufsteigt zur Seligkeit.«[30] Anlässlich der Brixner Diözesanvisitation 1577 wurden an die 140 Seelsorger befragt. Dabei konnten nicht einmal alle die sieben Sakramente aufzählen und wussten manche keine Lossprechungsformel. Untersuchungen zum 16. und 17. Jahrhundert ergeben lutherisches Buchgut im Umlauf. Bereits zwei Jahrhunderte vor Luther hatte eine Brixner Diözesansynode Anfragen an den Klerus nach seinen Buchwerken gestellt (1318). Buch und Bildung waren also seit jeher im Lande als Notwendigkeiten erkannt und gefördert. In Konventen und Pfarreien vollzog sich ein intensiver Bestandsaufbau vom 13. bis zum 20. Jahrhundert, auch wenn im Gefolge des Buchdrucks aus der Zeit der Codices-Bibliotheken und Sammlungen nur noch Reste erhalten sind.

> Nicht alle Seelsorger konnten die sieben Sakramente aufzählen.

Im 17. und 18. Jahrhundert besitzen praktisch alle Ordengemeinschaften des Landes eigene Hauslehranstalten. Die gegenwärtigen Signatursysteme spiegeln vor allem den Ausbau und die Schwerpunkte solcher Hauslehranstalten wider und enthalten deren maßgeblichen Leitwerke. Aus den Konventen und aus den theologischen Ausbildungsstätten (Augustiner, Benediktiner, Franziskaner, Dominikaner, Jesuiten, Kapuziner) wurden nicht nur die Ordensheiligen in die Pfarrliturgie übertragen, sondern auch die Leitwerke in die Pfarrbibliotheken. Von frühester Zeit an war der tirolische Raum nicht nur Rezeptionsraum, sondern auch so etwas wie eine Gebernation (Arbeo, Abrogans, Bartholomäus von Trient mit seiner einflussreichen »Summa adversus sui temporis haereses« und seinem »Liber epilogorum in gesta sanctorum«, Nikolaus von Kues, Weihebischof Nasus, Nikolaus Avancini, Guarinoni, Christoph und Ludwig von Madruzzo und viele andere) bis herauf ins 20. Jahrhundert. Tirolische Drucker und Verleger nahmen am europäischen Buchmarkt regen Anteil. Aller Wahrscheinlichkeit nach besitzt Brixen als Zeugnis seiner Buchproduktion eine der ältesten Druckpressen der Welt, wenn nicht die älteste überhaupt (Verlagshaus Weger). Seit frühester Zeit findet sich in diesem Geberprozess Religiöses neben Profanem.[31] Insbesondere ist die tirolische Geschichtsschreibung den kirchlichen Netzwerken verpflichtet.[32]

Buchbesitz des Landesklerus ist uns schon in den lokalen Kleruslisten zum 14. und 15. Jahrhunderten überliefert. Es gab Seelsorgs- und Pfründeninhaber, die an den Reformkonzilien von Konstanz und Basel als Reformtheologen und Juristen teilnahmen. Von vielen anderen sind uns universitäre Ausbildungslehrgänge belegt (Wien, Dillingen, Ingolstadt, Rom und an zahlreichen anderen Universitäten).

Berühmte andere Autoren hielten sich zeitweise im Land auf, im 15. und 16. Jahrhundert zum Beispiel Nikolaus von Kues, Jean Gerson (Kanzler der Universität von Paris), Heinrich Institoris, der Mitverfasser des Hexenhammers, Jerónimo Nadal, Petrus Canisius, auch profanliterarische oder wissenschaftsbedeutende Autoren. Viele davon sind knapp verzeichnet in »Tirol von A bis Z«.

Zum Bestandsinteresse des 19. Jahrhunderts gehört auch der Aufbau von Lesebibliotheken, die vielfach von Pfarreien getragen wurden, in bescheideneren Formen aber auch von Hotels und Kureinrichtungen, von einzelnen Ortsgemeinden und von Verbänden (Kolping, Arbeitervereine, Lesevereine …). In diesen setzt sich zum Teil der ältere Typus der Bruderschaftssammlungen fort. Für alle älteren Pfarreien des Landes sind Bruderschaften nachweisbar und irgendwelche Bruderschaftswerke erhalten.

Der EHB-Katalog – ein Forschungskatalog
Absicht und Notwendigkeit des EHB-Projekts war es zunächst, die Erschließungsarbeit mit den größten und am wenigsten erfassten Beständen des Landes zu beginnen. Dahinter verbirgt sich keine Bevorzugung einer religiös durchprägten Mentalitätsgeschichte des Landes gegenüber »profanen« Prägungen (Recht, Verwaltung, Literatur, profanes Fachwissen). Der Aufnahmeprozess muss nach Aufarbeitung der Hauptnetzwerke bis zum letzten historischen Bestand weitergeführt werden.

Um Karl V. als römisch-deutschen Kaiser zugunsten von Franz I. von Frankreich zu verhindern, ließ Papst Leo X. Francesco da Paola (den Namens- und Schutzpatron von Franz I.) um 27.000 Golddukaten zur Ehre der Altäre erheben. Geistliche und weltliche Macht, Religiöses und Profanes sind unlösbar miteinander verbunden. An den Landesbeständen abgelesen, erstreckt sich päpstlicher Einfluss über Liturgie und Rechtswerke vor allem von Süden nach Norden. Reformwerke wandern vom Norden nach Süden. Auch dies ist eine intensive Bestandsdialektik im römisch-deutschem Kaiserreich. Die Bestände belegen, Auffassungen, Lehre und Kirchenregiment sind kein für alle Zeiten und alle Länder einheitlicher Befund. Im Inkunabelbestand befindet sich Bischof Burchard von Worms mit einem Werk, das über 500 Jahre Glaubensgeschichte mitgeschrieben hat. In seinem »Corrector sive Medicus« sieht Burchard durchaus Formen der Ehescheidung und der Neuvermählung unter bestimmten Umständen vor. Casus-conscientiae-Werke der Zeit sehen bisweilen die Laienbeichte, andere Werke auch die Form von Laiensakramenten vor. So halten unauffällige Kataloge ganz überraschende Perspektiven offen. Und fördern viel Explosives zu Tage. Werke von Katalogautoren wurden auf den Index gesetzt und dann wieder freigegeben.

Nur das Wenigste ist bisher erforscht von dem, was im EHB-Katalog steckt. Für ein ungeübtes Auge ist ein Katalog eine unendliche Reihe, für die Zukunft und den Verständigen ist der EHB-Katalog eine Fundgrube von unbegrenzten Forschungsquellen und Arbeiten im lokalen und vor allem in europäischen Kontexten.

Anmerkungen

1 Anton Dörrer, Etschländer Buchwesen und Geistesleben, in: Der Schlern 11(1933), S. 21–30, S. 71–79, hier S. 79.
2 Dazu: Walter Garber, Die historische Bibliothek des Stadtmuseums Meran (ital. u. dt.), in: Erschließung Historischer Bibliotheken in Südtirol, hg. v. P. Bruno Klammer und Bibliogamma ONLUS, Bd. 1, Brixen 2006, insbes. S. 34–37.
3 Eine Ausnahme bildet zum Beispiel eine erste Bestandsbearbeitung der Propsteibibliothek Bozen im Auftrag des Landesarchivs zwischen 1994 und 1997.
4 Ursprünglich: Katalogisierung Südtiroler Bibliotheken (KSB) und in Verwaltungsträgerschaft des Südtiroler Bildungszentrums (SBZ). Erster Förderungspräsident der Stiftung Südtiroler Sparkasse war Ex-Sen. Dr. Hans Rubner. Das Projekt wird seitdem fortgeführt unter dem Stiftungspräsidenten Honorarkonsul RA Dr. Gerhard Brandstätter und befindet sich seit 2001 in der Trägerschaft der Fachgenossenschaft Bibliogamma Onlus.
5 EHB-Katalogzugänge: www.ehb.it, VThK (Virtueller Katalog f. Theologie und Kirche); Leihzutritt zu den unter www.ehb.it aufgeführten Beständen über das Netzwerk der jeweiligen Bestandsträger; OPAC-Ansiedlung bei der Freien Universität Bozen; zahlreiche Verlinkungen mit in- und ausländischen Träger- und Kataloginstitutionen.
6 Klaus Haller / Hans Popst, Katalogisierung nach den RAK-WB, 5. Aufl., München / New Providence / London / Paris 1996.
7 Darunter fallen mehrere Ordensbibliotheken, die Bibliothek der Theologischen Fakultät Brixen und die zwei historischen Schulbibliotheken am Vinzentinum Brixen und am Franziskanergymnasium Bozen.
8 So etwa die Sammlung der Englischen Fräulein vom aufgelassenen Kloster am Sandpaltz in Meran, die Sammlung der Barmherzigen Schwestern in Brixen oder jene in Kloster Säben, im Klarissenkloster Brixen, im Ursulinenkloster Bruneck und andere.
9 Als Primas Germaniae war der Salzburger Erzbischof mit seiner Diözese besonders einflussreich auch für die in den Salzburger Metropolitanverband eingebundenen tirolischen Diözesen.
10 Dazu: FAZ vom 21. Februar 2007, Nr. 44, S. 35.
11 Lexikon für Theologie und Kirche, Herder Freiburg, in der Ausgabe von 1957–1967.
12 Lexikon des gesamten Buchwesens, Hiersemann Stuttgart 1987–2007 (Bd. VII).
13 Das Motiv der rustici, der rudes (der Landbevölkerung, der Nichtgebildeten) zieht sich von der »Regula pastoralis« Gregors des Großen herauf bis zum Konzil von Trient, wird dort in mehreren Sessionen behandelt und führt zur Einrichtung von Ausbildungsseminaren, zur Neuregelung der Visitation, aber auch zu Bestimmungen über den Buchbesitz.
14 Dazu: Personallisten der urkundlich fassbaren Seelsorger der Diözese Brixen bei Alois Trenkwalder, Der Seelsorgeklerus der Diözese Brixen im Spätmittelalter, Brixen 2000, Kleruslisten 157–538; A. Trenkwalder, Der Seelsorgeklerus der Diözese Brixen im 16. Jahrhundert, Brixen 2003, Kleruslisten 162–532.
15 Dazu: Nigel F. Palmer, Die Zisterzienser und ihre Bücher, hg. v. Freundeskreis Kloster Eberbach mit der Unterstützung der Sparkassenversicherung Hessen – Nassau – Thüringen, Regensburg 1998.
16 Für den welschtirolischen Anteil Tirols (Trient) vgl. die Publikationen im Auftrag der Autonomen Provinz Trient zu den Trientner Beständen, zum Beispiel von S. Maria Maggiore, zu den Akademiebeständen von Rovereto, zur Zentralbibliothek der Kapuziner in Trient, zur historischen Bibliothek des Gymnasium–Lyzeums »Giovanni Prati« in den ausgezeichneten Bearbeitungen von Anna Gonzo, Walter Manica, Beatrice Niccolini und anderen. Für Deutschland vgl. Das Handbuch der historischen Buchbestände in Deutschland, von der deutschen Volkswagenstiftung gefördert; für Öster-

reich vgl. Das Handbuch der historischen Buchbestände in Österreich, hg. von der Österreichischen Nationalbibliothek.
17 Dazu: Trenkwalder, Seelsorgeklerus im Spätmittelalter sowie Trenkwalder, Seelsorgeklerus im 16. Jahrhundert.
18 Die Winterreise durch Tirol, beschrieben von Simon Rodriguez in »Commentarium de origine et progressu Societatis Jesu« (Vom Werden und Wachsen der Gesellschaft Jesu, hg. von J. Stierli, Frankfurt a. M.; insbes. Nr. 25–41.
19 Zur Vorbildfunktion des Jesuitendramas vgl. Fritz Schmitt / Gerhard Fricke, Deutsche Literaturgeschichte in Tabellen, Bd. II: 1450–1770, S. 90–96. Einiges zu Unterricht und Ausbildung findet sich auch noch in Pfarrbibliotheken (Grammatiken, Autoren, Lexika, Schulwerke).
20 Drucklegung Innsbruck 1929.
21 Dazu: Agapit Hohenegger, Geschichte der Tirolischen Kapuziner = Ordensprovinz (1593–1893), 2 Bde, Innsbruck 1913, insbes. Bd.1, Abschn. 3, S. 645–740.
22 Garber, Historische Bibliothek des Stadtmuseums Meran, bestandsgeschichtliche Einleitung.
23 W. Garber, Erschließungsserie Bd. 1.
24 Vgl. dazu: Bruno Klammer (Hg. u. Bearb.), Die Bozner Passion 1495. Die Spielhandschriften A und B (= Mittlere deutsche Literatur 20), Bern / Frankfurt a. M. / New York 1986. Ebenso: Bruno Klammer, Dramatisches Sprechen im Bozner Passionsspiel 1495. Die Rolle Jesu. Die Rolle der abhängigen judaei, milites, testes und der dyaboli, in: Virtus et Fortuna, Festschrift für Hans-Gert Roloff, Bern / Frankfurt a. M. / New York 1983, S. 64–90.
25 Zu Paulus Burgensis siehe: LThK, Bd. 8 (1963), Sp. 230.
26 Sekretär des hl. Bernhard und Bibliothekar von Clairvaux von 1145 bis 1151.
27 Dazu : Glossarium ad Scriptores Mediae et Infimae Latinitatis, pars prima, Basileae 1762, Sp. 636 f; zu Nikolaus von Clairvaux insbes.: Patrologia Latina 196, 1626, zit. Nigel F. Palmer, Zisterzienser und ihre Bücher, Regensburg 1988, S. 26.
28 Nikolaus Kuster / Thomas Morus Huber / Oktavian Schmucki, Von Wanderpredigern, Einsiedlern und Volkspredigern, Kevelaer 2003, 70 f.
29 Sessio 21 de reform, cap. 6, sessio 23, c. 4, c. 7 u. a., für Notare sessio 20, c.10. in: Ausgabe der Konzilsakten apud Iuntas, Venedig 1638.
30 Peter Brown, The Rose of Western Christendom, ital. Ausgabe Rom 1995, S. 3 f.
31 Nicht nur Moralwerke, Predigten, Pastoralwerke, Rechtsnormen waren auf die profane Verhaltenswelt mit ausgerichtet, sondern weithin waren auch Geschichte, Werke der Landwirtschaft, Architektur, Medizin, der philosophischen Anschauungen und der Naturwissenschaften religiöser Interpretation und der kirchlichen Kontextierung unterworfen. Zur profanen und religiösen Literatur Tirols, spez. Südtirols siehe zum Beispiel Eugen Thurnher, Wort und Wesen in Südtirol, Die deutsche Dichtung Südtirols im Mittelalter, Innsbruck 1947.
32 Von Goswin von Marienberg reicht der Bogen der Geschichtsschreibung und der Chroniken zur Landesgeschichte in kirchlicher Forschung herauf bis in die Gegenwart und findet sich im EHB-Katalog umfangreich recherchierbar sowie in sporadischen Verweisen auch in den EHB-Erschließungsbänden verzeichnet. Die Liste der Belege ist lang (Karl Atz, Albert Jäger, Justinian Ladurner, Florentin Nothegger, Ulrich Putsch, Ludwig Rapp, Joseph Resch, Franz Anton Sinnacher, Ferdinand Troyer, Beda Weber u. zahlreiche andere bis herauf in die Gegenwart).

Literaturverzeichnis

Allgemeine Forschungsliteratur
Für weiterführende Literatur zu den einzelnen Autoren, Strömungen, Orden, relevanten Stichwörtern wird auf das Lexikon für Theologie und Kirche und andere allgemeine Nachschlagewerke der Religionsgeschichte, der Profan- und Philosophiegeschichte, der Literatur verwiesen. Ordensströmungen, Statuten, Rollen etc. liegen im Allgemeinen in großen, zumeist lateinischen Sammlungen vor:

Analecta Ordinis Minorum Cappuccinorum, Curia Generalis Rom (bis 1935 51 Bde.)

Acta Ordinis Fratrum Minorum, Rom – Quaracchi 1882 ff.

Acta Sanctorum, Nachdruck Bd. 1–60 Paris 1966–71.

Analecta Ordinis Fratrum Praedicatorum, Rom 1893 ff.

Annales Ordinis S. Benedicti, 1–46, Rom 1893–1940.

Acta Romana Societatis Jesu, Rom 1906 ff.

Dazu: Archivberichte der einzelnen Ordensgemeinschaften (Typus: Archivium Historicum Societatis Jesu, Rom 1932 ff.).

J. P. Migne, Patrologia Graeca, 167 Bde, Paris 1857–66.

J. P. Migne, Patrologia Latina, 217 Bde und 4 Registerbände, Paris 1841–64, mit weiteren Ergänzungsbänden.

L. von Pastor, Geschichte der Päpste seit dem Ausgang des Mittelalters, 16 Bde, Freiburg i. B. Nachdruck 1966–62.

Geschichte des Christentums, 14 Bde (letzter Bd. 2004), Freiburg i. B.

Besonders wertvoll sind die diversen Ausgabensammlungen zu den lateinischen und griechischen Kirchenvätern und Kirchenschriftstellern, die zumeist auch in Deutsch vorliegen.

Zahlreiche Sonderpublikationen zu einzelnen Themen, deren Leitautoren in den Standardwerken: LThK, Brockhaus u. a. enzyklopädischen Werken zumeist ausführlich angegeben werden. Aus der Fülle der Sonderliteratur muss jeweils zu einzelnen Aspekten ausgewählt werden. Vieles findet sich in den erfassten Bibliothekbeständen selbst und kann im EHB-Katalog nachgeschlagen werden.

Im bibliothekarischen Bereich
Lexikon für das gesamte Buchwesen, Hiersemann Stuttgart 1987 ff. (Bd. VII: 2007).

Handbuch der historischen Buchbestände in Deutschland (gefördert von der deutschen Volkswagenstiftung).

Handbuch der historischen Buchbestände in Österreich, hg. von der Österreichischen Nationalbibliothek.

Erschließung Historischer Bibliotheken in Südtirol (EHB) – Censimento delle Biblioteche Storiche dell'Alto Adige (EHB), Brixen 2006 ff. (bisher 6 Bde.; Bände 7, 8 und 9 in Vorbereitung, weitere in Planung).

Einzelberichte und Notizen finden sich für Südtirol / Tirol in: Der Schlern (seit 1920).

Allgemeine und spezifische Projektdaten zu EHB, Katalog, Bibliogamma finden sich unter www.ehb.it.

Pater Bruno Klammer, 1938 in Ahrntal geboren, studierte Philosophie und Theologie in München sowie Germanistik und Romanistik in Innsbruck. Anschließend Lehrtätigkeit von 1969 bis 1994, von 1980 bis 1994 zudem Schulleiter. Er ist Mitbegründer und Leiter des »Provinz Verlag« mit Sitz in Brixen und leitet das Projekt »Erschließung Historischer Bibliotheken in Südtirol«. Klammer ist weiters Autor und Herausgeber mehrerer wissenschaftlicher und literarischer Werke.

Flügelaltar in der Alten Pfarrkirche von Gries

Blickfänger

MICHAEL PACHER
1435 – 1498

Über ihn selbst weiß man so gut wie nichts. Umso mehr gibt sein Werk her. Seine Bilder und Figuren werden über Tirol hinaus zur Ikone einer der spannendsten Phasen in der Kunstgeschichte. Sie erzählen von der Zeit, als die Malerei die Perspektive entdeckte.

Wann genau und wo Michael Pacher zur Welt kommt ist nicht bekannt. Sein Geburtsjahr dürfte um 1435 liegen, und wahrscheinlich wächst er in Bruneck auf. Er zeigt früh ein Talent zum Zeichnen, so dass man den Buben zu einem Künstler in die Lehre schickt, vermutlich zu Leonhard von Brixen, einem auf spätgotische Altäre spezialisierten Schnitzer.

Es ist eine gute Zeit für die Kunst. Der Tiroler Landesherr Sigmund »der Münzreiche« ist durch die Silber- und Kupferbergwerke zu viel Geld gekommen. Seine legendäre Prasserei bringt es unter die Leute, wovon indirekt auch die Klöster und Pfarreien profitieren. Ab ca. 1450 werden zahlreiche Kirchen vergrößert und neue in Auftrag gegeben. Wie im übrigen Mitteleuropa gewinnen auch in Tirol die Städte als vermeintlich idealer Ort an Bedeutung. Das erstarkende Bürgertum investiert große Summen, um sie herauszuputzen.

Michael lernt bei seinem Meister schnitzen und malen. Mit ungefähr 20 Jahren geht er auf Wanderschaft – der Feinschliff für angehende Künstler. Sie führt ihn nach Norditalien, vielleicht nach Florenz und Venedig, sicher aber nach Padua. Seine späteren Werke sind von einem Stilmittel geprägt, das er zu der Zeit nur an den Fresken der dortigen Ovetari-Kapelle gesehen haben kann. 1457 vollendet, sind diese eines der frühesten Beispiele einer spektakulären Wende in der Malerei.

1454	1475	1484
Johannes Gutenberg druckt in Mainz seine erste Bibel.	In Rom beginnt der Bau der Sixtinischen Kapelle.	Mit Papst Innozenz VIII. erreicht die Hexenverfolgung einen Höhepunkt.

Der junge Andrea Mantegna experimentiert in Padua mit der eben erst erfundenen Kunst der Perspektive. Seine Fresken zeigen die Gestalten, Gebäude und Landschaften nicht mehr flach wie in all der Zeit davor, sondern in einer nie gesehenen Tiefe. Die Körper erscheinen derart plastisch, dass sie aussehen wie echt. Für die damaligen Augen ein sensationeller Blickfang.

Michael Pacher verbringt vermutlich etliche Monate in Padua, um die neue Kunst zu entschlüsseln. Dann kehrt er eilig nach Tirol zurück. In einem 1457 datierten Auftrag für die Kirche in Issing bei Bruneck scheint sein Name zum ersten Mal auf. Ungefähr um die gleiche Zeit wird er durch eine Heirat in Bruneck sesshaft. Etliche Dokumente weisen Pacher als gefragten Zeugen bei Rechtsgeschäften aus, was auf einen Mann von einigem Ansehen schließen lässt.

Sein ganzes Interesse aber gilt der Perspektive. An einem 1465 fertig gestellten Hochaltar für die Pfarrkirche in St. Lorenzen setzt er sie zum ersten Mal konsequent ein. Eines der gemalten Altarbilder zeigt den gemarterten Namenspatron Laurentius auf einem Grill in einer römischen Straße liegend, deren Fluchtpunkt weit in der Ferne liegt. Der geschundene Körper des Märtyrers und seine Folterknechte erhalten dadurch fast greifbare Konturen.

Im deutschen Sprachraum ist Pacher einer der allerersten, der sich an die Perspektive wagt. Er hat deshalb einen nachhaltigen Einfluss auf die Kunst seiner Zeit. Mit seinem Doppeltalent verbindet er die körperbetonte Malerei der italienischen Renaissance mit der perfekten nordischen Schnittkunst der Spätgotik. Rasch bildet sich um ihn ein Kreis von Künstlern heraus, die diesen Stil weitertragen. In den folgenden 30 Jahren braucht Pacher sich um Aufträge nicht mehr zu sorgen. Er schnitzt Heiligenskulpturen, malt Fresken. Vor allem aber sind es seine Altäre, die für Aufsehen sorgen, etwa für die Pfarrkirche in Gries bei Bozen oder der raffiniert gestaltete Kirchenväteraltar im Kloster Neustift bei Brixen.

Sein Meisterwerk aber entsteht in St. Wolfgang bei Salzburg. Der elf Meter hohe Altaraufsatz hat 55 Skulpturen und 70 Quadratmeter spektakulärer Tafelmalerei, die Michael Pacher mit Hilfe des Namensvetters Friedrich um 1480 vollendet. Sein letztes und mit 3300 Gulden teuerstes Werk, ein 16 Meter hoher Altaraufsatz, entsteht in der Stadt Salzburg. Pacher kann die Arbeit gerade noch abschließen, ehe er – ein für die Zeit sehr alter Mann von über 60 Jahren – 1498 stirbt. Während die Perspektive dann zum Alltäglichen wird, gleitet Pachers Name ins Vergessen. Erst nach über 300 Jahren kommt er mit der deutschen Romantik wieder zu Ehren, erst mit dem 20. Jahrhundert kann man Pachers Wert vollends erkennen. Für viele seiner Werke kommt das zu spät. Im Hoch- und Spätbarock werden die meisten seiner Altäre abgebaut, Tafelbilder verschwinden in Wiener und Münchner Sammlungen. Nur der Altar in St. Wolfgang bleibt in seiner ursprünglichen Form erhalten. Die Zeit nach ihm ist ohne Gespür für die Hand des Meisters, der die Perspektive aus dem Süden brachte.

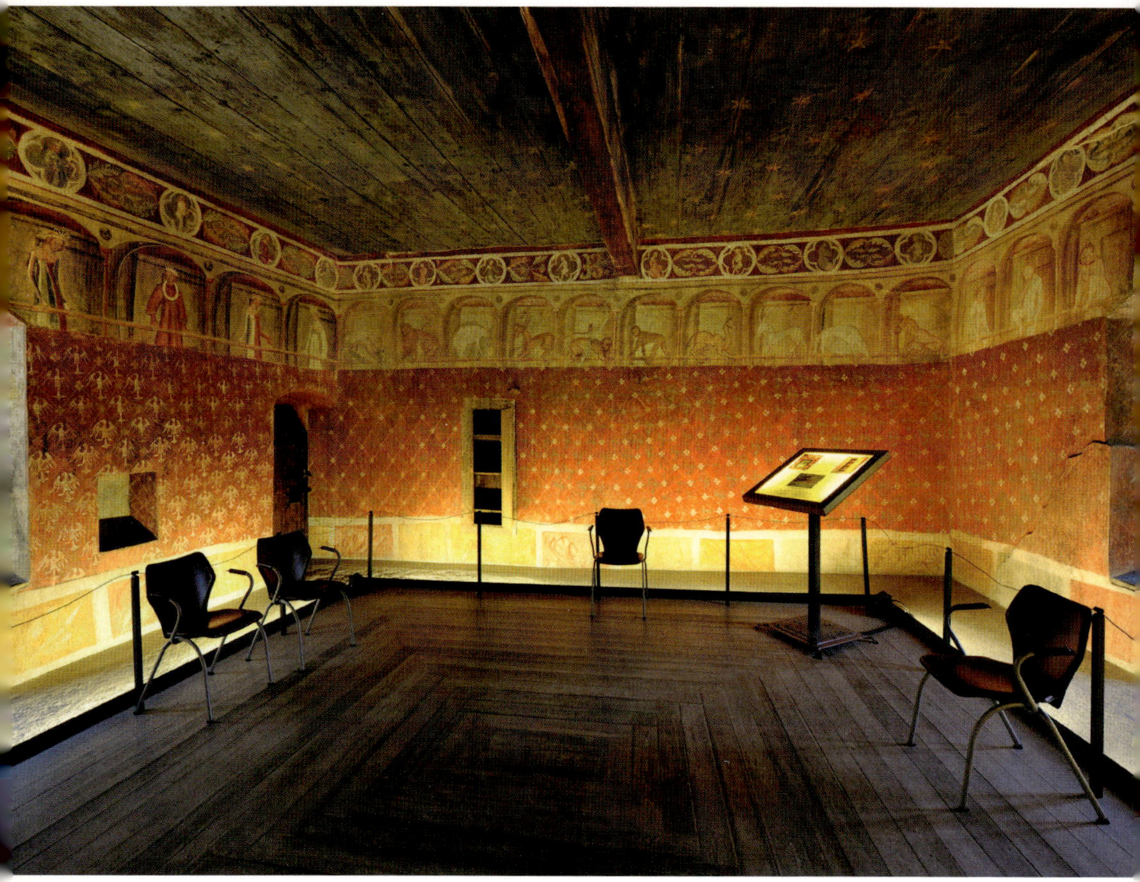

In noie eiusdem resurrectoris
designare intendimus primo
pilatusque intrat ad locum suum
Cayphas Annas et iudei
eat ad locum specialem rex

In primo canunt duo
Angeli

silete — silete — silete
habe — te — Nu schweiget

Nu schweiget still un seit pracht...

Max Siller

Es mag auch chainer chain reichtum han, es mües ain ander mit armuet stan

TIROLISCHE LITERATUR DES MITTELALTERS UND DER FRÜHNEUZEIT
IN IHRER EUROPÄISCHEN DIMENSION

Wenn die Literatur des »Landes« Tirol im späten Mittelalter und in der frühen Neuzeit exemplarisch dargestellt und ihre überregionale, europäische Dimension herausgearbeitet werden soll, ist es notwendig, sich zu allererst Gedanken über den gewählten Untersuchungsraum im Sinne eines spätmittelalterlich-frühneuzeitlichen Territoriums zu machen und damit den Rahmen für die praktische Arbeit regional abzustecken.[1]

Beim Tode Meinhards II. (IV.) von Tirol(-Görz) (1258–1295) war »Tirol« ein abgerundetes Territorium. Es reichte von der Salurner Klause bis zum Zillertal, wo es zur Überlappung mit dem Erzbistum Salzburg kam, im Westen hatte es ungefähr die heutige Ausdehnung, im Pustertal bildete (seit 1271) die Mühlbacher Klause die Grenze gegen die Grafschaft Görz. Einzelne Besitzungen und Lehen reichten weit über diese Grenzen hinaus, im Süden etwa bis in den tridentinischen und veronesischen Raum. Das so geographisch und historisch umrisshaft skizzierte Territorium, das »Land« Tirol, ist also eine definierbare und fixierbare, wenn auch recht komplexe Raumeinheit, die wohl tauglich erscheint als Ausgangspunkt für unsere literaturgeschichtlichen Überlegungen.

Literaturgeschichtsforschung in diesem Raum hat Literatur – wie generell – als eine Façette des Lebens der hier beheimateten Menschen zu begreifen, nach Funktionen, Möglichkeiten und Wirkungen dieser Literatur in der politisch-historischen Realität zu fragen. Es geht also letztlich um die Rekonstruktion des »literarischen Lebens« der Menschen in diesem Raum als eines Teiles ihres Daseins. Dabei ist die Herkunft der Dichter sekundär. Die »Lumen Animae«-Übersetzung des Ulrich Putsch, »*Das liecht der sel*« von 1426[1a], hat zum Beispiel, wie die handschriftliche Überlieferung zeigt, eine Rolle im »Literaturbetrieb« in Tirol gespielt. Die schwäbische Herkunft des Übersetzers interessiert literarhistorisch und rezeptionsgeschichtlich kaum.

Kulturhistorisch ist beispielsweise die Frage interessant, wie und warum sich ein Nahverhältnis des Schwaben Putsch zum Herzog Friedrich von Tirol konstituierte, ob der »Literat« Putsch mit dem Dichter Oswald von Wolkenstein 1415 in Perpignan war und wie sich das Verhältnis des schwäbischen Pfründenjägers mit dem streitbaren tirolischen Adeligen bis zu den bekannten Handgreiflichkeiten von 1429 entwickelte. Die Lösung solcher Fragen kann für den produktionsästhetischen Gesichtspunkt durchaus relevant sein und wirft vielleicht wiederum einiges Licht auf die Möglichkeiten literarischer Kommunikation und Rezeption im tirolischen Mittelalter. In unserem Zusammenhang kann etwa auch die Entstehungs- und Herkunftsfrage der Spielliteratur vernachlässigt werden, wenngleich die Lösung dieses Problems bestimmte literarhistorische Positionierungen verdeutlichen würde. Und die Frage etwa, wie ein Werk wie Hartmanns »Iwein« dem tirolischen Adel, den Ministerialen von Rodank und den Grafen von Eppan, bekannt geworden ist, bevor noch irgendeine Spur von literarischer Rezeption im deutschen Raum nachweisbar wäre, und wie es so zur frühesten Verbildlichung höfischer Epik auf deutschem Boden überhaupt kommen konnte, wird wohl auch nie mehr zu lösen sein.

Aufgrund der besonderen historischen und geographischen Situation des tirolischen Territoriums ist das Beziehungsgeflecht zum umgebenden und überlagerten

Fresken in Schloss Runkelstein, Bozen

rätoromanischen Raum, das in Sage und Sprache deutlich fassbar wird, mitzubedenken. Vor allem aber schlagen sich in unserem Raum die mannigfachen politischen und wirtschaftlichen Beziehungen zu Italien nicht nur in allgemeiner sprachlicher (romanische Lehnwörter im tirolischen Dialekt) und kultureller Hinsicht (Humanismus, Universitäten usw.), sondern auch im literarischen Leben nieder: so im »Seelenrat« des Bozner Dominikaners Heinrich von Burgeis (um 1275), im gewaltigen Œuvre Oswalds von Wolkenstein, im weltlichen Drama, in der Übersetzungsliteratur wie in Hans Vintlers »Blumen der Tugend« (1411). Für den Nordosten des Landes sind Einflüsse aus dem Bistum Salzburg feststellbar: Der Mönch von Salzburg hat in der literarischen Szene in Tirol bekanntlich deutliche Spuren hinterlassen, sei es bei Oswald von Wolkenstein oder in der berühmten und geheimnisumwitterten ›Sterzinger Miszellaneen-Handschrift‹. Von grundsätzlicher Natur sind aber selbstverständlich die Beziehungen zu Oberdeutschland (besonders Augsburg und Nürnberg) und insbesondere ab dem 14. Jahrhundert zu Österreich mit dem Zentrum Wien. Vor allem das geistliche und weltliche Spiel dürften aus diesem Raum, wo zudem auch jene Universitäten lagen, an denen ab dem späteren Mittelalter viele Tiroler ihre Ausbildung erfuhren, seine wesentlichen Impulse erhalten haben. Schwirig sind die literarhistorisch relevanten »Zugstraßen« nachzuzeichnen, auf denen etwa der berühmte Spiele-Codex 960 der Innsbrucker Universitätsbibliothek aus dem Jahr 1391 (unter anderem mit dem sogenannten Neustifter Osterspiel) bzw. die zahllosen Vorlagen für das »Ambrasser Heldenbuch« (1504–1516/17) nach Tirol gekommen sind.

Tirol steht literarhistorisch in einem reichen nachbarschaftlichen Beziehungsgeflecht.

Selbstverständlich haben auch Gattungen der Fachprosa eine weit über Tirol hinaus weisende Dimension und Relevanz: historische Aufzeichnungen wie die »Bozner Chronik«, die Chroniken des Georg Kirchmair, Franz Schwayger und Marx Sittich von Wolkenstein, um nur einige zu nennen; weiters Urbare, Inventare, Briefe, Weistümer, geistliche und weltliche Traktate, auch in Übersetzungen, bestimmte Urkunden und Verfachbücher. Es stellt sich auch hier nicht nur jeweils die Frage nach dem spezifischen »Gebrauchszusammenhang«, sondern unter dem Aspekt eines überterritorialen Beziehungsgeflechts ebenso das Problem ihrer einmaligen Formen und Inhalte. So scheint mir, dass etwa die (zwischen 1464 und 1471 datierten) Prosaübersetzungen Heinrich Hallers aus dem Schnalser Kartäuserkloster Allerengelberg stilistisch auf einer Stufe mit den besten deutschen Übersetzungen des Spätmittelalters stehen.

In dem hier vorgegebenen Rahmen werden wir uns aber letztlich auf literarhistorisch relevante Gestalten beschränken müssen. Für die Darstellung von Person und Werk ist der Versuch einer Rekonstruktion der »Kommunikationswirklichkeit« unerlässlich; das einzelne Werk kann letztlich nur auf der Basis einer örtlich-zeitlichen Fixierung in einem für Produzenten und Rezipienten vorgegebenen literarhistorischen Kontext richtig verstanden werden. Freilich würde es den Rahmen dieser kurzen Darstellung sprengen, möchte man die behandelten Dichtungen jeweils im Detail mit formal und gattungstypologisch ähnlichen, verwandten Texten des europäischen, insbesondere natürlich des deutschen Raumes in Beziehung setzen und in eine literarische Reihe stellen. Wichtiger als die Erstellung eines solchen Bezugssystems und die Inbeziehungsetzung mit dem allgemeinen literarhistorischen Prozess scheint mir die Aufspürung des zeit- und raumspezifischen, des zeitgenössischen Konnotationsfeldes im soziolinguistischen, historischen und soziokulturellen Konnex zu sein.

Der Versuch, die tirolische Literatur des Mittelalters und der Frühneuzeit in ihrer europäischen Dimension darzustellen, das heißt, ihre überregionale Bedeutung herauszustreichen, ist – ich betone dies – von subjektiven Maßstäben geprägt. Weder ist der Begriff ›europäische Dimension‹ klar zu umreißen, noch wird man sich je über die ›Bedeutung‹ von Literatur einigen können. Hier drängen sich sofort Fragen nach der Bedeutung »wofür«, »in welchem Kontext« usw. auf. Oswald von Wolkenstein gilt in der Literaturgeschichte uneingeschränkt als einer der »bedeutendsten« Dichter des Spätmittelalters. Dabei ist er überlieferungsmäßig über die zwei von ihm selbst in Auftrag gegebenen Handschriften sowie einer »hauseigenen« Abschrift kurz nach seinem Tod kaum präsent. Die Zeugnisse der »Streuüberlieferung« sind so ärmlich, dass er zum Beispiel bei einem Vergleich

Kartäuserkloster Allerengelberg, Schnalstal

mit den literarisch weit anspruchsloseren kontemporären Neidhardiana weit abgeschlagen läge. Nur knapp zehn Prozent von Oswalds Œuvre wären uns bekannt, hätten wir die von ihm in Auftrag gegebenen Codices nicht. Ähnliches gilt etwa für Heinrich von Burgeis. Sein »Seelenrat« ist – fragmentarisch – in einem einzigen Codex überliefert. Trotzdem ist sein Werk durch ein so hohes Ethos charakterisiert und streckenweise mit so großem sozialpolitischen Mut und Anspruch vorgetragen, dass es mir unter diesem Aspekt als sehr »bedeutungsvoll« erscheint. Und so ist auch die Auswahl der vier Gestalten, die ich im Folgenden vorstelle, zugegebenermaßen subjektiv. Mir scheinen sie aber literarisch bedeutsam: Friedrich von Sonnenburg, Heinrich von Burgeis, Oswald von Wolkenstein und Vigil Raber.[2]

Friedrich von Sonnenburg

Die Herkunft des Sangspruchdichters Friedrich von Sonnenburg von Tirol ist urkundlich nicht nachweisbar, gleichwohl nie ernstlich bezweifelt worden.[3] Seine Schaffenszeit umfasst den datierbaren Sprüchen zufolge die Zeit von ca. 1250 bis ca. 1275. In das dritte Viertel des 13. Jahrhunderts, in die Zeit des Interregnums also, fallen auch mehrere seiner datierbaren Strophen. Nach Ausweis von Fürstenlob-Liedern dürfte er zeitweise in den Diensten mehrerer *milter* (›freigebiger‹) Förderer gestanden haben, unter denen König Rudolf von Habsburg, die Könige Wenzel und Ottokar von Böhmen sowie die bayerischen Herzöge die wichtigsten waren. Der mit den Herzögen von Bayern verschwägerte Tiroler Graf Meinhard II. wird in Friedrichs Sprüchen nicht genannt.

Seinen eigenen Angaben zufolge führte Friedrich das für einen Spruchdichter ohne feste Bleibe charakteristische Wanderleben. Als »Eckpunkte« seiner Fahrten oder Aufenthalte nennt er Metz, Köln, Braunschweig, Lübeck im Westen und Norden, Ofen (Budapest) im Osten. Nach Ungarn mag er wohl im Zuge des Feldzugs König Ottokars gekommen sein, ebenso wie er sich in dem norditalienischen Verona (*Bern*) und dem süditalienischen Salerno nicht als Dichter, sondern wohl, zusammen mit schwäbischen Stauferanhängern (er selbst bezeichnet sich als Schüler eines Neifers, wohl des Minnesängers Gottfried von Neifen), in Begleitung Konrads IV. auf dessen Italienzug (1251–1254), aufgehalten haben mag.

> Friedrich führte das für einen Spruchdichter charakteristische Wanderleben.

Um die Mitte des 14. Jahrhunderts stellt Lupold Hornburg von Würzburg fest, dass *Von sunneburg der Gotheit vns ein teil beschiet*.[4] Er weist damit auf ein Charakteristikum von Friedrichs Dichtung hin: die Dominanz der geistlichen Thematik und die Darstellung weltlicher Themen unter religiösem Aspekt. Umso erstaunlicher ist Friedrichs Sicht der Welt. Seit Walther von der Vogelweide (um 1170–um 1230) wird »Frô Welt« (›Frau Welt‹) als eine feindliche Macht dargestellt, der es abzuschwören, die es zu verachten gilt. Der *contemptus mundi* und die daraus resultierende Weltab-

Sonnenburg, Pustertal

sage kennzeichnen die christlich gefärbte Literatur bis hinein in die Neuzeit. Dieser gefährlichen, in der allegorischen Gestalt einer Dame auftretenden Macht stellt Friedrich eine völlig überraschend positive Erscheinung gegenüber. Nicht als hinterhältig wie bei Walther (*ich fürhte dîne lâge*[5]) wird sie verschrien, sondern jubelnd begrüßt und gepriesen: *So wol dir werlt, so wol dir hiute unde iemer mere wol!*[6] / *So wol dir gotes wundertal, ich mein dich, tiure welt!*[7] Jenen Menschen, die von sich behaupten, sie hätten sich von der Welt losgesagt, führt der Dichter ihr irrationales Verhalten vor Augen: Man könne wohl auf ein »freies Leben« verzichten oder sich von Sünden lossagen (*abetuon*), aber die Welt ist nicht nur die Grundlage unserer Existenz, sondern selbst nach unserem Tod müssen wir ihr Fleisch und Knochen überlassen, um dereinst mit Leib und Seele zu einem ewigen Leben aufzuerstehen (Strophe 2). Der Dichter fordert auch seine Zuhörer zum Lobpreis der Schöpfung auf: *Ir lobet alliu gotes werc!*[8] Töricht (*unwise*), ja sündhaft (*got inz vergebe, des ist not*[9]) der Weltverächter: *swer dich beschiltet, werlt, der schiltet got, deist ane strit!*[10] Denn wer über Gottes großartige, wunderbare Schöpfung (*gotes hohiu wunderwerc*) lästern würde, lästerte damit über Gott selbst (Strophe 5).

Ein Blick auf die Überlieferung der Sangsprüche Friedrichs von Sonnenburg zeigt, dass diese fünf Preisstrophen auf *vro werlt* bei seinen Zeitgenossen einen tiefen

Eindruck hinterlassen haben. Während die meisten seiner Sprüche nur in ein bis zwei Handschriften aufgezeichnet wurden,[11] fand der Weltpreis viermal den Weg aufs Pergament, in einem St. Galler Codex[12] offenbar noch zu Lebzeiten des Dichters. Der geradezu vorbehaltlose, von Liebe zur Schöpfung (*tiure welt*) getragene Lobgesang ist in der deutschen Literatur des 13. Jahrhunderts (und wohl auch der Folgezeit) so einmalig, dass man annehmen möchte, Friedrich hat bei seinem Italienaufenthalt den Lobgesang der Schöpfung in den »Laude« oder dem »Sonnengesang« des Franz von Assisi (1182–1226) kennengelernt. Dass ein Anonymus fünf Gegenstrophen mit Welt-Schelte (*Diu werlt von rehte wirt bescholten verre deste mer*[13]) hinzudichtete, konnte nicht ausbleiben.

Weltflucht oder Weltbejahung, Contemptus mundi oder Preis der Schöpfung?

Vor allem in Anbetracht des mentalitätsgeschichtlich als höchst fortschrittlich zu wertenden Versuchs, der für das christlich-mittelalterliche Denken typischen Polarität von Diesseits und Transzendenz, von Welt und Göttlichkeit nicht mit Weltflucht, sondern mit (religiös begründeter) Weltbejahung zu begegnen, mit Blick auch auf die literarhistorisch innovative Zurückweisung des Contemptus-Mundi-Topos mithilfe »theologischer« Argumente muss Friedrich von Sonnenburg ohne Zweifel als einer der bedeutendsten Literaten der zweiten Hälfte des 13. Jahrhunderts gelten.

Als besitzloser, herumziehender Sangspruchdichter mit mehr oder weniger kurzfristigen Anstellungen an Adelshöfen zieht Friedrich von Sonnenburg eine ernüchternde Bilanz seines Lebens: *Ich bin in al der werlde ein gast – also stet nu min leben!*[14] Wie kein anderer Dichterkollege seiner Zeit bemühte sich der Sonnenburger um eine gerechte Behandlung seiner Zunft. Dabei galt es, tief verwurzelten Vorurteilen gegenüber den »Fahrenden« und »Spielleuten« zu begegnen, waren doch die *gernden* vor allem von der Kirche als unstete, religiös oft schwer zuordenbare Individuen heftig angefeindet. In Friedrichs Verteidigungssprüchen sind deutlich sprichwörtliche Redewendungen gegen Menschen seiner Berufsgruppe wiederzuerkennen, Redewendungen, die er entschieden als Rufmord und gehässige Verleumdung zurückweist:

> Swer giht, die guot den gernden geben,
> die möhtenz also maere
> dem tiuvel stozen in den munt,
> der liuget! nides vaz![15]

Er kenne die Lebensweise der »Gehrenden«: Treulosigkeit, Ausschweifung und Unrecht sei ihnen verhasst. Er ruft Gott zum Zeugen an, wenn er behauptet:

> Si gernt durch got des man in git
> und wünschent ane lougen
> Den gebenden heiles ze aller zit.
> si habent got vor ougen.[16]

Friedrich wendet sich gegen die empörenden kirchlichen Bestimmungen, die den Geistlichen verboten, fahrenden Sängern und Musikanten die Sakramente der Beichte und Kommunion zu erteilen. Die schärfsten Gegner der auf Almosen und Mildtätigkeit angewiesenen Künstler waren naturgemäß die Bettelmönche. Besondere Hasstiraden gegen *die gumpelliute, gîger unde tambûrer* (›Spielleute, Geiger und Trommler‹) sind von Berthold von Regensburg (um 1210–1272), einem Zeitgenossen Friedrichs, bekannt, der eine Gabe an diese »Genossen des Teufels« schlichtweg als schwere Sünde einstuft. Gegen diese weit verbreitete christlich-fundamentalistische Lieblosigkeit den »Abtrünnigen« und Außenseitern gegenüber setzt sich der Sonnenburger mit spitzfindigen Argumenten und dem Hinweis auf allgemeinmenschliches Verhalten zur Wehr (Strophe 69).

Heinrich von Burgeis

Heinrich von Burgeis[17] ist vielleicht noch im zweiten Jahrzehnt des 13. Jahrhunderts, wohl in Trient, geboren, urkundlich nachweisbar ist er in den Jahren von 1273 bis 1279. Die Nachrichten über ihn lassen sein Leben zwar nur in schattenhaften Umrissen erkennen, lassen aber seine historische Rolle und sein politisches Schaffen während jener Jahre erahnen. Heinrich entstammt einem niederadligen Geschlecht aus Burgeis im Vinschgau, das zu den Dienstleuten der Edelfreien von Burgeis-Wangen zählte. Sein Vater, Heinrich von Burgeis der Ältere (urkundlich erwähnt von 1210 bis 1242, 1255 tot gemeldet), war, offenbar im Gefolge des Bischofs Friedrich von Wangen, um 1207 nach Trient gezogen, wo der Sohn in den Predigerorden eintrat. Vielleicht war er dort ein Schüler des Hagiographen Bartholomäus von Trient (gest. 1251), der selbst noch an der feierlichen Translation der Gebeine des Ordensgründers Dominikus in Bologna teilgenommen hatte. Von Trient aus wurde offenbar in den Jahren von 1272 bis 1275 die Gründung einer Niederlassung in Bozen betrieben, und Heinrich von Burgeis wurde der erste Prior dieses Bozner Dominikanerkonvents. Diese kirchengeschichtlich bedeutsame Tatsache scheint in unmittelbarem Zusammenhang zu stehen mit der politisch-historischen Rolle dieses Predigermönchs. Sicherlich war er bekannt mit jenen zahlreichen Persönlichkeiten, mit denen zusammen er in den Urkunden genannt wird, mit Klerikern bis hin zu den Bischöfen und ebenso mit Bürgern und Adligen bis hin zum Grafen Meinhard II. von Tirol. Heinrich war Zeuge eines gewaltigen und gewaltsamen Kampfes zwischen den Vertretern der kirchlichen und weltlichen Macht, der sich im Land an der Etsch abspielte und der in seiner Bozner Zeit den Kulminationspunkt erreichte. In das Ringen des Grafen Meinhard mit den Bischöfen von Trient wurde sogar König Rudolf hineingezogen, der schließlich Friedensvermittlungen zustande brachte. In der Kirche des Bozner Dominikanerklosters und in Anwesenheit Heinrichs von Burgeis wurden vom

Heinrich von Burgeis, erster Prior des Bozner Dominikanerklosters, Anwalt der Armen

Dominikanerkloster, Bozen

31. Mai bis 2. Juni 1276 die Friedensverhandlungen zwischen Bischof Heinrich von Trient und Graf Meinhard II. beurkundet.
Heinrich von Burgeis erfährt in der Literaturgeschichtsschreibung (nicht nur in der tirolischen) wenig Beachtung. Das mag zum Teil daran liegen, dass an sein Werk klassische ästhetische Kriterien angelegt werden, denen es nicht gerecht wird. Aber sein »Seelenrat« ist auch in seiner sozialpolitischen Brisanz kaum richtig verstanden und daher von der Forschung als eher langweilig abgetan worden. Sein Werk, das Heinrich selbst als *der selen rat*[18] bezeichnet wissen möchte, ist in einer einzigen Handschrift aus der Mitte des 15. Jahrhunderts überliefert, die im Jahr 1880 in der Bibliothek des Priesterseminars Brixen entdeckt worden ist. Am Schluss seines »Seelenrats« stellt sich der Dichter selbst als *prueder Hainreich von Purgews*[19] vor. Der Beginn dieser über 6500 Verse umfassenden Dichtung (wahrscheinlich einige 100 Verse) ist verloren.
Der »Seelenrat« stellt eine geistliche Abhandlung in Reimform dar und zwar eine Art Beichtspiegel. In einem allegorischen Verfahren wird eine sündige Seele vor eine göttliche Gerichtssitzung gestellt und von Frau Buße und Frau Beichte auf den Weg der Besserung gebracht. Das Werk darf meiner Meinung nach nicht nur als

geistlicher Traktat gelesen werden. Manche Textpassagen müssen als engagierte »politische Dichtung« interpretiert werden, will man die zeitgenössische Brisanz und Sprengkraft dieser Dichtung verstehen. Der dichtende Mönch bezieht Stellung, und ohne dass sie beim Namen genannt wurden, mussten sich bestimmte Personen betroffen fühlen, wenn untragbare Verhältnisse gegeißelt, wenn konkrete kirchliche, politische und soziale Missstände kritisiert werden.

Über weite Strecken dieser »Seelenlehre« sind die didaktischen Ausführungen eher allgemein gehalten. Der »Beichtspiegel« wird allen Menschen vorgehalten. Der uns erhaltene Eingang des Werkes befasst sich mit dem Problem der Habgier bzw. mit Begriff und Sache *guot* (›Besitz‹). In dieser Passage scheint mir Heinrich von Burgeis ein jederzeit aktuelles Problem auf so beachtenswerte und geradezu moderne Weise darzustellen, dass seine Ausführungen jederzeit Gültigkeit haben. Es geht um einen *geitigen*, der im Jenseits ewig Not leiden muss:

> Es ist pilleich, wan do hie
> Der geittige war, do begab er nie
> Die notigen, er trat in zu
> Und prach in ab spat und frue;
> Der geittige gros unpilde tut,
> Durich das er muge gewinnen gut.[20]

gut ist nun für den Dichter ein Stichwort für feine sprachphilosophisch-semasiologische Überlegungen, indem er in einer Art Remetaphorisierung (»Ist ein Gut wirklich gut?«) letztlich die Richtigkeit einer semantischen Ähnlichkeitsbeziehung hinterfragt und eine bedeutungsmäßige Inkompatibilität feststellt. Sprach- und theologiehistorisch ist dabei auffallend, dass implizit zwischen Erschaffung und Weiterentwicklung von Sprache unterschieden wird. Für den Prozess der Metaphorisierung (*Der es hies gut*) ist offenbar nicht Gott, sondern der Mensch verantwortlich:

> Der es hies gut, dem was nicht kund
> Das ez so manigem hat verwunt
> Sein raines hercz, sein vesten mut;
> Bas hies es sorge denn gut:
> Mit sorgen man gut gewinnet,
> Mit sorgen gut cerinnet,
> Mit sorgen man gut wehalten mus,
> Nimmer wiert dem geittigen sorgen pues.
> Guet, ein valscher nam dir ist,
> Wie heissestu guet, wan du pist
> Der welt sorge, ein vorchte, ein val?[21]

Die Thematisierung von Besitz und Habgier musste dem Bettelmönch Heinrich natürlich ein Anliegen sein. Auch Kleriker konfrontiert er mit dem Vorwurf des mit Hypokrisie und pharisäischem Verhalten gepaarten Lasters der Habgier. Er mag sich dabei auf den in Bozen schon länger etablierten Konkurrenzorden der Franziskaner (*Vil maniger grawes ane treitt*[22]) beziehen, der sein Armutsgelübde vergessen zu haben scheint:

> Dem reichen ist er perait
> Gepet czesprechen und salm lesen;
> In der chirchen ist ier wessen
> Da dy milten gerne sint;
> Sy treuten gern der reichen chint
> Und segent sy vil diche
> Czu ier mueter ane pliche;
> Das tuet er als durch gewin,
> Wan ym nach guete stet der sin.[23]

Auch der mangelhaft gebildete Weltklerus wird an den Pranger gestellt, dessen Beichtpraxis der kranken Seele mehr schade als nütze. Hier greift Heinrich zu dem später in der Reformationszeit so gerne verwendeten Bild des blinden Blindenführers:

> Da der blinde den blinden weisen sol,
> Sy mugen beidew vallen wol
> In dew gruebe dew vor im stat. –
> Einen weisen suche, das ist mein rat![24]

Im »Seelenrat« werden aber nicht nur kirchliche Missstände kritisiert, sondern auch, wie ich meine, der Adel des Landes und Graf Meinhard II. selbst. Damit kommt eine der bedeutendsten und turbulentesten Epochen der tridentinisch-tirolischen Landesgeschichte in den Blickpunkt, die sogar in die deutsche Reichsgeschichte hineinspielt. In seinem Werk spiegeln sich jene historischen Ereignisse, jene Gewaltexzesse wider, die der Bettelmönch in seiner unmittelbaren Umgebung beobachten musste. Die Verbrechen der Adeligen, die im »Seelenrat« beim Gericht des himmlischen »Königs«[25] von den Teufeln in die Waagschale geworfen werden, sind in der historischen Realität als alltägliche Praxis nachweisbar. Die Schilderungen unseres Dichtermönchs, so unglaublich sie klingen, lassen sich, und zwar Satz für Satz, durch zeitgenössische Originalquellen bestätigen. Gerichtsakten und »Beschwerdeschriften« landesfürstlicher Untertanen zeigen uns die Funktionsweisen feudalistischer Strukturen in der grausamen Realität und führen uns die Aristokratie in ihrer Gewalttätigkeit, aber auch in ihrer Schäbigkeit und Mickrigkeit vor Augen, wobei sich die historischen Texte zuweilen bis aufs Wort mit dem »Seelenrat« decken: Diebstahl, Ausbeutung, Raub, Mord, Bandenbildung mittels kleiner Söldnerverbände, Brutalität, Willkür und Terror auf der einen Seite, Ohnmacht und Wehrlosigkeit auf Seiten der Unterdrückten. Es gibt in der deutschen Literatur des Mittelalters, vom »Helmbrecht« Wernhers des Gärtners einmal abgesehen, wahrscheinlich kaum ein Werk, das die feudal-raubritterliche Gesellschaft vom kleinsten Adligen bis zum Landesfürsten so detailreich und so realistisch schildert wie Heinrich von Burgeis. Hier können nur einige Proben geboten werden.

Es steht also eine verbrecherische Seele, offenbar die eines Adeligen, vor dem göttlichen Richter, und die anklagenden Teufel reklamieren diese als ihren Besitz. Zunächst geht es um ein die Bauern besonders demütigendes Verbrechen des Feudalherren, das von einem Teufel vorgebracht wird:

> Ich wil das auch hin zue legen
> Das sy gepot iren knappen stolz,
> So sy wolt durres holcz
> Das nicht ruch und prun klar,
> Das si der armen zewn prachen und truegen ir dar.[26]

Hl. Michael mit Seelenwaage, Dorfbrunnen in Burgeis

Das Niederbrechen der Zäune durch die Schildknappen unter dem zynischen Vorwand, der Herr benötige trockenes Brennholz, scheint noch ein geringes Vergehen zu sein – die Tratzberger zum Beispiel trieben es im frühen 14. Jahrhundert so mit den Bauern in Absam – im Vergleich zur Ermordung unschuldiger Untertanen:

> Ich pring auch die zochen
> Mit den do wart zeprochen
> Der unschuldigen haubt.[27]

Dazu historische Parallelen: Randolt von Vilanders erschlug um 1325 einen Bauern in Lajen, Paulus von Schöneck nahm um 1327 einen Bauern gefangen, briet ihn und brannte ihn zu Tode; einem anderen schlug er einen Fuß ab, und sein Kanzleischreiber schlug ihm eine Hand ab.

In der Dichtung unternimmt der Satan einen letzten Versuch, die Seele für sich zu gewinnen, er sendet seine Teufel aus, um all ihre Vergehen zu sammeln und auf die Waagschale des Bösen zu werfen. Ein Teufel nun ist dabei besonders erfolgreich. Die entsprechende Aufzählung der Schändlichkeiten könnte für einen Leser, der die historischen – zugegebenermaßen wenig bekannten – Fakten nicht kennt, langatmig erscheinen. Wer diesen Text aber ernst nimmt, wer erkennt, dass sich gleichsam für jeden Vers in den Beschwerdeschriften der Tiroler Bauern die realhistorische Bestätigung findet, der wird darin das erschütternde Dokument einer ungeahnt gewaltintensiven Gesellschaft sehen. Es gibt für viele nur einen Ausweg:

> Davon mues maniger ain stab
> Und weib und kind nemen an die hant
> Und von armut raumen das lant.[28]

Oswald von Wolkenstein

Oswald von Wolkenstein (ca. 1378–1445) wird allgemein als der bedeutendste deutsche Lyriker des Spätmittelalters angesehen. Dies steht in seltsamem Gegensatz zur Überlieferung seiner etwa 130 Lieder und zwei Reimpaarreden, die zum größten Teil nur in hauseigener Aufzeichnung erhalten geblieben sind. Eine breitere Aufnahme scheint dem relativ voluminösen Œuvre des Tiroler Ritters versagt geblieben zu sein. Dies mag einerseits mit dem Vortrag seiner Lieder vor einem meist ausgewählten Zuhörerkreis zusammenhängen, andererseits auch auf den Publikumsgeschmack des ausgehenden Mittelalters zurückzuführen sein: Ein Gutteil seiner Lieder weist einen sehr persönlichen und autobiographischen Charakter auf, der mehr für den individuellen Vortrag geeignet erscheint und der zeitgenössisch beliebten Form des »Gesellschaftsliedes« nicht entsprach.

Die Oswald-Forschung hat sich bisher eingehend mit der Biographie dieser – wie es scheint – einmaligen Persönlichkeit befasst und zum andern seine Lieder unter dem Aspekt von Tradition und Innovation, ihrer Literarizität, Sprach-, Stil- und Formkunst untersucht. Dabei ging es immer auch um die Frage, ob und wieweit das vom Dichter am häufigsten verwendete Wort *ich* ein rein fiktionales lyrisches Ich ist oder autobiographische Relevanz beanspruchen kann. Es besteht kein Zweifel, dass in zahlreichen Liedern Oswalds, etwa in seinen Minneliedern, Tageliedern, Pastourellen und Trinkliedern, das Ich rein rollenhaften Charakter hat, es wäre aber hanebüchen, angesichts von hundertfacher Nennung historisch nachweisbarer Personen und Orte den biographischen Gehalt von Ich-Aussagen grundsätzlich leugnen zu wollen. Dies insbesondere auch deshalb, weil sich zahlreiche in seinen Liedern angesprochene Details in den sein Leben dokumentierenden Urkunden nachweisen lassen – ohne dass er umgekehrt der »Lüge« überführt werden konnte. Es kann also nur um die Frage des jeweiligen Grades der poetischen Stilisierung und literarischen Einfärbung historischer Fakten in seinen Liedern gehen. Anton Schwob, dem wir auch die maßgebliche Biographie Oswalds (1977) verdanken und der gemeinsam mit einem Grazer Team an einer kommentierten Edition der »Lebenszeugnisse Oswalds von Wolkenstein« arbeitet (2004 erschien der dritte von fünf geplanten Bänden), hat (1979) ein ausgewähltes Teilcorpus, nämlich die Gefangenschaftslieder, paradigmatisch unter dem Aspekt der »historischen Realität und literarischen Umsetzung« untersucht und festgestellt, dass die historische Persönlichkeit des Dichters in diesen Liedern durchgehend präsent sei und sich dem Beobachter geradezu aufdränge.[29]

Bei aller Subjektivität in der Darstellung und literarisch-topischen Einkleidung des Erlebnishintergrunds kann also in bestimmten Liedern das lyrische Ich von dem biographisch-historischen Ich des Tiroler Ritters nicht getrennt werden. Eine gewisse Deckungsgleichheit dürfte vor allem dort zutreffen, wo das lyrische Ich, oft explizit als *Wolkenstein(er)*, über seinen Gemütszustand und seine seelische Befindlichkeit spricht. Die Kombination aus historisch belegten Fakten und in zahlreichen Liedern »glaubhaft« mitgeteilten Erlebnissen und Empfindungen bietet uns also die einmalige Gelegenheit, einen spätmittelalterlichen Ritter mentalitätsgeschichtlich und psychohistorisch zu »rekonstruieren«.[30]

Mit keinem Wort erwähnt Oswald seine frühe Kindheit, nichts erfahren wir über sein Elternhaus und Familienleben oder eine (schulische) Ausbildung. Oswald zeigt hier die für das Mittelalter charakteristische Indifferenz eines Erwachsenen gegenüber der Kindheit, auch der eigenen. In der bekannten autobiographischen Ballade »*Es fügt sich*« (Kl 18), die Oswald als 38-Jähriger gedichtet hat, hören wir, dass er im Alter von zehn Jahren seine Heimat verlassen musste. Die poetische Formulierung dieses Einschnitts beschönigt das für ein zehnjähriges Kind klarerweise traumatische Erlebnis, indem das lyrische Ich den Abschied als Wunsch, die Welt zu erkunden, stilisiert:

> Es fügt sich, do ich was von zehen jaren alt,
> ich wolt besehen, wie die werlt wer gestalt.[31]

Die »Erziehung« Oswalds bis zu seinem zehnten Lebensjahr wird nach den zu seiner Zeit üblichen Mustern verlaufen sein: Demütigung und Gewalt empfiehlt er später in seinen Liedern als Methode, und so hält er es offenbar auch – in einer Art »transgenerationalen Weitergabe« von Gewalt – in seiner eigenen Familie.[32]

Das zehnjährige Kind Oswald war dann als *renner* und *marstaller* (Kl 18, Vers 13) tätig, war also als ›Schildknappe‹ und ›Stallknecht‹ ins Milieu von Berufskriegern geraten, was eine schreckliche und gewaltintensive Jugend zur Folge haben musste. Diese Rittergehilfen, Opfer und Täter in einem, waren bei den Bauern sehr gefürchtet und verhasst, da sie für den Unterhalt ihrer »Herren«, häufig einfache Strauchritter, (mit) zu sorgen hatten und dabei vor Diebstahl und Raub nicht zurückschrecken durften.

Fresken in Schloss Runkelstein, Bozen

Natürlich waren die Schildknappen auch in die diversen Fehden und Kriegszüge der erwachsenen Ritter einbezogen. Diese »ritterliche Erziehung« Oswalds lässt sich im Grunde mit modernem »Kindersoldatentum« vergleichen. Die Sozialisation zu Gewalt und Brutalität in seiner Adoleszenzphase – *toben* und *wüeten*[33] – hat in seiner Entwicklung natürlich schwere Traumata und eine emotionale Abstumpfung hinterlassen.

Als Oswald, ein entwurzelter Draufgänger, um 1400 heimkehrte, dürfte es ihm nur schwer gelungen sein, sich in ein ziviles Leben zu reintegrieren. Er hatte das »Kriegshandwerk« erlernt und nahm dieses wieder auf (Teilnahme am Italienfeldzug König Ruprechts und an Raubzügen gegen Litauer, Tataren und Russen im Gefolge des Deutschen Ordens, später am Abschlachten von Hussiten). Im Jahr 1415 wurde er schließlich auf dem Konzil zu Konstanz als *diener vnd hofgesinde* des Königs Sigmund aufgenommen und hatte wohl hauptsächlich die Funktion eines »Bodyguards« inne. Als solcher konnte er die »Künste« gebrauchen, die er als Knappe erlernt hatte und die er mit sarkastisch-kritischer Distanz als »heldenhafte« Rittertaten im Ausbruch eines mörderischen Blutrausches beschreibt: ein Drama der Gewalt, in dem sich der skrupellose und todesverachtende Höfling (*hofeman*) an Unbekannten »rächt« für die Traumata, die ihm widerfahren sind:

> Reit, slach und stich,
> zuck, raub und brenn, den menschen tü nicht sparen,
> nim ross und wagen, henn und han,
> gen niemant tü dich naigen:
> gedenck, dein herr der werd dir hold,
> wenn er von dir sicht sölche stampanei.³⁴

Oswald von Wolkenstein ist, wie sich historisch zeigen lässt, sein Leben lang mit seiner Umgebung nicht (mehr) zurecht gekommen. Unkontrollierte Aggressivität und Gewaltausbrüche, Misshandlung der Bauern, Raub, rücksichtslose Vereinnahmung von Schloss Hauenstein, Landfriedensbruch, ein tätlicher Angriff auf den Brixner Bischof Ulrich Putsch (1429), all das zeigt, eine Resozialisierung ist ihm nicht gelungen. So muss er als 50-Jähriger feststellen, dass alle ihn hassen³⁵ – *an schuld*³⁶, wie er betont. Er beharrt auf seiner Unschuld, obwohl ihn gleichzeitig Schuldgefühle und Selbstabwertung quälen. Vor allem während seines Gefängnisaufenthalts auf Fellenberg bei Innsbruck (im Jahr 1427) wird er massiv von Albträumen und Verzweiflung erfasst. Die Symptomatik seiner qualvollen Psychopathien hat er in dem Lied »*Loblicher got*« (Kl 7) selbst beschrieben:

> Der sorgen raiff
> hat meinen leib zesamen vest gebunden,
> von sorgen gross mein herz geswillt,
> forcht, sorg, die hab ich funden;
> durch sorg mein houbt genzlich erschillt,
> graussliche sorg mir dick den slauf erwert.
> Mit umbeswaiff
> vier mauren dick mein trauren hand verslossen;
> O lange nacht, ellender tag,
> eur zeit ist gar verdrossen!
> vil mancher schrick kompt mir zu klag,
> dem laider hilf von mir wirt klain beschert.
> Gen diser werlt hab ich die angst
> verschuldet sicher klain,
> neur umb den got, der mich vor langst
> beschüff von Wolkenstein;
> der sei mein trost und aufenthalt:
> O Fellenberg, wie ist dein freud so kalt!³⁷

Gedenkstein im Domkreuzgang von Brixen

MAX SILLER

Diese »Anamnese« erlaubt eine psychotraumatologisch eindeutige Diagnose: Panikstörung. Beklemmungsgefühle, Herzrasen, Herzklopfen, Thoraxschmerzen, Schwindel, Klaustrophobie, Schreckhaftigkeit, Schlaflosigkeit und Todesangst sind die psychosomatischen Symptome einer posttraumatischen Belastungsstörung (PTBS) infolge von und auch Jahre und Jahrzehnte nach Erfahrungen von Gewalt, Kriegserlebnissen, Folter, Gefangenschaft und Todesgefahren.

Gott, zu dem Oswald um Hilfe schreit, ist ihm kein Trost. Gerade die religiösen irrational-transzendentalen Drohungen wirken sich »therapeutisch« katastrophal aus. In diesem Zustand von episodisch wiederkehrenden grauenvollen Panikattacken spürt Oswald den Höllendrachen selbst förmlich auf sich zustampfen, ein infernalisches Ungeheuer, wie er es in geradezu erschütternder Weise in dem Lied »*Ich spür ain tier*« (Kl 6) beschreibt. Hier zeigt sich ein lyrisches Ich, wie ich meine, der Ritter Oswald von Wolkenstein in nackter Panik. Jeder heroische Gestus ist gewichen, der ehedem kühne Held ist ein in Todesangst sich krümmender Wurm:

> Ich spür ain tier
> mit füssen brait, gar scharpf sind im die horen;
> das wil mich tretten in die erd
> und stösslichen durch boren.
> den slund so hat es gen mir kert,
> als ob ich im für hunger sei beschert,
> Und nahet schier
> dem herzen mein in befündlichem getöte;
> dem tier ich nicht geweichen mag.
> owe der grossen nöte,
> seid all mein jar zu ainem tag
> geschübert sein, die ich ie hab verzert.
> Ich bin erfordert an den tanz,
> do mir geweiset würt
> all meiner sünd ain grosser kranz,
> der rechnung mir gebürt.
> doch wil es got, der ainig man,
> so wirt mir pald ain strich da durch getan.[38]

Ich glaube, die Bedeutung des Œuvres des Ritters und Dichters Oswald von Wolkenstein reicht weit über die bloße literarische Komponente hinaus. Das Werk erlaubt uns nicht nur einen tiefen Blick in die kontemporäre Mentalitätsgeschichte, sondern auch in das Psychogramm eines mittelalterlichen Ritters und – mit zusätzlicher Hilfe der historischen Quellen – in seine Psychogenese. Darüber hinaus halte ich den Schluss für erlaubt, dass der Fall des Ritters Oswald von Wolkenstein keinen Einzelfall darstellt. Wir treffen mit Oswald auf einen Exponenten einer Gruppe von

Menschen mit identischer Kindheits- und Jugendform, mit ähnlichen Erfahrungen und ähnlicher Karriere, nämlich der eines Berufskriegers. Psychohistorisch ist in diesem Fall von einer »Psychoklasse« zu sprechen.[39] Die kindheitliche und jugendliche »Erziehung« Oswalds war standestypisch für die Gruppe vor allem jener niederadligen und armen Ritter des Hoch- und Spätmittelalters, die als Nachgeborene im Kindesalter das Elternhaus verlassen, sich Berufskriegern anschließen und als »Knappen« und »Ritter« Karriere machen mussten. Was dies für die Psyche der Betroffenen bedeutete, erfahren wir nicht von den strahlenden, erfolgreichen Helden des idealisierenden höfischen Romans; aber auch nicht von Historikern, die den Aspekt der Abrichtung zu Aggression und Brutalität nur zu leicht übersehen und von »Ertüchtigung« und »hartem Lebenstraining« sprechen.[40] Diese Form des »Kindersoldatentums« konnte oder musste, »abhängig von der Resilienz und Widerstandskraft des Einzelnen, bis ins hohe Alter zu schweren Psychopathien und zur Reaktivierung infantiler und adoleszenter traumatischer Realerfahrungen führen […]. Dass diese posttraumatischen Belastungsstörungen im übrigen durch christlich-eschatologische Gewaltszenarien noch wesentlich gesteigert werden konnten, ist einleuchtend und wird durch den Fall Oswald bestätigt.«[41]

Wir haben also mit Oswald von Wolkenstein einen mittelalterlichen Menschen vor uns, der für unser Wissen über das Mittelalter weit über sein literarisches Werk hinaus von Relevanz ist. Es gibt meines Wissens keinen Ritter des europäischen Mittelalters, über den wir als historische Persönlichkeit so gut informiert sind und der uns gleichzeitig selbst so tiefe Einblicke in seine psychische Befindlichkeit gewährt. Dies macht den Tiroler Ritter und Dichter zu einem ausgesprochenen Glücksfall für die Psychohistorie des spätmittelalterlichen europäischen Feudaladels.

Oswald von Wolkenstein ist weit über sein literarisches Werk hinaus von Bedeutung.

Vigil Raber

Zu Beginn der frühen Neuzeit hat die Literaturgeschichte Tirols eine erstaunliche Gestalt aufzuweisen: Vigil Raber. Er entstammt einer seit 1420 in Sterzing ansässigen Sippe und dürfte in den Jahren um 1480 geboren sein, Mitte Dezember 1552 ist er gestorben und in Sterzing begraben worden.[42] Von Beruf war er Maler, urkundlich bezeugt sind kleinere Arbeiten, beeindruckend ist seine Leistung als Wappenmaler (Weimarer, Brixner und Neustifter Wappenbuch), vielleicht hat er sich auch als Tafelmaler betätigt.[43] Der unschätzbare Beitrag Rabers zur frühen europäischen Kultur besteht jedoch in seiner Sammlung von Handschriften geistlicher und weltlicher Spiele des Mittelalters, der größten im deutschen Sprachgebiet. Am 3. Februar des Jahres 1510 begegnet er uns zum ersten Mal, als er in Bozen mit der Niederschrift zweier weltlicher Spiele (»Rumpold und Mareth III« und »Das Chorgericht II«) begann, 1539 zeichnete er sein letztes Spiel auf, das (geistliche) »Tiroler Spiel vom

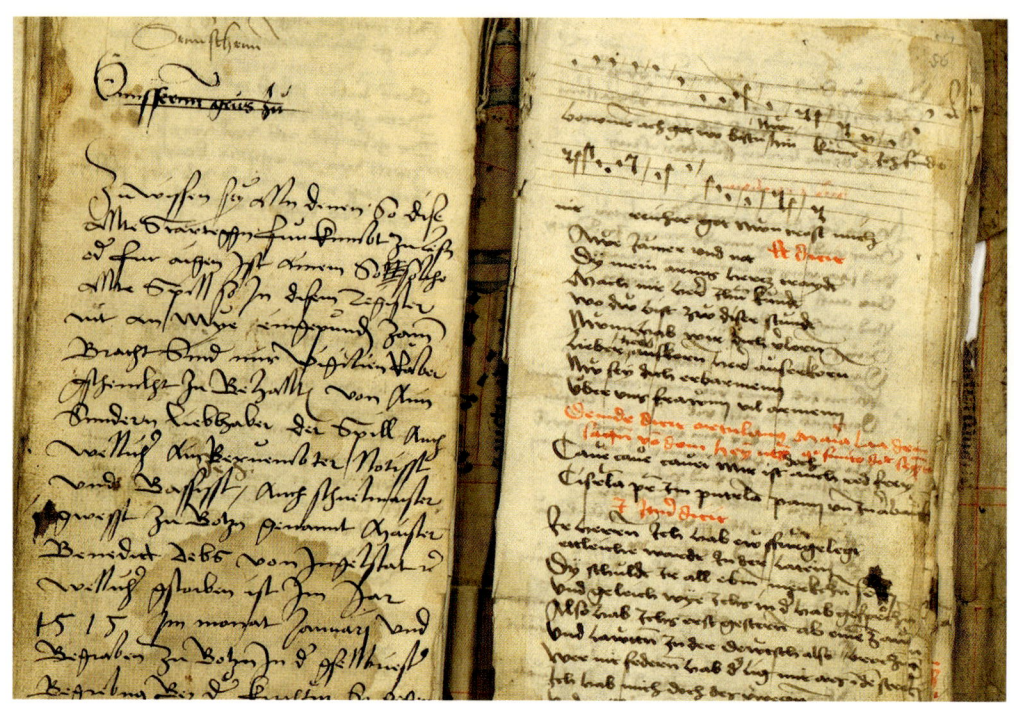

Handschrift aus dem Vigil-Raber-Archiv, Sterzing

reichen Mann und Lazarus«. Insgesamt schrieb er in diesen dreißig Jahren 40 Stücke (15 geistliche und 25 weltliche) nieder.[44] Nicht weniger bedeutend sind die Spiele-Codices in seiner Sammlung, die nicht von seiner Hand stammen, darunter der berühmte sogenannte Debs-Codex, der den ältesten Bestand von geistlichen Spielen enthält. Wahrscheinlich befand sich unter den von Raber erworbenen Handschriften auch die ›Sterzinger Miszellaneen-Handschrift‹[45]. Diese stattliche Textsammlung wurde zusammen mit Bühnenrequisiten ein knappes Jahr nach Rabers Tod von seiner Witwe, der *Virgili Räberin,* um sechs Gulden der Stadt Sterzing verkauft. Heute werden die Handschriften im Vigil-Raber-Archiv im Sterzinger Gemeindearchiv aufbewahrt.

Bei vielen Raber-Texten lassen sich »Vorlagen« oder Parallelüberlieferungen nachweisen, die sich manchmal erheblich unterscheiden. So weisen zwölf der 25 weltlichen Stücke eine Nürnberger Vorlage auf. Während man Vigil Rabers »literarhistorische« Leistung früher eher im Sammeln von Spieltexten und in seiner Förderung des regionalen und überregionalen Spielbetriebs gesehen hat, tendiert man heute dazu, die Bearbeitungen der genannten Texte wenigstens teilweise Raber selbst zuzuschreiben.[46] Wir besitzen beispielsweise eine Umarbeitung des Hans Folz zugeschriebenen Nürnberger Stücks »Ein Faßnachtspil von einem Artzt vnd einem Krancken« in einer Niederschrift durch den Sterzinger Maler unter dem Titel »der scheissennd«.[47] Hier wird nicht nur das am Ende des Stücks erwähnte Nürnberger Flüsschen Fischbach in die durch Bozen fließende Talfer »transloziert«, sondern es kommt auch zu beachtlichen sprachlichen und damit milieumäßigen Veränderungen: Der Patient und seine Begleitung einschließlich des Präkursors sind bei Raber Bauersleute, der Arzt ist Italiener, der Deutsch nur radebricht.[48] Dies birgt ein immenses zusätzliches Komikpotential in sich: Zwischen den derb soziolektal sprechenden Bauern und dem Italiener kommt es zu den lustigsten Missverständnissen. Poetologisch ist also die Rabersche Fassung der Nürnberger zweifellos vorzuziehen.

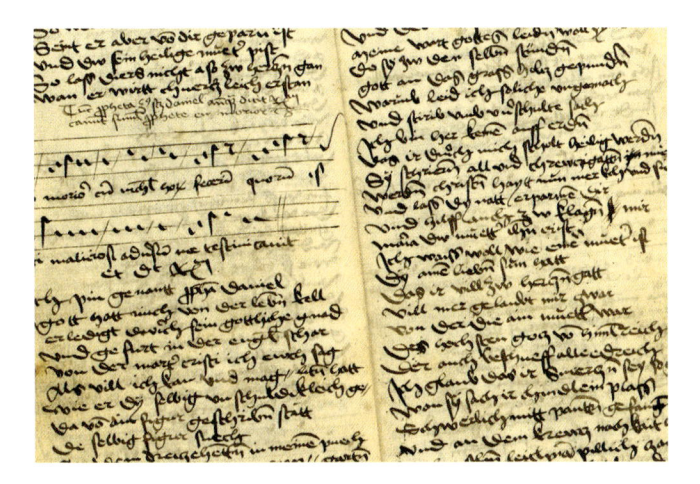

Es wäre interessant zu wissen, wie sich Vigil Raber in seiner politisch unruhigen Zeit verhalten hat. Wo war er, was tat er etwa während des Tiroler Bauernaufstands, als sich sein etwas jüngerer Sterzinger Landsmann Michael Gaismair (geb. um 1491/92, ermordet am 15. April 1532) an die Spitze der Bewegung stellte? Raber kannte die Gaismair-Sippe, unter anderem, weil sie sich auch am Sterzinger Theaterbetrieb beteiligte. Und wie hat er sich in den Jahren der beginnenden Reformation verhalten, die gerade auch in Sterzing zahlreiche Sympathisanten fand? Darf man vielleicht von seinem Spielerepertoire auf seine politisch-religiöse Einstellung schließen? Als nämlich in Tirol um das Jahr 1532 die repressive Politik König Ferdinands I. ihren Höhepunkt erreichte, antikatholische Meinungsäußerungen mit Feuer und Schwert bestraft wurden und Zensur und Spitzelwesen selbst die Gedankenfreiheit bedrohten, Michael Gaismair von gedungenen Mördern des Landesfürsten bei Padua erdolcht worden war und Wiedertäufer der Reihe nach unter dem Beil des Scharfrichters oder auf dem Scheiterhaufen umkamen, kursierte in Tirol das Fastnachtspiel »*Die zwen Stenndt*«. Verfasst wohl von dem an der Universität Wien ausgebildeten Meraner Lateinschulmeister Christoph Kefer, handelt es sich genau genommen um ein reformationsfreundliches Tendenzstück, und dass es erhalten geblieben ist, verdanken wir Vigil Raber, der es uns in zwei Abschriften von ca. 1533 und von 1535 hinterlassen hat.[49] Was mir aber literatursoziologisch und religionspolitisch noch relevanter erscheint: Raber hat dieses Drama nicht nur zweifach – und das ist für das Raber-Corpus einmalig – aufgezeichnet, er hat es auch aufgeführt, nachweislich in Sterzing 1533, wahrscheinlich noch öfter und möglicherweise auch in anderen Tiroler Orten.

Zu diesem als Fastnacht- und damit als »Narrenspiel« getarnten »Tiroler Reformationsspiel« nur soviel: In einer Wirtshausstube, in bäuerlichem Milieu wird über den Lauf der Welt und über die herrschenden Missstände diskutiert. Dabei wird insbesondere über den Klerus hergezogen, vor allem über die Bettelmönche, den Pfarrklerus und die höheren kirchlichen Würdenträger: Parasitentum und Bettelei, Betrügereien, sexuelle Ausschweifung, Luxus und Eitelkeit, Schlemmerei und Müßiggang auf Kosten der Gläubigen, der Bauern. Auch wenn das Spiel versöhnlich (und mit einer Bauernhochzeit) endet, so enthält es doch, berücksichtigt man die religionspolitische Unterdrückung durch Ferdinand I. und die Innsbrucker Regierung, »ein gewaltiges konfessionspolemisches Potential«[50] und bildet ein mutiges Denkmal der freien Meinungsäußerung in einer Zeit ärgsten Gesinnungsterrors.

Es muss in den frühen 30er Jahren des 16. Jahrhunderts für das Publikum der Tiroler Städte doch ungeheuerlich geklungen haben, wenn auf der Bühne ein zinspflichtiger Kleinbauer den Dorfpfarrer als einen Vertreter der ausbeuterischen, liederlichen und ungebildeten Geistlichkeit in aggressivem Ton und in erdklumpenschwerer Kleinhäuslersprache, aber mit unmissverständlichen Worten gleichsam zur Rede stellt:

> Es habt yns schwár burdn auf gepundn
> vnd enckh dj ringstn Vnd leichtistn Vnder Wunden
> Es habt státz fúr Vnd an tag vnd nacht
> nach vnser hertn Saúrn arbait gtracht
> vnnd das selb verzert mit púeberey
> vnd das klar ewagilg wiengkh gprediget dapey
> Aber ander fabl wol wais net was.[51]

Und es muss wie ein Trompetenstoß und Angriffssignal geklungen haben, wenn ein freisinniger entlaufener Mönch den Pfarrer anschreit:

> Warlich es wiert sich vmb enckh pfaffn Verkern
> Es kúnt enckher púeberey nit lenger déckhn
> der luther kan enckh wol auf wégkhn.[52]

Mag auch Vigil Raber selbst nicht der rebellische Charakter deutscher Bauernkriegsführer, nicht der religiöse Umstürzler gewesen sein, die deutsche Literaturgeschichte, die europäische Religions- und Mentalitätsgeschichte und Ethnologie verdanken ihm einen der bedeutendsten dramatischen Texte der frühen Neuzeit.

Fazit

Die kleine Auswahl von vier literarisch bedeutsamen Gestalten im mittelalterlichen und frühneuzeitlichen Tirol kann den »Literaturbetrieb« des Landes nur andeutungsweise umreißen. Gleichwohl mag klar geworden sein, dass das »Land im Gebirge« seiner geographischen Lage gemäß, wie eingangs angedeutet, Einflüsse aus der Romania aufnehmen und weitergeben konnte und dass es, wenn man so will, durchaus einen Beitrag zur europäischen Literatur geleistet hat. Dabei ist bei aller Verschiedenheit der literarischen Gattungen und Formen sowie der dichterischen Absichten in den vorgestellten Werken doch ein verbindendes Element festzustellen. Es geht um ein Problem, das in der jeweiligen zeitgenössischen politisch-historischen Realität die Menschen wie kaum ein anderes bewegt haben dürfte: Es geht immer wieder um die Thematik der Gerechtigkeit.

Friedrich von Sonnenburg versucht die ungerechten Vorurteile gegen den Stand der Berufssänger zu entkräften. Er wendet sich mit großem Engagement gegen verleumderische Behauptungen und gegen die pauschale Verdammung der »Gehrenden«. Er kämpft für ihren Platz in einer menschlichen Gesellschaft, für eine Existenz in der christlichen Gemeinschaft, außerhalb derer es nur ein Leben in Rechtlosigkeit und ohne Anspruch auf ewiges Heil gibt.

Der »Seelenrat« des Bozner Dominikaners Heinrich von Burgeis stellt eine beeindruckend »engagierte« Dichtung dar, die, auch wenn sie aus dem Blickpunkt einer mittelalterlich-christlichen Ethik geschrieben ist, überraschend tiefe Einblicke in die soziopolitischen adeligen Verhaltensweisen gewährt. Der moralische Impuls und die transzendent ausgerichtete Perspektive werden vor allem in dem Finale seines Gedichts mit der Gerichtsszene deutlich, eindrucksvoll und beklemmend zugleich. Den klugen Gedanken Heinrichs über das Phänomen des Besitzes könnte die Überlegung eines jüngeren Bozners an die Seite gestellt werden. Hans Vintler kleidete 1411 in seinen »Blumen der Tugend« seine Ideen über den Reichtum in ein verblüffend einfaches und zutreffendes Bild:

> es mag auch chainer chain reichtum han,
> es mües ain ander mit armuet stan.
> als ist die welt beschaffen hinc her
> recht als ain tisch, wenn nu der
> ist bedeckt mit ainer zwehrln gar
> und die als chlain ist für war:
> wenn ainer si zuckt an seinen ort,
> so mues der ander mangeln dort.[53]

Selbst Vintlers Zeitgenosse Oswald von Wolkenstein hat einen gewissen Sinn für Gerechtigkeit, wobei man allerdings angesichts seiner wiederholten Beteuerungen der Schuldlosigkeit den Eindruck gewinnen könnte, es handle sich mehr um Selbstgerechtigkeit. Und natürlich wäre hier an seine Reimpaarrede Kl 112 zu erinnern, eine 410 Verse umfassende Rechtsdichtung, die zwar vorgibt, über »göttliche Gerechtigkeit« nachzudenken, allerdings über die Propagierung einer für den Adel günstigen Rechtsordnung, die auf der angeblich von Gott vorgesehenen ständischen Dreiteilung in *gaistlich, edel und arbaiter* (Vers 166) beruht, nicht hinaus kommt. In diesem Gedicht zeigt sich ein für bestimmte Adelskreise des ausgehenden Mittelalters wahrscheinlich typischer Rechtskonservativismus, der bürgerlich-städtische und ländlich-bäuerliche Innovationen in seiner Voreingenommenheit und aristokratischen Parteilichkeit rundweg ablehnt – nicht eben ein Zeugnis sonderlicher Intelligenz.

Ohne dass hier auch nur ansatzweise auf das gesamte Corpus der Texte Vigil Rabers näher eingegangen werden kann, darf wohl allgemein über seine Handschriften, einschließlich jener mit den meist viel umfangreicheren geistlichen Stücken, das gesagt werden, was Eckehard Simon über die Fastnachtspielhefte des Sterzinger Malers und Spielleiters feststellt: Sie »bilden ein in der europäischen Theatergeschichte einmaliges Repertorium von Aufführungsskripten, deren Bearbeitung, Verschriftung und Auszeichnung auf unikale Weise historisch rekonstruierbar sind«[54]. Das umrisshaft vorgestellte Fastnachtspiel »*Die zwen Stenndt*« steht zudem als herausragendes Denkmal zeitlich und räumlich an einem Kreuzungspunkt: Aus der Frühzeit der Reformation und im Brennpunkt eines repressiven cäsareopapistischen Regimes ist dieses einmalige Drama als eines der wenigen Denkmäler religions- und kirchenkritischen deutschen Schrifttums aus dem habsburgischen Weltreich auf uns gekommen. Getarnt im Gewande eines karnevalesken Scherzes erhob dieses Fastnachtspiel den Anspruch auf Gedankenfreiheit und ließ vor hunderten Zuhörern den Ruf nach Gerechtigkeit, nach geistlicher und weltlicher Reform erschallen – ein wahres Wunder, dass es »überlebte«.

Anmerkungen

1 Die Überlegungen zu »Methoden, Aufgaben und Möglichkeiten einer territorialen Literaturgeschichtsschreibung des Mittelalters und der Frühneuzeit«, besonders mit Blick auf Tirol, sind detailliert entwickelt bei Max Siller, Territorium und Literatur. Überlegungen zu Methoden, Aufgaben und Möglichkeiten einer territorialen Literaturgeschichtsschreibung des Mittelalters und der Frühneuzeit, in: Geschichte und Region / Storia e regione I/2, 1992, S. 39–84; vgl. Max Siller, Literatur – Sprache – Territorium. Methoden, Aufgaben und Möglichkeiten einer regionalen Literaturgeschichtsschreibung des Mittelalters. 3 Bde. (masch.), Innsbruck 1991, 8–45.

1a Nigel Harris (Hg.): The Light of the Soul. The »Lumen anime C« and Ulrich Putsch's »Das liecht der sel« [Critical Edition with Introduction], Oxford u. a. 2007.

2 An weiterführender Literatur zu diesen vier Gestalten seien hier die jeweiligen Artikel im Verfasserlexikon (sub vocibus) genannt sowie die einschlägigen Kapitel von Fritz Peter Knapp in der »Geschichte der Literatur in Österreich von den Anfängen bis zur Gegenwart«: Fritz Peter Knapp, Die Literatur des Früh- und Hochmittelalters in den Bistümern Passau, Salzburg, Brixen und Trient von den Anfängen bis zum Jahre 1273 (Geschichte der Literatur in Österreich von den Anfängen bis zur Gegenwart 1), Graz 1994, S. 277–282; Ders., Die Literatur des Spätmittelalters in den Ländern Österreich, Steiermark, Kärnten, Salzburg und Tirol von 1273 bis 1439. I. Halbband: Die Literatur in der Zeit der frühen Habsburger bis zum Tod Albrechts II. 1358. II. Halbband: Die Literatur zur Zeit der habsburgischen Herzöge von Rudolf IV. bis Albrecht V. (1358–1439) (Geschichte der Literatur in Österreich von den Anfängen bis zur Gegenwart 2/1; 2/2), Graz 1999, S. 442–449; Graz 2004, S. 551–572; 548–550.

3 Zu Friedrich von Sonnenburg siehe Max Siller: Sangspruchdichtung in Tirol: Friedrich von Sonnenburg, in: Musikgeschichte Tirols, Band I: Von den Anfängen bis zur Frühen Neuzeit, hg. von Kurt Drexel und Monika Fink (Schlern-Schriften 315), Innsbruck 2001, S. 423–441.

4 ›(Friedrich) von Sonnenburg hat uns das Wesen Gottes zum Teil erklärt‹.

5 ›Ich habe Angst vor deiner Hinterhältigkeit‹ (L 101,20).

6 ›Welt, ich preise dich glücklich! Ich preise dich glücklich, heute und immerdar!‹ (Strophe 1.1).

7 ›Ich preise dich glücklich, du Wundertal Gottes, ich meine dich, du herrliche Welt!‹ (Strophe 3.1).

8 ›Preiset alle Werke Gottes!‹ (Strophe 4.1).

9 ›Gott möge ihnen verzeihen, denn das ist nötig!‹ (Strophe 4.3).

10 ›Wer dich, Welt, schmäht, der schmäht Gott. Das steht außer Streit!‹ (Strophe 4.2).

11 Hs. C, die ›Große Heidelberger Liederhandschrift‹ (cpg 848), überliefert vier Töne mit 26 Strophen, Hs. J, die ›Jenaer Liederhandschrift‹, drei dieser Töne mit 63 Strophen.

12 St. Gallen, Stiftsbibliothek, cod. 857.

13 ›Die Welt wird zu Recht auch in Hinkunft umso mehr geschmäht …‹ (Strophe 6.1).

14 ›Ich bin ein Fremdling auf der ganzen Welt – so ist es jetzt um mein Leben bestellt.‹ (Strophe 26.1). Der Ausspruch darf wohl autobiographisch gesehen werden. Zu Friedrichs »Plädoyer für die wandernden Literaten« siehe Anton Schwob, Plädoyer für die wandernden Literaten. Friedrich von Sonnenburg: Spruch 67, 68 und 69, in: William C. McDonald (Hg.), Spectrum Medii Aevi. Essays in early German Literature in honor of George Fenwick Jones (Göppinger Arbeiten zur Germanistik 362), Göppingen 1983, S. 457–477; vgl. Siller, Sangspruchdichtung, S. 431–436.

15 ›Wenn jemand behauptet, wer den »Gehrenden« etwas gibt, der könnte es genauso gut dem Teufel in seinen Rachen stopfen, der lügt! Dieser gehässige Mensch [»Gefäß des Hasses«] / Neidhammel!‹ (Strophe 67.1–4).

16 ›Das, was man ihnen gibt, begehren sie um Gottes willen, und denen, die ihnen etwas geben, wünschen sie – das kann niemand abstreiten! – stets Glück und Segen. Ihr Tun ist auf Gott hin ausgerichtet / steht unter religiösem Vorzeichen.‹ (Strophe 67.9–12).

17 Zu Identifizierung und daraus sich ergebender Neubewertung Heinrichs von Burgeis siehe Max Siller, Der Südtiroler Dichter Heinrich von Burgeis und die Entstehung des Bozner Dominikanerklosters (1272–1276), in: Bozen – Von den Anfängen bis zur Schleifung der Stadtmauer. Berichte über die internationale Studientagung, veranstaltet vom Assessorat für Kultur der Stadtgemeinde Bozen, Schloß Maretsch – April 1989, Bozen 1991, S. 223–231; Max Siller,

Der Tiroler Dichter Heinrich von Burgeis und die Politik seiner Zeit (13. Jahrhundert), in: Der Vinschgau und seine Nachbarräume. Vorträge des landeskundlichen Symposiums veranstaltet vom Südtiroler Kulturinstitut in Verbindung mit dem Bildungshaus Schloß Goldrain. Schloß Goldrain, 27. bis 30. Juni 1991, hg. von Rainer Loose (Schrifteneihe des Südtiroler Kultuinstitutes 18), Bozen 1993, S. 165–179.

18 ›Ratgeber, Belehrung, Hilfe der Seele‹, Vers 6538 und 6547.

19 Der Seele Rat, Vers 6541.

20 ›Das ist gerecht, denn als der Habgierige hier auf Erden war, da beschenkte er nie die Notleidenden. Er ging auf sie los und beraubte sie Tag und Nacht. Der Habgierige begeht großen Frevel, damit er zu Besitz kommt.‹ Der Seele Rat, Vers 5–10.

21 ›Wer den Besitz als »Gut« bezeichnet hat, dem war nicht bekannt, dass es so manchem sein reines Herz und seine ehrenfeste Gesinnung zerstört hat. Es wäre richtiger, das Gut als Sorge und Kummer zu benennen: Kummervoll erwirbt ein Mensch den Besitz, kummervoll sieht er ihn dahin schwinden, kummervoll klammert er sich an ihn. Der Habgierige wird seine Sorgen nie los. Gut, du trägst eine falsche Bezeichnung. Wie kannst du nur »Gut« heißen, wo du doch besorgnis- und schreckenerregend, Untergang und Verderben der Welt bist?‹ Der Seele Rat, Vers 11–21.

22 ›Gar manche tragen ein graues Kleid‹, Der Seele Rat, Vers 32.

23 ›Für den Reichen spricht er bereitwillig Gebete und liest Psalmen; in der Kirche treiben sie sich dort herum, wo sich gerne die Mildtätigen einfinden; sie liebkosen gerne die Kinder der Reichen und geben ihnen immer wieder den Segen, wenn ihre Mütter zuschauen. All das macht er nur aus Gewinnsucht, denn der Sinn steht ihm nach Besitz.‹ Der Seele Rat, Vers 46–54.

24 ›Wo ein Blinder einen Blinden führen soll, da können leicht beide in die Grube vor ihnen fallen. Mein Rat lautet: suche einen Weisen (Weißen?) auf!‹ Der Seele Rat, Vers 901–904. Macht Heinrich hier Werbung für seinen eigenen Orden? Die Dominikaner trugen eine einfache weiße Kutte.

25 Der kunig an das gericht sas, Der Seele Rat, Vers 5325.

26 ›Ich will (als weiteres corpus delicti) noch dazulegen, dass sie ihren hochmütigen Knappen den Auftrag erteilte, den besitzarmen Landleuten die Zäune niederzubrechen und ihr heranzutragen, einfach nur weil sie dürres Holz wollte, das nicht rauchen und hell brennen sollte.‹ Der Seele Rat, Vers 5610–5614.

27 ›Ich bringe auch die Knüppel herbei, mit denen den Unschuldigen der Schädel zertrümmert wurde.‹ Der Seele Rat, Vers 5647–5649.

28 ›Deshalb muss mancheiner einen Stock, Frau und Kind bei der Hand nehmen und wegen seiner Verarmung das Land verlassen.‹ Der Seele Rat, Vers 5732–5734.

29 Schwobs Ergebnisse sind später in einer kleinen »Nachgrabung« (am Lied Kl 1) durch Christine Wand-Wittkowski (2002) bestätigt worden. Vgl. auch Rudolf Voss, Adliges Selbst- und Weltverständnis in den Gefangenschaftsliedern Oswalds von Wolkenstein, in: Zeitschrift für deutsches Altertum 134 (2005), S. 45–61.

30 Für Details siehe Max Siller, Oswald von Wolkenstein. Versuch einer psychohistorischen Rekonstruktion, in: Mediaevistik 19 (2006), S. 125–151. Siehe auch Max Siller, Die Ausbildung eines jungen Ritters. Kindheit und Jugend Oswalds von Wolkenstein (erscheint 2010). Zu der relativ jungen Wissenschaftsdisziplin der Psychohistorie siehe Lloyd deMause, Was ist Psychohistorie? Eine Grundlegung, hg. von Artur R. Boelderl und Ludwig Janus. Aus dem Amerikanischen von Artur R. Boelderl (Psyche und Gesellschaft), Gießen 2000 und Ralph Frenken, Kindheit und Autobiographie vom 14. bis 17. Jahrhundert. Psychohistorische Rekonstruktionen. 2 Bde. (PsychoHistorische Forschungen 1/1 und 2), Kiel 1999; vgl. Peter Dinzelbacher, Psychohistorie aus der Sicht des Historikers, in: Jahrbuch für psychohistorische Forschung 4 (2003) = Ludwig Janus/Winfried Kurth (Hg.), Psychohistorie und Politik, Heidelberg 2004, S. 73–84.

31 ›Es kam dazu / es gehörte / schickte sich – ich war zehn Jahre alt –, dass ich mir die Welt anschauen wollte.‹ Kl 18,1f.

32 »Jahrhundert um Jahrhundert wuchsen geschlagene Kinder heran und schlugen wieder ihre eigenen Kinder.« deMause, Was ist Psychohistorie?, S. 91. Vgl. grundsätzlich auch Alice Miller, Dein gerettetes Leben. Wege zur Befreiung, Frankfurt/M. ¹2007. Zur Kindheitsthematik bei Oswald von Wolkenstein siehe Elisabeth Lienert, Bilder

von Kindheit bei Oswald von Wolkenstein, in: Jahrbuch der Oswald von Wolkenstein-Gesellschaft 9 (1996 / 97), S. 111–120; vgl. Ute Monika Schwob, Emotionen im Hause Wolkenstein. Kunstvolle Aufbereitung in Liedern – Reduktion in Urkunden und Akten, in: Michael Gebhardt / Max Siller (Hg.), Literatur und Sprache in Tirol von den Anfängen bis zum 16. Jahrhundert. Akten des 3. Symposiums der Sterzinger Osterspiele (10.–12. April 1995) (Schlern-Schriften 301), Innsbruck 1996, S. 151–162; zu Kindheit im Mittelalter siehe Albert Classen (Hg.), Childhood in the Middle Ages and the Renaissance. The Results of a Paradigm Shift in the History of Mentality, Berlin / New York 2005; Nicholas Orme, Medieval Children, Yale University Press, New Haven / London 2003.

33 ›Rasende Kampfeswut‹, Kl 18,98.

34 ›Reite, morde und erstich, entreiße, raube und brandschatze, verschone keinen Menschen, nimm Ross samt Wagen, Henne und Hahn, lass niemand Gnade widerfahren! Denk dran: dein Herr wird dir gewogen, wenn er sieht, wie du dir so die Zeit vertreibst.‹ Kl 11,43–48. An anderer Stelle formuliert Oswald pointiert: *ie grösser er, ie merer toben und wüten* – ›Je mehr Ansehen einer hat / haben will, desto mehr muss er toben und wüten‹, Kl 9,36.

35 *Mein lanndesfürst, der ist mir gram […] Mein freund, die hassen mich überain*. Kl 44,73; 82.

36 ›Und dabei bin ich unschuldig!‹ Kl 44,83. Auch Herzog Friedrich IV. steckt Oswald, wie er meint, »*an schuld*« (Kl 23,110) ins Gefängnis. Genauso geht es ihm, wie er ins Burgverließ von Fellenberg gerät: »*wie wol ich hett kain schulde*« – ›obwohl ich keine Schuld hatte‹. Kl 26,44.

37 ›Ein Angstring hat mich fest umschlossen; die große Angst, sie bläht das Herz mir auf; nur Furcht und Angst hab ich erfahren; die Angst durchhallt den ganzen Kopf; die schwere Angst raubt mir den Schlaf. Vier Mauern, stark, umfassen mich; mein Elend ist nun eingekerkert. Oh lange Nacht, verfluchter Tag – die Zeit bringt nur Verdruß! Viel schlimme Nachricht höre ich, doch fällt mir jede Hilfe schwer. Ich fühle mich in der Bedrängnis nur wenig schuldig vor der Welt, jedoch vor Gott, der seinerzeit mich, Wolkenstein, erschuf; er sei mir Hilfe, Schutz. Oh Vellenberg, du machst mir jede Freude kalt.‹ Kl 7, 3. Strophe; Übersetzung: Dieter Kühn, Ich Wolkenstein. Eine Biographie, Frankfurt a. M. 1979 Sonderausgabe (Insel Verlag) (Originalausgabe 1977), S. 396.

38 ›Ich spüre ein Tier mit breiten Füßen, messerscharf sind seine Hörner; das will mich in die Erde hinein stampfen, mit Stößen durchbohren. Sein (offner) Rachen ist nach mir ausgestreckt, als ob ich dazu bestimmt sei, seinen Hunger zu stillen. Es kommt mit Riesenschritten auf mich zu, ich fühl's, es wird mein Herz mir brechen. Vor diesem Tier kann ich nicht fliehn. O Schreck! Die Not ist groß, Da all die Jahre, die ich hab verlebt, zu einem einzigen Tag gebündelt sind. Zu jenem Tanz bin ich jetzt aufgefordert, bei dem der Kranz, den man mir überreicht, aus allen meinen Sünden ist geflochten, für die hab ich die Rechnung wohl verdient. Es liegt in Gottes Hand, bei Gott allein, ob er die Zeche mir mit einem Strich will tilgen.‹ Zum Lied Kl 6 siehe Schumacher 2001; Schwob 1988; vgl. Spicker 2007, 107f.; zum mentalitätsgeschichtlichen Hintergrund vgl. Dinzelbacher 1996.

39 »Psychoklassen sind Gruppen von Einzelnen mit derselben Kindheitsform innerhalb einer bestimmten Bevölkerung.« deMause, Was ist Psychohistorie, S. 190.

40 »[D]ie Kindheit wird [von Historikern] generell idealisiert.« deMause, Was ist Psychohistorie, S. 19.

41 Siller, Oswald von Wolkenstein, 146.

42 Zu Details und weiterführender Literatur siehe zuletzt Michael Gebhardt / Max Siller (Hg.), Vigil Raber. Zur 450. Wiederkehr seines Todesjahres. Akten des 4. Symposiums der Sterzinger Osterspiele (25.–27.3.2002) (Schlern-Schriften 326), Innsbruck 2004, S. 7–10.

43 Vgl. dazu Harwick Arch, Der Heraldiker Vigil Raber, in: Gebhardt / Siller (Hg.), Vigil Raber, S. 33–43; Leo Andergassen, Vigil Raber als Tafelmaler. Eine bislang unbekannte Komponente im künstlerischen Schaffen des Sterzinger Malers, in: Gebhardt / Siller (Hg.), Vigil Raber, S. 21–32.

44 Zu Details siehe Hansjürgen Linke, Vigil Raber als Schreiber, in: Gebhardt / Siller (Hg.), Vigil Raber, S. 117–146 und Eckehard Simon, Die Fastnachtspielhefte. Vigil Raber als Schreiber, Textbearbeiter, Dramaturg und Spielleiter, in: Gebhardt / Siller (Hg.): Vigil Raber, S. 213–233. Linke liefert ein genaues Verzeichnis der von Raber aufge-

zeichneten Spiele, ihrer Chronologie und der bisherigen Editionen.

45 Zur ›Sterzinger Miszellaneen-Handschrift‹ siehe Max Siller, Wo und wann ist die Sterzinger Miszellaneen-Handschrift entstanden?, in: Entstehung und Typen mittelalterlicher Lyrikhandschriften. Akten des Grazer Symposiums, 13.–17. Oktober 1999, hg. von Anton Schwob und András Vizkelety unter Mitarbeit von Andrea Hofmeister-Winter (Jahrbuch für Internationale Germanistik. Reihe A: Kongressberichte 52), Bern u. a. 2001, S. 255–280; vgl. Manfred Zimmermann, Vigil Raber und die »Sterzinger Miszellaneen-Handschrift«, in: Gebhardt / Siller (Hg.), Vigil Raber, S. 269–274.

46 »Raber hat offenbar alle von ihm aufgezeichneten Spiele bearbeitet. Sein Anteil an der Texierung – Zusatzverse, Solostücke, Pro- und Epiloge, ›abendfüllende‹ Doppelspielfassungen, ein neu aufgefundener ›Beschluss‹ – war größer als die Forschung wahrgenommen hat.« Simon, Die Fastnachtspielhefte, S. 231. Ähnlich Linke, Vigil Raber als Schreiber, S. 144: »[E]r hat beim Abschreiben die Spiele zugleich auch bearbeitet.«

47 Textkritische Paralleledition bei Max Siller (Hg.): Fastnachtspiel – Commedia dell'arte. Gemeinsamkeiten – Gegensätze. Akten des 1. Symposiums der Sterzinger Osterspiele (31.3.–3.4.1991) (Schlern–Schriften 290), Innsbruck 1992, S. 161–198.

48 Zu Details vgl. Max Siller, Ausgewählte Aspekte des Fastnachtspiels im Hinblick auf die Aufführung des Sterzinger Spiels »der scheissennd«, in: Max Siller (Hg.): Fastnachtspiel – Commedia dell'arte. Gemeinsamkeiten – Gegensätze. Akten des 1. Symposiums der Sterzinger Osterspiele (31.3.–3.4.1991) (Schlern–Schriften 290), Innsbruck 1992, S. 151–154.

49 Zu Entstehungszeit, Aufführung und Verfasser des »Zweiständespiels« siehe Siller, Literatur – Sprache, S. 375–387; 498–511; zuletzt (zusammenfassend) Max Siller, Die Lokalisierung der mittelalterlichen Spiele mit Hilfe der (historischen) Dialektologie, in: Hans-Joachim Ziegeler (Hg.), Ritual und Inszenierung. Geistliches und weltliches Drama des Mittelalters und der Frühen Neuzeit, Tübingen 2004, S. 247–254, hier S. 251–254.

50 Michael Gebhardt / Max Siller, Vigil Raber in alter und neuer Sicht, in: Dies., Vigil Raber, S. 7–20, hier S. 17; vgl. Max Siller, Religions- und Kirchenkritik in den Tiroler Fastnachtspielen der Frühneuzeit, in: Kirche, religiöse Bewegungen, Volksfrömmigkeit im mittleren Alpenraum – Chiesa, movimenti religiosi e devozione popolare nell'area alpina. Historikertagung in Sigmaringen – Convegno di storici di Sigmaringen, 11.–13. Mai 2000. Hg. von Rainer Loose (Schriftenreihe der Arbeitsgemeinschaft Alpenländer – Collana della Comunità di lavoro regioni alpine), Stuttgart 2004, S. 93–112, hier S. 104; 107.

51 ›Uns habt ihr schwere Bürden auferlegt, ihr selbst habt die ganz leichtesten auf euch genommen. Ihr habt die ganze Zeit, Tag und Nacht nur darüber nachgedacht, wie ihr uns um die Früchte unserer harten, sauren Arbeit bringen könntet und dieselben in eurer Liederlichkeit verzehrt. Das reine Evangelium habt ihr dabei wenig gepredigt, aber dafür schöne Märchen in Menge.‹ Die zwen Stenndt, Vers 704–710 (Siller, Literatur – Sprache, S. 70).

52 ›Fürwahr, es wird mit euch Geistlichen eine Wendung nehmen! Ihr könnt eure Betrügereien nicht mehr länger verbergen: Der Luther kann euch gründlich aufwecken!‹, Die zwen Stenndt, Vers 843–845 (Siller, Literatur – Sprache, S. 73).

53 ›Es kann auch niemand Reichtum besitzen, ohne dass ein anderer in Armut lebt. Die Welt ist nun mal so, genau wie ein Tisch: Wenn der mit einem Tischtuch bedeckt ist, das gerade so groß ist, dass es den Tisch vollständig bedeckt: Wenn es da einer auf seine Seite zieht, so fehlt es dem andern entsprechend.‹ Vintler: *Die pluemen der tugent*, Vers 381–388.

54 Simon, Die Fastnachtspielhefte, S. 232.

Quellenverzeichnis

Friedrich von Sonnenburg: Die Sprüche. Hg. von Achim Masser. Tübingen 1979 (Altdeutsche Textbibliothek 86).

Die geistlichen Spiele des Sterzinger Spielarchivs. Nach den Handschriften hg. von Walther Lipphardt und Hans-Gert Roloff. Bd. 1–5. Bd. 6,2: Kommentar zur Edition der Melodien, bearb. von Andreas Traub. Bern u. a. 1980–1997 (Mittlere Deutsche Literatur 14–18; 19,2).

Harris, Nigel (Hg.): The Light of the Soul. The »Lumen anime C« and Ulrich Putsch's »Das liecht der sel« [Critical Edition with Introduction]. Oxford u. a. 2007.

Heinrich von Burgus: Der Seele Rat. Aus der Brixener Handschrift hg. von Hans-Friedrich Rosenfeld. Berlin 1932 (Deutsche Texte des Mittelalters 37).

Die Lebenszeugnisse Oswalds von Wolkenstein. Edition und Kommentar. Hg. von Anton Schwob unter Mitarbeit von Karin Kranich-Hofbauer, Ute Monika Schwob, Brigitte Spreitzer. Bd. 1: 1382–1419, Nr. 1–92; Bd. 2: 1420–1428, Nr. 93–177; Bd. 3: 1428–1437: Nr. 178–276. Wien / Köln / Weimar 1999 / 2001 / 2004.

Oswald von Wolkenstein: Die Lieder. Unter Mitwirkung von Walter Weiss und Notburga Wolf hg. von Karl Kurt Klein. Musikanhang von Walter Salmen. (^{1}1962 / ^{2}1975) 3., neubearb. Aufl. von Hans Moser, Norbert Richard Wolf und Notburga Wolf. Tübingen 1987 (Altdeutsche Textbibliothek 55).

Oswald von Wolkenstein: Lieder. Frühneuhochdeutsch / Neuhochdeutsch. Ausgewählte Texte hg., übers. und komm. von Burghard Wachinger. Melodien und Tonsätze hg. und komm. von Horst Brunner. Stuttgart 2007 (Reclams Universal-Bibliothek 18490).

Siller, Max: Textkritische Paralleledition des Nürnberger Fastnachtspiels [Hans Folz], »Ein Faßnachtspil von einem Artzt vnd einem Krancken« und des Sterzinger Fastnachtspiels »der scheissennd«, in: Siller, Max (Hg.): Fastnachtspiel – Commedia dell'arte. Gemeinsamkeiten – Gegensätze. Akten des 1. Symposiums der Sterzinger Osterspiele (31.3.–3.4.1991) (Schlern-Schriften 290), Innsbruck 1992, S. 161–198.

Sterzinger Spiele. Die weltlichen Spiele des Sterzinger Spielarchivs. Nach den Originalhandschriften (1510–1535) von Vigil Raber und nach der Ausgabe Oswald Zingerles (1886) hg. von Werner M. Bauer. Wien 1982 (Wiener Neudrucke 6).

Vintler, Hans: *Die pluemen der tugent*. Hg. von Ignaz V. Zingerle. Innsbruck 1874 (Ältere tirolische Dichter 1).

Literaturverzeichnis

ANDERGASSEN, Leo: Vigil Raber als Tafelmaler. Eine bislang unbekannte Komponente im künstlerischen Schaffen des Sterzinger Malers. In: Gebhardt, Michael / Siller, Max (Hg.): Vigil Raber. Zur 450. Wiederkehr seines Todesjahres. Akten des 4. Symposiums der Sterzinger Osterspiele (25.–27.3.2002) (Schlern-Schriften 326). Innsbruck 2004, S. 21–32.

ARCH, Harwick W.: Der Heraldiker Vigil Raber. In: Gebhardt, Michael / Siller, Max (Hg.): Vigil Raber. Zur 450. Wiederkehr seines Todesjahres. Akten des 4. Symposiums der Sterzinger Osterspiele (25.–27.3.2002) (Schlern-Schriften 326). Innsbruck 2004, S. 33–43.

CLASSEN, Albrecht (Hg.): Childhood in the Middle Ages and the Renaissance. The Results of a Paradigm Shift in the History of Mentality. Berlin / New York 2005.

DEMAUSE, Lloyd: Was ist Psychohistorie? Eine Grundlegung. Hg. von Artur R. Boelderl und Ludwig Janus. Aus dem Amerikanischen von Artur R. Boelderl (Psyche und Gesellschaft). Gießen 2000.

DINZELBACHER, Peter: Angst im Mittelalter. Teufels-, Todes- und Gotteserfahrung. Mentalitätsgeschichte und Ikonographie. Paderborn 1996.

DINZELBACHER, Peter: Gewalt im Mittelalter. Überlegungen zu ihrer mentalitätshistorischen Erfassung. In: Ders.: Religiosität und Mentalität des Mittelalters. Klagenfurt / Wien 2003, S. 403–428.

DINZELBACHER, Peter: Psychohistorie aus der Sicht des Historikers. In: Jahrbuch für psychohistorische Forschung 4 (2003) = Janus, Ludwig / Kurth, Winfried (Hg.): Psychohistorie und Politik. Heidelberg 2004, S. 73–84.

FRENKEN, Ralph: Kindheit und Autobiographie vom 14. bis 17. Jahrhundert. Psychohistorische Rekonstruktionen. 2 Bde. (PsychoHistorische Forschungen 1/1 und 2). Kiel 1999.

GEBHARDT, Michael / SILLER, Max (Hg.): Vigil Raber. Zur 450. Wiederkehr seines Todesjahres. Akten des 4. Symposiums der Sterzinger Osterspiele (25.–27.3.2002) (Schlern-Schriften 326). Innsbruck 2004.

GEBHARDT, Michael / SILLER, Max: Vigil Raber in alter und neuer Sicht. In: Gebhardt, Michael / Siller, Max (Hg.): Vigil Raber. Zur 450. Wiederkehr seines Todesjahres. Akten des 4. Symposiums der Sterzinger Osterspiele (25.–27.3.2002) (Schlern-Schriften 326). Innsbruck 2004, S. 7–20.

KNAPP, Fritz Peter: Die Literatur des Früh- und Hochmittelalters in den Bistümern Passau, Salzburg, Brixen und Trient von den Anfängen bis zum Jahre 1273 (Geschichte der Literatur in Österreich von den Anfängen bis zur Gegenwart 1). Graz 1994.

KNAPP, Fritz Peter: Die Literatur des Spätmittelalters in den Ländern Österreich, Steiermark, Kärnten, Salzburg und Tirol von 1273 bis 1439. I. Halbband: Die Literatur in der Zeit der frühen Habsburger bis zum Tod Albrechts II. 1358. II. Halbband: Die Literatur zur Zeit der habsburgischen Herzöge von Rudolf IV. bis Albrecht V. (1358–1439) (Geschichte der Literatur in Österreich von den Anfängen bis zur Gegenwart 2/1; 2/2). Graz 1999/2004.

KÜCHENHOFF, Joachim/HÜGLI, Anton/MÄDER, Ueli (Hg.): Gewalt. Ursachen, Formen, Prävention (Psyche und Gesellschaft). Gießen 2005.

KÜHN, Dieter: Ich Wolkenstein. Eine Biographie. Frankfurt a. M. 1979; Sonderausgabe (Insel Verlag) (Originalausgabe 1977).

LIENERT, Elisabeth: Bilder von Kindheit bei Oswald von Wolkenstein. In: Jahrbuch der Oswald von Wolkenstein-Gesellschaft 9 (1996/97), S. 111–120.

LINKE, Hansjürgen: Vigil Raber als Schreiber. In: Gebhardt, Michael/Siller, Max (Hg.): Vigil Raber. Zur 450. Wiederkehr seines Todesjahres. Akten des 4. Symposiums der Sterzinger Osterspiele (25.–27.3.2002) (Schlern-Schriften 326). Innsbruck 2004, S. 117–146.

MILLER, Alice: Dein gerettetes Leben. Wege zur Befreiung. Frankfurt/M. ¹2007.

ORME, Nicholas: Medieval Children. Yale University Press, New Haven/London 2003.

ROBERTSHAW, Alan: Oswald von Wolkenstein. The myth and the man (Göppinger Arbeiten zur Germanistik 178). Göppingen 1977.

SCHUMACHER, Meinolf: Ein Kranz für den Tanz und ein Strich durch die Rechnung. Zu Oswald von Wolkenstein ›Ich spür ain tier‹ (Kl 6). In: Beiträge zur Geschichte der deutschen Sprache und Literatur 123 (2001), S. 253–273.

SCHWOB, Anton: Oswald von Wolkenstein. Eine Biographie (Schriftenreihe des Südtiroler Kulturinstitutes 4). Bozen 1977.

SCHWOB, Anton: Historische Realität und literarische Umsetzung. Beobachtungen zur Stilisierung der Gefangenschaft in den Liedern Oswalds von Wolkenstein (Innsbrucker Beiträge zur Kulturwissenschaft – Germanistische Reihe 9). Innsbruck 1979.

SCHWOB, Anton: Plädoyer für die wandernden Literaten. Friedrich von Sonnenburg: Spruch 67, 68 und 69. In: McDonald, William C. (Hg.): Spectrum Medii Aevi. Essays in early German Literature in honor of George Fenwick Jones (Göppinger Arbeiten zur Germanistik 362). Göppingen 1983, S. 457–477.

SCHWOB, Ute Monika: *Ich spür ain tier.* Teufelsvorstellungen im spätmittelalterlichen Tirol. In: Buschinger, Danielle (Hg.): Sammlung – Deutung – Wertung. Ergebnisse, Probleme, Tendenzen und Perspektiven philologischer Arbeit. Festschrift für Wolfgang Spiewok. Université de Picardie – Centre d'Etudes Medievales 1988, S. 315–327.

SCHWOB, Ute Monika: Emotionen im Hause Wolkenstein. Kunstvolle Aufbereitung in Liedern – Reduktion in Urkunden und Akten. In: Gebhardt, Michael/Siller, Max (Hg.): Literatur und Sprache in Tirol von den Anfängen bis zum 16. Jahrhundert. Akten des 3. Symposiums der Sterzinger Osterspiele (10.–12. April 1995) (Schlern-Schriften 301). Innsbruck 1996, S. 151–162.

SILLER, Max: Der Südtiroler Dichter Heinrich von Burgeis und die Entstehung des Bozner Dominikanerklosters (1272–1276). In: Bozen – Von den Anfängen bis zur Schleifung der Stadtmauer. Berichte über die internationale Studientagung, veranstaltet vom Assessorat für Kultur der Stadtgemeinde Bozen, Schloß Maretsch – April 1989. Bozen 1991, S. 223–231.

SILLER, Max: Literatur – Sprache – Territorium. Methoden, Aufgaben und Möglichkeiten einer regionalen Literaturgeschichtsschreibung des Mittelalters. 3 Bde. (masch.). Innsbruck 1991.

SILLER, Max (Hg.): Fastnachtspiel – Commedia dell'arte. Gemeinsamkeiten – Gegensätze. Akten des 1. Symposiums der Sterzinger Osterspiele (31.3.–3.4.1991) (Schlern-Schriften 290). Innsbruck 1992.

SILLER, Max: Ausgewählte Aspekte des Fastnachtspiels im Hinblick auf die Aufführung des Sterzinger Spiels »der scheissennd«. In: Siller, Max (Hg.): Fastnachtspiel – Commedia dell'arte. Gemeinsamkeiten – Gegensätze. Akten des 1. Symposiums der Sterzinger Osterspiele (31.3.–3.4.1991) (Schlern-Schriften 290). Innsbruck 1992, S. 147–159.

SILLER, Max: Territorium und Literatur. Überlegungen zu Methoden, Aufgaben und Möglichkeiten einer territorialen Literaturgeschichtsschreibung des Mittelalters und der Frühneuzeit. In: Geschichte und Region/Storia e regione I/2, 1992, S. 39–84.

SILLER, Max: Der Tiroler Dichter Heinrich von Burgeis und die Politik seiner Zeit (13. Jahrhundert). In: Der Vinschgau und seine Nachbarräume. Vorträge des landeskundlichen Symposiums veranstaltet vom Südtiroler Kulturinstitut in Verbindung mit dem Bildungshaus Schloß Goldrain. Schloß Goldrain, 27. bis 30. Juni 1991. Hg. von Rainer Loose (Schriftenreihe des Südtiroler Kultuinstitutes 18). Bozen 1993, S. 165–179.

SILLER, Max: Wo und wann ist die Sterzinger Miszellaneen-Handschrift entstanden? In: Entstehung und Typen mittelalterlicher Lyrikhandschriften. Akten des Grazer Symposiums, 13.–17. Oktober 1999. Hg. von Anton Schwob und András Vizkelety unter Mitarbeit von Andrea Hofmeister-Winter (Jahrbuch für Internationale Germanistik. Reihe A: Kongressberichte 52). Bern u. a. 2001, S. 255–280.

SILLER, Max: Sangspruchdichtung in Tirol: Friedrich von Sonnenburg. In: Musikgeschichte Tirols. Band I: Von den Anfängen bis zur Frühen Neuzeit. Hg. von Kurt Drexel und Monika Fink (Schlern-Schriften 315). Innsbruck 2001, S. 423–441.

SILLER, Max: Die Lokalisierung der mittelalterlichen Spiele mit Hilfe der (historischen) Dialektologie. In: Ziegeler, Hans-Joachim (Hg.): Ritual und Inszenierung. Geistliches und weltliches Drama des Mittelalters und der Frühen Neuzeit. Tübingen 2004, S. 247–254.

SILLER, Max: Religions- und Kirchenkritik in den Tiroler Fastnachtspielen der Frühneuzeit. In: Kirche, religiöse Bewegungen, Volksfrömmigkeit im mittleren Alpenraum – Chiesa, movimenti religiosi e devozione popolare nell'area alpina. Historikertagung in Sigmaringen – Convegno di storici di Sigmaringen, 11.–13. Mai 2000. Hg. von Rainer Loose (Schriftenreihe der Arbeitsgemeinschaft Alpenländer – Collana della Comunità di lavoro regioni alpine). Stuttgart 2004, S. 93–112.

SILLER, Max: Oswald von Wolkenstein. Versuch einer psychohistorischen Rekonstruktion. In: Mediaevistik 19 (2006), S. 125–151.

SILLER, Max: Die Ausbildung eines jungen Ritters. Kindheit und Jugend Oswalds von Wolkenstein (erscheint 2010).

SIMON, Eckehard: Die Fastnachtspielhefte. Vigil Raber als Schreiber, Textbearbeiter, Dramaturg und Spielleiter. In: Gebhardt, Michael / Siller, Max (Hg.): Vigil Raber. Zur 450. Wiederkehr seines Todesjahres. Akten des 4. Symposiums der Sterzinger Osterspiele (25.–27.3.2002) (Schlern-Schriften 326). Innsbruck 2004, S. 213–233.

SPICKER, Johannes: Oswald von Wolkenstein. Die Lieder (Klassiker-Lektüren). Berlin 2007.

Verfasserlexikon = Die deutsche Literatur des Mittelalters – Verfasserlexikon. Begründet von Wolfgang Stammler, fortgeführt von Karl Langosch. 2., völlig neu bearb. Aufl. hg. von Kurt Ruh, Burghart Wachinger u. a. 14 Bde. Berlin / New York 1978–2008.

VOSS, Rudolf: Adliges Selbst- und Weltverständnis in den Gefangenschaftsliedern Oswalds von Wolkenstein. In: Zeitschrift für deutsches Altertum 134 (2005), S. 45–61.

WAND-WITTKOWSKI, Christine: Topisches oder biographisches Ich? Das Lied *Ain anefangk* Oswalds von Wolkenstein. In: Wirkendes Wort 52 (2002), S. 178–191.

ZIMMERMANN, Manfred 2004: Vigil Raber und die »Sterzinger Miszellaneen-Handschrift«. In: Gebhardt, Michael / Siller, Max (Hg.): Vigil Raber. Zur 450. Wiederkehr seines Todesjahres. Akten des 4. Symposiums der Sterzinger Osterspiele (25.–27.3.2002) (Schlern-Schriften 326). Innsbruck 2004, S. 269–274.

Max Siller, geboren 1946 in Sterzing. Deutsch-, Latein- und Griechisch-Studium an der Universität Innsbruck, seit 1997 Ao. Universitätsprofessor für Ältere deutsche Sprache und Literatur am Institut für Germanistik der Universität Innsbruck. Forschungsschwerpunkte u. a.: Editionen und Wörterbücher, Sprachgeschichte, territoriale Literaturgeschichtsschreibung des Mittelalters und der Frühneuzeit, mittelalterliche Literatur und Psychohistorie. In letzter Zeit befasst er sich in Vorträgen und Publikationen zunehmend mit den historischen Grundlagen der romanisch-germanischen Heldensage.

Spuren der Bauern-aufstände am Tor der Brixner Hofburg

Utopist

MICHAEL GAISMAIR
1490–1532

Er ist zwar nur der Sohn eines Bauern, aber hoch intelligent. Das Glück verhilft ihm zu einem Studium und später zum Posten eines Sekretärs beim Fürstbischof. Im Vorzimmer der Macht könnte er seinen Status genießen. Doch plötzlich wechselt er die Seite, stellt sich an die Spitze eines Aufstandes gegen ebendiese Macht – und scheitert. Seine Ideen aber sind bis heute aktuell.

Michael Gaismair, um 1490 in Tschöfs bei Sterzing geboren, wächst in einem zunehmend unruhigen Tirol auf. Kaiser Maximilian, ein Habsburger, hat sich bei den Fuggern in Augsburg hoch verschuldet und ihnen die Schürfrechte an den Tiroler Bergwerken verpfändet. Die Fugger nutzen ihre Position ohne Rücksicht auf die Bevölkerung aus. Auch bringt Maximilian den Bauernstand gegen sich auf, als er in den Wäldern die Jagd und den Holzschlag verbietet. Bei ersten Tumulten reißen die Bauern Zäune der Gutsherren ein, sie wildern und verjagen die Steuereintreiber. Um die gleiche Zeit brechen wieder einmal Unwetter, Missernten und Seuchen über Tirol herein. Protestantische Prediger, die die Raffgier des katholischen Klerus anprangern, schüren die Unzufriedenheit.

Bei seinem Tod hinterlässt Maximilian ein Land in Aufruhr. Sein in Madrid geborener Enkel Ferdinand glaubt, die Misere sei nur mit harter Hand zu beseitigen. Kaum ist er der neue Landesfürst, ernennt er den spanischen Finanzfachmann Salamanca zum Generalschatzmeister von Tirol, einen rücksichtslosen Technokraten, der sich bald wie der eigentliche Herr über Tirol benimmt. Das lädt den Groll der unteren Schichten weiter auf. Im Schwarzwald und im Allgäu ist die Stimmung ähnlich. 1524 weiten sich dort kleinere Aufstände zum Deutschen Bauernkrieg aus.

1517
Martin Luther macht seine 95 Thesen publik.

1519
Der portugiesische Seefahrer Magellan startet zur ersten Weltumsegelung.

1524
Süddeutsche Bauern verfassen eine erste Menschenrechtserklärung.

Im Frühjahr 1525 springt der Funke auf Tirol über. Der Fürstbischof von Brixen hat einem gewissen Peter Paßler das geerbte Recht eines Fischereiaufsehers im Pustertal entzogen. Dieser hält sich durch einen Raubzug auf den Ländereien des Bischofs schadlos, worauf man ihn fasst und zum Tod verurteilt. Am Tag der Hinrichtung, dem 9. Mai, stürmt eine Gruppe von Bauern den Kerker in Brixen, um den Mann zu befreien. Dann plündern sie die Häuser von Adeligen und das Kloster Neustift, der Fürstbischof flüchtet. Von Brixen breitet sich die Rebellion schnell auf andere Teile Tirols aus.

In diesen turbulenten Tagen erkennt Michael Gaismair, welche Seite die seine ist. Ausgerechnet ihn, den Sekretär des Bischofs, bestimmen die Rebellen dann am 13. Mai zu ihrem Anführer. In einer ersten Phase ist Gaismair keineswegs radikal. Er versucht zu beruhigen, denn er glaubt, der Landesfürst ließe sich zu Zugeständnissen an die Bauern, zu sozialen Reformen und zu einer Begrenzung der weltlichen Macht der Kirche bewegen. In der Tat stimmt Erzherzog Ferdinand Verhandlungen mit dem Landtag in Innsbruck zu. In keinem anderen deutschen Land lässt sich die Obrigkeit so weit zu den rebellischen Bauern herab.

Die Zugeständnisse des Landesfürsten sind aber enttäuschend. Er lehnt es ab, die Privilegien von Adel und Klerus zu begrenzen. Als Gaismair nun den Widerstand gegen den Kompromiss des Landtages schürt, ruft Ferdinand ihn zu einem Gespräch nach Innsbruck. Ein Vorwand, um ihn dort zu verhaften. Nach mehreren Wochen gelingt Gaismair die Flucht. In Zürich trifft er auf den Reformator Ulrich Zwingli, der anders als Martin Luther viel Sympathie für die Rebellion der Bauern hat. Unter Zwinglis Einfluss und von den Ereignissen radikalisiert entwirft Gaismair ein Utopia – eine Tiroler »Bauern- und Knappenrepublik«, in der alle Standesunterschiede beseitigt, die Bergwerke verstaatlicht und die Preise gebunden sind. Für Kranke und Arme würden öffentliche Spitäler sorgen, in Glaubensfragen zählte nur noch das geschriebene Wort Gottes und nicht die Macht der Kirche.

Im Frühjahr 1526 muss Gaismair erkennen, dass die Tiroler bereits genug von der Rebellion haben und aufgeben. In Salzburg wird aber noch gekämpft. Dort übernimmt er das Kommando über aufständische Knappen. Er gewinnt einige Kämpfe, ehe er sich mit rund 2000 Mann auf venezianisches Gebiet zurückziehen muss. Gaismair lässt sich von der Republik Venedig als Söldnerführer anheuern – in der falschen Hoffnung, mit Hilfe der Venezianer doch noch seine soziale Revolution auszurufen.

Inzwischen aber legt sich der Sozialrebell bei Padua ein Landgut zu. Dort fällt er im April 1532 einem Mordanschlag zum Opfer. Drei Jahre zuvor haben sich die Venezianer mit den Habsburgern verbündet, an einer Aufklärung des Mordes haben sie kein Interesse. Da Gaismair gegen Kirche und Habsburger kämpfte, wird er nie ein Andreas Hofer. Man streicht ihn vielmehr aus dem Tiroler Bewusstsein. Erst in der zweiten Hälfte des 20. Jahrhunderts findet sein Utopia wieder eine Würdigung.

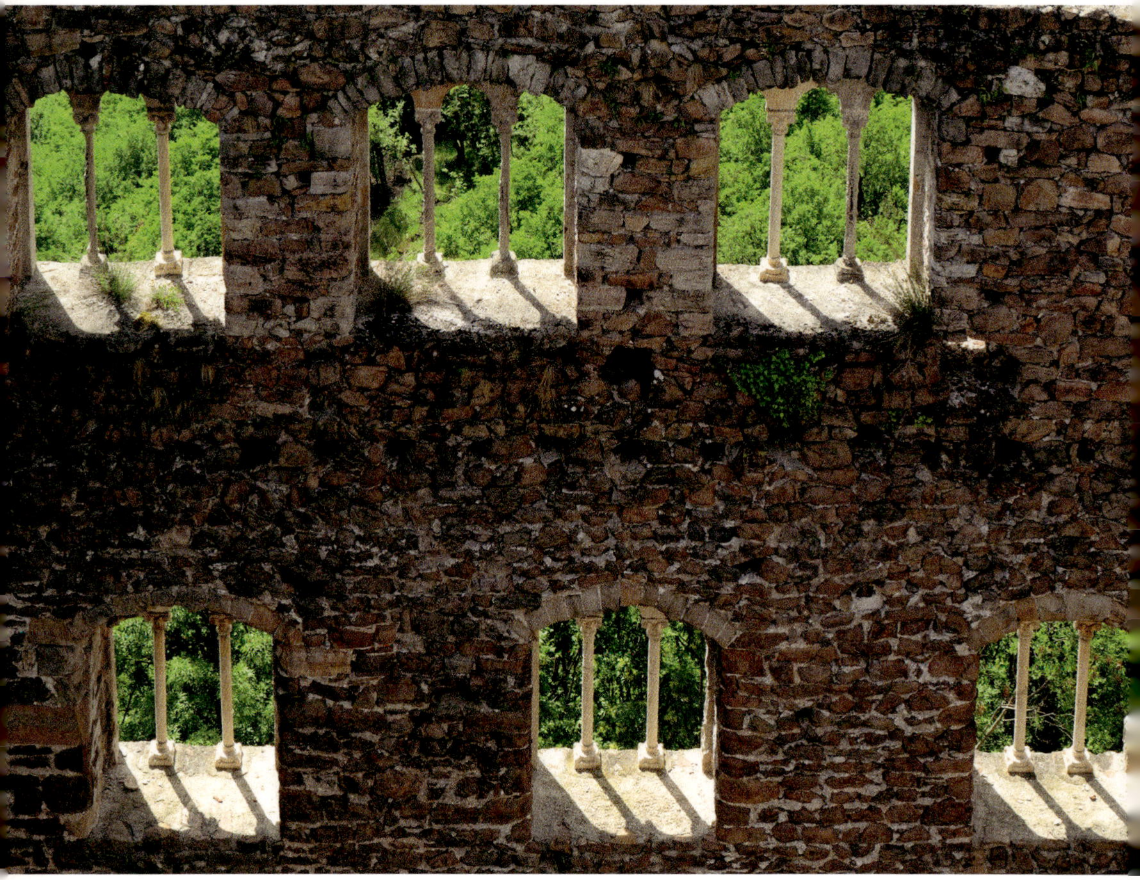

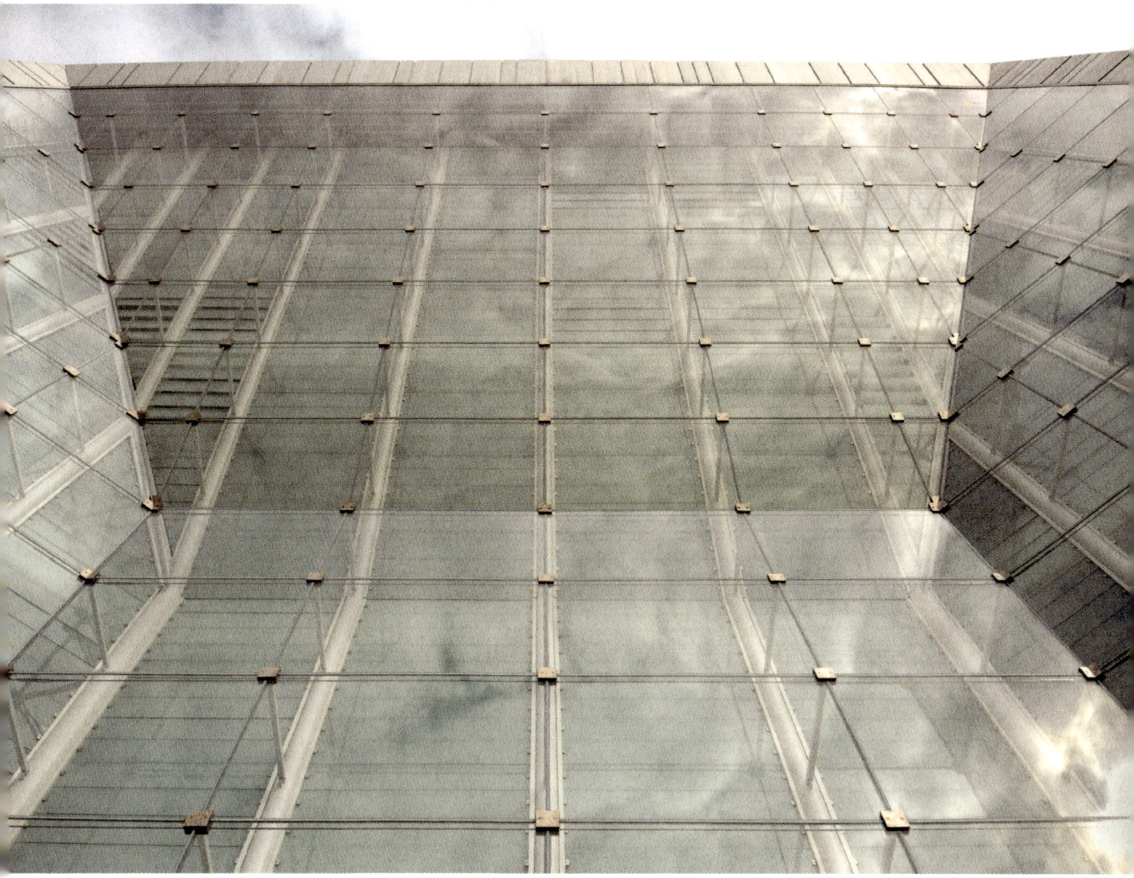

Leo Andergassen

Südtirols Kunst in der europäischen Richtschnur
ARGUMENTE EINER WECHSELWIRKUNG

Europa in Südtirol – Südtirol in Europa
Der von Leibniz geprägte Begriff der Monade kann im übertragenen Sinn auch als Bild eines aus Einheit und Vielfalt definierten Kulturganzen genommen werden: Das Große ist im Kleinen gleichsam enthalten wie das Kleine im Großen. Umgemünzt auf die Kunstsituation in Südtirol bedeutet dies die Präsenz Europas in der hiesigen Produktion, im Austausch und Importen, im qualitativen Zuerwerb des Kommunikationsmediums Kunst, gleichwie die Vergegenwärtigung Südtiroler Kunsterfindungen am europäischen Parkett. Europa ist eine starke Vorgabe, wobei zuerst die Frage auftritt, wo sie messbar ist. Sind es allein Kriterien der Internationalisierung von Kunst, ist es die Orientierung an den großen europäischen Epochen, ist es die Ausrichtung nach Kunstzentren in Europa, ist es der Austausch, der über die viel begangenen Straßen eines wirtschaftlich und kulturell genutzten Wegenetzes zuwege kam? Sowohl das Phänomen Kunstprovinz, die Reflexe von den Zentren erhält, trifft auf die Situation zu, wie die bewahrende Kraft der Peripherie, die im formalen Gedächtnisspeicher mehr und länger am retroaktiven Bewahren festhielt und somit zum unverzichtbaren Kulturerbe Europas avancierte. Der Blick auf die Kunstproduktion, auf das Kunstdasein in Südtirol ist somit immer ein Blick auf die europäische Kulturfrage. Keine große Kulturleistung wurde in Südtirol nicht rezipiert, in den Wellen mancher Verzögerung, mancher Retardierung, spürt man das Bedürfnis, einmal Errungenes auszuleben. In den Kontakten und Einflussnahmen zeigt sich ein dichtes Netz eines Austauschs, der vordergründig im überlegten Nehmen bestand. Europa ist in einem seiner Kernländer in einer Dichte präsent, die sich so im Wechsel der Epochen nicht so leicht findet.

> Kunst in Südtirol gehört zum kulturellen europäischen Gedächtnisspeicher.

Spätantike und frühmittelalterliche Zeugnisse
Die Antike ist im Raum nur an einzelnen Denkmälern festzumachen, gegebenenfalls gibt es einzelne Importstücke, die als Fragmente überdauert haben. So ein

Frühchristliche Kirchenanlage (6. Jh.) am Burgberg von Säben, Klausen, Grabungsfoto von 1982

kleines Marmorköpfchen einer Venus, das in Mals im Vinschgau aus dem Boden gehoben wurde. Der Straßenverlauf der Claudia Augusta hat auch die Kultur des Römerreiches transferiert. Das Frühmittelalter ist anhand einzelner Siedlungen messbar, die Kultur der Langobarden lässt sich in Einzelfunden und den archäologisch ergrabenen Castra messen. Die Besiedlung des Gebietes zeigt sich nicht zuletzt in einer Reihe von Sakralbauten, unter denen die Kirchenanlagen von St. Peter in Gratsch, St. Peter in Altenburg, Säben und das jüngst ausgegrabene Bapisterium in Villanders zu den bedeutenden Bauzeugen gehören. Der rare Bestand der Zeit kommt in Südtirol in einer seltenen Dichte vor. Die Datierung der Malereien in St. Prokulus ist umstritten. Der Bau ist jedoch durch Grabungen in das 7. Jahrhundert datiert. Stilistische Verbindungen der Malereien lassen sich zu den Konstanzer Münsterscheiben herstellen, doch ist der allgemeine Zug zum Parzellieren von Goldschmiedetechniken im Konzept ablesbar.

Interieur der karolingerzeitlichen Kirche St. Benedikt, Mals, mit Malereien aus dem frühen 9. Jahrhundert

Die karolingische Kunst war von ihrem Wesen her politische Aussage, die inhaltlich und formal an die spätrömische Zeit anknüpfte. St. Benedikt in Mals ist zwar nur als Fragment ein bedeutendes Zeugnis der Kunstproduktion im frühen 9. Jahrhundert. Die Nähe zu Müstair ist entscheidend, das Gesamtkunstwerk bestehend aus Malerei und Stuckplastik verbindet hin zu San Salvatore in Brescia. St. Benedikt besitzt das früheste Zeugnis einer Benediktsvita im Medium der Wandmalerei, dies ist ein Pluspunkt, wenn auch die Erhaltung der Malereien durch den Abbruch der südlichen Langhausmauer Verluste eingefahren hat. Die zumindest im Alpenraum formal verwandten Architekturen des Frühmittelalters ziehen sich lange hin und stehen am Beginn einer politischen Konsolidierung Europas.

Als bedeutendes Importstück, das eng mit der Kaiserpolitik im frühen 11. Jahrhundert verbunden ist, gilt die Adlerkasel im Brixner Domschatz. Als Werk einer imperialen Manufaktur in Byzanz entstanden, verbindet es hin zur spätantiken Fertigkeit der Purpurstoffe, auch die Bildsymbolik ist letztlich noch antik. Das wohl von Heinrich II. Bischof Albuin von Säben / Brixen gereichte Messgewand gehört zu den best erhaltenen mittelalterlichen Textilien überhaupt. Auch der Basler Domschatz führte einmal eine Kasel mit Adlermustern. Als Fragment blieb ein vergleichbares Stück in Nonantola erhalten.

Romanische Wandmalerei

Der Hang zur byzantinischen Bildkultur förderte die Vorliebe für illusionistische Raumausstattungen mittels Wandmalerei. Romanische Wandmalerei in Südtirol ist ein herausragendes Zeugnis für die überregionale, europäische Dimension der Kunst im Hochmittelalter. Die politische Weichenstellung des Heiligen Römischen Reiches schuf einen Großraum mit regen Verbindungen nach Osten, wo der Umgang mit dem Bildmedium im sakralen Bereich nach dem Ikonoklasmus sich wieder erholt hatte. Die Anfänge fallen in eine Zeit, als Venedig noch nicht das Monopol über Byzanz hatte. Die Marienberger Kryptamalereien sind um 1170/80 entstanden. Buchmalereien aus dem Skriptorium des Klosters Benediktbeuren, aus dem

Detail aus den Fresken (um 1177) in der Krypta der Benediktinerabtei Marienberg, Mals

die Marienberger Mönche kamen, lassen an klösterliche Werkstätten denken. Im frühen 13. Jahrhundert kommt es zu einer konzentrierten Ausstattungswelle, die Hauptwerke von europäischem Rang, darunter die Burgkapelle von Hocheppan, betrifft. Es gibt keine Region in Europa, die im Medium der Wandmalerei Vergleichbares aufzuweisen hätte.

Mit der Eroberung von Byzanz 1204 durch venezianische Truppen kommt es verstärkt zu Byzantinismen in der Kunst. Eine regelrechte Freskierungskampagne hebt an, die sich durch das obere Etschtal zieht, aber nicht gleichermaßen im Trentino zu finden ist. Das Antikisieren hingegen, der bewusste Rückgriff auf die Formen der Antike, spielt in der romanischen Malerei nicht die Rolle, wie sie ihr etwa programmatisch in der Kunst Friedrichs II. zukommt, wohl aber in der Architektur.

Auch die Bildproduktion in der Bischofsstadt Brixen ist singulär, der Anspruch geradezu klösterlicher Programme ziert die Privatkapelle des Bischofs und die von Konrad von Rodank einem neu gegründeten Chorherrenkapitel überlassene Frauenkirche. Die Hinweise auf Verbindungen zu Salzburg lassen sich wiederum über Vergleiche mit der Buchmalerei erhärten, aber auch ikonographisch gibt es im Motiv der Thronus-Salomonis-Kompositionen in der Johanneskapelle Verbindungen zu den Salzburger Suffraganbistümern Gurk und zur Burg des Salzburger Bischofs in Friesach.

In der romanischen Wandmalerei überwiegt das Byzantinisieren.

In den Malereien der Krypta von Sonnenburg gibt es formale Abhängigkeiten zu den Fresken in der Krypta von Aquileja: Das Vorhangmotiv mit dem Fischchendekor ist übernommen. Auf einer Venedigfahrt wurde Bischof Konrad von Rodank, der die Reise gemeinsam mit dem Patriarchen von Aquileja unternahm, von Maler Hugo begleitet, was zumindest einen Fall möglicher Verbindungen anzeigt.

Einzigartig steht der einzige Profanzyklus in der Burg Rodenegg da. Iweins Aventüren als Thema sind neu in der gesamten abendländischen Kunst, nur wenige Jahre nach der Textabfassung durch Hartmann von der Aue entsteht der Zyklus. Hartmann hatte sich den Text von Troyen de Chevalier zur Vorlage genommen und somit an die provenzalische Troubadourliteratur angeschlossen. Die geradezu europäische Innovation kennt noch einen weiteren Iweinzyklus in Schmalkalden.

Bodenseeraum als Inspirationsquelle: die hochgotische Malerei

Europa liegt für den südalpinen Raum im 14. Jahrhundert zunächst nordwestlich der Alpen. Die Kultur um den Bodensee ist vorbildlich für die Entwicklung. Hier liegen die Quellen für die lineare Malerei der Gotik. Erst nach der Anbindung Tirols an Österreich 1363 kommt es zu einer verstärkten Hinwendung nach Nordost, was nicht zuletzt durch die kaiserliche Kunstpolitik bestimmt war.

Gotik als formale Innovation wird erst spät rezipiert, was durchaus in der Wahrnehmung durch die kompakte Präsenz spätromanischer Kunst bestätigt wird. So ist

Szene aus dem Iwein-Zyklus nach Hartmann von Aue, um 1210, Schloss Rodenegg, Rodeneck

das Schnitzkruzifix in der Alten Grieser Pfarrkirche über französische Einflüsse zu erklären, die der beginnenden Gotik angehören. Was die mit dem Stilbegriff der Lineargotik umschriebene Kunstrichtung betrifft, ist nicht selten auf Buchmalereien zurückzuführen, die einen weitaus größeren Resonanzraum hatte als die Wandmalerei. Die im südlichen Tirol, vorwiegend im Brixner Raum tätigen Werkstätten sind davon eingenommen. Die Fresken in der Brixner Johanneskapelle können gut mit Illustrationen des im Bodenseeraum entstandenen »Speculum humanae salvationis« (Codex Cremonfanensis 245) verglichen werden. In der Burgkapelle von Tirol sind Einflüsse zu finden, die nicht minder in ebenjenen Raum weisen, doch in der plastischen Auffassung den Einfluss der südlichen Trecentokunst verraten, ein Mixtum, das der geographischen Situation des Landes gerecht wird. Auch aus Bayern kommen Anregungen, die in die Zeit Ludwigs des Bayern fallen.
Auch die im Meraner Raum und im Vinschgau arbeitenden Werkstätten des frühen 15. Jahrhunderts kennen Verwandtes bis nach Graubünden hinein, so sind die Ma-

Hl. Christophorus, frühgotische Wandmalerei, um 1330/40, Johanneskapelle am Domkreuzgang, Brixen

lereien der Kapelle St. Theodul in Davos mit jenen in St. Johann in Prad verwandt. Auch ist der Einfluss des Waltensburger Meisters spürbar, dies nicht zuletzt in den Langhausmalereien von Maria Trost in Untermais. Später sollte selbst der Engadiner Krieg die Kunstbeziehungen zwischen dem Vinschgau und Graubünden nicht zum Erliegen bringen: So arbeitet um 1600 Michael Praun aus Mals für Müstair, ebenso Hans Patsch; Maler Hans Jakob Greiter ist für zahlreiche Kirchen in Graubünden angedingt worden.

Das Trecento: Phänomen einer italienischen Klientel
Die Dominikanerkirche in Bozen birgt eine interessante Dissonanz: Die Architektur folgt »deutschen« Lösungen, in der Wandmalerei werden Wege nach dem Süden geöffnet, die zuvor nicht beschritten worden waren. Die mit dem Zollpfand beauftragten Rossi aus Florenz suchten ihre Grablege und somit eine auf Familienmemo-

ria angelegte Repräsentationskultur bei den Bozner Predigerbrüdern. Dafür ließen sie einen schmalen und hohen Verbindungsraum zwischen Chor und Sakristei zur Grablege umfunktionieren. Eine mit dem Werk Giottos da Bondone bestens vertraute Werkstätte aus der Romagna malte den Raum aus. Die Johanneskapelle rückt somit in den Rang eines erlesenen Kunstwerks auf, der den Reiz direkter Südimporte besitzt. Die Malerei stößt hier zwar an die Grenzen einer Architektur, die noch romanisierende Bauplastik enthält, die Modernität in Stil und Themen rückt sie aus dem geläufigen Kanon heraus. Direkte Zitate aus der Arenakapelle in Padua sind hier umgesetzt: Die Szene der Flucht nach Ägypten ist seitenverkehrt übernommen, Motive aus dem Hochzeitszug und der Vermählung sind entlehnt, gleichwie solche in der Geburt Christi. Und trotzdem ist die Bozner Grabkapelle der Rossi kein Einzelfall: In Buchmalereien aus Bologna, die dem Maestro di Gherarduccio zugeschrieben sind, sind ähnliche Motive bekannt, die Ausmalung der Kapelle in Stuls in Graubünden kennt weitere Wiederholungen.

Doch war es mit der Johanneskapelle nicht genug. Um 1350 ließ Nikolaus Rossi eine weitere Kapelle aufführen und diese nachweislich durch die Paduaner Maler Ni-

Mädchen aus der Szene der Verlobung Mariens, um 1330, Johanneskapelle im ehemaligen Dominikanerkloster, Bozen

coletto Semitecolo und Guariento schmücken. Der Verlust der Malereien schmerzt, auch die Nikolauskapelle gab einmal ein anschauliches Beispiel qualitätsvoller Kunstverbindung. Die Kulturleistung der Florentiner Pfandleihinhaber für Bozen kann nicht hoch genug eingeschätzt werden. Sie eröffnete im Bozner Raum gleichsam ein neues Betätigungsfeld einer auf Freskierung ausgerichteten erzählfreudigen Bildkunst. Die Vorliebe für ausführliche Schilderungen nach der Legenda aurea war durch den Orden determiniert, hatte doch der Genueser Dominikanerbischof Jacopo da Varazze im ausgehenden 13. Jahrhundert eine bald verbreitete Legendensammlung von Heiligenviten zusammengestellt. Auch in den Inhalten gibt es Bezüge zu seltenen Ikonographien, die in Mittelitalien beheimatet waren.

In der Wandmalerei der Gotik dominiert die Frage nach Figur und Raum.

Der Triumph des Todes etwa ist im Camposanto von Pisa daheim, hier findet er sich aber früher, im zweiten Viertel des 14. Jahrhunderts, nicht ohne Einfluss auf die Gestaltung selbst einer noch im Linearstil ausgeführten Malerei in der Burgkapelle von Karneid zu nehmen, die sich über verwandtschaftliche Beziehungen zu den Botsch erklären lässt. Die »Tabula exemplorum« mit Vitenszenen der Wüstenväter an der Eingangswand der Dominikanerkirche erinnert wiederum an Bildmuster von Eremitenszenen in Pisa. Ein Rarissimum ist die Darstellung des Jüngsten Gerichts in der Katharinenkapelle: Formal gibt es Berührungspunkte zum Gericht von Viboldone bei Mailand, dort steckt Kaiser Ludwig der Bayer in der Hölle, was auch in Bozen der Fall gewesen sein könnte, zumal die entsprechende Stelle verrieben ist. Die Direktimporte aus Italien hatten eine rege Nachfolgeproduktion aufzuweisen. Die Vorgaben der Dominikanerkirche wurden bis gegen Ende des Jahrhunderts in den Filialen der Bozner Pfarre und im näheren Umland umgesetzt. Um 1379 schufen Veroneser Maler das Votivfresko im Langhaus der Klosterkirche.

Internationale Gotik

Der Begriff der inneralpinen Retardierung trifft besonders am Beginn der Gotik zu. Formbeharrendes trifft man vor allem in der Architektur, die lange Zeit an den geschlossenen und auf Freskierung ausgerichteten Wandflächen der Romanik festhielt. So beginnt der neue Stil erst etwa 50 Jahre nach der Entwicklung in den babenbergischen Kernländern. Der um 1300 fertig gestellte Bau des Chores der Dominikanerkirche in Bozen ist ein erstes Beispiel dafür. Erst gegen 1380, also rund hundert Jahre später, kommt die Bautätigkeit durch die Vermittlung auswärtiger Bauhütten in Gang. Der Bozner Pfarrkirchenchor, um 1380 begonnen, ist ein Werk der süddeutschen Meister Peter und Martin Schiche, die Baumodelle der Parler zur Umsetzung brachten. Die Parler hatten als überregional greifende Bauhütte den spätgotischen Baustil in Mitteleuropa wesentlich geprägt. Das Modell des Bozner Chores steht einzigartig da. Es orientiert sich an Lösungen der Pfarrkirche von

Leitacher Törl mit plastischem Schmuck, um 1380/90, Pfarrkirche Maria Himmelfahrt, Bozen

Schwäbisch Gmünd, Details verbinden hin zum Augsburger Dom. Die Internationalität der Architektur zeigt sich in der Materialgerechtigkeit des Sandsteins. Das Vorbild der süddeutschen Baumeister animierte lokale Baubetriebe zu bescheidenen Imitaten. Nur in Bozen gibt es so etwas wie eine Portalplastik, das Leitacher-Törl wurde immer schon mit Parler-Lösungen zusammengesehen.

In der Wandmalerei erreichte die Qualität erstaunliche Leistungen. Doch waren auch hier die Fresken die Arbeit zugewanderter Maler. Meister Wenclaus hat die Malereien in der Friedhofskapelle von Riffian signiert. Sie sind ein Werk der Sigismundzeit, jener Spanne, in der böhmische Modelle über Grenzen hinweg große Akzeptanz fanden. Kaiser Sigismunds selbst ist als Kryptoporträt in der Szene der kaiserlichen Kreuzauffindung präsent, ein politisches Bekenntnis in der kirchenpolitisch nicht minder relevanten Szene der Kreuzauffindung durch Kaisermutter Helena. Doch verbinden sich in Riffian böhmische Muster mit solchen Veronas. Wenclaus muss sich länger in Südtirol

Auffindung des Kreuzes (Detail, 1415), Meister Wenzelslaus, Friedhofskapelle Riffian

aufgehalten haben: Er schuf in Meran ein Fresko mit der Gründungslegende des in Paris gegründeten Trinitarierordens mit der Betonung einer Waldlandschaft im Turmdurchgang der Pfarrkirche, zudem ein Fragment in Gratsch. Zu den Imitatoren gehörte der ebenfalls im Burggrafenamt arbeitende Caspar Blabmirer. Der in Riffian beschäftigte Wenclaus ist nicht gleichzusetzen mit dem Maler, der für Bischof Ulrich von Lichtenstein den Adlerturm in Trient mit einer Monatsserie ausmalte, die zeitlich vor dem Stundenbuch der Gebrüder von Limburg liegt. Bleibt der böhmische Meister die Spitze in der Monumentalmalerei, so sind Arbeiten im Medium der Tafelmalerei mitunter Importe. Das Diptychon in der Churburg bei Schluderns ist einem böhmischen Wandermaler verdankt, die verwandtschaftlichen Beziehungen der Matsch in den Bodenseeraum haben die Verbindungen hergestellt. In den Quellen werden weitere aus dem Norden zugewanderte Maler genannt, so Meister Joannes de Saxonia, der 1422 in Lana signierte, oder Conrad Erlin aus Ingolstadt, der in der Bozner Stadtpfarrkirche arbeitete.

In der Plastik werden direkte Einflüsse aus Innerösterreich notiert. Das Hauptwerk berührt den 1421 vertraglich begonnenen Bau des Hochaltars der Stadtpfarrkirche von Bozen. Hans von Judenburg hatte die Arbeit übernommen, nachdem zuvor lokale Kräfte an einem ersten Auftrag gescheitert waren. Der Judenburger Bildhauer schuf einen Schnitzaltar, der noch 50 Jahre später als Modell für den Aufbau von Pachers Grieser Altar zu dienen hatte. Das Vorbild der innerösterreichischen Plastik wirkte sich auf vergleichbare Nachfolgeprojekte aus. Die Altäre für die Salvatorskirche in Bruneck (heute Ursulinen) und die Wallfahrtskirche St. Sigmund orientieren sich daran. Der Altar von St. Sigmund hat als politische Stiftung eine steirische Werkstätte als Quelle, nur die Malereien entstanden vor Ort. Vom Meister des Altars stammen auch zwei Schnitzengel aus der Arenakapelle in Padua, was doch für eine weitere Ausstrahlung binnenösterreichischer Kunst spricht.

In zahlreichen leicht transportierbaren Andachtsbildern kommt es geradezu zu Verschiebungen im mitteleuropäischen Raum, die auch durch Wanderkünstler zustande kamen. Zumeist wird für zahlreiche »Schöne Madonnen« Salzburg als Provenienz angegeben, die Ursprungsheimat liegt im parlerisch definierten Prag, daneben gab es noch eine preußisch-schlesische Richtung. Doch ist nicht in allen Fällen ein Import anzunehmen, was einerseits für den Vorbildcharakter der Schönen Madonnen, auch »Schönen« Vesperbilder, spricht. Die thronende Madonna im Tympanon der Abteikirche von Marienberg, um 1410 entstanden, folgt böhmischen Vorgaben.

Kunsttransporte und Wanderkünstler garantieren den Kunsttransfer in der Neuzeit.

Die überregionale Dimension der lokalen Spätgotik und das Phänomen Michael Pacher

Die reiche Kunstproduktion des späten Mittelalters ist ohne den beständigen Kontakt zu süddeutschen Werkstätten nicht denkbar. Die Qualitäten liegen mehr in der Plastik als in der Malerei. Von Hans Multscher aus Ulm gingen unübersehbare Impulse aus, die in seinem Schnitzaltar für die Stadtkirche von Sterzing festgemacht waren. Das Motiv der Vorhangengel und die Schreinwächter sind darauf zurückzuführen. Doch auch die Malereien am Altar sind bedeutend und haben ihrerseits auf die Produktion in Tirol eingewirkt. Hans Schnatterpeck aus Landsberg am Lech machte zunächst in Sterzing Station, wohl in der Hoffnung, in der lokalen Gewerkenschaft eine Auftragsklientel zu finden, wenige Jahre später zog er nach Meran und machte sich dort sesshaft. Die Provenienz Hans Klockers ist nicht geklärt, jedenfalls saß dieser auch zunächst dort nieder, bevor er nach Brixen zog. Zugezogene Bildhauer sind Hans Harder in Sterzing, er war der Lehrmeister für Klocker. Der Vinschgau wird nach den Zerstörungen nach der Calvenschlacht von Schnitzarbeiten aus der Werkstatt des Außerferners Jörg Lederer vollgeräumt, der in Kaufbeuren seine Werkstatt hatte.

LEO ANDERGASSEN

Madonna von Hans Multscher, 1458, Pfarrkirche Maria im Moos, Sterzing

Aus Straubing stammte Maler Conrad Waider, der als Wand- und Tafelmaler in Bozen wirkte. Ihm fiel der Auftrag zu, die Rückwandung des Pacheraltars in Gries zu bemalen.

Im Qualitätsranking gibt es eine eindeutige Bevorteilung von Brixen, wo auch der Anteil auswärtiger Künstler größer war als in Bozen. Die europäische Dimension der spätgotischen Massenproduktion bezeugt den fruchtbaren Austausch über europäische Regionen hinweg, so dass durchaus von einer im Regionalen gelebten Internationalität gesprochen werden kann.

Die späte Gotik fällt in eine Zeit, als die Ordnung mittelalterlicher Systeme nicht mehr greift. Das neue Denken an der Schwelle zur Neuzeit bezieht wissenschaftliche Überlegungen verstärkt in den Gestaltungsdiskurs ein. Für die Kunst bedeutet dies eine Hinwendung auf wissenschaftliche Fragen wie Raumperspektive in mathematischer Präzision. Michael Pacher ist der erste, der sich mit derlei Gestaltungsfragen

Flügelgemälde von Hans Schnatterpeck, 1507, Pfarrkirche Maria Himmelfahrt, Niederlana

auseinandergesetzt hat. Bei Pacher ist eine aktive Beschäftigung mit Donatello und Mantegna anzunehmen, die räumliche Nähe des Pustertales zu Padua ist entscheidend. Der mit der Doppelbegabung für Plastik und Malerei ausgestattete Pacher bringt auch die Zentralperspektive in sein Werk, er dachte sich ein neuartiges Verhältnis zwischen anatomisch veristischer Körperauffassung und einer Verselbständigung der Mantelhülle aus. Doch gibt es bei Pacher auch Elemente, die an Verbindungen zum Oberrhein schließen lassen, die eine Studienfahrt dorthin plausibel machen. Pacher ist der einzige Tiroler, der mit den Aufträgen für St. Wolfgang am Abersee und die Stadtpfarrkirche in Salzburg auch große Altäre exportiert. Für die Fertigstellung des Salzburger Wandelaltars verlagert er für wenige Jahre seine Brunecker Werkstatt dorthin.

Zwischen Nord und Süd: Themen der Renaissance
Was Humanismus sei, wusste Kardinal Nikolaus Cusanus nur zu gut. Sein Einfluss auf das Kunstleben des Landes war aber gering. In seiner Schrift »De visione Dei« werden neben einem Wandteppich in Brüssel, ein Tafelbild von van Eyck auch ein Fresko in »unserer Burg zu Brixen« genannt; das zitierte Kunstwerk, eine Christusikone, die Cusanus den Mönchen von Tegernsee übermittelte, hat sich nicht mehr erhalten. Mit Leonhard von Brixen war in der Bischofsstadt selbst eine Kunstwerkstatt aktiv, die retardierend wirkte, auf des Kardinals Einwirkung kommt es zu keinen neuen Entwicklungsschüben. In seiner Amtszeit arbeiten die Maler Jakob und Hanns für den Brixner Dom. Humanismus als Triebfeder der Renaissance findet sich erst in den Bildbeispielen mit Zitaten aus den antiken Lehrstücken. Ovids Metamorphosen sind dabei eine gern rezipierte Inspirationsquelle, aber auch die Argonautensage, antike Götter- und Sternbilder kommen vor. Die diesbezügliche Entwicklung hält mit jener im süddeutschen Raum stand. Die räumliche Nähe zu Italien ist durch die politischen Konflikte im frühen 16. Jahrhundert unterbunden: Die Venezianerkriege Maximilians I. verhindern einen breiten Kulturaustausch. Und doch: Kein Geringerer als Albrecht Dürer zieht in dieser Zeit nach Venedig und fertigt eine Reihe von Landschaftsaquarellen, die das südliche Tirol festhalten. Die Ansicht des Burgbergs von Klausen kehrt in seinem Kupferstück »Das große Glück« wieder. Erst Dürers Schülerriege, darunter Hans Schäuffelin, bringt in den Tafelbildern am Schnatterpeckaltar und an einem Flügelaltar in der Burgkapelle von Prösels bei Völs den Dürerimport ins Land. Der für Kultur und Repräsentationsgespür aufgeschlossene Landeshauptmann Leonhard von Völs empfand einen Anschluss an humanistische Ideale letztlich als Bildungsnotwendigkeit.
Mit Bartlmä Dill Riemenschneider, einem aus Franken gebürtigen Maler, finden humanistische Themen in der Wandmalerei ihren Einzug. Maler Dill war einer der drei Söhne des Würzburger Bildhauers Tilman Riemenschneider. Der lokale Adel bevorzugte in seinen Wohnräumen durchaus Malereien mit heidnisch-antiken Themen. Riemenschneider entwickelte sich zum ikonographischen Vehikel, er verband Humanismus mit Religionskritik. Als bekennender Wiedertäufer schuf er Kryptoprogramme, die nur für Eingeweihte lesbar waren, so beispielsweise im Arkadengang von Schloss Rubein in Meran. Die Zyklen auf der Haselburg, Jaufenburg und Tarantsberg (Dornsberg) atmen den Geist thematischer Antikenrezeption. Dabei ist

> Die Ideen der Renaissance werden über Süddeutschland rezipiert.

der Anspruch der Völs-Colonna, die schon im Familiennamen einen genealogischen Anschluss an die römischen Colonna suchten, in den Kaisergeschichten für die Bezogenheit auf die Antike bezeichnend. In solchen Rückgriffen gab Maximilian I. das leuchtende Vorbild ab.

Reproduktionsgrafik als Kommunikationsvehikel europäischer Entwicklungen
Die Erfindung des Holzschnitts revolutionierte die Kunst. Meister E.S. steht am fruchtbaren Beginn des Reproduktionsmedium Holzschnitt. Eine Madonna mit Kind aus der Werkstatt Friedrich Pachers (Diözesanmuseum Brixen) wiederholt wörtlich eine grafische Vorgabe des elsässischen Meisters. Die Anfänge betreffen Malereien an den Flügelaltären und an den Fresken der Kirchenwände. Weitere Höhepunkte kennt auch die Plastik: Eine Schnitzgruppe aus Mauls (Diözesanmuseum) wiederholt einen Holzschnitt von Hans Schäuffelin. Das Malwerk der Klockerwerkstatt ist angefüllt von Kopien nach Martin Schongauer. Mit Dürers Kupferstichen kommen neue Vorlagenquellen nach Tirol, die selbst noch hundert Jahre später, etwa im Werk Georg Vischers, nichts an ihrer Aktualität eingebüßt haben. Man spricht geradezu von einer Dürer-Renaissance. Die kompositionellen Übernahmen zumeist elsässischer und süddeutscher Muster verbindet die spätmittelalterliche Werkstattkunst mit gelungenen Ergebnissen des Überregionalen. Dass Andre Haller 1522 an Altarflügeln Bischofsfiguren nach Dürer anbringen kann, ist auch den reproduktiven Medien verdankt.
Im Laufe des 16. Jahrhunderts kommt es zu neuen Importwellen an Vorlagenblättern. So nehmen die Brescianer Pietro Bagnatore und seine Gehilfen Michele und Orazio bei der Ausmalung von Schloss Velthurns Grafiken der Künstlerfamilie Sadeler als Vorlage. Geradezu jede Szene ist auf Stichvorlagen zurückzuführen: In den Niederlanden erdacht, in Velthurns durch oberitalienische Maler umgesetzt. Auch bereits veraltete Holzschnitte finden 1597 bei der Ausmalung des Ratssaales in Bozen eine neue Verwendung: Georg Müller, aus dem Bamberger Bischofsland stammend, benutzt Grafiken des Petrarca-Meisters aus der Cicero-Edition des Schwarzenberg, die bereits 1531 erschienen ist. Ein Jahr später malt er aus einer Bibeledition die alttestamentliche Josefsgeschichte an die Wände des Repräsentationsraumes im Ansitz Rottenbuch in Gries. Der Ansitz Zimmerlehen in Völs birgt Tierbilder nach Sadeler, alttestamentliche Szenen im Ansitz Sonnegg in Dietenheim kopieren nach Virgil Solis. Das europäische Phänomen der Kopie ist nicht einfach als Unvermögen der ausführenden Maler abzutun: Der Bildungsanspruch verlangte nach ausgeklügelten Ikonographien mit seltenen Inhalten. Der Humanist der Zeit vermochte sie zu lesen, manche verstanden sich auch auf die Bildquellen, die in Büchern zu finden waren. Die Rezeptionsfreudigkeit in Hinblick auf niederländische

> Das Phänomen der Kopie ist nicht als Unvermögen der Maler abzutun.

Allegorie der Macht von Pietro Bagnadore, 1581–1583, Schloss Velthurns, Feldthurns

aber auch italienische Kupferstiche und Radierungen hielt das ganze 17. Jahrhundert an. Paradebeispiel bleibt in der Tafelmalerei das Werk des Brixner Malers Stephan Kessler, dessen breites Oeuvre auf Vorlagen aus dem Rubens-Kreis zurückgeht. Kessler komponierte seine Tafelbilder teilweise unter Verwendung mehrerer Kompositionen, mit denen er kompilatorisch umging. Dass hingegen einheimische Werke gestochen wurden, kommt nur in Ausnahmefällen vor. Von den Malern des 18. Jahrhunderts kennt man die meisten Nachstiche bei Matthäus Günther.

Rom-Komponenten in der barocken Malerei
Wer erfand in Südtirol den Barock? Einmal ist der Blick auf Weilheim entscheidend, von dorther kamen erste wichtige Impulse, die die Bildhauerei betreffen. Hans Reichle aus Augsburg war einer der ersten Kolporteure des neuen Stils, seine Terra-

Detail aus den Kuppelmalereien der Marienkapelle von Edig Schor, um 1696, Augustiner Chorherrenstift Neustift

kotten in den Arkadennischen der Brixner Hofburg atmen das Können eines Adriaen de Vries, der in Augsburg an den großen Prunkbrunnen beschäftigt war.

Der Blick nach dem Süden fiel erst sekundär. Die Kunst der Raumverkürzung, wie sie die Malerei Pietro da Cortonas beherrschte, wurde in der Kunst Tirols erst im späteren 17. Jahrhundert umgesetzt. Maler, die etwas auf sich hielten, kamen an einer Ausbildung in Rom nicht herum. Die Innsbrucker Schor arbeiteten in der Ewigen Stadt, Egid Schor zog wieder nach Tirol zurück und arbeitete untern anderem in Schabs, in der Neustifter Marienkapelle und im dortigen Refektorium am System der »quadri riportati«, der illusionistisch an die Decke gemalten Bilder, die durch Figurenklammern in Grisaille zusammengehalten wurden. In den Einzellösungen kommt Schors Malerei sehr eng an jene Cortonas heran. Auch Johann Baptist Hueber, der Freskant der Bozner Grabeskirche, kannte Rom aus eigener Anschauung.

Er setzte die Kunst der Prospectiva auch an zahlreichen Heiliggräbern fort, deren Entstehung wiederum den *macchinae* in den römischen Jesuitenkirchen verdankt ist. In der Bozner Grabeskirche malte er zusammen mit Gabriel Kessler Bilder in römisch anmutenden Rahmensystemen an die Kuppel. Und doch kennt auch Rom südtirolische Wurzeln: Andreas Brunner, alias Andrea Pozzo, war wesentlich an der Ausbildung der Perspektive beteiligt, sein Lehrwerk beeinflusste noch das 18. Jahrhundert. In Rom gab er mit der Ausmalung von Sant'Ignazio eine neue Messlatte vor, die, wie zuvor die Kunst da Cortonas, das Illusionistische zur Perfektion brachte. Und doch ist die Orientierung zum Barock hin nicht ohne Rückgriffe auf frühere Lösungen ausgekommen: In der Ausmalung der Heilig-Kreuz-Kirche auf Säben steht 1679 für eine perspektivische Raumlösung ein Nachstich nach Hans von Aachen Pate, der nach dessen Altarflügeln in Prag entstand.

Kunstimport bringt Bewegung
Kunstreiseschriftsteller erwähnen bereits im 17. Jahrhundert die Ausstattung der Merkantilkapelle bei den Bozner Dominikanern, wofür der Bologneser Guercino das Altarblatt geschaffen hatte; die Marmorarchitektur des Aufbaus entstand hingegen in der Altarwerkstatt des Domenico Tomezzoli in Verona. Der um die Mitte des 17. Jahrhunderts fertig gestellte Aufbau war eine Ikone für den barocken Altarbau aus edlen Materialien. So ist es zu erklären, dass sich die Bozner Bürgerschaft um 1720 ebenfalls nach Verona wandte, als es darum ging, einen raumfüllenden Altaraufbau für die Pfarrkirche zu bestellen. Jacopo Pozzo, ein Bruder des vorhin genannten Andrea, soll den Entwurf gefertigt haben. Dass der Bozner Merkantilmagistrat seinen Blick nach dem Süden richtete, zeigt sich weiters auch in der Wahl des Baumeisters, der den Korporationssitz in der Bozner Silbergasse in einen italienischen Palazzo verwandelte.
Importe hatten an sich meist beschränkte Wirkung auf das lokale Kunstgeschehen, sie dokumentieren aber den Qualitätsanspruch, der allein durch ortseigene Kräfte nicht gewährleistet war. So bestimmen die vom Klausner Kapuziner P. Gabriel Pontifeser gestifteten Kunstwerke im sogenannten Loretoschatz die ungewöhnliche Qualität einer Sammlung, die aus italienischen und spanischen Beständen gespeist war. Namen wie Bernardo Luini, Carlo Dolci, Luigi Scaramuccia, Novolone und Cignani bürgen für die Qualität der Sammlung, die über Pontifesers Kontakt zu Anna Maria, der Königin von Spanien, einer leiblichen Schwester des Augsburger Fürstbischofs Alexander Sigismund von Pfalz-Neuburg zustande kam. Klausen erhielt für seine Kapuzinerkirche auch qualitätsvolle Bilder, die auf Italien fokussierenden Kunstvorlieben des Ordens schuf Beziehungen zu Stefano Panizza und Paolo Pagani. Diese waren als Geschenke von Dorothea Sophia von Parma,

> Importe hatten meist beschränkte Wirkung auf das lokale Kunstgeschehen.

Christkindvision des hl. Felix von Cantalice von Paolo Pagani, um 1700, ehemalige Kapuzinerkirche, Klausen

einer Schwester der spanischen Königin, hierher gekommen. In Bozen hatte um 1600 der Veroneser Felice Brusasorci das Hochaltarblatt geschaffen. Doch auch italienische Ordensbrüder malten für Südtiroler Kirchen: Fra Santo da Venezia schuf Altarbilder für die Bozner Kapuzinerkirche und für die Kapelle der Trostburg. Venedigs Malerei war im 17. Jahrhundert durch das Vorbild von Carl Loth, von den Venezianern Carlotto genannt, präsent. Beim Deutschvenezianer lernten Matthias Pussjäger und Ulrich Glantschnigg, sie formten sich im Stil der Tenebrosobewegung, die im Austarieren von Licht und Schatten ein eigenes Stilmittel fand. Beide waren keine gebürtigen Südtiroler, Pussjäger stammte aus dem Pfaffenwinkel, Glantschnigg aus Hall. Im frühen 18. Jahrhundert gewann das Vorbild Tiepolos an Boden. In den Arbeiten Trogers und vor allem Franz Anton Zeillers finden sich deutliche Anklänge. Valentino Rovisi aus dem Fleimstal hatte seine Ausbildung in Venedig erfahren. Der aus dem Gadertal gebürtige Jakob Zanussi, der sich als Hofmaler des

Fürsterzbischofs von Salzburg einen Namen machte, studierte vermutlich bei Carl Loth in Venedig.

Künstlermigration

Das Phänomen der Künstlermigration lässt sich nicht nur anhand der gut belegten Beispiele aus dem Barock nachweisen. Auch um 1600 gab es beispielsweise in Bozen kaum lokale Künstler, sie waren aus dem deutschen Raum zugewandert. Es fehlen Künstler, die aus dem Süden kommend, sich in der Stadt an der Talfer niederließen. Im Barock gibt es einige prominente Beispiele für den Talenteexport: Paul Troger kommt 1698 in Welsberg zur Welt, über die Gönnerschaft von Firmian kann er sich in Italien ausbilden. Italien heißt Venedig, Bologna, Rom und Neapel. 1722 gibt er mit dem Altarblatt in der Kalvarienbergkirche in Kaltern Proben seines Könnens: Die Leinwandmalerei wiederholt Modelle, die Troger bei Trevisani in Rom kennengelernt hat. Trogers Kunst erreicht bald Salzburg, wo er in der Kajetanerkirche noch ganz im Sinn des *barocco romano* arbeitete, später Niederösterreich und den Wiener Raum, selbst in Ungarn und Böhmen arbeitet der Pusterer. Die bestehende Bindung an die Heimat zeigt sich 1737 in der Arbeit an drei Altarbildern für Welsberg. 1748 bis 1750 freskierte Troger den Brixner Dom, in der Vierungskuppe setzte er eine Scheinkuppel nach der Vorlage von Pozzo um. Als »Tiepolo des Nordens« gilt Troger als Klammer zwischen der Kunst des Nordens und des Südens.

> Im Barock gibt es einige prominente Beispiele für den Talenteexport.

Johann Georg Plazer ist vermutlich das größte Malergenie, das das 18. Jahrhundert hervorbrachte. Seine Ausbildung erfuhr er in einer äußerst dürftigen Werkstatt seines Vaters Ludwig. An der Wiener Akademie wandelte er sich zum Europäer von Format. Seine kleinformatigen zumeist auf Kupfer gemalten Bilder gehören heute zu den gefragtesten Objekten des Marktes. Er verband die Tradition des holländischen Sittenbildes mit der leichtluftigen Beschwingtheit des Rokoko. Über den Rückgriff auf bewährte Muster des 17. Jahrhunderts ist ihm erneute Aktualisierung gelungen. Leider verstarb Johann Evangelist Holzer viel zu früh. Er kam in Burgeis zur Welt und besuchte die Stiftsschule in Marienberg. Die Malerlehre absolvierte er in Augsburg, wo sein überragendes Talent bald auffiel. Holzer gehört zu den großen formenden Kräften des europäischen Barock, seine Arbeiten für Eichstätt und Münsterschwarzach zu den beeindruckendsten Kunstleistungen. In seiner Heimat blieb neben manchem Bozzetto im Josefsblatt der Stiftskirche von Marienberg nur ein dilettierendes Frühwerk erhalten.

Glantschnigg wanderte nach Franken aus und arbeitete in Würzburg. Johann Degler aus Villnöss wurde Stiftsmaler in Tegernsee, auch Innozenz Barat aus Taufers, Abkömmling einer Maler- und Steinmetzenfamilie, zog es in die Ferne, er arbeitete erfolgreich im Innviertel.

Schüler aus der Lehrszene des hl. Kassian, Paul Troger, 1748, Domkirche Maria Himmelfahrt, Brixen

Auch in der Plastik kam es zu Talenteabwanderungen: Kaspar Eygen wurde in Brixen geboren. Er lernte die Bildhauerkunst und wurde bald nach Eichstätt berufen, wo er zur Ausstattung mehrerer Kirchen beigezogen wurde. Der Höhepunkt lag in der preußischen Berufung zur Ausstattung von Schloss Sanssouci. Er war der Lehrmeister des berühmten Dekorationsbildhauers Johann P. Benkert.

Der Jesuit Johann A. Anderjoch war gebürtiger Eppaner, als Baumeister arbeitete er in Fulda, Bamberg und Würzburg, wo er zahlreiche Kirchen und Repräsentationsbauten im Stile Dientzenhofers samt deren Ausstattung entwarf.

Und umgekehrt? Welche auswärtigen Talente machten Halt in Südtirol? Heinrich Frisch zum Beispiel stammte aus Hamburg und war Seestückmaler. Nach einem Lehraufenthalt in Venedig machte er sich in Meran sesshaft. Für das 18. Jahrhundert ist Matthäus Günther zu nennen, der nicht weniger als acht Südtiroler Kirchen freskierte, darunter die Stiftskirche von Neustift. Günther bleibt nicht der einzige

Nicht-Tiroler, der sich in die Deckenmalerei des Landes einbrachte. Joseph Adam Mölk war gebürtiger Wiener, litt zwar unter dem Vorwurf der Schnellmalerei, dekorierte insgesamt acht Kirchen, darunter die Stadtpfarrkirche von Sterzing. Gerade die Kunst des 18. Jahrhunderts ist geprägt von Aufträgen an Ortsfremde, nie kam es zu dergestalt zahlreichem Wechsel. Nicht einmal heute, wo Globalisierung an allen Fahnen geschrieben steht. Anders als in Nordtirol arbeiteten südlich der Alpen nicht die Asam. Aus Schlesien war hingegen Carl Henrici gebürtig, der sich nach seinem Ausbildungsparcours in Bozen niederließ und als Bindeglied zur Veroneser Malerei der Zeit, vor allem zu Cignaroli, fungierte.

Im Bereich der Goldschmiedekunst ist der Bozner Moser ein Aushängeschild. Er arbeitete bei Giuseppe Valadier in Rom und auch in Paris. Ansonsten blieben lokale Produkte nur vor Ort. Nennenswert ist hingegen die zahlenmäßig überraschende Augsburger Produktion für Südtiroler Kirchen. Die starke Migration der Goldschmiede brachte beispielsweise Johann Wild aus Elbing in Preußen nach Bozen, wo er eine fruchtbare Werkstatt betrieb.

Klassizismus und sein Gegenspieler

Um 1800 war Rom Anziehungspunkt für die Tiroler Josef Anton Koch und Martin Knoller. Knoller pflegte vielfältige Beziehungen zu Südtirol. In der Ausstattung der Stiftskirche von Gries schuf er ein klassizistisches Gesamtkunstwerk, allerdings mit noch durchaus spätbarocker Wirkung. Die Innovationen in seinem Werk sind der Auseinandersetzung mit dem Deutschrömer Anton Raphael Mengs in Rom verdankt. Knollers Hauptleistung liegt in den mythologischen Ausmalungen der Mailänder Paläste, wofür Giuseppe Parini die Konzepte erstellte.

Die Vereinigung der Nazarener wurde 1807 am Pincio in Rom gegründet. Die Bewegung war als Gegenbewegung zum Klassizismus gedacht. Maler wie Franz Hellweger dienten als Gehilfen etwa bei der Ausstattung des Kaiserdomes zu Speyer. Es waren die großen Aufträge König Ludwigs I., die auch Südtiroler Künstler banden. Hellweger entwarf Fensterkartone für den Kölner Dom, der Osttiroler Bildhauer Josef Gasser war an den Plastiken der Wiener Votivkirche beteiligt. Was hier allerdings im Medium der Wandmalerei entstand, entbehrt höheren Kunstanspruchs und stellt sich primär in den beharrenden Repräsentationsanspruch der Kirche. Mit der Ausstattung der Pfarrkirche von Bruneck durch Georg Mader 1860 war ein innovativer Geist tätig, der in Innsbruck eine auf ganz Tirol und darüber hinaus einwirkende Gestaltungskraft entfaltete.

Grödner Schnitzaltäre schaffen den Transport in alle Weltwinkel.

Als »Megaexporte«, man könnte ruhig auch sagen als Exportschlager, entwickelten sich die Grödner Schnitzaltäre, die als Zeugnisse historischer Kirchenausstattung in ein wirtschaftliches Netz eingebunden waren, das ganz Europa, selbst Übersee,

Triumph der Aurora von Martin Knoller, 1788, Ansitz Gerstburg, Bozen

umfasste. Grödner Artikel finden sich heute weltweit, die per Katalog bestellbaren Erzeugnisse künden vordergründig vom »Wirtschaftswunder« Kunsthandwerk.
In der Architektur kennt das 19. Jahrhundert eine starke Einmischung durch Wiener Architekten, die politische Zentralisierung der Verwaltung nahm daran entscheidenden Anteil. So entwarf Gedeon von Radò 1845 die erste neugotische Kapelle in der Franzensfeste, was entschieden als Retardierung in Hinblick auf die Kapelle in der Franzensburg bei Laxenburg zu werten ist, die vom selben Auftraggeber initiiert wurde. Die Ingenieurarchitektur war eine Antwort auf das in Südtirol ungebremste Ausleben noch barocker Strukturen, die kirchlicherseits den strengen Klassizismus nicht aufkommen ließen.

Internationalisierung um 1900
Die Tendenz, talentierte Kräfte auf europäische Akademien zu schicken, reicht ins 18. Jahrhundert zurück. In der Zeit nach der Neuordnung Europas am Wiener Kongress und nach den Revolutionen 1830 und 1848 bildeten sich in der Hauptsache

zwei Zielorte heraus: München und Wien. In München lehrte Franz von Defregger, selbst Osttiroler, der stark auf die Tiroler Malerei der Zeit einwirkte und diese in den historischen Genrestücken durchaus salonfähig machte. In Wien dominierte Markart das Feld. Erst im ausgehenden Jahrhundert werden zusehends auch andere Zentren interessant.

In München bildete sich Leo Putz aus, erlebte aber auch Paris, wo er mit dem Impressionismus in Berührung kam. Auch Carl Moser aus Bozen schlug es nach Paris, dort erfuhr er vom japanischen Holzschnitt, den er fortan imitierte. In der Bretagne sammelte er Motive, die letztlich seinen Erfahrungen in der Heimat nicht konträr gegenüberstanden. In Paris hatte der Brixner Eduard Thöny Begeisterung an den neuen Plakaten von Toulouse Lautrec gefunden; deren Geist setzte er als Karikaturist an den Arbeiten für den Simplicissimus in München um. In München hielten sich weiters Hans Weber-Tyrol und Hugo Atzwanger auf. Als Immigrant ist Alexander Koester zu sehen, der in Bergneustadt zur Welt kam. In Klausen entwickelte er sich zum gefragten Entenmaler, mit dem Motiv beteiligte er sich an der Großen Berliner Kunstausstellung 1899. Die Kunst in Südtirol hingegen zeigt vor allem in der Architektur den Einfluss des süddeutschen Raumes, deutsche Architekten waren Stadtbaumeister in Bozen, so Gustav Nolte und Karl Hocheder. Münchner Architekten wie die Gebrüder Ludwig brachten den späten Historismus nach Bozen.

Die an den europäischen Zentren vorgetragene Kunst erreichte nur gefiltert Südtirol, so dass trotz der Beschleunigung der Kommunikation nicht zwingend auch eine qualitative Höherstellung erreicht werden konnte. Die im kulturellen Bereich stagnierende Randstellung zwang zur Mittelmäßigkeit. Eine beharrliche Tendenz zur lesbaren und nicht symbolistisch verkrümmten Historienmalerei zeigt sich bis weit ins 20. Jahrhundert hinein. Nach der Annexion des Landes macht sich der italienische Einfluss zunächst in der Architektur breit.

Literaturverzeichnis

ANDERGASSEN, Leo: Kunstraum Südtirol. Bozen 2007.

ANDERGASSEN, Leo: Südtirol. Kunst vor Ort. Bozen 2002.

EGG, Erich: Kunst in Tirol, 2 Bde., Innsbruck 1970–1972.

FRODL, Walter: Kunst in Südtirol. München 1960.

GRUBER, Karl: Kunstlandschaft Südtirol. Bozen 1980.

Michael Pacher und sein Kreis, Ausstellungskatalog Augustiner Chorherrenstift Neustift. Bozen 1998.

NAREDI RAINER, Paul von / MADERSBACHER, Lukas (Hg.): Kunst in Tirol, 2 Bde., Bozen-Innsbruck 2007.

RASMO, Nicolò: Kunstschätze Südtirols. Rosenheim 1986.

STAMPFER, Helmut / STEPPAN, Thomas: Romanische Wandmalerei in Tirol. Regensburg 2008.

WEINGARTNER, Josef: Die Kunstdenkmäler Südtirols, 2 Bde., 7. Auflage, Bozen 1985–1991.

Bildnachweis

Autonome Provinz Bozen-Südtirol, Abteilung Denkmalpflege

Leo Andergassen, 1964 in Meran geboren. Studium der Kunstgeschichte in Innsbruck und Wien, Dissertation zur mittelalterlichen Ikonographie des Antonius von Padua. 1992 bis 1997 Inventarisierung kirchlicher Kunstdenkmäler in der Diözese Bozen-Brixen, 1998 bis 2007 Direktor des Diözesanmuseums in der Brixner Hofburg, seit 2008 Direktor der Landesabteilung für Denkmalpflege. Zahlreiche Veröffentlichungen zur Kunst- und Kulturgeschichte Südtirols.

Kloster der Tertiarschwestern in Brixen

Götterbotin

**MARIA HUEBER
1653–1705**

Angeblich konnte sie die Zukunft vorhersehen, das Jesuskind zum Sprechen bringen und in Phasen der Ekstase auf Bäume fliegen. Die Legenden, die um ihr Leben ranken, sind typisch für ihre von tiefer Frömmigkeit durchsetzte Zeit. Dagegen ist das Lebenswerk dieser merkwürdigen Frau auch nach 300 Jahren noch sehr real.
Als Maria Hueber in Brixen zur Welt kommt, ist der Dreißigjährige Krieg eben erst vorüber. Doch schon droht ein neuer, diesmal von den Türken. Maria ist zwei Jahre alt, als ihr Vater, ein armer Tagelöhner, einrückt. Er kommt nie mehr zurück. Die Mutter, eine Näherin, bringt ihre fünf Kinder nicht durch, zwei sterben früh. Das Elend kompensiert sie mit streng religiöser Erziehung. Maria, die Jüngste, betet bereits mit sechs dreimal täglich den Rosenkranz – mit Freuden, wie ihre späteren Legendenschreiber behaupten. Als sie wieder einmal der Versuchung widersteht, mit anderen Kindern zum Spielen anstatt zum Gebet zu gehen, sei ihr die Gottesmutter erschienen: Das erste jener merkwürdigen Ereignisse, die man als Beweis für ihre Spiritualität heranziehen wird.
Über ihre Jugend ist wenig bekannt: Nur dass sie mit 14 als Kindermädchen nach Bozen geht, später zu vornehmen Familien nach Innsbruck und Salzburg, und dass sie sich schon früh in der »christlichen Tugend der leiblichen Tötung« übt – sich also alle Wünsche verbietet, weil nur die Askese der wahre Weg zum Heil sei. Mit Anfang 20 kehrt sie nach Brixen zurück, um ihre inzwischen alte Mutter zu pflegen. Dort hört sie nun ganz auf ihren jeweiligen Beichtvater. Diese religiösen Ratgeber treiben sie immer tiefer in die Mystik, es häufen sich scheinbar übernatürliche Seherlebnisse.

1648	1669	1693
Ende des sogenannten Dreißigjährigen Krieges.	Kaiser Leopold I. verfügt die Gründung der Universität Innsbruck.	In London erscheint die weltweit erste Frauenzeitschrift.

So bemerkt sie angeblich von Brixen aus, wie eine Nonne im Servitenkloster in Innsbruck vom Bösen bedrängt wird. In einem Brief spricht sie ihr Mut zu. Das Schreiben erregt im Kloster großes Aufsehen, fällt es doch in eine Zeit, die besonders empfänglich ist für himmlische Zeichen. Im Dreißigjährigen Krieg hatten sich die Gegensätze zwischen Katholiken und Protestanten gewaltsam entladen. Als Reaktion darauf griff eine ausgeprägte Frömmigkeit um sich, die im Barock ihren plastischen Ausdruck fand. Gerade in der Zeit der Maria Hueber wird Tirol unter dem Einfluss der Jesuiten zum »heiligen Land«. Kultformen wie der Rosenkranz, das 40-stündige Gebet und Prozessionen blühen auf, die Gründung von Klöstern erlebt um 1680 einen Höhepunkt.

In diesem Klima finden Marias Visionen gläubige Zuhörer, zumal sie auch greifbare Ergebnisse haben. 1683 prophezeit sie die Befreiung Wiens von den Türken, kurz bevor sie tatsächlich eintritt. Dann sagt sie dem Bischof von Brixen seinen nahen Tod voraus, obwohl er kerngesund wirkt. Acht Tage später ist er tatsächlich tot. Ein deswegen gegen Maria angestrengter Hexenprozess wird dank ihrer Gönner in der Geistlichkeit eingestellt.

Marias »sonderbahre Thatten« haben ihren Preis. Sie erkrankt immer öfter, was sie aber nicht daran hindert, ihre Selbstkasteiung ständig zu verschärfen. Sie quält sich durch strenges Fasten, verbietet sich den Schlaf und schlägt sich mit einer Geißel blutig. In solchen Phasen totaler Hingabe spürt sie angeblich, wie ein Jesuskind aus Alabaster seine Arme um ihren Hals schlingt und mit ihr spricht. In einer Ekstase wird sie bis in die Höhe einer Baumkrone gehoben und verharrt in der Luft, bis ein Priester sie erlöst.

Viele dieser wundersamen Ereignisse notiert ihr Beichtvater in einer kurzen Biographie, die er erst 20 Jahre nach ihrem Tod schreibt. In Maria Huebers Leben spielt dieser Priester eine Schlüsselrolle. Als er 1700 von einer Reise nach Rom zurückkehrt, berichtet er ihr von einer dort von Nonnen geführten Schule für Mädchen aus armen Verhältnissen und ermuntert Maria, in Brixen ein ähnliches Haus zu eröffnen.

Noch im gleichen Jahr gründet die inzwischen 47-Jährige die Gemeinschaft der Tertiarschwestern und startet mit der finanziellen Hilfe zweier adeliger Frauen eine Schule, in der Mädchen aus armen Familien lesen, schreiben und nähen lernen – misstrauisch beobachtet von einem Teil der Kirche und der Gesellschaft, denen eine derart auffällige Spiritualität einer Frau suspekt ist. Anfangs unterrichtet Maria Hueber selbst. Rastlos führt sie oft eine Sanduhr mit sich, da sie im Müßiggang ihren Hauptfeind zu erkennen glaubt. Vielleicht ahnt sie auch, dass ihr mit ihrem kränklichen Körper nicht mehr viel Zeit für ihr Lebenswerk bleibt. Sie erlebt nur noch seine ersten fünf Jahre.

Aus ihrer Kongregation hat sich der nach Mitgliedern stärkste Südtiroler Frauenorden entwickelt. 300 Jahre nach Maria Huebers Tod betreiben ihre Tertiarschwestern unter anderem noch immer die private Marienklinik in Bozen und Missionen in Afrika und Lateinamerika.

167

1707
Bayern versucht vergeblich,
Tirol zu erobern.

1709
Ein Jahrhundertwinter löst
in Europa eine Hungersnot aus.

1716
Frankreich führt als erstes
Land Europas Papiergeld ein.

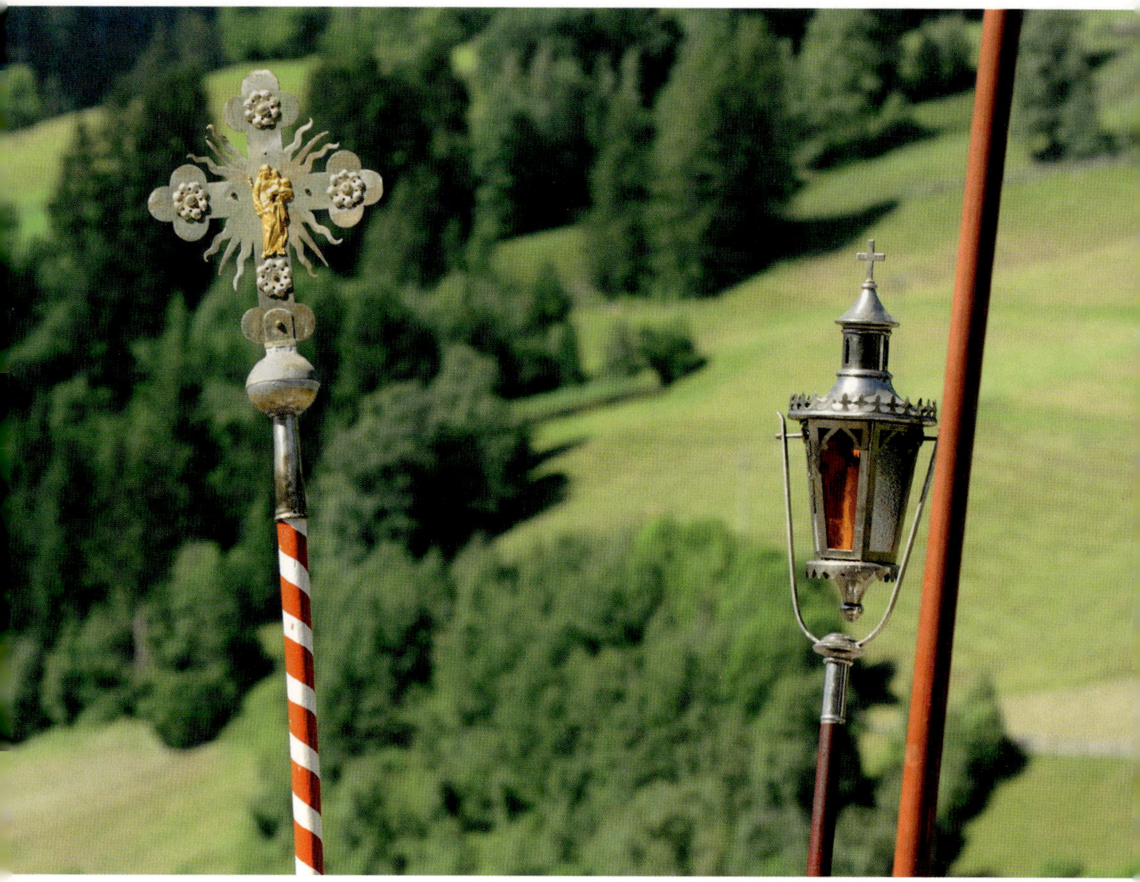

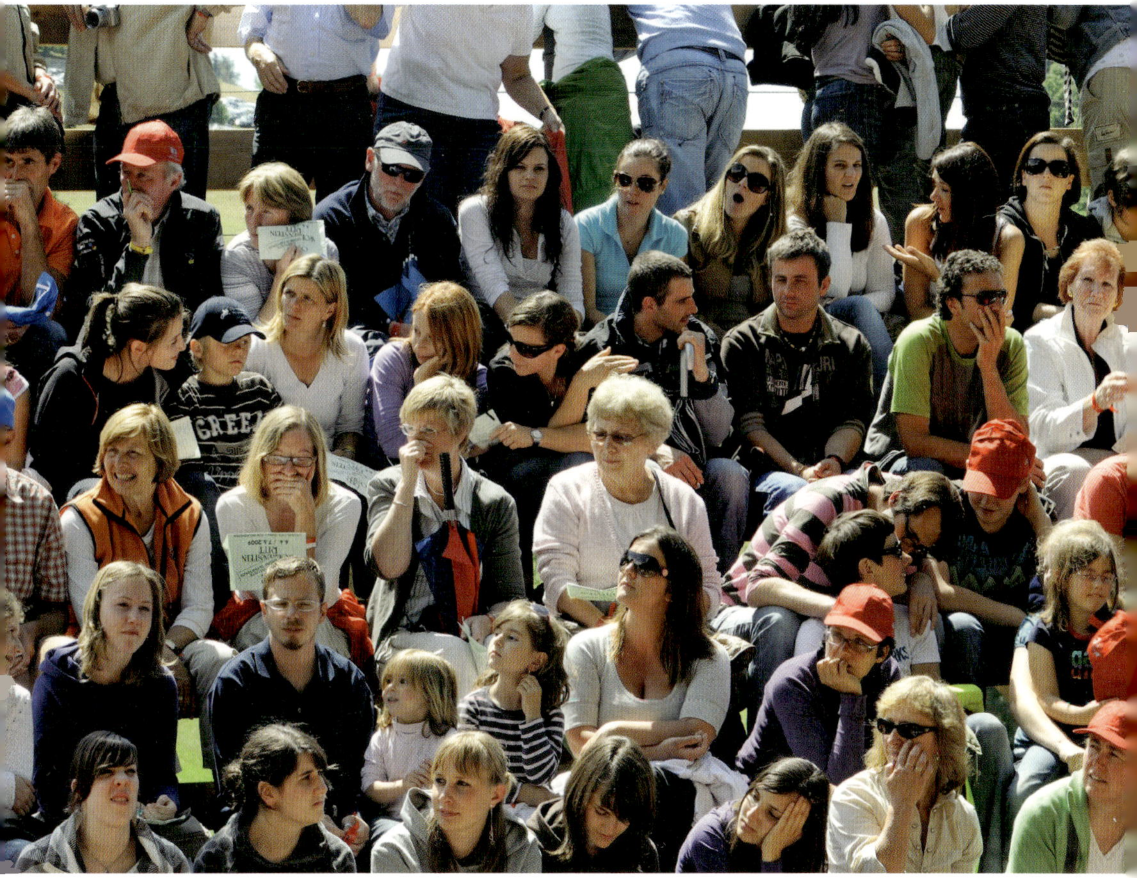

Hans Grießmair

Bräuche – Bausteine unserer Identität
SÜDTIROLER BRAUCHTUM IN ALPENLÄNDISCH-BAYERISCHEN ZUSAMMENHÄNGEN

Region und Kultur

Wie in so manchen Regionen, die sich als starke Bausteine in einem neuen, oft geforderten und viel beredeten vereinten Europa sehen, wird das jeweils Eigene kräftig betont und herausgestrichen. So auch in Südtirol. Selbstverständlich beruft man sich dabei nicht nur auf die Leistungen der Wirtschaft, sondern auch auf Tradition und Geschichte. Dabei erweist sich Tradition als Erscheinungsform der modernen Zeit (Konrad Köstlin), und sie nimmt, wie es scheint, ständig an Bedeutung zu. Vor noch wenigen Menschenaltern war eine derartige Betonung von Tradition nicht gebräuchlich, Tradition war eine Selbstverständlichkeit.

Im Reigen der starken Regionen sieht sich auch Südtirol. Die gefestigte Autonomie erzeugt trotz aller Abhängigkeiten doch ein Gefühl der Eigenständigkeit und verleitet gar nicht wenige zum Gedanken, Südtirol sei schon von jeher auch in kulturellen Belangen etwas Eigenständiges gewesen.

Die folgenden Ausführungen möchten am Beispiel des Brauchtums aufzeigen, in welche Kulturräume wir mit unseren Bräuchen eingebettet sind und in welche Zeittiefen diese Zusammenhänge hinabreichen. Dabei ist einem wahren Verständnis von Region und Regionalismus nachdrücklich das Wort zu reden. Regionen sind nicht künstlich geschaffene politische oder wirtschaftliche Gebilde, sondern gewachsene Kulturräume, die nicht selten über Staatsgrenzen hinwegreichen. Die Bewohner solcher Kulturräume bauen ihr Selbstverständnis auf sehr alte Elemente auf. Da ist zunächst einmal der bewohnte Raum mit seinen Beschaffenheiten und Wirtschaftsmöglichkeiten, die lange gemeinsame Geschichte, die gemeinsame Sprache, die Sitten und Bräuche. Das sind die wesentlichen Elemente, die es ermöglichen, eine Region als ein Gemeinsames zu erkennen, so dass nach Hermann Bausinger die Zuschreibung regionaler Eigenart stattfinden kann. Diese Zuschreibung oder Zuordnung erfolgt von innen und von außen, womit gesagt oder angedeutet ist, dass Region in den Köpfen oder Herzen

> Regionen reichen nicht selten über Staatsgrenzen hinweg.

der Menschen ständig wächst und stattfindet. Sicherlich kommt es dabei auf die Inhalte, auf das Lebendige an, auf die Lebensformen im Fest- und Alltagsleben der Gegenwart und auf die Werte. Für diese Inhalte braucht es auch Gehäuse, und die sind manchmal älter als die Inhalte. Ein solches Gehäuse war in alter Zeit der Volksstamm und ist heute das, was wir Heimat nennen, wenn der Begriff auch etwas altmodisch klingen mag. Auf Heimat beruft sich der Mensch, wenn er sich in großen Räumen und in zentralistischen Machtstrukturen bedroht oder nicht wohl fühlt. Der Inhalt des Gehäuses Heimat oder Region ist die gewachsene und einigermaßen vertraute regionale Kultur. Dazu gehört auch das Brauchtum.

Brauch und Identität

Wenn wir Brauchtum sagen, so wissen wir, dass es sich dabei um einen weiten Sammelbegriff handelt, wie bei Wachstum, Irrtum usw. und dass darin allerlei Vergangenes, Halbvergessenes, Wiederbelebtes, ungebrochen Lebendiges und auch Neues enthalten ist.
Brauchtum macht gesellschaftlichen und sozialen Wandel mit, womit immer auch ein Wertewandel einhergeht. So war es bei der Säkularisierung und ist es heute mit der Globalisierung. Seit den Zeiten der Aufklärung haben so manche Bräuche ihren kultisch-symbolischen Charakter abgestreift, wurden verweltlicht oder, wie es besonders in der Zeit der Spätromantik beliebt war, in mythische Bereiche hinaufinterpretiert. Manche der alten an Kalenderfeste gebundenen Bräuche werden mittlerweile zu Volksfesten, von den hohen Kirchenfesten, den »heiligen Zeiten« wird weithin nur noch der Freizeitwert wahrgenommen. Brauchtum war früher stärker in die Welt des Religiösen eingebunden, heute wird darin öfters zwar auch ein Gegenbild zum Alltag, aber eine Gelegenheit der Erholung und der Unterhaltung gesehen. Dabei beruft man sich stets auf die Tradition und deren Pflege. Eingebettet in große geistige Zusammenhänge ist Brauchtum zu jeder Zeit ein wesentlicher Teil der Fest- und Alltagskultur und ein wichtiger Baustein regionaler Identität.

Bergfeuer am Herz-Jesu-Sonntag

Von der Herkunft der Bräuche

Beim Betrachten der Südtiroler Identität, auch so weit sie auf Traditionen und Brauchtum gründet, ist es durchaus angebracht, auf ein paar Ereignisse von nachhaltiger Wirkung in der Geschichte unseres Landes hinzuweisen.

Die Vor- und Frühgeschichte belehrt uns dahingehend, dass unser Alpengebiet ein paar Jahrhunderte vor Christi Geburt von Kelten besiedelt war, die Räter selbst aber keine Kelten gewesen sein sollen. Von den Kelten her rühren möglicherweise Glaubensvorstellungen, wie die Verehrung des Numinosen, des geheimnisvoll Heiligen auf Bergeshöhen, in Höhlen, Bäumen, vor allem aber in Steinen und Quellen. Manches lebt im christlichen Gewand bis in unsere heutige Zeit, so der Bergkult in der Dreifaltigkeit (Dreiherrenspitz in Prettau); den Quellkult hat der hl. Ulrich, den Steinkult der hl. Wolfgang übernommen.

Ob Kelten oder Räter, im Jahre 15 vor Christi Geburt endete das sogenannte keltische Jahrtausend, und der ganze Alpenraum kam für nahezu fünfhundert Jahre unter römische Herrschaft. Das uns überkommene Erbe aus dieser Zeit sind unter anderem die im Ladinischen erhaltene rätoromanische Sprache, so manche Ortsnamen, zahlreiche in diese Zeit zurückreichende Siedlungen und nicht zuletzt der christliche Glaube. Das Christentum hat ältere Glaubensvorstellungen übernommen, aber umgewandelt. Das Christentum in unserem Land kann auf ein fünfzehnhundertjähriges Wirken zurückblicken. Heidnische Bräuche haben, wie oft irrigerweise angenommen, so lange Zeitspannen nicht überlebt.

Die Zeit der Völkerwanderung

Ein anderes geschichtliches Ereignis von größter Nachhaltigkeit ist die germanische Landnahme im Ostalpenraum. Diese Einwanderung ging weitgehend friedlich vonstatten. Die neuen Herren gründeten ihre Siedlungen neben den alten bestehenden Dörfern. In einer neuen Forschungsarbeit hat Irmtraut Heitmeier dargelegt, dass die Franken bis ins späte 7. Jahrhundert besonders im zentralen Raum des heutigen Tirol, bis ins mittlere Inntal, die politisch und kulturell bestimmende Macht darstellten. Nur im Unterinntal und im Pustertal setzten sich die Bajuwaren bereits gegen Ende des 6. Jahrhunderts fest, weil sie in Kämpfen am Toblacherfeld und bei Lienz die eindringenden Alpenslawen abzuwehren hatten. In einigen Talschaften, besonders im Westen Tirols, blieben die Romanen noch für lange Zeit ein gleichwertiges Element neben den germanischen Einwanderern.

Da sowohl die Franken als auch die Bajuwaren, zumindest ihre führende Schicht, bereits Christen waren, ging das kirchliche Leben in der Völkerwanderung nicht gänzlich unter. Freilich bedurfte es der Missionierung. Dafür sorgten zum Beispiel Wanderbischöfe aus dem fränkischen Raum und aus Irland, etwa Virgil, der Bischof von Salzburg wurde, Kilian in Würzburg, Korbinian in Freising. Für die Ordnung der Diözesen setzte sich um 740 Bonifatius als päpstlicher Legat ein. Wohl wegen des sprachlichen Befundes rechnete er das Bistum Säben nicht zu den bairischen Diözesen. Ein Menschenalter später (799) kam das Bistum Säben zur Kirchenprovinz Salzburg. Große Teile des Landes im südlichen Tirol gehörten zum Bistum Trient und damit zum Patriarchat Aquileia, der Vinschgau unterstand dem Bischof von Chur und im weiteren Sinn dem Metropoliten von Mailand. Die Aufteilung des Landes auf mehrere Diözesen und Kirchenprovinzen wird sich auf die Entfaltung des religiösen Lebens nicht sonderlich ausgewirkt haben, wohl aber auf die Heiligenverehrung und die Wahl der Kirchenpatrone. So verweisen Hermagoras und Fortunat, die Patrone der Urpfarre Albeins in der Nähe von Brixen, auf Aquileia. Dem Bischof Luzius von Chur ist die Pfarrkirche von Laatsch geweiht. Remigius von Reims als Patron der Pfarre Eyrs verweist auf den starken fränkischen Einfluss im Vinschgau. Der hl. Martin von Tours als Schutzpatron und Nationalheiliger der mächtigen Franken strahlte als Ritterheiliger weit über das fränkische Einflussgebiet in die gesamte damalige Christenheit aus.

> Das kirchliche Leben ging in der Völkerwanderung nicht gänzlich unter.

Stammesmäßig beeinflusste Wirtschaftsweise?

Nicht im gleichen Maße wie das von der Kirche geleitete religiöse Leben, aber in nicht zu unterschätzender Weise beeinflusst die Wirtschaftsform das Brauchtum. In den alten Siedlungen und Dörfern der westlichen Täler erstarkte früh der Gemeinschaftssinn, der zur Entstehung von Gemeinden und Markgenossenschaften führte. Die Bildung von Privateigentum wurde im Interesse der Dorfgenossen hintangehalten, zumindest Weide, Alm und Wald blieben im Besitz der bäuerlichen Gemeinschaft. Im regenarmen Vinschgau führte die Notwendigkeit der Bewässerung zur Ausbildung der Wasserwaale, zu einer eigenen Terminologie und zu besonderen Rechtsbräuchen. In den Weinbaugebieten sorgten bestellte Feldhüter, die Saltner, zu bestimmten Zeiten für die Bewachung fremden Eigentums; für die Ordnung bei den Zäunen und Gattern war der Feldsaltner oder Escher zuständig. Waaler, Saltner, Senner und Hirten wurden zu bestimmten Terminen von den Dorfgenossen für ihren Dienst aufgedingt. Streng geregelt waren die Weide- oder Grasrechte auf Gemeindweiden und Almen, davon abhängig waren auch die Zeiten für den Viehaustrieb und die Termine für Almauf- und -abfahrt. Alten Rechtsbräuchen, die zum Teil auf die Lex Baiuvariorum aus dem 8. Jahrhundert zurückgehen, unterlag auch die Holzentnahme aus den Wäldern der Gemeinden oder des Landesherrn.

In den östlichen Tälern Tirols erfolgte die Bildung von bäuerlichen Markgenossenschaften später, es gab dort mehr privates Eigentum an Wäldern und Almen, was sich auch im Rechtsleben und -brauchtum niedergeschlagen hat.

> Die Wirtschaftsform beeinflusst in nicht zu unterschätzender Weise das Brauchtum.

Rodung, Erbrecht und Bauernfreiheit

Im Hochmittelalter, im 12. und 13. Jahrhundert, erforderte das Aufkommen von Städten und Marktflecken eine verstärkte Produktion an Nahrungsmitteln. So wurden auf Betreiben der weltlichen und geistlichen Grundherrschaften die inneren Täler und die sonnigeren Berghänge planmäßig aufgesiedelt. Ein besonderes Kennzeichen dieser Siedlungstätigkeit, die in Oberbayern, im Salzburgischen und in Tirol gleichzeitig vorangetrieben wurde, sind die Schwaighöfe (von ahd. ›swaiga‹, Viehherde). Das sind Bauernwirtschaften, die vorwiegend auf Viehhaltung ausgerichtet waren, als Zins Käse, Butterschmalz, Wolle und Häute ablieferten und vom Grundherrn mit Vieh (Eisenvieh), Salz und Brotgetreide unterstützt wurden. Dadurch erfolgte eine Ausweitung des Siedlungsraumes und eine Verselbständigung und Spezialisierung der Viehwirtschaft, gleichzeitig ging aber auch die Autarkie, die bäuerliche Selbstversorgung zurück. Diese von den Adelssitzen weit abgelegenen Schwaighofbauern waren zu Frondiensten nicht so leicht heranzuziehen. So machte nicht nur Stadtluft, sondern auch Rodung frei. In dieser Zeit nahmen auch die verschiedenen Hauslandschaften, Aussehen und Funktion der Bauernhöfe allmählich

Alm am Rittner Horn

Bauernhöfe im Schnalstal

Gestalt an, wie wir sie auch heute trotz vieler Veränderungen noch als prägend empfinden. In den alten Siedlungen entstanden die eng verbauten Dorfkerne, in Stein oder Mischbauweise errichtet; die jüngeren Siedlungen weisen eine lockere und in Weilern und Einzelhöfen verstreute Bauweise auf. Es ist nicht einerlei, ob Menschen in dichtem oder lockerem Verband zusammenleben, es schlägt sich in Lebensformen, in Bräuchen nieder.

Das spätere Mittelalter brachte auch eine gewisse persönliche Freiheit auf für die einfachen Leute in Stadt und Land mit sich. Die Leibeigenschaft löste sich auf, aber die Bauerngüter blieben weiterhin im Eigentum der Grundherrschaften. In Tirol entwickelte sich früher als anderswo, bereits im Lauf des 14. Jahrhunderts, die *Erbleihe*. Der *Baumann*, so wird der Bauer in den Urkunden oft genannt, konnte mit Zustimmung des Grundherrn den Hof frei, das heißt nach Zahlung entsprechender Steuern, vererben.

Das hat sicherlich zur Herausbildung eines selbstbewussten Bauernstandes beigetragen. Die *Verstuckung*, die fortschreitende Güterteilung, bereitete auch den Tiroler Landesherren Sorge. So wurde die Güterteilung nach Möglichkeit untersagt, und es bildete sich das Anerbenrecht heraus, wonach die Bauernhöfe ungeteilt – bei großen Gütern gab es wohl Ausnahmen – an einen der Söhne weitergegeben werden sollten. In manchen Gegenden blieb das ältere Realteilungsrecht bestehen und führte zu einer gewissen Verarmung, zu zeitweiliger Wanderarbeit. Hier sei auf die Schwabenkinder aus dem Vinschgau und dem Oberen Gericht, Gegenden mit traditioneller Realteilung, hingewiesen. Das Anerbenrecht sicherte den Besitz und den Bestand größerer Bauernhöfe. Daraus erwuchs auch ein anderes Familiengefüge: Ein Sohn erbte den Hof, die Geschwister, die weichenden Erben konnten mit geringer Abfertigung ihres Weges ziehen oder als ledige Knechte oder Mägde am Heimathof arbeiten. Andernfalls wurden familienfremde Dienstboten angestellt, die gewissermaßen zur Familie gehörten. Im Zusammenleben der Dienstboten in ihrer eigenen Hierarchie hat sich ein besonderes Brauchtum herausgebildet, die bürgerliche und bäuerliche Großfamilie hat Bräuche gebraucht und geschaffen.

Anerbenrecht: Die Bauernhöfe sollten ungeteilt weitergegeben werden.

Bräuche als Niederschlag geschichtlicher Ereignisse

Es gab in der Geschichte unseres Landes immer wieder Zeiten und Ereignisse, die auf das Verhalten der Menschen nachhaltig eingewirkt haben. Das gilt sicherlich von den Naturkatastrophen, die um die Mitte des 14. Jahrhunderts über die Länder des mittleren Alpenraumes hereingebrochen sind. So manche Sage erinnert an den Schwarzen Tod, der die Menschen mancher Dörfer oder Täler fast ausgerottet haben soll, und heute noch bestehende Bittgänge und Wallfahrten sind Frucht von

Bauernhof im Sarntal

Gelöbnissen, die in den damaligen Pest- und Hungerzeiten abgegeben wurden. Der berühmte dreitägige Bittgang der Gadertaler Pfarreien zum hl. Kreuz nach Säben, der nun alle drei Jahre abgehalten wird, und der zweitägige Bittgang der Ahrntaler zur Kornmutter nach Ehrenburg gehen, so darf man annehmen, in diese Krisenzeiten zurück.

Besonders nachhaltig auf das religiöse und geistige Leben aller Stände hat sich die Gegenreformation, die katholische Reform ausgewirkt, deren Hochburgen Tirol, Salzburg und Bayern wurden. Die geistigen Vorreiter waren die Jesuiten. Sie beeinflussten das Bildungswesen, brachten das Schultheater zur Hochblüte und betätigten sich auch in der Volksmission. Bedeutende Leistungen auf dem Gebiet des Schultheaters schuf der aus Innichen stammende und in München wirkende Matthäus Rader SJ (1561–1634). Er verfasste auch die »Bavaria Sancta et Pia«, Legenden über die Heiligen und Seligen des Bayernlandes, worin auch die Tiroler Heiligen mit eingeschlossen sind.

Predigt und Volksmission waren das Wirkungsfeld der Kapuziner, die sich mehr an das einfache Volk wandten und dessen Frömmigkeit und Glaubensleben formten. Die Volksmission war besonders dem aus ältestem Tiroler Adel stammenden Brixner

Ostergrab in Albeins bei Brixen

Fürstbischof Kaspar Ignaz von Künigl (1702–1747) ein Herzensanliegen. Durch die Volksmission – besondere Verdienste erwarb sich dabei der Jesuit P. Christoph Müller (gest. 1766) – wurde Tirol zum viel gerühmten »Heiligen Land Tirol«.

Die Aufklärung, die einen Zeitraum von gut fünfzig Jahren umfasst, hat den barocken Lebensstil und den frommen Sinn in den katholischen Alpenländern nicht ganz auszulöschen vermocht. Nach den Maßnahmen und Verboten unter Kaiser Josef II. erregte die Regierung des Königreichs Bayern, zu dem Tirol zwischen 1805 und 1813 gehörte, durch Unterdrückung religiöser Bräuche den Zorn des einfachen Volkes und trug dazu bei, dem Aufstand von 1809 den Boden zu bereiten.

Nach den napoleonischen Kriegen blühte das Wallfahrtswesen wieder auf, Heilige Gräber wurden wieder aufgestellt und die Weihnachtskrippe hielt wieder Einzug in Kirche und Haus. So manche Feiertage wurden zwar von der Beamtenschaft und den hohen Vertretern des Staatskirchentums als pure Zeitverschwendung abgetan, jedoch nicht gänzlich abgeschafft. In der Zeit der Aufklärung hatte Papst Klemens XIV. um 1770 viele kleinere Feiertage aufgehoben. Besonders wirksam war diese Bulle nicht. Bis zum Beginn des Ersten Weltkrieges wurden die Bauernfeiertage wie eh und je gehalten.

Das Jahr im Brauchtum

Kriege und technischer Wandel, Veränderung der Arbeitswelt, vollständiges Auflassen des einstigen Autarkiedenkens bezüglich Ernährung und Kleidung haben dem alten Arbeitsbrauchtum ein Ende bereitet, sowohl bei den Handwerkern als auch bei den Bauern. In kleinen Inseln haben sich noch schmale Reste und Erinnerungen erhalten. Wenn wir anhand des Brauchtums das Jahr durchwandern, so sehen wir, dass es sich bei dem, was über einen weiteren Raum hin Bestand hat, zum größeren Teil um religiöses Brauchtum handelt. Von den Möglichkeiten, das Brauchtumsjahr beginnen zu lassen, erweist sich der Anfang des alten Bauernjahres am sinnvollsten.

Von Lichtmess bis Ostern

Mit Maria Lichtmess, am 2. Februar, endete bis vor nicht langer Zeit der Weihnachtsfestkreis, in welchem allzu weltliches Treiben nicht gerne gesehen war. In ganz Altbayern, somit auch in Südtirol, galt Lichtmess als Termin des Dienstbotenwechsels, allgemein als *Schlenggln* bekannt, was in Gebieten des Anerbenrechts mit größeren Bauerngütern mit viel Gesinde eine wichtige Angelegenheit war. Gute *Ehehalten,* Dienstboten, wurden schon früher, am Ende der Erntezeit, spätestens zu Martini (11. November) *aufgedingt* oder angeworben, die anderen wurden zu Lichtmess gekündigt. Die Gepflogenheiten um Lohn, Handgeld, Ziehtag und Freinächte waren in diesem Kulturkreis, ob Bayern, Pinzgau oder Tirol, weitgehend gleich bis hin zu den Lichtmess- oder *Schlengglmärkten,* wo sich Knechte ohne Arbeitsplatz mit dem Löffel oder Strohbuschen am Hut, die Mägde mit verschieden farbenen Strümpfen einfanden.

> Der Fasching hat in den einzelnen Gegenden einen unterschiedlichen Stellenwert.

Am Oberrhein und im alemannisch geprägten Südbayern ist die Verehrung der hl. Agatha verbreitet, deren Fest auf den 5. Februar fällt. Sie gilt als Fürsprecherin gegen Feuergefahr, wegen ihrer im Martyrium abgeschnittenen Brüste als Patronin gegen Brustleiden und wegen der später erfolgten Umdeutung der Brüste in Brote als Brotheilige.

Zwischen die großen Festkreise von Weihnacht und Ostern fällt der Fasching, der in den einzelnen Gegenden unseres Brauchgebietes einen unterschiedlichen Stellenwert hat. Die Bezeichnungen der einzelnen Tage in dieser närrischen Zeit, wie *unsinniger Pfinztag, rußiger Freitag, schmalziger Samstag, Herren-Fasnacht* und *Bauernfasnacht*, verweisen auf kulturräumliche Zusammenhänge in Tirol und in Teilen Bayerns. Maskieren, Gabenheischen oder nach bestimmten Regeln auch Stehlen sind allgemeine Bräuche. Es lässt sich aber doch feststellen, dass in den westlichen, dem Alemannischen benachbarten Gebieten Bayerns und Tirols die großen organisierten Fasnachten stattfinden, in Thaur und Axams bei Innsbruck, in Telfs, Imst und Nassereith im Oberinntal. In Südtirol gibt es da noch den *Egetmann* in

Tramin. Nach Richard Staffler gab es einst auch noch andere Egetmannumzüge in den Dörfern entlang der Etsch. Dieser Brauch ist mit dem einst im Allgäu üblichen *Eggaspiel* verwandt, bei dem im Zeichen der Verkehrten Welt die Feldarbeiten der Bauern in unsinniger Weise vorgeführt wurden. Große Faschingsumzüge wie das *Schellenrühren* und *Jacklschutzn* wurden in Garmisch und im Werdenfelser Land aufgeführt, berühmt ist auch der *Schäfflertanz* in München, ein »Verwandter« des Bozner *Bindertanzes,* welcher aber nicht zu den Fasnachtsveranstaltungen zählt.

Der erste Sonntag in der Fastenzeit heißt im Bodenseegebiet, in der Schweiz und im Allgäu *Funkensonntag*, im Vinschgau *Scheibschlag-* oder *Kassunntig,* im Burggrafenamt war der Ausdruck *Holepfannsonntag* gebräuchlich. Den Brauch, strohumwickelte brennende Räder von Bergen und Hügeln herabrollen zu lassen, beschreibt auch Sebastian Franck im Buch »Wahrhaftige Beschreibung aller Teile der Welt« (1567). Das einst große Brauchtumsgebiet des Scheibenschlagens hat sich auf kleine Inseln des Alpengebietes zurückgezogen. Im Vinschgau gesellt sich zum Brauch des Scheibenschlagens und des Abbrennens der mit Stroh umwundenen *Larmstangen*,

Egetmannumzug in Tramin

die auch die Bezeichnung *Hexe* tragen, auch noch der Brauch des Abrechnens bezüglich der Almbewirtschaftung und der Beauftragung der Hirten und Senner für den nahen Sommer. Es fanden Käsemärkte statt, um sich mit der Fastenspeise zu versorgen, daher der Name *Kassunntig*.

In den katholischen Gegenden Bayerns und Österreichs, somit auch in Tirol, kam in der Zeit des Barock die Verehrung des hl. Josef (19. März) in Übung, der andere Landespatrone, wie in Tirol den hl. Georg, in dieser Rolle ablöste.

Das Osterfest wird in allen katholischen Ländern von nahezu gleichem Brauchtum umrahmt. Weitum geübt waren die Gebräuche um den geweihten Palmbuschen sowie der Glaube an die wetterbannende Kraft der Zweige und die vermeintlich heilsame Wirkung der geschluckten oder in die Ohren gesteckten Palmkätzchen. Die Freude an hohen Palmstangen ist im Wachsen. Gemeinsam sind dem großen Kulturraum die aus der österlichen Feuer- und Wasserweihe herzuleitenden

Scheibenschlagen in Kortsch, Vinschagu

Bräuche, ebenso die Bräuche um das Osterei und die Eierspiele samt ihren Bezeichnungen.

Der hl. Georg war immer viel verehrter Bauernpatron, und sein Festtag, der 23. April, ein wichtiger Bauernfeiertag, ein Zins- und Zahltag im Rahmen der Grundherrschaft. Im Alpengebiet begann zu Georgi der Weidegang, daher hielten auch die Hirten ihren Einstand mit eigenen Bräuchen, wie beispielsweise mit dem *Goaßlschnölln*. Manche der zahlreichen Kapellen und Kirchen zum hl. Georg sind sehr alt, zum Beispiel St. Georg in Taisten und St. Georgen bei Bruneck, und reichen nahezu in die frühe Zeit der bajuwarischen Landnahme zurück.

Eine gewisse Bedeutung im Rechtsbrauch der agrarischen Welt hatte auch der 1. Mai, der *Maientag* und die Nacht davor, die bekannte Wallpurgisnacht, war eine der Frei- oder Störnächte, wo die Burschen allerlei Schabernack treiben durften. In den Gebieten Altbayerns verbreitet ist der Maibaum. Das ist ein Ehrenbaum, der in abgewandelter Form im geschmückten Firstbaum (bei der Fertigstellung des Dachstuhles beim Hausbau) und beim *Bandltanz*, wie ihn auch hierzulande die Volkstanzgruppen vorführen, auftritt. Beim Maibaumsetzen treten wie beim Tiroler *Kirchtagmichl* die Stehlrechte in Aktion. Der Baum wird zwar nicht mehr im Wald gestohlen, muss aber nach wie vor die Nacht über bewacht werden. Ein entwendeter Mai- oder Kirchtagmichlbaum ist eine fast untilgbare Schmach für das bestohlene und eine Riesengaudi für das »siegreiche« Dorf.

> Ein entwendeter Maibaum ist eine fast untilgbare Schmach.

Auf vorchristliche Gebräuche, zur Zeit des Wachstums Flurumgänge abzuhalten, geht unsere Bittwoche zurück. Es ist die Woche um das Fest Christi Himmelfahrt, die auch als *Auffahrtswoche* bezeichnet wird. Bereits gegen Ende des 8. Jahrhunderts hat Papst Leo III. die Bitt-Tage für die ganze Kirche eingeführt. Im Laufe der Zeit sind viele Umgänge entstanden, von einem Kirchdorf zum anderen und auch zu entfernten Wallfahrtszielen. Hier seien der schon erwähnte Ahrner Kreuzgang nach Ehrenburg am Freitag und Samstag der *Auffahrtswoche* und der am Mittwoch der Bittwoche abgehaltene Kreuzgang der Welsberger nach Enneberg genannt.

Bräuche des Hochsommers

Dass sich in den katholischen Ländern zur Zeit des Barock überall die Fronleichnamsprozession – in den östlichen Teilen Tirols ist für Fronleichnam auch heute noch die Bezeichnung *Antlass* gebräuchlich – zu einem öffentlichen Glaubensbekenntnis aufschwingt, ist allgemein bekannt, weniger, dass es sich dabei um den feierlichsten Flurumgang mit Wettersegen handelt.

Am 15. Juni ist St. Veit, ein früher wichtiger Bauerntermin als Beginn der Heumahd und der Almauffahrt. St. Veit war auch ein Zinstermin, an welchen noch lange Zeit die Huhnopfer erinnerten.

Ein Heiliger, dessen Fest nicht von ungefähr in die Zeit der Sommersonnenwende fällt, ist Johannes der Täufer. Ob die Feuer zu Ehren des Heiligen oder zur Feier der Sommersonnenwende abgebrannt wurden und wie sich das einst weithin übliche Scheibenschlagen zuordnen lässt, ist schwer zu sagen.

Am Tag der beiden Wetterherren Petrus und Paulus (26. Juni) wird auch das Gedächtnis des Trientner Bistumspatrons Vigilius begangen, auch im Dom zu Passau. Den Wetterherren galt weitum hohe Verehrung, auf den Wettersegen und auf das Wetterläuten haben die bäuerlichen Menschen überaus viel gehalten. Es hat ihren Zorn erregt, als diese Bräuche als Aberglaube abgetan wurden. Überall in unseren Breiten wurden Pfarrer und Mesner mit Korn für Wettersegen und Wetterläuten entlohnt.

Dem Gedeihen des Getreides hat man mit mancherlei Brauchtum nachgeholfen.

Fronleichnamprozession in Sarnthein

Nach altem Glauben ging ein bösartiger Korndämon, der *Bilwisreiter* oder *Bilmesschneider*, wie er in Bayern genannt wurde, während des Betläutens am Vorabend von Johannes dem Täufer oder gar während der Fronleichnamsprozession um, um die Kornfelder zu verwüsten. Dagegen half, jedenfalls dem Glauben nach, das Betläuten kurz zu halten oder die Schalen der geweihten *Antlasseier* und selbstverständlich der vierfach gespendete Wettersegen bei der feierlichen Prozession. Allgemein waren einst auch die Opferbräuche um die letzte Garbe auf dem Acker und um den letzten Schlag beim Dreschen.

Zwei Frauen, Margareth (20. Juli) und Magdalena (22. Juli), gelten als Wetterheilige. Magdalena ist auch ein Termin für Almkirchtag und Almsegen. Auf Gemeinschaftsalmen war im Gefüge alten Wirtschaftsbrauchtums das Milchmessen wichtig, um Ertrag und Kosten der Alpung zu errechnen. Solche Tage waren auch Jakobi (25. Juli) und Barthlmä (24. August). Als Almkirchtag war sicher Jakobi der wichtigste Tag. Über das ganze *Alpengebiet* hin fanden da auf den Hochsiedlungen Kampfspiele statt, das *Jagglschutzn* und das *Ranggln*, ein Volkssport, der sich in Tirol, in Salzburg und Bayern von alters her bis in unsere Tage großer Beliebtheit erfreut.

Der höchste Feiertag im Sommer ist der Hohe Frauentag (15. August), jedenfalls in Tirol und im katholischen Bayern. In Tirol feiern viele bedeutende Gotteshäuser, angefangen von den Domen in Brixen und Bozen, das Patrozinium. Mancherorts finden auch Prozessionen statt, überall aber die Segnung von Blumen und Kräutern, die zum *Weihebuschn* gebunden sind. In ganz Tirol ist der Hohe Frauentag auch Landesfeiertag.

Herbstzeit

Der September beginnt mit dem Fest des Nothelfers Ägidius. Der 1. September gilt allgemein als Lostag und kündigt den Herbst an. In der Pfarrkirche zu Raas bei Brixen findet eine Brotspende statt, ein Rest alter kultischer Mahlgemeinschaften, wie sie in früherer Zeit bei Begräbnissen, Jahrtagen oder auch zur Kirchweih für die Dorfarmen ausgeteilt und abgehalten wurden. Bis in die josefinische Zeit und noch weiter herauf wurden in Lüsen und in Onach von der Nachbarschaft gespendete Stiere geschlachtet und das gesottene Fleisch zusammen mit Brot an die von weitum herbei geströmten Armen ausgeteilt.

Zur Herbstzeit, in den Monaten September und Oktober, feiern zahlreiche Pfarrdörfer ihren Kirchtag im Gedenken an die Weihe der Kirche. Das ist ein Fest, das vor allem wegen des guten und vielen Essens beliebt war und auf das sich die Dorfarmen, die Taglöhner und die Dienstboten freuten. Von auswärts wurde die *Freunschaft,* das heißt, die Verwandtschaft zum Essen geladen. Inbegriff des guten Kirchtagessens waren die Krapfen, Küchel oder *Kirtanudeln*, wie sie in Bayern heißen. Abgesehen von festlichen Gottesdiensten wird als Zeichen der Kirchweih eine Fahne, der Zachäus, ausgehängt oder, was im Pustertal der Fall ist, der Kirchtagmichl-Baum aufgestellt. Der *Zachäus* hat den Namen vom Oberzöllner im Evangelium, der auf den Baum stieg, um Jesus zu sehen; der *Michlbaum* hat vieles mit dem Maibaum gemeinsam, nur ist unbekannt, woher der Name *Michl* kommt. In Nordtirol heißt die Puppe *Tirolerbua*.

Kulturelle Gemeinsamkeit in Brauch und Volksglauben

Es lässt sich nicht übersehen, dass die Bräuche um den Kirchtag in den Gegenden Bayerns und Tirols, wo durch das Vorherrschen des Anerbenrechts größere Bauernanwesen mit damit verbundenen sozialen Verhältnissen deutlicher ausgeprägt sind als etwa im Westen Tirols und in Gegenden der Realteilung mit ihrer gleichmäßigeren sozialen Schichtung. Ähnlich verhält es sich auch mit den Bräuchen um die Almabfahrt. Zu den Symbolen kultureller Gemeinsamkeit in Brauch und Volksglauben zählt die hl. Notburga (13. September), die um 1300 im Unterinntal gewirkt hat und in Eben am Achensee begraben liegt. Ihre Verehrung wurde im 17. und 18. Jahrhundert besonders von den Jesuiten stark gefördert und verbreitet. Dabei wurde Notburga ob ihrer Demut und Dienstbeflissenheit den Frauen und Mägden als Beispiel vorgestellt. Ihre Verehrung hat sich vom Unterinntal aus hauptsächlich in das östliche Tirol und weit nach Bayern hinein verbreitet.

Almabtrieb zu Barthlmä, Ritten

Prozession zu Maria Himmelfahrt, Ritten

Zu den bedeutenden Brauchterminen gehört das Fest des Erzengels Michael am 29. September. Von da an erklang das Betläuten, das heißt die Aveglocke, am Morgen etwas später, am Abend früher, was nicht heißt, dass der Arbeitstag recht viel kürzer geworden wäre. Von da an mussten die Handwerker bei Licht arbeiten. Von *Micheli* an bis *Georgi* (23. April) gab es meist auch eine Zwischenmahlzeit weniger. »Der Michl nimmt's, der Jörgl bringt's«, lautete ein bekannter Spruch. Eine Besonderheit des östlichen Tirol und des angrenzenden Salzburger Raumes sind die Goldenen Samstage, die drei auf Micheli folgenden Samstage. In diesen Gegenden gibt es viele, wenn nicht vorwiegend Privatalmen, was mit der Besitzstruktur im Gebiet mit traditionellem Anerbenrecht zusammenhängt, und an diesen Goldenen Samstagen finden die Almabtriebe statt, zumeist recht feierlich mit glockenbehangenen und kranzgeschmückten Kühen.

An den Goldenen Samstagen finden die Almabtriebe statt.

Ein Heiliger der altbayerischen Gebiete ist der hl. Wolfgang (31. Oktober), der in Tirol und besonders in Österreich viel verehrt wird und mehrere Kirchen mit Quellen und Durchkriechsteinen, sogenannten *Schliefsteinen,* hat. Wolfgang ist der Erbe alter Steinkulte. Allgemein ist der mittelalterliche Allerseelenglaube, der das Brauchtum zu Allerheiligen und im Monat November prägt. Es ist der Glaube, dass die Lebenden durch Gebet und besser noch durch gute Werke den Toten im Fegfeuer helfen können, dass aber auch die Armen Seelen sich für diese Tröstung hilfreich erweisen. Daraus ergab sich eine größere Neigung zur Wohltätigkeit gegenüber den Armen, die sich in Brotspenden und auch in den Gaben an die Patenkinder, in Lohnzugaben, *Besserung* genannt, in Gestalt von Naturalien an Taglöhner und Handwerker zeigte. Organisierte Gruppen gingen auch vermummt auf Bettelfahrt, so etwa die Ultner, Lienzer und Pfunderer Krapfenbettler, und heute noch gibt es die Ahrner *Pitschelesinger*. Alle brachten sie gereimt oder gesungen gute Wünsche an den Haustüren vor und wollten beschenkt sein.

An wichtigen Brauchtagen hat der November neben dem Jägerpatron Hubertus (3. November), der fast europaweit von Freunden des Weidwerks mit besonderen Bräuchen in Ehren gehalten wird, auch noch Leonhard (6. November) und Martin (11. November). Leonhard wird besonders in Bayern, Salzburg, aber auch in Tirol als Beschützer der Haustiere, ganz besonders aber der Pferde verehrt und war deshalb ein Schutzpatron der Großbauern und Fuhrleute. Ihm zu Ehren gab es Votive aus Eisen, vor allem in der Gestalt von Rindern und Pferden. Diese eisernen Votivgaben gelten so recht als bairisches Stammesgut und kommen in Tirol westlich von Innsbruck nicht mehr vor. Leonhard wird manchmal *bayerischer Herrgott* genannt, was aber eine späte Gelehrtenbezeichnung ist. Bis auf den heutigen Tag sind in gewissen Gegenden auch die Pferdeumzüge mit Pferdesegen beliebt, mancherorts, zum Beispiel in St. Leonhard in Abtei, blüht das Pferdebrauchtum neu auf.

Als Nationalheiliger des mächtigen und kulturtragenden Frankenreiches hat der hl. Martin weithin Verehrung gefunden, zahlreiche Kirchen tragen seinen Namen und sein Fest am Ende des Erntejahres ist mit reichem Brauchtum umrankt. Zu Martini endete früher auch das Arbeitsjahr der Weinbauern, die Saltner wurden entlohnt und vom Bauern gemeinsam mit anderen Taglöhnern und Helfern zur *Torggl* geladen, zum Verkosten des neuen Weines; daraus ist das nunmehr so florierende *Törggelen* entstanden. »Trink Martinswein und Gäns iss«, empfahl schon im Spätmittelalter Oswald von Wolkenstein. Gänse gehörten wohl auch zu den Abgaben, welche die Bauern zu diesem wichtigen Zinstermin neben anderen Naturalien wie Korn und Wolle an ihre Grundherren zu entrichten hatten. Martini ist auch ein Zeitpunkt für viele große Jahrmärkte, die ja auch sonst öfters mit Zins- und Zahltagen zusammenfallen. Nach den Schmausereien zu Martini kam noch die Kalte Kirchweih, nämlich Kathrein (25. November), mit den traditionellen Tanzveranstaltungen, dann war es aus mit den Lustbarkeiten: Es begann die vorweihnachtliche Fastenzeit, der Advent.

Der Weihnachtsfestkreis

Das kirchliche Brauchtum im Advent ist den katholischen Gegenden weitgehend gemeinsam. Da sind die Rorateämter oder Goldenen Ämter zu nennen, die sich regster Teilnahme des gläubigen Volkes erfreuten. Zu Beginn des Advents stehen die zwei Heiligenfeste von Barbara und Nikolaus, die mit ihrem Brauchtum teilweise auf das nahe Hochfest von Weihnachten verweisen: das Erblühen der Barbarazweige und die Gabenspenden des hl. Nikolaus.

Die Legenden dieses im ganzen Abendland beliebten Heiligen eigneten sich für das geistliche Spiel, wie es im Mittelalter an Kloster- und Domschulen gepflegt wurde. Ein Schülerbischof mit großer Begleitung spielte den mildtätigen Heiligen, zum Guten musste sich auch der Böse und Strafende gesellen, und so war das Gerüst für die heutigen Nikolausumzüge gegeben. Das einfache Spiel wurde nach und nach mit Szenen mit allerlei Lastern, komischen Figuren, Tod und Teufel erweitert und zu einer Art Jedermann oder Dr. Faustus-Spiel. Aus dem Unterinntal, aus dem Salzburgischen und dem Zillertal gelangten Spieltexte nach Prettau, wo die zur Winterszeit meist arbeitslosen Bergknappen an der Gestaltung solcher Spiele Gefallen fanden. Vom Ahrntal aus verbreitete sich das Nikolausspiel über das ganze Pustertal.

Das Erblühen der Barbarazweige und die Gabenspenden des heiligen Nikolaus

Im Advent fällt ein Brauchtum auf und auch etwas aus dem Rahmen, nämlich das *Glöckln, Anklöpfln,* in Südtirol *Klöckln* genannt. Vorwiegend an den drei ersten Donnerstagen im Advent ziehen Gruppen von jungen Leuten zu den Häusern, um dort gegen gute Wünsche beschenkt zu werden. Das wird wohl der Kern dieses Brauches sein, bei dem sich aber Herbergsuche, Neujahrswünsche, Heischen, Beschenken, Rügen, Vermummen und Lärmen zu einem unentwirrbaren Knäuel mischen. Das

Klöckln ist seit dem Spätmittelalter als weit verbreiteter Ansingbrauch mit Neujahrswünschen bekannt und lag in den Händen der Jugend, aber auch der Kirchensänger, deren Dienst besonders im Advent wegen der vielen Rorateämter und dann wegen der Feiertage in der Weihnachtszeit anstrengend genug war, und die solcherart gewissermaßen ihre bescheidene Entlohnung einsammelten.

Luzia (13. Dezember) ist in Südtirol nicht wie in vielen anderen Gegenden zur Schrecken erregenden *Lutzelfrau* geworden, dafür gehen andere unheimliche Gestalten um, wie im Sarntal die *Lisl*, die besonders jenen gefährlich wird, die am letzten Donnerstag vor Weihnachten oder gar in der Thomasnacht (21. Dezember) noch als *Klöckler* umgehen. Es eine Gestalt wie die *Percht*. Von der bedrohlichen *Percht* mit eiserner Nase berichtet schon um 1400 Hans Vintler in seinem Werk »Die pluemen der tugent«. Zu den Bräuchen rund um die vorweihnachtliche Herbergsuche zählt auch das Frautragen, wie es im Salzburgischen geübt wird und auch im Ahrntal bekannt ist.

In einem weiten räumlichen Rahmen stehen die Bräuche, wie sie heute in unserem Land in Übung oder noch in Erinnerung sind. Vom geheimnisvollen Zauber, der einst die Zeitspanne der Zwölf Nächte umgab, ist nicht mehr viel übrig geblieben. Besonders in der Christnacht war nach altem Glauben nicht nur der Himmel offen, sondern auch die Unterwelt entließ ganze Scharen von Geistern. Auch die zu den drei Großen Rauchnächten übliche Hausräucherung war nicht nur von gläubiger Anheimstellung, sondern auch von ängstlich-abergläubischen Gedanken durchdrungen. In unserem Brauchgebiet hat sich zur Krippe, die zur Barockzeit von Kirchen und Klöstern aus Einzug in die Bürger- und Bauernhäuser hielt, im Laufe des späten 19. und vor allem im 20. Jahrhundert der Christbaum dazu gesellt, der heute neben den Geschenken das alles überstrahlende Weihnachtssymbol geworden ist.

Der Christbaum kommt im späten 19. und vor allem im 20. Jahrhundert auf.

Weit verbreitet ist noch der Brauch, am Stephanstag (26. Dezember) Wasser und Salz zu weihen, fast vergessen ist allerdings der Pferdesegen. Der Stephanstag wird auch als zweiter Weihnachtstag bezeichnet und ist wie der Oster- und Pfingstmontag den hohen Kirchenfesten als nicht kirchlich gebotener Feiertag beigefügt, damit auch die Geselligkeit zu ihrem Recht kommt.

Das Fest des hl. Johannes des Evangelisten (27. Dezember) hebt sich durch die Johannesminne hervor, den Brauch, Wein zu weihen und davon den Minnetrunk als Zeichen liebevoller Gemeinschaft zu nehmen. Früher gab es manche Gelegenheit zum Minnetrinken, am Fest des hl. Martin, Sebastian, Blasius usw.

Der Beginn des neuen Kalenderjahres, der seit 1691 auf den 1. Jänner festgelegt ist, hat in der letzten Zeit viele Bräuche des Übergangs mit Glückwünschen und Glückssymbolen, Lärmbräuche mit Böllern und Schießen und andere magische Verrichtungen auf sich gezogen.

Wenn sie überhaupt noch geübt wird, dann findet die Hausräucherung am Dreikönigsabend statt und mit dem frisch geweihten Dreikönigswasser werden das Haus, die Hofstatt und das umliegende Feld besprengt und dem Segen Gottes anempfohlen.

Räumlich nicht einzugrenzen ist der Brauch des Sternsingens, das aus liturgischen Spielen des Mittelalters hervorgeht, zum Bettel- und Kinderbrauch abgesunken war, aber nach dem Zweiten Weltkrieg neu belebt und vorwiegend zu einem Anliegen der kirchlich organisierten Jugend wurde, die selbstlos für mildtätige Zwecke sammelt. In diesen Brauch fließt die alte Hausräucherung ein. Damit hat der Weihnachtsfestkreis seinen Höhepunkt überschritten.

Der Jänner kennt als wichtigen Brauchtermin noch das Fest des Pestheiligen Sebastian (20. Jänner), der weitum große Verehrung genießt. Mit dem Weihnachtsfestkreis endete zu Maria Lichtmess auch das alte Bauernjahr, das mehr als das bürgerliche Jahr oder das Kirchenjahr dem Lauf der Natur angepasst ist. Was Johannes Thurmair (gest. 1534), genannt Aventin, von der religiösen und allgemeinen Lebenseinstellung seiner bairischen Landsleute gesagt hat, galt und gilt weitgehend auch von den Tirolern: »Das baierisch volk ist geistlich, schlecht und gerecht, get, läuft gern kirchfehrten, hat auch viel kirchfahrt […] bleibt gern daheim, sitzt gern beim Wein […]«. Es gibt genug gemeinsame Wesenszüge.

Hinweise auf das Lebensbrauchtum

Neben dem Jahresbrauchtum gibt es noch so manche Äußerungen der geistigen Volkskultur, die den Menschen in bestimmten Räumen gemeinsam sind oder die in der materiellen Volkskultur in Leitmotiven sichtbar werden.

Gemeinsamkeiten dieses Kulturraumes werden auch im Lebensbrauchtum sichtbar. Da gab es einen auffallenden Hang zu großen Hochzeiten. Die gereimten Sprüche der Hochzeitslader sind über weite Räume hin ähnlich, fast austauschbar, ebenso die Bräuche und Reime beim *Klause-* oder *Zaunmachen,* die als Reste alter Loskaufbräuche lange Zeit weitergelebt haben und im gewandelten Sinn noch weiterleben. Das gilt auch von den Stehlbräuchen rings um die Hochzeit, dem *Brautstehlen* und *Bettstehlen.* Mit den kirchlichen Hochzeiten sind auch diese Bräuche weitgehend abhanden gekommen.

Von den Bräuchen, die das Menschenleben von der Wiege bis zur Bahre begleiten, hat sich das Totenbrauchtum am stärksten halten können. Auf eine *schöne Leich* halten die Leute viel, ein schönes Begräbnis ist den Familien noch heute ein großer Trost. Als Leitmotive alter Gemeinsamkeiten mögen die Totenbretter gelten, die gleichsam als Votivtafeln am letzten Wege aufgestellt oder hingelegt wurden. In den südlichen bairischen Siedlungsgebieten, im Fersental, in Lusern und am Deutschnonsberg hat sich der Brauch der Totenbretter am längsten erhalten.

Gemeinsamkeiten der Volkskultur

In der musischen Volkskultur, im Bereich der Fronleichnams- und Osterspiele, wie sie in Städten wie Bozen und Sterzing seit der frühen Neuzeit und im Barock von Bruderschaften und Zünften zur Entfaltung gebracht wurden, war das alte Tirol ein gebender Teil, strahlte aus. Im profanen Volksschauspiel, im Theaterspielen, wie es so heißt, war Tirol wohl meist der nehmende Teil, auch bei den Liedern, Jodlern und Tänzen. Da verfügte der lebensfrohe Volksschlag des Unterinntals, des Zillertales, im Salzburgischen und in Oberbayern über einen reicheren Schatz an Traditionen und tiefere Quellen. Selbstverständlich kamen auch von auswärts immer wieder Anregungen. So ist zum Beispiel die Blasmusik, die heute zu jeder ansehnlichen Dorfgemeinschaft gehört, nicht etwa ein alpenländisch-bodenständiges Gewächs, sondern eine Anleihe bei den türkischen Truppen der Janitscharen, die sich vorwiegend aus entführten Christenknaben rekrutierten.

Unser altbayerischer Kulturraum ist auch durch Übereinstimmungen in der materiellen Volkskultur geprägt. Das gilt zunächst einmal für die Hauslandschaft. In einem so großen Raum gibt es allerdings auch so manche Unterschiede: So sind die Häuser in den Städten am Inn anders gestaltet als die Städte in Tirol mit ihren Lauben. Was die bäuerliche Siedlung anbetrifft, ist Südtirol ein Gebiet des Paarhofes, besonders in den Mittelgebirgen und in den Hochtälern, die im Verlauf des 12. und 13. Jahrhunderts von den Grundherrschaften planmäßig erschlossen wurden.

Manche Landstriche tragen eindeutig die Handschrift der Grundherren. So waren zum Beispiel die Grafen von Andechs im 12. Jahrhundert Inhaber der Vogteien und mithin der Herrschaften im Oberen Pustertal und im Wipptal. Gerade im Gebiet der Andechser finden wir eine besondere Hofform: Die Bauernhöfe stehen parallel zum Berghang, schauen mit der Traufseite ins Tal und vereinen Wohn- und Wirtschaftsbereich unter einem firstgleich verlaufenden Dach.

Eine Mischform von Einhof (Wohn- und Wirtschaftsbereich unter einem Dach) und Paarhof (Wohnen und Wirtschaften in getrennten Gebäuden) ist der sogenannte Hakenhof, dem wir seit langer Zeit im mittleren Pustertal und in urbairischen Gegenden wie etwa um Burghausen und Wasserburg begegnen.

Paarhof im Sarntal

Ein Leitmotiv der altbairischen Hauslandschaft ist auch der Glockenreiter, das Türmchen mit der Essglocke am First. Wir treffen diesen Glockenreiter im mittleren Pustertal, im Tauferer Ahrntal und jenseits der Tauern im unteren Inntal, im Pinzgau und darüber hinaus.
Stammesmäßige Eigenarten scheinen trotz aller geschichtlichen Bedingtheiten und Wandlungen nicht nur bei der Anlage der Höfe, sondern auch in den althergebrachten Dachformen durch. Bairisch war das steile Walmdach der Wohnhäuser, das wir im südlichen Tirol nur noch selten bei einigen Wirtschaftsgebäuden, das heißt Futterhäusern finden, etwa in den nun so gut wie restlos aus der Landschaft verschwundenen strohgedeckten Steildachstädeln. Bei den Südtiroler Paarhöfen verbanden sich das bairische Steildach mit dem rätisch alpinen Satteldach.
Bei der Gestaltung der Auszier für den Hausrat, für Truhe und Schrank haben immer auch die großen Stilrichtungen ihren Niederschlag gefunden. In barockem Kunstgefühl sind die Bauernmöbel gestaltet, mit Blumen, Initialen und mit den Symbolen der heiligen Namen.
Befruchtungen des Kunstschaffens kamen auch von außen. So wanderte die Kachlerkunst von Oberitalien über Tirol nach Bayern. Ebenfalls aus dem Süden, als Erbe

der Renaissance kam auch die Intarsie, die in der Schwarzmalerei auf Bauerntruhen weiterlebte.

Auch die Krippenkunst kommt aus Italien, ehe sich dann im 18. Jahrhundert die Grödner und Oberammergauer zu großen Meistern der Schnitzerei entwickelten, die Krippen, Kruzifixe, Uhrständer und Spielzeug herstellten und weitum zu Markte trugen. Auch im Trachtenwesen war von jeher nicht immer alles *selbst gesponnen, selbst gemacht,* sondern so manches gesunkenes Kulturgut, in seiner Buntheit aus oberschichtlichen und fernen Moden übernommen.

Vom Balkan her, vom dort verbreiteten türkischen Handwerk, kamen Techniken der Lederverarbeitung, die Applikationen und die Federkielstickerei, die auf Pferdegeschirr, auf Glockenriemen und im Trachtenwesen kunstvolle Anwendung fanden.

Eine seit Jahrzehnten rege Verbindung in unserem behandelten Brauchtumsgebiet besteht zwischen den Traditionsverbänden, besonders den Schützen, welche den Zusammenhalt anlässlich großer alpenländischer Treffen immer wieder unter Beweis stellen. Zu den Traditionsverbänden zählen auch die *Ranggler,* deren Sport wie das Fingerhakeln zu den urbairischen Volksbelustigungen gehört und heute in Oberbayern, im Pinzgau, im Zillertal, im Ahrntal, Pustertal und im Passeier in Ehren gehalten wird.

Brauchtum aus den Oberschichten

Beim Betrachten der Volkskultur und ihrer Erscheinungsformen, zu deren wichtigsten und aussagekräftigsten das Brauchtum zählt, sollte das Stammesmäßige wohl beachtet, aber auch nicht überschätzt werden.

Viele Frömmigkeitsformen und die daraus erwachsenden Bräuche, die *praxis pietatis*, sind von den geistlichen und weltlichen Obrigkeiten ausgegangen und von anderen Ständen übernommen worden. Die Habsburger und die Wittelsbacher haben die Verbindung von Thron und Altar nicht nur aus Gründen der Staatsräson hoch eingeschätzt, die Mitglieder dieser Fürstenhäuser waren meist selber fromme Leute. Mit Hilfe der Orden, hauptsächlich der Jesuiten und der Kapuziner, haben sie nach dem Konzil von Trient die katholische Reform auch mit Strenge durchgesetzt und so manche Andachtsübungen eingeführt.

So haben die Kapuziner 1537 in Mailand das Vierzigstündige Gebet vor ausgesetzter Monstranz eingeführt. Die Kapuziner Martin von Cochem und Heribert von Salurn haben durch Schriften und Predigten diesen Brauch verbreitet. In vielen Pfarreien wurde das Vierzigstündige Gebet in die letzten Faschingstage verlegt als Gegengewicht zu den Lustbarkeiten.

Nach spanischem Vorbild wurden in den habsburgischen Landen Fronleichnams- und Sakramentenspiele abgehalten, wobei sich ja die Bürgerschaft von Bozen besonders hervorgetan hat. Die Verehrung der Eucharistie war im Haus Habsburg hoch angesehen. Auch der Brauch, bei feierlichen Prozessionen das Allerheiligste in der Monstranz von bewaffneten Garden begleiten zu lassen, ist von Spanien her übernommen.

In der Marien- und Heiligenverehrung, die im Barockzeitalter ihren Höhepunkt erreichte, sind die Oberschichten und die Fürstenhäuser führend gewesen. Maria wurde von den Christen besonders als Hilfe gegen die Türken angerufen. Das Symbol war das Bild der Immaculata, der Unbefleckten mit dem Sternenkranz, die der Schlange auf den Kopf tritt. Zum Dank für Schlachtensiege und Errettung wurden in großen und kleinen Städten Mariensäulen, meist mit dem Bildnis der Immaculata, aufgestellt, so in München 1638, wo auch der Brixner Hofbildhauer Hans Reichle gestaltend mitwirkte. Selbst im kleinen Bruneck ließ Anton Freiherr von Sternbach vor seinem Ansitz um 1715/16 eine Mariensäule, geschaffen vom Bildhauer Michael Rasner, errichten. Das in Tirol tausendfach verbreitete Maria-Hilf-Bild (das Original wurde 1517 in Wittenberg von Lucas Cranach d. Ä. gemalt) wurde zunächst durch das Haus Habsburg verbreitet, ebenso das Gnadenbild von Loreto. Weite Verbreitung fanden Kopien der Gnadenbilder von Wessobrunn und Ettal. Diese Klöster hatten als Weingutbesitzer auch wirtschaftliche Beziehungen zu Südtirol. Wallfahrtsorte wie Altötting und Maria Zell waren Reichsheiligtümer und zogen Pilger von weitem an.

> Maria wurde besonders als Hilfe gegen die Türken angerufen.

Auch in der Heiligenverehrung und in der damit verbundenen Wahl der Taufnamen gingen die Fürstenhäuser voran. So geht besonders die Verehrung des hl. Josef auf Kaiser Leopold I. (1658–1705) zurück, der 1675 den Nährvater Jesu zum Patron der österreichischen Erblande und dann des Reiches erhob. Er ließ seinen Thronerben auf den Namen Josef taufen, ein Name, der bisher im Erzhaus nicht üblich gewesen war. So wurde Josef oder Sepp zum häufigsten Taufnamen. Ähnlich wirkte sich die barocke Marienverehrung aus.

Ergebnis

Langes Beisammensein in einem gemeinsamen Lebensraum, wirtschaftliche und politische Entwicklungen, Einflüsse von innen und außen formen die Gesellschaft und bewirken einen stetigen Wandel. An der Gestaltung unserer Lebensformen sind verschiedene Kräfte am Werk. Was die Bräuche angeht, so ist die wirksamste Kraft die Religion oder die Kirche, die mit dem Sonntag, ihren Hochfesten und Heiligentagen auch in der säkularisierten Welt den Kalender vorgibt. Die meisten Bräuche sind in den kirchlichen Festkreis hinein gewoben und haben daher eine weite Verbreitung und allgemeine Gültigkeit.

Der durch die Technik bedingte wirtschaftliche Wandel hat das einst so reiche Arbeitsbrauchtum der städtischen Zünfte, des ländlichen Handwerks und der Bauern fast gänzlich ausgelöscht. Die Kleinfamilien entfalten kein großes Brauchleben mehr, die Ausübung des Brauchtums wird mehr zur Sache der Vereine.

Bräuche werden zu öffentlichen Veranstaltungen (z. B. Almabtriebe), wie auch sonst Brauchsymbole, wie etwa Christbaum und Krippe, in den öffentlichen Raum treten. Auch diese und andere neue Bräuche sind recht allgemein und grenzüberschreitend. Erst bei genauerem Hinsehen ist in Tirol, auch in Südtirol, ein stammesmäßiges Grundmuster erkennbar, etwa darin, dass die Fasnacht und die damit verbundenen Feuerbräuche in den westlichen Talschaften mit der alemannischen Nachbarschaft viel Gemeinsames haben und dass die östlichen Täler in Mundart und Brauch stärker im altbayerischen Raum beheimatet sind.

> Die Ausübung des Brauchtums wird mehr zur Sache der Vereine.

Zum Bild des Volkes, und zwar sowohl zum Selbstbild als auch zum Fremdbild, tragen auch die Bräuche bei; sie begleiten alle Entwicklungen gleichsam als Nachhut. Innerhalb der eigenen Gruppe sind Bräuche etwas Vertrautes und daher kaum viel beachtet; wo sie aber absterben, wird ihr Fehlen als Kälte und Leere spürbar. Bräuche haben eine lange Geschichte und sind Teil unserer Erinnerung. Es ist gut, wenn ein Land wie Südtirol auf seinem Weg zu einer starken und eigenständigen Region in Europa sich seiner geschichtlichen Einbettungen, auch in Gestalt des Brauchtums, bewusst bleibt. Der Weg braucht ein Ziel, aber man darf darüber seine Herkunft nicht vergessen. Bewahrung, sagt Hans Gadamer, ist eine Tat der Vernunft.

Literaturverzeichnis

ANDREE-EYSN, Marie: Volkskundliches aus dem bayrisch-österreichischen Alpengebiet. Braunschweig 1910.

BAUSINGER, Hermann: Region – Kultur – EG. In: Österreichische Zeitschrift Für Volkskunde, Band XLVIII/97 (1994), S. 113–140.

BRÜCKNER, Wolfgang: Volkskunde ist Moderne. In: Volkskunde und Moderne. Festschrift für Konrad Köstlin. Wien 2000, S. 35–46.

FINK, Hans: Verzaubertes Land. Volkskult und Ahnenbrauch in Südtirol. Innsbruck, Wien, München 1969.

FORCHER, Michael: Bayern-Tirol. Die Geschichte einer freud-leidvollen Nachbarschaft Wien, Freiburg, Basel 1981.

GRIESSMAIR, Hans: Der Tiroler Volkscharakter. In: Der Schlern 45 (1971), S. 3–24.

GUGITZ, Gustav: Fest- und Brauchtumskalender für Österreich, Süddeutschland und die Schweiz. Wien 1981.

HAIDER, Friedrich: Tiroler Volksbrauch im Jahreslauf. Innsbruck, Wien, München 1968.

HEITMEIER, Irmtraut: Das Inntal. Siedlungs- und Raumentwicklung eines Alpentales im Schnittpunkt der politischen Interessen von der römischen Okkupation bis in die Zeit Karls des Großen (= Schlern-Schriften 324). Innsbruck 2005.

JOHLER, Reinhard: Volkskunde und Europa. Zum Beispiel: das »Europa der Regionen«. In: Schweizerisches Archiv für Volkskunde 102 (2006), S. 147–162.

KAPFHAMMER, Günther: Brauchtum in den Alpenländern. München 1977.

KÖSTLIN, Konrad: Regionalismus – die gedeutete Moderne. In: Niederdeutsches Jahrbuch 119 (1996), S. 121-139.

KRANZMAYER, Eberhard: Die bairischen Kennwörter und ihre Geschichte. Wien 1960.

KRISS, Rudolf: Volkskunde der altbayrischen Gnadenstätten. 3 Bde. München, Pasing 1953 ff.

KÜHEBACHER, Egon: Tirolischer Sprachatlas. 3 Bde. Marburg 1965 ff.

WOECKEL, Gerhard P: Pietas Bavarica. Weißenhorn 1992.

WOLFRAM, Herwig: Salzburg, Bayern, Österreich. Die Conversio Bagoariorum et Carantanorum und die Quellen ihrer Zeit (= Mitteilungen des Instituts für Österreichische Geschichtsforschung, Ergänzungsband 31). Wien, München 1995.

WOLFRAM, Richard: Südtiroler Volksschauspiele und Spielbräuche (= Österreichische Akademie der Wissenschaften, Phil.-Hist. Kl., Sitzungsberichte 480). Wien 1987.

WOPFNER, Hermann: Bergbauernbuch. Von Arbeit und Leben des Tiroler Bergbauern, hg. v. Nikolaus Grass. 3 Bde. Innsbruck 1995–1997.

ZIBERMAYR, Ignaz: Noricum, Baiern und Österreich. Horn [2]1955.

Hans Grießmair, geboren 1938 in Kiens. 1963 bis 1967 Studium der Volkskunde, Geschichte und Germanistik an der Universität Innsbruck, 1967/68 Universitätsassistent am Institut für Volkskunde der Universität Innsbruck. Seit 1975 Aufbau des Südtiroler Landesmuseums für Volkskunde Dietenheim bei Bruneck, von 1976 bis 2004 Direktor desselben. Schriftleiter der Zeitschrift »Der Schlern« von 1972 bis 2001, Verfasser und Mitautor mehrerer volkskundlicher Aufsätze und Bücher.

Heldendarsteller

ANDREAS HOFER
1767–1810

Ist es die Konsequenz, mit der er seinen Weg ging? Ist es die Sympathie für den David, der es mit dem ungleich stärkeren Goliath aufnahm? Oder ist es sein dramatisches Sterben, das Tragödienschreiber nicht besser hätten erfinden können? Was also ist der Grund, dass man diesen einfachen Wirt und Viehhändler so ausdauernd als Helden verehrt?

Das Tirol zu Andreas Hofers Zeiten ist bäuerlich geprägt. Mögen die Städter in Bozen oder Innsbruck auch offen für liberalere Ansichten und die Ideale der Aufklärung sein – draußen auf dem Land ist die Welt in sich gekehrt. Gottesfurcht und religiöse Bräuche bestimmen das Denken.

In dieser verschlossenen Welt haben die Habsburger einen Ehrenplatz. Sie gewährten in ihrer bereits 400 Jahre dauernden Regentschaft den Ständen einiges an Selbstverwaltung, vor allem den Bauern. Diese danken es ihnen mit einer fast kindlichen Anhänglichkeit. »Für Gott, Kaiser und Vaterland.« Dieses Motto, nach dem Andreas Hofer handeln wird, entspricht ganz ihrer konservativen Werteskala. Andreas ist erst 20, als er den verschuldeten elterlichen Hof übernimmt. Zwei Jahre später bricht in Frankreich die Revolution aus. Im streng katholischen Tirol vernimmt man Entsetzen, wie die gottlosen Ideen der Revolutionäre sich ausbreiten. So sind die Bauern schnell bei den Waffen, als die Armée d'Italie des jungen Generals Napoleon Bonaparte 1796 durch das Etschtal anrückt, um Österreich von Süden her in den Rücken zu fallen. Der inzwischen 30-jährige Hofer kommandiert eine Passeirer Kompanie. Zweimal wird der Durchzug abgewehrt. Das stärkt das Selbstbewusstsein ungemein.

1770
Maria Theresia verheiratet ihre Tochter mit dem französischen Thronfolger.

1786
Goethes erste Italienreise führt ihn auch durch Tirol.

1804
Erzherzog Johann finanziert die Erstbesteigung des Ortlers.

1805 folgt dann das, was das konservative Tirol als Katastrophe empfindet. Österreich verliert gegen Frankreich den dritten Krieg in Folge und bezahlt mit großen Gebietsverlusten: Tirol wird bayerisch. Keine Habsburger mehr, keine alten Rechte. Stattdessen kommt mit den neuen Herren die »französische Seuche« ins Land. Der frankophile bayerische König will sein neues Reich nach französischem Muster organisieren: zentral verwaltet, mit gleichen Pflichten für alle Provinzen. Die Tiroler verlieren unter anderem das ihnen heilige Privileg, in keinem Heer dienen zu müssen. Auch frisst die Umstellung auf die bayerische Währung viel vom Ersparten auf, und fast jeden Tag werden neue Steuern und neue Verordnungen erlassen. Die für das verarmte Tirol durchaus notwendige Rosskur stürzt viele in den Ruin, auch Hofers Handel und seine Fuhrgeschäfte leiden. Zu allem Überfluss startet die vom Geist der Aufklärung beseelte bayerische Regierung auch noch einen Kreuzzug gegen alles Abergläubische. Viele religiöse Bräuche werden verboten, Prozessionen und Feiertage eingeschränkt.

Wut staut sich auf, welche die Kriegspartei in Wien nutzen will. Ein Mann wie Hofer kommt ihr da sehr gelegen. Er, der Tiefgläubige, ist davon überzeugt, dass Tirol »ganz und gar verdorben« wird, wenn es sich nicht wehrt. Er überlegt nicht lange, als der Bruder des Kaisers ihn, den einfachen Mann aus dem Volk, in die Wiener Strategie einweiht: Die Tiroler sollen einen Aufstand wagen, den die österreichische Armee mit einem Aufgriff auf Bayern stützen werde. Daraus könnte sich eine Rebellion aller deutschen Länder gegen die Herrschaft Napoleons entwickeln, der – auf diese Weise geschwächt – endlich zu besiegen wäre.

Die ersten militärischen Erfolge im Frühjahr 1809 stimmen den Kaiser optimistisch. Er verspricht hoch und heilig, mit Napoleon nie Frieden zu schließen, solange Tirol bayerisch ist. Bald darauf muss Österreich aber kapitulieren und seine Armee zurückziehen. Hofer, inzwischen zum Oberkommandanten der Rebellen aufgestiegen, lässt seine Mander ganz allein gegen die Übermacht der Grande Armée weiterkämpfen, überzeugt von seiner Mission. Unter Druck gesetzt von den Radikalen in den eigenen Reihen gibt er auch dann noch nicht auf, als Österreich Napoleons Friedensdiktat akzeptiert.

Verwirrt und in seiner Rolle überfordert kann Hofer nicht glauben, dass der Kaiser sein Wort gebrochen hat und alles umsonst war. Der Verhaftung könnte er sich durch die Flucht nach Österreich entziehen. Aber er bleibt, bis zuletzt auf eine göttliche Fügung vertrauend.

Diese Tragik hilft bei der Herrichtung zum Helden, die erst einige Zeit nach seiner Hinrichtung einsetzt, aber bis weit ins 20. Jahrhundert hinein anhält. Für die deutsche Romantik ist der Sandwirt der klassische »edle Wilde«, der sich dem Tyrannen widersetzt. Die romantische Literatur erhöht ihn zu einem neuen Wilhelm Tell. Die Tiroler dagegen sehen in Hofer das Symbol, auf das sie ihr Wir-Gefühl und ihren Patriotismus projizieren können. Oft missbraucht, hat es auch nach 200 Jahren noch eine erstaunliche Wirkung.

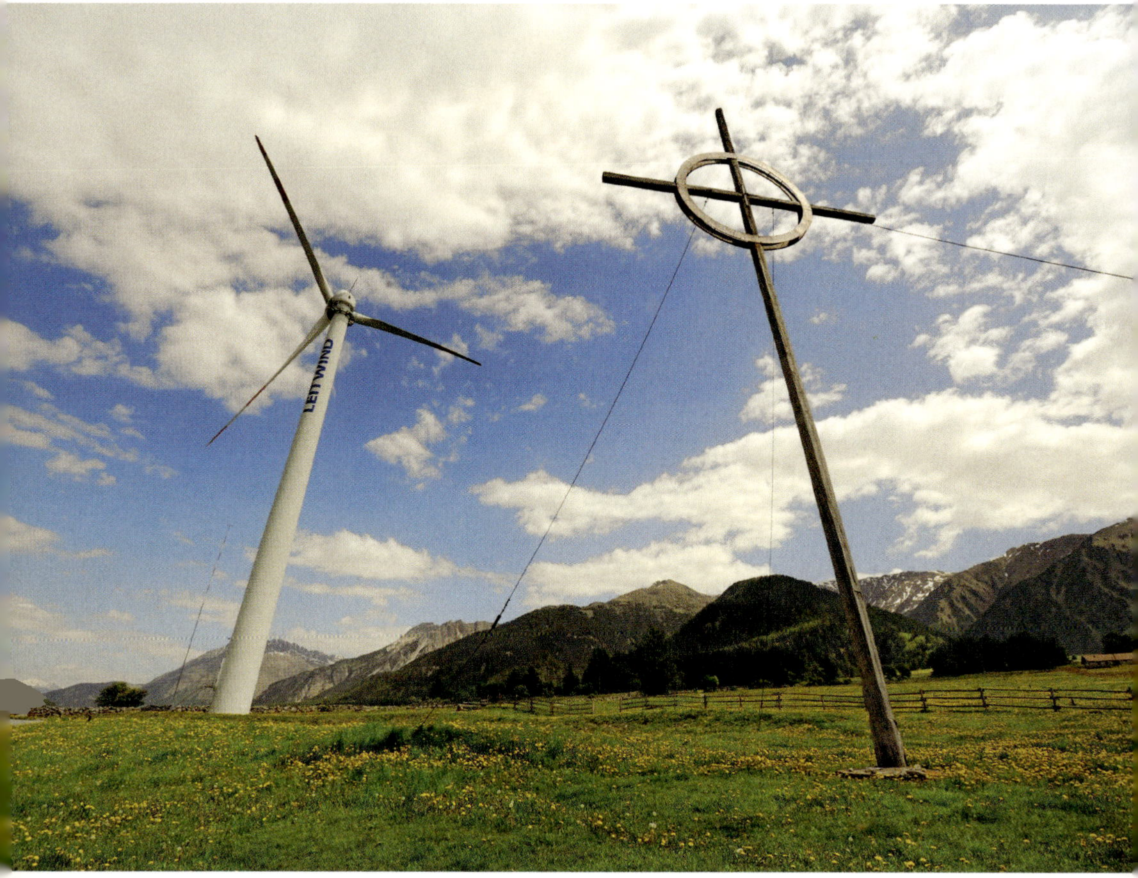
LEITWIND

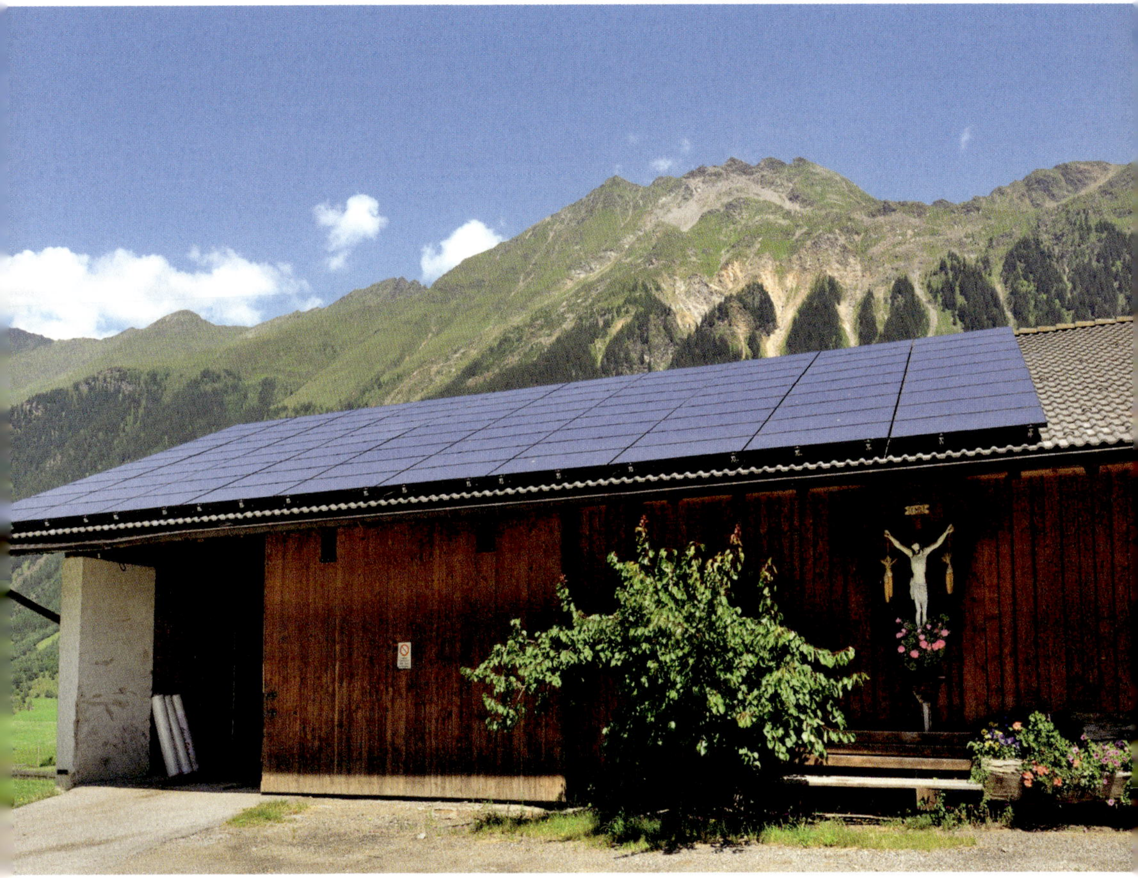

Helmut Alexander

Entwicklung und Erfindung
TECHNIKGESCHICHTLICHE ASPEKTE ZU LAND UND LEUTEN IN SÜDTIROL

Tradition und Innovation

Ende des 18. Jahrhunderts soll in Tirol angeblich jede »Sennhütte beynahe [...] in ihrem Schatten einen mehr oder weniger geschickten Mechaniker« beherbergt haben, »den seine angebohrne Fähigkeit, und die zum Nachsinnen einladende Ruhe oft auf ganz besondere Verbindungen zu verschiedenen Zwecken« geführt haben.[1] Dadurch sind – wie anderenorts auch – zweifellos manche Vorrichtungen geschaffen worden, die den einen oder anderen Arbeitsgang präziser und effizienter ausführen ließen, oder Kraft und Energie ersparen halfen.

Technisches Geschick oder handwerkliche Begabung sind nicht alleine auf ein bestimmtes Land oder Volk beschränkt und können schon gar nicht als regionalspezifische Besonderheit betrachtet werden. Vielmehr gibt es zu allen Zeiten und Orten vielfältige Veränderungen, die aus dem täglichen Umgang mit einem bestimmten Gerät oder der ständigen Wiederholung gleichförmiger Arbeitsschritte resultieren. Sie erfolgen meist unspektakulär ohne erkennbare Brüche mit vertrauten, gewohnten und bewährten Praktiken, sie sind Ergebnisse von Entwicklungen, die allmählichen Wandel schaffen und stetigen Fortschritt bewirken. Die Einflussnahmen in solche Prozesse sind meist minimal und werden angeregt von vorgegebenen Verhältnissen oder überlieferten Bedingungen, innerhalb derer bestimmte notwendige Aufgaben zur Sicherung des Daseins zu bewältigen sind.

Waale und Waalsystem[2]

Zu solchen Aufgaben gehörte im besonderen Maße die Errichtung und Betreuung der Waale, eines Bewässerungssystems, dessen Anlagen über Generationen errichtet und ausgebaut worden sind. Sie finden sich in der Meraner und Bozner Gegend, vor allem aber im Vinschgau, einer »Insel von Trockenheit«,[3] einem der trockensten Gebiete der Alpensüdseite.[4] Die Unterschiede zwischen den Hängen am Nördersberg, das heißt an der Schattenseite, und jenen der Sonnenseite am Sonnenberg sind enorm: waldreich auf der Nordseite und in höheren Lagen von Almwiesen und Gestrüpp bewachsen, die Südlagen hingegen ausgesprochen trocken, trist und öde, zumal hier der Wald schon vor Jahrhunderten gerodet wurde. Während anderenorts die Nord-West-Winde nördlich der hohen Gebirgsketten normalerweise reichlich Regen bringen, halten sie im Vinschgau die Feuchtigkeit nach Süden hin ab, wandeln sich in Fallwinde mit entsprechender Aufklärung und lassen somit nur selten feuchte Mittelmeerluft passieren. Darum ist der Vinschgau äußerst regenarm mit durchschnittlichen Niederschlagsmengen zwischen einem Mittelwert von 490 mm und 700 mm als Grenzwert, der selten überschritten wird. Im unteren und mittleren Vinschgau sind die Niederschläge am geringsten und erst im Westen erhöhen sie sich nach Mals parallel zum Höhenanstieg. Die Regenarmut bedingt oft lang anhaltende Schönwetterperioden, die sich zwar positiv auf den Tourismus auswirken und gegenwärtig nicht unwesentlich zum wirtschaftlichen Wohlstand im Vinschgau beitragen, in früheren Zeiten jedoch, als die Landwirtschaft für den größten Teil der Bevölkerung Haupterwerbszweig und Lebensgrundlage war, verringerten sie den Bodenertrag oft so sehr, dass ein Leben und Überleben der Menschen meist von Mangel und Knappheit an Nahrungsmitteln und häufig von Not und Armut geprägt war. Deshalb wurde in früheren Jahrhunderten bereits der Großteil der landwirtschaftlich genutzten Fläche durch Waalsysteme und Beregnungsanlagen künstlich bewässert.[5]

Erste urkundliche Erwähnungen von Bewässerungsanlagen reichen in die Zeit bis um 1200 zurück, doch ist mit Sicherheit anzunehmen, dass solche damals bereits lange in Gebrauch waren. Die Bezeichnung »Waal« dürfte sich von »aquale« (Wasserleitung) aus der romanischen Sprache herleiten, ebenso wie der Name »Kandl« für die im Vinschgau vielfach verwendete, wasserleitende Holzrinne, der vom lateinischen »canalis« (Kanal) her stammt.

Die Anstrengungen für die Errichtung weitläufiger Bewässerungsanlagen waren enorm und die Kosten dafür außerordentlich hoch. Im Jahre 1619 erwarb die Kartause Allerengelberg im Schnalstal einen Hof in Marling, der jedoch, wie die gesamte Gemeinde, an Wassermangel litt. Deswegen planten die Kartäuser in späteren Jahren die Errichtung eines Bewässerungskanals von der Töll zum klostereigenen Hof und weiter nach Marling. Die Ortsbewohner zeigten anfänglich jedoch kein Interesse an einer Beteiligung an diesem Projekt, konnten aber von dessen Nützlichkeit überzeugt werden und trugen schließlich ihren Teil zu den Baulasten bei. Diese schnellten jedoch in zuvor ungeahnte Höhen, zumal die Überwindung sehr felsiger Teilstücke eine Unmenge an Geld verschlang und dazu führte, dass sich die Kosten für den gesamten Bau anstatt der ursprünglich 12.000 Gulden schlussendlich auf mehr als 100.000 Gulden beliefen. Die Investitionen lohnten sich aber, auch wenn die Marlinger noch viele Jahre benötigten, um diese Summe zu erwirtschaften.[6]

Solche Mühen und Aufwendungen zeigen recht deutlich, wie notwendig die Bodenbewässerung in manchen Gegenden war und ist. Die Verteilung knapper Güter, zu denen das Wasser im Vinschgau gehört, wird durch rechtliche Vereinbarungen und Kodifikationen geregelt, die ein möglichst hohes Maß an Zufriedenheit bei den Nutznießern gewährleisten sollten, aber immer auch Ursache für gerichtliche Auseinandersetzungen waren.[7] Die praktische Zuteilung des Wassers erfolgt über besondere bauliche Einrichtungen, deren Gelingen und Funktionalität von einer Reihe von Faktoren abhängt, zu denen umfassende Naturkenntnisse ebenso gehören wie eine Vielzahl handwerklicher Fertigkeiten und durch jahrelange Erfahrung gewachsenes und vervollkommnetes technisches Wissen.

Wichtig für die Anlage im Hinblick auf den Bodenertrag war der Mineralgehalt des Wassers, denn von ihm ging eine düngende Wirkung aus, die aus dem Schiefergestein besser war als aus den Gneisen mit seinen sterilen Quarzen.

Fassung, Zuleitung und Verteilung sind die drei Teile, aus denen ein Waal besteht und die von den natürlichen Gegebenheiten bestimmt bzw. an die Geländeformen angepasst sind. Das wild laufende Wasser von Rinnsalen, aus einer Quelle oder auch aus kleinen Bergseen wird in die »Einkehr« eingeleitet, in einer Fassungsstelle eingefangen, gefasst. Diese liegen im Vinschgau meist sehr hoch, vor allem dort, wo eine weite Herleitung des Wassers notwendig ist. Unter der sogenannten »Hühnerwand« etwa wurde in 2670 m Höhe das kostbare Nass aus einem See gefasst, über das 2658 m hohe Niederjoch auf den Sonnenberg geleitet und diente dann unten im Etschtal der Gemeinde Goldrain zur Bewässerung.[8] Der Transport des Wassers über weite Strecken musste ohne größere Verluste erfolgen, weshalb solide Leitungen, Röhren, Kanäle oder Rinnen geschaffen werden mussten. Die Verbindung zwischen Einkehr und Zielgebiet wird als »Tragwaal« bezeichnet, der schließlich in ein Verteilerstück mündet, von dem aus das Wasser an einzelne Grundflächen abgegeben werden kann.

Um eine effiziente Bewässerung gewährleisten zu können, ist ein kontinuierlicher Zufluss erforderlich, der über eine Schleuse bei der Einkehr gesteuert und über die Ableitung gewährleistet wird. Dies war die Aufgabe des »Waalers«, der auch Verstopfungen durch Geröll, Sand, Zweige oder Laub verhindern sollte. Während er etwa das Auffangbecken durch eine besondere Vorrichtung »spülen« konnte, musste er die Leitungen meist mit Hacke, Schaufel, Pickel oder der hellebardenartigen »Waalhaue« von Hindernissen und Ablagerungen befreien und reinigen.

Technisches Können und praktisches Geschick waren zur Anlegung und zum Betrieb der Waale unabdingbar. Im Laufe der Zeit wurden dessen einzelne Bestandteile zunehmend verbessert und somit das gesamte System optimiert. Dazu dienten auch besondere Hilfseinrichtungen, deren Funktion und Funktionalität auf erfinderischen Geist schließen lassen, wie etwa »Wasserglocken« oder auch »Wasserschlegel«, die als »Alarmanlagen« fungierten. Dabei handelte es sich um Wasserräder, die in die Waale eingesetzt, von der Strömung des Wassers gedreht wurden

> Funktion und Funktionalität lassen auf erfinderischen Geist schließen.

und bei jeder Umdrehung einen Holzhammer anhoben, der beim Niederfallen auf eine Glocke schlug. Die regelmäßigen Töne waren weitum zu hören, ihre Frequenz ließ die Fließgeschwindigkeit und ihre Gleichmäßigkeit erkennen, ein unregelmäßiges Erklingen oder gar Verstummen signalisierte dagegen eine Betriebsstörung, die der Waaler zu beheben hatte.

Neben solchen Signalanlagen gab es auch spezielle Schutzvorrichtungen. So blieben manche Tragwaale durch Überdachungen von Schäden durch Steinschlag verschont, andere verliefen in Stollen oder gar über Brücken, in hölzernen Rinnen, den bereits erwähnten »Kandln«. Diese waren mancherorts auch an Felswänden zu finden, an denen sie mit Eisenhaken befestigt waren. Die »Begehbarkeit« solcher Strecken zur Kontrolle und Sicherung des Wasserflusses oder für Reparaturen war oft äußerst gefährlich. Besonders spektakulär war der zwischen 1790 und 1907 das Etschtal überbrückende »Laaser Kandlwaal«. Dieser »Aquädukt bestand aus einer langen Reihe von bis zu 15 Meter hohen Steinpfeiler, auf denen Holzrinnen lagen, die das Wasser […] von der Vinschgauer Schattenseite hoch über dem Einschnitt des Tales hinweg hinüber auf die trockenen Sonnenhänge brachten.«[9] Seit einem Brand im Jahre 1907 sind nur mehr die denkmalgeschützten Pfeiler zu sehen, die Wasserzuleitung wurde in unterirdische Druckrohre verlegt, wie auch anderenorts mancher Waal sein Wasser inzwischen in Kunststoff- oder Betonröhren unsichtbar unter der Erdoberfläche in die Trockengebiete trägt. Andere sind hingegen aufgelassen worden und nicht wenige gänzlich verschwunden, zumal in Südtirol seit Beginn der 1930er Jahre vermehrt Beregnungsanlagen zum Einsatz kamen. Ihre oft weit verzweigten Rohrleitungssysteme mit elektrisch betriebenen Pumpaggregaten sind in ihrer Unterhaltung weniger kostenaufwändig, arbeitsintensiv und reparaturanfällig. Sie erhöhen somit die Rentabilität der weitflächigen Obstanlagen, die ein bedeutsamer Wirtschafts- und Wohlstandsfaktor des Vinschgaus sind.

Die noch vorhandenen Waale in Südtirol werden vielerorts als touristische Attraktionen erhalten, als Zeugnisse eines Bewässerungssystems, wie es ebensolche oder ähnliche in vielen anderen Trockengebieten gab und gibt. Sie sind aber auch besondere technische Kulturgüter des Landes, die hier autochthon entstanden und weiter entwickelt worden sind und somit eine originäre Leistung seiner Bewohner darstellen.

Pergel, Punt und Pataun[10]

Eine Besonderheit, die typisch für Südtirol und im übrigen deutschen Sprach- und Kulturgebiet nicht anzutreffen ist, steht ebenfalls im Zusammenhang mit der landwirtschaftlichen Erwerbstätigkeit: der im Weinbau weit verbreitete Pergelbau. Dabei handelt es sich um eine besondere Art der Reberziehung mithilfe eines laubenartigen Hochbaus, die südlich von Meran, ab Nals, Gargazon etschabwärts sowie im Eisacktal als »Pergl« oder »Pergel« bezeichnet wird, in der Gegend von Lana, Burgstall, von Forst bis Marling und stellenweise auch im Vinschgau »die Punt« heißt und um Meran sowie im Vinschgau unter dem Namen »Pataun« bekannt ist. Sie finden sich sowohl in der Ebene als auch an den Hängen und bringen Vorteile mit sich hinsichtlich des Schutzes der Trauben vor direkter Sonneneinstrahlung bei gleichzeitiger Wärmespeicherung innerhalb der Lauben. Zudem ermöglichen sie die bequemere Bearbeitung des Bodens, zumal der Raum zwischen den einzelnen Stangenreihen sehr breit ist und vor allem in früheren Zeiten mit bestimmten Gemüsearten bepflanzt war sowie die leichtere Pflege der

Reben und weniger anstrengende Traubenlese, da man sich nicht bücken musste bzw. über Kopf ernten konnte.

Das Pergelwerk bestand in früheren Zeiten fast ausschließlich aus Holz, lediglich die Stützen für das Gerüst konnten auch aus massiven Steinsäulen errichtet sein. Seit Mitte des 19. Jahrhunderts werden statt des Holzes jedoch verstärkt andere Materialien benützt und vor allem an Stelle dünner Latten hauptsächlich Draht verwendet, wie dies 1888/89 erstmals in Kurtatsch geschah. Dadurch wird bei den Drahtpergeln eine Einsparung von bis zu zwei Drittel an Bauholz erreicht, was sich freilich auch und besonders auf die Kosten niederschlägt.

Die Arten und Formen der Pergel sind verschieden und bestanden ursprünglich aus parallel verlaufenden Reihen von senkrecht in den Boden verankerten Pfählen, an denen horizontal verlaufende Stangen befestigt waren. Diese waren an den hinteren, bergseitig verlaufenden Pfählen niedriger angebracht als an den unterhalb zu dieser Reihe stehenden Pfosten, bildeten aber durch die quer auf diese Stangen aufgelegten Hölzer eine gleiche oder leicht unterschiedliche Höhe, so dass durch die Verbindung dieser Hölzer mit dünnen Latten ein flaches »Blatt« oder ein solches mit einem leichten Neigungswinkel entstand.

Aus dieser Grundkonstruktion einer einfachen Pergel entwickelte sich die Bozner Pergel, die in den ebenen Bodenlagen im Überetsch und im Unterland verbreitet ist und ein geschlossenes, vorn und hinten abfallendes Doppelblatt mit einem erhöhten sowie durch Pfosten gestützten First in der Art eines sattelförmigen Flachdaches besitzt. Gleichsam umgekehrt verhält es sich bei der offenen Doppelpergel (Doppel-Flüg), bei der die Mittelpfosten niedriger als die vorderen und hinteren sind, so dass das Blatt sich nach außen in die Höhe richtet und sich nach oben, nach hinten und vorne öffnet.

Der Bogen ist eine ähnliche Konstruktion wie die Bozner Pergel, allerdings ohne stützende Firstpfosten, so dass unter dem Dach ein freier, oftmals recht breiter, durchaus auch befahrbarer Durchgang vorhanden ist. Die Stabilität des in der Mitte erhöhten Doppelblatts wird durch kräftige Träger zwischen den Reihen (Joche) gewährleistet, an denen das Blattgerüst befestigt wird.

Bei dem um 1935 erstmals in Terlan und Siebeneich erprobten »Terlaner Halbbogen« ist das Blatt hangabwärts höher angebracht als die Bergseite des darunter liegenden, so dass es sich zum Tal hin öffnet und somit eine bessere Sonneneinwirkung ermöglicht als die einfache Pergel.

Eine Besonderheit des Eisacktales ist die gleichnamige Ackerpergel, die meist an Ackerrändern zu finden und einfach gestaltet ist. An starken Pfosten sind in zwei Stemmlöchern vorne und hinten nach oben weisende Arme befestigt, der schattseitige etwas höher als der zur Sonne hin. Die zur gleichen Seite weisenden Arme sind mit Latten oder Drähten verbunden, ebenso wie die beiden Schenkel eines Pfostens, wodurch die Stabilität und Standfestigkeit des Pergelgerüstes verstärkt werden.

Die verschiedenen Formen der Pergel mögen aus heutiger Sicht einfache Konstruktionen sein, deren Besonderheiten unter anderem auch in ihren statischen Eigenschaften sowie ihren Vorteilen für Wachstum und Reife der Trauben liegen.

Aber auch wenn große Errungenschaften häufig nach einfachen Prinzipien funktionieren, müssen sie doch erst geschaffen, »erfunden« werden. Meist sind sie, so wie der Pergelbau, Ergebnisse Jahrzehnte oder gar Jahrhunderte langer Erfahrungen und Entwicklungen, die aber ebenfalls erst gemacht werden müssen, das heißt, dass an bereits Erprobtem und Bewährtem aktive Änderungen vorgenommen werden, und zwar von denkenden, mit- und voraus denkenden, kombinierenden und schöpferischen Menschen, die Möglichkeiten für Erleichterungen und Verbesserungen ihrer Daseinsbewältigung erkennen und Chancen für deren Realisierungen nützen.

Weißes Gold[11]

Nicht anders verhält es sich mit der Nützung natürlicher Gegebenheiten und immer schon da gewesener Ressourcen, die vor dem Hintergrund neuer wissenschaftlicher Erkenntnisse und einer Erweiterung technischen Wissens ungeahnte Bedeutung erlangen. Gemeint ist die Wasserkraft, die Ende des 19. Jahrhunderts die Hauptrolle auf der Bühne der Moderne betrat.

Bald nach der Kenntnis von den Möglichkeiten der Gewinnung und Nützung elektrischer Energie sind auch in Südtirol, zunächst vereinzelt, seit den 1890er Jahren dann vermehrt, Wasserkraftwerke zur Stromerzeugung überall im Land gebaut worden. 1896 bauten Bozen, das 1888 noch ein Projekt zur Elektrifizierung abgelehnt hatte, und Meran gemeinsam ein Kraftwerk auf der Töll. Andere Städte folgten, um nicht im Dunkel der Rückständigkeit zu bleiben: Brixen 1901, Bruneck 1903. Eine große, flächendeckende Elektrifizierung erfolgte vor dem Ersten Weltkrieg jedoch nicht. Erst in den 1920er Jahren wurde unter veränderten staatlichen Rahmenbedingungen die Realisierung weiterer und größerer Kraftwerksprojekte massiv vorangetrieben. 1924 entstand das Elektrizitätswerk in Marling, zwei Jahre später das am Pfitscher Bach, das 1928 mit einer Leistung von rund 20.000 kW ans Netz ging und teilweise auch den Strom für den elektrischen Betrieb der Brennerbahn lieferte. Um die gleiche Zeit wurde ein kleineres Kraftwerk in Waidbruck errichtet, dem Ende der 1930er Jahre ein größeres folgen sollte. Diese Anlage, die ein »al genio del fascismo« gewidmetes Reiterstandbild, der im Januar 1961 in die Luft gesprengte »Aluminium-Duce«, zierte, wurde am 29. Dezember 1939 vom italienischen Arbeitsminister seiner Bestimmung übergeben. 1940 wurden die E-Werke in Mühlbach und Vierschach sowie das in der Brixner Hachl mit den italienischen Staatsbahnen als Gesellschafter in Betrieb genommen.

Das Flaggschiff der damaligen Stromerzeugung entstand ab 1925 jedoch in Kardaun vor den Toren Bozens. Innerhalb von vier Jahren wurde hier von der SIDI (Società Idroelettrica dell'Isarco) und amerikanischem Kapital das damals größte Wasserkraftwerk Europas, »Carlo Cicogna«, errichtet.[12] Die im Januar 1930 aufgenommene

Kraftwerk auf der Töll

Energieproduktion versorgte vor allem die Industriebetriebe im oberitalienischen Raum, sollte jedoch bald auch für die Fabriksanlagen im Süden Bozens genützt werden, wo ab 1934 begonnen wurde, ein groß angelegtes Industrieansiedlungsprogramm mit umfangreichen staatlichen Förderungsmaßnahmen zu verwirklichen. Italienische Gesellschaften erschlossen die »weiße Kohle« in großem Stile und steigerten kontinuierlich die Stromerzeugung im Lande. Für die ständige Zunahme der Erzeugungskapazitäten wurden vor allem die Einzugsgebiete von Eisack und Etsch genützt. Seit Ende der 1930er Jahre kam es in verstärktem Maße auch zur Errichtung von Speicherkraftwerken, doch erlebten diese einen richtigen Bauboom erst nach dem Ende des Zweiten Weltkriegs. 1939 verfügten sie über einen Stauraum von gut 40 Millionen Kubikmeter, Mitte der 1950er Jahre war er mit 177,5 Millionen Kubikmeter bereits mehr als vier Mal so groß und für Kraftwerke mit weiteren 100 Millionen Kubikmeter Speicherkapazität waren die Baukonzessionen ebenfalls bewilligt. Ende der 1950er Jahre belief sich die gesamte Elektrizitätsgewinnung in ganz Südtirol auf knapp fünf Milliarden Kilowattstunden, die fast ausschließlich von italienischen Großgesellschaften erzeugt und zu jeweils etwa 40 Prozent in

Kraftwerk in Waidbruck

Kraftwerk in Kardaun

die oberitalienischen Industriegebiete ebenso wie in die Bozner Industriezone geliefert wurden.

Der älteste Stromerzeuger waren die vormaligen Etschwerke, nun Azienda Elettricità consorziale della città di Bolzano e Merano. Mit dem Bau des Kraftwerks auf der Töll im Jahre 1896 einst Pioniere der Stromgewinnung in Südtirol, konzentrierten sie sich nach dem Zweiten Weltkrieg auf die weitere energiewirtschaftliche Nützung des Schnalstales durch Errichtung des Vernagtspeichers (1949—1956), dem acht Höfe samt Besitzer mit Familien weichen mussten, und der Inbetriebnahme einer Kraftanlage unterhalb von Katharinenberg; 1959 wurde der Beschluss gefasst, ein zweites, größeres Kraftwerk in Naturns zu bauen.[13]

Die Società Edison, seit 1927 Stromlieferantin mit Zentralen in Wiesen und ab 1938 in Waidbruck, errichtete 1958 das Rienzwerk Bruneck-Percha; die Società Avisio leitete seit 1953 das Wasser des Avisio aus dem Fleimstal über einen Stollen zur Stromerzeugung in die Kraftanlage nach St. Florian bei Neumarkt ab.[14] Die Società Trentina di Elettricità (S.T.E.) gehörte ebenfalls zu den Stromerzeugern, mit eigenen Werken in St. Anton (1952) und Lana (1953), die mit dem Wasser der Falschauer aus dem Ultental gespeist wurden, wo neben dem 1948 errichteten Damm bei Mitterbad in der Nähe von St. Pankraz in späteren Jahren weitere Stauseen für zusätzliche Kraftwerke entstehen sollten. Außerdem erbaute diese Gesellschaft ein Kraftwerk in Waidbruck, das den Grödner Bach nützte, und befasste sich mit der energiewirtschaftlichen Erschließung des Sarntales.

> Strom für die oberitalienischen Industriegebiete und die Bozner Industriezone

Rund ein Drittel der Stromerzeugung Südtirols lag in den Händen des bis zur Verstaatlichung der Stromversorgung in den 1960er Jahren größten Energieproduzenten in Südtirol, des Montecatini-Konzerns, dem »eigentlichen Motor der industriellen Entwicklung Südtirols«.[15] Er betrieb seine Anlagen in Kastelbell (1949), Laas (1955), wohin das im Zufrittstausee gesammelte Wasser aus dem Martelltal abgeleitet wurde, und in Marling (1956), meist zusammen mit der Società Edison. Am bekanntesten dürfte jedoch das unterirdische Kraftwerk an der Straße Schluderns-Tartsch sein bzw. dessen Speicher, der 1949 das Landschaftsbild im obersten Vinschgau ebenso einschneidend wie spektakulär verändert hat. Hierfür hatte Montecatini bereits lange vor dem Zweiten Weltkrieg Pläne erstellt und 1939 nach einigen Versuchsbohrungen im Reschengebiet mit den Bauarbeiten begonnen. 1943 folgte die Genehmigung zur Wasserableitung aus der Etsch und für die Errichtung eines Staubeckens zur Erzeugung elektrischer Energie. Kriegsbedingt bzw. wegen der deutschen Besetzung Südtirols unterbrochen, wurden die Arbeiten trotz heftiger Proteste nach 1945 wieder aufgenommen und zu Ende geführt. Durch »Zusammenlegung« des Reschen- und des Mittersees, der an der Ausmündung der Etsch bei St. Valentin abgedämmt wurde, entstand mit einem Fassungs-

Zufrittstausee im Martelltal

Reschensee

vermögen von 112 Millionen Kubikmetern ein einziger, 7,5 km langer und 1,5 km breiter See, in dessen Fluten zwei Drittel der Ortschaft Reschen und das benachbarte Graun samt allen Gebäuden und einem 523 Hektar großen Gebiet von Acker- und Wiesengrund versank; lediglich der Kirchturm ragt bis auf den heutigen Tag aus dem Seewasser. 250 Menschen mussten abwandern, weil die noch vorhandenen Höfe und Feldfluren kaum mehr existenzfähig waren. Für diejenigen, die blieben, wurden zwei Dörfer gleichen Namens an den Ufern des Stausees mit Gemeindehaus, Kirchengebäuden und Schulen errichtet, 40 neue Häuser in Reschen und 33 in Graun gebaut sowie Trinkwasserleitungen, Straßen, Abflusskanäle, öffentliche Beleuchtung usw.[16]

Fortschreitende Erschließung der Wasserkräfte in den 1950er Jahren

Die fortschreitende und beinahe ungebremste Erschließung der Wasserkräfte in den 1950er Jahren schuf enorme Zuwächse an Erzeugungskapazitäten für elektrische Energie, wodurch die Stromversorgung der Industriebetriebe um Bozen oder auch in den Nachbarprovinzen in hohem Maße sichergestellt werden konnte. Dagegen sollte es noch Jahre dauern, bis in Südtirol selbst die Lieferung von »weißer Kohle«, besonders für die bäuerlichen Betriebe in manchen ländlichen Gegenden, in ausreichendem Maße gewährleistet werden konnte.

1962 wurde die Elektrizitätswirtschaft in Italien verstaatlicht. Dazu gehörten auch die Stromversorgung und die dafür notwendigen Anlagen in Südtirol, mit Ausnahme derjenigen, die der Eigenerzeugung von elektrischer Energie für die Industrie dienten und solchen, deren Jahresproduktion unter 15 Millionen Kilowattstunden lag sowie genossenschaftliche oder kommunale Betriebe, falls diese selbständig bleiben wollten. So wurden die städtischen Elektrizitätswerke von Bozen und Meran sowie die von Brixen, Bruneck und Sterzing ebenso wenig verstaatlicht, wie die Montecatini-Kraftwerke in Glurns, Laas, Kastelbell, Waidbruck, Bruneck und Wiesen-Pfitsch, da dieses Unternehmen als Eigenverbraucher galten.[17]

Die übrigen Unternehmen wurden per Gesetz der »Ente Nazionale per l'Energia Elettrica« (ENEL) übertragen. Durch die Übernahme von Kleinkraftwerken und ihre Einbindung in einen Erzeugerverbund wurden in vielen, vor allem unzureichend versorgten Gebieten Südtirols, leistungsfähige Mittelspannungsleitungen errichtet, über welche die Stromversorgung entscheidend verbessert wurde.

Techniker, Erfinder und innovative Köpfe
Zwischen Himmel und Erde[18]

So wie klimatische und geographische Gegebenheiten die Einrichtung von Bewässerungsanlagen oder besondere Anbautechniken bedingen und somit auf die Produktivität der Landwirtschaft maßgeblich einwirken, begünstigen oder behindern die topographischen Besonderheiten eines Landes die regionale Mobilität

Mendelbahn

seiner Bewohner. Sie sind zwangsläufig damit konfrontiert, müssen sich damit auseinander setzen und Lösungen ersinnen, wie größere Distanzen bequem und schnell zurückgelegt werden können. So ist es zu erklären, dass die Menschen an Meeresküsten, an den Ufern von Flüssen und Seen den Schiffbau perfektionieren und Wasserwege für Personen- und Gütertransporte nützen. Gebirgsbewohner mussten über Jahrhunderte hinweg in meist schwierigem Gelände enorme Anstrengungen unternehmen, um von einem Ort zum anderen zu gelangen, noch dazu, wenn sie mit Traglasten unterwegs waren und größere Höhenunterschiede zu überwinden hatten.

In Südtirol wurde zu Beginn des 20. Jahrhunderts eine neue Transporttechnik entwickelt, die zu diesem Zeitpunkt einzigartig war und heutzutage vor allem aus keinem Wintersportort mehr wegzudenken ist: die Seilschwebebahn.

Bereits 1902/03 wurde die erste Bergbahn Südtirols errichtet, die bis auf den heutigen Tag von Kaltern auf den Mendelpass führt. Ihre Initiatoren waren der Bozner Bankier Sigismund Schwarz (1848–1919) und Baron Andreas von Dipauli (1851–1927), Weingut- und Kellereibesitzer sowie ehemaliger Bürgermeister von Kaltern. Auf einer Strecke von rund 4,5 Kilometer überwindet sie einen Höhenunterschied von gut 850 Meter. Sie war eine Seilbahn, eine Standseilbahn und damals einzig-

artig in den Alpen, blieb aber »auf Schiene«, behielt also Bodenkontakt und wurde lediglich von einem Zugseil bewegt.
Bahnbrechend war fünf Jahre später der Bau der weltweit ersten, für den Personentransport zugelassenen Bergschwebebahn. Das Transportmittel war eine Gondel, großteils aus Holz, die am 29. Juni 1908 von der Talstation am Fuße des Kohlerer Berges am Ostrand von Bozen tatsächlich vom Boden abhob und auf einer Strecke von 1650 Meter bei einem Höhenunterschied von 875 Meter auf Rollen an einem Seil hängend in die Höhe »schwebte«, das heißt gezogen wurde. Oben angekommen konnte man Einkehr in einem Berggasthof halten, der dem Bozner Hotelier Josef Staffler (1846–1919) gehörte.[19] Er hatte das Projekt verwirklicht, um schnell, bequem und damals zweifellos auch spektakulär Besucher in sein Ausflugslokal zu bringen. Diese Bahn war damals eine Sensation, eine echte Pionierleistung, die bald

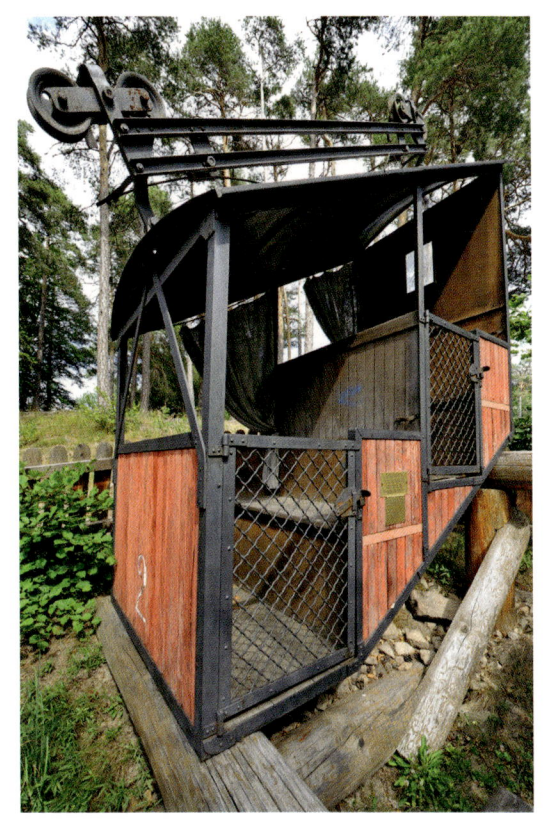

Historische Gondel der Kohlerer Seilbahn

Nachahmer fand. Im Burggrafenamt wurde der Plan für eine Standseilbahn von Lana aufs Vigiljoch geändert und eine Seilschwebebahn erbaut. Zwei Jahre vor der berühmten Montblanc-Schwebebahn wurde sie am 31. August 1912 eröffnet. Sie war das »Meisterstück« des Luis Zuegg (1876–1955), mit dem er sich in seiner Heimatgemeinde Lana ein Denkmal setzte.
Es war der Beginn einer Reihe von technischen Leistungen, mit denen Zuegg die Entwicklung des Seilbahnwesens entscheidend vorangetrieben hat und mit denen sein Name untrennbar verbunden bleibt. Während des Ersten Weltkriegs brachte er seine Erfahrungen in den Bau von über 20 Materialseilbahnen zur Versorgung der Soldaten im Hochgebirge ein und perfektionierte die Transporttechnik dahin gehend, dass er das Tragseil nicht mehr durchhängen ließ, sondern extrem straff spannte. Das Ergebnis war eine höhere Tragfähigkeit, eine geringere Abnützung des Seiles und weniger Stützen, die bis zu einem Abstand von 3000 Meter auseinander rückten.
Nach dem Ende des Ersten Weltkriegs bot ihm der damals größte europäische Seilbahnbauer, die Leipziger Firma Bleichert, einen Lizenzvertrag an und läutete damit

Seilbahn aufs Vigiljoch

ein neues Seilbahnzeitalter ein. Fortan wurde eine Reihe von Seilschwebebahnen nach dem System Bleichert-Zuegg erbaut, etwa die Zugspitzbahn (1926) oder 1937 in St. Anton am Arlberg die Bahn auf den Galzig.

Die Erfolgsstory Zueggs als Seilbahntechniker wurde begleitet von unternehmerischer Fortune auf dem Gebiet der Pappe- und Marmeladenherstellung, die er in Lana begründete, wobei letztere bis auf den heutigen Tag, wenn auch nicht mehr in Lana, so doch unter dem Namen Zuegg Bestand hat.

Johann Kravogl

Geburtsorte sind keine Garantie für unternehmerische Erfolge, vielleicht aber für technische Erfindungen? Wie Luis Zuegg wurde auch Johann Kravogl[20] in Lana geboren, und zwar 1823. Gestorben ist er 1889 in Brixen, wo später erfolgreiche Bastler mit neuartigen Produkten ein Weltunternehmen gründeten.

Davon war der Schlossergeselle Kravogl weit entfernt, als er 1844 eine Pressluftlokomotive entwickelte, 1861 eine Quecksilberluftpumpe, 1868 ein Repetiergewehr, späterhin auch eine elektrische Uhr und eine Präzisionswaage erfand. Bekannt und in Erinnerung geblieben ist er jedoch wegen seines Elektromotors, für den er im April 1867 um ein Patent ansuchte, das ihm wenige Monate später für die »Erfindung eines elektrischen Kraftrades« erteilt wurde. Im gleichen Jahr erregte sein Motor auf der Pariser Weltausstellung größtes Aufsehen und sein Erfinder erhielt breite Anerkennung und höchste Auszeichnungen. Zurück in der Heimat – Kravogl lebte damals in Innsbruck – verbesserte er sein »elektrisches Kraftrad«, widmete sich dann aber anderen Aufgaben, doch gelang es ihm nicht, seine technischen Leistungen mit unternehmerischem Erfolg zu krönen. 1877 übersiedelte er nach Brixen, wo er 1889 an Tuberkulose starb. Da ihm »jede kaufmännische Begabung fehlte, konnte er, wie auch viele andere geniale Erfinder, seine Ideen in keiner Weise wirtschaftlich verwerten, obwohl er deren Bedeutung erkannte und die Entwicklung der Technik vorausahnte«.[21]

Peter Mitterhofer[22]

Dem gelernten Schreiner und Tischler Peter Mitterhofer aus Partschins ging es mit seiner Erfindung nicht anders. Seine Schreibmaschine war bei weitem nicht die erste, die die Welt 1864 gesehen hat. Henry Mill (ca. 1683–1771) hatte in England bereits 1714 ein erstes Patent für eine »schreibmaschinähnliche« Maschine erhalten, die aber offenbar ein Unikat blieb, mit Sicherheit jedoch bald in Vergessenheit geriet. Mitterhofers Apparat war seinerzeit zweifellos die am weitesten entwickelte und funktionell geeignetste Schreibmaschine, die diesen Namen verdient hätte. Die ab 1867/68 in Serie gebauten amerikanischen Modelle von Carlos Glidden (1834–1877), Samuel Soulé und Christopher Sholes (1819–1890) kamen noch lange nicht an den Standard der Mitterhofer'schen Konstruktionen heran. Alleine die sogenannten »Remington«-Modellen erreichten das gleiche technische Niveau wie Mitterhofers Schreibmaschinen-Typen – allerdings erst 30 Jahre später! Der größte Unterschied war und blieb jedoch der, dass jene Erfinder in Amerika Ruhm sowie Anerkennung ernteten und zu Geld kamen, während Peter Mitterhofer Gleiches versagt blieb und er lange Zeit zur Kategorie der »vergessenen Erfinder« zählte. Erst zu Beginn des 20. Jahrhunderts wurde man auf die Person Mitterhofer und seine Erfindungen aufmerksam.

> Die am weitest entwickelte und funktionell geeignetste Schreibmaschine

Peter Mitterhofer wurde am 20. September 1822 in Partschins unweit von Meran geboren. Sein Handwerk erlernte er im Elternhaus, von wo aus ihn, nach längerer Tätigkeit im väterlichen Betrieb, seine Lehr- und Wanderjahre unter anderem in die Länder der österreichischen Monarchie, nach Deutschland und Frankreich führten. Mit 40 Jahren kehrte er nach Partschins zurück, heiratete dort die Tochter eines Zimmermanns und übernahm den Betrieb seines Schwiegervaters.

Mit seiner Erfindung der Schreibmaschine war Mitterhofer seiner Zeit wohl auch (zu) weit voraus. Wäre ihr eine Serienherstellung zuteil geworden, hätte ein ganzer Berufsstand von Kanzlisten und Schönschreibern seine Daseinsberechtigung verloren, hätte ein Großteil des bürokratischen Apparates der k.k. Monarchie umgebaut werden müssen. Aber diese Tragweite von Mitterhofers Erfindung ist damals von offizieller Seite noch nicht gesehen bzw. erkannt worden.

Mitterhofer entwickelte insgesamt fünf verschiedene Schreibmaschinen-Modelle. Das erste, bis auf den Typenhebelkorb aus Metall, vollkommen aus Holz gebaute Modell stammt aus dem Jahre 1864. Mitterhofer selbst bezeichnete es in seinen autobiographischen Gedichten als die »Misslungene«, obwohl schon alle Elemente vorhanden waren, die seine Nachfolgemodelle kennzeichneten. Das Zweite fertigte Mitterhofer in den Jahren 1864/65 (nach dem heutigen Museumsstandort als »Modell Dresden« bekannt), das dritte Modell stammt aus dem Jahre 1866. Mit dieser, heute verschollenen Schreibmaschine, machte sich Peter Mitterhofer erstmals zu Fuß auf den Weg von Partschins nach Wien, um sie dem Kaiser vorzustellen. Als Anerkennung für seine Leistung erhielt er 200 Gulden zugesprochen.

Nach seiner Rückkehr machte sich Mitterhofer gleich an die Arbeit für eine neue, verbesserte Schreibmaschine. Sie wurde 1867 fertig gestellt und ist bekannt als »Modell Meran«: Grundlegende Neuerung zu den Vorgängermodellen war, dass dieses erstmals vollständig aus Metall gefertigt war und Mitterhofer damit die erste Typendruckschreibmaschine präsentierte, die auch Kleinbuchstaben und Ziffern schreiben konnte. Danach wollte er, wie er in seinem Subventionsgesuch 1866 angekündigt hatte, eine für Wien bestimmte, »vollendete« Schreibmaschine bauen. Drei Jahre später war das Modell hergestellt und im Dezember 1869 machte er sich mit ihm wiederum zu Fuß auf den Weg nach Wien. Die dortigen höchsten Stellen zollten ihm neuerlich Lob und Anerkennung für seine Leistungen und zahlten ihm 150 Gulden aus. Seine Hoffnung, dass diese Schreibmaschine in Serie produziert werden würde, erfüllte sich aber nicht.

Enttäuscht kehrte Mitterhofer nach Partschins zurück. An der weiteren Entwicklung der Schreibmaschine nahm er keinen Anteil mehr. Zurückgezogen und zutiefst verbittert starb Peter Mitterhofer am 27. August 1893 in seiner Heimatgemeinde Partschins.

Den Erfolg der in den USA hergestellten Schreibmaschinen hat Mitterhofer noch miterlebt. Heute, mehr als 100 Jahre nach ihrem Aufstieg, steht die Schreibmaschine schon wieder im Abseits. Sie musste dem Computer Platz machen.

Schreibmaschinenmodell von Peter Mitterhofer

Josef Beikircher

Etwa um die gleiche Zeit, als Mitterhofer im Vinschgau seine erste Schreibmaschine baute, – nach einer anderen Angabe erst 1870 – arbeitete ein einfacher Weber am Eingang des Tauferer Tales daran, den Grundstein für die erste Textilfabrik des Pustertales zu legen und damit den ersten »Schritt zur industriellen Revolution«[23] im östlichen Teil des Landes zu setzen. In zunächst noch recht bescheidenem Rahmen erbaute damals in Mühlen, rund 13 Kilometer nördlich von Bruneck, Josef Beikircher eine kleine Fabrik, in der er mit sechs bis acht »selbst herangezogenen Arbeitern und Arbeiterinnen […] nur die reine weiße, braune und schwarze Schafwolle des Thales zu haltbaren guten Stoffen mit staunend billigen Preisen«[24] verarbeitete. Er hatte das Weberhandwerk bei seinem Vater gelernt, war aber auch ein begnadeter Bastler und Tüftler, der selbst diverse Krempel- und Wollspinnmaschinen nachbaute, dafür von seinen Nachbarn aber nur verlacht wurde. Damit nicht genug, leiteten sie ihm im Winter auch das Wasser ab, so dass er seine Mühle nicht mehr in Gang setzen und ihre Bewegungskraft nützen konnte. Beikircher kaufte deshalb eine alte Dampfmaschine mit vier bis sechs PS und stellte seinen Betrieb auf die neue Antriebsenergie um; die »Verleumdungen seiner Erzeugnisse« hielten jedoch an! Höheren Orts wurde man allerdings auf den findigen Bastler und rührigen Unternehmer aufmerksam. Seine Produkte fanden Beachtung und durch die Vermittlung eines Wiener Adeligen ließ sich sogar der Kaiser »einen Jagdanzug aus einem neuartigen, von Beikircher erzeugten graugelben Stoff anfertigen […], worauf Bestellungen von gleichem Stoffe für die hohe Aristokratie in Wien zahlreich einliefen«. Die Auftragsbücher füllten sich so allmählich immer mehr, doch fehlte es an Kapital für eine Betriebsmodernisierung und Produktionserweiterung. Dieses steuerte anfangs der 1880er Jahre der Wiener Textilkaufmann Josef Moessmer bei. Er investierte in die Zukunft des Unternehmens und entwarf zusammen mit Beikircher seit 1884 auch Pläne für eine Verlegung des Produktionsstandortes nach Bruneck, das seit der Eröffnung der Pustertalbahn 1871 an das europäische Schienennetz angeschlossen war. Ein geeignetes Grundstück am Ostrand der Bezirksstadt war schnell gefunden, die notwendigen Gebäude und Anlagen bald errichtet, so dass 1890 mit der Übersiedlung des Unternehmens begonnen werden konnte. Vier Jahre später erfolgte die Eintragung des Unternehmens »J. Moessmer & Comp.« mit Sitz in Bruneck ins Firmenregister[25] und die Aufnahme des Betriebs in der neuen Fabrik, die über alle Konjunkturen hinweg bis auf den heutigen Tag besteht und ihre Produkte weltweit absetzt.

Die Erfolgsgeschichte eines Unternehmens, an dessen Beginn ein Landhandwerker stand, der von einer Idee überzeugt war und ihre Verwirklichung mit technischem Geschick und großer Ausdauer ebenso konsequent und unbeirrt bis zu ihrem Gelingen verfolgte!

> Das Pustertal ist seit 1871 an das europäische Schienennetz angeschlossen.

Durst Phototechnik, Tintenstrahldrucker

Julius und Gilbert Durst[26]

Parallelen zu Beikirchers Erfolgsstory weisen die Aktivitäten der Gebrüder Julius (1909–1964) und Gilbert (1912–2004) Durst auf. Beide in Innsbruck geboren, jedoch bald in den Heimatort ihrer Mutter nach Brixen übersiedelt und dort aufgewachsen, besuchte der Ältere das Polytechnikum in Konstanz und nahm nach seinem Ingenieur-Examen eine Stelle bei einem Patent-Verwertungsbüro in Bregenz an, der Jüngere absolvierte die Handelsschule in Bregenz und ging danach in die Fotopraxis bei der Firma Miller-Optik in Innsbruck. Beide hatten als Jugendliche schon »große Neigungen zu allen technischen Dingen. Es wurde in allen Richtungen geforscht und gebastelt: Jagdwaffen zum Wildern, Drachen, Segelflugzeuge, Radioapparate, Sportgeräte wie Grasschi, Schibindungen, Bobschlitten und Raketenautomobile. Doch das Hauptziel war die Fotografie, sie hatte die große Anziehungskraft, damit auch war sie zukunftsbestimmend.«[27] Ende der 1920er Jahre gaben sie beide ihre Jobs auf, kehrten in ihre Heimatstadt zurück und begannen um 1929 in einer Schlosserei in Brixen, wo normalerweise Kochherde hergestellt wurden, mit dem Bau von Fotoapparaten. Den Verkauf ihrer Geräte übernahm ab 1930 der befreundete Drogist Helmut Lutteri über sein Geschäftslokal am Domplatz. Bald schon konstruierten Julius und Gilbert Durst Foto- und Filmkameras, Vergrößerungsapparate und

Alupress, Produktion von Aluminiumdruckgussteilen

Zubehörteile von höchster Qualität, die von der Ideenvielfalt und dem Erfindungsreichtum der beiden zeugten, aber auch technisches Wissen und handwerkliches Geschick zum Ausdruck brachten.
Im November 1932 stiegen die Bozner Lederfabrikanten Luis (1901–1976) und Heinz (1908–1994) Oberrauch als »Financiers« in das Unternehmen der beiden Brüder in Brixen ein. Die Produktion von Maschinenbestandteilen wurde auf Aluminium umgestellt und mangels eines entsprechenden Südtiroler Unternehmens von einer Mailänder Gießerei durchgeführt, während die Zulieferung anderer Leichtmetallteile aus einer Werkstatt in Bozen erfolgte. Wenige Jahre später wurde das Unternehmen in eine Aktiengesellschaft umgewandelt. Im Januar 1936 verlegte die Durst Phototechnik AG ihren Fertigungsbetrieb in die leer stehenden Räume der 1920 stillgelegten Brauerei Seidner nach Köstlan. Hier wurde sogleich mit der industriellen Fertigung von Vergrößerungsapparaten begonnen, mit denen die Firma bald auch auf dem internationalen Markt Fuß fassen konnte. Ihre Produkte waren nicht nur überall sehr gefragt, sondern ließen ihre Erfinder auch zu Inhabern von Patenten werden, die sie zum Teil an Weltfirmen, wie etwa AGFA, verkauften.

Die Patente wurden zum Teil an Weltfirmen, wie etwa AGFA, verkauft.

HELMUT ALEXANDER

Der Expansionskurs wurde durch den Zweiten Weltkrieg gestoppt, der Betrieb mit über 100 Beschäftigten jedoch weitergeführt. Ab 1944 fertigte die Firma Durst verschiedene Teile für die Messerschmitt-Werke, zum Beispiel »Schrauben und Bolzen für die unterschiedlichsten Geräte. Direktes Kriegsmaterial wurde in der Firma Durst nicht hergestellt.«[28] Nach Kriegsende konzentrierte sich das Unternehmen wieder auf die Herstellung von Vergrößerungsapparaten, die, zusammen mit einer Reihe neuer Konstruktionen und Erfindungen, der Firma die internationalen Märkte schnell wieder öffneten und ihren Weltruf begründeten.

1966 ging aus der Spritzgussabteilung, die anfangs in den Kellerräumen der Fabrik untergebracht war, die Tochterfirma Alupress hervor. Im selben Jahr übersiedelte der Betrieb in die neue Fabriksanlage im Süden der Stadt, im Übergangsgebiet zur 1970 eingerichteten Industriezone, in die auch bald die Alupress ihre Produktion verlegte.

Max Valier[29]

Bauten die Gebrüder Durst mit jugendlicher Experimentierfreude Raketenautos »just for fun«, machte ein anderer Südtiroler wenig später damit Ernst: Max Valier! Sein Großvater war ein zugewanderter Bäcker aus dem Schwäbischen, der sich auf seiner Wanderschaft in Bozen niedergelassen hatte. Max erblickte dort am 9. Februar 1895 das Licht der Welt und entdeckte über seiner Heimatstadt bald auch den Sternenhimmel, der ihn zeitlebens fesseln sollte. Sein Interesse für Astronomie und Physik war bereits während seiner Schulzeit am Bozner Franziskanergymnasium sehr ausgeprägt und entscheidend für die Wahl seines Studiums in Innsbruck von 1913 bis zum Wintersemester 1914/15. Er besuchte Lehrveranstaltungen aus Mathematik, Physik, Chemie, Meteorologie und Astronomie.[30] Unterbrochen durch Kriegsdienst bei Infanterie und Luftwaffe setzte er im Sommersemester 1918 sein Studium in Innsbruck fort, wechselte jedoch im Wintersemester 1920 an die Universität in Wien. Seine dort verfasste Doktorarbeit, in der er seine Begeisterung für die Hörbiger'sche Welteislehre[31] erkennen ließ, wurde als »für eine Promotion nicht seriös genug«[32] abgewiesen. Daraufhin ging Valier 1923 nach München, wo er sich weiterhin mit Astronomie beschäftigte und seinen Lebensunterhalt mit Vorträgen und schriftstellerischen Arbeiten verdiente. Angeregt durch das Buch »Die Rakete zu den Planetenräumen« von Hermann Oberth,[33] warb er für die Idee des Raketenflugs und suchte nach Möglichkeiten, ihn zu verwirklichen.

Die Doktorarbeit wurde mit der Begründung »nicht seriös genug« ablehnt.

1925 entwickelte Valier dafür ein Vier-Punkte-Programm, mit dem er Fritz von Opel (1899–1971), den Sohn des gleichnamigen Automobilherstellers, für seine Pläne zur Entwicklung eines Rückstoß-Antriebmotors für flüssige Treibstoffe gewinnen konnte. Zahlreiche Versuche von Pulverraketen angetriebenen Rennwagen verliefen erfolgreich, so dass Valier ab 1929 entsprechende Experimente mit flüssigen Brenn-

Sternwarte Max Valier, Gummer

stoffen aufnahm. Erste Testfahrten brachten ebenfalls hoffnungsvolle Ergebnisse und mit einem Schlitten auf dem zugefrorenen Starnberger See einen Geschwindigkeitsrekord von über 400 km/h. Dadurch ermutigt, setzte Valier in Berlin seine Entwicklungsarbeit mit der Erprobung verschiedener flüssiger Brennstoff-Gemische fort. Bei dem Versuch, Erdöl-Produkte mit flüssigem Sauerstoff zu mischen, kam es am 17. Mai 1930 zu einer an sich kleinen Explosion, bei der jedoch Valiers Lungenschlagader durch einen Splitter verletzt wurde; er verblutete daran.
Seine Pionierarbeiten wurden von anderen fortgesetzt und trugen somit ihren Teil zur Eroberung des Weltraums in späteren Jahren bei.

Zusammenfassung
Die kurze und keineswegs vollständige Auswahl an Südtiroler Technikern und Erfindern zeigt recht deutlich, dass hier zahlreiche Talente vielfältigster Natur anzutreffen waren, die spektakuläre Leistungen erbrachten, von den einen belächelt, von anderen bewundert, von niemandem jedoch wegzuleugnen. Manche von ihnen schufen Neues und fanden Wege, ihre Errungenschaften wirtschaftlich zu verwerten, zumal andere ihren Nutzen erkannten und die damit verbundenen Vorteile zu schätzen wussten. Ihnen gelang der Durchbruch und sie hatten Erfolg,

denn sie konnten ihren Erfindungen einen dauerhaften Platz sichern und sie für die Zukunft erhalten. Andere schienen ihre Neuerungen einer fernen Zukunft entliehen zu haben, die Menschen der Gegenwart erkannten nicht deren Bedeutung, waren noch nicht »reif« genug! Möglicherweise bestand auch keine Verwendung dafür, war kein Bedarf dafür vorhanden, konnte man damit nichts anfangen, weil kein Bezug zum Alltag und zur Lebenswelt der Menschen hergestellt werden konnte. Die Menschen hatten »andere Sorgen« und mussten ihre Kraft und Energie darauf konzentrieren, das Notwendige zu erhalten, so wie die Generationen vor ihnen, wie immer eigentlich! Diese Haltung war nicht fortschrittfeindlich, sie war gegenwartsorientiert, auf das kommende Jahr und auf Sicherheit bedacht, um Bestehendes zu erhalten, das meist ohnehin wenig genug war, um in überschaubarem Rahmen und Maße Vorsorge treffen zu können. Da war es besser, auf Bekanntes zu vertrauen, kein Risiko zu wagen, um das bescheidene Auskommen nicht zu gefährden. Nach altbewährter Art sein Dasein bewältigen, konservativ! Diese Art und Weise hatte sich bewährt, sonst wären sie nicht alt geworden und sie sind alt geworden, weil sie sich bewährt hatten. Eine solide Basis, möglicherweise nicht sehr üppig, aber sicher! Und Handlungsmöglichkeiten gab es nur auf dieser Grundlage, die zu verlassen mit unkalkulierbaren Folgen verbunden war. Freilich war der Spielraum eng und ermöglichte nur kleine Schritte, doch es funktionierte, dauerte aber länger! Aber die Menschen hatten ja noch Zeit! Und sie nützten sie, zum Bewahren und Erhalten die einen, zur Schaffung von Neuem die anderen. Erleichterungen und Verbesserungen schätzten wohl alle, da unterschieden sich die Südtiroler und Südtirolerinnen wohl nicht von den Menschen in anderen Regionen. Und auch diejenigen, die ihrer Zeit weit voraus waren, ihre Ideen unbeirrt verfolgten und sogar Nachteile vielfältiger Art in Kauf nahmen, mögen in ihrem unmittelbaren Umfeld wohl Sonderlinge gewesen sein, in der Geschichte ihres Kulturkreises waren und sind sie aber in guter Gesellschaft. Sie gehörten nämlich zu denen, die» diese eigentümliche europäische Freude am Erfinden«[34] besaßen!

Anmerkungen

1 Joseph Rohrer, Über die Tiroler. Faksimiledruck der 1796 erschienenen Ausgabe, Bozen 1985, S. 60.
2 Zum Folgenden siehe: Franz Tumler, Das Land Südtirol. Menschen, Landschaft, Geschichte, München 21971, S. 51–56; Hanspaul Menara, Südtiroler Waalwege. Ein Bildwanderbuch, Bozen 72005, S. 10–33; Gianni Bodini, Antichi sistemi di irrigazione nell'arco alpino. Ru, Bisse, Suonen, Waale [Quaderin di cultura alpina 77], Ivrea (Torino) 2002, p. 11–40.
3 Tumler, Das Land Südtirol, S. 49.
4 Vgl. dazu: Valentin Jug, Der Aprikosenanbau im Vinschgau, Innsbruck, 1969, S. 5–7.
5 Vgl. dazu: Klaus Fischer, Agrargeographie des westlichen Südtirol. Der Vinschgau und seine Nebentäler, Wien 1974, S. 28–32 sowie Rudolf Gurschler, Streifzüge durch den Vinschgau, Schlanders 1994, S. 6.
6 Vgl. dazu: Benjamin Santer, Sozioökonomische Aspekte der Kartause »Allerengelberg« in Schnals, Diplomarbeit aus Wirtschafts- und Sozialgeschichte (Manuskript), Innsbruck 2005, S. 49 sowie Georg Mühlberger, Die Kartause Allerengelberg in Schnals, Lana 1995, S. 82–84.

7 Vgl. dazu: Johann Jakob Staffler, Tirol und Vorarlberg, statistisch und topographisch, mit geschichtlichen Bemerkungen; in zwei Theilen, I. Theil, Innsbruck 1839, S. 189/190.
8 Vgl. dazu: Tumler, Das Land Südtirol, S. 52.
9 Menara, Südtiroler Waalwege, S. 60.
10 Vgl. dazu: Matthias Ladurner-Parthanes, Vom Perglwerk zur Torggl. Arbeit und Gerät im Südtiroler Weinbau, Bozen 1972, S. 23–50; Staffler, Tirol und Vorarlberg, S. 216-219; Wolfgang Klieber/Max Pfister, Germanisch-romanische Interferenz an Beispielen aus der Winzerteminologie von Salurn/Salorno und in Südtirol, in: Günter Holtus/Johannes Kramer (Hg.), Das zweisprachige Individuum und die Mehrsprachigkeit in der Gesellschaft. Wilhelm Theodor Elvert zum 85. Geburtstag, Stuttgart 1991, S. 81–99.
11 Vgl. dazu: Peter Aichner, Weiße Kohle als Kraftquelle. Die Stromversorgung in Südtirol/La forza del carbone bianco. Energia elettrica in Alto Adige, in: Vittfrida Mitterer (Hg./Ed.), Zeitzeichen der Technik. Technische Kulturgüter Südtirols/La Parabola Meccanica. Beni Tecnici Culturali in Alto Adige, Bozen/Bolzano 1993, S./pp. 67–75.
12 Vgl. dazu die einzelnen Beiträge in: Wittfrida Mitterer (Hg.), Megawatt & Widerstand. Die Ära der Groß-Kraftwerke in Südtirol (Technisches Kulturgut in Südtirol), Bozen 2004.
13 Südtirol Chronik. Das 20. Jahrhundert, Bozen 1999, S. 259.
14 Adolf Leidlmair, Bevölkerung und Wirtschaft Südtirols (Tiroler Wirtschaftsstudien, Bd. 6), Innsbruck 1958, S. 235–237; Mitteilungen der Handels-, Industrie- und Landwirtschaftskammer Bozen, 8/11 (1955), S. 12.
15 Ebd., S. 235.
16 Die Region Trentino-Tiroler Etschland, zweite Vierjahresperiode 1953–1956, bearb. von Dr. Franco Bertoldi, Trento, Ottobre 1956, S. 142.
17 Paola Volcan, Kostenstruktur der energieproduzierenden und -verteilenden Unternehmungen in Südtirol. Sozial- und wirtschaftswiss. Diplomarbeit (Manuskript), Innsbruck 1984, S. 15.
18 Vgl. dazu: Gottfried Solderer (Hg.), Das 20. Jahrhundert in Südtirol, Bd. I: Abschied vom Vaterland. 1900 bis 1919, Bozen 1999, S. 56–62; Luis Zuegg, in: Ernst Attlmayr, Tiroler Pioniere der Technik (Tiroler Wirtschaftsstudien 23), Innsbruck 1968, S. 92–94.
19 Vgl. dazu: Franz Staffler, Josef Staffler. Der Erbauer der ersten Personenseilbahn Europas, in: Beiträge zur Technikgeschichte Tirols 2/1970, S. 13–25.
20 Johann und Josef Kravogl, in: Ernst Attlmayr, Tiroler Pioniere der Technik (Tiroler Wirtschaftsstudien 23), Innsbruck 1968, S. 41–45; Ernst Attlmayr, Johann Kravogl's Maschinen, in: Beiträge zur Technikgeschichte Tirols 1/1969, S. 58-68; Oswald Egger/Hermann Gummerer, Das Kraftrad des Johann Kravogl, Lana 1989; Albert Innerhofer, Johann Kravogl, Lana 1989.
21 Johann und Josef Kravogl, S. 43.
22 Vgl. dazu: Peter Mitterhofer, in: Ernst Attlmayr, Tiroler Pioniere der Technik (Tiroler Wirtschaftsstudien 23), Innsbruck 1968, S. 56–58; Andreas Knie, »Generierung« und »Härtung« technischen Wissens: Die Entstehung der mechanischen Schreibmaschine, in: Technikgeschichte 58/1991, S. 101-126; Alois Hudik, Peter Mitterhofer, der Schreibmaschinenpionier. Zum 140. Geburtstag. Neue Forschungen über seine Schreibmaschinenmodelle, in: Blätter für Technikgeschichte 23/1961; Richard Krcal, 100 Jahre Schreibmaschine 1864-1964. Die Schreibmaschine Peter Mitterhofers, in: Blätter für Technikgeschichte 26/1964; Richard Krcal, Peter Mitterhofer und seine Zeit 1822–1883. Zur 150. Wiederkehr seines Geburtstages, in: Blätter für Technikgeschichte 32/33 (1970/71); Lassnigg Ewald, Peter Mitterhofer. Ein Pionier der Schreibmaschine, Bozen 1993; Alfred Waize, Peter Mitterhofer und seine fünf Schreibmaschinenmodelle – in neuer Sicht. Die wechselvolle Geschichte des Tiroler Zimmermanns Peter Mitterhofer aus Partschins von 1864 bis 1869, Erfurt 22003; http://www.typewritermuseum.com
23 Hartmann Gallmetzer, Industrie im Pustertal. Momentaufnahme zur Jahrtausendwende, Bruneck 2002, S. 145; vgl. dazu auch: Christoph H. v. Hartungen, Aus feinstem Tuche ... Die Entstehung der Südtiroler Textilindustrie/Un tessuto tutto speciale ... La nascita dell'industria tessile nel Sudtirolo, in: Vittfrida Mitterer (Hg./Ed.), Zeitzeichen der Technik. Technische Kulturgüter Südtirols/La Parabola Meccanica. Beni Tecnici Culturali in Alto Adige, Bozen/Bolzano 1993, S./pp. 97–106, S./p. 102.
24 Volkswirtschaftliche Blätter. Landwirtschaft, Gewerbe, Haus, Garten, Küche und gemeinnützige Notizen aller Art. Zum Pustertaler Boten Nro. 12 [24.3.1882], S. 1; vgl. dazu auch: Christoph Jentsch, Das Brunecker Becken. Bevölkerungs- und wirtschaftsgeographische Untersuchung im Südtiroler Pustertal (Tiroler Wirtschaftsstudien 14), Innsbruck 1962, S. 128/129.

25 Vgl. dazu: Gallmetzer, Industrie im Pustertal, S. 145. Im Pusterthaler Boten 85, vom 13.4.1885, S. 646, wird »die neue Tuchwarenfabrik der Herren Mößmer u. Comp.« im Osten der Stadt bereits mit dieser Firmenbezeichnung erwähnt.
26 Zum Folgenden siehe: Ernst Attlmayr, Julius und Gilbert Durst, die Gründer der Durst-AG. in Brixen, in: Beiträge zur Technikgeschichte Tirols 2/1970, S. 55–58; Gilbert Durst, Geschichte der Durst AG in Bozen-Brixen, Brixen 1979; Alexander Chiusole, Geschichte der Firma Durst in Brixen: ein moderner Industriebetrieb im Wandel der Zeit. Geisteswiss. Diplomarbeit (Manuskript), Innsbruck 1989; Gilbert Durst, Die Durst Story, in: Durst Phototechnik AG, Brixen (Hg.), Die Oberrauch – eine Familienchronik, Brixen 2001 [ohne Paginierung].
27 Durst, Die Durst Story.
28 Chiusole, Geschichte der Firma Durst, S. 79.
29 Siehe dazu die Biographie von Ilse Essers, Max Valier – ein Vorkämpfer der Weltraumfahrt, 1895-1930 (Technikgeschichte in Einzeldarstellungen, H. 5), Düsseldorf 1968 bzw. Max Valier. Ein Pionier der Raumfahrt. Bozen 1980; Max Valier, in: Ernst Attlmayr, Tiroler Pioniere der Technik (Tiroler Wirtschaftsstudien 23), Innsbruck 1968, S. 80-87.
30 Vgl. dazu:Universitätsarchiv Innsbruck, Philos. Nationale Nr. 5, 1914/15 (Nationale Max Valier) sowie Abz. 16: Abgangszeugnisse und Absolutorien von No. 7075–8974, Nr. 7912 (Max Valier).
31 Diese Theorie des Österreichischen Ingenieurs Hanns Hörbiger (1860–1931) besagt, dass das Universum aus Mutationen von ewigem Eis entstanden sei und sich in einem ständigen Dualismus von Sonnen- und Eisplaneten befinde.
32 Max Valier, S. 80.
33 Hermann Oberth (1894–1989) war Physiker und gilt als Begründer der wissenschaftlichen Raketentechnik.
34 David S. Landes, Wohlstand und Armut der Nationen. Warum die einen reich und die anderen arm sind, Berlin 1999, S. 75.

Literaturverzeichnis

AICHNER, Peter: Weiße Kohle als Kraftquelle. Die Stromversorgung in Südtirol/La forza del carbone bianco. Energia elettrica in Alto Adige. In: Mitterer, Vittfrida (Hg./Ed.): Zeitzeichen der Technik. Technische Kulturgüter Südtirols/La Parabola Meccanica. Beni Tecnici Culturali in Alto Adige. Bozen/Bolzano 1993, S./pp. 67–75.

ATTLMAYR, Ernst: Tiroler Pioniere der Technik (Tiroler Wirtschaftsstudien 23). Innsbruck 1968.

ATTLMAYR, Ernst: Johann Kravogl's Maschinen. In: Beiträge zur Technikgeschichte Tirols 1/1969, S. 58–68.

ATTLMAYR, Ernst: Julius und Gilbert Durst, die Gründer der Durst-AG. in Brixen. In: Beiträge zur Technikgeschichte Tirols 2/1970, S. 55–58.

BODINI, Gianni: Antichi sistemi di irrigazione nell'arco alpino. Ru, Bisse, Suonen, Waale (Quaderni di cultura alpina 77), Ivrea (Torino) 2002.

CHIUSOLE, Alexander: Geschichte der Firma Durst in Brixen: ein moderner Industriebetrieb im Wandel der Zeit. Geisteswiss. Diplomarbeit (Manuskript). Innsbruck 1989.

DURST, Gilbert: Geschichte der Durst AG in Bozen-Brixen. Brixen 1979.

DURST, Gilbert: Die Durst Story. In: Durst Phototechnik AG, Brixen (Hg.): Die Oberrauch – eine Familienchronik. Brixen 2001 [ohne Paginierung].

EGGER, Oswald/GUMMERER, Hermann: Das Kraftrad des Johann Kravogl. Lana 1989.

ESSERS, Ilse: Max Valier – ein Vorkämpfer der Weltraumfahrt, 1895–1930 (Technikgeschichte in Einzeldarstellungen, H. 5). Düsseldorf 1968.

ESSERS, Ilse: Max Valier. Ein Pionier der Raumfahrt. Bozen 1980.

FISCHER, Klaus: Agrargeographie des westlichen Südtirol. Der Vinschgau und seine Nebentäler. Wien 1974.

GALLMETZER, Hartmann: Industrie im Pustertal. Momentaufnahme zur Jahrtausendwende. Bruneck 2002.

GURSCHLER, Rudolf: Streifzüge durch den Vinschgau. Schlanders 1994.

HARTUNGEN, Christoph H. von: Aus feinstem Tuche ... Die Entstehung der Südtiroler Textilindustrie/Un tessuto tutto speciale ... La nascita dell'industria tessile nel Sudtirolo. In: Mitterer, Vittfrida (Hg./Ed.): Zeitzeichen der Technik. Technische Kulturgüter Südtirols/La Parabola Meccanica. Beni Tecnici Culturali in Alto Adige. Bozen/Bolzano 1993, S./pp. 97–106.

HUDIK, Alois: Peter Mitterhofer, der Schreibmaschinenpionier. Zum 140. Geburtstag. Neue Forschungen über seine Schreibmaschinenmodelle. In: Blätter für Technikgeschichte 23/1961.

INNERHOFER, Albert: Johann Kravogl. Lana 1989.

JENTSCH, Christoph: Das Brunecker Becken. Bevölkerungs- und wirtschaftsgeographische

Untersuchung im Südtiroler Pustertal (Tiroler Wirtschaftsstudien 14). Innsbruck 1962.

JUG, Valentin: Der Aprikosenanbau im Vinschgau. Innsbruck, 1969.

KLIEBER, Wolfgang / Pfister, Max: Germanisch-romanische Interferenz an Beispielen aus der Winzerterminologie von Salurn / Salorno und in Südtirol. In: Holtus, Günter / Kramer, Johannes (Hg.): Das zweisprachige Individuum und die Mehrsprachigkeit in der Gesellschaft. Wilhelm Theodor Elvert zum 85. Geburtstag. Stuttgart 1991, S. 81–99.

KNIE, Andreas: »Generierung« und »Härtung« technischen Wissens: Die Entstehung der mechanischen Schreibmaschine. In: Technikgeschichte 58 / 1991, S. 101–126.

KRCAL, Richard: 100 Jahre Schreibmaschine 1864–1964. Die Schreibmaschine Peter Mitterhofers. In: Blätter für Technikgeschichte 26 / 1964.

KRCAL, Richard: Peter Mitterhofer und seine Zeit 1822–1883. Zur 150. Wiederkehr seines Geburtstages. In: Blätter für Technikgeschichte 32 / 33 (1970 / 71).

LADURNER-PARTHANES, Matthias: Vom Perglwerk zur Torggl. Arbeit und Gerät im Südtiroler Weinbau. Bozen 1972.

LANDES, David S.: Wohlstand und Armut der Nationen. Warum die einen reich und die anderen arm sind. Berlin 1999.

LASSNIGG, Ewald: Peter Mitterhofer. Ein Pionier der Schreibmaschine. Bozen 1993.

LEIDLMAIR, Adolf: Bevölkerung und Wirtschaft Südtirols (Tiroler Wirtschaftsstudien, Bd. 6). Innsbruck 1958.

MENARA, Hanspaul: Südtiroler Waalwege. Ein Bildwanderbuch. Bozen [7]2005.

Mitteilungen der Handels-, Industrie- und Landwirtschaftskammer Bozen, 8 / 11 (1955).

MITTERER, Wittfrida (Hg.): Megawatt & Widerstand. Die Ära der Groß-Kraftwerke in Südtirol (Technisches Kulturgut in Südtirol). Bozen 2004.

MÜHLBERGER, Georg: Die Kartause Allerengelberg in Schnals. Lana 1995.

ROHRER, Joseph: Über die Tiroler. Faksimiledruck der 1796 erschienenen Ausgabe. Bozen 1985.

SANTER, Benjamin: Sozioökonomische Aspekte der Kartause »Allerengelberg« in Schnals. Diplomarbeit aus Wirtschafts- und Sozialgeschichte (Manuskript). Innsbruck 2005.

SOLDERER, Gottfried (Hg.): Das 20. Jahrhundert in Südtirol. Bd. I: Abschied vom Vaterland. 1900 bis 1919. Bozen 1999.

STAFFLER, Franz: Josef Staffler. Der Erbauer der ersten Personenseilbahn Europas. In: Beiträge zur Technikgeschichte Tirols 2 / 1970, S. 13–25.

STAFFLER, Johann Jakob: Tirol und Vorarlberg, statistisch und topographisch, mit geschichtlichen Bemerkungen; in zwei Theilen, I. Theil. Innsbruck 1839.

Südtirol Chronik. Das 20. Jahrhundert. Bozen 1999.

Die Region Trentino-Tiroler Etschland, zweite Vierjahresperiode 1953–1956, bearb. von Dr. Franco Bertoldi. Trento, Ottobre 1956.

TUMLER, Franz: Das Land Südtirol. Menschen, Landschaft, Geschichte. München [2]1971.

VOLCAN, Paola, Kostenstruktur der energieproduzierenden und -verteilenden Unternehmungen in Südtirol. Sozial- und wirtschaftswiss. Diplomarbeit (Manuskript). Innsbruck 1984.

Volkswirthschaftliche Blätter. Landwirtschaft, Gewerbe, Haus, Garten, Küche und gemeinnützige Notizen aller Art. Zum Pusterthaler Boten Nro. 12 [24.3.1882].

WAIZE, Alfred: Peter Mitterhofer und seine fünf Schreibmaschinenmodelle – in neuer Sicht. Die wechselvolle Geschichte des Tiroler Zimmermanns Peter Mitterhofer aus Partschins von 1864 bis 1869. Erfurt [2]2003.

Helmut Alexander, geboren in Elsenfeld (Bayern) 1957. Studium der Neueren Geschichte, Politischen Wissenschaft und Philosophie an den Universitäten Erlangen und Innsbruck, seit 2001 Ao. Universitätsprofessor für Wirtschafts- und Sozialgeschichte am Institut für Geschichte und Ethnologie der Universität Innsbruck. Zahlreiche Publikationen zur Tiroler Geschichte, u. a. zur Tiroler Industrie, Umsiedlung der Südtiroler, wirtschaftlichen Entwicklung Südtirols im 19. und 20. Jahrhundert.

Geburtshaus von Jakob Philipp Fallmerayer in Tschötsch bei Brixen

Querdenker

JAKOB PHILIPP FALLMERAYER
1790–1861

Im Aufstand der Tiroler von 1809 sieht er nichts als eine Dummheit. Die Wissenschaft seiner Zeit provoziert er mit schrägen Thesen. Wegen seiner politischen Ideen wird er einmal sogar von der Polizei gesucht. Er ist ein hoch gebildeter Freigeist, ein Querkopf bleibt er bis zuletzt.

Dabei lässt seine Kindheit ein unspektakuläres Leben erwarten. Fallmerayers Vater ist ein armer Tagelöhner in Tschötsch bei Brixen, die Familie reich an Kindern. Einem Pfarrer fällt früh Jakobs wache Intelligenz auf. Er verschafft ihm einen Platz im Domschülerinstitut in Brixen, »zu künftigem Nutzen der Kirche«. Doch mit 19, mitten im Aufstand von 1809, nimmt der junge Fallmerayer plötzlich Reißaus. Im Tirol des Andreas Hofer, in »diesem unheimlichen Lande des Aberglaubens«, könne er nicht bleiben. Ein erstes Aufleuchten seines kritischen Temperaments. Im bayerischen Salzburg beginnt er ein Theologiestudium, sattelt auf Jurisprudenz in Landshut um und meldet sich dort 1813 freiwillig zur Armee Bayerns. Der davon erhoffte gesellschaftliche Aufstieg bleibt aus. Nach dem Waterloo Napoleons findet Fallmerayer aber in der Garnison von Lindau die Muße für sein Faible, das Griechische. Es wird sein späteres Leben prägen.

Wieder in Landshut, schlägt der überzeugte Junggeselle sich als Lehrer durch, beteiligt sich 1824 an einem Wettbewerb der Dänischen Akademie der Wissenschaften und gewinnt mit einer von der Fachwelt überschwänglich gelobten Arbeit über das Kaisertum Trapezunt (heute das türkische Trabzon). Von diesem Erfolg angeregt, macht er sich an die Geschichte des Peloponnes. 1830 erscheint ein erster

1815	1825	1830
Mit dem Wiener Kongress wird die alte Ordnung wieder eingeführt.	In England fährt der erste Personenzug mit Dampflok.	Heinrich Heine veröffentlicht seinen berühmten Befund über die Tiroler.

Band just zur gleichen Zeit, als die Griechen nach langem Kampf gegen die Türken einen eigenen Staat bekommen – unter einem bayerischen Prinzen als neuen König. Fallmerayers Werk sorgt für einen Eklat. Denn er behauptet, die alten Griechen seien längst ausgestorben und die aktuellen Bewohner des Peloponnes nur die Nachkommen slawischer Stämme. Diese These passt so gar nicht zur Außenpolitik der mitteleuropäischen Staaten, die Griechenland gegen die Türken unterstützten. Als Fallmerayer von einer vierjährigen Reise durch den vorderen Orient zurückkehrt, die er mit einem russischen Grafen unternommen hat, sieht er sich zwangsweise in den Ruhestand versetzt. Mit erst 44 Jahren.

Im Vormärz, in dem jedes Blatt Papier verdächtig ist, ist es ein Freigeist wie er erst recht. Hat er in seiner Arbeit über Trapezunt zwischen den Zeilen nicht auch die Herrschaft in Österreich und den deutschen Staaten kritisiert? Hat er nicht auch die katholische Kirche (»ruchlos«, »Herrschsucht«) offen angegriffen? Obwohl Fallmerayer nie promoviert hat, nimmt ihn die Bayerische Akademie der Wissenschaft wegen seiner Arbeiten zwar als Mitglied auf. Seine Vorträge darf er aber nur im kleinen Kreis halten, Studenten ist die Teilnahme verboten.

Die Zensur durchkämmt auch seine Beiträge, die er ab 1839 für die Augsburger Allgemeine schreibt. Seine präzisen Landschaftsbilder, seine Bildung und sein Scharfsinn faszinieren selbst den bayerischen Kronprinzen Maximilian. Eine Zeitlang hält dieser sich den »rücksichtslos redenden Tyrolergesellen« (Zitat Fallmerayer) als Gesellschafter und unterstützt ihn über Jahre, womit er im Revolutionsjahr 1848 zum Professor für Geschichte in München wird. Eine ehrenvolle Stelle, die er aber nicht antreten kann. Denn fast zur gleichen Zeit wählt man ihn zum Abgeordneten der Frankfurter Nationalversammlung. Diese scheitert bekanntlich beim Versuch, Deutschland zu einigen. Daraufhin legen alle konservativen und bürgerlich-liberalen Abgeordneten ihr Mandat zurück – nicht aber der eigenwillige Fallmerayer. Mit dem Rumpfparlament, das mit den Revolutionären sympathisiert, zieht er nach Stuttgart um, wo das Militär die Versammlung schließlich auflöst.

Fallmerayer flüchtet in die Schweiz, die bayerische Polizei sucht mit einem Steckbrief nach ihm, in München nimmt man ihm die nie angetretene Professur wieder ab. Seine politische Eskapade fällt schließlich unter die Amnestie, ein Angepasster aber wird er nie. Finanziell von dem russischen Grafen unterstützt, reist er weiterhin viel, schreibt Bücher über den Orient und etliche scharfe politische Artikel. Einer davon ist eine wortgewaltige Attacke gegen die Monarchien Europas. Der Innsbrucker Zeitung bringt der Abdruck eine Verwarnung ein, kurz darauf muss sie ihr Erscheinen einstellen.

Tirol bleibt Fallmerayer bis zuletzt verbunden, allerdings auf seine Art. Kurz vor seinem Tod schreibt er seinem Neffen nach Brixen, der Kaiser habe es wohl »darauf angelegt das Landl ganz zu ruinieren« – kurz zuvor hat Österreich den Krieg um die Lombardei begonnen. Und die Zustände in Tirol »haben mir längst schon die Lust genommen, meine Heimat wiederzusehen«.

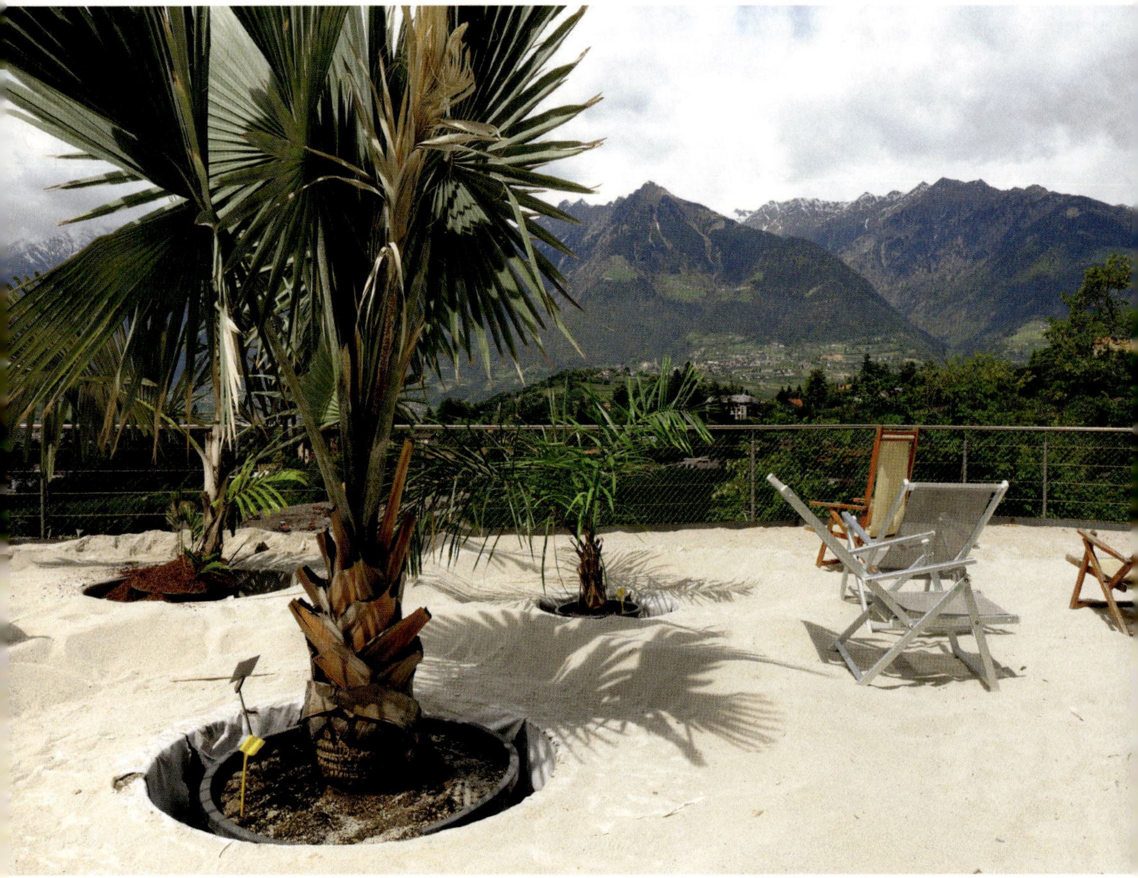

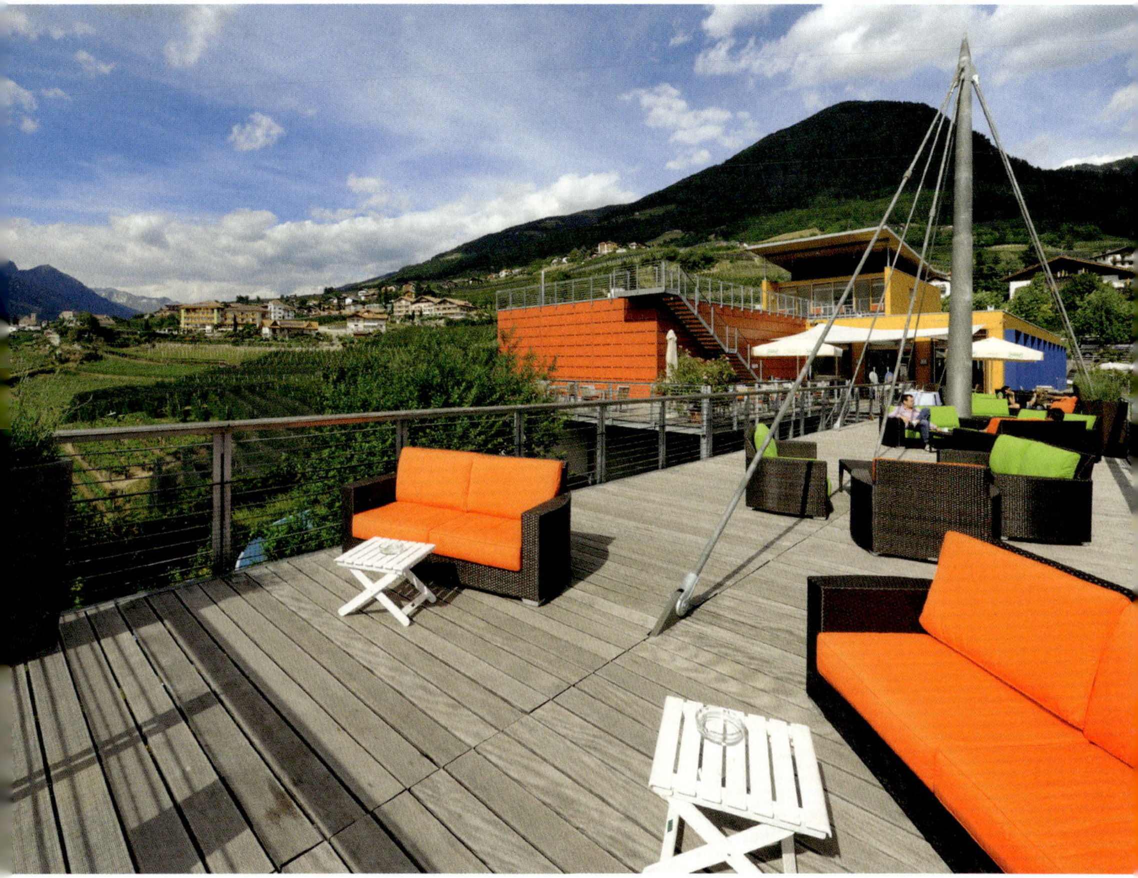

Paul Rösch

Vom Transit- zum Genussland
DIE TOURISMUSGESCHICHTE SÜDTIROLS, HÄPPCHENWEISE DARGEBOTEN ALS EINE GESCHICHTE VOM ESSEN

Frau Emma Europa

»An Frau Emma Europa!« Die legendäre Wirtin des Schwarzen Adlers in Niederdorf soll einmal eine Postkarte aus den Vereinigten Staaten erhalten haben, trotz dieser minimalistischen Adresse. Ob es diese Postkarte wirklich gab, konnte nie nachgewiesen werden. Das Gerücht über ihre Existenz hält sich bis heute hartnäckig. Es soll unterstreichen, dass sie in ihrer Zeit die berühmteste aller Wirtinnen in Tirol war. Fast so, als wäre die Postkarte eine Belohnung für den harten Weg bis dorthin. Emma Hellenstainer (1817–1904), die »Ahnherrin eines Ur-Tirolertums«[1], wie sie Nina Schröder im Katalog der gleichnamigen Ausstellung »Frau Emma Europa« von 2004 im Touriseum (Landesmuseum für Tourismus, Meran) bezeichnet.

Sie war eine Pionierin, eine Wegbereiterin des frühen Tourismus. Der Mythos Emma lebt noch immer, enthoben von Zeit und Raum. Ihr Haus war bekannt für eine kultivierte Küche und einen sorgfältig bestückten Keller, für die Pflege regionaler Gerichte und eine geschmackvolle Ausstattung der Zimmer. Darüber hinaus hatte die Wirtin eine gewinnende Aufmerksamkeit und Liebenswürdigkeit. Mit ihren Gästen pflegte sie einen besonderen Umgang, ohne sich anzubiedern. Emma Hellenstainer war vorausblickend; sie engagierte sich für den Bau der Eisenbahn, wurde 1869 erstes weibliche Mitglied des Deutschen Alpenvereins, stellt erstmals Bergführer für die Hotelgäste an und und und.

Sie verstand es, ihre Gäste emotional an das Hotel und die Umgebung zu binden. Nachdem die Gäste abgereist waren, konnten sie sich einige Produkte aus Emma Hellenstainers Reich sogar nachschicken lassen. Der »Schwarzadler« stellte nämlich Delikatessen her, die weit über das Pustertal hinaus Verwendung und Anklang fanden. Teebutter war das Glanzstück. Bei der Kochausstellung in Wien im Jahre 1884 heimste die Gastwirtschaft die Silbermedaille ein. »An Froners Hotel Imperial in Wien erste Buttersendung von 30–35 kg gemacht«, heißt es trocken im Merkbuch des »Schwarzadlers« von 1884. Von Buttertransporten gar nach Rom, Neapel, Ägypten etc. geht die Rede. Die Butter wurde mit dem hauseigenen Logo versehen. Weitere

Delikatessen waren unter anderen Quittengelee, Rindsschmalz, Preiselbeerkompott. Die Produkte wurden mit der 1871 eröffneten Pustertalbahn verschickt. Für möglichst raschen und billigen Transport wurde mit der Südbahndirektion ein eigener Spezialtarif ausgehandelt. Professioneller Einsatz auf der ganzen Linie.

Der Versand dieser Delikatessen brachte eine ganzjährige emotionale Bindung der Gäste an den Urlaubsort mit sich, machte den Tourismusort im südlichen Tirol bekannt und hat die Berühmtheit von Frau Emma weiter vermehrt. Frau Hellenstainer hat sich für das eigene Haus die unterschiedlichsten Produkte von außen anliefern lassen. Farbtupfer auf der Wein-Angebotspalette des Hauses bildeten insbesondere die Rotweinlieferungen aus Budapest und Graz. Bier kam unter anderem aus einer Brauerei aus Klein-Schwechat, Dosen mit Gänseleberpasteten wurden genauso angeliefert wie Würfelzucker.[2]

Die legendäre Emma Hellenstainer drängt sich als Einstieg für einen touristischen Rückblick mit europäischem Bezug – so die Vorgabe dieses Artikels – geradezu auf. Ihre professionelle Ausbildung hat sie großteils außerhalb der Heimatgrenzen genossen; sie hatte Grundkenntnisse in einigen Fremdsprachen; sie pflegte Kontakte zum Ausland und konnte sich ohne Anbiederung anpassen. »Zudem stand Emma für den Einklang von Tirol und Welt. Die Wirtstochter Emmerentia Hausbacher aus St. Johann, dank der Verwandtschaft mit Anno-neun-Helden ihres Heimatdorfes auch patriotisch geerdet, schaffte in einem Menschenalter den Aufstieg zur Frau Emma in Europa, auf vertrautem Fuß mit den Großen der Welt, im Umgang mit den gekrönten Häuptern, Ministern und Lords ebenso sicher wie mit Bauern und Fuhrleuten.«[3] Rundum eine faszinierende Persönlichkeit, eine starke Frau, der es gelang, sich in der von Männern dominierten Welt durchzusetzen und Bedeutendes für den Tourismus in Tirol zu leisten. Die Landesberufsschule für Gast- und Nahrungsmittelgewerbe in Brixen führt zu Recht den Namen dieser Pionierin.

Gastfreundschaft – ein Grundpfeiler des Tourismus

Was ist aber letztlich das Geheimnis der vielen Frau Emmas, die es inzwischen in unserem Land gibt? Was macht grundsätzlich die Persönlichkeit all jener Menschen aus, die erfolgreich im Tourismus tätig sind?

Vorrangig dürfte es wohl das feine Gespür für die richtige Dosierung von Gastfreundschaft und Professionalität sein. Professionalität ist die Voraussetzung schlechthin. Gastfreundschaft ist dann jenes besondere Gemisch von Herzensbildung und positiver Lebenseinstellung, die letztlich das wohl wichtigste Gefühl im Tourismus vermitteln: das Willkommensein. Denn wie oft fragt man sich an einem Urlaubsort, in einem Restaurant, an einem öffentlichen Veranstaltungsort, warum man sich trotz eines hohen qualitativen Niveaus nicht wohlfühlt. Das bestimmte Etwas fehlt, eben das Gefühl, willkommen zu sein.

Gastfreundschaft ist die Basis eines gut funktionierenden Tourismus, es ist die Voraussetzung schlechthin. Der Extrembergsteiger Reinhold Messner, selber ein Vielreisender, hat anlässlich der Tagung »Bereiste Heimat« (Goldrain 1995) in seinem Vortrag der Gastfreundschaft für den Südtiroler Tourismus eine überragende Rolle im weltweiten Konkurrenzkampf zugeordnet. Er sprach von einer einmaligen Fähigkeit, einer Kernkompetenz der Tiroler in Bezug auf Gastfreundschaft, und meinte: »Die Gastfreundschaft ist vielleicht das Wesentliche, das wir bis in die feinsten Nuancen verbessern müssen, wenn wir überleben wollen.« Messner brach dann besonders für die Gastwirtinnen eine Lanze, die im Umgang mit den Gästen große Fähigkeiten entwickelt haben: »Die Häuser sind bestens bestellt, weil vielfach die Arbeitsbereitschaft der Südtiroler Hoteliersfrau ein Potential möglich macht, das in anderen Gebieten seinesgleichen sucht. Ohne diese Frauen gäbe es viele gute Häuser nicht. Diese Frauen haben vielleicht aufgrund ihrer Bildung, ihrer Herzensbildung, im Umgang mit den Gästen das richtige Gleichgewicht gefunden, ohne es in der Schule, auf der Universität, oder wo auch immer, gelernt zu haben.«[4]

Tirol hat eine lange Tradition im Umgang mit Fremden. Es war seit jeher ein Transitland. Die Einheimischen stellten sich darauf ein und errichteten entlang der Routen Gast- und Beherbergungsbetriebe. Durch den Kontakt mit den Fremden haben sie gelernt, sich auf deren unterschiedliche Bedürfnisse einzustellen; sie haben sich das notwendige gastronomische Wissen zugelegt. Seit dem Mittelalter gab es in Bozen zudem die florierende Bozner Messe und damit den Zwang und die Chance, sich in Weltoffenheit zu üben. Weitere Übungsfelder für den Umgang mit Gästen waren die sogenannten Bauernbadln und die Sommerfrische. Auch hier lernten die Einheimischen, mit Ortsfremden umzugehen. Letztendlich baute der ab der Mitte des 19. Jahrhunderts in Tirol einsetzende Tourismus und im Besonderen der in die entlegensten Täler vorrückende Alpinismus auf diese erwähnten Faktoren auf. Gasthöfe und Beherbergungsbetriebe entlang der Transitrouten, die Sommerfrischgebiete sowie die Bäder bildeten mitunter die ersten touristischen Infrastrukturen.

Meran auf dem Weg zu einer »Kosmopole«
Die Wiege des Tiroler Tourismus ist die Stadt Meran. Die Schlachten gegen den übermächtigen Napoleon sind geschlagen, die bairische Herrschaft ist vorüber, der Friede hergestellt und Tirol gehört wieder zum Habsburgerreich. Kriege hinterlassen Wunden. Eine Serie von Missernten sowie zwei Hochwasser tun ein Übriges: Meran ist im frühen 19. Jahrhundert ein verschuldetes armes Städtchen. Zudem bricht 1836 von Spanien ausgehend über Südfrankreich die Cholera herein. Innerhalb kurzer Zeit sterben im Kreis Bozen 1541 Menschen, 150 davon in Meran und in der Nachbargemeinde Mais.

Just in dieser Zeit zeigen sich erste Anzeichen eines zaghaft beginnenden Tourismus. 1827 findet sich Bartholomäus Stürmer, der österreichische Botschafter in Brasilien, in Obermais zur Traubenkur ein. Das Taschenbuch für Reisende von 1836 spricht davon, Meran sei nicht allein wegen seiner einzig schönen Aussicht und Lage, sondern auch dank der reinsten Luft und des ungemein gesunden Klimas berühmt. Man sende häufig Brustkranke hierher.[5] Im selben Jahr hält sich die Wiener Fürstin Mathilde von Schwarzenberg für einige Wochen in der Stadt auf, begleitet von ihrem Leibarzt Johann Nepomuk Huber. Dieser zeichnet minutiös alle seine Beobachtungen und Recherchen zu Wetter, Temperatur, Wasserquellen, Nahrungsmittel und Krankheiten der hiesigen Bevölkerung auf und veröffentlicht sie im folgenden Jahr in Wien als Buch: »Über die Stadt Meran in Tirol, ihre Umgebung und ihr Klima. Nebst Bemerkungen

Schloss Schenna

über Milch-, Molken- und Traubenkur und nahe Mineralwasserquellen«. Es ist der schriftliche Gründungsakt für den Meraner Tourismus, das Startzeichen schlechthin. Seine Ausführungen lesen sich wie eine Anleitung zum heilsamen Leben, und von Meran entsteht das Bild eines Gesundbrunnens in lieblicher Umgebung.
Es gibt zu jener Zeit in der Monarchie gewiss mondänere Kurorte mit einem attraktiveren Stadtbild. Dass Adelige trotzdem den Weg ins ärmliche Meran finden, mag mit einer ideellen Verbindung zur alten Landeshauptstadt (bis 1420), dem Mittelpunkt der Grafschaft Tirol, zusammenhängen. So kauft auch Erzherzog Johann 1844 Schloss Schenna und verstärkt mit seiner Tirolschwärmerei das Interesse am Gebirgsland.[6] Die adeligen Touristen beziehen in Meran und seiner Umgebung Ansitze und Schlösser. An Gasthöfen und ausgebauten Wegen mangelt es noch. »Es giebt in Meran nur einen Gasthof, wo man aber trefflich bewirtet wird […] Zu Wagen sind nur wenige Partien von Meran aus in die nächste herrliche Umgegend zu unternehmen; die meisten sind nur zu Fuß oder höchstens zu Pferd zu bewerkstelligen«[7], heißt es in einem Reisehandbuch aus dem Jahre 1836 zur Situation den damaligen touristischen Infrastrukturen. Die Entwicklung wendet sich mit der Zeit zum Besseren. Ein Teil der Meran Bevölkerung, allen voran Bürgermeister Josef Valentin Haller, nutzt die Gunst der Stunde und arbeitet – trotz großer Widerstände

von Seiten konservativer Kreise – zielstrebig daran, die Kuhstadt zur Kurstadt aufzuwerten. 1850 sollen bereits 380 Gäste gekommen sein, drei Jahre später 535 und 1859 sind es 640.[8] Bereits 1855 wird eine Kurverwaltung gegründet, die erste in Tirol.

Was fasziniert an Meran?
Meran hat mehrere Anziehungspunkte. Für die ersten adeligen Besucher spielten, wie bereits erwähnt, die Geschichte als alte Landeshauptstadt und das Stammschloss Tirol mit eine Rolle. Die Reise- und Ortsführer räumen der lokalen Geschichte und der Beschreibung von Schloss Tirol denn auch auffallend viel Platz ein. »Der Aufenthalt in Meran ist auf den Genuß des milden Klimas und der Natur beschränkt […] und dieser winterliche Lichtgenuß, so wohlthätig für Leben und Gesundheit, ist eigentlich der größte Vortheil, den der Meraner Aufenthalt schafft,« schreibt der Autor eines 1846 erschienenen Reisebuches und fährt dann fort: »Wer unsers rauen, deutschen Himmels überdrüssig wird und die weite Reise nach Italien scheut, kann wirklich nichts Besseres thun, als den Herbst und Winter in Meran oder in der dortigen Gegend zu verleben.«[9] Es ist das milde Klima, die vielen Sonnentage, (»nur Kairo weist mehr Sonnentage als Meran auf«[10]) die Meran zum »Südbalkon der Alpen« werden lassen, einen Winterkurort mit Herbst- und Frühjahrsaison. Welche Jahreszeiten die besuchtesten sind, zeigt die vom Kurarzt und späteren Kurvorsteher Josef Pircher erstellte Frequenz der Jahre 1860 bis 1883.[11] Zum »klimatischen Curort« Meran zählen neben der Stadt noch die Nachbardörfer Ober- und Untermais und Gratsch. Passanten, so Pircher, seien in diesen Zahlen nicht einbegriffen.

Curjahr	Herbst	Winter	Frühling	Totale / 3 Saisonen
1860/61	318	215	233	766
1864/65	659	411	579	1649
1867/68	1138	954	1020	3112
1871/72	2188	2128	1836	6152
1875/76	1975	1701	1859	5535
1879/80	2203	2110	2089	6402
1881/82	2375	2745	2354	7477

Der Kontrast von südlicher Lage und alpiner Landschaft vermittelt einen besonderen Reiz. »Meran ist vielleicht der reizendst gelegene Ort der Monarchie, wo die Milde des Klima's schon Südfrüchte erzeugt, obwohl man binnen fünf Stunden vor ewigem Eise stehen kann.«[12] Bis zum heutigen Tage wird mit diesem Kontrast geworben: Palmen und Schnee.
Ein weiterer Beweggrund für viele Gäste: Meran gehört trotz südlicher Lage zum deutschen Kulturraum und ist gemeinsam mit Gries bei Bozen der südlichste deutschsprachige Kurort. So schreibt 1859 der Wiener Universitätsarzt Professor

Therme Meran

Sigmund: »Das Klima Merans gehört zu den mildesten und gleichmäßigsten des österreichischen Südens. […] Die Lage bietet viel Aehnlichkeit mit jener der südlichen Curorte an der Riviera, Nizza, Mentone und San Remo, und in der That wiederholen sich auch ähnliche meteorologische und klimatologische Verhältnisse.« Dann fährt er fort: »Dass viele jener wesentlichen Vortheile, um deren Willen Italien und Südfrankreich bisher empfohlen worden ist, in Botzen, Meran und Gries eben so gut geboten sind; ja dass manche nachtheilige Einflüsse eben jener entfernteren und fremden Curorten und überdies deutsche tüchtige Ärzte hier den Curgast empfangen. Der bunte Lärm und die fremden lauten Zungen der wälschen Städte walten nicht in Meran.«[13] In dieselbe Kerbe schlägt ein Reisehandbuch von 1850. Das Klima sei in Meran milder als in südlichen Gegenden und es sei »gewiß ein großer Vorzug für Deutsche, bey dem Italienischen Himmel, bey dem Gewächsreichthum und der Fruchtfülle des Südens Deutsche Sprache, Treuherzigkeit, Reinlichkeit und Sitte zu finden.«[14] Von dem hier sehr wertend aufgezeigten Phänomen nationaler Gegensätze (italienischer Himmel und deutsche Ordnung) profitiert das gesamte touristische Südtirol bis heute, wenn auch zum Teil in abgeänderter Form.

Bis zum Ersten Weltkrieg kommen die Gäste Merans fast ausschließlich aus dem Norden und Nordosten. Warum sollten italienischsprachige Gäste auch den Winter in Meran verbringen, finden sie doch in ihrer unmittelbaren Umgebung ähnliche und mildere klimatische Verhältnisse als in Meran. Italienische Touristen kommen erst nach dem Ersten Weltkrieg nach Südtirol, als Südtirol von der südlichsten Provinz der österreichischen Monarchie zur nördlichsten Provinz Italiens wird.

Ärzte als Magnete

Die medizinische Basis für die Kurbäder wird im Zuge des naturwissenschaftlichen Rationalismus der Aufklärung geschaffen. Die Entwicklung der Chemie fördert im beginnenden 18. Jahrhundert auch Forschungen zur Bäder- und Heilquellenkunde (Balneologie), die im 19. Jahrhundert ihren Höhepunkt erleben.

In Meran wird das Geburtsjahr des Tourismus mit dem Besuch der Fürstin Schwarzenberg mit ihrem Leibarzt Huber 1836 festgelegt. Eine ähnliche Bedeutung der Medizin zeigt sich auch in der Geschichte anderer europäischer Kurorte. Ärzte sind vielfach die Verfasser von Kurortführern, und berühmte Kurärzte üben eine große Faszination auf die »kursüchtige« Welt aus. Was für Amerika die Psychoanalytiker, sind für Europa die Kurärzte. Die Auswahl eines Kurortes ist eng mit dem Renommee seiner Kurärzte verknüpft. Sie wirken oft wie Magneten, sind sie doch überaus gebildet und auch noch sprachbegabt. Die Meraner Kurliste von 1896 / 97 listet unter anderen Dr. M. von Messing auf, der in Deutsch, Russisch, Englisch, Französisch und Italienisch ordiniert. Auf derselben Liste findet sich Dr. J. Németi, der Konsultationen in Deutsch, Französisch, Ungarisch, Rumänisch, Türkisch und Serbisch gibt.

Für Merans Entwicklung seien exemplarisch die beiden rührigen Kurärzte Franz Tappeiner und Josef Pircher genannt. An Tappeiner erinnert der von ihm initiierte und finanzierte Tappeinerweg; Pircher (Kaiserlicher Rath, Ritter des Franz Joseph-Ordens und des russischen Stanislaus-Ordens III. Classe, Besitzer der Decoration des russischen Rothen Kreuzes, Curarzt in Meran, etc.) verfasste Einführungen für Erstkurgäste. Und Emil Rochelt wirkte in Meran nicht nur als Kurarzt, sondern auch als »Propagandaschriftsteller« und begann mit der Organisation der balneologischen Kongresse (Bäder- und Heilquellenkunde) eine für Meran wichtige Tradition.

Figur der Kaiserin Elisabeth im Touriseum, Meran

Kurorte entwickelten sich zum Tummelplatz der Eliten. »Und man geht dorthin, wo die Mode will, daß man gesunde«, heißt es noch 1821 in den *Jahrbüchern der Heilquellen Deutschlands*.[15] So befanden sich auch in Meran Aristokraten, Größen der Wirtschaft und der Politik, renommierte Künstler und Intellektuelle in einer eigens für sie in Szene gesetzten, abgehobenen Welt, mit eigenen Spielregeln, trotz gemeinsamen Aufenthalts durch unsichtbare soziale Schranken voneinander getrennt. Je prominenter die Gäste, desto besser der Ruf eines Tourismusortes. Ohne die vier Besuche der Kaiserin Elisabeth von Österreich (Sissi) wäre der touristische Aufschwung Merans im letzten Drittel des 19. Jahrhunderts wohl kaum denkbar. Wie Magnete zogen diese prominenten Besuche weitere prominente Gäste an. Allein die Aufenthalte von Künstlern in unseren Tourismusorten würde lange Listen füllen: von Christian Morgenstern, Stephan Zweig, Arthur Schnitzler, Karl May, Gustav Mahler, Henrik Ibsen bis hin zu Béla Bartók und Richard Strauss.

Gäste und »Personal« pendeln von einem Kurort zum anderen
Bei Ärzten war das Pendeln durchaus üblich. Sie zogen – dem Hotelpersonal nicht unähnlich – in jene Kurorte, die gerade Saison hatten. Meran als Winterkurort war diesbezüglich ein Glücksfall. So ordinierte R. Sachs, leitender Arzt des Sanatoriums Waldpark

in Obermais, im Sommer in Karlsbad, und Sebstian Plassl, Arzt der Milch- und Trinkhalle und Kefiranstalt (Plankenstein), zog von Meran in den steirischen Kurort Gleichenberg.[16]
Den Gästen bot sich Meran aber nicht nur für einen längeren Aufenthalt im Winterhalbjahr an, sondern auch als Übergangskurort. Dies für jene Gäste, die sich nach Italien begaben oder von dort zurückkehrten. Kurärzte empfahlen diesen Zwischenstop besonders auf dem Weg in den kalten Norden, um sich in Meran vor der endgültigen Heimreise zu akklimatisieren. »Man kann die nach dem Süden bestimmten Curgäste September und allenfalls die erste Hälfte Octobers hier mit grossem Nutzen verweilen, und dann in ihre südlichen Winterquartiere ziehen lassen, während bei der Rückkehr aus dem Süden der April und Mai in Meran wieder erfolgreich zugebracht werden, nachdem in dieser Periode eine so milde Luft noch nirgends zugleich mit den Molken geboten ist.«[17]
Meran stand mit den meisten Kurorten nördlich der Alpen nicht in einem direkten Konkurrenzverhältnis, sondern vielmehr in einer Austauschbeziehung. So hatte das Personal des Winterkurortes die Möglichkeit, nach der Meraner Saison in Kurorte nördlich der Alpen überzuwechseln – beschränkten sich doch in Tirol bis zur Erschließung des Landes mit der Eisenbahn die touristischen Einrichtungen auf Meran und Gries. Selbst in der Werbung gab es Verknüpfungen. Aus heutiger Sicht, in einer Zeit, in der die bestehenden Tourismusorganisationen aufgesplittert sind, mag das folgende Beispiel aus der Jahrhundertwende eher nach Zukunftsmusik klingen: Zusammen mit den böhmischen Kurorten wurde damals in St. Petersburg, der Hauptstadt des russischen Reiches, ein Auskunftsbureau gegründet[18], und zwar gemeinsam mit den »beiden Südtiroler Winterkurorten Gries und Arco sowie Levico und der Hotelbaugesellschaft (Trafoi, Karersee)«[19].
Im kulturellen Bereich war dies nicht anders. Karl Maixdorff, von 1900 bis 1905 Theaterdirektor in Meran, arbeitete im Sommer als Kurtheater-Direktor von Bad Neuheim, und Julius Laska nahm als Meraner Direktor (1910–1912) gar das gesamte Ensemble, die Kostüme und Requisiten im Sommer nach Marienbad mit. [20]
Naturgemäß ziehen Geschäftsleute den Kunden nach und passen sich ihnen an. Es ist nichts Ungewöhnliches, so Lotti Goliger-Steinhaus, dass Geschäftsleute in anderen Kurorten eine Zweigstelle führten. Die Schwiegereltern führten seit 1908 in Karlsbad auf der alten Wiese ein Geschäft mit Koffern, Reisetaschen und Schirmen. Ebenso besaßen sie in Meran auf der Winterpromenade seit 1909 ein schönes Taschengeschäft, so daß

Die Saison in Meran dauerte damals nur den Winter über.

die Familie Steinhaus vier Monate im Jahr, und zwar im Winter, in Meran lebte und die restliche Zeit in Karlsbad. Die Saison in Meran dauerte damals nur den Winter über. »In Karlsbad waren die Geschäfte von März bis Oktober geöffnet. Dann verfiel Karlsbad in Winterschlaf. Auf der Alten Wiese wurden alle Schaufenster mit Brettern abgedeckt, denn der Winter war dort sehr kalt. In Meran dagegen war der Winter sehr mild.«[21]

Gries, Bozen

»Filiale B. Peter, Karlsbad, Sprudelplatz« stand um 1895 über dem Meraner Geschäft des Fotografen Peter in der Marktgasse. Er handelte anfangs mit böhmischem Porzellan, dann mit Meraner Andenken und Ansichtskarten.[22] Das »Magasin de Vienne« in Meran, ein Herren- und Damenwäschegeschäft der Netti Ries, listete in einer Werbeannonce auf: »Sommer-Filiale in Franzensbad«. Der Buch- und Kunsthändler Julius Scheibein führte im Grand Hotel des Alpes in Madonna di Campiglio seine Sommerfiliale und der Hof-Friseur des großherzoglichen Prinzen Carl von Baden betrieb neben den Salons ersten Ranges in Meran einen Damen- und Herrensalon in Marienbad.[23] 1865 kam der vermutlich aus dem Bayerischen stammende Fotograf Peter Moosbrugger über Nizza nach Meran, wo er sein Atelier eröffnete und auf der Rückseite seiner Fotografien, als Anreiz für das internationale Kurpublikum, die Ortsangabe »Meran, vormals Nizza« aufdrucken ließ.[24]

Das saisonbedingte Pendeln von Personal in entferntere Sommerkurorte nahm zugunsten der neu entstandenen Sommer-Tourismuszentren in Tirol ab. Das gesamte »Innenleben« des Meraner Hotels »Emma« der legendären Hoteliersfamilie Hellenstainer (Führung, Personal, Geschirr, Wäsche sowie zum Teil auch Gäste) wurde im Frühsommer ins »Grand Hotel Pragser Wildsee« verfrachtet, das ebenfalls im Besitz der Familie war. Zum Parkhotel von Obermais gehörte das »Sommer-Saison-

Grand Hotel Pragser Wildsee

Dolomitenhotel, San Martino di Castrozza«, und vom Hotel »Spitkó« zog man auf die Mendel bei Bozen zum Gasthof »Goldener Adler«.[25]

»Es beginnt mit Kälberem und mit Lämmernem und hört mit Lämmernem und Kälberem auf.«
»So stereotype Speisekarten, wie in Tirol, habe ich in keinem europäischen Lande gefunden. Selbst die größere Stadt ist kaum im Stande, in die Speisekarte eine Abwechslung zu bringen. […] In Europa giebt es nur zwei Orte, wo man zu kochen versteht: Paris und Wien; das europäische Land, wo man am schlechtesten kocht, ist aber nächst der Türkei jedenfalls Tirol.«[26]
Dieses von Gustav Rasch im Jahre 1874 gezeichnete Bild der Tiroler Küche dürfte heute wohl der Vergangenheit angehören. Zum einen wirkt sich gerade in der Gastronomie der Tourismus positiv aus, gilt es doch, die Gäste auch im Kulinarischen zufrieden zu stellen. Zum anderen spielt die Grenzlage zwischen deutscher und italienischer Kultur eine wichtige Rolle. Die Stärke der Gastronomie Südtirols liegt heute ähnlich wie in anderen Grenzregionen im Dialog mit anderen kulinarischen Eigenheiten. Essen und Trinken sind jene Bereiche, in denen Interkulturalität reibungslos funktioniert, wo Begegnung nicht als Gefahr, sondern

als Bereicherung begriffen wird – im Touristischen wie im Zusammenleben der ethnischen Gruppen.

Der Blick zurück: In den vielen Gasthöfen entlang der Transitroute fiel das Essen eher bescheiden aus. Ausnahmen bildeten lediglich einige renommierte Gasthöfe, die weit über die Grenzen hin bekannt waren. Der schon zitierte kritische Gustav Rasch erwähnt 1874 lediglich drei Gasthöfe, welche »mir wie sonnige, grüne Oasen in dieser Wüste der Kochkunst erschienen, das Gasthaus zum Elephanten in Brixen, das Gasthaus der Frau ›Emma‹ in Niederdorf und das Gasthaus Antonio Rizzi's zu Vigo im Fassathal«[27]. Dank der niedrigen Pässe – Brenner (1371m) und Reschen (1510 m) – war Tirol eine Drehscheibe des transalpinen Transitverkehrs und verfügte entlang der Routen und in den Ortschaften und Städten über ein dichtes Netz an Gaststätten. Allein in der Landeshauptstadt Innsbruck entfielen Ende des 18. Jahrhunderts auf 5000 Einwohner 50 Wirte. In der kleineren Messestadt Bozen gab es 100 Wirtshäuser, in Brixen 25.[28] Seit dem Mittelalter verpflichtete die landesfürstliche Obrigkeit die großen Wirtshäuser, die sich auf die Bedienung des Fernverkehrs konzentrierten und das komplette Angebot von Übernachtung, Verpflegung und Wagenstellplätzen zu Verfügung stellten, zur zuverlässigen und ganzjährigen Bedienung ihrer Gäste.[29] Im Gegensatz zu den abfälligen Bemerkungen zur Tiroler Küche von Gustav Rasch bemerkt 300 Jahre vorher der französische Reisende Michel de Montaigne, dass er auf seiner Durchreise mit den Gasthäusern zufrieden sei, und er habe nie eine Gegend gefunden, »in der die Gasthäuser so dicht gesät und so schön und gut waren [...] mit Lebensmitteln und Getränken reichlich versehen und billiger als anderswo.«[30]

Ab der ersten Hälfte des 19. Jahrhunderts gesellt sich zu den reinen Durchreisenden eine neue Schicht, die bürgerlichen Reisenden. Es waren vorwiegend Städter, die im Sinne von Rousseau und Haller zur Entdeckung der Natur auch die Tiroler Alpen besuchen. So heißt es dann auch in einem Reisehandbuch für Tirol und Salzburg aus dem Jahre 1854: »Seit etwas zehn oder fünfzehn Jahren ist auch Tirol, Salzburg schon länger, bei Lustreisenden, Engländern, Nord- und Süddeutschen, sehr in Aufnahme gekommen, und kommt es von Jahr zu Jahr mehr; die Straßen, die Transportgelegenheiten und die Wirthshäuser haben sich verbessert und vermehrt – Tirol zählt nach offiziellen Angaben 3600 Schank- und Gastwirthschaften, Salzburg an 700.«[31] Die Ansprüche jener Reisenden waren meist höher als jener der schnell durchziehenden Kauf- und Fuhrleute, Händler, Söldner, Pilger, Studenten und Handwerker; man stieg in besseren Gasthöfen und Hotels ab, und es wurde Komfort erwartet, was für die Wirte eine Anpassung an die neue Klientel erforderte.[32] Dass diese Umstellung nicht auf Anhieb klappen konnte und kein leichtes Unterfangen war, davon lesen wir in Gustav Lewalds Reisebeschreibung von 1835. So wurde ihm in Seefeld bei einem Mittagessen schlechtes Fleisch und saurer Wein serviert. Im »Schwarzen Adler« in Innsbruck war »die table d'hôte nicht sehr zu rühmen. Auffallend ist es schon hier, dass ausser Sauerkraut und Kartoffel fast kein anderes Gemüse servirt wird. Dies ist aber in ganz Tirol der Fall. Es wird nur wenig Gemüse gebaut, und der Tiroler isst es nicht gern.«[33] Aus lokaler Sicht und recht nüchtern analysiert hingegen 1837 der Benediktinermönch und Historiker Beda Weber die Situation: »Die Wirtshäuser Tirols, zum guten Glücke noch unschweizerhaft, sind an den Hauptstraßen eben so zahlreich, als verschieden in Reinlichkeit, Unterkunft und Bedienung. [...] Da im Gebirge manches Jahr kaum die Hälfte des Getreidebedarfes erzielt wird, und das Vieh seines Absatzes nach Italien wegen sehr hoch im Preis steht, so stehen in Tirol alle Lebensbedürfnisse höher, als in Flachländer, wie Schwaben, Baiern, Oesterreich, und die Zeche des Wirthshauses richtet sich ebenfalls darnach.«[34]

Der Tiroler Tourismus hat sich relativ spät entwickelt.

Der Tiroler Tourismus hat sich im Vergleich zur Schweiz und den bekannten Kurbädern, wie jene von Böhmen, relativ spät entwickelt. Ausgangspunkt des künftigen Tourismus in einem breiteren Sinne war das Kurwesen, das ab 1840 in der alten Landeshauptstadt Meran seine ersten Gehversuche unternahm. Dieses touristische Konzept des Winterluftkurortes war erfolgreich. Die Orte Gries bei Bozen und Arco nahe am Gardasee, im damaligen Welschtirol, folgten dem Meraner Beispiel. Unterkunft und Verpflegung ließen in der ersten Zeit zu wünschen übrig; Beda Weber bringt 1845 das Angebot Merans prägnant auf den Punkt: »Es gibt in der Stadt elf Wirthshäuser, deren schlechtestes mäßigen Bedürfnissen genügt, und deren bestes keineswegs hinanreicht an die comforts größerer Hotel. Dagegen bleibt man auch mit den Preisen der Schweizer-Hotels verschont. […] Nebstdem findet man zwei Kaffeehäuser nach dem Maßstabe einer kleinen Stadt, und ein Bräuhaus.«[35] Das milde Klima Merans zog auch Lungenleidende an, die sich hier Genesung erhofften; die sogenannten Brust-Invaliden waren angehalten, sich mindestens zwölf Stunden am Tag an der frischen Luft aufzuhalten. Aus einem Brief der lungenkranken und aus Breslau stammenden Sophie Goldschmidt-Schweizer aus dem Jahre 1859 erfahren wir etwas über die Essgewohnheiten eines Meraner Hotels für Lungenleidende des Jahres 1859: »Unser Leben hier ist regelmäßig wie ein 24 Stunden gehendes Uhrwerk; nachdem des Morgens die Molken, dann das Frühstück verzehrt und bis zur Mittagszeit Luft geschnappt worden ist, gehen wir zu Tische; die Gesellschaft an der table d'hôte übersteigt selten 20 Personen, gesprochen wird keine Sylbe, denn fast Allen ist das Sprechen verboten und man hört nur um so unangenehmer das Trapsen der Kellner und das eifrige Bewegen der Messer und Gabeln; Jeder ist nämlich bemüht, so viel als möglich zu essen, denn der Arzt empfiehlt Allen als Hauptcur reichliche, kräftige Nahrung, und da das Essen nun nicht kräftig ist, so sucht sich Jeder für die Qualität durch die Quantität zu entschädigen, und außerdem wird sehr rasch serviert, weil man doch nicht zu lange die kostbare Luft im Freien entbehren will.«[36]

> Das milde Klima Merans zog viele an, die sich hier Genesung erhofften.

Ein Professionalisierungsschub – nicht nur in der Küche
Es gab sie aber bereits, die gehobene Hotel-Küche. Für die Mitte des 19. Jahrhunderts gibt uns Hans Heiss einen guten Einblick. In seiner Publikation zur Geschichte des legendären Hotel Elephanten in Brixen berichtet er, die Köchin setzte auf die Rezepte der böhmisch beeinflussten Wiener Küche. »Hauptgerichte mit Rind, Geflügel und Wild, Gebackenes und variationsreiche Beilagen waren der Trumpf des ›Elephanten‹ und hoben sich vorteilhaft von der vielfach beklagten Eintönigkeit der Tiroler Küche ab.«[37] Einen guten Einblick in die damalige Kochkunst des Hauses gibt uns das zwölfgängige Menü eines Galadiners, das anlässlich einer Feier im Jahre 1866 aufgetischt wurde.[38] »Das Menü war mit der klassischen braunen Fleischsuppe als Entrée und dem in Tirol allgegenwärtigen Rindsfleisch in einem der Hauptgänge regional angehaucht. Die Fischvorspeise bot eine italienische Note, danach gab es Wild, anschließend Flügel, und zwar den damals noch recht unbekannten Truthahn als besondere Überraschung für die Gäste. Auffallend war auch der regionale und saisonale Einschlag bei den Beilagen. Die Verwendung von Spinat, grünen Bohnen, Rübenkraut, Pilzen und Salat bewies zudem, dass sich die Wirtin auf die Vorratshaltung verstand. Zum Abschluss des Diners wurden die Gäste mit Pudding, eingelegten Früchten und einem Tortenbuffet verwöhnt.«[39]
In Tirol hatte man aus der Vergangenheit gelernt, hatte sich organisiert und man war bestrebt, den Standard des Tiroler Gastgewerbes zu heben. Die unterschiedlichsten Bestrebungen mündeten in dem 1889 gegründeten Landesverband für Fremden-

verkehr. Er gab den Gastgewerbetreibenden fünf grundsätzliche Ratschläge für den Umgang mit den Gästen: »1. Ein guter, echter Wein, wie überhaupt nur gute Getränke. 2. Gut zubereitete, wenn auch einfache Speisen auf reinen Geschirren. 3. Ein anständiges möbliertes, entsprechend bequemes Zimmer. 4. Eine zuvorkommende, freundliche Behandlung bei 5. ebenmäßigen zu dem Gebotenen in richtigem Verhältnisse stehenden Preisen.« Was den Wein betrifft, so solle auf Gutes und Echtes und nicht unbedingt auf den billigen Preis geschaut werden. Zudem seien Reinlichkeit und gut Lagerung im Keller eine Selbstverständlichkeit. Zum Essen heißt es dann: »In der Regel sind die Fremden mit der Tiroler Küche zufrieden; sie ist zwar vielfach derb, aber kräftig und schmackhaft. Die Klagen, welche dennoch so manchmal über die Tiroler Küche geführt werden, beziehen sich vornehmlich auf zwei Einzelheiten: 1. Auf den Mangel an Abwechslung und 2. Auf riechendes Fleisch. Dem Mangel an Abwechslung [»es beginnt mit Kälberem und mit Lämmernem und hört mit Lämmernem und Kälberem auf«[40]] könnte begegnet werden, wenn die Wirthe sich hie und da eine Sorte Wildfleisch verschafften, wenn sie das Schweinefleisch, welches doch allerlei Zubereitungen zuläßt und viele Liebhaber zählt, mehr beachten und wenn sie der Geflügelzucht und Mastung mehr Aufmerksamkeit schenken würden, zumal sie dieselbe vielfach leicht und lohnen in den eigenen Haushalt einschieben könnten.«[41]

Qualität im Gastgewerbe hängt eng mit einer gediehenen Ausbildung zusammen. Bis zur Entstehung eigener Fachschulen hing es von der Einsicht der Wirtsfamilien ab, ob die eigenen Kinder zur Erlernung der gastgewerblichen Arbeit gleich in den eigenen Betrieb eingebunden wurden oder ob sie zur Aneignung von Professionalität in die Fremde geschickt wurden. Die Lehre im eigenen Betrieb war, das wusste man schon damals, ein Hindernis im Kennen lernen von überregionalen Küchenstandards und von Fremdsprachen. Es haben »bemerkenswert viele Wirtsfamilien früh erkannt [...], wie notwendig eine Ausbildung des Nachwuches außer Haus war. Die Inhaber größerer Gastbetriebe gaben daher bereits im 18. Jahrhundert ihre Söhne öfters zu auswärtigen Kollegen, wo sie sich auch Fremdsprachen aneignen konnten (etwa vom nördlichen Tirol in den italienischsprachigen Landesteil), während Töchter nicht selten in den Küchen adeliger oder geistlicher Haushalte praktizierten, um die Grundlagen feineren Kochens und rationeller Küchenorganisation zu erlernen.«[42]

Professionalisierung durch das starke Ansteigen der Gästezahlen

Ausbildung im Sinne von Fachschulen (zwar noch als Privatschule) gibt es in Tirol zum ersten Mal in Innsbruck, wo 1903 die Gasthof- und Gasthaus-Schule gegründet wird; 1911 wird in Meran der erste Jahrgang der gastgewerblichen Fachschule eingerichtet.[43]

Das starke Ansteigen der Gästezahlen (von 345.000 im Jahre 1896 auf 820.000 Gäste im Jahre 1909)[44] löste einen Professionalisierungsschub aus, der mit verkrusteten

Traditionen aufräumte. Ausgehend von den großen Hotels erfasste er auch das Angebot der Küche. Von der regionalen Küche versuchte man sich eher zu distanzieren, sie galt als rückständig und als endlich überholte Epoche. Große Menus, die man an Sommerstationen oder an den Kurorten reichte, entsprachen dagegen dem Standard der österreichischen Küche mit starker internationaler Prägung. Man versuchte einer aristokratischen-großbürgerlichen Klientel zu entsprechen und hatte auch Erfolg damit. Dies schlägt sich unter anderem auch in der Verwendung der französischen Sprache auf Speisekarten nieder.

Eines der renommiertesten Hotels in Meran war das Hotel Erzherzog Johann. In seiner Werbebroschüre bekommen wir eine gute Übersicht über die Gepflogenheiten eines typischen Grandhotels der Jahrhundertwende:

Frühstück besteht aus: Tee, Kaffee, Schokolade oder Kakao mit Gebäck, Butter und Honig (oder auf Wunsch Konfitüren). Es kann nach Belieben auf dem Zimmer eingenommen werden, ohne daß hierfür eine Mehrberechnung eintritt.

Diner findet um 1 Uhr statt. Es besteht aus Suppe, drei Hauptplatten, Süßspeise, Obst und Dessert. Für Diner im Zimmer oder à part (von 12 bis 3 Uhr) wird ein Zuschlag von K 2,– berechnet; bei Verzicht auf eine oder zwei Hauptplatten kommt K 1.– bezw. kein Zuschlag in Anrechnung.

Souper findet vom 15. März bis 30. September um 8 Uhr, während der übrigen Zeit um 7 Uhr statt. Es besteht aus Suppe in Tassen oder Hors d'oeuvre, zwei Hauptplatten, Süßspeise oder Käse. Für Souper im Zimmer oder à part (von ½ 7 bis 10 Uhr) wird ein Zuschlag von K 1.– berechnet oder aber eine Hauptspeise gestrichen.«[45]

Zur inzwischen internationalen Küche gesellen sich unterschiedliche Formen von Spezialküchen. Allein in Meran gab es 1911 vier vegetarische und vier jüdische (Koscher-)Häuser,[46] und verschiedene Hotels führten eigene Diätküchen für die unterschiedlichsten Krankheiten, ausgerichtet nach den vorgeschriebenen Kuren der Ärzte. Der beispielsweise nach Prof. Oertel erstellte Speiseplan zur Stärkung von Herz und Kreislauf für Fettleibige wurde in den Pensionen und Hotels penibel eingehalten, »nicht ein Gramm Eiweiß oder Kohlenhydrate, nicht ein Deziliter Wein, ja nicht ein Glas Wasser wurde dem Gast über die ärztliche Verordnung hinaus verabreicht«. Auch die Restaurants bemühten sich, zu jeder Tageszeit eine Auswahl von nach Oertelschen Grundsätzen zubereiteten Menus anzubieten.[47]

> Hotels führten eigene Diätküchen für die unterschiedlichsten Krankheiten.

Vom Südbalkon der Alpen zur nördlichsten Provinz

Nach dem Ersten Weltkrieg wird Tirol geteilt: Südtirol, der einstige »Südbalkon der Monarchie«, wird zur nördlichsten Provinz Italiens. Die Zwischenkriegszeit beschert dem Land auch aus touristischer Sicht eine sehr bewegte Zeit. Der italienische Zentralstaat versuchte mit den unterschiedlichsten Repressalien aus Südtirol eine italienische Provinz zu machen. Der Förderung des Tourismus steht die Unterdrückung des deutschen Elements gegenüber: Alpenvereine, Kurverwaltungen und Verschönerungsvereine werden aufgelöst. Gries, der ehemalige Kurort bei Bozen, wird zur Wohnstadt für die neue Industriezone.[48]

Tourismus als nationaler Kampfplatz: In den 1920er Jahren wurden mehrere Hotels und Gasthöfe vorübergehend geschlossen, weil angeblich italienische Gäste schlechter behandelt wurden als deutsche[49] und »seit 1929 sind alle Aufschriften u. öffentlichen Ankündigungen – auch Speisekarten, Zimmertarife usw. – nur noch in ital. Sprache«[50]. In Deutschland und Österreich entstand durch die faschistische Unterdrückung Südtirols das Bild vom »geraubten Süden«[51]. In einem Reiseführer aus 1930 heißt es, das vorliegende Büchlein solle zur Hauptsache »zu recht zahlreichen Fahrten in das einzige deutsche Land mit südlicher Sonne«[52] einladen. Es folgen dann Richtlinien für Reisen nach Südtirol mit Aufforderungen, nur deutsche Bezeichnungen zu gebrauchen, nur deutsche Gasthöfe zu besuchen und viele andere mehr. In der Vorbemerkung eines 1931 erschienenen Führers durch die Provinz Bozen heißt es: »Dieser Führer wurde verfaßt, um dem Fremdenverkehr in jenen deutschen und ladinischen Teilen Tirol, welche an Italien abgetreten werden mußten, zu dienen und damit die wirtschaftliche Lage der Bevölkerung zu heben.«[53] Der italienische Staat versuchte seinerseits, möglichst viele italienische Touristen in die »erlöste Provinz« zu bringen. Vor dem Ersten Weltkrieg gab es kaum italienische Touristen. Mit zwei Prozent bildeten sie eine Minderheit. Nun aber wurde gezielt gefördert. Die Königsfamilie, Regierungsmitglieder und hohe Militärs verbrachten ihre Urlaube demonstrativ im »Alto Adige«. Verbände verlegten ihre Kongresse in die neue Provinz, Gruppenreisen, Wanderungen und Sportveranstaltungen wurden organisiert, Werbeplakate riefen mit Slogans wie »Visitate l'Alto Adige« oder »Visitate le Dolomiti« dazu auf, »symbolisch die neue Provinz in Besitz zu nehmen«.[54] Südtirol konnte mit den italienischen Gästen den Ausfall der Gäste aus der ehemaligen Monarchie teilweise kompensieren (1933 1,5 Mio. Nächtigungen, 1934/35 über 2,5 Mio., 1938 3,4 Mio; 72 Prozent der Gäste stammten aus dem Inland[55]).

Trotz aller Repressalien und Schwierigkeiten kann die Zwischenkriegszeit letztlich doch als Basis für den künftigen Massentourismus gesehen werden. Ins Land kam der neue italienische Gast, wovon die Branche bis heute noch erheblich profitiert. Das Bild vom »geraubten Land« hat lange nach dem Faschismus noch angehalten und bis in die 1970er zur Markenbildung Südtirols beigetragen. Nun unternahmen auch die Mittelschichten touristische Reisen. Bezahlte Urlaube werden in die Gesetzgebungen aufgenommen, Reisen und Urlaub wird breiteren Schichten zugänglich. Die faschistische Freizeitorganisation »Dopolavoro« und die nationalsozialistische »Kraft durch Freude« tragen durch ihre Ferienreisen für breite Schichten bei, dass Urlaub zu einem selbstverständlichen Recht für alle wird.

Neue Gästeschichten – neue Anforderungen

Mit der neuen italienischen Gästeschicht entstanden auch neue Anforderungen und Wünsche an die Küche. Während in Meran die Mehrzahl des Publikums international blieb, wurden Bozen und das Dolomitengebiet zur Domäne der Italiener. So entfielen 1926 in St. Ulrich im Gröden mehr als drei Viertel der Übernachtungen auf Inländer, in der ersten Hälfte der 1930er Jahre waren es sogar 80 Prozent.[56] Besonders in der Anfangszeit setzten die Hotels und Pensionen weiterhin auf die internationale österreichische Küche und bereicherten die Speisekarte mit italienischen Speisen. Die Pension Hampl setzte 1924 »pasta asciutta« und »risotto« auf den Mittagsplan. Auch die Schutzhütte »Schöne Aussicht« am Schnalstaler Gletscher führte auf ihrem »Speisen- und Getränke-Tarif« aus dem Jahre 1934 »pasta asciutta«. Selbst der 1924 in München erschienene »Ratgeber für Alpenwanderer« des Deutschen und Österreichischen Alpenvereins empfahl auf Bergtouren in den Südalpen die italienische Küche. Dort werde nämlich Öl statt Fett verwendet, es gäbe weiters vorzügliche Salate und Gemüse sowie Nudeln und Polenta.[57] Für die Einheimischen war die kulinarische Anpassung in der Anfangsphase nicht leicht. In »La cucina italiana«, einem 1924 vom nationalen Touristikverband ENIT (Ente Nazionale Industrie Turistiche) herausgegebenen Buch, wurde zwar die Landschaft des »Alto Adige« gelobt, aber energisch gegen die lokale Küche protestiert. Den »braven Südtiroler Köchinnen« wurde das vorliegende Buch wärmstens empfohlen, damit in Zukunft auch der italienische Gast die Küche seines Landes genießen könne. Zum selben Zweck wurden rein italienische Gatronomiebetriebe eingerichtet, wie es das Beispiel des Restaurant im Meraner Kurhauses zeigt, das im Herbst 1935 an die Mailänder Gesellschaft S.A.I.T. (Società Anonima Imprese Turistiche) übergeben wurde. Die neuen Pächter hatten das Anliegen, ein auf die italienische Küche aufgebautes Luxusrestaurant zu schaffen, im Unterschied zu den vielen Restaurants, »die auf die internationale Küche schworen, so dass der Gast überall die gleichen Speisen vorgesetzt bekommt«[58]. Im »Buca di S. Nicola«, einer Taverna im Kurhaus im florentinischen Stil des 15. Jahrhunderts, servierten Kellnerinnen in Florentinertracht die besten Weine aus den verschiedenen Zone Italiens.[59]

Etwas chauvinistisch mutet die Aussage in einem 1939 vom »Ente Provinciale per il Turismo, Bolzano« herausgegebenen Führer an: Im Allgemeinen sei das Essen im Alto Adige gut und gesund, da man sich in Hotels, Pensionen und Gasthöfen der italienischen Küche angepasst habe und viele Gastbetriebe in der Saison spezialisiertem italienischem Personal anvertraut seien.[60] Die faschistischen Behörden hatten im Jahr 1939 im gastgewerblichen Kollektivvertrag verordnet, das weibliche Personal im Gastgewerbe müsse durch männliches ersetzt werden.[61] Dies hatte für Südtirols Gastgewerbe fatale Folgen, da Frauen traditionell den Großteil der Bediensteten stellten. Der Weg für männliche Kellner aus Piemont, Ligurien, der Lombardei sowie der »Venezia Euganea« war frei.[62] Im Gegenzug gab es seit der Annexion Südtirols durch Italien keine deutschsprachige Ausbildung für das Gastgewerbe mehr, während im Bundesland Tirol 1926 in Imst eine Gastwirteschule und 1927 in Innsbruck die erste fachliche gewerbliche Fortbildungsschule für Gastwirte und Fleischhauer gegründet wurde.[63]

Frauen stellten traditionell den Großteil der Bediensteten.

Die Entwicklung nach dem Zweiten Weltkrieg bei Küche, Gast und Volk
In den ersten Jahren nach dem Zweiten Weltkrieg bildeten die Italiener das Hauptkontingent der Gäste; sie konnten sich schneller den Luxus eines Urlaubes leisten als die vom Krieg stärker betroffenen Deutschen. Bereits 1949 wurden in Südtirol mit 1,4 Millionen Übernachtungen die Zahlen der Vorkriegsjahre erreicht, 81 Prozent der Urlauber waren Inländer. Ab 1950, dem heiligen Jahr, gingen zwar auch Deutsche und Österreicher wieder auf Reisen, ihr Ziel aber hieß »Bell'Italia«. In der Italien-Sehnsucht war Südtirol anfangs nur eine Durchfahrtsetappe. Doch ab Mitte der 1950er Jahre entwickelte es sich rasch zur deutschen Hochburg. In den 1970er Jahren kamen über 60 Prozent der Südtirol-Gäste aus Deutschland und nur noch gut 20 Prozent aus Italien. Heute kommen 29 Prozent der Gäste aus dem Inland, 57 Prozent aus Deutschland. Diese beiden Herkunftsländer bestimmen den touristischen Markt in Südtirol.[64]
Politisch war die Lage in Südtirol nach dem Zweiten Weltkrieg immer noch angespannt. 1961 kam es zu einer Serie von Sprengstoffattentaten. Zehn Jahre vorher hatte der Meraner Küchenchef Hans Debeljak ein Kochbuch »für die deutsche und italienische Küche«[65] herausgegeben, das »mehr zur Entkrampfung zwischen den Volksgruppen in Südtirol beitrug als es Politiker in den ›kalten‹ 1950er Jahre imstande waren«.[66] Debeljak hat sich ernsthaft mit beiden Kochkulturen auseinandergesetzt, und »in 25 Jahren habe ich in vielen Betrieben mit Fleiß und Ausdauer gearbeitet und ich will die Kenntnisse und Erfahrungen, die ich mir dabei erwarb, zum Teil in diesem Buche niederlegen«, schreibt er in seinem Vorwort.

Kochbuch für die deutsche und italienische Küche

Noch 1948 versicherte der italienische Führer der »Ente Provinciale Turismo –Bolzano« den italienischen Gästen, dass sie überall in Südtirol die italienische Küche vorfinden würden.[67] Vielleicht war es das Verdienst des »Südtiroler Artusi«[68], Hans Debeljak, dass im Gastronomie-Führer »Turismo gastronomico« aus dem Jahre 1956/57 die lokale und nationale Küche bereits friedlich nebeneinander aufgelistet werden. »In Bozen lebt die italienische Küche Seite an Seite mit der Wienerküche, die mit allen ihren Spezialitäten hervortritt.«[69] Der Führer listet eine Reihe von Restaurants auf und gibt die jeweiligen Spezialitäten an, wie beispielsweise: »Gasser, Bressanone: gnocchi alla tirolese, braciola maiale ripiena, carrè maiale affumicato con crauti, Kaiserschmarrn, salzburger Cockerl (Nockerln Anm. d. V.), trote dell'Isarco; »Da Cesare« Bolzano: lasagnette al forno, tortellini pasticciati, tortellini alla panna, tagliatelle alla bolognese.«[70]

Mit dem 1969 als »Paket« genehmigten neuen Autonomiestatut, das von 1972 an in Kraft trat und an das Land Südtirol eine Reihe von Kompetenzen übertrug, entkrampfte sich die politische Situation zusehends. Im Bereich des Fremdenverkehrs hat das Land primäre Zuständigkeit, das heißt, es verbleiben dem Staat vor allem die Pflege der internationalen Beziehungen und die Errichtung von Informations- und Werbebüros im Ausland, während das Land im Ausland (nach freiem Ermessen mit oder ohne Einschaltung des staatlichen italienischen Fremdenverkehrsamtes ENIT) für lokale touristische Aktivitäten selbst werben kann. In die Landeskompetenz eingeschlossen sind die Bergführer, Träger, Skilehrer und Skischulen.[71]

Die »wilden 1970er« – die langsame Verbrüderung der Geschmäcker

Ab 1960 setzt im Lande eine rasante Tourismusentwicklung ein. In relativ kurzer Zeit steigen die Übernachtungen auf das Achtfache, von drei auf 25 Millionen. Aus heutiger Sicht verliefen die ersten 150 Jahre eher gemächlich. Es hat beinahe ein Jahrhundert gedauert, ehe die Schwelle von drei Millionen Übernachtungen pro Jahr überschritten wurde. Das war in den 1930er Jahren. Zwischen 1930 und 1955 hat es kaum Zuwachs gegeben. Ab den

1960ern und mit den »wilden 70ern« haben sich die Landschaften nachhaltig verändert, und viele Orte waren kaum mehr zu erkennen.[72] Heute haben sich die Zahlen bei 4,9 Millionen Ankünften mit 26 Millionen Übernachtungen eingependelt.[73]
Die Essgewohnheiten sowie die Grundeinstellung von in- und ausländischen Gästen gegenüber der lokalen Küche waren und sind nicht uniform. Die deutschen Gäste hatten nach den vom Zweiten Weltkrieg verursachten »Hungerjahren« einen Nachholbedarf, dem sich die lokale Gastronomie anpasste: die Quantität, die Fülle der Speisen sowie Getränke war wichtiger als die Qualität. Ein beredtes Beispiel sind die sogenannten Schnitzel-Symphonien, eine große Anzahl an Schnitzel, die mit viel Saucen und Pommes frittes angeboten wurden.
Die italienischen Touristen in Südtirol hielten dagegen an ihrer mediterranen Küche fest. Den üppigen lokalen Gerichten konnten sie wenig abgewinnen. Dies änderte sich erst ab den 1970er Jahren, als auch in Italien die Aufwertung der Regionen begann. Die schon länger propagierten regionalen Spezialitäten kamen langsam ins Bewusstsein der italienischen Gäste. So schreibt der vom Istituto Geografico de Agostini in Novara herausgegebene Reiseführer: »Die Südtiroler Küche ist die typische alpenländische-österreichische Küche, in den Gaststätten ist aber ebenso die italienische wie internationale Küche üblich. So fehlen nicht die verschiedenen Nudelgerichte wie ›Tagliatelle‹ oder ›Spaghetti‹ oder Reis mit Schwämmen, aber hier seien die Besonderheiten der Südtiroler Küche erwähnt.«[74] Und der Autor fährt fort in der Beschreibung einer Reihe von lokalen Spezialitäten.
Schwierigkeiten mit den unterschiedlichen Essgewohnheiten zwischen deutschen und italienischen Gästen habe es in den letzten 30 Jahren in seinem Betrieb kaum gegeben, meint Franz Tauber, der Unterwirt von Feldthurns. Es brauche ein bisschen Gespür, über das seine Frau verfüge. Sie habe sich dies in den 25 Jahren als Köchin im eigenen Betrieb gut angeeignet: »Heut hat's Spaghetti gegeben, morgen gibt es Gerste. Einmal gibt es Nocken, Rindsbraten und Schöppsernes, dann wieder Forelle oder Seezuge, dann wieder ein Bologneser Schnitzel und gemischtes Gekochtes. Kaiserschmarren und Strudel haben auch die Italiener sehr gemocht.«[75]

Die aus heutiger Sicht selbstverständliche Südtiroler Küche, die in den Reise- und Gourmetführern mit Schlagwörtern wie »Spaghetti und Speckknödel«, »zwischen Knödel und Carpaccio«, »dreifache Sprache heißt dreifacher Appetit« (deutsch, italienisch und ladinisch) gepriesen wird, ist keine Selbstverständlichkeit, sie ist die Frucht vieler Bemühungen.

Die verbesserte Ausbildung, die angehende Köche seit den 1950er Jahren im Land selbst und auf Auslandsaufenthalten erfuhren, trug zur Vereinigung verschiedener Esskulturen bei. Während es in der Zwischenkriegszeit unter dem Faschismus keine deutschsprachige Ausbildung im Südtiroler Gastgewerbe gab, beginnt erst ab 1951 mit der Gründung der ersten Hotelfachschule wieder eine schulische Ausbildung.[76] Südtirol hat heute zahlreiche ausgezeichnete Küchenchefs und Gastronomen, einige davon sind auch außerhalb Südtirols bekannt. Die Symbiose zwischen den guten Produkten der regionalen und italienischen Küche sowie deren Zubereitungsart macht letztendlich die Qualität aus. Helmut Fink, Koch und Besitzer des Traditionshauses Gasthof Fink in Brixen, erinnert sich an die 1970er Jahre, als er versuchte, die eher deftige lokale Kochweise umzustellen: »Ich stellte die Kochweise für die lokalen Gerichte gänzlich um, verwendete weniger Butter bei Vorspeisen (z. B. Schlutzer) und weniger fette Saucen (Braten), machte kleinere Portionen und die Devise war: leichter und weniger kochen! Und der Italiener, aber dann auch der Deutsche begannen die verfeinerte bodenständige Kost zu schätzen.«[77]

Ein weiterer Punkt, der zum Aufblühen der Südtiroler Küche führte, waren die Initiativen und Bemühungen des Gastwirte- und Landesverkehrsverband, im deutschen Ausland sowie in italienischen Städten und dann auch im Lande selbst mit der regionalen Küche zu werben. Bereits 1966 gab es die erste »Spezialitätenwoche« in Berlin, dieses eine Mal als gemeinsamer Auftritt der damaligen Nord- und Südtiroler Starköche.[78] Weitere kulinarische Vorstellungen gab es dann regelmäßig in weiteren deutschen, aber auch in italienischen Städten. In Modena beispielsweise wurden vom 8. bis 19. Oktober 1985 in einem Restaurant die Spezialitäten des Eisacktales und in einem anderen jene der Meraner und Vinschgauer Gegend vorgestellt.[79] Parallel dazu wurden Spezialitätenwochen im eigenen Land organisiert. »Wir mussten die heimische Küche in Schwung bringen, und so haben wir 1973 mit der ›Eisacktaler Spezialitätenwoche‹ begonnen; es war ein rechter Erfolg, andere Täler haben es dann langsam nachgemacht, und dann hat es halt die Weinsuppe, die Kasnocken und Schlutzkrapfen in den meisten Landgasthäusern gegeben und nicht nur die Pommes frittes und die Wiener Schnitzel. Es wurden dann Rezeptbüchlein erstellt, die wurden an alle Gastwirte des Landes verschickt. Zudem haben Ortsgruppen des Hotel- und Gastwirteverbandes in den Dörfern Kochkurse veranstaltet, so dass die Küche in ganz Südtirol in Schwung kommt.«[80]

Bewerbung der regionalen Küche

Heute floriert die Küche in Südtirol. Die lokale Esskultur ist zur Marke geworden (»Genussland Südtirol«), der Kochbücher- und Gastronomieführermarkt boomt wie noch nie.

Es ist kein Leichtes, sich vom Thema Essen zu entfernen. Wir haben mit Frau Emma begonnen, die wegen ihrer hervorragenden Küche über die Grenzen hinaus bekannt war: »Der Advokat soll dann sieben Knödl gegessen haben und auf die Frage der Wirtin, ob's geschmeckt habe, meinte dieser: ›Geschmeckt? Erlöst hat's! Geheilt!! Ich sage Ihnen, mich bringen Sie, solange ich im Pustertal bin, aus Ihrer Gaststube nicht mehr weg.«[81] Nun sind wir beim Kulinarischen bis hin zur letzten Zeile stecken geblieben. Aber Essen ist ein dankbares, in unserm Land zudem ein politisch unverfängliches Thema. »Strudel und Capuccino« – das steht nicht nur für Kulinarisches. Die Kombination von Österreichischem und Italienischem hat sich zu einem touristischen Konzept gemausert, ist Markenzeichen unseres Landes geworden, das wir Einheimische gleichermaßen (er)leben.[82] Gleich dem mediterranem Klima, das bisher politisch aber noch nicht andiskutiert wurde.

Das Europäische an unserem Tourismus lässt sich anhand des Kulinarischen gut erläutern. Denn geht es beim anspruchsvollen Tourismus nicht grundsätzlich um Einmaligkeit und um Bewahrung von etwas Fremdheit? Auf das Essen bezogen formuliert dies Wolfgang Pauser recht pointiert: »Die begehrte regionale Küche ist die Folge des Versuchs, die durch moderne, bequeme und schnelle Reisetechniken zum Verschwinden gebrachte Fremdheit der Fremde [...] mittels besonderer Rezepte für den Touristen zurück(zu)erstatten.«[83]

PAUL RÖSCH

Anmerkungen

1. Nina Schröder, Die beste aller Wirtinnen. Über die Mythenbildung: von Emma Hellenstainer zu Frau Emma, in: Frau Emma Europa, Ausstellungskatalog Touriseum, Meran 2004, S. 117.
2. Paul Rösch, Wirtin aus Profession. Küche und Ausbildung, in: Frau Emma Europa, Ausstellungskatalog Touriseum, Meran 2004, S. 82 ff.
3. Hans Heiss, Von Frau Emma zu Frau Erika. Rollenbilder im Gastgewerbe Tirols, in: Frau Emma Europa, Ausstellungskatalog Touriseum, Meran 2004, S. 62f.
4. Reinhold Messner, Bereiste Heimat, Goldrain 1995, S. 88.
5. Adolph von Schaden, Taschenbuch für Reisende, München 1836, S. 35.
6. Josef Rohrer, Reise ins ParadieS. Die Dauerausstellung im Tourismusmuseum Schloss Trauttmansdorff, Meran 1998, S. 24.
7. Von Schaden, Taschenbuch, S. 35.
8. Emil Rochelt, Die Entwicklung Merans als Kurort, Meran 1905, S. 45.
9. Matthias Koch, Reise in Tirol, Karlsruhe 1846, S. 1, S. 4.
10. Carl Wolf, Der Kurort Meran mit Obermais, Untermais und Umgebung, Zürich o. J., S. 37.
11. Josef Pircher, Meran als Klimatischer Curort, Wien 1858, S. 48.
12. A. Adolf Schmidl, Handbuch für Reisende im Kaiserthume Oesterreich, Wien 1844, S. 139.
13. Ludwig-Carl Sigmund, Südliche klimatische Curorte, Wien 1859, S. 159 und 164.
14. Adolf Schaubach, Handbuch für Reisende durch das mittlere und südliche Tyrol, Jena 1850, S. 65.
15. Große Welt reist ins Bad, Ausstellungskatalog, München 1980, S. 7.
16. Meraner Kur-Zeitung, Nr. 48, 14.2.1912, S. 571.
17. Sigmund, Südliche climatische Curorte, S. 173 f.
18. Renate Abram, Das Kurhaus Meran, Meran 1999, S. 86.
19. Meraner Kur-Zeitung, Nr. 4, Meran 26.1.1910, S. 4.
20. Alpen-Zeitung, Meran 30.11.1930, S. 5 f.
21. Lotti Goliger-Steinhaus, Mein lieber Frederico. Geschichte einer jüdischen Familie, Bozen 1994, S. 8.
22. Oliver Haid, Franz Peter. Mit bewahrendem Auge, Bozen 1994, S. 13.
23. Fridolin Plants Führer durch Meran, Meran 1904, Annonceteil S. 1, 38 und 71.
24. Gunther Waibl, Vorwort, in: Oliver Haid, Foto Peter, S. 8.
25. Fridolin Plants Führer durch Meran, Annoncenteil S. 10 und 20.
26. Gustav Rasch, Touristen-Lust und Leid in Tirol. Tiroler Reisebuch, Stuttgart 1874, S. 66.
27. Ebd., S. 66.
28. Hans Heiss, Zentralraum Wirtshaus, Gaststätten im vormodernen Tirol 1600–1850,in: Geschichte und Region / Storia e regione, 10. Jhg., Heft 2, Innsbruck / Wien / München / Bozen 2001, S. 22 f.
29. Hans Heiss, Selbständigkeit bis auf Widerruf? Zur Rolle von Gastwirtinnen bis 1914, in: Irene Bandhauer-Schöffmann / Regine Bendl (Hg.), Unternehmerinnen, Frankfurt a. M. 2000, S. 52.
30. Michel de Montaigne, Tagebuch einer Reise durch Italien in den Jahren 1580 und 1581, Frankfurt a. M. 1988, S. 81.
31. Reisehandbuch für Tirol, Salzburg und das Südbairische Hochland, Leipzig 1854, S. 26.
32. Wolfgang Meixner, Tirols langer Marsch in die Gastronomie, in: Tiroler Heimat. Jahrbuch für Geschichte und Volkskunde 56 (1992), S. 144.
33. August Lewald, Tirol vom Glockner zum Orteles und vom Garda- zum Bodensee, München 1838, 2. Auflage, S. 5 und 14.
34. Beda Weber, Das Land Tirol, ein Handbuch für Reisende. Innsbruck 1837, S. 194.
35. Beda Weber, Meran und seine Umgebung, Innsbruck 1845, S. 79 f.
36. Sophie Goldschmidt-Schweitzer, Aus Sophies Briegen. Breslau 1872. Entnommen aus: Abram, Das Kurhaus Meran, S. 15 f.
37. Hans Heiss, Der Weg des »Elephanten«. Geschichte eines großen Gasthofes seit 1551, Bozen / Wien 2002, S. 82.
38. Ebd., S. 82: 1. Braune Suppe mit Einlag; 2. Galantine und Zunge mit Aspik und Sardellenbutter; 3. Forellen, Aal und Krebs und italienische Sauce; 4. Braunes und weißes Rindfleisch mit Spinat und Secknudeln, Minister-Sauce und grüne Fisolen; 5. Fasan mit braunem Kraut; 6. Reh mit Rahmsauce und Butterei-Bögen; 7. Enten mit Pilzen und eingelegter Sülze; 8. Orangen-Mehlspeise; 9. Indian (Truthahn) mit gemischtem Salat; 10. Cabinett-Pudding; 11. Gemischtes Kompott; 12. Punschtorte, Brottorte, Linzertorte, Konfekt, Trauben und Kaffee.
39. Ebd., S. 83.
40. Rasch, Touristen-Lust, S. 7.
41. Was verlangt der Fremde vom Gastwirth in Tirol?, in: II. Bogen des »Tiroler Alpenfreund« Nr. 7. Bozen, Sonntag, 22. Juni 1890.
42. Heiss, Selbständigkeit bis auf Widerruf?, S. 62.
43. 1891 Gründung der ersten fachlichen Fortbildungsschule für das Gastwirtsgewerbe in Wien mit: 1. Für Lehrlinge des Gremiums der Hoteliere, 2. Für Kaffeesiederlehrlinge, 3. Für eine Schule der Genossenschaft der Gastwirte. 1893 Gründung der ersten Hotelfachschule in der Schweiz in Ouchy, Nähe

Lausanne. 1901 Gründung einer genossenschaftlichen Kochschule in Wien; 1903 Gründung der Gasthof und Fasthausschule in Innsbruck; 1904 wird in Wien die »Spezialfachschule für Wirts- und Hoteliersöhne« eröffnet; 1908 Gründung der »Höheren Fachschule für das Gastwirte-, Hotelier- und Kaffeesiedergewerbe in Wien«, die Vorläuferin der heutigen Hotelfachschule in Wien; 1910 wurde die weibliche Abteilung der Gasthof- und Gasthausschule in Innsbruck ins Leben gerufen; 1911 Gründung des ersten Jahrganges der gastgewerblichen Fachschule in Meran; 1913 Gründung des »I. staatlichen gastgewerblichen Fachkurses« für Gastwirte in Bozen; 1914 entsteht die erste italienische Hotelfachschule in Mailand: scuola per addetti d'albergo di Milano. Diese Informationen hat mir freundlicherweise Dr. Erik Platzer, ehemaliger Direktor der Hotelfachschule Kaiserhof in Meran zukommen lassen.
44 Heinrich Rohn (Hg.), Denkschrift zur Feier des 20jährigen Bestandes des Landesverbandes für Fremdenverkerh in Tirol, Innsbruck 1910, S. 26 ff., zitiert nach Wofgang Meixner, Tirols langer Marsch, S. 146.
45 Werbebroschüre: Familienhotel Erzherzog Johann, Meran Südtirol. Druck von S. Pötzelbergers Kunstdruckerei in Meran o. J., S. 42.
46 Meran und Umgebung. Meran (Ellmenreich) 1911/12, S. 271.
47 Abram, Das Kurhaus Meran, S. 81 und Renate Abram, Zur Saison im Modekurort Meran, in: Meran und die Künstler, Bozen 2001, S. 41–56.
48 Vgl. Ilaria Vecchiarelli, Nascita e sviluppo del Kurort GrieS. Wirtschaftswissenschaftliche Diplomarbeit Trient 1996.
49 Josef Rohrer, Reflex der Zeitenwende. Auf dem Weg zum Massentourismus, in: Gottfried Solderer (Hg.), Das 20. Jahrhundert in Südtirol, Bd. II, Bozen 2000, S. 179–193.
50 Bozen (Bolzano) Gries und Umgebung. Grieben Reiseführer Bd. 50, Berlin [7]1930, S. 21.
51 Rohrer, Reflex der Zeitenwende, S. 179.
52 Kleiner Führer durch Südtirol, Sonderdruck aus dem »Südtiroler«, Innsbruck 1930, S. 1.
53 Führer durch die Provinz Bozen und die angrenzenden deutschen und ladinischen Gebiete, Wien 1931, S. 3.
54 Rohrer, Reflex der Zeitenwende, S. 181.
55 Meixner, Tirols langer Marsch, S. 148.
56 Rohrer, Reflex der Zeitenwende, S. 182.
57 J. Moriggl, Ratgeber für Alpenwanderer, Hautpausschuß des D. u. Ö. Alpenvereines (Hg.), München 1924, S. 81.
58 Abram, Das Kurhaus Meran, S. 149.
59 Ebd., S. 149.
60 Guida turistica dell'Alto Adige. Ente provinciale per il turismo, Bolzano, Trento 1939, S. 6. »In generale il vitto è buono e sano. Negli alberghi, nelle pensioni e nei ristoranti é ormai stata adottata la cucina italiana, che molti esercenti affidano, durante la stagione, a personale specializzato italiano.«
61 »In tutti i ristoranti, trattorie, piccole trattorie, osterie con cucina della provincia di Bolzano, il personale femminile non può essere adibito ai servizi di sala o di banco.« Vgl. Foglio Annunzi Legali nella Provincia di Bolzano, Nr. 13-12-8-XVII (1939), S. 66.
62 Meixner, Tirols langer Marsch, S. 148.
63 Laut freundlicher Mitteilung von Dr. Erik Platzer, ehemaliger Direktor der Landeshotelfachschule Kaiserhof in Meran.
64 Christian Schaller, Das Südtirol Image in Deutschland und Italien, in: Distel, Nr. 33, Bozen 2/1989, S. 9.
65 Hans Debeljak, Kochbuch für deutsche und italienische Küche, Bozen 1951.
66 Wolfgang Mair / Hartwig Mumelter, Bozen, wo es am besten schmeckt. Essen und Trinken zweier Kulturen, Bozen / Wien 2001, S. 8.
67 Guida per il turista in Alto Adige. Ente Provinciale per il Turismo, Bolzano 1948, S. 16.
68 Vgl. Mair / Mumelter, Bozen, S. 8. Pellegrino Artusi war jener Italiener, der als erster die verschiedenen Gerichte Italiens in einem Kochbuch vereinte, im 1891 erschienenen Kochbuchklassiker »la scienza in cucina e l'arte di mangiare bene«.
69 Turismo gastronomico, Essen in Italien, Centro editoriale italiano sviluppo turismo (Hg.), Deutsch-Italienische Ausgabe, Milano 1956/57, S. 131.
70 Ebd., S. 133 ff.
71 vgl. Lukas Bonell / Ivo Winkler, Südtirols Autonomie. Beschreibung der autonomen Gesetzgebungs- und Verwaltungszuständigkeiten des Landes Südtirol, Südtiroler Landesregierung (Hg.), Sonderdruck des Presseamtes, Bozen, [4]1995, S. 219 ff.
72 Josef Rohrer / Paul Rösch, Alpine Erinnerungswelten, in: Kurt Luger / Franz Rest (Hg.), Der Alpentourismus, Band 5 der Reihe: transkulturell & transdisziplinär, Innsbruck / Wien / Müchen / Bozen 2002, S. 105 ff.
73 Statistisches Jahrbuch für Südtirol 2006, ASTAT, Landesinstitut für Statistik, Bozen 2006, S. 435; die Zahlen beziehen sich auf das Jahr 2005: Übernachtungen 26.150.824, Ankünfte 4.901.672.
74 Marcello Camioniti, Südtirol Dolomiten, Reiseführer, Landesfremdenverkehrsamt in Bozen (Hg.), Novara 1962, S. 19.
75 Gespräch mit Franz Tauber, Unterwirt von Feldthurns am 2. Oktober 2001.
76 1951 Gründung der Südtiroler Hotelfachschule im Schloss Labers in Meran als einjährige Fachschule 1954 im Hotel

Continental, 1958 im Hotel Astoria, 1960 im Schloss Maur – Hotel Palace, alle in Meran; 1968 Gründung der neuen Landeshotelfachschule im Schulhotel Savoy als zweijährige Fachschule; 1970 Gründung der ersten dreijährigen Hotelfachschule; 1977 die erste Matura-Ausbildung in Touristik in Südtirol. Danke an Dr. Erik Platzer (siehe oben).

77 Fink Helmuth, Besitzer und Koch des Gasthofs Fink in Brixen, anlässlich eines Vortrages an der gastgewerblichen Berufsschule »Emma Hellenstainer« in Brixen, am 15. März 2001.

78 Andreas Hellrigl (Restaurant Andrea, Bozen), Willy Nock (Palasthotel Meran), Luis Agostini (Völserhof, Völs), Max Ladurner (Hotel Laurin, Bozen), Kurt Eisner (Hotel Klosterbräu, Seefeld), Rudolf Praxmaier (Hotel Tyrol, Innsbruck), Hans Eder (Hotel Karwendelhof, Seefeld): entnommen der Speisekarte: Nord- und Südtiroler Spezialitätenwochen, Berlin Hilton, 9.–20. November 1966.

79 Vgl. Speisekarte »settimana della cucina alltoatesina« in Modena vom 8.–19. Oktober 1985: im Restaurnat »Fini« (Le specialità della Val d'Isarco) und Restaurant »La Gola« (La cucina del Meranese e Val Venosta). Oder: Speisekarte: »settimana della buona cucina della Valle Isarco (BZ)« in Verona vom 10.–15. Oktboer 1989, im Ristorante Torcolo. Organisation: Eisacktaler Tourismusverein..

80 Gespräch mit Tauber, Unterwirt von Feldthurns am 2. Oktober 2001.

81 Rösch, Wirtin aus Profession, in: Frau Emma Europa, S. 94.

82 Das deutsch / italiensiche / ladinische Element ist zum bewährten und akzeptierten Küchenmix geworden. Nur mehr vereinzelt weigern sich Schützen, die Pizza Margherita, benannt nach der ehemaligen italienischen Königin (Origano, Käse, Tomaten: grün, weiß, rot), zu essen.

83 Wolfgang Pauser, Die regionale Küche, in: Voyage, Bd. 5, Köln 2002, S. 15.

Literaturverzeichnis

ABRAM, Renate: Das Kurhaus Meran. Meran 1999.

ABRAM, Renate: Zur Saison im Modekurort Meran. In: Ewald Kontschieder / Lanz, Josef (Hgg.): Meran und die Künstler, Bozen 2001.

Alpen-Zeitung, Meran 30.11.1930.

BONELL, Lukas / WINKLER, Ivo: Südtirols Autonomie. Beschreibung der autonomen Gesetzgebungs- und Verwaltungszuständigkeiten des Landes Südtirol, Südtiroler Landesregierung (Hg.), Sonderdruck des Presseamtes. Bozen ^{4}1995.

Bozen (Bolzano) Gries und Umgebung, Grieben Reiseführer Bd. 50. Berlin ^{7}1930.

CAMIONITI, Macello: Südtirol Dolomiten, Reiseführer, Landesfremdenverkehrsamt in Bozen (Hg.). Novara 1962.

CASTLUNGER, Ludwig / MAIR, Ottilie: Astat, Tabellensammlung, Landesinstitut für Statistik. Bozen 2001.

DEBELJAK, Hans: Kochbuch für deutsche und italienische Küche. Bozen 1951.

Fridolin Plants Führer durch Meran. Meran 1904.

Führer durch die Provinz Bozen und die angrenzenden deutschen und ladinischen Gebiete. Wien 1931.

GOLIGER-STEINHAUS, Lotti: Mein lieber Frederico. Geschichte einer jüdischen Familie. Bozen 1994.

Große Welt reist ins Bad, Ausstellungskatalog, Adalbert Stifter Verein. München 1980.

Guida turistica dell'Alto Adige, Ente Provinciale per il Turismo – Bolzano. Trento 1939.

Guida per il turista in Alto Adige, Ente Provinciale per il Turismo – Bolzano. Bolzano 1948.

HAID, Oliver: Franz Peter. Mit bewahrendem Auge. Bozen 1994.

HEISS, Hans: Selbständigkeit bis auf Widerruf? Zur Rolle von Gastwirtinnen bis 191. In: Bandhauer-Schöffmann, Irene / Bendl, Regine (Hg.): Unternehmerinnen. Frankfurt a. M. 2000.

HEISS, Hans: Zentralraum Wirtshaus, Gaststätten im vormodernen Tirol 1600–1850. In: Geschichte und Region / Storia e regione, 10. Jhg., Heft 2. Innsbruck / Wien / München / Bozen 2001.

HEISS, Hans: Der Weg des »Elephanten«. Geschichte eines großen Gasthofes seit 1551. Bozen / Wien 2002.

HEISS, Hans: Von Frau Emma zu Frau Erika. Rollenbilder im Gastgewerbe Tirols. In: Frau Emma Europa. Meran 2004.

Kleiner Führer durch Südtirol, Sonderdruck aus dem »Südtiroler«. Innsbruck 1930.

KOCH, Matthias: Reise in Tirol in landschaftlicher und staatlicher Beziehung. Karlsruhe 1846.

LEWALD, August: Tirol vom Glockner zum Orteles und vom Garda- zum Bodensee. München ^{2}1838.

MAIR, Wolfgang / MUMELTER Hartwig: Bozen, wo es am besten schmeckt. Essen und Trinken zweier Kulturen. Bozen / Wien 2001.

MEIXNER, Wolfgang: Tirols langer Marsch in die Gastronomie. In: Tiroler Heimat, Jahrbuch für Geschichte und Volkskunde, Band 56. Innsbruck 1992.

MESSNER, Reinhold: Südtirol braucht Visionäre. In: Bereiste Heimat. Identität im Spannungsfeld von Tourismus und Dorfkultur, 3. internationaler Kongress Erwachsenenbildung auf dem Land. Goldrain 28.–31. Oktober 1995.

Meraner Kur-Zeitung, Nr. 48, Meran 14.2.1912 und Nr. 4, Meran 26.1.1910.

Meran und Umgebung (Ellmenreich), Meran 1911/12.

MONTAIGNE, Michel de: Tagebuch einer Reise durch Italien in den Jahren 1580 und 1581. Frankfurt a. M. 1988.

MORIGGL, J.: Ratgeber für Alpenwanderer, Hauptausschuß des D. u. Ö. Alpenvereines (Hg.). München 1924.

PAUSER, Wolfgang: Die regionale Küche. In: Voyage, Bd. 5. Köln 2002.

PECHLANER, Harald/RAICH, Frieda (Hgg.): Gastfreundschaft und Gastlichkeit im Tourismus. Kundenzufriedenheit und -bindung mit Hospitality Management. Berlin 2007.

PIRCHER, Josef: Meran als klimatischer Curort mit Rücksicht auf dessen Kurmittel. Wien, 1. Auflage 1858, 4. Auflage 1884.

RASCH, Gustav: Touristen-Lust und Leid in Tirol. Tiroler Reisebuch. Stuttgart 1874.

Reisehandbuch für Tirol, Salzburg und das Südbairische Hochland. Leipzig 1854.

ROCHELT, Emil: Die Entwicklung Merans als Kurort. In: Kurort Meran, den Festgästen der 77. Versammlung deutscher Naturforscher und Ärzte gewidmet vom Kurort Meran. Meran 1905.

ROHRER, Josef: Reise ins Paradies. Die Dauerausstellung im Tourismusmuseum Schloss Trauttmansdorff, unveröffentlichtes Manuskript. Meran 1998.

ROHRER, Josef: Reflex der Zeitenwende. Auf dem Weg zum Massentourismus. In: Solderer, Gottfried (Hg.): Das 20. Jahrhundert in Südtirol, Band II. Bozen 2000.

ROHRER, Josef: Zimmer frei. Das Buch zum Touriseum. Meran 2003.

ROHRER, Josef/Rösch, Paul: Alpine Erinnerungswelten. In: Luger, Kurt/Rest, Franz (Hg.): Der Alpentourismus (= 5. Band der Reihe: transkulturell & transdisziplinär). Innsbruck/Wien/Bozen 2002.

RÖSCH, Paul: Wirtin aus Profession. Küche und Ausbildung. In: Frau Emma Europa. Meran 2004.

RÖSCH, Paul: Die touristische Speisekarte in Südtirol, ein Spiegelbild der Tourismusentwicklung. In: Carinthia 193 (2003).

RÖSCH, Paul: Der Kurort Meran im mitteleuropäischen Kontext. In: Ewald Kontschieder/Lanz, Josef (Hgg.): Meran und die Künstler, Bozen 2001.

SCHADEN, Adolph von (Hg.): Taschenbuch für Reisende durch Bayern und Tyrols Hochlande. München 1836.

SCHALLER, Christian: Das Südtirol Image in Deutschland und Italien. In: Distel 33/2 (1989).

SCHAUBACH, Adolf: Handbuch für Reisende durch das mittlere und südliche Tyrol. Jena 1850.

SCHMIDL, A. Adolf: Handbuch für Reisende im Kaiserthume Oesterreich. Wien 1844.

SIGMUND, Ludwig-Carl: Südliche klimatische Curorte, mit besonderer Berücksichtigung auf Pisa, Nizza und die Riviera, Venedig, Meran und Gries. Wien 1859.

Statistisches Jahrbuch für Südtirol 2006, ASTAT, Landesinstitut für Statistik. Bozen 2006.

Tiroler Alpenfreund, Was verlangt der Fremde vom Gastwirth in Tirol? II. Bogen Nr. 7. Bozen, Sonntag, 22. Juni 1890.

Turismo gastronomico, Essen in Italien, Centro editoriale italiano sviluppo turismo (Hg.), Deutsch-Italienische Ausgabe, Milano 1956/57.

VECCHIARELLI, Ilaria: Nascita e sviluppo del Kurort Gries, Wirtschaftswissenschaftliche Diplomarbeit. Trient 1996.

WEBER, Beda: Das Land Tirol, ein Handbuch für Reisende. Innsbruck 1837.

WEBER, Beda: Meran und seine Umgebung. Innsbruck 1845.

Werbebroschüre, Familienhotel Erzherzog Johann, Meran Südtirol, Druck von S. Pötzelbergers Kunstdruckerei in Meran o. J. (Archiv Touriseum).

WOLF, Carl: Der Kurort Meran mit Obermais, Untermais und Umgebung. Zürich o. J.

Paul Rösch, geboren 1954 in Meran. Studium der Volkskunde und Geschichte an der Universität Innsbruck. Konzeption und Aufbau des Landesmuseum für Tourismus, Touriseum in Meran und Leitung desselben als Direktor. Verschiedene Publikationen zur Volkskunde und Tourismusgeschichte.

Hotel Emma in Niederdorf

Gastarbeiterin

EMMA HELLENSTAINER
1817–1904

In ihrem Leben spiegelt sich jene nachhaltige Wende, die mit dem Tourismus in den Alpen eintritt. Sie selbst ist noch das Kind eines alten Tirol, erkennt aber instinktiv die Zeichen einer neuen Zeit. Ihr Handeln ist nicht spektakulär. Es bildet aber das Grundmuster für eine ganze Branche, was den erstaunlichen Mythos dieser Frau erklärt.

Emma wächst in einer patriotischen Gastwirtsfamilie in St. Johann im heutigen Nordtirol auf. Bei den strengen Ursulinen in Innsbruck geht sie vier Jahre zur Schule, in Salzburg lernt sie kochen. Eine ungewöhnlich gute Ausbildung für die Zeit. Als der Familie aus einem Konkursfall ein Gasthof bei Toblach zufällt, soll Emma ihn übernehmen. »Lachen darfst du nie«, gibt die Mutter ihr als Ratschlag mit auf den Weg.

Kaum im Pustertal angekommen, lernt die 25-Jährige den Postmeister von Niederdorf kennen. Noch im gleichen Jahr wird geheiratet. Joseph Hellenstainer erbt kurz darauf von einem Onkel den »Schwarzadler« in Niederdorf. Also verkauft Emma in Toblach und widmet sich dem neuen Besitz. Derweil stürzt sich ihr Mann in den Aufbau schnellerer Postlinien, die Gastwirtschaft interessiert ihn kaum. Diese Arbeitsteilung eröffnet Emma Freiräume, wie sie für Wirtinnen typisch sind.

Aus dieser Zeit stammt eine der ersten Anekdoten über Emmas feines Gespür für die Mechanismen im Gastgewerbe. Der »Schwarzadler« hat zwei Wirtsstuben: eine fürs gemeine Volk, eine zweite für die besseren Gäste. Zwischen den Stuben gibt es kaum einen Unterschied, beleuchtet werden beide von einer einzigen Laterne in der Verbindungstür. Eines Tages will die junge Wirtin in der Stube für die

1857	1859	1867
Mit dem British Alpine Club entsteht der erste der Alpenvereine.	Die Bahnlinie Verona–Bozen geht in Betrieb.	Eröffnung der Bahnlinie über den Brenner nach Bozen.

»Herrischen« Kerzen aufstellen – die Zahlungskräftigeren sollen sich bevorzugt fühlen. Die Schwiegermutter wehrt noch ab (»Na, na, das fangen wir nit an.«), Emmas Philosophie ist aber schon sichtbar.

Und die »Herrischen« kommen. Alpinisten entdecken die nahen Dolomiten als Spielgelände, auch andere Reisende werden allmählich zahlreicher. Emmas Kochkünste und ihre nuancierte, angeblich unermüdliche Fürsorge für ihre Gäste sprechen sich herum. Sie weiß offenbar mit der frauentypischen Doppelbelastung umzugehen. Mit 27 hat sie ihr erstes Kind bekommen, im Zweijahr-Rhythmus folgen sechs weitere. Das Jüngste ist gerade zwei, da stirbt ihr Mann. Emma Hellenstainer, inzwischen 41, hat nun allein mit einem Rudel Kinder, dem Gasthaus und dem Fuhrgewerbe zurechtzukommen. Der Witwenstatus lässt sie vollends aus der traditionellen Frauenrolle ihrer Zeit – ein Dasein im Schatten des Mannes – heraustreten.

»Frau Emma« geht in ihrer Arbeit für das Gastgewerbe auf. Immens fleißig und hart zu sich selbst, bodenständig und doch offen für die Ansprüche einer neuen Gästeschicht – all das macht sie zum Inbegriff der perfekten Wirtin. Vielleicht lacht sie tatsächlich nie. Ihre Gäste schwärmen jedoch von ihrer Küche und der distanzierten Herzlichkeit. Das bringt ihr die Empfehlungen etlicher Reiseführer ein, die gerade populär werden. Der Schriftsteller Peter Rosegger nennt sie »die berühmteste aller Wirtinnen«.

Diese erste Phase der Mythenbildung fällt mit einem ersten Aufschwung des Fremdenverkehrs in Tirol zusammen. Verschönerungsvereine werden gegründet, auch in Österreich und Deutschland entstehen Alpenvereine. Emma Hellenstainer ist 1869 eine der ersten Frauen überhaupt, die man(n) dort als Mitglied akzeptiert – auch wenn sie sich natürlich nie die Zeit nimmt, ins Gebirg' zu steigen.

1872 wird die Bahnlinie durch das Pustertal verlegt. Während Geistliche und andere Konservative noch immer vor den Gefahren für Sitte und Moral warnen, die mit den Fremden ins Land kämen, erahnt Frau Emma das Potential der neuen Linie und gibt bereitwillig Baugrund dafür her. Der »Schwarzadler« erlebt jetzt seine beste Zeit. Über die Jahre hat Emma ihn in kleinen Schritten ausgebaut und zur besten Adresse im Tal verfeinert. Das Große aber liegt ihr nicht. Die Entwicklung hin zu den professionellen Hotelpalästen, die im letzten Drittel des 19. Jahrhunderts auch in Tirol entstehen, geht bereits an ihr vorbei. Das Grandhotel am Pragser Wildsee gibt 1897 bereits ihr Sohn in Auftrag, wofür er den »Schwarzadler« verkauft. Und das nach ihr benannte Grandhotel Emma in Meran bauen die Kinder erst nach ihrem Tod.

Dem Mythos kann dies nichts anhaben, wie die Geschichte von der angeblichen Postkarte beweist: Emma Hellenstainer sei eine derartige Ausnahmeerscheinung gewesen, dass eine Karte aus England oder Russland, die Angaben wechseln, selbst mit mangelhafter Adresse – »Frau Emma in Europa, Autriche« – ankommt. Offenbar braucht die Branche dieses Vorbild, auch wenn Generationen nachfolgender Wirtinnen das vermeintliche Ideal nie ganz erreichten.

1870
In Tirol entstehen die ersten Verschönerungsvereine.

1873
Der Wiener Börsenkrach löst eine lange Wirtschaftskrise aus.

1893
Zum ersten Mal steht eine Frau auf der Kleinen Zinne in den Dolomiten.

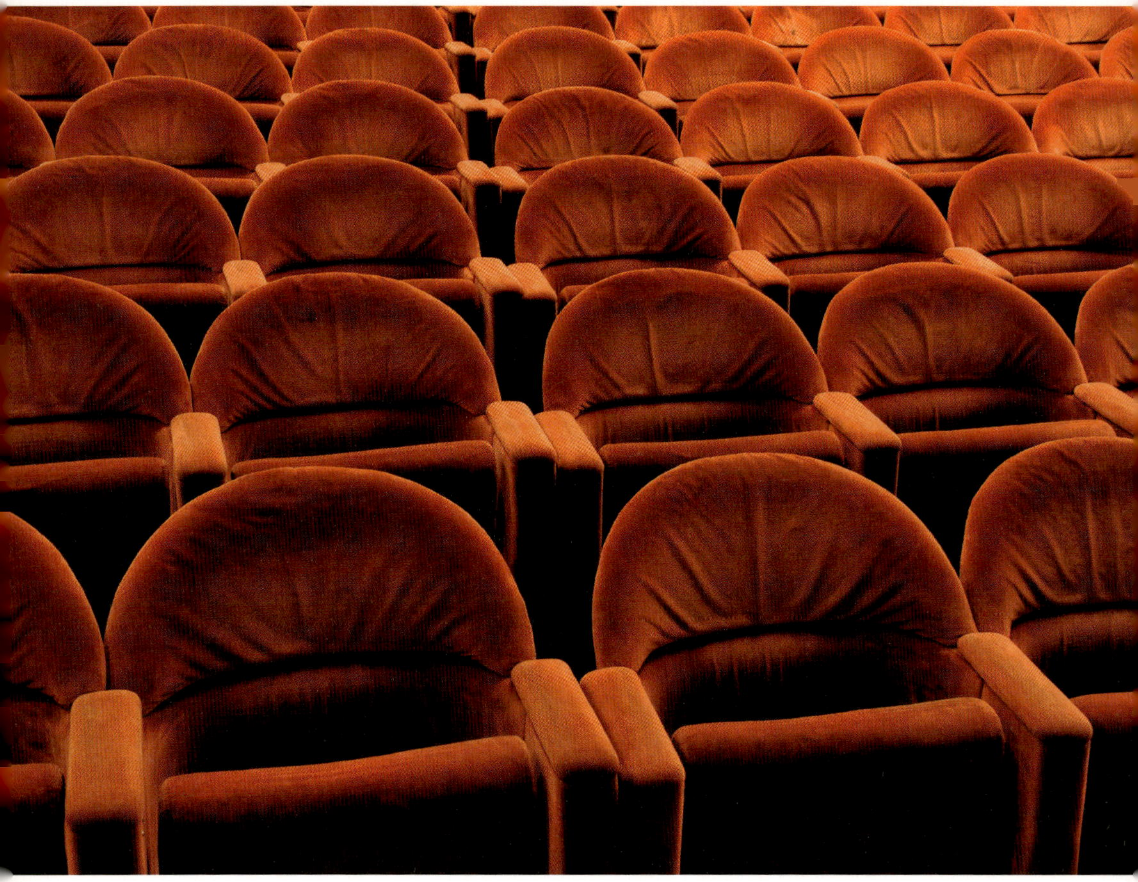

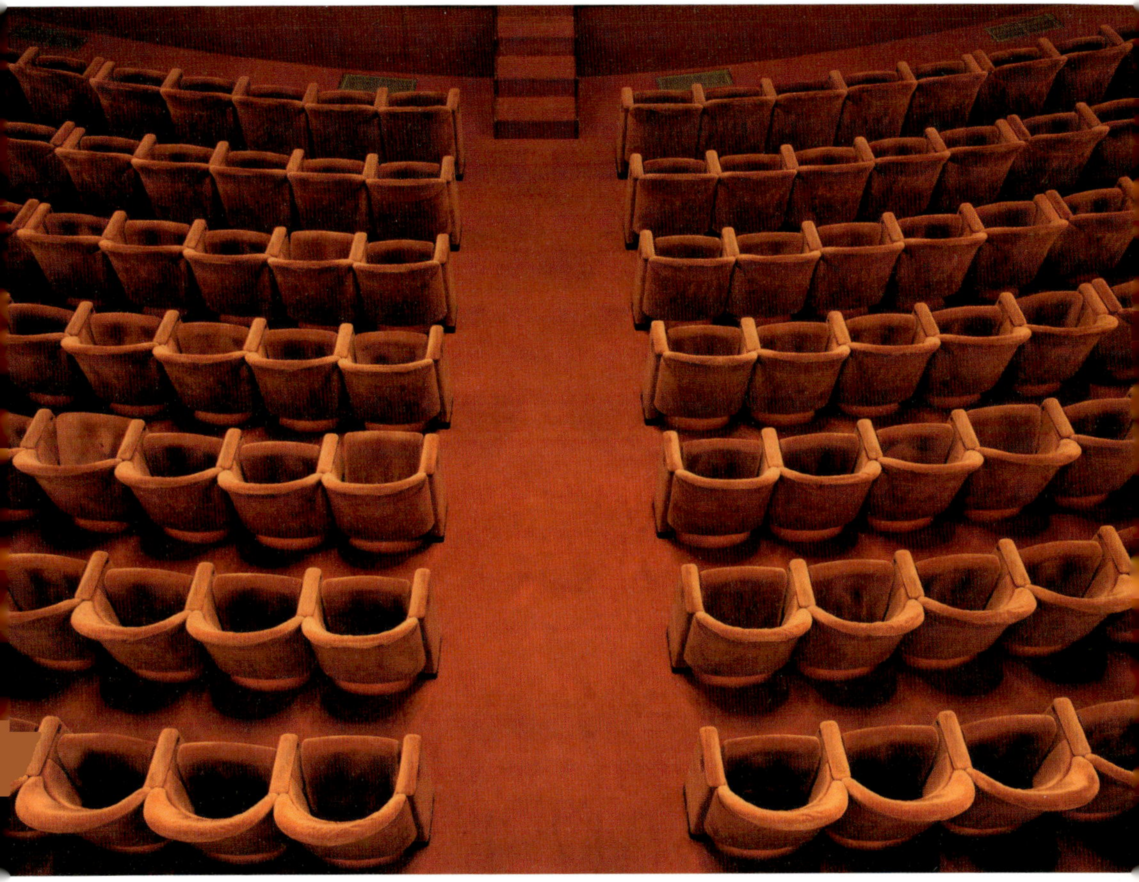

Hubert Stuppner

Momente Südtiroler Musikgeschichte
VERSUCHE DER ÖFFNUNG GEGENÜBER EUROPÄISCHEN GESELLSCHAFTS-
UND GEISTESSTRÖMUNGEN

Die Musikaktivitäten in Bozen nach der Französischen Revolution
Singspiele im Palais der Herren von Menz und im Merkantilgebäude am Ende des 18. Jahrhunderts und die ersten internationalen Bozner Theaterkorrespondenzen
Untersucht man die kulturellen Aktivitäten Bozens am Ende des 18. und am Beginn des 19. Jahrhunderts, insbesondere die des Musiktheaters, so entsteht das Bild einer säkularisierten, von der Aufklärung und dem Josephinismus reformierten bürgerlich-aristokratischen Gesellschaft, die begierig alles aufnahm, was das städtische Leben belebte und bereicherte. Die Stadt konnte sich dabei auf alte Traditionen berufen, die weit in die Vergangenheit zurückreichten. Die Theaterrituale des 17. und frühen 18. Jahrhunderts, als »Mantuanische und Trientnerische Operisten« auftraten, »die sich miteinander verglichen, wann ain und andrer thail alhiro spillen sollen«, oder der »Trierische Comicus«, der mit dem »Chur-Pfälzischen Hofkommödianten« »Comedi« spielte, während gleichzeitig die »welschen Operisten« um »Concession zu offentlicher Abhaltung gewiser opern mit Recomandation von Ihrer Excell. Hh. Oberamtspfleger Baron v. Enzenberg« ansuchten,[1] boten dafür genügend Tradition, so wie ja auch die ständischen »Bürgertänze«, die laut Karl Theodor Hoeniger auf das Jahr 1541 zurückgehen und neben Scheibenschießen und »Bindertanz« zur Karnevalszeit eine Art »Stadtball« von immer währender Tradition darstellten,[2] das Interesse für musikalische Neuigkeiten in der Bürgerschaft wachhielten.
Doch Bozens blühende Opern- und Singspiel-Kultur am Ende des 18. und am Beginn des 19. Jahrhunderts war keine städtische im bürgerlichen Sinne, sondern eine private, die von einigen wohlhabenden Kaufleuten und Adeligen gestiftet, für Glanz und Glamour eben dieser Handelsherren sorgte. Kunst also als Ausdruck des Unternehmergeistes und der Öffnung gegenüber der Welt des Handels. Merkantiler Wohlstand beruhte auf Freisinn, dieser wiederum förderte Humanität, aus beiden entwickelte sich ein weltoffenes Kunstinteresse, das – wie die Musik des »empfindsamen Zeitalters« – das Bekenntnis zu Spontaneität, Natürlichkeit und

Gedankenfreiheit ausdrückte. Einige der führenden Persönlichkeiten dieser Bozner Musikszene waren übrigens auch Logenbrüder oder standen der Freimaurerei nahe: Georg Anton von Menz, Dr. Med. Peter von Menz, Johann Jakob Graff Freiherr von Ehrenfeld, Franz von Gumer, Franz Freiherr von Sternbach, Alois und Alexander Graf Sarnthein, Anton von Aufschnaiter, Franz von Goldegg.[3]

In der Josephinischen Zeit wurden die Bozner Singspiel-Aufführungen, Werke von Domenico Cimarosa, Giovanni Paisiello, Giuseppe Francesco Bianchi, Pietro Alessandro Guglielmi und Niccolò Antonio Zingarelli,[4] von den Herren von Menz organisiert und finanziert, zunächst vom jungen, bereits 1788 verstorbenen, Georg Paul von Menz und dann von seinem Vetter Anton Melchior von Menz, die beide Modernität und Tradition verbanden und mit dem Transithandel Geschäfte machten.[5] Als auch Anton Melchior von Menz 1801 früh verstarb, konnte seine einzige Erbin, Annette von Menz (1796–1869), die als »Franzosenbraut« bekannt wurde, über ein Millionen-Vermögen verfügen, das sie im Palais Toggenburg auch für ein großzügiges musikalisches Mäzenatentum verwandte.[6]

Die steinreichen Herren von Menz und von Gumer,[7] die so international waren, dass sie Darlehen in jeder beliebigen Währung auszahlen konnten,[8] erkannten das Werbepotential der von ihnen finanzierten Musik-Kultur. Sie begnügten sich also nicht, selbst »à la page« zu sein, sondern ließen durch gezielte »Theaterbriefe« das Ausland wissen, was in Bozen kulturell geleistet wurde: sie bewarben damit indirekt den merkantilen Standort Bozen. Der erste dieser Kulturberichte erschien am 7. März 1794 in dem Weimarer *Journal des Luxus und der Moden*:

> »Bozen, das schon an sich eine der beträchtlichen Städte im Lande ist, und es durch seine Lage, sein ausgebreitetes Commerz, und die vielen deswegen theils passierenden, theils sich hier aufhaltenden Fremden noch mehr wird, hat zwar kein Theater, doch hat schon seit mehreren Jahren die Gesellschaft der hiesigen Tonkünstler, von großzügigen Gönnern unterstützt, im Fasching Opern zu ihrem Besten aufgeführt, und dadurch dem Publikum die angenehmste Unterhaltung verschaft. Wir müssen bekennen, daß wir in diesen Jahren die schönsten Produkte der italiänischen Tonsetzer zu hören bekamen, wovon aber allzeit der Text in das Teutsche übersetzt und die Opern teutsch gegeben ward. Diesen Fasching gaben sie uns 3 Opern. Den Wettstreit der Großmuth (Le gare generose) mit Musik von Paisiello, welche Oper sonst im Teutschen unter dem Titel: die beyden Flüchtlinge bekannt ist; dann Der Deserteur (Il disertore) mit Musik von Bianchi und: Die heimlich Vermählten (Il matrimonio segreto) mit Musik von Cimarosa, wovon die erste achtmal, die zweite zwölfmal und die dritte achtmal gegeben ward […].«[9]

Eine weitere Theater-Korrespondenz erschien zwei Jahre später im selben Weimarer Journal am 5. Februar 1796: Sie hatte die erwähnte Uraufführung des Bihlerschen Singspiels »Die falschen Verdachte« zum Gegenstand. Der Bozner Rezensent weist darin mit Stolz auf die hausgemachte Theaterpremiere hin:

»Ich glaube, daß gegenwärtige Anzeige ganz in eine Zeitschrift gehört, deren Bestimmung es ist, alle Veränderungen und Neuigkeiten aufzuzeichnen, die auf Publicität Einfluß haben […]. Unsere hiesigen Tonkünstler, von denen Sie bereits wissen, daß sie im Fasching uns mit Opern unterhalten, gaben uns heuer ein ganz neues, und in gewisser Rücksicht auch ein einziges Stück dieser Art, betitelt: Die falschen Verdachte. Ein hiesiger Privatgönner, den ich um seiner Bescheidenheit nicht zu nahe zu treten, nicht nennen will, verfertigte den Text, der ein sehr schönes, rührendes, häusliches Familiengemählde mit glücklichen durchgeführten Charakteren und Verwicklungen, und den reinsten Dialog enthält, und unser Compositeur Herr Abbé Franz Bihler setzte es in Musik.«[10]

Eine Bozner Aktiengesellschaft für die Errichtung des ersten Bozner Theaters
Eine so erfolgreiches Theaterunternehmen wollte nicht länger in Behelfssälen spielen, sondern zielte auf die Errichtung eines richtigen Theaters. Doch was sich in anderen Städten aus der kulturellen Nachfrage und dem Bedürfnis nach Unterhaltung weiter Kreise der Bevölkerung errechnete, geriet in Bozen zunächst zum Stein des Anstoßes. Der Chronist Andreas Simeoner wusste später zu berichten, dass »mehrere Stimmen in der Stadt«, vor allem aus dem kirchlichen Umfeld, beim Stadtmagistrat Protest gegen den geplanten Theaterbau einlegten, dass dieser aber, wegen der Mitunterzeichnung zahlreicher Stadträte, hintertrieben wurde.[11]
Die Errichtung des ersten Bozner Theaters ist das Verdienst des geadelten Großkaufmanns und Freimaurers Johann Jakob Graff Freiherr von Ehrenfeld, der zur Franzosenzeit 47 Aktionäre zu einer »Theaterunternehmungsgesellschaft« versammelte, den Bau mit dem Aktionärskapital von je 500 Gulden finanzierte und noch vor der endgültigen Baubewilligung in Angriff nehmen ließ. In seinen Memoiren vermerkte er voller Stolz, dass er gegen allerlei Widerstand »ein Theater für 1200 Menschen, ein Kasino mit 5 Zimmern und eine Auberge von 40 Zimmern«[12] errichtete.
Dieser weit gereiste, des Italienischen und Französischen kundige, in kulturellen Dingen ebenso aufgeschlossene wie in ökonomischen Dingen fortschrittliche Bozner Unternehmer, der seinen aus Handel und Speditionsgeschäften gewonnenen Reichtum als Risikobereitschaft für kulturelle Unternehmungen zur Verfügung stellte, war, nach dem frühen Tod von Anton Melchior von Menz, der 1801 im Alter von 44 Jahren gestorben war, der große Animator von Kunst und Kultur am Beginn des 19. Jahrhunderts.[13]
Die Theater-Aktionäre waren mehrheitlich auch Mitglieder der Bozner »Casino-Gesellschaft«, die sich zu regelmäßiger Lektüre von Journalen und Gazetten versammelten, politischen Meinungs- und Nachrichtenaustausch pflegten und über Nobel-Redouten das eigene Standesbewusstsein zur Schau stellten. Walter Schneider hat die Namensliste dieser kulturbeflissenen Bozner Kaufleute und Vertreter der freien Berufe im Katalog der Ausstellung »Bozen zur Franzosenzeit« veröffentlicht[14]: Es finden sich unter ihnen die Namen der noch heute bekannten Familien

der Amonns, der von Aufschnaiters und Atzwangers, der von Eyrls, Giovanellis, Grabmayrs, Graffs, von Gumers, von Heppergers, Kagers, Kapellers, Kinseles, Knolls, Koflers, Krautschneiders, Kugstatschers, Mayrls, Menz's, Plattners, von Riccobonas, Schöpfers, Stafflers, Streiters, von Tschiderers, von Zallingers, mehr oder weniger die Aktionäre, die Karl Theodor Hoeniger als Mitglieder der 47-köpfigen Theater-Unternehmungsgesellschaft nennt.[15]

Johann Jakob Graff Freiherr von Ehrenfeld kaufte 1804 in deren Namen das zum Palais Pock gehörige »Gasthaus zum blauen Bock« und ließ in dessen Garten auf der Hinterseite gegen den Dom hin den Grund für das neue Theater ausheben. Wie der Gründer selbst berichtet, wurde dieser dem Hotel angelehnte Theaterbau auf der Südseite des Gasthauses auch zum Anlass eines Umbaues des erworbenen Gasthauses genommen, dergestalt, dass »unter einem Dach« das Theater, das »Kasino mit 5 Zimmern und einem Saale«, 40 Hotel-Zimmer, »ein Poststall für 45 Pferde« und ein Kaffeeschank entstanden. Vor allem wegen des Pferdestalles, in dem die Kutscher die müden Pferde gegen frische austauschten, blieb das in »Hotel zur Stadt Bozen« umbenannte zentral gelegene Haus weiterhin erste Adresse für Italienreisende, die – wie schon Goethe 1786 und Herder 1788 –, hier abstiegen und sich bewirten ließen. Das Theater bestand laut Hoeniger aus 33 Logen in zwei Reihen mit einer abschließenden Galerie, aus denen die Aktionäre 27 Logen unter sich verlosten.[16]

Ein Theater als Teil eines Hotels

Das Theater wurde in nur 18 Monaten Bauzeit fertig gestellt und 1805, während der Ägidi-Herbstmesse, mit Pietro Generalis Oper »Pamela nubile« und dem einaktigen Ballettstück »Die beyden Morlacken als Nebenbuhler« durch die Theatergesellschaft Gerolamo Mazzuccato eröffnet.

Für die Option eines Theaterbaues mit einem ganzen Ensemble von Funktionen – Hotel, Theater, Casino, Café, Postpferdestall – was das unternehmerische Risiko reduzieren half, mag wohl die Hauptstadt Wien das Modell geliefert haben. Dort hatte sich gegen Ende des 18. Jahrhunderts unter Josef II. gegenüber den Hoftheatern des »Ancient Régime« die Variante des bürgerlichen Vorstadttheaters durchgesetzt, das von Haftungs-Gesellschaften errichtet, von geschäftstüchtigen Impresarios geführt, ohne Subventionen und auf Profitbasis arbeitete. So waren allein in der Hauptstadt innerhalb weniger Jahre drei Vorstadtbühnen entstanden, in die nicht mehr die Kaiserfamilie mit Klerus und Hofadel ging, sondern des gemeine Volk: das »Leopoldstätter Theater« (1781), das Schikanedersche »Freihaus-Theater auf der Wieden« (1787) und das »Josephstätter-Theater« (1788).

Möglicherweise hat für das Bozner Theater das in Wien sehr erfolgreiche »Freihaustheater auf der Wieden« Pate gestanden: zweistöckig, in kürzester Zeit errichtet, nicht prunkvoll und als autonomes Gebäude frei stehend, sondern im Innenhof eines Wohnkomplexes an die Hauptmauer angelehnt,[17] eine Besonderheit, die vor allem wegen des integrierten Hotel-Theater-Kasino-Ensembles zur Nachahmung animiert haben dürfte. Das im Volksmund als »Schikaneder-Theater« berühmt gewordene Haus, das bis zu 1000 Zuschauer aufnehmen konnte, war nämlich das erste deutschsprachige Hinterhof-Theater, errichtet in einem der sechs Innenareale des gigantischen Wiener »Freihaus«-Wohnkomplexes, in dem hauptsächlich Handwerker und Kleinbürger lebten.[18]

Die Rolle der musikkundigen Geistlichkeit: die Musik-»Abbés« in den Probsteien – die Domkapellen und kirchlichen Singlehrer-Institute
Außerhalb des Theaters spielte die Musik in Bozen am Beginn des 19. Jahrhunderts auf zwei Ebenen: privat als Veranstaltung von »Akademien« in den Häusern der wohlhabenden Stadtherren und öffentlich als Kirchenmusik zur Ehre Gottes und zur Erbauung der Kirchengemeinde. Alle Musiker, von denen man aus dieser Zeit Kenntnis hat, standen direkt oder indirekt im Solde der Kirche. Beda Weber gibt in seinem 1849 erschienenen Buch »Die Stadt Bozen und ihre Umgebung« ein genaues Bild dieser im Stadtleben fest verankerten »Pfarrmusik«: »eine Kapelle aus beiläufig 20 ständigen und freiwillig theilnehmenden Musikern und 12 Singknaben, welche von einem eigenen Meister gebildet werden, theils auf Kosten der Kirche, theils der Theilnehmer selbst«.[19]
»Im Singlehrerinstitut«, schreibt Beda Weber weiter, »werden 16 Knaben unterrichtet, 4 in ganzer Pflege auf Kosten derselben, die übrigen 12 bloß zur Lehre mit der Verpflichtung zur Theilnahme am Chor der Pfarrkirche.«[20] Über diese Seminarähnliche Musikschule der Chorknaben, die in allen größeren Probsteien des Landes für die musikalische Ausbildung der Chorknaben sorgte, berichtet einer, der selbst, nach Innsbruck und Hall, in Bozen die Chorknaben-Schule besuchte: der aus Sterzing stammende Komponist Johann Jakob Gänsbacher (1778–1844):

> »In Botzen konnte ich den Unterricht im Generalbass […] bey dem dortigen sehr braven Organisten P. Rainer fortsetzen, und da er eine kleine Orgel mit Pedal in seiner Wohnung hatte, wurde ich auf derselben eingeübt, um in der Folge auf der Pfarrorgel zu spielen.«[21]

Am Beginn des 19. Jahrhunderts lag die musikalische Ausbildung fast ausschließlich in geistlichen Händen. Über die Welt der Töne wachte der in Theologie, Musik und Altsprachen ausgebildete Klerus, von dem sich einige Priester mit dem blasierten französischen Bildungstitel eines »Abbé« schmückten. Die höchsten Autoritäten in Sachen Poesie und Oper, Metastasio und Da Ponte, nannten sich in der Habsburger Monarchie demnach nicht »Reverendo«, sondern »Abbé« und beanspruchten damit hohe Bildungsautorität. Auch in der Ausübung der Musik, in der Vorgabe stilistischer Linien und in der Komposition waren Abbés allgegenwärtig. Der berühmte Abbé Vogler, Georg Joseph Vogler (1749–1814), war neben Albrechtsberger in Wien die absolute Autorität unter den Kompositionslehrern, dazu Kontrapunktiker und Improvisator wie wenige neben ihm.

Aus Gänsbachers Memoiren erfährt man auch von anderen Musikern, die am Beginn des Jahrhunderts im Umkreis des Bozner Pfarrchores wirkten: vom Generalbasslehrer Joseph Holzmann,[22] von Konzertmeistern, wie dem »Violindirektor Bittermann«, dem Gänsbacher die Stellung im Domorchester verschafft haben will, vom Oboisten Johann Anton Schuller aus Sterzing, der 1802 »Instructor der Singknaben« wurde, vom Geiger Joseph Seelaus, einst Bozner Singknabe, der ebenfalls Stimmbilder und »Cantorum magister« war, vom Prager Geiger Franz Xaver Neubaur (1754–1820)[23], der nach seiner Berufung als Primgeiger des Pfarrchores die Bürgerschaft der Stadt erhielt und bis zu seinem Tode, 1820, zum Langzeit-Musikdirektor am Kirchenchor avancierte, sowie vom Bozner Pfarrorganisten und überaus fruchtbaren Komponisten Jakob Schgraffer[24]. Allerdings wurde in die Gattung Kirchenmusik auch eine Fülle weltlicher Musik subsumiert, wenn es wahr ist, wie Gänsbacher berichtet, dass während des Hochamtes sogar ein Cellokonzert samt Kadenz gespielt werden konnte.[25]

In der Kirche viel weltliche Musik

Da die Kirche durch die Einbindung aller musikalisch verfügbaren Kräfte und durch Ausbildung der musikalisch begabten Jugend auch eine sozial nützliche Musikerziehung betrieb, ließ ihr der städtische Magistrat regelmäßig Subventionen zukommen und sparte auch nicht, wenn es anlässlich bestimmter Anlässe eines besonderen Aufwandes bedurfte. Johann Gänsbacher lobt in seinen »Erinnerungen« diese Bereitschaft der Stadt anlässlich der Aufführung seiner »Huldigungskantate«, vermutlich im Frühjahr 1817, im »Theater zur Kaiserkrone«.[26]

Über die Führungsrolle der katholischen Kirche in kompositorischen und musikästhetischen Belangen geben der unlängst im Bozner Franzikanerkloster zutage geförderte Musikschatz, die zahlreichen Messen im Nachlass der Annette von Menz im Palais Toggenburg, das ausgedehnte Repertoire der Kirchenchöre, vor allem jener der Bischofsstadt Brixen, und die Bibliotheken der Ordenskirchen und Seminare in Tirol ein beredtes Zeugnis ab. Die umfangreiche Musiksammlung des Tiroler Landesmuseums »Ferdinandeum« besteht zum Großteil aus geistlicher Gebrauchsmusik, Messen, Psalmen, Responsorien. Aufgrund der Vorherrschaft der Kirche in spirituellen Belangen blieb in Tirol die Figur des Priesterkomponisten auch dann noch unangefochten, als anderswo das kompositorische Handwerk in weltliche Hände übergegangen war. Dafür legen die Karrieren zahlreicher Komponisten-Abbés im südlichen Deutsch-Tirol Zeugnis ab: jene des Meraner P. Nonnosus Madlseder (1730–1797), eines anerkannten Meisters des Kontrapunkts; jene des in Kurtatsch geborenen Stephan Paluselli (1748–1821), der im Zisterzienserkloster Stams als versierter Komponist aller musikalischen Formen einen virtuosen frühklassischen Stil praktizierte; die weithin anerkannten Verdienste der Brixner Komponisten Urban Harrasser (1816–1884); Gregor Zangl

(1821–1897) und Kassian Plankl (1832-1894), die sich um die Wiederbelebung des gregorianischen Chorals und um den Cäcilianismus verdient machten; die künstlerischen Leistungen der drei Goller-Brüder aus Lajen, von denen P. Martin Goller (1764–1836), der begabteste der drei, am neu gegründeten Innsbrucker Musikverein die Generalbass- und Kompositionsklasse aufbaute und bedeutende Musiker wie Matthäus Nagiller (1815–1874) und Johann Rufinatscha (1812–1893) im klassischen Tonsatz unterwies; weiters die Karrieren der Musiker aus der Algunder Ladurner-Dynastie, von denen P. Innozenz und P. Benedikt ebenso komponierende »Abbés« waren. Ein Neffe dieser Ladurner-Patres, Joseph Alois Ladurner (1769–1851), auch er ein Geistlicher, machte sich als Musikdirektor des Chorherren-Stiftes Neustift, als fruchtbarer Komponist, als Tastenvirtuose und als Klavierlehrer, nicht zuletzt des bedeutenden Bozner Pianisten Anton von Mayrl (1810–1869), einen Namen, während es sein ältester Bruder, der in Aldein geborene Ignaz Anton Franz Xaver Ladurner (1766–1839) sogar zum Klavierprofessor am Pariser Konservatorium brachte.

Geistliche als Musiklehrer

Besonders verdient machten sich einige dieser klerikalen Musiker-Abbés um die Lehre. Besonders dort, wo es weder Stadtmusikschulen noch Konservatorien gab, waren sie es, die musikalische Begabungen entdeckten, förderten und in den musikalischen Fächern unterwiesen. So erfährt man etwa, dass der Bozner Komponist und Organist Jakob Schgraffer (1799–1859) bei dem Benediktiner P. Marian Stecher in Trient ersten Musikunterricht genoss, bevor er an das Mailänder Konservatorium ging, wo er seine Studien abschloss. Trotz der kirchenfeindlichen Josephinischen Reform blieben Domkapellen und Klöster, vor allem in Tirol, noch lange privilegierte Zentren der Musiklehre. Durch die Ordensversetzungen, etwa bei den musikalisch sehr aktiven Franziskanern und Benediktinern, sorgte der Wechsel für Wettbewerb und Hebung der Standards auch in kleineren Städten. So kam unter anderen der berühmte Franziskaner Pater Petrus Singer (1810–1882), Organist in Salzburg und Innsbruck sowie Erbauer des viel beachteten Tasten-Instrumentes, »Pansymphonikons«, 1833 auf ein Jahr nach Bozen, wo er Josef Maria Musch (1844–1925), der selbst Franziskaner-Pater wurde, in Tonsatz unterwies. Auch P. Hartman von An der Lan-Hochbrunn (1863–1914), einer der erfolgreichsten Musiker-Mönche des 19. Jahrhunderts, war eine Zeit lang Pater Singers Schüler.

Bedeutende Tiroler Musiker-Abbés waren weiters die aus Kaltern gebürtigen Alois David Schenk (1839–1901), des aus Latsch im Vinschgau gebürtigen und 1919 in Meran verstorbenen P. Magnus Ortwein, der sich vor allem von den alten Meistern und von Richard Wagner inspirieren ließ, weiters Ignaz Mitterer (1850–1924), ein halbes Jahrhundert lang unangefochtene Autorität in Kirchenmusikfragen, und der sehr erfolgreiche Karl Koch (1887–1971), der sich auch als Pianist und Komponist weltlicher Musik hervortat.[27]

Die »Akademien« in den Häusern der wohlhabenden Stadtherren – Annette von Menz, Gräfin von Sarnthein, Mäzenin und Muse. Die Rolle der privaten Musiklehrer
Während das Volk sich mit Polken und Galoppen tanzend vergnügte, wurde die sublimierte klassische Musik fast ausschließlich in den Salons der wohlhabenden Handelsherren gespielt und als gehobene Unterhaltung inszeniert. Die Ausbildung der Söhne und Töchter war in wohlhabenden Adels- und Bürgerhäusern ausgesuchten Hauslehrern anvertraut, die sich nicht nur um positives Wissen, sondern auch um die Bildung des Herzens bemühten. Und im Zeitalter des »galanten Stiles« stand die Musik an oberster Stelle in der Aneignung feiner gesitteter Manieren. Wiederum gewährt Johann Gänsbacher Einblick in die musikalischen Usancen der reichen Bozner Handelsherren. Er erzählt, dass er zwischen 1789 und 1795, während seiner Gymnasialzeit in der Talferstadt, als er bei Joseph Holzmann Generalbass, bei Johann Rainer Orgel, bei Franz Xaver Neubauer Violine und bei Abbé Fendt Cello studierte, im Hause Valentin von Mayrl dessen Sohn »mit vollkommener Verpflegung und Honorar« in Musik unterwies.[28] Gänsbacher verkehrte musikalisch auch im Hause des Handelsherrn Joseph von Gumer, der »fast täglich Quartetten in seinem Haus« gab und den jungen Gänsbacher sowohl als Interpreten als auch als Improvisator auf einem modernen vertikalen »Fortepiano mit Pedal« zu sich einlud. Gleiches taten die von Menz, namentlich Anton Melchior von Menz, der es »seit mehreren Jahren unternahm, italienische Opern mit deutschem Text im Merkantilgebäude durch das Chorpersonale, wozu auch noch ein paar fremde Individuen [...] verschrieben wurden, aufführen zu lassen«[29]. Dies war in Bozen nicht anders als in Innsbruck, wo Gänsbacher unter anderem die zwei Töchter und Söhne der Dallatorre-Familie in Musik unterwies, oder in Wien, wo Beethoven in zahlreichen Nobelfamilien verkehrte. So huldigten die wichtigsten Bozner Familien, die von Mayrls, die von Gumers, die von Menz, zwar einer postfeudalen Musikpraxis, empfanden aber genug Verantwortung für die musikalische Schöpfung und deren Schöpfer, dass sie diese ökonomisch und sozial unterstützten. Die Höhe der Aufwendungen hing natürlich vom Marktwert jedes einzelnen Meisters ab. Beethoven erhielt vom Fürsten Lichnowsky ein Jahressalär von 600 Gulden. Gänsbacher erhielt bei Firmians als Musiklehrer jährlich 300 Gulden mit Verpflegung.[30]

Die musikalische Sensibilität der Gräfinnen und Comtessen

Mittlerinnen zwischen Fürsten und Komponisten waren in dieser Welt der galanten Gefühle häufig die Gräfinnen und Comtessen, die im Zeitalter gesteigerter »Empfindsamkeit« zu Musik und deren Compositeuren eine intensive seelische Beziehung, ja sogar künstlerische »Wahlverwandtschaft« pflegten. Rousseau hatte mit seiner Theorie der »Sensibilité« den unverfälschten »einfachen und natürlichen Tugenden« das Wort geredet und durch das Postulat der Rückkehr zu einem naiven Naturzustand der weiblichen Empathie gegenüber Musik Gewicht verliehen. Der

»Sturm und Drang« und der damit verbundene Durchbruch einer spontanen Impulsivität taten dabei ein Übriges: Er weckte nach einer langen Epoche der zeremoniellen Starre und Steifheit die Sehnsucht nach heftigen Gefühlsanwandlungen, nach Leidenschaften, vor allem beim weiblichen Geschlecht. Alles dieses war nonverbal in der neuen Musik des beginnenden 19. Jahrhunderts ausgedrückt, vor allem in den Werken der Wiener Klassik, deren Widmungsträger eben häufig Frauen waren. Auch Bozen hatte in jener Zeit seine Musik-Comtesse: Anna von Menz, geboren am 30. Januar 1796 als Tochter des Anton Melchior von Menz und der Anna Gumer von Engelsburg, genannt »Annette« oder »Nannette«. Diese auch als »Franzosenbraut« berühmt gewordene Salon-Dame der Bozner »hohen Gesellschaft« der ersten Hälfte des 19. Jahrhunderts war durch schöngeistige Erziehung und durch den Besitz einer umfangreichen Musikbibliothek dazu auserkoren, ein gutes halbes Jahrhundert die Stadt musikalisch auf das Fruchtbarste zu inspirieren. Als einzige Tochter und Erbin jenes 1757 geborenen und bereits 1801 verstorbenen Mäzens Anton Melchior von Menz, der in seinem Palais in der Mustergasse (heute Banca Intesa), später im Merkantilgebäude in der Silbergasse, eine aufwändige Bozner Singspieltradition begründet hatte, in seinen Häusern »musikalische Akademien« veranstaltet, geniale Tonkünstler gefördert, sich als Kirchenprobst um »die Aufrechterhaltung einer vorzüglichen Musik«[31] gekümmert und durch Bestellung von Noten und Kapellmeistern ein musikalisches Leben in der Stadt erst ermöglicht hatte, war die materielle und geistige Ausgangslage für »Nannette«, wie sie allgemein genannt wurde, eine äußerst günstige. Die musikalisch interessierten Verwandten mütterlicherseits taten das Ihrige, namentlich der Onkel Joseph von Gumer, in dessen Haus »fast täglich Quartetten« gegeben wurden und wo schon früh »ein aufrecht stehendes Forte Piano mit Pedal aus München« stand, auf dem Johann Baptist Gänsbacher »zu üben unbedingt Erlaubnis erhielt«[32]. Für die schöngeistige Tochter wurden außerdem beste Lehrer bestellt: für das Französische eine Gouvernante namens Therese Nizole, die nicht nur die bekannte Heiratsaffäre mit dem napoleonischen Flügeladjutanten La Croix einfädelte, sondern auch von Rousseau wusste, von der Sprache der Gefühle, während den obligaten Klavierunterricht der Generalbasslehrer Gänsbachers, Joseph Holzmann[33], und der Hilfsorganist am Dom, Mathias Kretschmarik, besorgten.

Anton Melchior von Menz und die Bozner Singspiele

Der Vormärz, die Emanzipation des freisinnigen Bürgertums und die Gründung des Bozner Musikvereins
Musik und Bildung – Klassische Musik am Beginn des »Tiroler Kulturkampfes«
Nach 1848 wuchs auch in Tirol ein deutschnationales und freiheitlich getöntes Kulturverständnis heran, das ausgehend von der großdeutschen Versammlung in der Frankfurter Paulskirche, wo die bürgerlich-liberalen Ziele in Pressefreiheit,

Schwurgerichten und einem großdeutschen Parlament definiert worden waren, vor allem in der Sprachpflege, in Theater, Literatur und Musik eine deutsch-liberale Kulturgesinnung entstehen ließ. Träger dieses kulturell engagierten Patriotismus waren vor allem die sogenannten freien Berufe, Ökonomen, Juristen und höhere Beamten. Diese fühlten sich kulturell stärker zum Land der Dichter und Denker als zum konservativeren Hause Habsburg hingezogen, während der weit weniger politisierte Mittelstand der Wiener Operette huldigte und sich bei Walzern und populären Lachpossen vergnügte. Diese Spaltung der Sympathien, die zunächst mit der Diskussion um die großdeutsche oder kleindeutsche Lösung zusammenhing, wurde alsbald von einem sich anbahnenden, weit ernsteren Gegensatz überlagert, der Land und Stadt zwischen Klerikalen und Freisinnigen spaltete und der zehn Jahre später, im sogenannten »Tiroler Kulturkampf«, in der Frage der Glaubenseinheit und der freien Schule, zu einer epochalen Konfrontation führte.[34]

Konfrontation zwischen Konservativen und Freisinnigen

Die Spaltung zwischen Konservativen und Klerikalen einerseits und Fortschrittlichen andererseits ist schon früh, noch vor der 48er Revolution, festzustellen, nachzulesen in den Gesellschaftsanalysen des freisinnigen Bozner Intellektuellen Dr. Josef Streiter, eines hoch angesehenen Rechtsanwaltes, Dichters, Politikers und späteren zweimaligen Bozner Bürgermeisters, Briefkorrespondenten von Ludwig Tieck und Theodor Mommsen, der im Jahre 1847 in den *Tiroler Zuständen* schrieb:
»Welche Bildung aber jenen, die uns künftig als Beamte oder Priester zu leiten bestimmt ist, vergönnt wird, geht schon daraus hervor, daß von den acht Gymnasien in Tirol [...] die Hälfte Mönchen übertragen ist und die gesamten übrigen vier, mit Ausnahme zweier weltlicher Professoren, ausschließlich mit Geistlichen besetzt sind.«[35]
Als 1855 die Bozner Kirchenvorstehung beim Stadtmagistrat den Antrag zur Erweiterung ihrer seit langem geführten Singschule stellte,[36] bezog die liberale Bürgerschaft Position und verwies die Kirche auf ihren Platz, indem sie durch ihre eigene Initiative klar machte, dass die Erziehung der Jugend in musikalischen Dingen Sache der säkularisierten Behörde und nicht des Klerus sei.
Die Gründung des Musikvereins der Stadt Bozen hatte also gegenüber der von der Kirche beherrschten Kultur stark emanzipatorische Züge, allerdings in einer Zeit, in der es dem Handel treibenden Bürgertum der Stadt nicht besonders gut ging. Die veränderten politischen Bedingungen, die Erweiterung und Umstellung der Märkte durch Erzeugung immer neuer Waren als Antwort auf die im Volk freigesetzten Bedürfnisse, stellten die Kaufleute auch ideologisch vor große Herausforderungen. Dazu kam der Prestigeverlust für die Stadt als Ganzes, nachdem mit Dekret des Justizministeriums vom 2. Mai 1850 dem Merkantilmagistrat die alt hergebrachte Gerichtsbarkeit entzogen worden war und eine neue Handelspolitik erst erdacht werden musste.

In diesem von Neuorientierung bestimmten Augenblick entstand durch Initiative eben dieser Merkantil-Honoratioren der Musikverein. Es war somit das Verdienst einiger weit blickender Bänker, Großhändler und Rechtsanwälte, die ihre angeborene Kreativität an einem geistigen Gegenstand erprobten, um einerseits ihr unternehmerisches Selbstbewusstsein zu stärken und andererseits die Führungsrolle in der Stadt nicht aus der Hand zu geben.

Der Konflikt des freisinnigen Bürgermeisters und Präses des Musikvereins Dr. Josef Streiter mit den kirchlichen Behörden

Am 21. Mai 1861 hielt Dr. Josef Streiter seine Anstrittsrede als neuer Bürgermeister von Bozen. Aus der Hauptstadt des Reiches wehte ein neuer Verfassungsgeist, der nicht nur mehr Liberalität und demokratisches Bewusstsein mit sich brachte, sondern auch mehr Konfrontation durch Partei und Politik.[37] Das Konkordat von 1855, das der Kirche unter anderem die Aufsicht über die Schule, die Ehe und die öffentliche Moral übertragen hatte, war nur eine der Ursachen für den heraufziehenden »Tiroler Kulturkampf«, es ging im Grunde um viel mehr, nämlich um den freien Verkehr der Waren, um die ungehinderte Ausübung jedweden Gewerbes und um den liberalen Umgang mit fremden Kulturen, also um Gedankenfreiheit, Aufklärung und Freisinn in Verbindung mit einer konfessionslosen Schule und Kultur. In Dr. Streiters Antrittsrede am 21. Mai 1861 im Bozner Gemeinderat ist dieses Selbstverständnis einer neuen liberalen Existenzialität lautstark und kompromisslos dargestellt:

> »Verehrte Herren! […] Es freut mich, daß es meiner Vaterstadt beschieden war, inmitten mancher unklarer Begriffe, die sich hier und da bei uns breit machten, im Kampfe widerstrebender Kräfte den Fortschritt der Zeit zu erkennen und den richtigen Standpunkt nicht in der Vergangenheit, sondern auf dem festen Boden der Gegenwart, jener Cultur und politischen Reife zu finden, die Deutschland, Europa, ja die ganze Welt mit Stolz ihre Errungenschaften nennen, die selbst bis zu den Felsenriffen Tirols gedrungen sind. […]«[38]

In einer Epoche, in der Papst Pius IX bereits über eine ad-hoc-Enzyklica gegen den Modernismus (»Quanta cura«) und an eine Herausgabe des »Syllabus« gegen die verderblichsten 80 liberalen Thesen nachdachte, musste diese mit aufklärerischem Elan vorgetragene Rede in den Ohren der lokalen Kirche wie ein Affront geklungen haben.

Das blieb nicht ohne Folgen auch im Verhältnis zum Musikverein, dessen Partner die lokale Kirche ja war. So darf es nicht wundernehmen, dass die Kurie innerhalb weniger Monate nach Antritt des neuen Bürgermeisters und »Präses« des Musikvereins diesem ihre weitere Partnerschaft in Frage stellte. Sie tat es auf dem Umweg einer für den Verein »unannehmbaren«, nicht näher definierten Forderung.

Anfang September 1861 zog die Lokalzeitung über die ersten sechs Jahre des Vereins Bilanz und registrierte mit Bedauern das Zerwürfnis mit der Probstei. Immerhin hatte das Institut durch »vereinte Mitwirkung der städtischen und der Pfarrkirchen-Vorstehung« sechs Jahre aufrecht erhalten werden können und dem Verein, »durch jährliche Dotationen beider, wie durch die Beiträge der Vereinsmitglieder« »sehr ehrenvolle Proben abgelegt« und damit den »Sinn für echte Musik gesteigert«. Der Schreiber bezeichnet die von Dr. Streiter eingeleitete Konfrontation mit der Kirche als »beklagenswerte Missverständnisse, die in letzter Zeit eingetreten« seien und die »jugendliche Anstalt in eine bedenkliche Lage gebracht« hätten, da »die Kirchenvorstehung ihre fernere Theilnahme am Vereine von völlig unannehmbaren Bedingungen abhängig« gemacht hätte und daraufhin »ihren Austritt angemeldet« habe. Der Ausfall der jährlichen Kirchensubvention von 800 Gulden würden dem Verein so »wesentliche Einschränkungen« verursachen und es mit sich bringen, dass das Bestehen des Musikvereins insgesamt in Frage gestellt sei, »insofern nicht durch Erschließung neuer Hilfsquellen, sei es durch Erhöhung der städtischen Dotation, sei es durch eine ausgedehntere oder reichlichere Privatbetheiligung, vielleicht auch Zusammenwirken beider« dieser Ausfall ersetzt würde.[39]

> Die Existenz des Musikvereins in Frage gestellt

Zu allerletzt reichte auch der Vereinskapellmeister Josef Lutz seinen Rücktritt ein. Doch der kämpferische Präses des Musikvereins, Bürgermeister Dr. Streiter, ließ sich nicht beirren, berief für den 4. Oktober eine Versammlung der Mitglieder ein, ließ eine »den veränderten Verhältnissen entsprechende Umgestaltung der Statuten« beschließen, setzte die Neu-Ausschreibung der Kapellmeisterstelle »mit einem angemessenen Gehalte« an und ließ den Vereinsausschuss neu wählen.[40]

Die Erbauung des Meraner Stadttheaters auf dem Höhepunkt der »Belle Époque«
Das herausragende kulturelle Ereignis des südlichen Teiles von Tirol am Beginn des 20. Jahrhunderts war die Eröffnung des Meraner Stadttheaters am 1. Dezember 1900. Auf dem Höhepunkt der sogenannten »Belle Époque«, in einer von wirtschaftlicher Expansion und kapitalistischer Euphorie bewegten Gründerzeit, dessen apokalyptisches Ende sensible Geister bereits Jahre vor Ausbruch des Ersten Weltkrieges herannahen sahen, gab sich die Stadt Meran mit Beethovens »Feier des Hauses«, Goethes »Faust« und der Tanz-Operette »Geisha« von Sidney Jones die Ehre und präsentierte damit ihr kulturelles Doppelgesicht, das in ambivalenter Weise bemüht war, bürgerliche Geistigkeit mit bourgeoiser Vergnügungssucht kulturell und kommerziell zu versöhnen. Damit war einmal mehr die Spaltung der Kultur in der »Welt von Gestern« zur Schau gestellt, die Zweideutigkeit zwischen Vergeistigung und Verdinglichung, der Kontrast zwischen dem, was »zieht« und dem, was erzieht, zwischen Transzendenz und Dekadenz, zwischen Kunstanspruch

Stadttheater Meran

Innenansicht

und frivolem Plaisir. Goethes »Faust« diente dabei der Beruhigung des kulturellen Gewissens, vor allem der Skeptiker und jener Einheimischen, die für ihr Geld ein ernstes Bildungsangebot erwarteten und Klassisches wie Zeitgenössisches reklamierten. Die Programmgestaltung ging jedoch eindeutig in Richtung von Operette und Revuen, denn die Regie im neuen Stadttheater lag in den Händen der Unterhaltungsindustrie, jener Kurverwaltung, die den Bau des Theaters als erste befürwortet und vorangetrieben hatte.[41]

Um 1900 befand sich die Kurstadt Meran, mit etwa 15.000 Kurgästen an sechster Stelle[42] in der Rangliste der favorisierten mitteleuropäischen Kurstädte, nach Baden, Bad Ischl, Gastein, Karlsbad und Marienbad. Meran wollte nun mit dem neuen Theater in der internationalen Bestenliste aufschließen und der internationalen Hautevolee denselben musikalischen Luxus bieten, wie andere vergleichbare Modeorte auch. Und da ja die Passerstadt nicht über Thermen und Kursanatorien wie Baden und Marienbad verfügte, war ein modernes Theater die richtige Kompensation für das fehlende Aquatische. Also inszenierte Meran auf dem Höhepunkt der mit allen materiellen Gütern gesättigten Vergnügungsgesellschaft des ausgehenden 19. Jahrhunderts die Party der Privilegierten und Reichen, um diesen, wenigstens im Theater, das Gefühl zu geben, dass der Luxusdampfer der Mondänität bei so viel Licht und Glanz nicht sinken würde. Es wurde eine kurze Operetten- und Kurkonzerte-Saison, aber eine äußerst aufwändige und intensive: durchschnittlich 200 Aufführungen in einer Saison, die von Mitte September bis Ende Mai ging, mit einem Rekord von 250 Aufführungen in der Spielzeit 1910/11.

Noch während der äußerst kurzen Bauzeit wurde die Stelle des Musikdirektors ausgeschrieben, der unter 124 Bewerbern aus dem gesamten mitteleuropäischen Raum ermittelt wurde. Karl von Maixdorff, ein Mitglied des Künstlerensembles am Hofe des Herzogs Georg II. von Sachsen-Meiningen, erhielt den Auftrag, ein Charakterdarsteller – er spielte selbst den »Faust« in der Eröffnungsvorstellung –, der neben einschlägiger Erfahrungen auch wertvolle Kopien historischer Kostüme und Requisiten aus Meiningen mitbrachte und so von Anfang an in Meran für mitteleuropäische Kurstadt-Standards sorgte. Kein Pachtbetrieb also, sondern eine über mehrere Jahre vertraglich gebundene Intendanz mit einem festen Ensemble von zunächst 18, später 22 Chormitgliedern und 20 Solisten, einem Orchester samt Personal (Korrepetitoren, Souffleure, Requisiteure, Inspizienten, Friseusen, Garderobiere, Transporteure, Maschinisten), das im Laufe der Jahre auf 80 Beschäftigte anstieg.[43] Das musikalische Menü der Operetten und Revuen, das durchschnittlich die Hälfte der Vorstellungen ausmachte, umfasste das Grundrepertoire der klassischen Operette, von den üblichen »Sträußen« (»Fledermaus«, »Zigeunerbaron« und »Eine Nacht in Venedig«) zu Oscar Straußens »Ein Walzertraum« und Lehars »Lustiger Witwe«, dazu eine Extrakarte mit frivolen Zutaten aus der k.u.k.-Kulturküche, Novitäten, wie Lehars »Eva« und »Hoheit tanzt Walzer« von Leo Ascher, Nationalhymnen und Jubelouvertüren zum Namens- und Geburtstag des Kaisers, frivole Pikanterien à la francaise, musikalische Konversations- und Rezitationsabende mit Musik, kabarettistische Einlagen, satirische Transkriptionen von Klassikern, Ehrenabende zum Abschied von Schauspielern und Sängern, Benefizkonzerte und Tanzrevuen à la mode. Ein Programm gegen die Langeweile also, beschwingte, heitere, sinnliche und sentimentale Entracts in der von Massage und dietätisch-ätherischen Behandlungen, Inhalatorien und Terrain-Einrichtungen, Blumenkorsos und Pferderennen beherrschten Kur-Atmosphäre der permanent vom Licht des Südens erhellten Stadt, die deshalb den Beinamen »Südbalkon der Alpen« erhielt.

Auf die Ära Karl von Maixdorffs folgte 1906 die Intendanz Karl Wallner,[44] eines komischen Schauspielers aus Wien, der, bis 1910 im Amt, sich durch zahlreiche theatralische Novitäten hervortat und die Auslastung des Hauses durch Herabsetzung der Preise verbesserte. In seine Zeit fiel die Bestellung des Musikdirektors Ernst Schmeißer, der das Orchester auf 36 Musiker aufstockte und durch regelmäßige Symphoniekonzerte das Kulturleben belebte.

Die höchste Aufführungsfrequenz erreichte jedoch der Marienbader Intendant Julius Laska, der die Geschicke des Meraner Stadttheaters von 1910 bis 1912 leitete und vertraglich am Gewinn des Theaters beteiligt war. Die vierte Amtszeit, jene des Regisseurs und Schauspielers Robert Scharf-Laube, die bis nach dem Ersten Weltkrieg andauerte, war wohl die längste und populärste. In den pikanten Sujets der Operetten erkannte sich die arrivierte Ferien-Gesellschaft von gestern wieder, innerhalb der beleuchteten Kulissen des Theaters sahen sie ihr eigenes Spiegelbild der von Pagen, Maitre d'Hotels, Consiergen, Pikkolos, Haus- und Zimmermädchen gestalteten Traumwelt, erlebten sie die sentimentalen Eskapaden und Intrigen wieder, die sie alltäglich auf den Promenaden, in den Esplanaden, in den Konversationsräumen mit ansehen mussten. Die Operette wurde hier für jedermann zum Guckkasten von real imaginierten Affären im Kurhaus-Milieu, eine Art »Peep-Show« nicht nur der »Kursüchtigen«, sondern auch der Spiegel für die Parvenues und Gesellschaftsvoyeure von außen.

Zum Kurprogramm zählten auch die Konzerte, die vom 36 Mann starken Kurorchester dreimal täglich im Freien, unter dem Promenaden-Pavillon und ab 1914

Die Operette als Spiegel einer vergnügenssüchtigen Gesellschaft im modernen Jugendstilbau des Kursaales, dann auch monatlich zu einem Symphoniekonzert verstärkt, manchmal sogar mit namhaften Solisten wie Bronislav Huberman, Eugene d'Albert, Richard Strauß und sogar unter der Stabführung eines Bruno Walter, stattfanden.[45]

Das Konzept einer Kurmusik-Therapie, die sowohl dem Feinsinnigen wie dem Frivolen, dem Missgestimmten wie dem »Brustkranken«, dem existenziell Zerrissenen wie dem am Weltschmerz Leidenden Harmonie zu vormitteln vorgab, setzte Popularität und Vielfalt des Repertoires voraus. Keine Stadt im weiten Umkreis hat je so viele Bälle, Gala-Revuen und Benefiz-Abende veranstaltet, so aufwändige Garderoben und Toiletten, Fracke, Hüte, Edelsteine und Schärpen in Umlauf gebracht, wie Meran zur Zeit der Belle Époque. Wie Baden und Bad Ischl übte diese Revue-Stadt Alttirols auch eine Sogwirkung auf Künstler und Kavaliere aus. Was für die Spiel-Casinos die Spieler und Hasardeure waren, waren für die Kurorte die Musiker und Literaten, die sich geltungssüchtig unter die Aristokraten und Arrivierten mischten, mit dem einzigen Ziel aufzufallen und zur internationalen Hautevolee zu zählen. Die gesellschaftliche Rolle, die in Bad Ischl der Tenor Richard Tauber übernahm, spielte in Meran der Pianist und Liszt-Schüler Willy Burmeister, der dort des Öfteren vor das Meraner Publikum trat und sich schließlich in der Passerstadt für immer niederließ. Eine ähnliche Rolle wie Lehar in Bad Ischl spielten in Meran der Schriftsteller Heinrich Sudermann und der Komponist Wilhelm Kienzl, der 1902 in Meran den »Evangelimann« selbst dirigierte, Richard Strauß, der sowohl als Klavierbegleiter als auch zum Komponieren nach Meran reiste. Die wenigsten von ihnen kamen, wie Bela Bartok im November 1900 und Max Reger 1914, allein der Kur wegen in die Passerstadt.[46]

Anmerkungen

1 Anton Dörrer, Komödianten auf den Bozner Märkten von 1684 bis 1764, in: Der Schlern 10 (1929), S. 223–232.
2 Karl Theodor Hoeniger, Altbozner Bilderbuch, Bozen 1968, S. 119.
3 Richard Staffler, Die Rosenkreuzer in Bozen, in: Der Schlern 24 (1950), S. 51.
4 Giuliano Tonini, Viaggio a ritroso nella storia del teatro musicale a Bolzano, in »Mito Opera«, Lucca 2002, S. 68.
5 Margarethe Pohl, Die Bedeutung der Musik im Gesellschaftsleben der städtischen Oberschicht am Beispiel der Anna von Menz in Bozen, in: Musikgeschichte Tirols, Bd. 2, hg. von Kurt Drexel und Monika Fink, Innsbruck 2004, S. 479.
6 Walter Schneider, Das Theater in den letzten Jahrzehnten des 18. Jahrhunderts, in: Bozen zur Franzosenzeit, Katalog zur Ausstellung, Bozen 1984, S. 42.
7 Tonini, Viaggio a ritroso, S. 72.
8 Anton von Lutterotti, Annette von Menz, die ›Franzosenbraut‹, in: Bozen zur Franzosenzeit, Katalog zur Ausstellung, Bozen 1984, S. 28.
9 Jürgen Sydow, Das Bozner Theater am Ende des 18. Jahrhunderts, in: Der Schlern 30 (1956), S. 181.
10 Ebd., S. 182.
11 A. Simeoner, Die Stadt Bozen, Bozen 1890, S. 577/8.
12 Richard Staffler, Johann Jakob Graff, Freiherr von Ehrenfeld, in: Der Schlern 13 (1932), S. 398.
13 Ebd., S. 398.
14 Walter Schneider, Die Casino-Gesellschaft, in: Bozen zur Franzosenzeit, Katalog zur Ausstellung, Bozen 1984, S. 40.
15 Karl Theodor Hoeniger, Altbozner Bilderbuch, Bozen 1968, S. 234.
16 Ebd., S. 234.
17 O. E. Deutsch, Das Wiener Freihaustheater, S. 1.
18 Edward J. Dent, Mozart's Operas, London 1913, italienische Übersetzung von Luigi Ferrari, Milano 1979; zitiert nach Tonini, Viaggio a ritroso, S. 77.
19 Beda Weber, Die Stadt Bozen und ihre Umgebung, Bozen 1849, S. 206.
20 Ebd., S. 206/7.
21 Johann Gänsbacher, Denkwürdigkeiten aus meinem Leben, hg. von Walter Senn, Thaur 1986, S. 1/2.
22 Ebd., S. 2.
23 Ebd., S. 2.
24 Ebd., S. 118.
25 Ebd., S. 10: »Da ich auf dem Violoncell einige Fertigkeit besaß, ja sogar am Stephanietag bei den P. Serviten bei der größten Kälte […] ein Conzert von Malzat während dem Hochamte spielte, wobey ein bei der Ferma angebrachter Doppeltriller auf a und d – dann auf der g-und c- Saite großes Aufsehen machte […] unternahmen wir mit den Akademikern Bachlechner und Posch […] eine Kunstreise nach Botzen, dasselbe Concert zu geben.«
26 Ebd., S. 84.
27 Ernst Knapp, Kirchenmusik in Südtirol, Bozen ²1993.
28 Gänsbacher, Denkwürdigkeiten, S. 2.
29 Ebd., S. 3.
30 Ebd., S. 18 und 20.
31 Nachruf auf Anna M. von Menz im *Innsbrucker Wochenblatt*, Mai 1801, siehe Pohl, Die Bedeutung der Musik, S. 485.
32 Vgl. Gänsbacher, Denkwürdigkeiten.
33 Pohl, Die Bedeutung der Musik, S. 498.
34 Josef Fontana, Der Kulturkampf in Tirol 1861–1892, Bozen 1978.
35 Josef Streiter, Studien eines Tirolers, in: Tiroler Zustände I (Geistlichkeit und Schulen), Leipzig 1862, S. 35.
36 Bozner Stadtarchiv, Protokoll des Stadtmagistrats, 23.1.1855.
37 Vgl. Fontana, Kulturkampf in Tirol.
38 Bozner Zeitung, 21.5.1861.
39 Bozner Zeitung, 21.9.1861.
40 Bozner Zeitung, 7.10.1861.
41 Renate Abram, Kunst und Kultur: vorwiegend heiter, in: Meran und die Künstler, hg. von Musikmeran, Bozen 2001, S. 69.
42 Paul Rösch, Der Kurort Meran im mitteleuropäischen Kontext, in: Meran und die Künstler, hg. von Musikmeran, Bozen 2001, S. 31.
43 Abram, Kunst und Kultur, S. 69.
44 Renate Abram, Das Meraner Stadttheater, Meran 1989, S. 39.
45 Ebd., S. 59.
46 Rösch, Der Kurort Meran.

Literaturverzeichnis

ABRAM, Renate, Das Meraner Stadttheater, Meran 1989.

ABRAM, Renate, Kunst und Kultur: vorwiegend heiter, in: Meran und die Künstler, hg. von Musikmeran, Bozen 2001.

DÖRRER, Anton, Komödianten auf den Bozner Märkten von 1684 bis 1764, in: Der Schlern 10 (1929).

FONTANA, Josef, Der Kulturkampf in Tirol 1861–1892, Bozen 1978.

GÄNSBACHER, Johann, Denkwürdigkeiten aus meinem Leben, hg. von Walter Senn, Thaur 1986.

HOENIGER, Karl Theodor, Altbozner Bilderbuch, Bozen 1968.

KNAPP, Ernst, Kirchenmusik in Südtirol, Bozen ²1993.

POHL, Margarethe, Die Bedeutung der Musik im Gesellschaftsleben der städtischen Oberschicht am Beispiel der Anna von Menz in Bozen, in: Musikgeschichte Tirols, Bd. 2, hg. von Kurt Drexel und Monika Fink, Innsbruck 2004.

RÖSCH, Paul, Der Kurort Meran im mitteleuropäischen Kontext, in: Meran und die Künstler, hg. von Musikmeran, Bozen 2001.

SCHNEIDER, Walter, Das Theater in den letzten Jahrzehnten des 18. Jahrhunderts, in: Bozen zur Franzosenzeit, Katalog zur Ausstellung, Bozen 1984.

SCHNEIDER, Walter, Die Casino-Gesellschaft, in: Bozen zur Franzosenzeit, Katalog zur Ausstellung, Bozen 1984.

SIMEONER, Andreas, Die Stadt Bozen, Bozen 1890.

STAFFLER, Richard, Die Rosenkreuzer in Bozen, in: Der Schlern 24 (1950).

STAFFLER, Richard, Johann Jakob Graff, Freiherr von Ehrenfeld, in: Der Schlern 13 (1932).

STREITER, Josef, Studien eines Tirolers, in: Tiroler Zustände I (Geistlichkeit und Schulen), Leipzig 1862.

SYDOW, Jürgen, Das Bozner Theater am Ende des 18. Jahrhunderts, in: Der Schlern 30 (1956).

TONINI, Giuliano, Viaggio a ritroso nella storia del teatro musicale a Bolzano, in »Mito Opera«, Lucca 2002.

VON LUTTEROTTI, Anton, Annette von Menz, die ›Franzosenbraut‹, in: Bozen zur Franzosenzeit, Katalog zur Ausstellung, Bozen 1984.

WEBER, Beda, Die Stadt Bozen und ihre Umgebung, Bozen 1849.

Hubert Stuppner, geboren 1944 in Truden. Studium am Konservatorium in Bozen (Klavier und Komposition) und an der Universität Padua (Musikgeschichte). Von 1981 bis 1996 Direktor des Konservatoriums von Bozen und des Internationalen Klavierwettbewerbs Ferruccio Busoni. Kompositionsaufträge u. a. von den Donaueschinger Musiktagen, dem Südwestfunk Baden-Baden, dem ZDF und den Salzburger Festspielen. Vorträge und musikwissenschaftliche Publikationen, mitunter im Auftrag der Bayerischen Akademie der Künste sowie der Universitäten Graz und München.

Luis-Trenker-Statue in St. Ulrich, Gröden

Schauspieler

LUIS TRENKER
1892–1990

Schillernd, ambivalent, mit Worten kaum zu fassen. Welche Attribute man zu seiner Beschreibung auch verwendet – ein Stück weit scheint immer auch ihr Gegenteil zu stimmen. Damit entspricht er so gar nicht dem Idealtypus des angeblich gradlinigen Berglers. Dennoch wird gerade er zum Symbol für ein bestimmtes Tirolertum.

Kindheit und Jugend in Gröden verlaufen unauffällig. Zum Missfallen des Vaters, eines Holzschnitzers in St. Ulrich, will der junge Trenker Architekt werden. Das Studium in Wien wird vom Ersten Weltkrieg unterbrochen, danach versucht er sich mit wenig Erfolg als Kaufmann. Mit 30 macht er schließlich doch seinen Abschluss. Aber das Büro in Bozen, das er mit der Hilfe seines Freundes Clemens Holzmeister, eines später bekannten Architekten, eröffnet, überlebt nur drei Jahre. In diese Zeit fällt jene anekdotenhafte Begegnung mit dem deutschen Regisseur Arnold Fanck, die aus Trenker erst den Trenker macht. Fanck will in den Dolomiten den Spielfilm »Der Berg des Schicksals« drehen und sucht einen Bergführer als Faktotum. Trenker sagt zu. Als sich herausstellt, dass der Hauptdarsteller wegen fehlender Bergerfahrung ungeeignet ist, springt Trenker in die Rolle. Die Kritik ist begeistert von dem markanten Gesicht und der herben Männlichkeit. Sie passen perfekt in die Zeit.

So bekommt er 1925 in Fancks nächstem Film »Der heilige Berg« wieder die Hauptrolle, dieses Mal an der Seite der Tänzerin Leni Riefenstahl. Unter ihrer Dreiecksbeziehung zerbricht Trenkers Zusammenarbeit mit Fanck. Aber inzwischen traut er sich seine eigenen Filme zu. Durch die Heirat mit einer Leipziger Fa-

---

1895
Eine Vorführung in Berlin gilt als die Geburtsstunde des Films.

1911
In Hollywood entstehen die ersten Filmstudios.

1926
Erste Tonfilme lösen die bis dahin üblichen Stummfilme ab.

brikantentochter von Geldsorgen befreit, schreibt Trenker in rascher Folge Romane und Drehbücher, er spielt die wichtigsten Rollen und führt auch selbst Regie. Es sind seine besten Jahre.

In »Berge in Flammen« verarbeitet er 1931 seine Erlebnisse an der Dolomitenfront, im »Rebell« 1932 den Tiroler Aufstand rund um Andreas Hofer. »Der verlorene Sohn«, 1933 in New York teils mit versteckter Kamera gedreht, schreibt Filmgeschichte. Männlichkeit, Kameradschaft und die Liebe zur Heimat, die zu guten Taten animiert – das sind Trenkers Sujets. Hitler und Goebbels sind »bis in die Seele ergriffen. Man kann hier sehen, was aus dem Film zu machen ist, wenn einer sich darauf versteht«, notiert Goebbels. Bereits 1934, nach einem Besuch auf Hitlers Berghof, weiß Trenker von den Konzentrationslagern, bemüht sich aber weiterhin um das Wohlwollen des Regimes für seine Filme.

Ein Opportunist, aber auch darin ist er nicht eindeutig. Im »Kaiser von Kalifornien« stellt er 1935 die USA nach Goebbels Geschmack zu positiv dar. Mit »Condottieri« (1937), einer pompösen deutsch-italienischen Ko-Produktion, macht Trenker zwar einen faschistischen Film. Aber er lässt seine Duce-ähnliche Hauptfigur samt Begleiter, die an Hitlers Leibstandarte erinnert, vor dem Papst auf die Knie fallen. Hitler tobt. »Der Berg ruft« (1938) hat eine politisch unverdächtige Handlung. Aber auch hier bleibt Trenker mehrdeutig, indem er Werte wie Menschlichkeit und Völkerverständigung betont, die im Widerspruch zur Nazi-Ideologie stehen. Und der »Feuerteufel« (1940), mit dem Trenker vorgeblich wieder eine Geschichte von 1809 erzählt, lässt sich auch als Warnung vor Hitler verstehen. »Trenker macht nationale Filme, ist dabei aber ein richtiges Miststück«, notiert Goebbels.

Obwohl er seit seiner Heirat eine Villa in Berlin bewohnt, drückt Trenker sich davor, für Deutschland zu optieren. Für Goebbels der letzte Anlass, »diesen patriotischen Heuchler« mit Berufsverbot zu belegen. Zum Auswandern in die USA kann er sich nicht entschließen, er wartet das Kriegsende in Rom ab. Danach erreicht Trenker nie mehr das Niveau seiner Schwarzweiß-Filme. Nun produziert er süßliche Melodramen wie »Von der Liebe besiegt« und kurze Dokumentationen wie »Gondelfahrt durch Venedig« – Begleiter des beginnenden Massentourismus. Als es so aussieht, als ende seine Karriere auf dieser Stufe, vollzieht Trenker im noch jungen Fernsehen einen weiteren Wandel. Lebhaft gestikulierend und mit funkelnden Augen erzählt der inzwischen über 70-Jährige im Bayerischen Rundfunk angeblich wahre Geschichten aus den Tiroler Bergen: »Buam und Madeln, jetzt horcht's amal her.« Er ist ein begnadeter Erzähler und Selbstdarsteller, über 40 Sendungen füllt er zwischen 1959 und 1973 mit seinem rustikalen Charme. Sie machen Trenker zum Kult, mehr als seine besten Filme. Nun erst ist er richtig populär. Sein oft platter Schmäh, die Cordhosen und der Trenker-Hut werden im deutschen Sprachraum zu Symbolen für ein Südtirol, wie sie die Tourismuswerbung seiner Zeit nicht besser hätte erfinden können.

Tabak Cusanus
Tabak & Zeitungen
Tabacchi & Giornali
Dolomiten
ALTO ADIGE
Sonntagsblatt
Tageszeitung
l'Adige
CORRIERE DELLA SERA
il Domenicale
IL FOGLIO
IL GAZZETTINO
il Giornale
IL GIORNALE DI VICENZA
il manifesto
IL PICCOLO
Il Messaggero
IL SECOLO XIX
Il Sole 24 ORE
l'Unità
L'Arena
ItaliaOggi
L'INDICE
Libero
LA STAMPA
QN IL GIORNO
VITA
non profit magazine
laPADANIA
DIE ZEIT
la Repubblica
Abendzeitung
tz
Bild
Frankfurter Allgemeine
DIE WELT
Neue Zürcher Zeitung
STUTTGARTER ZEITUNG
RHEINISCHER MERKUR
Süddeutsche Zeitung
KURIER
Tiroler Tageszeitung
Salzburger Nachrichten
The Mail
De Telegraaf
TUTTOSPORT
Sunday Telegraph
La Gazzetta dello Sport
SAM RALLY
STADIO
Corriere dello Sport
sport auto moto
Banco Lotto
kicker
tiroler anzeiger
BAZAR LAVORO
LOTTOGUIDA
LOTTO LOTTO
BAZAR
Super Lotto
MILANO FINANZA
Bloomberg
FINANZA MERCATI
BORSA & FINANZA
Euro

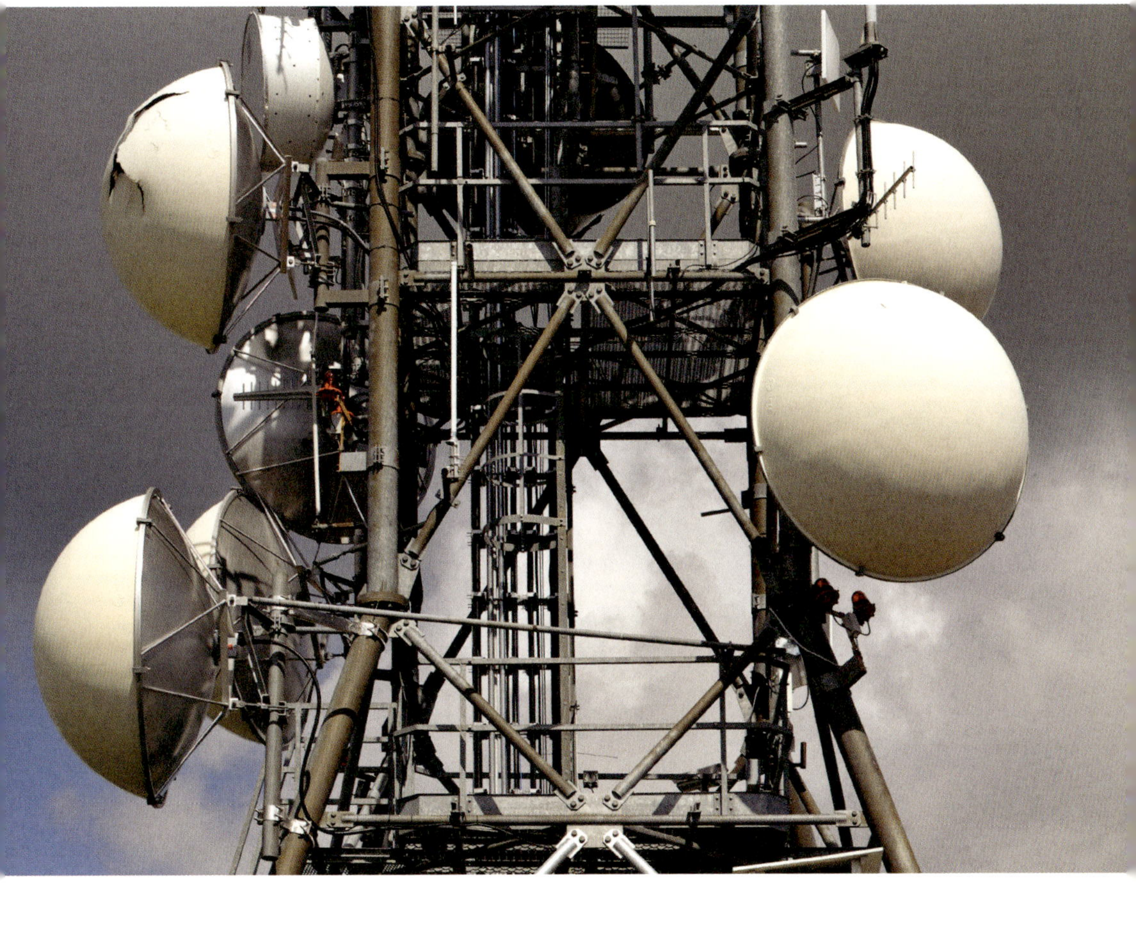

Margit Oberhammer

Über die Schwierigkeiten europäisch zu sein
DER STANDPUNKT – EINE EUROPÄISCHE KULTURZEITSCHRIFT IN SÜDTIROL

»Die Kultur blickt auf Europa.« So dezidert formuliert es das Vorwort im Katalog zur »Manifesta 7«, der großen Biennale für zeitgenössische Kunst im Jahr 2008. Die Formel gab es schon einmal: nach dem Zweiten Weltkrieg, als die europäische Kultur Hochkonjunktur hatte. Zu einer Zeit, als nicht von zwei autonomen Provinzen, sondern von der Region Trentino-Alto Adige gesprochen wurde, als das Pariser Abkommen ausgehandelt wurde und das Land von den heutigen Segnungen der Autonomie weit entfernt war, vor 60 Jahren also, hat sich eine Redaktion in Meran die europäische Kultur auf ihre Fahnen geschrieben. Die Diskrepanz zwischen einem solchen Unterfangen und einem Südtirol, dessen Bewohner sich nach den Katastrophen des Faschismus und des Nationalsozialismus zum größten Teil kulturell hinter den Bergen verbarrikadierten, könnte größer nicht sein. Gerade deshalb stellt es eine Herausforderung dar, auf dieses verdrängte Stück Kulturgeschichte hinzuweisen.
Die Grundlage dieses Aufsatzes bilden alle zehn Jahrgänge (1947–1957) der Kulturzeitschrift *Der Standpunkt*. Der Schwerpunkt liegt auf der Literaturberichterstattung und auf der Frage, inwieweit die Wochenschrift ihrem Anspruch eines europäischen Literaturmediums gerecht zu werden versucht.

Der Standpunkt und seine Intentionen
Die erste Ausgabe erscheint am 29. August 1947 in Meran. Im Untertitel *Wochenzeitung für abendländische Kultur, Politik und Wirtschaft* steht die Kultur an erster Stelle. Auf Seite drei der ersten Ausgabe erfahren die inländischen und ausländischen Leser die Absichten der neuen Zeitung: »Wir bekennen uns zur abendländischen Kultur. Wir wollen dazu beitragen, dass aus einem verschwommenen Begriff konkrete Wirklichkeit werde, und wissen, dass nach der Katastrophe des Geistes, die Europa und die Welt befallen hat, das abendländische Bauwerk fast von Grund auf neu errichtet werden muss […].« Christentum und Sozialismus sollen die Fundamente bilden. Nach dem Hinweis auf die bolschewistische Gefahr, die aus dem

Osten droht, folgt die Begründung für die Wahl des Standorts. Südtirol ist ein schönes, deutsches und einzigartiges Land. Der Topos stammt aus den 30er Jahren des 20. Jahrhunderts, er wird in der Nachkriegszeit mit Vehemenz aufgegriffen und taucht auch in der Begründung auf. Für eine Zeitung, die wahrscheinlich vom italienischen Grenzzonenamt finanziert wird,[1] bedarf es zusätzlicher gewichtigerer Argumente: »Das deutsche Land, das dem italienischen Staatsgebiet zugesprochen wurde, ist eine Nahtstelle zwischen zwei Völkern, die mit am meisten dazu beigetragen haben, dass der Begriff des Abendlandes und der abendländischen Kultur entstehen konnte, und ohne deren freundschaftlichen Ausgleich das Heranwachsen eines europäischen Gemeinschaftsgefühls überhaupt nicht denkbar ist.« Südtirol als Klein-Europa. Die Geldgeber sahen in der Europäisierung die Lösung der Südtirol-Frage. Fünf Jahre später, am 29. August 1952, muss eingestanden werden, dass die Zeitung aus finanziellen Gründen ihren Umfang verringert und Europa noch nicht gebaut ist. Die Spannungen zwischen den Sprachgruppen verstärken sich. Die Hoffnungen der Geldgeber auf eine Beruhigung der politischen Lage in Südtirol haben sich nicht erfüllt. Die Zahl der Abonnenten geht von den anfänglichen 7000 auf 500 zurück. Trotzdem hält sich die Zeitung noch weitere fünf Jahre. Ansprechen möchte sie das liberale, städtische Bürgertum und jene Kreise, die in der Südtirol-Frage weniger den Konfrontationskurs suchten, als vielmehr eine Haltung der Ausgeglichenheit anstrebten.

Von Anfang an denkt die Redaktion vor allem an Leser im deutschsprachigen Ausland. Wie Reaktionen zeigen, erringt die Wochenschrift dort einen guten Ruf.[2] Zur Zeit der Besetzung Deutschlands durch die Alliierten kann sie in den *Standpunkt*-Büros in der französischen, amerikanischen und britischen Zone abonniert werden. Nach 1950 wird sie in deutschen, österreichischen und Schweizer Reisebüros vertrieben, 1957 in nicht weniger als fünfzehn Ländern, von Argentinien bis Südwest-Afrika. *Wer den Standpunkt liest, lernt die Welt kennen,* lautet die Werbung und: *Der Standpunkt ist mehr als eine Parteilinie.* Man gibt sich weltoffen und bekennt sich gleichzeitig stolz zum Standort Meran.

Die Zeitung kleidet sich südtirolerisch. Südtiroler Kunst und Südtiroler Künstler tragen zur Gestaltung bei: Anton Frühauf mit vielen Karikaturen und Zeichnungen, Oswald Kofler mit Fotos von Südtiroler Kunstwerken. Paul Flora gelangt als »Südtiroler Zeichner von Weltrang« auf die Titelseite. Besonders wichtig, um sich als Südtiroler Zeitung auszuweisen, sind Wein, Essen und Klima. Südtirol als Fremdenverkehrsland und Meran als Kur- und Kongressstadt werden eifrig beworben. Rudolf Kircher bezieht in einer der ersten Ausgaben die Südtiroler Küche, das Klischee vom Land der Knödel und Spaghetti, in seinen Leitartikel mit ein, um ausgehend von diesen Speisen zum Schluss zu gelangen: »In Südtirol kann man voneinander lernen und lernt man auch wirklich voneinander: Das ist eine Notiz, die ich mit vollem Vergnügen in mein Tagebuch schreibe – geradezu eine europäische Notiz.« (10.10.1947) Bis zum 12. Jänner 1951 erscheint die

Ehemaliger Redaktionssitz der Kulturzeitschrift »Der Standpunkt« am Sandplatz in Meran

Zeitung in einem Umfang von sechzehn Seiten und wird dann gekürzt auf zwölf. Auf die politische Berichterstattung folgen auf Seite drei Reportagen, europäische Städtebilder, Reiseberichte, Porträts. Die Seite vier ist in den ersten Jahren dem *Grenzland Südtirol* gewidmet, nach dem Weggang von Barcata und Fuchs wird sie weiter nach hinten verschoben und die *Probleme des Abendlandes* werden vor Südtirol gereiht. Das Herzstück des Blattes bilden die zuerst vier, ab 1951- nach dem Wegfallen der Erzählungen und Novellen in Fortsetzungen – drei Seiten *Literatur, Kunst, Wissenschaft*, ab 1. August 1952 umbenannt in *Literatur, Kunst, Theater*, eine Seite ist für Buchbesprechungen reserviert, eine Seite vierzehntägig dem *Standpunkt der Frau* gewidmet. Es folgen *Wirtschaft, Technik und Verkehr*, in der Zeit von Ernst von Glasersfeld auch *Forschung und Wissen*. Die Kulturberichterstattung prägt die gesamte Zeitung. Lyrik und literarische Skizzen finden sich in allen Ressorts. Gedruckt wird das Blatt bei der Societá Edititrice Tipografica Atesina (SETA), wo auch der neu gegründete *Alto Adige* erscheint.

Herausgeber und Redakteure

Für Südtirol als Standort gab es für Zeitungsleute nach dem Zweiten Weltkrieg in erster Linie praktische Gründe. Die Besatzungsmächte erließen in Deutschland und Österreich – deren Pressewesen sie rasch wiederaufbauen wollten – Lizenzierungsbestimmungen, die für viele Journalisten das Arbeiten schwierig machten. In der ersten Nachkriegszeit blieben außerdem Medienleute, die für nationalsozialistische Blätter gearbeitet hatten, in Südtirol unbehelligt. Rudolf Kircher, Gründer und Chefredakteur der Zeitung, offiziell bis 1951, de facto bis zu seinem Tod 1954, zeichnet im ersten Jahr seine Artikel noch nicht mit vollem Namen; er wählt das Pseudonym R. Cappa und meistens den sprechenden Namen Janus. Kircher arbeitete ab 1912 in der *Frankfurter Zeitung* bis zu deren Verbot 1943, zuerst als Korrespondent auf dem Balkan und in London, zur Zeit des Nationalsozialismus als Chefredakteur mit Sitz in Rom. Kircher galt als ausgezeichneter Journalist und als schillernde Figur, er griff die Nationalsozialisten an und arrangierte sich gleichzeitig mit ihnen. Er hatte Beziehungen zu bekannten Journalisten und konnte sie als Mitarbeiter gewinnen, unter ihnen Paul Bourdin, erster Pressechef der deutschen Bundesregierung nach dem Zweiten Weltkrieg, danach Chefredakteur der Tageszeitung *Die Welt*. Kircher war außerdem mit dem italienischen Journalisten Indro Montanelli befreundet, dessen literarischer Journalismus sich ideal zum Stil des *Standpunkt* fügte. Nachrufe in überregionalen deutschsprachigen Zeitungen würdigen Kirchers Tätigkeit: *Die Zeit* lobt den *Standpunkt* für seine versöhnliche Haltung in den »Auseinandersetzungen des deutschen und des italienischen Volkstums«, *Christ und Welt* sieht die Zeitung als »eines der ersten Organe in deutscher Sprache, das offen Kritik und Orientierung vermittelt«. Die Südtiroler Presse hingegen bleibt unversöhnlich. Unter der Herausgeberschaft des Südtiroler Industriellen Hans Fuchs von 1947 bis 1951 war die Wochenzeitung in eine heftige Polemik mit der *Dolomiten* verstrickt. Rudolf Kircher wird im Nachruf des Athesia-Blattes eine »wiederholt den Interessen unseres Volkes abträgliche Haltung« bescheinigt (8.10.1954). Dieser Zeitungskrieg, der vor allem die Auseinandersetzungen um die Autonomie betraf, die undurchsichtige Finanzierung und das ehemalige Naheverhältnis einiger Redakteure zur NS-Presse trugen der Zeitung Misstrauen ein und sind mit ein Grund, dass sie in der Versenkung verschwunden ist. Zeithistoriker haben sich einzig mit der Südtirol-Berichterstattung auseinandergesetzt. Das hauptsächliche Anliegen der Wochenschrift, die Kulturberichterstattung, ist bisher untergegangen.[3]

> Ein Zeitungskrieg, der vor allem die Auseinandersetzungen um die Autonomie betraf

In der ersten Phase der Zeitung spielt neben Kircher und Fuchs der aus Nordtirol stammende Journalist Louis Barcata eine maßgebliche Rolle. Eine schillernde Figur auch er: Freund von Hermann Broch und Ghostwriter von Luis Trenker, in späteren Jahren Chefredakteur der *Wiener Wochenpresse* und Star-Reporter in China, Irak und

Russland. Barcata scheidet 1950 aus, gründet 1951 die Südtiroler Boulevardzeitung *Die Alpenpost* unter der nominellen Leitung des Südtiroler Schriftstellers Hubert Mumelter. Der Gründungsredaktion des *Standpunkt* gehört außerdem Alfred Boensch an, sein Schwerpunkt ist die Südtirol-Berichterstattung.

Unter der Herausgeberschaft des Südtiroler Arztes Christoph von Hartungen erlangt die Zeitung ab 1951 eine große inhaltliche Unabhängigkeit, die sie bis zum Schluss beibehält. Laut Auskunft von Otto F. Beer und Ernst von Glasersfeld haben sich weder Herausgeber noch Geldgeber jemals inhaltlich eingemischt, ja sich nicht einmal mit der Redaktion in Verbindung gesetzt.[4]

Die Kulturredakteure

Da es sich beim *Standpunkt* um eine Kulturzeitung handelt,[5] spielen die Kulturredakteure eine entscheidende Rolle für die Inhalte und deren Vermittlung. Die beiden Literaturwissenschaftler Herbert Frenzel und Horst Rüdiger, vor allem aber Otto F. Beer und Ernst von Glasersfeld haben die Kulturberichterstattung entscheidend geprägt. Herbert Frenzel und Horst Rüdiger arbeiteten als Übersetzer und als Lektoren an italienischen Universitäten, hatten ihren Wohnsitz vorwiegend in Südtirol und machten sich einen Namen nach ihrer Zeit bei der Meraner Zeitung. Frenzel wurde Leiter des Goethe-Instituts in Genua, Horst Rüdiger auf den ersten in Deutschland errichteten Lehrstuhl für Vergleichende Literaturwissenschaft berufen.

Das gediegene Niveau der Zeitung spricht sich in Intellektuellenkreisen herum – und wahrscheinlich auch die verhältnismäßig gute Bezahlung. Beides Gründe, die den österreichischen Schriftsteller, Literatur- und Musikkritiker Otto F. Beer (1910–2002) dazu bewogen haben, 1949 die Kulturredaktion in Meran zu übernehmen und Horst Rüdiger abzulösen. Der Wunsch nach einer von den Alliierten unabhängigen Presse, die schlechte wirtschaftliche Situation im Nachkriegsösterreich sind weitere Gründe für seinen Umzug nach Meran. 1952 nimmt Beer das Angebot des *Neuen Österreich* an und kehrt nach Wien zurück – die Finanzierung des zwar für die italienische Regierung prestigeträchtigen, aber auch teuren *Standpunkt* ist nicht gesichert. Er bleibt wie Frenzel und Rüdiger freier Mitarbeiter nach seiner Zeit als Redakteur. Den kulturjournalistischen Gepflogenheiten und Notwendigkeiten der Zeit entsprechend, beliefert Beer wie seine Kollegen und Kolleginnen gleichzeitig mehrere deutschsprachige, meist überregionale Medien wie *Die Zeit* und *Die Süddeutsche Zeitung*. Als seinen Nachfolger für den *Standpunkt* wirbt er den freien Mitarbeiter Ernst von Glasersfeld (geb. 1917) an. Es ist eine unkonventionelle Wahl für einen Kulturredakteur. Der Sohn eines Diplomaten der österreichisch-ungarischen Monarchie verbringt seine Kindheit in Meran, wächst vielsprachig auf, wendet sich später der Philosophie und Kybernetik zu und gilt mit Heinz von Foerster als Begrün-

> Für die italienische Regierung prestigeträchtig, aber auch teuer

der des Radikalen Konstruktivismus. Glasersfeld führt die Linie von Otto F. Beer in der Tradition des österreichischen Feuilletons weiter, erhält von diesem den wohlmeinenden Rat,»das Politische« durchwegs zu vermeiden,»denn meine persönliche Einstellung war viel weiter links als zulässig gewesen wäre«[6]. Glasersfeld schreibt und vertritt einen klaren, sachlichen und unprätentiösen Stil – auffallend im Feuilleton der deutschsprachigen Presse der 1950er Jahre. Aus seinen Randbemerkungen wird deutlich, dass er nicht in die üblichen kulturpessimistischen Klagen der Zeit über die Gefahren der Technik und der Vermassung einstimmt. Ernst von Glasersfeld verfasst Beiträge über Bildende Kunst und Literatur der Moderne, über den Film, über Comics, Psychoanalyse, Urbanistik, Industriedesign und als leidenschaftlicher Skifahrer über die Technik des Skifahrens und die Winterolympiade in Cortina. Wie Otto F. Beer ein Verehrer von Karl Kraus, erwecken Sprachfragen, Übersetzungen, Idiomatisches und Etymologisches sein besonderes Interesse.

Das Europa der Dichter

In der Nachkriegszeit und in den 1950er Jahren boomt das Thema Europa. Die angestrebte europäische Einheit von (West)Europa soll Sicherheit und Freiheit ermöglichen. Die europäische Kulturtradition gilt als Gewähr gegen den barbarischen Nationalsozialismus. »Was ist Europa?« titelt die Seite *Probleme des Abendlandes* am 26. Oktober 1951; abgedruckt wird ein Ausschnitt eines Essays von Karl Jaspers. Es geht um die Selbstvergewisserung des europäischen Menschen, um die Frage,

> Die europäische Kulturtradition gilt als Gewähr gegen den Nationalsozialismus.

»was wir sind und was wir können« und um die wiederkehrende Definition: »Europa, das ist die Bibel und die Antike«(Ortega y Gasset, 9.9.1949). Beschworen wird »Die Einheit der europäischen Kultur« nach den Vorstellungen des »amerikanischen Europäers« T. S. Eliot (17.7.1953). Der Anspruch der Redaktion,»Zeitdiagnosen der namhaftesten Denker der Gegenwart« (17.11.1950) wiederzugeben, wird eingelöst. Es schreiben der Atomgegner Robert Jungk und der Philosoph Wolfgang Stegmüller, der Sprachwissenschaftler Leo Weisgerber und der Existenzanalytiker Viktor Frankl. Die Probleme des Abendlandes auf der gleichnamigen Seite sind philosophischer, soziologischer, sprachlicher, psychoanalytischer und auffallend oft literarischer Natur. Cesare Pavese wird als europäisch denkender italienischer Intellektueller beispielhaft vorgeführt, der Franzose Andrè Gide als Wegbereiter der europäischen Idee gefeiert. Man kann nachlesen, dass Benedetto Croce die Gesundung Europas im erneuerten europäischen Geist eines Goethe sieht. Arthur Koestler, George Orwell und Ignazio Silone rechnen mit dem Kommunismus ab. Schriftsteller und Dichter gelten in der Redaktion des *Standpunkt* als besonders aufmerksame und einfühlsame Diagnostiker ihrer Zeit. Auskunft über die Gegenwart geben Hermann Broch, Robert Musil, Ernst Kreuder, Gottfried Benn, Vitaliano Brancati, Franz Theodor Csokor, Stefan

Andres und Thomas Mann. Konstantes Thema ist die Auseinandersetzung mit dem Nationalsozialismus. Untersuchungen zum geistigen Klima der späten 1940er und 1950er Jahre beschreiben dieses als restaurativ, apolitisch und uninteressant. Der Befund »[…] gleichviel, welche Zeitschrift man auch anblättert, überall verbreiten sich akademische Leisetreterei, konservative Distanz, zerschwatzte Existenzialismen«[7], trifft zu einem Teil auch für den *Standpunkt* zu. Vor allem das letztere. Krisen werden heraufbeschworen: die Krise des europäischen Romans, die Krise des Theaters, die Krise des Schriftstellers. Es gibt Beiträge, wo die Schriftsteller selber als von Zeitkrankheiten angesteckt betrachtet werden: Als die gefährlichsten Krankheiten gelten der Nihilismus und der Kollektivismus. »Verfallsprediger« und »Snobisten« heißen die einen, »Mitläufer« die anderen. Ein »aristokratischer Nihilist« wie Gottfried Benn vermag seine »europäische Mission« (16.10.1953) nicht zu erfüllen. Solche Auseinandersetzungen erscheinen uns heute borniert und verstaubt. Unpolitisch sind sie nicht. Wenn man die Literaturberichterstattung des *Standpunkt* nicht nur anblättert, sondern auch liest, trifft man neben den Klagen über Krisen und Zeitkrankheiten auch auf die Therapie für diese Krankheiten. Es ist beeindruckend, mit welcher Insistenz und Konsequenz diese von den Philosophen und Schriftstellern erdacht und erschrieben wird, stellvertretend für viele Bertrand Russell: »Nur die Vereinigten Staaten von Europa können einen Atomkrieg und somit einen Dritten Weltkrieg verhindern.« (23.2.1951)

Neben den Klagen über Krisen trifft man auch auf die Therapie für diese.

Schriftsteller im Kalten Krieg

Schriftsteller sind – im Idealfall – Menschen, die sich einmischen, Utopien entwerfen, Partei ergreifen. Sie sind Hoffnungsträger, auch in der Spaltung zwischen Ost und West, von der die Literatur erfasst ist. Die Zeit des Kalten Kriegs mit dem Antikommunismus als kulturpolitischer Leitlinie schlägt sich im *Standpunkt* deutlich nieder. Viele Linksintellektuelle bekommen den »hysterischen Antikommunismus« – so Glasersfeld in einer Glosse über die Ära Mc Carty – deutlich zu spüren. Was den Streit um die Einbürgerung Brechts in Österreich betrifft, den vor allem Friedrich Torberg zu verantworten hat, druckt die Zeitung mit der Begründung »weil in der heutigen Situation Europas Stellungnehmen wichtiger ist denn je« sowohl die Stellungnahme des Befürworters Gottfried von Einem ab als auch die gegen ihn gerichteten Vorwürfe Torbergs, sich nicht eindeutig von Brechts Kommunismus zu distanzieren (21.3.1952). Eine Glosse wert ist dem *Standpunkt* auch Brechts verweigerte Einreise nach Italien. Nachlesen kann man außerdem die Kontroversen um die emigrierten und die in der »inneren Emigration« gebliebenen Schriftsteller als auch die Nachkriegsauseinandersetzungen um Thomas Mann in Deutschland. Als Thomas Mann in Weimar eine Rede zum 200. Geburtstag von Goethe hält, gilt er in der Bundesrepublik als Kommunistenfreund. Zahlreiche Buchhändler verkaufen seine Bücher nur noch unter der Ladentheke. Zu wohlwollend benehme sich der Schriftsteller dem Osten Deutschlands gegenüber; die Stellungnahme dazu von Thomas Mann selber druckt der Standpunkt am 30. September 1949 unter dem Titel »Ich bin kein Mitläufer« ab. Doch während das Verhältnis zu Thomas Mann in Deutschland gespannt bleibt, löst es sich in der Berichterstattung in der Redaktion in Meran rasch in Wohlgefallen auf, wie viele Berichte von den Mitgliedern und über die Mitglieder der Familie Mann zeigen.

PEN-Club
Über die Spannungen zwischen Ost und West geben die Berichte über den weltgrößten Schriftstellerverband, den PEN-Club, deutlichen Aufschluss. Hilde Spiel, Franz Theodor Csokor, Präsident des österreichischen PEN, und Otto F. Beer berichten über die Treffen des Internationalen PEN aus London, Lausanne, Venedig, Dublin, Edinburgh, Göttingen, Amsterdam und Wien. Es ist ein politisierter Verband geworden, seit der Exil-PEN eine klare antifaschistische Haltung gefordert hat und es zu Kontroversen um die Aufnahme von Schriftstellern gekommen ist, die durch den Nationalsozialismus belastet waren. Im *Standpunkt* kann man sowohl Thomas Manns Vorschläge zur Neugründung des deutschen PEN nachlesen, wie auch die Vorwürfe Hans Weigels an Theodor Csokor. Csokor zeigte der aus dem Osten Deutschlands angereisten Schriftstellerdelegation gegenüber eine gemäßigte Haltung und wurde dafür als einer von »Stalins Brückenköpfen« tituliert. 1955 scheint der Schriftstellerclub seine Kraft eingebüßt zu haben und der politischen Streitigkeiten müde geworden zu sein. Am 1. Juli 1955 stellt Otto F. Beer die Frage, ob der PEN dabei sei, zu einem unverbindlichen gesellschaftlichen Literatenclub zu werden. Die Schriftsteller klagten in Wien über den Untergang des Theaters und dessen geringe politische Bedeutung. Allzu schwer nahmen sie es jedoch nicht, denn, so Beer weiter, »angesichts dieser drückenden Untergangsvisionen ging der Kongress zum Heurigen, tafelte in Schönbrunn und fuhr in die Wachau«.

> Die Schriftsteller klagten in Wien über den Untergang des Theaters.

Von europäischen Orten und Menschen
Europäisch zu sein bedeutet, die Metropolen zu kennen und sich für längere Zeit dort aufzuhalten. Wichtige Zentren sind Wien und Paris. Mitarbeiter des *Standpunkt* berichten besonders häufig aus diesen beiden Städten. Otto F. Beer verfolgt aufmerksam das Theater- und Operngeschehen in Wien, die Wiedereröffnung der Theater, die Spielpläne, Premieren und neuen Dramatiker. Erica Lillegg, eine damals sehr bekannte Kinderbuchautorin, und Lilly Doblhoff berichten über Konzerte, Ausstellungen und Tagungen in Paris. Dazu kommen Lissabon, Mailand, Rom und

Venedig. Unter der redaktionellen Leitung von Ernst von Glasersfeld erweitert sich die Rubrik *Brief aus …* auf London, Kopenhagen, Barcelona, Zürich, Bern, Madrid, Helsinki, Verona, München, Triest, über Europa hinaus auf Buenos Aires, New York und Algier. Fixe kulturelle Treffpunkte sind die Salzburger Festspiele, die Biennale und die Filmfestspiele in Venedig sowie die Premieren an der Scala in Mailand. Es sind Prestigeobjekte einer nach dem Krieg wieder aufgebauten Kultur mit erstaunlich vielen Uraufführungen. Daneben ein Karussell von Kongressen, Tagungen und Symposien, auch anlässlich der zahlreichen neu gegründeten Akademien und Gesellschaften. Der *Standpunkt* bewegt sich mit seiner Berichterstattung am Puls der Zeit. Die Darmstädter Gespräche, wo sich von Heidegger bis Adorno die Geistesgrößen der Zeit treffen, sind ebenso dokumentiert wie die avantgardistischen Darmstädter Musikprotokolle und die Donaueschinger Musiktage.

Die Biographien der Korrespondenten spiegeln die Lebenspraxis des europäischen Menschen; sie ähneln den europäischen Identifikationsfiguren, den weltgewandten und gebildeten Menschen, über die sie in ihren Berichten schreiben. In ihren Erinnerungen beschreibt die Literatur- und Theaterkritikerin Hilde Spiel, regelmäßige Mitarbeiterin des *Standpunkt,* den Literaturbetrieb der Nachkriegszeit und ihre Tätigkeit als Kulturkorrespondentin in London. Für sie wie für die meisten Kulturjournalisten war es üblich und für den Lebensunterhalt notwendig, verschiedene Zeitungen und Zeitschriften gleichzeitig mit Beiträgen zu versorgen. Der *Standpunkt* gehörte für viele von ihnen dazu. Es sind Exilschriftsteller dabei, politisch Vertriebene, die gezwungen waren, ihren Aufenthalt zu wechseln. Für andere gehören Reisen und Aufenthalte in den europäischen Großstädten zum Lebensstil. Bei den Recherchen zu den Berichterstattern der Meraner Zeitung stößt man auf auffallend viele Reiseschriftsteller. Zum Beispiel auf den im deutschen Sprachraum weitgehend unbekannt gebliebenen Autor und Reisejournalisten Guido Piovene (1907–1974); für den *Standpunkt* berichtet er über einen Besuch bei Igor Strawinsky in Los Angeles und selbst dort hat Europa das letzte Wort; Piovene kommentiert eine kunsttheoretische Aussage von Strawinsky mit: »[…] das ist nicht Amerika, das ist Europa«

(24.8.1951). Einige wenige Male begegnet man einem im Ausland lebenden Südtiroler, einer Südtirolerin, als Mitarbeiter der Zeitung: Der Maler Josef Kienlechner steuert Impressionen aus Paris bei, die Lyrikerin Gertrud von Walther schreibt über die Schauplätze von Manzonis »Promessi sposi« in Como. Der europäische Intellektuelle, ob Journalist oder Schriftsteller – im *Standpunkt* ist er häufig beides in Personalunion – schreibt für ebensolche europäischen Leser. Im Nachruf, den ihm die Zeitung am 19. August 1955 widmet, wird Thomas Mann als Autor gefeiert, der die Studenten in Harvard, die Pariser Salons und die römischen Journale gleichermaßen zu faszinieren imstande ist. In einer von Hilde Spiels Rezensionen über die englische Gegenwartsliteratur schreiben die von ihr besprochenen Schriftsteller für »erwachsene, zivilisierte, weltgewandte Leute, für einen Typ des Europäers, der in allen Kapitalen zu Hause ist und ohne Mühe in ein Gespräch von römischen, französischen, amerikanischen Intellektuellen eingreifen kann« (5.8.1955).

> Der europäische Intellektuelle schreibt für ebensolche europäischen Leser.

Römisch für italienisch: auch das ein Sprachgebrauch der Zeit. In »römisch« schwingt die kulturelle Tradition von Christentum und Antike mit. »Römische Verträge« hat man dann auch die »Europäische Wirtschaftsgemeinschaft« genannt.

Mit Südtirol als Erscheinungsort der Zeitung bietet sich der deutsch-italienische Kulturtransfer an. Chefredakteur Kircher, der lange in Rom journalistisch gearbeitet hat, die Kulturredakteure Horst Rüdiger und Herbert Frenzel, beide an italienischen Universitäten tätig, haben Kontakte zu deutschsprachigen Übersetzern, Germanisten, Romanisten, Archäologen und Kunsthistorikern und gewinnen sie als Mitarbeiter. Der österreichisch-jüdische Schriftsteller Percy Eckstein, die Reiseschriftstellerin Ingeborg Guadagna, die Kunsthistorikerin Hanna Kiel, der Romanist Johannes Hösle, der Archäologe und Journalist Franz Schonauer und viele andere, die im *Standpunkt* schreibend auftreten, leben für kürzere oder längere Zeit aus privaten, beruflichen oder politischen Gründen in Italien. Zudem schreiben Indro Montanelli und Dino Buzzati, Schriftsteller und bis zu seinem Tod Chefredakteur des Mailänder *Corriere della Sera* für die Meraner Zeitung. Dadurch kann sie »auf hervorragende italienische Kulturereignisse hinweisen, über die keine andere deutschsprachige Zeitung im gleichen Maße zu unterrichten in der Lage ist«, wie Horst Rüdiger in seinem Konzept festhält.[8] Beim Lesen trifft man nicht nur auf hervorragende Kulturereignisse, sondern auf erstaunlich viel Lebensart und Alltagskultur. Die Redakteure und Mitarbeiter verfassen feuilletonistische Skizzen über Lebensgewohnheiten in Italien, über Essen und Trinken. Sie schreiben über das Leben in einer italienischen Bar und die neuen Fiat-Autos, eine Begegnung mit Gina Lollobrigida, über die Piazza Navona und den ältesten Italiener. In Italien wie im deutschsprachigen Raum finden zudem eine Fülle von Tagungen, Symposien, Kongressen statt: Die Zeitung berichtet über den Europäischen Kunsthistorikerkongress in Venedig, den Europäischen Historikerkongress, den Kongress des Internationalen PEN, ebenfalls in Venedig, über den ersten Internationalen Germanistenkongress in Rom. Und nicht zuletzt über den Kongress der europäischen Publizisten in Meran.

Europäisch als Leitvokabel
Nicht nur im Leitartikel, in Rudolf Kirchers *Europäischem Tagebuch* und in den *Problemen des Abendlandes* ist von Europa die Rede. Man stößt auf den Begriff in verschiedenen sprachlichen Ableitungen und Zusammensetzungen auf beinahe jeder Seite, wo es um Kultur geht. »Europäisch« ist die Lieblingsvokabel des *Standpunkt*. Sie ist meist positiv aufgeladen, meint das Gegenteil von nationalistisch, von provinziell, kulturlos, traditionslos, ungebildet. Europäisch zu sein bedeutet demokratisch, gebildet, vielsprachig, belesen und weit gereist zu sein. Indro Montanelli gibt in seiner Reportage über New York »europäischen« Lesern Ratschläge, Horst Rüdiger bezeichnet den Roman »Tauben im Gras« von Wolfgang Koeppen als literarisches Werk, das die literarische Provinz überschreitet und »europagültig« sein kann, Thomas Manns Lebensweise wird als »europäische« charakterisiert. Auch Landstriche und Orte sind europäisch aufgeladen: In einer feuilletonistischen Skizze wird Piemont als ein »geradezu europäischer Kulturbegriff von hohem Rang« bezeichnet. Berlin gilt als die »europäischste Stadt« Deutschlands. Viele weitere Beispiele könnten folgen.

»Europäisch« ist die Lieblingsvokabel des Standpunkt.

»Europäisch« in Kombination mit Kultur muss eine inflationär gebrauchte Leitvokabel im öffentlichen Sprachgebrauch gewesen sein, vergleichbar dem heutigen »multikulturell«. Es scheint auch Ermüdungserscheinungen gegeben zu haben in Hinblick auf die europäischen Diskurse, wie man einigen Beiträgen entnehmen kann. In einer Glosse über das kosmopolitische Amerika bemerkt Max Frisch, dass Europa nicht »die Kultur« sei. In einer Erzählung von George Saiko ist in einer ironisch gemeinten Textpassage die Rede von der »neuen, uralteuropäischen Idee«. Doch letztlich ist auch Selbstkritik eine sehr europäische Eigenschaft.

Gibt es eine europäische Literatur?

Diese Frage stellt Herbert Frenzel am 22. Juni 1951. Es scheint Misstrauen zu herrschen gegenüber der Eile, mit der europäische Kultur politisch verordnet wird. Sie erscheint als ein »in aller Eile zubereiteter Eintopf, in dem französisches Kraut, deutsche Rüben und italienische Nudeln sich irgendwie zu einer genießbaren Speise vereinen sollen«, ähnlich dem Stahl, der Kohle und den Kartoffeln. Dagegen sei auf eine gründliche Arbeit zu setzen, die die europäischen literarischen Gemeinsamkeiten ans Licht bringt. Im *Standpunkt* finden sich Spuren solcher Arbeit: kurz gefasste Untersuchungen zur Kurzgeschichte und zur Novelle in der europäischen Tradition, zum europäischen Tagebuch, zu gemeinsamen Strukturen in der europäischen Lyrik, zur Einheit in der europäischen Dramatik aufgrund derselben Fragestellungen in verschiedenen Ländern. Die zur Zeit des Nationalsozialismus in Misskredit geratene vergleichende Literaturwissenschaft gewinnt neues Leben. Die Kulturwissenschaftler suchen nicht nach Unterschieden, sondern nach Gemeinsamkeiten zwischen den Literaturen. Und die finden sie in erster Linie in der Vergangenheit.

Beschwörung der Tradition

Im *Standpunkt* publizieren die damaligen Größen der konservativen Literaturkritik: Egon Vietta, Ernst Robert Curtius, Friedrich Sieburg und Max Rychner. Ernst Robert Curtius gilt mit seinem Standardwerk »Europäische Literatur und lateinisches Mittelalter« als ausgewiesener Experte in Sachen europäische Literatur. Die Idealisierung des Mittelalters hinterlässt Spuren in der Literaturberichterstattung der Zeitung. Thomas Manns Roman »Der Erwählte« wird als Dokument abendländischer Einheit rezipiert, denn »wir müssen ganz weit zurückgreifen, wenn wir neu anfangen und Fundamente finden wollen, die uns allen, Deutschen, Franzosen, Römern, Engländern gemein sind« (Otto F. Beer, 6.4.1951). Für die italienische Dichtung wird Dante zur Galionsfigur des Europäertums. Der Romanist August Buck würdigt ihn als Sinnbild des geistigen, humanen, unpolitischen Italien und damit als Vorbild für ein ebensolches Europa. 1949 gedenkt man wie in allen Kulturzeitschriften so auch im *Standpunkt* ausführlich des 200. Geburtstags von Goethe. Mit dem Goethe-Spezialisten Horst Rüdiger als Kulturredakteur liegt ein solches Gedenken besonders nahe. Rüdiger befasst sich mit Goethes Begriff der Weltliteratur, der als Steigerung und Weiterentwicklung des Begriffs der europäischen Literatur verstanden wird. Interessant ist die Schiller-Rezeption. Im Schiller-Jahr 1955 verfasst Herbert Frenzel ein Plädoyer für den in der Nachkriegszeit als wenig europäisch geltenden Dichter, »während sich alle feineren Leute auf Kafka, Hofmannsthal, Thomas Eliot und Dino Buzzati spezialisiert haben«, vor allem seines alles Nationalistische ablehnenden Weltbürgertums wegen (27.5.1955). Diese Wertung ist ihrer Zeit voraus, erst später besinnt man sich auf Schillers Bedeutung als europäischer Autor.[9]

Literarische Texte im *Standpunkt*

Nicht nur in der theoretischen Literaturvermittlung, auch in der Praxis, in der Auswahl der abgedruckten literarischen Texte versucht die Zeitung ihrer europäischen Intention gerecht zu werden. Während aus der Literaturkritik ein Gespür für literarische Qualität spricht, zeigt sich die Redaktion in den literarischen Beilagen kompromissbereit; sowohl hinsichtlich der Qualität als auch der politischen Vergangenheit der Autoren. Ein möglichst breites Spektrum an Texten aus verschiedenen Ländern scheint das einzige Auswahlkriterium in dem ansonsten recht zufällig wirkenden Durcheinander. Von 1947 bis 1950 erscheinen Kurzgeschichten, Erzählungen und Novellen in Fortsetzungen bunt gemischt quer durch Zeiten und Länder von Luigi Pirandello, Indro Montanelli, Hubert Mumelter, Maxim Gorki, Thomas Wolfe, Heinrich von Kleist, Manrico Bartolini, Ernst Penzoldt, Giovannino Guareschi, Voltaire, Guy de Maupassant, Nicolai Gogol, E. M. Forster, Thornton Wilder. Die Neujahrsbeilage aus dem ersten Jahreswechsel 1947 / 48 bietet den Leserinnen und Lesern einen Ausschnitt eines Essays von Ernst Jünger neben einem ins Deutsche übersetzten Sonett von Petrarca, ein Gedicht von Gerhart Hauptmann neben einer Kurzgeschichte von Dorothy Parker, eine anekdotische Geschichte von Luis Trenker und eine Erzählung von Saki, Pseudonym des englischen Schriftstellers Hector Hugh Munro (1870–1916). In der Weihnachtsbeilage im Jahr darauf heißen die Autoren Louise de Vilmorin, Alma Holgersen, Bert Brecht, Dino Buzzati, Thomas Wolfe und Ingeborg Guadagna. Die Auswahl der in allen Ausgaben der Zeitung abgedruckten Gedichte reicht von Matthias Claudius bis hin zu Karl Krolow, zu den Exilschriftstellern Martha Hofmann und Guido Zernatto und einem frühen Gedicht von Joseph Zoderer. Präferenzen für eine bestimmte literarische Richtung sind keine zu erkennen.

> Ein möglichst breites Spektrum an Texten aus verschiedenen Ländern

Die Vermittlung der zeitgenössischen Literatur

Obwohl die Größen der Kritik von der Literatur ihrer Zeit wenig halten und einem Kulturpessimismus frönen, erhält die zeitgenössische Literatur im *Standpunkt* breiten Raum. Das ist vor allem bedingt durch den Standort der Zeitung in Südtirol und die Verbindungen der Redaktion zu deutschsprachigen, vor allem österreichischen Schriftstellern, zu Literaten und Kulturjournalisten, die sich für die Literatur ihrer Zeit engagieren und einen progressiven Literaturbegriff vertreten.

Südtirol befindet sich in der Zeit der Nachkriegszensur in einer besonders günstigen Situation. Die Zeitung war für die deutschsprachige Literatur nach drei Seiten hin offen: Österreich, Schweiz, Deutschland. In seinen Erinnerungen betont Ernst von Glasersfeld das erstaunliche Renommee des *Standpunkt* vor allem wegen der Buchbesprechungen und des Interesses von so ziemlich allen deutschen, österreichischen und Schweizer Verlagen. Das Interesse war groß, weil in der Nachkriegszeit der literarische Markt in Österreich von Deutschland abgeschnitten war und der Schweizer Buchmarkt ebenfalls ein Eigenleben führte und damit diesbezügliche Informationen über das jeweilige Land nicht hinausgelangten. In der Ausgabe vom 9. September 1949 stellt der österreichische Schriftsteller und Literaturförderer Hans Weigel die »glückliche Situation Südtirols« dar, »wo es tatsächlich möglich ist, Bücher aus Deutschland, Österreich und der Schweiz miteinander zu vergleichen und zu rezensieren« und stellt sie der absurden Situation der Buchblockade zwischen den deutschsprachigen Ländern gegenüber. Buchsendungen zwischen Österreich und Deutschland waren von der alliierten Kulturpolitik verboten. Hans Weigel berichtet von einem Autor, der sein Manuskript einem deutschen Verlag in New York übergeben und aus dem *Standpunkt* erfahren hatte, dass der Roman inzwischen in Berlin erschienen war. Es muss ziemlich chaotisch zugegangen sein, denn »ein englischer Roman, von einem Schweizer Verlag in einer vorbildlichen Übersetzung herausgebracht, wird von einem deutschen Verlag mit einem anderen Übersetzernamen angekündigt«, so Weigel. In diesem Durcheinander ist die Meraner Zeitung ein wichtiges Informationsmedium. Beer weiß die Chance geschickt zu nützen. Auf den Tischen der Redakteure stapeln sich die Neuerscheinungen aus verschiedenen Ressorts: Philosophie, Naturwissenschaften, Kulturgeschichte, Bildende Kunst, Lexika, Wörterbücher und Kalender. Ein Blick auf die Bücherseite zeigt außerdem, wie wichtig zu dieser Zeit Anthologien und Kulturzeitschriften waren. Und vor allem die Belletristik. In den ersten Ausgaben wird neben den *Neuen Büchern* die Rubrik *Alte Bücher* geführt. Sie wird bald fallengelassen. Rückwärtsgewandtes gibt es auf den übrigen Kulturseiten genug. Außerdem wurden nach dem Krieg ohnehin viele ältere Bücher wieder aufgelegt, weil die alliierte Buchpolitik das Erscheinen von Werken begünstigte, die ihre Rechte vor 1945 erworben hatten. Ältere Originale dürften sehr teuer und selten gewesen sein – auch das kann man den Berichten über Buchversteigerungen im *Standpunkt* entnehmen.

> Buchsendungen zwischen Österreich und Deutschland waren verboten.

Otto F. Beer gewinnt ausgezeichnete Mitarbeiter für die Literaturberichterstattung. Teilweise leben sie in Südtirol, wie der Romanist Erich Noether, der als Jude zur Zeit des Nationalsozialismus nach Israel ausgewandert und nach dem Krieg an seinen Heimatort Meran zurückgekehrt ist, Balzac übersetzt und für den *Standpunkt* regelmäßig Buchbesprechungen verfasst von Wolfgang Hildesheimer bis Bertolt Brecht. Andere sind aus dem Exil nach Österreich zurückgekehrt. Für die Meraner Zeitung schreiben neben den vielen bereits erwähnten der Musil-Herausgeber Adolf Frisé und der Theaterkritiker und spätere Herausgeber der Zeitschrift *Theater heute* Siegfried Melchinger. Auffallend viele österreichische Schriftsteller sind unter den Rezensenten: Ernst Theodor Csokor, Hermann Hakel, Otto Basil, Herausgeber der Zeitschrift für neue Literatur *Der Plan*, Ernst Schönwiese, Herausgeber der Exilzeitschrift *das silberboot*, Wolfgang Kraus, der spätere Gründer der österreichischen Gesellschaft für Literatur und Lilly Sauter, Leiterin des Französischen Kulturinstituts in Innsbruck. Wie Hans Weigel sind es große Förderer von junger Literatur, was sich in ihren Besprechungen niederschlägt. Hans Weigel musste seine Mitarbeit beim *Standpunkt* allerdings beenden, nachdem er auf einer Kundgebung mit der Plakette »Rettet Südtirol« gesehen wurde. Einige seltene Male stößt man auf den Nordtiroler Gelehrten und Kenner der italienischen Literatur Kosmas Ziegler, der im Übrigen vor allem für die *Grenzland Südtirol*-Seite schreibt. Im Feuilleton setzt er sich für den Schriftsteller Herzmanowsky Orlando und für dessen Werk ein. Die Mitarbeit von Südtiroler Rezensenten hält sich in engen Grenzen. Einzig der Schriftsteller Hubert Mumelter ist mit mehr als einem Beitrag vertreten. Als »Südtiroler Renommierfigur« (Otto F. Beer) gelangt er einige Male auf die Seite mit den Buchbesprechungen, sein überhöhter, weihevoller Stil fällt aus dem Rahmen. Hubert Mumelter lobt in hohem Ton Tumlers Roman »Heimfahrt« (12.1.51), bespricht das »Wirken des dichterischen Worts« in Werk und Persönlichkeit von Josef Leitgeb anlässlich des zum ersten Mal vergebenen österreichischen Staatspreises (16.2.51). In seiner Besprechung des Bestsellers der frühen 1950er Jahre, des autobiographischen Romans »Der Fragebogen« von Ernst von Salomon äußert Hubert Mumelter vorsichtig einige Bedenken gegen das Deutschlandbild Salomons (29.6.1951). Der Roman beleuchtet sarkastisch die bürokratischen Methoden der Entnazifizierung und erklärt dabei das Dritte Reich zu einem Unglücksfall der Geschichte. Mumelter bespricht auf der Bücherseite außerdem Bergsteigerbücher, Reisebücher und Abenteuerromane.

> Die Mitarbeit von Südtiroler Rezensenten hält sich in engen Grenzen.

Der Rezensionsteil gibt aufschlussreiche Einblicke in viele Facetten des Literaturbetriebs der späten 1940er und 1950er Jahre. Er ist ergiebig für eventuelle weiterführende Forschungen zur Geschichte der deutschsprachigen Verlage, zeigt die Erfolge der ersten Taschenbuchreihen und der vielen Übersetzungen. Im Interesse an Werken, die den Krieg und den Nationalsozialismus autobiographisch verarbeiten, an Tagebüchern, an der amerikanischen, englischen und französischen Literatur der Zwischenkriegszeit, an Hemingway und an den Dramen von Sartre, ähnelt der *Standpunkt* anderen Kulturzeitschriften der Zeit. Er spiegelt wie diese wichtige literarische Trends wider: das große Interesse für Kafka, sei es literaturtheoretisch als auch in seinem Einfluss auf das Entstehen von surrealistischen Texten, die starke Rezeption der deutschsprachigen Autoren Kasack, Bergengruen, Benn, Andres, das Beharren auf der Tradition. Aber auch: Krolow, Kaschnitz, Piontek, Andersch, Richter. Die Kluft in der Literaturkritik zwischen jenen, die sich auf die Tradition berufen und jenen, die die neue realistische und experimentelle Literatur bejahen, macht sich zwar auch im *Standpunkt* bemerkbar, aber sie ist nicht unüberbrückbar. Hans Werner Richter und seine Gruppe 47 werden positiv besprochen, ebenso Jandl und Mayröcker. Allein Heinrich Böll ist mir kein einziges Mal untergekommen. Vielleicht auch nur aus Versehen.

Der *Standpunkt* nimmt innerhalb der deutschsprachigen Kulturzeitschriften trotz seines Verhaftetseins an die konservatorischen Trends der Zeit eine Sonderstellung ein. Er bespricht zusätzlich zur Literatur aus Deutschland, England und Frankreich auch Literatur aus Italien, sehr viel österreichische Literatur und auffallend viel Exilliteratur.

Obwohl laut Auskunft von Ernst von Glasersfeld die italienischen Verlage weniger an deutschsprachigen Besprechungen interessiert waren, stößt man auf die wichtigsten Neuerscheinungen der Zeit mit Veröffentlichungen von Cesare Pavese, Vasco Pratolini, Elio Vittorini, Alberto Moravia, Carlo Levi, Carlo Emilio Gadda und Giuseppe Ungaretti, ebenso von Elsa Morante und Nathalie Ginzburg, deren Werke mit wichtigen italienischen Literaturpreisen ausgezeichnet wurden. Alberto Moravias Roman »Il conformista« führt in der Redaktion zu einer Kontroverse über Psychoanalyse und Literatur.

Die österreichischen Autoren – unter ihnen viele Exilschriftsteller – Christine Busta, Ilse Aichinger, Milo Dor, Karl Bedarnik, Ingeborg Bachmann, Paul Celan, Michael Guttenbrunner werden von Otto Basil, Lilly Sauter, Hans Weigel und Ernst Schönwiese den Lesern bekannt gemacht. Die damals bereits etablierten wie George Saiko erhalten ebenfalls viel Raum. Dieser Autor ist zu Unrecht in Vergessenheit geraten, umso mehr freut man sich über die literarische Qualität seiner in der Meraner Zeitung abgedruckten Erzählungen. Vielleicht noch eine Bemerkung zu Saiko am Rande. Zum Gedenken an diesen Schriftsteller wurde im Jahr 2000 ein Reisestipendium gestiftet. Der erste Empfänger dieses Stipendiums war der Südtiroler Schriftsteller Oswald Egger. Wenn Literatur aus Südtirol, wie aus dem bisher in diesem Aufsatz Dargelegten ersichtlich wird, in der europäischen Literaturszene der

> Die österreichischen Autoren: unter ihnen viele Exilschriftsteller

späten 1940er und 1950er Jahre ein winziges Randdasein – und nicht einmal das – geführt hat, so hat sich diese Situation in der Gegenwart grundlegend geändert. Einen Aspekt möchte ich besonders hervorheben, den der Exilliteratur. In diesem Bereich wird der *Standpunkt* seiner Intention als europäisches Literaturmedium gerecht. Bedingt durch den Standort und die Mitarbeiter hatte die Zeitung die Chance, verhältnismäßig früh über die Literatur der Exilanten zu informieren, die vor allem am Publikum im Deutschland der 1950er Jahre und noch der 1960er Jahre weitgehend vorbeiging. Neben Autoren wie Erich Kästner, Hermann Broch, Carl Zuckmayer, Thomas, Heinrich, Erika und Klaus Mann stößt man auf Texte von Vergessenen, wie die des Arztes und Schriftstellers Martin Gumpert, Siegfried Einstein und Hans Nüchtern. Die im Exil gebliebenen österreichischen Autoren Ernst Waldinger und Theodor Kramer werden mit ihrem Werk Literaturinteressierten vorgestellt. Leider kann ich diesen Aspekt hier nicht weiter ausführen und muss mich auf ein paar Namen beschränken und auf den Hinweis, dass sich unter den Exilschriftstellern, denen man im *Standpunkt* begegnet, viele Frauen befinden: Neben der bereits einige Male genannten Hilde Spiel sind es Vicki Baum, Annette Kolb, Gertrud Kolmar, Geno Hartlaub, Joe Lederer, Martina Wied, Martha Hofmann, Mela Hartwig, Gina Kaus und Paula von Preradovic.

Strategien der Literaturvermittlung

Eine zentrale Rolle bei der Literaturvermittlung spielt die Person des Autors. Die Dichterpersönlichkeit soll den Lesern nahe gebracht werden. Oft verweisen die Verfasser der Beiträge auf die persönliche Bekanntschaft. Es herrscht der Tonfall einer großen literarischen Familie, deren Mitglieder sich in den europäischen Städten, im Exil, in Kurorten treffen. Der ins Exil gezwungene Journalist Ernst Feder erzählt von seinem letzten Besuch bei Stefan Zweig in Brasilien, der Theaterkritiker Siegfried Melchinger ist zu Gast bei Anton Wildgans, der Verleger Reinhard Piper geht mit Josef Weinheber im Gasteinertal spazieren. Christoph von Hartungen erinnert sich an die Begegnungen mit Heinrich Mann in der Kuranstalt seines Vaters im Ultental. Vor allem Otto F. Beer pflegt einen lockeren Plauderton; Neuerscheinungen werden bei einem Glas Wein diskutiert, Bücher als Aussagen von guten Freunden betrachtet. In dieser literarischen Familie bespricht man sich auch gegenseitig. Häufig sind die Verfasser der Rezensionen einmal Objekt, das andere Mal Subjekt der Kritik. Erstaunlich viele Schriftsteller betätigen sich als Rezensenten von Neuerscheinungen und viele Kulturjournalisten, angefangen von Otto F. Beer selber, schreiben Literatur. Zu Gefälligkeitsrezensionen führt diese Doppelfunktion nicht. Hilde Spiel, regelmäßige Mitarbeiterin des *Standpunkt*, wird dort für ihren eigenen Roman »Flöte und Trommeln« wenig ehrenvoll als »Talent im Leerlauf«

> Viele Schriftsteller betätigen sich als Rezensenten von Neuerscheinungen.

bezeichnet. Otto Flakes Roman »Die Sanduhr« wird als katastrophal gescheitert verdonnert. Trotz des familiären Tons, der in der Literaturvermittlung über weite Strecken hin herrscht, tritt zur Person des Autors das Werk hinzu. Trotz einiger Nachwehen hat die unkritische, wertungsfreie Literaturbetrachtung aus der Zeit des Nationalsozialismus ausgedient. Herbert Frenzel schlägt in einer Besprechung von Ernst Robert Curtius »Kritischen Essays zur europäischen Literatur« vor, dem Vorbild des Romanisten zu folgen und den verschwommenen Deutungsehrgeiz beiseite zu lassen. Wörter wie »Ahnung« und »Ehrfurcht« hätten in der Literaturkritik nichts mehr verloren (16.10.53). Die Literaturkritik erhält Aufwind und wird zu einer wichtigen kulturjournalistischen Textsorte. Obwohl die vorwiegende Rezensentenhaltung der Suche nach geistigen und vor allem europäischen Werten gilt, gewinnen neben den Inhalten formalästhetische Kriterien an Bedeutung. Vor allem in den Kontroversen, die um die Lyrik der Gegenwart geführt werden.

Die Literaturkritik wird zu einer wichtigen kulturjournalistischen Textsorte.

»Grenzland Südtirol« und Europa
Die Kulturberichterstattung aus Südtirol erfolgt in erster Linie auf der Seite *Grenzland Südtirol*. Allein der Name weckt Assoziationen an Enge und Isolation und an die Terminologie des nationalsozialistischen Volksbundes für das Deutschtum im Ausland, die zwischen Reichsdeutschen und Grenzlanddeutschen unterschied. Wegen dieser Seite wird die Zeitung finanziert, sie ist die Pflicht für die Kür auf den übrigen Seiten. Die politische Pflicht besteht darin, das Autonomiestatut von 1948 als großzügige Geste der italienischen Regierung darzustellen und Alcide de Gasperi als großen europäischen Staatsmann zu loben. Die Südtirol-Seite ist ein Barometer für die mehr oder weniger gesicherte Finanzierung. Nach der Schließung des Grenzzonenamtes und den Gerüchten über eine Finanzierung der Zeitung durch bundesdeutsche Geldgeber wird die Haltung Italien gegenüber strenger und die römische Regierung wird des Nationalismus bezichtigt. Um die Mitte der 1950er Jahre wird die Kulturberichterstattung aus Südtirol verdoppelt. Abgesehen davon, dass es mehr zu berichten gegeben haben wird als in den späten 1940er Jahren, erhoffte man sich eine Finanzierung durch lokale Geldgeber. Für den Inhalt der Seite war ausschließlich Alfred Boensch verantwortlich, der wegen seiner »etwas bräunlichen Vergangenheit« (Otto F. Beer) die ersten Jahre unter dem Pseudonym Alfred Bitti schrieb. Die Seite ist nicht nur ein Barometer für die mehr und weniger gesicherte Finanzierung, sondern auch für die verhärtete kulturpolitische Situation Südtirols, die sich von der Nachkriegszeit bis in die 1960er Jahre hinein zieht. In Südtirol herrscht der Kalte Krieg des Volkstumskampfes. Entnazifizierung und »Epurazione« haben nicht wirklich stattgefunden.[10] Die Grenzland-Seite des *Standpunkt* spiegelt das eindringlich. Sie druckt kommentarlos Renato Cajolis Abhandlungen über die

Regionalautonomie Trentino- Südtirol ab, eines faschistischen Beamten, der nach 1945 für das »Ufficio delle zone del confine« tätig war, das von allem Anfang an eine Politik zur Sicherung der Brennergrenze und eine verdeckte Assimilierungspolitik betrieb. Die Rubrik *Wochenchronik* zeigt auf der anderen Seite den missionarischen Eifer, mit dem deutschsprachige Vereine und Verbände aufgebaut wurden. Daneben gibt es Zeichen von demokratischen Neuanfängen: In einem Leserbrief protestieren die bildenden Künstler Fellin, Ebensperger, Kofler und Frühauf gegen das Vokabular, mit dem sie zu einer Plakatgestaltung für das Südtiroler Kulturinstitut eingeladen wurden; sie sollten unter anderem dessen »national-völkische Verpflichtung« darstellen (25.10.1957).

Europäisch gibt sich auch die Grenzland-Seite – ein Vorteil für die Bozner Weinkost und die Bozner Messe. Von beidem ist ausführlich die Rede. Schwieriger als im wirtschaftlichen Bereich gestaltet sich die Suche nach einem europäischen Leitbild im geistig künstlerischen Bereich. Von einer Universitätsgründung ist zu diesem Zwecke die Rede mit der kuriosen Idee, dass die Rockefeller-Stiftung dazu gebracht werden sollte, eine italienische Alpenuniversität zu finanzieren mit dem Schwerpunkt auf einem germanistischen Institut für die »psychologische Gesundung Südtirols und für den europäischen Gedanken« (24.11.1950). Als Südtiroler Aushängeschild fungiert vor allem der Schriftsteller Hubert Mumelter. Wegen seiner Vision eines »harmonischen Zusammenlebens der Alpenländer deutscher, ladinischer und italienischer Sprache« (7.9.1951) gilt er dem *Standpunkt* als Südtiroler Vorzeigeeuropäer. »Südtirol und der europäische Gedanke« titelt Mumelter am 19. August 1949 seinen längeren Beitrag für die Grenzland-Seite, wo er Südtirol als »einen deutschsprachigen Sprengel bezeichnet, »der keine andere Chance hat als die Europas«. Ernst von Glasersfeld möchte in Südtirol das »österreichische Europäertum« als Vorbild sehen. Anlässlich einer Lesung von Franz Theodor Csokor in Meran schreibt er, dass es dieses Europäertum sei »was in Südtirol so nottut«. Eines, das sich an die geschichtlichen Wirrnisse im Vielvölkerstaat der Donaumonarchie erinnert und sich nicht von reichsdeutscher Propaganda aufhetzen lässt.

> Die Suche nach einem europäischen Leitbild im geistig künstlerischen Bereich

Literatur in Südtirol

Südtirol hat das Image eines Landes, »Wo trinken als ein Kenner man / Im Kreise deutscher Männer kann«. Eugen Roths Schüttelreim zur Unterhaltung der *Standpunkt*-Leser (13.1.1956) ist entlarvend genug. In Südtirol herrschen schlechte Zeiten für Literatur. Die zehn Jahrgänge der Zeitung sind leider eine Bestätigung. Obwohl sich die Kulturredakteure von der Ideologie der Südtirol-Seite der Zeitung distanzieren, sie Beer »gewissermaßen als Schwindel« bezeichnet, als reine Auftragsarbeit, die sie nicht weiter interessiert hat, verfolgen sie aufmerksam die Kulturereignisse im Land, berichten über Theatergastspiele, Konzerte und Lesungen, beauftragen Südtiroler Mitarbeiter wie Josef Kindl, Bruno Pokorny und Andrea Mascagni, machen von Mahlknecht bis Kuperion jeden ausfindig, der einen Bleistift oder Pinsel in die Hand nimmt. Sie durchforsten buchstäblich alles, bis hin zu Blasius Marsoner, dem »Dante aus dem Ultental«. In der Rubrik *Buchanzeige* taucht der Reimmichl Volkskalender auf, die Sachbücher aus dem Verlag Weger finden Eingang, der neue alte Karl Felix Wolff, ein Gedicht von Gabriele von Pidoll, zwei von Oswald Sailer, eine Kriegsgeschichte von Anton Bossi Fedrigotti, eine Anekdote von Luis Trenker. Bis 1951, bis zur Gründung seiner eigenen Zeitung, trifft man in vielen Ausgaben auf ein Gedicht, eine Geschichte, eine literarische Skizze von Hubert Mumelter. In den 1950er Jahren verlaufen sich diese Spuren. Dafür eine Handvoll italienische Lyrik, von Joseph Maurer übersetzt, ein paar Mundartverse von Richard Putz. Die in Nazi-Deutschland zu Ehren gekommenen Franz Tumler, Josef Wenter und Joseph Georg Oberkofler hüllen sich in der ersten Nachkriegszeit in Schweigen, um dann literarisch weit in ihre Kindheit zurückzugreifen. Sie verfassen mehr oder weniger verklärte Erinnerungen, die im *Standpunkt* ausführlich gewürdigt werden. Als europäische Identifikationsfiguren sind diese Autoren wenig geeignet und schon gar nicht als Repräsentanten eines Neuanfangs. Wenn Sigurd Paul Scheichl über Nordtirols Kulturbeamte der 1950er Jahre schreibt, dass diese – so wie die Bildende Kunst – auch die neue Literatur der Zeit gefördert hätten, wenn es sie denn gegeben hätte,[11] so gilt das gleiche für die Redakteure des *Standpunkt*. Sie hätten die neue Literatur gefördert und abgedruckt, wenn es sie gegeben hätte. Es gab sie nicht. Beinahe überflüssig hinzuzufügen, dass Ernst von Glasersfeld in seinen Erinnerungen an die Zeit beim *Standpunkt* dies nachdrücklich betont.

Am 5. Oktober 1956 taucht zum ersten Mal ein Autor auf, von dem man in der Folge in Südtirol und weit darüber hinaus noch viel hören wird: Joseph Zoderer. Dem Gedicht »Der Mensch« hört und sieht man den Einfluss von Gottfried Benn an. Es wird noch zehn Jahre dauern, bis Südtirol eine Literatur hat und beinahe zwanzig, bis diese Literatur über die Grenzen hinaus vernommen wird.

Als europäische Identifikationsfiguren wenig geeignete Autoren

Abschließende Bemerkungen

Der *Standpunkt* gilt in der Südtiroler Zeitungsgeschichte als eine »Außenseiterunternehmung«[12]. Außenseiter irritieren. Im Südtirol der damaligen Zeit muss die Zeitung besonders irritiert haben. Allein die Tatsache, dass die italienische Regierung eine deutschsprachige Zeitung finanziert, erweckte Argwohn. Aus heutiger Sicht herrscht eine nahezu groteske Diskrepanz zwischen der Südtiroler kulturpolitischen Situation in den späten 1940er und 1950er Jahren und den kulturellen Bemühungen der Meraner Zeitung. Sie fielen auf den versteinerten Boden der Freund-Feind-Ideologie.

Auf der einen Seite das Nachkriegssüdtirol als wichtiger Umschlagplatz für den deutschsprachigen Buchmarkt und ein Buchparadies für die Redakteure des *Standpunkt,* auf der anderen wird noch 1950 in den Gutachten des Staatsrats Innocenti Deutsch im öffentlichen Bereich als Hilfssprache betrachtet. Ein Europadiskurs musste auf taube Ohren stoßen, die Europäisierung als ein fremdes Koordinatensystem gesehen werden. Die kulturpolitischen Bemühungen gingen auf deutschsprachiger Seite dahin, über die Vereine und Verbände eine ländlich-bäuerliche Kultur zu stärken. Der europäische Kulturdiskurs hingegen war ein urbaner. In Südtirol wurde die städtische Kultur mit Faschismus verbunden, erst recht eine Vokabel wie »römisch«. Bei dieser dürften keine Assoziationen an die Wiege der europäischen Kultur aufgekommen sein, sondern eher an die faschistische Ideologie samt römischer Wölfin.

In der Berichterstattung der Zeitung selber bestehen ebenfalls Diskrepanzen. Ein und derselben Ausgabe kann man entnehmen, dass die Bestiarien der romanischen Fresken in St. Jakob in Kastellatz durch einen Vorhang verhüllt sind, während ein paar Seiten vorher Glasersfeld über die Ergebnisse des Kinsey-Reports informiert. In der Zeitung herrschen viele Widersprüche, die hier nicht aufgelöst werden und Wirrnisse, die nicht geglättet werden sollen. Sie spiegelt die Unterschiede zwischen der konservativen Blattlinie auf der einen Seite und den aufgeschlossenen Kulturredakteuren auf der anderen, zwischen der reaktionären *Grenzland Südtirol*-Seite und dem progressiven Rezensionsteil. Zudem ist durch die vielen freien Mitarbeiter die Kulturberichterstattung alles andere als einheitlich oder einer bestimmten Richtung zuzuordnen. Die Literaturberichterstattung erscheint oft kraus und zusammengewürfelt, die Auswahl dem Zufall überlassen, bzw. den Neuerscheinungen, die gerade auf den Redaktionstischen der Zeitung gelandet sind. Als roter Faden ist einzig erkennbar: die Suche nach Identifikationsfiguren für den europäischen Menschen. Diese Suche zieht sich durch die verschiedenen weltanschaulichen Lager innerhalb der Wochenschrift und findet in der Literatur ein breites Betätigungsfeld. Nach der europäischen Identität suchen Schriftsteller, die Protagonisten ihrer Texte und deren ideale Leser.

War diese Suche und diese Utopie eines europäischen Identitätsbewusstseins vielleicht nicht doch wieder eine Leerformel? Brav heruntergebetet in einer politisch brisanten Situation? Darauf gibt die Literaturberichterstattung im *Standpunkt* keine eindeutige Antwort. Kann sie auch nicht, weil die Literatur selber es mit dem Besonderen, der Differenzierung zu tun hat und nicht eine Dienerin sozialer Prozesse ist. Die Antwort lautet deshalb Ja und Nein. Ja, weil man im Zusammenhang mit dem Europadiskurs im *Standpunkt* sich des Eindrucks nicht immer erwehren kann, dass das Vokabular der beiden totalitären Systeme weiterwirkt, dass die Begriffe ›Nation‹ oder ›Volk‹ nur gegen ›Abendland‹ oder ›Europa‹ ausgetauscht wurden. Nationalismen schwelen unter der Oberfläche weiter. Außerdem ist der Eurozentrismus nicht zu übersehen. Nein, weil der Europadiskurs in der literarischen Berichterstattung mehr ist als eine Leerformel. Er ist ein Versuch, Europa wesentlich durch seine Kulturgeschichte zu definieren. Der *Standpunkt* ist diesbezüglich ein wichtiges Dokument der Kultur- und Literaturgeschichte, das Europa als eine Kulturform zeigt, die in sich widersprüchlich ist. Es zeigt Denk- und Schreibweisen, die sich aus vielen verschiedenen Kulturtraditionen speisen. Der Dialog zwischen diesen Traditionen war damals – vor allem in Südtirol – weitgehend Utopie. Inzwischen haben wir uns dieser Utopie ein Stück weit angenähert.

> Europa wesentlich durch seine Kulturgeschichte definieren

Anmerkungen

1 Wahrscheinlich finanziert aus einem der »Fonds zur Verteidigung der Italianität in den Grenzgebieten«, Klaus Gatterer, Im Kampf gegen Rom. Bürger, Minderheiten und Autonomien in Italien, Wien 1968, S. 6.

2 Zum Beispiel Anton von Mörl, Südtiroler Wissenschaftler, entschiedener Gegner des Nationalsozialismus: »Ich stehe nicht an zu sagen, dass Ihre Zeitschrift derzeit wohl die beste Wochenschrift im deutschen Sprachraum ist. Ich freue mich schon auf jeden Donnerstag, denn Ihre Zeitschrift bringt immer ganz besondere Leckereien für einen kulturell Interessierten und zwar auf allen Gebieten [...]«(25.12.1952); der Herausgeber der Zeitschrift Das literarische Deutschland, Frank Thiess, wendet sich in einem Leserbrief an »eine Zeitschrift von so gutem Ruf« (22.5.1953); der Bertelsmann-Verlag lobt die »immer sehr aufmerksamen und wachen Besprechungen« (29.6.1951).

3 Vgl. die Diplomarbeiten von Elisabeth Wieser (Die Südtirolpolitik im Spiegel der Wochenzeitung »Der Standpunkt«. Vom Pariser Abkommen bis zum Volkstag in Sigmundskron, Diplomarbeit Innsbruck 1996) und Philip Trafoier (»Der Standpunkt«. Politisch-historische Analyse über Funktion, Form und Wirkungsweise eines Propagandamediums, Diplomarbeit Innsbruck 1999). Elisabeth Wieser beschränkt sich auf die Seite Grenzland Südtirol mit den Themenschwerpunkten »Auseinandersetzungen im Zuge der Rückoptionen und die Diskussion in der Südtiroler Autonomiepolitik«, Philip Trafoier zeigt die Entstehungsgeschichte und personelle Entwicklung der Zeitung auf, verfolgt die Spuren der Herausgeber, Redakteure und einiger Mitarbeiter; der Schwerpunkt liegt auf der tendenziösen politischen Berichterstattung der Seite Grenzland Südtirol.

4 Gespräch mit Otto. F. Beer vom 16. Mai 1995, der Verfasserin überlassen von Ernst von Glasersfeld und schriftliches Interview mit Ernst von Glasersfeld am 3. September 2008.

5 Vgl. auch Leo Hillebrandt, Neue Freiheit – Alte Fronten, Medien im Zeichen des Volkstumskampfes, in: Das 20. Jahrhundert in Südtirol. Totaler Krieg und schwerer Neubeginn, Bd III, 1940–1959, Bozen 2001, S. 245.

6 Interview Glasersfeld

7 Jost Hermand, zitiert nach Zylinski, Waren die fünfziger Jahre nur unpolitisch?, in: Edward Bialek / Leszek Zylinski (Hg.), Die Quarantäne. Deutsche und österreichische Literatur der fünfziger Jahre zwischen Kontinuität und Neubeginn, Wroclaw / Dresden 2006, S. 43.

8 Nachlass Rüdiger, zitiert nach Philip Trafoier, »Der Standpunkt«. Politisch-historische Analyse, S. 70 / 71.

9 Paul Michael Lützeler, Kontinentalisierung. Das Europa der Schriftsteller, Bielefeld 2007, S. 47 ff.

10 Günter Pallaver, Schlamm drüber, in: Hans Heiss / Gustav Pfeifer (Hg.), Südtirol – Stunde Null? Kriegsende 1945-1946, Innsbruck / Wien / München 2000, S. 267 ff.

11 Sigurd P. Scheichl, Die Tiroler Kulturpolitik und die Literatur, 1950-1959, in: Friedbert Aspetsberger / Norbert Frei / Hubert Lengauer (Hg.), Literatur der Nachkriegszeit und der fünfziger Jahre in Österreich, Wien 1984, S. 159.

12 Hillebrand, Neue Freiheiten – Alte Fronten, S. 240.

Literaturverzeichnis

ASPETSBERGER, Friedbert / FREI, Norbert / Lengauer, Hubert (Hg.): Literatur der Nachkriegszeit und der fünfziger Jahre in Österreich (= Schriften des Instituts für Österreichkunde 44 / 55). Wien 1984.

BIALEK, Edward / ZYLINSKI, Leszek (Hg.): Die Quarantäne. Deutsche und österreichische Literatur der fünfziger Jahre zwischen Kontinuität und Neubeginn. Wroclaw / Dresden 2006.

BREICHA, Otto / FRITSCH, Gerhard: Aufforderung zum Misstrauen. Literatur, Bildende Kunst, Musik in Österreich seit 1945. Salzburg 1967.

GATTERER, Klaus: Im Kampf gegen Rom. Bürger, Minderheiten und Autonomien in Italien. Wien 1968.

GLASER, Horst A.: Deutsche Literatur zwischen 1945 und 1995. Eine Sozialgeschichte. Bern / Stuttgart / Wien 1997.

GLASERSFELD, Ernst von: Unverbindliche Erinnerungen. Skizzen aus einem fernen Leben. Mit einem Nachwort von Josef Mitterer. Wien / Bozen 2008.

HILLEBRAND, Leo: Neue Freiheit – alte Fronten. Medien im Zeichen des Volkstumskampfes. In: Das 20. Jahrhundert in Südtirol. Totaler Krieg und schwerer Neubeginn, Bd. III, 1940-1959. Bozen 2001.

KAISER, Gerhard / Bollenbeck, Georg: Die janusköpfigen 50-er Jahre. Kulturelle Moderne und bildungsbürgerliche Semantik III. Wiesbaden 2000.

LÜTZELER, Paul Michael: Kontinentalisierung. Das Europa der Schriftsteller. Bielefeld 2007.

PALLAVER, Günter: Schlamm drüber. In: Heiss, Hans / Pfeifer, Gustav (Hg.): Südtirol – Stunde Null? Kriegsende 1945-1946. Innsbruck / Wien / München 2000.

RÜDIGER, Horst: Goethe und Europa. Essays und Aufsätze 1944-1983 (hg. von Willy R. Berger und Erwin Koppen). Berlin / New York 1990.

SCHEICHL, Sigurd Paul: Die Tiroler Kulturpolitik und die Literatur, 1950-1959. In: Aspetsberger, Friedbert / Frei, Norbert / Lengauer, Hubert (Hg.): Literatur der Nachkriegszeit und der fünfziger Jahre in Österreich (= Schriften des Instituts für Österreichkunde, 44 / 55). Wien 1984.

SPIEL, Hilde: Welche Welt ist meine Welt? Erinnerungen 1946–1989. München / Leipzig 1990.

Südtiroler Künstlerbund (Hg.): Hubert Mumelter. Dichter und Maler. Bozen 1996.

TRAFOJER, Philipp: »Der Standpunkt«. Politisch-historische Analyse über Funktion, Form und Wirkungsweise eines Propagandamediums. Diplomarbeit Innsbruck 1999.

VIETTA, Silvio: Europäische Kulturgeschichte. Eine Einführung. Paderborn 2007.

WIESER, Elisabeth: Die Südtirolpolitik im Spiegel der Wochenzeitung »Der Standpunkt«. Vom Pariser Abkommen bis zum Volkstag zu Sigmundskron. Diplomarbeit Innsbruck 1996.

Margit Oberhammer, geboren 1952 in Toblach, Studium der Germanistik und Kunstgeschichte, lebt und arbeitet in Bozen als Lehrerin an Schule und Universität, als Kulturpublizistin und Kritikerin für verschiedene Medien. Mitarbeit an Forschungsprojekten zur geschriebenen Sprache in Südtirol. Publikationen: u. a. Beiträge für den Band »Dialekt und Hochsprache in Südtirol«, Bozen 1994; »Schreibwerk. Überlegungen zum Schreibenlernen an der Oberschule« (Hg.), Bozen 2007; »Wortkörper. Prosa der Sinne« (Hg.), Bozen 2007.

Geburtshaus von Max Valier am Pfarrplatz in Bozen

Sterngucker

MAX VALIER
1895–1930

Der Weltraum fasziniert ihn von Jugend an. Sein späteres, kurzes Leben dreht sich nur um die Frage, wie man Raketen bauen und damit zu den Sternen fliegen könnte. Ein Besessener, der sein tragisches Ende bewusst in Kauf nimmt. Seine Visionen aber sind erstaunlich real. Familiär bedingt ist diese Faszination für den Kosmos nicht. Max Valiers Vater, der Großvater und alle seine Onkel waren Bäcker. Der Vater stirbt sehr früh. Nach der erneuten Heirat seiner Mutter wächst Max in Bozen in der Obhut einer Tante und der Großmutter auf. Mit 13 hat er ein entscheidendes Erlebnis. Im Dachboden findet er ein altes Fernrohr und ist hingerissen von den Einsichten, die es ihm ermöglicht. Nächtelang sucht er nun den Himmel ab, registriert die Bahnen von Planeten, notiert Meteoriten. Um Fernrohre verbessern zu können, macht er nebenbei eine Lehre in Feinmechanik.

Bei dieser Begeisterung ist es nur folgerichtig, dass Valier nach dem Gymnasium ein Studium über Astronomie und Physik in Innsbruck beginnt. Es wird vom Ersten Weltkrieg unterbrochen. An der Ostfront steigt der technisch hochbegabte Tiroler zur Wetterbeobachtung mit Fesselballons in große Höhen auf, mit Glück überlebt er 1917 einen Abschuss durch russische Flieger. Kurz vor Kriegsende wird er bei der Bruchlandung mit einer italienischen Beutemaschine schwer verletzt. Auf einem Testflug war ihr Motor explodiert. Ein Aha-Erlebnis. Propellermaschinen, so meint Valier in einer Denkschrift, seien für große Höhen ungeeignet. Es bräuchte einen neuartigen – raketenförmigen – Antrieb.

Um diese Zeit lernt er in Wien den spleenigen Ingenieur Hanns Hörbiger kennen. Dieser behauptet, fast alle Regionen der Milchstraße bestünden aus Eis. Valier be-

---

1903
Den amerikanischen Brüdern Wright gelingt der erste kontrollierte Motorflug.

1919
Erster Nonstop-Flug über den Atlantik mit einem Motorflugzeug.

1938
Boeing startet das erstes Zivilflugzeug mit einer Druckausgleichkabine.

geistert sich für diese unter Astronomen höchst umstrittene »Welteistheorie«, worauf sich sein Professor in Innsbruck weigert, seine Doktorarbeit auch nur zu lesen. Valiers Dickschädel lässt es nicht zu, sich danach noch einmal um einen Studienabschluss zu bemühen. Sein Nonkonformismus zeigt sich auch im Privaten. Zum Entsetzen seiner Verwandtschaft in Bozen heiratet der inzwischen 25-Jährige eine um 20 Jahre ältere geschiedene Frau. Deren Tochter ist nur wenig jünger als Valier. In München beziehen die drei eine winzige Wohnung, das Geld ist stets knapp. Max Valier, ein glänzender Redner, schlägt sich mit unzähligen Vorträgen und Artikeln über den Weltraum durch. In einem kleinen Roman beschreibt er einen verrückten Wissenschaftler, der die Erde durch eine Kettenreaktion von Molekülen zerstören will – eine visionäre Vorschau auf die Atombombe.

1924 ein zweites entscheidendes Erlebnis: Er stößt zufällig auf »Die Rakete zu den Planetenräumen«, das Buch eines Physikers aus Siebenbürgen. Valier bringt den Inhalt in eine verständliche Sprache und tingelt auf der Suche nach Geldgebern durch Deutschland und die Schweiz. In dieser Phase träumt er noch davon, zum Mond und den Planeten zu fliegen, um die Welteistheorie zu beweisen. Nach zahlreichen Rückschlägen gelingt es ihm, den Industriellen Fritz von Opel für einen ersten Schritt zu begeistern. Mit ihm entwickelt Valier einen Rennwagen, dessen Pulverrakete die Kraft dieses Antriebs beweisen soll. Das Gefährt schraubt 1927 den Geschwindigkeitsrekord auf über 250 km/h. Mit der spektakulären Vorführung vor der Presse hat von Opel aber das Seine vorerst erreicht, die Kooperation zerbricht.

Mit neuen Geldgebern baut Max Valier einen Schlitten mit Pulverrakete, der auf dem zugefrorenen Starnberger See 400 km/h erreicht. Sein eigentliches Ziel aber ist eine Rakete mit flüssigem Treibstoff, die für den Rückstoß gepresste Luft verwendet. Damit könnten, so schwärmt er 1929 hellsichtig in einem seiner Bücher, Flugzeuge mit Raketendüsen auf 12.000 Meter steigen, in zwei Stunden nach Amerika fliegen und wie eine Propellermaschine landen. Nach diesem Zwischenschritt stünde die Tür zum Weltraum offen.

Andere Forscher werfen ihm vor, mit seinen Visionen unseriöse Sensationshascherei zu betreiben. Der stets verschuldete Valier aber weiß, dass er nur über das Interesse der Öffentlichkeit das Geld für weitere Entwicklungen auftreiben kann. Gebt mir die Mittel, schreibt er in einem Zeitungsartikel, »und ich bin bereit, mein Leben für die Fortentwicklung des Raketenfluges einzusetzen.«

Inzwischen arbeiten mehrere konkurrierende Gruppen an der Raketentechnik. Im Winter 1930 macht Valier die Bekanntschaft mit dem Chef des Shell-Konzerns. Dieser stellt ihm eine Kooperation in Aussicht, ein Vertrag aber verzögert sich. Dennoch baut Valier in Berlin sofort ein kleines Triebwerk, das mit Shell-Öl funktionieren soll. Es explodiert bei einem der ersten Versuche, Valier stirbt an einem Splitter in seiner Brust – 27 Jahre, bevor mit der Hündin Laika das erste Lebewesen in den Weltall fliegt.

1942
Erstflug der V2-Rakete, mit der Hitler London treffen will.

1961
Juri Gagarin fliegt als erster Mensch ins Weltall.

1969
Neil Armstrong betritt als erster Mensch den Mond.

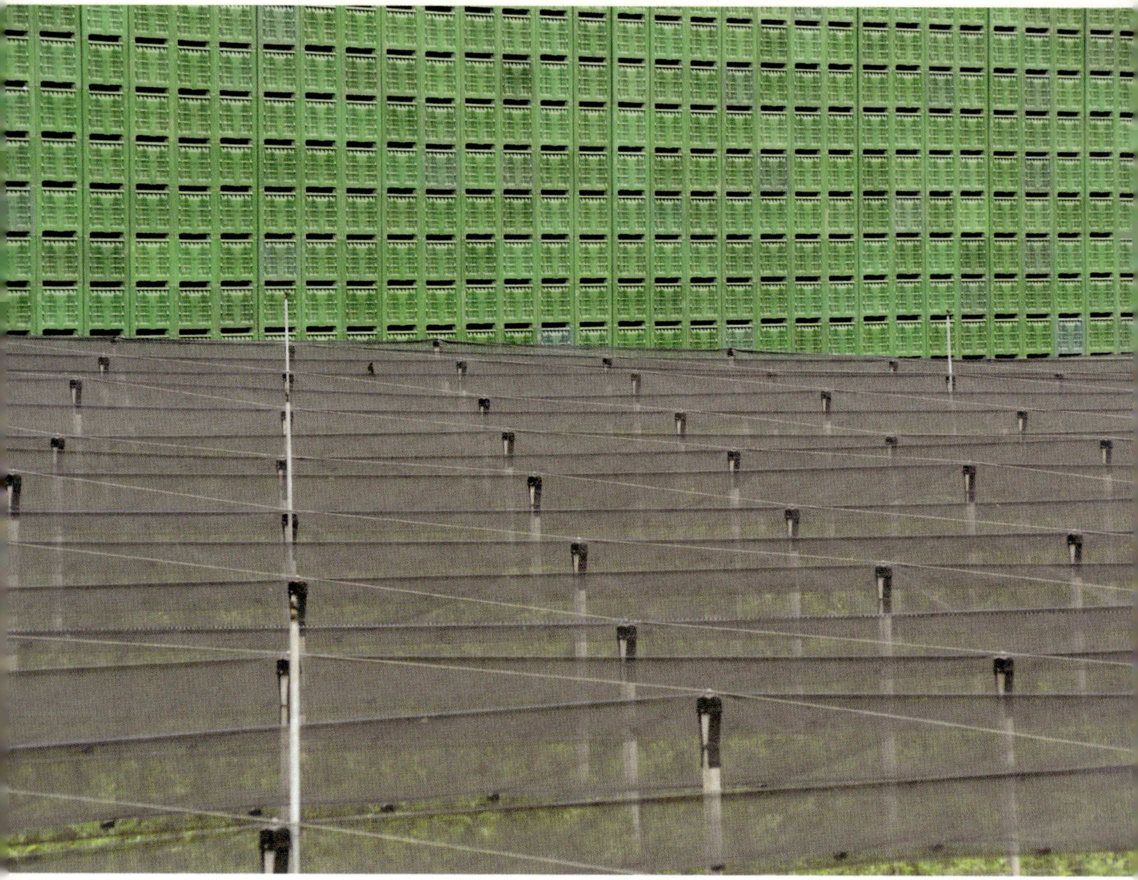

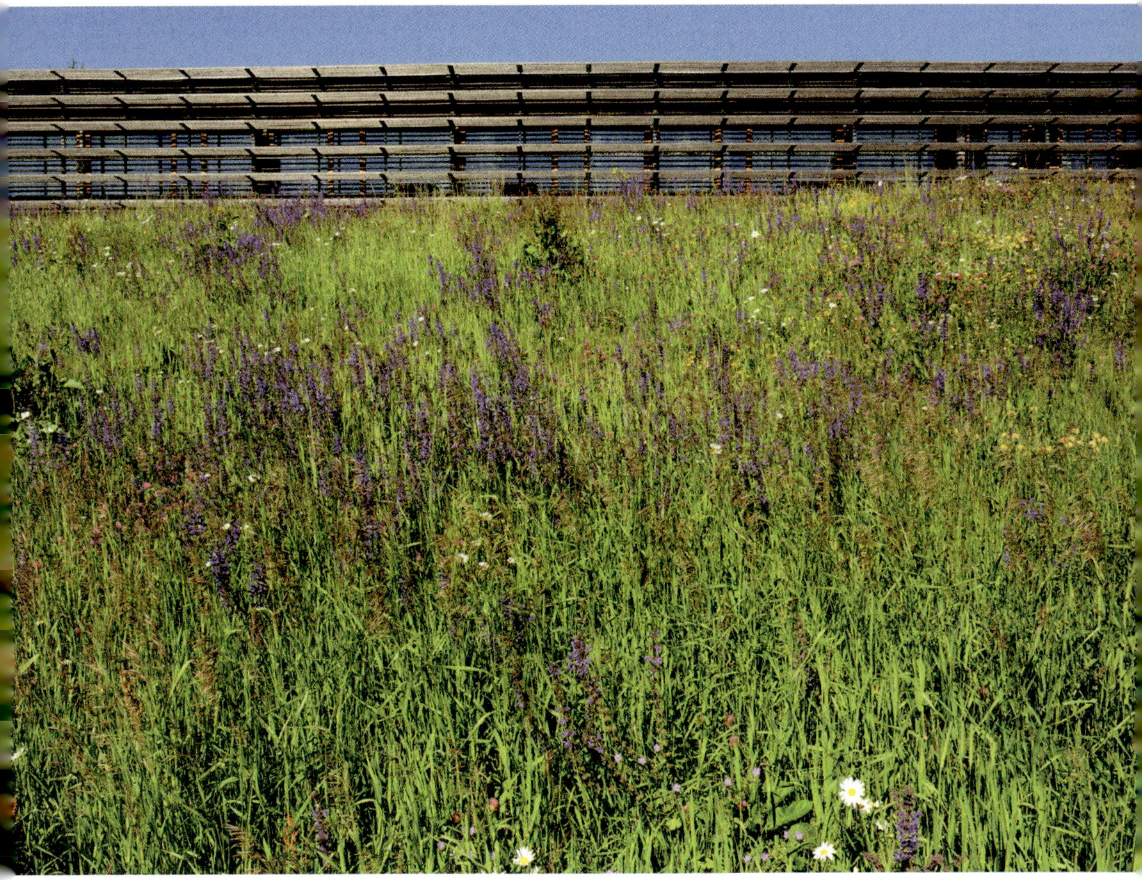

Susanne Waiz

Facetten einer Architekturlandschaft
VON LOKALEN EIGENHEITEN ZUM EUROPÄISCHEN KONTEXT

Der Anlass

»Die Region, das ist das Echte, das Authentische, das Gewachsene. Ihr Gegenteil ist der Import. Die Region ist jene mythische Gegend, in der Widerstand geleistet wird. Gegen die Globalisierung, gegen die Anonymisierung, gegen den Lauf der Welt schlechthin.«[1] Oder gegen die Truppen Napoleons und die bayerische Politik, gegen den übermächtigen Feind, gegen die Großmächte, zu deren Spielball die Grafschaft Tirol vor 200 Jahren wurde. Die Aufsässigkeit der Tiroler ist der Anlass für diese Publikation: Wo steht Tirol heute?

Ausgehend von Politik und Gesellschaft befasst sich dieser Beitrag mit der zeitgenössischen Architektur in Südtirol: Unter welchen Bedingungen entsteht sie? Und wo positioniert sie sich im Architekturschaffen Europas?

Autonomie und Entspannung

Der Erste Weltkrieg besiegelte das Ende des Vielvölkerstaates Österreich-Ungarn. In der Folge zerbrach auch die Grafschaft Tirol: Der Norden und Osten wurden als Bundesland Tirol ein Teil der neuen Republik Österreich. Die Gebiete südlich des Brenners – Südtirol und Welschtirol – wurden durch den Friedensvertrag von St. Germain hingegen dem Königreich Italien zugesprochen. Damit begann für Südtirol ein leidvolles Kapitel seiner Geschichte. Ab den frühen 1920er Jahren betrieb die faschistische Regierung die »Italianisierung« der Region; Ziel war die kulturelle Assimilation der Minderheiten. Die Zuwanderungs- und Umsiedlungspolitik im faschistischen »Ventennio« hat das demographische Verhältnis der Sprachgruppen, vor allem in Bozen und im Unterland, stark verändert. Die Landeshauptstadt wuchs von 35.000 auf 100.000 Einwohner. Auch in den Jahrzehnten nach dem Zweiten Weltkrieg bestimmte die Angst vor einem weiteren Zuzug aus dem Süden die Politik in Südtirol: Man war bestrebt, die Rechte der deutschsprachigen und der ladinischen Bevölkerung durch den Ausbau der Autonomie zu festigen. In Bozen entstanden – säuberlich getrennt – deutsche und

Bibliothekszentrum, Christoph Mayr Fingerle

italienische Viertel: Man lebte nebeneinander, kommunizierte kaum und machte sich seine eigenen Gedanken über die Zukunft. Auf diese Weise haben sich über Jahrzehnte hinweg parallele, ethnisch fundierte Welten herausgebildet. Erst die autonomiepolitische Befriedung der Südtiroler Gesamtsituation und die damit verbundene Annäherung der verschiedenen Sprach- und Volksgruppen haben den Abbau dieser Barrieren begünstigt.

Ab Mitte der 1990er Jahre entstanden vor allem in der Landeshauptstadt wieder Kinos, Lokale sowie zahlreiche kulturelle und kommerzielle Einrichtungen. Im Norden und Süden der Stadt wurden Wohnbau- und Gewerbezonen ausgewiesen, um den über Jahrzehnte ignorierten Bedarf zu decken. Südtirol begann sich zu öffnen. Die Gründung der »Europäischen Akademie Bozen« (1992), einer post-gradualen Forschungseinrichtung, und der »Freien Universität Bozen« (1998) waren Zeichen in diese Richtung. Besonders bemerkenswert ist das Projekt eines dreisprachigen Bibliothekszentrums in Bozen, das noch vor zehn Jahren politisch undenkbar gewesen wäre und die Frucht der politischen Entspannung ist.

Tradition und Aufbruch

In Folge der Autonomie und begünstigt durch eine zielstrebige Politik hat sich in Südtirol ein unübersehbarer Wohlstand ausgebreitet. Der Tourismus boomt, die Landwirtschaft besteht vor allem aus ertragsintensiven Monokulturen, neue Handwerks- und Gewerbezonen lagern sich wie Fettaugen um jeden größeren Ort. Der neue Reichtum verändert die Landschaft, das Ortsbild und die Kultur. Es ist eine Zeit des Umbruchs und der Entwicklung, in der naturgemäß auch viel »den Bach hinuntergeht«. Was alt ist, fällt der Erneuerungswut zum Opfer. In manchen besonders tüchtigen Gemeinden finden sich kaum noch Spuren vom alten Ortsbild. Dafür dienen Neubauten oft als Surrogat: Sie sollen durch applizierte Stilelemente eine »neue alte Welt« vorgaukeln. Der Fortschritt oder das, was man dafür hält – begradigte und verbreiterte Straßen, Einkaufszentren und Wellnesshotels –, wird fast immer vorbehaltlos akzeptiert, stehen dahinter doch massive ökonomische Interessen. Die Fortschrittsgläubigkeit und das Festhalten an tradierten Formen und Werten – ohne Wenn und Aber – sind die Kehrseiten einer Medaille, Indikatoren einer in ihrem Grunde gespaltenen Gesellschaft. Eine betont oberflächliche, von Wohlstand getragene Lebensführung soll diesen inneren Riss kitten.

Der neue Reichtum verändert die Landschaft.

Schlechte Voraussetzungen für eine lebendige, zeitgemäße, regionale Baukultur: Im Grunde möchten die erfolgreichen Geschäftemacher ja ihre bäuerliche Herkunft verleugnen und verachten die eigene Geschichte, die von einem bescheidenen, einfachen Leben handelt. Geschichte und Häuser werden lieber nach den Kriterien einer guten Vermarktung »zurechtgebogen«: Einzelne, besonders typische und pittoreske Elemente werden aus der Gebäudetypologie isoliert und als pars pro toto auf Neubauten appliziert.

Es ist schwierig, den Schutzschild von Alpenkitsch zu durchbrechen, denn unschuldig wird als Ortsverbundenheit ausgegeben, was eigentlich Entfremdung ist. Generationen von Architekten haben sich daran die Zähne ausgebissen, während andere bestens daran verdienen. Seit einigen Jahren gibt es jedoch eine Gegenströmung: Starke, auf den Ort bezogene Projekte durchbrechen das dumpfe Klischee. Doch jetzt müssen wir des Öfteren in der Zeitung lesen, dass ein italienischer Politiker oder ein Architekturkritiker in seinem Urlaub im schönen Südtirol auf ein unsägliches neues Objekt gestoßen ist – völlig fremd in seiner Umgebung, abstoßend modern.

Die belastete Moderne

Die unterschiedliche Sichtweise und Beurteilung von Bauwerken betrifft in Südtirol naturgemäß vor allem die Bauten des Faschismus und der Nachkriegszeit. Architektur wird hier zum Symbol für die Politik und Gesellschaft einer Epoche, die von den Sprachgruppen gegensätzlich beurteilt wird: Die »Italianisierung«

Mehrzweckgebäude am Bühel, St. Jakob im Ahrntal, Heinrich Mutschlechner und Gerhard Mahlknecht

Südtirols war für viele der neu zugewanderten italienischen Familien ein hoffnungsvoller Neubeginn, während sich die deutschsprachige Bevölkerung in ihrer Existenz bedroht fühlte. Daher fällt es noch heute schwer, objektiv über die Bauten dieser Zeit zu sprechen und eine emotionslose Debatte über baukulturelle Werte zu führen. Der Architekturkritiker Winfried Nerdinger bezeichnet die Architektur einer Epoche als »die stärkste Form der optischen Erinnerung in einer Stadt an ein geschichtliches Ereignis«[2]. Durch die zu Stein gewordene Geschichte wird die Öffentlichkeit permanent mit der Vergangenheit konfrontiert. Deshalb kann es nicht überraschen, dass in den letzen Jahrzehnten bereits einige bedeutende Bauten aus der Zeit des Faschismus zerstört worden sind, wie etwa das von Armando Ronca entworfene Drusus-Kino (1938–1940) oder der Sitz der FIAT-Filiale in Bozen (Baubeginn 1940). Auch das »Semirurali«-Viertel, eine Gartenstadt im Süden Bozens, und große Teile der alten Industriezone sind aus dem Stadtbild verschwunden.

Zwar konnten in den 1920er Jahren auch noch einige Österreicher wie Baumann, Holzmeister und Welzenbacher Bauten in Südtirol errichten, der »Stempel der Moderne« blieb jedoch am faschistischen Regime Italiens haften. Und so werden Bau-

Historische Aufnahme der Mittelschule Sand in Taufers, Hermann Trebo

ten der Moderne in Südtirol bis in die Gegenwart mit fremdherrschaftlichem Bauen assoziiert. Besonders das Flachdach stößt im ländlichen Raum noch immer auf Widerstand und wird von den Baukommissionen abgelehnt. Immer wieder haben junge Architekten – frisch nach dem Studium in der Großstadt – versucht, modernes Bauen in Südtirol durchzusetzen. »Auf der Dorfansicht aus dem Jahr 1976 wirkt die Mittelschule von Sand in Taufers bestechend modern: Unmittelbar neben der Kirche und dem Widum signalisiert das weiß leuchtende zweigeschossige Schulhaus mit Flachdach den Einzug der Moderne ins Ahrntal. Der Bozner Architekt Hermann Trebo hat die Klassenzimmer um einen Zentralraum gruppiert. Lichtschächte sorgen für eine zweiseitige Belichtung der Unterrichtsräume. […] Mitte der 1980er Jahre erlitt das Schulhaus dasselbe Schicksal wie viele seiner zu modernen Zeitgenossen: Dem Flachbau wurde ein steiles Pultdach aufgesetzt. Hermann Trebo hat – schweren Herzens – diesen Umbau selber geplant.«[3]

Ähnlich erging es der Mittelschule »Josef Röd« in Bruneck: Dem feingliedrigen, flachen Baukörper aus den 1970er Jahren wurde ein Walmdach aufgesetzt. Demnächst soll dieses Dach jedoch wieder entfernt werden – eine späte Genugtuung für den Architekten Franz Prey.

Die Überwindung des Regionalismus

Bereits 1939 hatte die »Arbeitsgemeinschaft der Optanten« mit der grafischen Erfassung von Südtiroler Bauernhöfen begonnen. Von 1940 bis 1943 führten Fachgruppen der »Kulturkommission Ahnenerbe« die Erhebungen in ganz Südtirol fort. Die Höfe sollten später in den neuen Siedlungsgebieten für Südtiroler Optanten originalgetreu wieder aufgebaut werden. Irrtum und Wahn einer verunsicherten und krisengeschüttelten Gesellschaft? Nach dem Krieg jedenfalls bauten dieselben Architekten, die zuvor Bauaufnahmen von alten Hoftypen anfertigten, in einem rückwärtsgewandten Heimatstil weiter. Im Vordergrund stand die Sorge vor einer Vereinnahmung durch die italienische Kultur, was eine kritische Auseinandersetzung mit der eigenen Vergangenheit erschwerte. »Es nimmt nicht wunder, dass es nach 1945 zu dem merkwürdigen Verschnitt von NS-Architektur und alpinem Regionalismus kam, der im Verein mit den Interessen des prosperierenden Fremdenverkehrs zu jener baulich verkitschten Situation führte, die mit ihrem intoleranten Selbstverständnis heute noch jede wirkliche Architekturdiskussion erstickt.«[4]

Nur wenigen Architekten der Nachkriegszeit gelang es, aus der Bautradition weiterführende Konzepte zu entwickeln. Einer davon ist der in Cortina d'Ampezzo wirkende Edouardo Gellner, den Friedrich Achleitner als »großen Bauforscher der Moderne«[5] bezeichnet. Seine Verwendung von Holz und Beton erinnert an die pittoreske Sinnlichkeit der anonymen Architektur friaulaner Bergdörfer. Seine Architektur wurzelt in der Tradition, aber er kopiert sie nicht. »Die Ergebnisse der Rezeption werden zwar für die Konzeption fruchtbar, aber gefiltert, transformiert. Genau hier liegt die Grenze zwischen Regionalismus und regionalem Bauen, zwischen Historismus und Moderne, zwischen alpinem Kitsch und neuem Blick auf die Bergwelt.«[5]

In Südtirol fehlt so jemand wie Edouardo Gellner. Während sich die einen im biederen Regionalismus verkrochen, Haustypologien erstellten und rigide Regeln für die Erneuerung und Weiterentwicklung derselben aufstellten, brachte ab den 1960er Jahren eine neue Architektengeneration frischen Wind nach Südtirol. Persönlichkeiten wie Othmar Barth, Helmut Mauerer, Franz Prey und Rudi Zinggerle versuchten mit viel Selbstbewusstsein – teilweise auch erfolgreich –, moderne Bauformen durchzusetzen. Zu einer Annäherung zwischen den gegensätzlichen Auffassungen kam es jedoch nicht.

Biederer Regionalismus und frischer Wind

Dies ist mit ein Grund dafür, dass sich in den 80er-Jahren die Architektur der Postmoderne in Südtirol so rasch verbreiten konnte und auch in der Bevölkerung großen Anklang fand. Mit ihren fantasievollen Formen und historischen Zitaten erinnerte sie wenigsten nicht an die verhasste Architektur des *Razionalismo*.

Durch den Graubündner Architekten Gion Caminada und seine Thesen über die Erhaltung des Dorfes erhält das Thema »Bauen auf dem Land« um die Jahrtausendwende einen starken neuen Ansatz: Klima, Topographie, Geschichte und Bewirtschaftungsmethoden bilden für Caminada die Konstanten des Ortes und sind Grundlage einer neuen Architektur, die sich gegen einen rückwärtsgewandten Regionalismus richtet.

Auf Gebautem bauen

Über Jahrzehnte haben sich die Architekten vor allem mit Neubauten beschäftigt. Besonders im deutschen Sprachraum war die Denkmalpflege an den Universitäten ein »Nebenfach«. Erst gegen Ende des 20. Jahrhunderts wird das Bauen im Bestand wieder zu einer häufigen und wichtigen Bauaufgabe. Die theoretische Basis dafür ist immer noch die Charta von Venedig (1964), die eine klare Unterscheidung von alten und neuen Bauteilen fordert. Diese historisch korrekte, geschichtsorientierte Sichtweise der Denkmalpflege wird jedoch zunehmend infrage gestellt: Historische Bausubstanz und Denkmale im Besonderen sind Architektur und haben Anspruch auf eine ästhetische und gestalterische Einheit. Das Selbstbewusstsein und die Sicherheit im Umgang mit dem Altbestand gründen sich immer öfter auf die Ergebnisse einer modernen und wissenschaftlich betriebenen Bauforschung.

Vorbildlich ist in diesem Sinne der Umbau von Schloss Tirol zum Museum der Kultur- und Landesgeschichte (2000–2003). Die umfangreichen Bauuntersuchungen ließen die Burganlage zu einem Vorzeigeobjekt für die Bauforschung und Denkmalpflege werden. Die gewonnenen Erkenntnisse waren die Grundlage für das Projekt. Die Burg selber ist das wichtigste Exponat, anhand ihrer Bauphasen wird die Landesgeschichte erzählt.

Einen anderen Ansatz verfolgt Werner Tscholl beim Umbau der zur Ruine verkommenen Burg Sigmundskron bei Bozen (2003–2006). Der Eingriff soll reversibel sein und auf diese Weise die Substanz schonen. Ob der Wehrgang aus rostrotem Stahl und die Stahlstrukturen in den zylinderförmigen

Landesmuseum Schloss Tirol, Markus Scherer und Walter Angonese

Burg Sigmundskron, Werner Tscholl

Eckrondellen tatsächlich »abnehmbar« sind, danach fragt heute niemand mehr. Zu sehr überzeugt der Eindruck der Gesamtanlage: Der Ruinencharakter der mittelalterlichen Verteidigungsanlage steht im Einklang mit der zurückhaltenden Adaptierung für die neue Nutzung.
Die Landesverwaltung spielt bei den Sanierungsprojekten eine Schlüsselrolle: Sie erwirbt in ganz Südtirol Burganlagen, Ansitze und andere historische Bauten, um sie durch Sanierung und neue Nutzung vor dem Verfall zu retten. Auf diese Weise entstehen ab Mitte der 1990er Jahre zahlreiche Landesmuseen (vom Bergbaumuseum in Steinhaus bis zum Touriseum auf Schloss Trauttmansdorff), aber auch Schul- und Verwaltungsbauten wie die Oberschule für Landwirtschaft im Ansitz Baumgarten in Auer oder die Landesämter in der Schlandersburg.
Die europäische Kunstbiennale »Manifesta 7«, die 2008 in Südtirol und im Trentino stattfand, bot die Gelegenheit, die ehemalige Verteidigungsanlage Franzensfeste im Eisacktal (errichtet in den Jahren 1833–1838) und die Aluminiumwerke in Bozen (aus den 1930er Jahren) zu sanieren und öffentlich zugänglich zu machen. Der Eingriff ist in beiden Fällen reduziert, ja minimalistisch und belässt die Spuren der früheren Nutzung.

Baukultur braucht Wettbewerb
Am Wettbewerbswesen ist einiges auszusetzen: Es ist selbstausbeuterisch für die Architekten, verschleißt kreatives Potenzial und ist ein System, das manche Auslober gezielt für ihre Zwecke ausnutzen (mehr Kubatur, ein besseres Image etc.). Immerhin ist es aber eine Form der Auftragsvergabe, bei der die architektonische Qualität der Projekte entscheidet. Hätten alle europäischen Länder ein so transparentes und offenes Wettbewerbswesen wie Südtirol, dann hätten wir bei uns nicht so viele Teilnehmer. Eine wirkliche Alternative zum Wettbewerb ist jedenfalls noch nicht gefunden und daher scheint es sinnvoll, weiter an der Verbesserung des Systems zu arbeiten.

Franzensfeste, Markus Scherer

Ab den 1970er Jahren hat vor allem die Landesverwaltung bei der Ausschreibung von Wettbewerben Initiative gezeigt, maßgeblich gefördert von Ressortdirektor Josef March, der damit die Qualität der Architektur verbessern und öffentliches Bauen zur Diskussion stellen wollte. Mit den Jahren wurde es selbstverständlich, dass die Wettbewerbsergebnisse öffentlich vorgestellt, in Ausstellungen präsentiert und in einer Broschüre publiziert wurden. Dies alles wurde Teil des Wettbewerbswesens, nicht zuletzt durch die Arbeit eines eigenen Ausschusses für Wettbewerbe der Architektenkammer.

Alle Großprojekte der öffentlichen Verwaltung sind aus Wettbewerben hervorgegangen – angefangen bei der Europäischen Akademie und den Universitätsbauten in Bozen und Brixen bis zum 2008 fertig gestellten Museion in Bozen. Viele Schulbauten sind ebenfalls Wettbewerbserfolge, beispielsweise die neue Berufsschule für Handwerk und Industrie in der Romstraße in Bozen oder die Berufsschule »Christian Josef Tschuggmall« in Brixen. Für letztere wurde 1996 ein internationaler Planungswettbewerb ausgeschrieben. Das Siegerprojekt überzeugte die Jury durch das außerordentlich kompakte und funktionelle Konzept und seine sachliche, moderne Architektur. Das realisierte Schulgebäude hat neben diesen Qualitäten aber

Berufsschule »Christian Josef Tschuggmall«, Siegfried Delueg

auch überraschend poetische Seiten, die durch gekonnte Lichtführung, Farbe und Material erreicht werden.

Auch die Berufsschule für Handwerk und Industrie in der Bozner Romstraße ist ein überzeugendes Bekenntnis zur Moderne, konstruktiv und funktionell geplant und im Detail perfekt umgesetzt. Drei parallele Riegel von unterschiedlicher Länge und Höhe sind im rechten Winkel zur Romstraße gesetzt. Der Riegel am Platz betont »sur pilotis« den Eingang ins Schulgebäude. Der zentrale, glasgedeckte »Schulhof« gehört zu den schönsten architektonischen Überraschungen in Bozen: Mühelos erkennt der Besucher die Struktur des Gebäudes, die Treppenanlagen an den Stirnseiten sind mit feinem Metallgewebe abgeschirmt, während man unter dem Boden aus Glasbausteinen bereits die Turnhalle erahnen kann.

Beide Berufsschulen sind mit Architekturpreisen ausgezeichnet worden.

Aus dem Bauch heraus

Den Tirolern wird nachgesagt, sie seien kurz angebunden, wortkarg und ohne Sinn für die Dialektik. Diese Einschätzung kann nicht ganz falsch sein, denn in meiner

Berufsschule Romstraße, Thomas Höller und Georg Klotzner

ersten Zeit in Südtirol war ich oft fassungslos, wie kurz ein Dialog in Tirol sein kann. Die Antworten sind ebenso knapp wie unverbindlich, so dass kein Raum für weitere Diskussionen bleibt. Das war's.

Die Eigenheit im Umgang mit der Sprache findet ihr Gegenstück im praktischen, oft auch pragmatischen Herangehen an Alltagsprobleme. Statt nächtelang zu diskutieren, zieht man die Sache lieber durch. Auf der Baustelle zeigen sich die Vorteile dieses Systems: Statt Makulatur zu produzieren, wird oft vor Ort eine einfache Lösung gefunden. Voraussetzung für diese Arbeitsweise sind gute Handwerker, praktisch denkende Architekten und eine große Portion Flexibilität.

Die Gründe der Schweigsamkeit liegen im Dunkel – die Berge, die Geschichte und was sonst noch alles dafür verantwortlich gemacht wird. Dem Lebenswerk des Tiroler Architekten Josef Lackner ist folgende Bemerkung vorangestellt: »Seinem Charakter entsprechend sollte kein fremder Kommentar das Bild seiner Arbeiten

Station Kastelbell, Walter Dietl

›stören‹, keine externe Interpretation seinen Intentionen und Konzepten beigestellt werden. Er wollte alleine bleiben mit seinen Gedanken und seinen Projekten, nicht weil er diese für sich geplant und gebaut hatte, sondern weil er den architekturpublizistischen Texten sowie Interpretationen misstraute und diese bis zu einem gewissen Grad ›verachtete‹.«[6]

Auch der Vinschger Architekt Walter Dietl passt gut ins Klischee des wortkargen Pragmatikers: »Im Werk Dietls steht nicht der Wille zu gestalten im Vordergrund, sondern die Suche nach einfachen und funktionellen Lösungen. Einfach bauen. […] Walter Dietl gehört nicht zu den Architekten, die gerne über ihr Werk sprechen. Wie sein von im verehrter Lehrer Josef Lackner misstraut er Worten und Interpretationen. Lieber möchte er ›einfach bauen‹, sich vom Gefühl leiten lassen, von seiner reichen Erfahrung und den Wünschen seiner Bauherrn.«[7] Bei der Erneuerung der Stationen der Vinschger Bahn zeigt sich Dietls Gabe für einfache und zweckdienliche

Konzepte: Die Bahnsteigüberdachungen aus verzinktem Stahl und Lärchenholz gehören zu den wenigen ebenso praktischen wie ästhetisch gelungenen Lösungen auf diesem Gebiet.

Im Sog des steigenden medialen Interesses an der neuen Architektur in Südtirol hat nicht nur Walter Dietl seine etwas störrische und geheimniskrämerische Haltung abgelegt. Noch recht zaghaft, aber immer öfter, stellt man sich dem internationalen Vergleich. Die Zeiten der Eigenbrötelei sind endgültig vorbei.

Über den Tellerrand

Wenn man über Initiativen zur Förderung der Architektur in Südtirol redet, so muss man zuallererst von »Sexten Kultur« reden. Die Idee zu dieser Veranstaltung hatte Christoph Mayr-Fingerle, der sie auch von Anfang an kuratierte. 1989 wurde in Sexten erstmals über die Beziehungen zwischen städtischem und ländlichem Raum, Architektur und alpiner Natur diskutiert. Mit dabei waren renommierte Architekturtheoretiker wie Friedrich Achleitner aus Wien und Fulvio Irace aus Mailand. Parallel dazu gab die Ausstellung »Hotelarchitektur im Alpenraum 1920–1940« einen Überblick über die neuen und modernen Formen der Tourismusbauten im alpinen Raum. 1990 stand das Thema »Architektur, Natur und Technik« auf dem Programm. In der Schlussdiskussion entstand die Idee zu einem Architekturpreis. Es war das Anliegen der Initiatoren von »Sexten Kultur«, »exemplarische Bauten und Projekte aufzuspüren, um das zeitgemäße Bauen in den Alpen zu fördern und um Architektur als wichtiges kulturelles Anliegen einer breiten Öffentlichkeit zugänglich zu machen«. Als der Architekturpreis »Neues Bauen in den Alpen« 1992 erstmals vergeben wurde, hielt kein Bauwerk aus Südtirol den Auswahlkriterien stand. Dies führte zwar zu einem heftigen Murren unter den Südtiroler Kollegen, aber auch zu einer stärkeren Auseinandersetzung mit dem, was rund um Südtirol herum geplant und gebaut wurde.

Sexten Kultur als Impulsgeber für Südtirol

Weitere Architekturpreise wurden 1995, 1999 und 2006 vergeben. Im Jahr 1999 wurde erstmals auch ein Südtiroler Projekt prämiert: das fragile Glasdach auf Schloss Juval von Robert Danz.

2006 erhielten das Weingut Manincor in Kaltern (Walter Angonese, Silvia Boday, Rainer Köberl) und das Fernheizwerk Sexten (Siegfried Deluag) die begehrte Auszeichnung, Othmar Barth wurde mit dem Ehrenpreis für sein Lebenswerk bedacht.

Die Rekordzahl von 419 eingereichten Projekten zeigt die internationale Bedeutung der Initiative. Vermutlich ist dieser Preis, zusammen mit der Ausstellung und dem Katalog, eine weitaus bessere Reklame für das Land Südtirol und die Gemeinde Sexten als viele kitschige Werbeprospekte. Gute Architektur kann das Image eines

Urlaubslandes nachhaltig verbessern. Eine Weiterführung dieser Initiative ist daher dringend zu empfehlen.

Oder andersherum: Südtirol hat keine Architekturschule und auch kein »Haus der Architektur«. Da wäre es nur gut, wenn uns wenigstens »Sexten Kultur« erhalten bliebe.

Regeln für den, der in den Bergen baut

Oft taucht der Wunsch auf, für die unterschiedlichen Orte und Landschaften Südtirols ein spezifisches Regelwerk zu erstellen, das durch die Vorgabe von Architekturelementen, Farbskalen und Materialien den Bruch mit der Bautradition verhindert. Man erwartet sich davon ein harmonisches Ortsbild, das von keinem Fremdkörper gestört wird. Ähnlich agiert auch die Denkmalpflege, wenn sie vorschreibt, dass neue Gauben auf alten Dachlandschaften nicht mehr als einen Meter zwanzig breit sein dürfen. Doch manchmal ist schon das zu viel, ein anderes Mal wäre eine größere Öffnung sogar besser. Ihren Ursprung haben solche Regelwerke meist in der Unsicherheit bzw. Unfähigkeit, die (geplante) Architektur in ihrem Umfeld zu beurteilen. Das überwiegend mit Kunsthistorikern besetzte Denkmalamt tut sich bei der Beurteilung architektonischer Projekte ebenso schwer, wie die überwiegend mit Laien besetzten Baukommissionen. Daher ist die Idee, »Zehn Gebote für eine gute Architektur« zu erlassen verführerisch. Wer klare Regeln setzt, kann nichts falsch machen. So sah es wohl auch Martin Rudolph-Greiffenberg, als er im Jahr 1956 die »Grundlagen alpenländischen Bauwesens«[8] formulierte. Greiffenberg fordert kubische, klar umrissene Baukörper über einem viereckigen Grundriss. Die Haushöhe ist auf ein bis zwei Geschosse beschränkt. Das Satteldach hat eine Neigung von 20 bis 24 Grad. Als Baumaterial lässt Greiffenberg nur geputztes Mauerwerk und naturbelassenes Holz gelten. Diese Angaben sind so präzise wie ein Kochrezept. Wie anders klingen da die »Regeln für den, der in den Bergen baut« (1913) von Adolf Loos: »Achte auf die formen in denen der bauer baut. Denn sie sind der urväterweisheit geronnene substanz. Aber suche den grund der form auf. Haben die fortschritte der technik es möglich gemacht, die form zu verbessern, so ist diese verbesserung zu verwenden. Der dreschflegel wird von der dreschmaschine abgelöst.«[9] Und während wir die Thesen von Loos noch heute mit Bewunderung lesen, können wir das Rezept von Greiffenberg nur mehr belächeln.

Bauen ist ein Prozess: Die Entwicklung ist offen, die Zukunft kennen wir nicht. Deshalb bezeichnet der Schweizer Architekt Bruno Reichlin den Begriff »alpine Architektur« auch als kulturelles Konstrukt und reine »Arbeitshypothese für die Architekturkritik«.[10] Denn »angesichts neuer Werke ist das ›Corpus‹ alpiner Architektur selbst einer ständigen Revision ausgesetzt. Wie im angelsächsischen Recht schreibt jedes Urteil die Rechtsprechung fort.« Aus diesem Grund werden wir auch in Zukunft auf objektive, aber stupide Regeln verzichten müssen.

> Rigide Bauvorschriften verhindern gute Projekte.

Universität Bozen, Roberto Azzola und Matthias Bischoff

Eine bildungspolitische Offensive

Die Gründung der Freien Universität Bozen im Oktober 1997 war in Südtirol einer der wichtigsten Impulse des 20. Jahrhunderts. Die Universität ist nicht staatlich und stärkt durch ihr mehrsprachiges Konzept das Miteinander der Sprachgruppen. Sie belebt die Brückenfunktion zwischen dem italienischen und dem deutschen Kulturraum, die Bozen seit jeher eingenommen hat. Die Freie Universität Bozen hat heute drei Standorte: Während für die Universität für Tourismus in Bruneck das ehemalige Neustifter Amtsgebäude im historischen Zentrum adaptiert wurde, sind in der Landeshauptstadt und in Brixen neue Universitätsbauten entstanden.

Der Standort der Universität in Bozen ist glücklich gewählt: Das Areal des ehemaligen Krankenhauses schließt sich unmittelbar an den mittelalterlichen Stadtkern an und bietet optimale Voraussetzungen für die Wechselbeziehungen zwischen Universität und Stadt. Den 1998 ausgeschriebenen Planungswettbewerb haben die Züricher Architekten Roberto Azzola und Matthias Bischoff gewonnen. Die gut proportionierten Bauköper für die Bibliothek, die beiden Fakultätsgebäude und die Hörsäle sind mit größter Selbstverständlichkeit auf dem Grundstück platziert. Sie bilden im Verbund mit den schützenswerten Spitalsbauten eine neue Großform, die den Stadtraum verdichtet und gliedert. Der Sernesiplatz wird durch den Bibliotheksbau neu gefasst und erhält jene städtische Atmosphäre, die Luis Plattner mit dem 1950 errichteten Hochhaus bereits vorweggenommen hat.

Für die Universität in Brixen setzten die Stuttgarter Architekten Jens Oberst und Regina Kohlmayer einen quadratischen Baukörper an den Saum der Altstadt, dessen elementare Form selbstbewusst auf die Bedeutung der neuen Universität verweist und sich typologisch auf die Form des Hofes mit Kreuzgang bezieht. Im dialektischen Spiel der Elemente wird der Hof jedoch zum eigentlichen Kern des Neubaus, in dem sich die öffentlich zugänglichen Bereiche der Universität befinden: Foyer, Hörsäle, Aula Magna und Bibliothek sind wie die Flügel einer Windmühle um eine zentrale Treppe angeordnet. Schmale Lichthöfe trennen den Kern vom äußeren Geviert und setzen eine Zäsur zwischen die gegensätzlichen Bauteile: Der kraftvollen Vertikalen des Kerns steht die Horizontale des äußeren Rings gegenüber. Diese »Zwischenräume« zeigen, besser als jeder andere Ort im oder um das Gebäude, die Verdichtung der verschiedenen Bauteile zur Großform.

Nur im Erdgeschoss ist der Kern offen und frei zugänglich, da der äußere Ring auf Stützen steht. In den drei Obergeschossen befinden sich die Bereiche für Forschung und Lehre, mit Ausblick auf Stadt und Landschaft, während sich die umlaufende Erschließung, einem Kreuzgang gleich, nach Innen orientiert.

Gerade die beiden Universitätsbauten werden häufig kritisiert, weil sie sich angeblich nur mangelhaft in ihr städtisches Umfeld integrieren. Beide Projekte setzen durch ihr großes Bauvolumen einen neuen Maßstab. Bei der Universität in Bozen erfolgt der Schritt zur Verdichtung – ähnlich wie beim Umbau des Ex-GIL-Gebäudes an der Drususbrücke zur Europäischen Akademie – durch unterschiedliche, geschickt platzierte Baukörper. Die Universität in Brixen zeigt hingegen eine autarke Großform. Ihre geometrische Strenge widersetzt sich naturgemäß einer nahtlosen Integration ins Stadtbild. Das sollte dem Bau jedoch zugestanden werden – nicht nur wegen seiner besonderen Funktion, sondern auch wegen seiner tadellosen architektonischen Gestaltung.

Das europäische Niveau

Die Frage, ob Südtirols Architektur europäisches Niveau hat, führt zurück zum Anfang. Scheint in ihr doch das Trauma des deutschsprachigen Südtirols – die Angliederung an Italien – mitzuschwingen und, damit verbunden, was dieses Ereignis für die kulturelle Tradition denn tatsächlich bedeutet. Die Ausgrenzung aus dem deutschen Sprachraum und das Dilemma, sich in einem neuen Kontext zu befinden – der zwar verschiedene Vorteile bringt, doch nicht zu einem neuen Ganzen werden soll und darf –, nähren die latente Sorge um die eigene »Vollwertigkeit«. Trotz wirtschaftlichem Erfolg und hohem Lebensstandard fühlen sich die Südtiroler auffallend oft »provinziell« und »hinter den Bergen«.

Dabei ist der Vergleich eigentlich absurd, denn die Architektur hat in Europa generell *kein* hohes Niveau. Sie ist inflationär, kurzlebig und mit gewaltigen Spekulationen verbunden. Nur für besonders wichtige Bauten werden Planungswettbewerbe ausgeschrieben. Große Unternehmen wollen durch auffällig gestaltete Firmensitze von berühmten Architekten ihr Image verbessern und hier und da stellen sensible private Bauherrn eine lobende Ausnahme in die Landschaft. Ein Großteil des heute Gebauten ist jedoch belanglose bis grausam schlechte Architektur. Und das ist in Südtirol nicht anders als anderswo.

Universität Brixen, Jens Oberst und Regina Kohlmayer

»Das Gefährliche an Mitteleuropa ist seine Nichtexistenz«, meint Friedrich Achleitner. Das könnte man freilich auch für Nord- und Südeuropa behaupten – erst recht für seine Architektur. Es gibt eine Tessiner und eine Grazer Architektur, aber eine europäische Architektur, die gibt es nicht. Somit ist auch kein Vergleich möglich. Wenn wir aber mutig sind, dann sollten wir unsere Architektur beispielsweise mit jener von Graubünden vergleichen, so geschehen in der Ausstellung »Werdende Wahrzeichen« (2007) im Kunsthaus Meran.[11]

Die Wahrzeichen sind »werdend«, das heißt Projekte und eigentlich rein »gesellschaftliche, ökonomische und baukünstlerische Zuversichten«, die »das Zeug zu einem Wahrzeichen haben«. Im Kanton Graubünden stehen aber auch etliche gewordene Wahrzeichen und es gibt starke alte Ortsbilder. Die bemerkenswerte Dichte von gut Gebautem führt Köbi Gantenbein auf die Schönheit der Landschaft – »ein Berg ist ein anspruchsvoller Maßstab für einen Architekten« –, aber auch auf handfeste ökonomische Gründe zurück, denn »im Kanton ist ein Bau von 5 Mio. Euro nicht alltäglich, in der Stadt Zürich schon«. Als nächster Eck-

> Eine europäische Architektur, die gibt es nicht

pfeiler der Qualität wird das Raumplanungsgesetz angeführt, das klar und deutlich zwischen Bau- und Nichtbauzone unterscheidet. Und schließlich hat der Architekturwettbewerb seit den 1960er Jahren architektonische Vorbilder hervorgebracht. Soweit Graubünden.

Die Landschaft in Südtirol ist nicht minder schön und ergreifend. Allerdings übersteigt die Größe der Bauvorhaben im neureichen Südtirol schon bald einmal die fünf Millionen Euro. Und das Raumplanungsgesetz verdient diesen Namen nicht, denn es hat mehr Löcher und Hintertürchen, als es Halt bietet. Die Wettbewerbe hingegen reißen uns heraus: Sie haben tatsächlich bemerkenswerte Bauten hervorgebracht und einigen jungen Architekten einen Start ermöglicht. Für die Ausstellung in Meran wurden fünf Projekte aus Südtirol »angehängt«. Bezeichnenderweise sind drei davon aus Wettbewerben hervorgegangen: Das Bibliothekszentrum in Bozen, das Naturparkhaus mit Grundschule und Kindergarten in Villnöß sowie die Werkstätten, Labors und Hochschuleinrichtungen beim ehemaligen Stadelhof in Pfatten.

Naturparkhaus und Grundschule mit Kindergarten in Villnöß

Zeichen der Zuversicht? Die gibt es. Aber wir wissen auch, wo unsere Schwächen liegen: Es wird zu viel, zu groß und zu rasch gebaut, ohne Rücksicht auf den Baubestand, das Ortsbild und die Landschaft. Und vor allem muss das Raumordnungsgesetz wieder zu einem praktischen Instrument werden, einem »Anwendungsgesetz« mit klaren Vorgaben für Techniker und Bauherrn.

Anmerkungen

1 Benedikt Loderer, Lederhosenarchitektur?: Internet http://db.bauzeitung.de, Stand 21.11.2008.
2 Winfried Nerdinger, Umgang mit den Spuren der NS-Vergangenheit – Indizien zu einer Geschichte der Verdrängung, in: Christoph Hölz / Regina Prinz (Hg.), Winfried Nerdinger – Architektur, Macht, Erinnerung. Stellungnahmen 1984 bis 2004, München 2004, S. 134.
3 Susanne Waiz, Lehranstalt für Wirtschaft und Tourismus, Sand in Taufers, in: Autonome Provinz Bozen – Südtirol – Ressort für Bauten (Hg.), Das Land baut. 20 Jahre öffentliche Bauten in Südtirol, Bozen 2008, S. 134.
4 Friedrich Achleitner, Österreichische Architektur im 20. Jahrhundert, Bd. 1, Salzburg / Wien 1980, S. 355.
5 Friedrich Achleitner, Bauen in den Alpen – vor und nach Edouardo Gellner, in: Christoph Mayr-Fingerle (Hg.), Neues Bauen in den Alpen, Architekturpreis 1999, Basel / Boston / Berlin 2000, S. 213.
6 Arno Ritter, Editorial, in: Architekturforum Tirol (Hg.), Josef Lackner, Salzburg, S. 7.
7 Susanne Waiz, Einfach bauen, in: Walter Dietl (Hg.), Einfach Bauen, Lana 2005, S. 178.
8 Martin Rudolph-Greiffenberg, Ausgangspunkt neuer Gestaltung, in: R. Klebelberg (Hg.), Das Burggräfler Haus. Entwicklung und Erneuerung alpenländischer Baukultur an der Etsch (Schlern-Schriften 203), Innsbruck 1956, S. 60. Greiffenberg war im Zweiten Weltkrieg Leiter der Fachgruppe »Kulturkommission Ahnenerbe«. Er führte nach Kriegsende die Forschungsarbeit auf diesem Gebiet aus eigenem Antrieb fort.
9 Adolf Loos, Regeln für den, der in den bergen baut (1913), in: Trotzdem, Wien (Neuauflage) 1988, S.120 / 21.
10 Bruno Reichlin, Die Moderne baut in den Bergen, in: Christoph Mayr-Fingerle (Hg.), Neues Bauen in den Alpen, Architekturpreis 1995, Basel / Boston / Berlin 2000, S. 87.
11 Köbi Gantenbein, Endlos viel und zwecklos schön, in: Kunst Meran / Susanne Waiz (Hg.), Werdende Wahrzeichen. Architektur- und Landschaftsprojekte für Graubünden und Südtirol, Wien / New York 2007, S. 115 / 16. ie Ausstellung »Werdende Wahrzeichen« entstand nach einem Konzept von Köbi Gantenbein und Adriana Pradal.

Literaturverzeichnis

ACHLEITNER, Friedrich, Österreichische Architektur im 20. Jahrhundert, Bd. 1, Salzburg / Wien 1980.

ACHLEITNER, Friedrich, Bauen in den Alpen – vor und nach Edouardo Gellner, in: Christoph Mayr-Fingerle (Hg.), Neues Bauen in den Alpen, Architekturpreis 1999, Basel / Boston / Berlin 2000.

GANTENBEIN, Köbi, Endlos viel und zwecklos schön, in: Kunst Meran / Susanne Waiz (Hg.), Werdende Wahrzeichen. Architektur- und Landschaftsprojekte für Graubünden und Südtirol, Wien / New York 2007.

LOOS, Adolf, Regeln für den, der in den bergen baut (1913), in: Trotzdem, Wien (Neuauflage) 1988.

NERDINGER, Winfried, Umgang mit den Spuren der NS-Vergangenheit – Indizien zu einer Geschichte der Verdrängung, in: Christoph Hölz / Regina Prinz (Hg.), Winfried Nerdinger – Architektur, Macht, Erinnerung. Stellungnahmen 1984 bis 2004, München 2004.

REICHLIN, Bruno, Die Moderne baut in den Bergen, in: Christoph Mayr-Fingerle (Hg.), Neues Bauen in den Alpen, Architekturpreis 1995, Basel / Boston / Berlin 2000.

RITTER, Arno, Editorial, in: Architekturforum Tirol (Hg.), Josef Lackner, Salzburg.

RUDOLPH-GREIFFENBERG, Martin, Ausgangspunkt neuer Gestaltung, in: R. Klebelberg (Hg.), Das Burggräfler Haus. Entwicklung und Erneuerung alpenländischer Baukultur an der Etsch (Schlern-Schriften 203), Innsbruck 1956.

WAIZ, Susanne, Lehranstalt für Wirtschaft und Tourismus, Sand in Taufers, in: Autonome Provinz Bozen – Südtirol – Ressort für Bauten (Hg.), Das Land baut. 20 Jahre öffentliche Bauten in Südtirol, Bozen 2008.

WAIZ, Susanne, Einfach bauen, in: Walter Dietl (Hg.), Einfach Bauen, Lana 2005.

Bildnachweis

S. 313
Bibliothekszentrum, Christoph Mayr Fingerle
Christoph Mayr Fingerle, Bozen

S. 315
Mehrzweckgebäude am Bühel, St. Jakob im Ahrntal, Heinrich Mutschlechner und Gerhard Mahlknecht
Richard Günther Wett, Innsbruck

S. 316
Historische Aufnahme der Mittelschule Sand in Taufers, Hermann Trebo
Hermann Trebo, Bozen

S. 318
Landesmuseum Schloss Tirol, Markus Scherer und Walter Angonese
Bruno Klomfar, Wien

S. 319
Burg Sigmundskron, Werner Tscholl
Alexa Rainer, Bozen, Mailand

S. 320
Franzensfeste, Markus Scherer
Renè Riller, Schlanders

S. 321
Berufsschule »Christian Josef Tschuggmall«, Siegfried Delueg
Ingrid Heiss, Brixen

S. 322
Berufsschule Romstraße, Thomas Höller und Georg Klotzner
Lucia Degonda, Zürich

S. 323
Station Kastelbell, Walter Dietl
Renè Riller, Schlanders

S. 326
Universität Bozen, Roberto Azzola und Matthias Bischoff
Walter Niedermayr / Bildraum, Bozen

S. 328
Universität Brixen, Jens Oberst und Regina Kohlmayer
Walter Niedermayr / Bildraum, Bozen

S. 329
Naturparkhaus und Grundschule mit Kindergarten in Villnöß
Paul Ott, Graz

Susanne Waiz, geboren 1958 in Wien, lebt als freischaffende Architektin und Autorin in Bozen. Themen wie »Architektur und Erinnerung« oder »Regionalismus und Identität« spielen in ihrer Architektur und beim Schreiben eine zentrale Rolle. Bauten und Projekte: u. a. Sanierung des Egghofs über Bozen (2006/07), »Tiroler Archiv für photographische Dokumentation und Kunst« auf der Tammerburg in Lienz (2008). Publikationen: u. a. »Auf Gebautem bauen – im Dialog mit historischer Bausubstanz«, Bozen 2005; »Das Land baut – 20 Jahre öffentliche Bauten in Südtirol«, Lana 2008.

Schloss Sigmundskron

Federfuchser

SILVIUS MAGNAGO
1914–2010

Vielleicht wird man ihm am ehesten mit einer hypothetischen Frage gerecht. Was wäre, hätte es an seiner Stelle einen Hitzkopf gegeben? Einen, der im Konflikt mit dem Nationalstaat ins Feuer bläst, anstatt es unter einem Geflecht von austarierten Worten, Paragraphen und Verträgen zu ersticken wie dieser gefinkelte Jurist? Der Vater ein Richter aus dem italienischen Trentino, die Mutter eine Vorarlbergerin – »Nino«, so der daheim verwendete Kosename, erlebt seine Familie als sprachlich-kulturelle Mischzone. Für ein Grenzgebiet durchaus normal. Aber als habe diese Herkunft in ihm einen Komplex hinterlassen, wird dem späteren Silvius das Abschotten gegenüber dem Italienischen zur Lebensaufgabe.
1939 optiert er für Hitlers Deutschland. Dem Einrücken zur deutschen Wehrmacht könnte er sich entziehen, die Umsiedlungsbehörde in Bozen bräuchte ihn als Juristen. Aber Silvius Magnago meldet sich freiwillig: »Wo ich bin, tue ich meine Pflicht.« Im zweiten Monat an der russischen Front verliert er sein linkes Bein. Obwohl eitel, kokettiert er später oft mit der Behinderung. Dass ein vom Krieg so sichtbar Verstümmelter schon 1945 in die SVP eintritt, in diese doch von sogenannten Dableibern gegründete Partei, hat symbolischen Wert. »Der fehlende Hax« (Magnago) ist zunächst das Zeichen, dass sich die Gräben zwischen Auswanderern und Dableibern überwinden lassen.
Die Autonomie, die Südtirol 1948 als Trost für die verwehrte Rückkehr zu Österreich bekommt, besteht fast nur auf dem Papier. Der Zentralstaat bleibt bestimmend, direkt oder über die mehrheitlich italienische Region mit Sitz in Trient. Ein radikaler Flügel in der SVP glaubt, die immer noch von Dableibern geprägte

1919
Italien annektiert den südlichen Teil von Tirol.

1939
82 Prozent der Südtiroler optieren für Deutschland.

1948
Italien gewährt ein erstes Autonomiestatut für Südtirol.

Parteispitze sei zu nachsichtig. 1957 sorgt er dafür, dass mit Silvius Magnago einer der vermeintlich Härteren ans Ruder kommt. Kaum ist er zum Obmann gewählt, wird ein Plan der Regierung für ein neues Stadtviertel in Bozen bekannt – reserviert für Zuwanderer.

Gegen diese »staatlich gesteuerte Überfremdung« ruft die neue Magnago-SVP zur Protestkundgebung. Die Behörden genehmigen sie erst nach langem Hin und Her am Schloss Sigmundskron. An die 30.000 kommen. Einige tragen wahrscheinlich Waffen, in den Wochen davor ist es zu ersten Anschlägen gekommen. Jetzt ein Scharfmacher am Rednerpult – und die Demo würde zum wilden Marsch auf Bozen. Die möglichen Folgen lassen sich am Beispiel Nordirlands erahnen. Magnago aber ruft den legendären Satz: »Ich habe mein Wort gegeben, mein deutsches Wort«, dass die Kundgebung friedlich zu Ende gehe, wenn auch mit der Forderung nach einem »Los von Trient«. Für ein »Los von Rom« ist er stets zu sehr Realist.

Nach Sigmundskron wandelt sich das im Zweiten Weltkrieg verlorene Bein allmählich zu einem Symbol für das im Ersten Weltkrieg abgetrennte Südtirol – und für Magnagos geschicktes Ringen um eine wirkliche Autonomie. Als 1961 Sprengsätze explodieren, gezündet von der Illusion, sie könnten doch noch eine Rückkehr zu Österreich erzwingen, distanziert er sich sofort von den Bombenlegern. Auf die massiven Vorwürfe, die gefassten Attentäter würden zu Geständnissen gefoltert, reagiert er sehr verhalten. Und erst 15 Jahre später wird er mit penibel abgewogenen Worten öffentlich zugestehen, die Bomben seien zwar nicht gerechtfertigt, aber »menschlich erklärbar« gewesen. Der Eiertanz ist seine beste Disziplin.

Mit dieser Zurückhaltung macht Magnago sich zum Verhandlungspartner des Zentralstaats. Seit 1960 auch Landeshauptmann, fährt er nun x-mal nach Rom, formuliert Regeln für eine wirkliche Autonomie, presst alle Eventualitäten im Zusammenleben der Volksgruppen in Paragraphen, feilscht um Kommas. Mit ihrer Zähigkeit sitzt diese hagere, auf zwei Krücken gestützte Gestalt selbst die italienische Bürokratie aus. Dass Magnagos »Paket« 1969 in einer Urabstimmung der SVP nur mit sehr knapper Mehrheit angenommen wird, beruhigt ihn insgeheim. So kann der Fuchs den Zentralstaat zu immer noch weiteren Zugeständnissen bewegen, bis schließlich eine der weltweit besten Autonomien erreicht ist.

Magnago wird bisweilen mit Moses verglichen. Wie dieser kann er das gelobte Land nicht genießen. Ein Volkstribun ist er nie. Er bleibt ein »Finsterling« (Magnago über Magnago), der dem Gang der Zeit über alle kunstvoll geknüpften Verträge hinweg misstraut. Bis ans Ende seiner extrem langen Amtszeit – 34 Jahre als SVP-Obmann, 28 Jahre als Landeshauptmann – glaubt er an die Formel des Je-besser-wir-trennen. Wünsche nach mehr Miteinander unter den Volksgruppen kanzelt er als Vermischungspolitik ab, eines der schärfsten Schimpfworte in seinem Repertoire der austarierten Sprache. Aber die Geschichte wäre ohne diesen Federfuchser zur rechten Zeit wahrscheinlich anders verlaufen.

1961	1972	1992
Nach Bombenanschlägen in Südtirol kommt es zu neuen Autonomiegesprächen mit Italien.	Das zweite Autonomiestatut für Südtirol tritt in Kraft.	Die SVP stimmt der sogenannten Streitbeilegung um Südtirol zu.

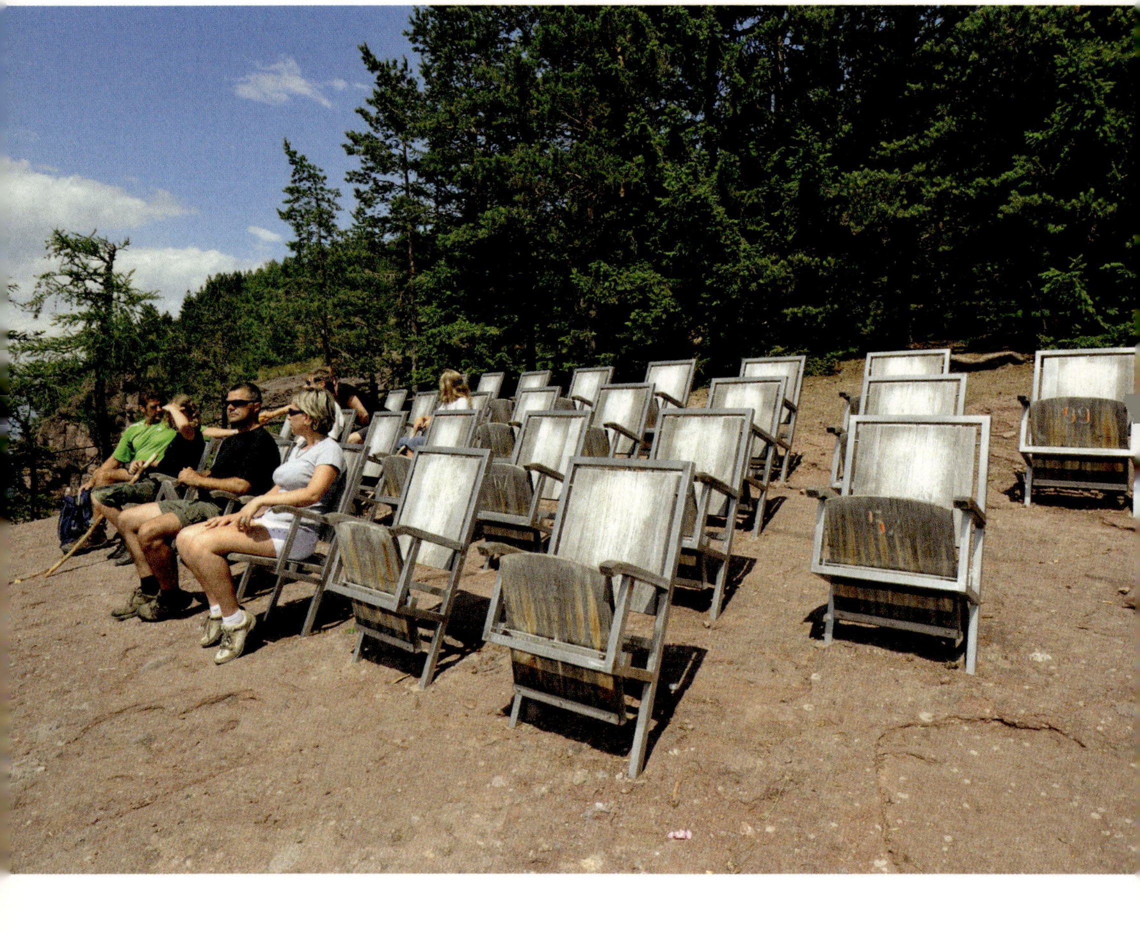

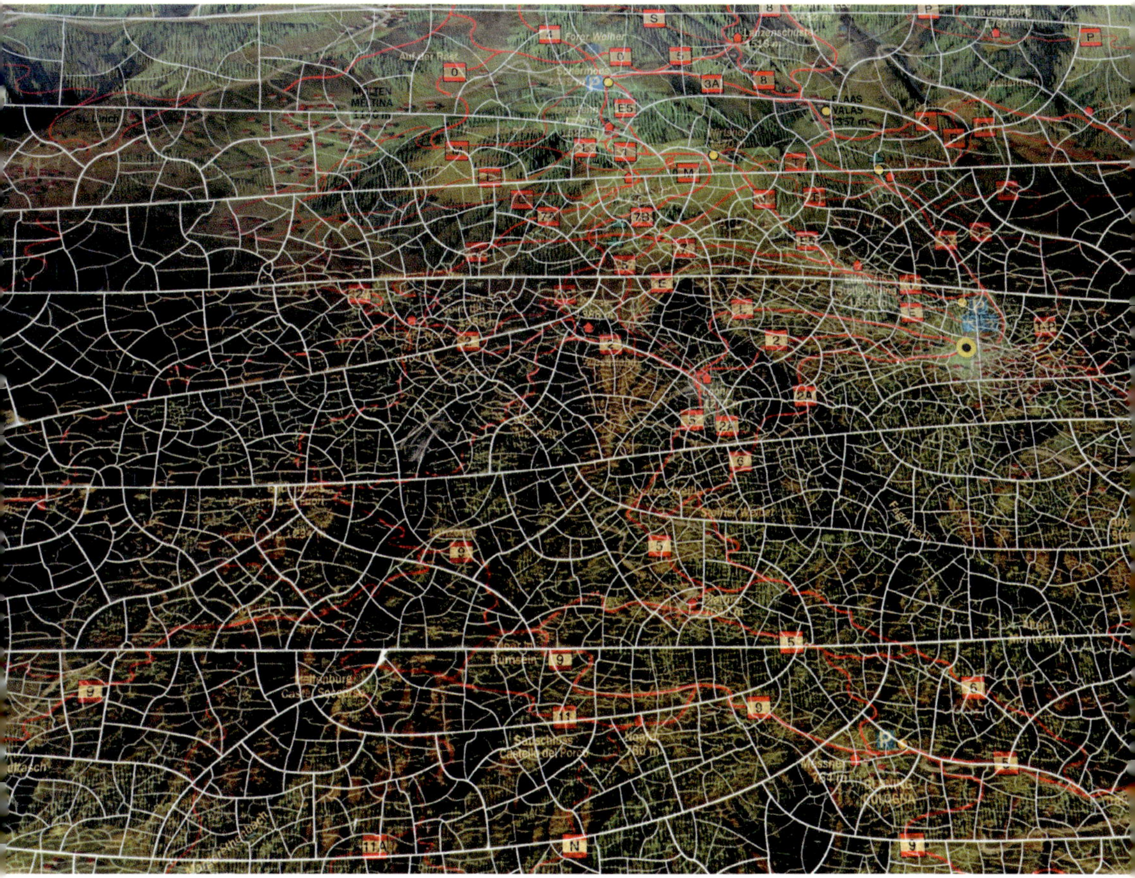

Marion Piffer Damiani

Ortsgespräch Europaweit
ZEITGENÖSSISCHE KUNST ZWISCHEN CHRONIK UND ATELIERBESUCH

Also zwitschert der Südtiroler Spatz in einem anderen Dialekt ...
MANFRED ALOIS MAYR

Die Wahrnehmung und Empfindung, die Gestaltung und Differenzerfahrung gegenwärtiger Lebenswelten, sei es formal wie inhaltlich, steht als kleinster gemeinsamer Nenner im Zentrum der Gegenwartskunst. Eine Topographie der zeitgenössischen Kunst kartographiert in diesem Zusammenhang immer nur die Anfangs- und Endpunkte einer grenzüberschreitenden Entdeckungsreise im Verständnis von Gegenwart, vom Menschen und seiner Umwelt. Kunstschaffende und Kunstrezipienten gehören seit jeher zu den beweglichsten Gruppierungen in einer Gesellschaft. Zudem hat sich mit dem Siegeszug der Moderne im 20. Jahrhundert sowie den zahlreichen Weltkunstausstellungen und pluralistischen Haltungen der Nachmoderne auf dem Weg ins 21. Jahrhundert der Topos »europäische Kunst« zusehends an einen globalisierten Kunstdiskurs verloren. Die nachfolgende ausschnitthafte Chronik[1] des zeitgenössischen Südtiroler Kunstschaffens nach 1945 skizziert anhand zeitgeraffter Ein- und Zuordnungen einige europäische Wegkreuzungen mit Südtiroler Ausgangspunkt, aber auch eine Reihe von Verpflanzungen und Infiltrationen. Die daran anschließenden Aufzeichnungen aus Begegnungen mit dem gebürtigen Vinschgauer Künstler Manfred Alois Mayr[2] greifen eine zeitgenössische Denkhaltung vor Ort exemplarisch auf – im Sinne eines selbstredenden und unmittelbaren Kommentars zwischen Südtirol und Europa.

I. Chronik
Zwischen den Fraktionen der europäischen Moderne
Rückzug und Tradition anstelle von Aufbruch und überregionaler Vernetzung prägen, als Ausdruck einer traumatisierten pessimistischen Befindlichkeit, die Südtiroler Kulturpolitik der unmittelbaren Nachkriegszeit. Das Selbstbild als Opfer ist allgegenwärtig: Eine Rhetorik der Empörung und einer Bedrohung der ethnischen Identität

Karl Plattner, Die zwei Balkone, 1978/80

kennzeichnet die kulturpolitische Auseinandersetzung bis weit in die 1970er Jahre hinein. Die Nachkriegskunst – vor allem die der öffentlichen Aufträge – flüchtet verstärkt in angepasste Inhalte, Landschaftsmythologien und Heimatidyllen (meistens in einem naturalistischen bis expressionistischen Figurenstil) oder in skulpturale Darstellungen, die sich an der unbelasteten archaischen Bildsprache der romanischen Bauplastik inspirieren. Das katholisch konservative Milieu bestimmt das kulturelle Klima, eine der Nostalgie verpflichtete Abkehr von den Prinzipien der Moderne und eine ideologisch gefärbte Auffassung von Kunst als musisches Beiwerk beim Wiederaufbau bilden die kulturpolitischen Richtlinien. Aber bald werden auch Stimmen gegen eine solche Instrumentalisierung der Kunst laut: Einige Kunstschaffende aus dem Meraner Kreis veröffentlichen 1954 ein Manifest gegen die provinzielle Enge und geistige Starre im Land, unterzeichnet unter anderem vom älteren Josef Kienlechner (1903–1985) und den jüngeren Künstlern Karl Plattner, Peter Fellin oder Willy Valier. Auf der Suche nach einer überzeugenderen Wahrheit vertiefen die genannten Südtiroler Künstler ihre Recherchen in den aktuellen Debatten der unterschiedlichen Gruppierungen der europäischen Moderne, um schließlich daraus eigenständige Bildfindungen zu entwickeln: Karl Plattner (1919–1986) orientiert sich an einem kritischen Realismus italienischer Prägung und erzählt von existentieller Bedrohung und Lebensangst. Willy Valier (1920–1968) dagegen erkennt seinen Weg weniger in der gegenständlichen Bildsprache als in einer abstrakten Materialkunst wie sie von den großen italienischen Künstlern Emilio Vedova, Alberto Burri oder Lucia Fontana als Impuls ausging.

Wegbereiter der Postmoderne
Die konsequente Verweigerung jeder Stilzuschreibung kennzeichnet die künstlerische Haltung des in Meran gebürtigen Oswald Oberhuber (geb. 1931): Der seit seinem Studium in Wien lebende Künstler, Kurator und in den 1980er Jahren Rektor der Wiener Hochschule für angewandte Kunst zählt heute zu den Wegbereitern der Moderne bzw. Postmoderne in Österreich. In seinem 1958 verfassten Manifest gegen konventionelle Kompositionsregeln und den geschlossenen Stil antizipiert der Künstler die Prinzipien der Postmoderne im Sinne eines freien Spiels mit künstlerischen Zeichen. Insbesondere das Werk der 1950er Jahre ist stark vom Informel beeinflusst, einer Kunstrichtung, mit der Oberhuber bereits während des Besuchs der Kunstgewerbeschule in Innsbruck in den engagierten Ausstellungen des Französischen Kulturinstituts konfron-

Willy Valier, Krieger, 1961

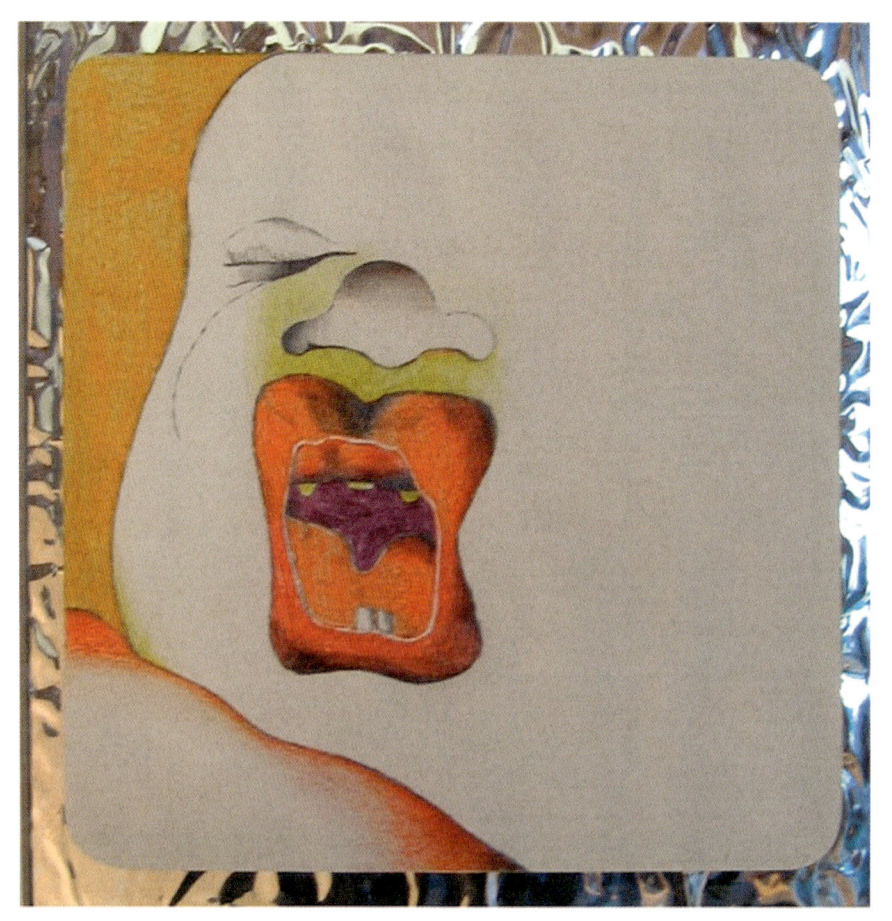

Oswald Oberhuber, Kind mit offenem Mund, 1969

tiert wird. Nicht nur Malerei und Grafik, sondern vor allem auch die sogenannten »Gerümpelplastiken« des Künstlers sind von der informellen Kunst der Zeit geprägt und leisten dazu einen eigenständigen Beitrag. 1972 nimmt der Künstler an der Biennale in Venedig teil, zehn Jahre später an der Weltkunstausstellung »documenta 7« in Kassel. Die »Ar/ge Kunst Bozen« widmet in ihrem Gründungsjahr 1985 Oswald Oberhuber die Eröffnungsausstellung in der Galerie Museum, um damit programmatisch die Rezeption des Beitrags der Südtiroler Kunstschaffenden an der internationalen Kunstentwicklung auch vor Ort einzufordern. Erst seit der Eröffnung der »Ar/ge Kunst«, dem fast zeitgleich gestarteten Museum für Zeitgenössische und Moderne Kunst »Museion« Bozen und anderen geförderten Institutionen, ist die Südtiroler Kunstlandschaft mit der europäischen nachhaltig

Peter Fellin, Mauer, 1976

vernetzt, so dass die Entwicklungen und Fragestellungen in der internationalen Kunstdebatte zeitgleich präsentiert und wahrgenommen werden können. Für die junge Künstlergeneration von heute ist es selbstverständlich geworden, sowohl Teil einer internationalen Kunstgemeinschaft zu sein als auch in der Heimat die Möglichkeit zu haben, die eigene Arbeit zu präsentieren.

Wiener Schule(n)
In den Jahrzehnten nach dem Zweiten Weltkrieg prägen »importierte« Impulse das Kunstschaffen vor Ort. Bei einigen Künstlern wird die Form der Naturabstraktion stilbildend, wie sie an der Wiener Akademie der Bildenden Künste von Herbert Boeckl und nach ihm vom Tiroler Max Weiler vermittelt wird. Es geht in dieser Zeit auch um eine abstrakte Malerei, die vor allem über die Titelfindung Assoziationen

Markus Vallazza, Der Traum, 1973

an Landschaften und Naturhaftes hervorruft, so etwa auch in einer Werkgruppe des gebürtigen Nonstalers Peter Fellin (1920–1999).

In den 1960er Jahren bringen die Südtiroler Kunststudenten aus den Akademien von München und Wien entscheidende Stilprägungen mit. Aber auch die kubistischen Formfragen der Wotruba-Schule und vor allem die Ideen der surrealistischen Tradition, Fragen nach dem Irrationalen in der Kunst und Impulse des Wiener Phantastischen Realismus bleiben nicht ohne Einfluss. Der psychologisierende Stil, wie ihn die Wiener Realisten Hrdlicka, Frohner oder Moldovan pflegen, zeigt sich unter anderem auch für das expressive grafische Werk über die menschliche Kreatur des bedeutenden Südtiroler Zeichners Markus Vallazza (geb. 1936) verantwortlich.

Dissidenten

Den Traditionsverlust als Rettung proklamiert der jung verstorbene Autor Nobert C. Kaser (1947–1978) in seiner Brixener Rede von 1969. Kaser wird – wie auch der Politiker Alexander Langer – zur Integrationsfigur einer jungen Generation, die den Willen zur offenen Begegnung, die radikale Infragestellung der vorherrschenden gesellschaftlichen Verhältnisse und eines traditionellen Kunstbegriffs propagiert: Dazu gehören die experimentellen Sprachkonzepte und sozialkritischen Performances eines Matthias Schönweger (geb. 1949), die Aktionskunst des Jakob De Chirico (geb. 1943) oder die Plakataktionen der Künstler des Südtiroler Kulturzentrums. Die Kunst- und Kulturschaffenden, die jetzt vor allem einen engen Kontakt zur neu gegründeten soziologischen Fakultät an der Universität Trient pflegen – einem der Kristallisationspunkte der Studentenunruhen – verkünden den Bruch mit den Intentionen einer christlichsozialen Politik, mit der Monopolstellung der SVP und ihrem medialen Flaggschiff, der Tageszeitung *Dolomiten*. In der politisierten künstlerischen Praxis ist eine Nähe zur internationalen Fluxus-Bewegung zu erkennen, die

Matthias Schönweger, ZU.KASER, 2009

Abkehr vom künstlerischen Artefakt als handbearbeitetem Meisterwerk und die Multimedialität werden zu Leitmotiven der Zeit.

Die Sehnsucht, Kunst und Leben zur Deckung zu bringen, bildet sich auch in dem kompakten künstlerischen Werk von Gianpietro Sono Fazion (geb. 1936 im Veneto und aufgewachsen in Brixen) ab. In einer kurzen, intensiven Schaffensperiode entstehen Ende der 1960er Jahre gleichermaßen präzise wie poetische Arbeiten im Umfeld der internationalen Land-Art. Die Stille des Naturraumes inspiriert den Künstler zu subtilen Eingriffen in die Landschaft bis hin zu den Nicht-Handlungen im Sinne des Taoismus, die er in Schwarz-Weiß-Fotografien dokumentiert. Bereits 1971 verlässt der Künstler sehr konsequent die Kunstszene. Er reist in den fernen Osten und engagiert sich fortan im Bereich des interreligiösen Dialogs.

Gianpietro Sono Fazion, Appogiatevi ad un albero e cantate (Lao Tzu), 1969

Zwischen Utopie und Programm

Utopische Modelle und Konzepte zwischen Architektur und Skulptur sind es, die den aus Deutschnofen stammenden Künstler Walter Pichler (geb. 1936) interessieren. In den 1960er Jahren beteiligt er sich in der engagierten Wiener Szene an der politisierten Debatte und steht in einer kritischen Auseinandersetzung mit der gesellschaftlichen und visuellen Realität der Zeit. 1968 und 1977 werden seine Arbeiten auf der Weltkunstausstellung »documenta« in Kassel präsentiert. Später wird sich der Künstler stärker der autonomen Skulptur zuwenden. Aus diesem Grund errichtet er ab 1972 in St. Martin an der Raab im Burgenland eine programmatische Anlage: Für

Walter Pichler, Haus neben der Schmiede meines Großvaters, 1996

jede einzelne Skulptur entsteht eine eigens entworfene Architektur. Jede Skulptur ist räumlich autark, eingebunden in ein konzentriertes gesamtkunstwerkliches Umfeld, als Ausdruck einer Symbiose von Skulptur und Architektur. Die Empfindsamkeit für das Kultische und die handwerkliche Perfektion begründen sich aus der Herkunft des Künstlers, während die kraftvollen logischen Ordnungen auf den konzeptuellen Hintergrund und künstlerischen Werdegang verweisen. 1982 stellt Walter Pichler seine Werke, die inhaltlich zentrale Fragen der Existenz wie Einsamkeit und Tod thematisieren, im österreichischen Pavillon auf der Biennale in Venedig aus. »Das Haus neben der Schmiede«, das der Künstler für einen Verwandten im Eggental entwirft und das 2002 fertig gestellt wird, ist ein Verweis an die Tage seiner Kindheit.

Lebende Skulpturen
Eine internationale Bilanz über die künstlerischen Haltungen der 1960er Jahre und die Erweiterung des Kunstbegriffs durch Performance, Konzeptkunst, Land- und Bodyart, zieht am Ende des Jahrzehnts erstmals der Schweizer Kurator Harald Szeemann mit der legendären Ausstellung »When Attitudes become Form« (Wenn Vorstellungen Form annehmen, Kunsthalle Bern 1969), an der auch der gebürtige Gadertaler Gilbert Prousch (geb. 1943) und der Brite George Passmore (geb. 1942) teilnehmen: Das unter dem Namen Gilbert & George für seine Selbstinszenierungen bekannte Künstlerduo aus London gehört heute zu den wichtigsten Vertretern der

internationalen Konzeptkunst. In ihren typisierten fotografischen Selbstinszenierungen setzen sich Gilbert & George mit gesellschaftspolitischen Inhalten, mit Religion, Kultur, Sexualität und tabuisierten Themen auseinander. Durch ihre konsequente ästhetische Praxis, die künstlerische Arbeit und Privatleben programmatisch eng verschränkt, werden sie zu einflussreichen Ikonen der zeitgenössischen britischen Kunst mit wiederkehrenden Präsentationen auf Weltkunstausstellungen und mit Werken in den international bedeutendsten Museen und Sammlungen.

Gilbert & George, Shod, 1992

Europäischer Fotopreis

Die Fotografie findet seit der »documenta 6« (1977) Eingang in die internationalen Großausstellungen und wird seither von den Kunstmuseen und Galerien als eigenständige Kunstgattung gewürdigt. Diese Entwicklung hat vor allem mit dem selbstreflexiven Charakter der zeitgenössischen Fotografie zu tun, die nicht länger nur als Vehikel zur Abbildung der Wirklichkeit betrachtet wird, sondern in einer zunehmend bildkonzentrierten Wirklichkeit als realitätskonstituierendes Medium, als das Produkt einer gezielten Strategie oder Repräsentationsform Beachtung findet. 1995 wird die umfangreiche fotografische Werkserie »Die bleichen Berge« des Bozener Fotografen Walter Niedermayr (geb. 1952) mit dem Europäischen Fotopreis ausgezeichnet: Landschaft und Raum stehen im Mittelpunkt eines systematischen Arbeitens in Werkketten, deren charakteristische Stilmittel neben der Mehrteiligkeit die typische Lichtkontrastierung und die Serialität ausmachen. Sein unverkennbarer Stil im Umfeld der sogenannten »objektiven Fotografie«, in der Nachfolge der deutschen Industriefotografen Bernd und Hilla Becher, stellt eine völlig eigenständige Position im internationalen Kunstkontext dar. In den Fotografien von Walter

Walter Niedermayr, Expo Zaragoza 2008

Niedermayr scheinen alpine oder aber urbane Umgebungen auf, die ein Licht werfen auf die Befindlichkeit einer Welt geprägt von Gesellschafts- und Naturbeherrschungsfantasien und die zugleich auch die Rätselhaftigkeit des Lebens als einer existentiellen »Operation« ausleuchten.

Kritische Nachmoderne und flimmerndes Postminimal
Unter dem Eindruck der weltweiten Konflikte und der ökologischen Herausforderungen in den letzten Jahrzehnten des 20. Jahrhunderts zerbröckeln in der Nachmoderne Gewissheiten und letzte Wahrheit in Kunst und Philosophie. Malerei und Skulptur finden sich in unmittelbarer Nähe zu vielen anderen visuellen Ausdrucksformen. Die Erfahrung der neuen technischen Medien wie Computer, Film, Video, Fotografie beeinflusst substantiell die traditionellen Disziplinen und erweitert ihre Konzepte, Materialien und Methoden. Aus diesem Umstand gewinnt die Malerei eine neue Distanz zu sich selbst, um ihre Voraussetzungen kritisch zu hinterfragen. Der aus Meran gebürtige und heute zwischen New York, Mexiko und Südtirol pendelnde Künstler Rudolf Stingel (geb. 1956) publiziert symptomatisch eine »Anleitung zum Malen« (1989), die das Bildverfahren und die Materialität seiner eigenen Bildwerke offen legt. Im Sommer 2003 kleidet der Künstler einen Trakt des italienischen Pavillons auf der Biennale in Venedig mit silbrigen Isolierplatten aus, die alsbald mit grafittiartigen Druck- und Kratzspuren überzogen sind, den zufällig oder absichtlich von den Besuchern hinterlassenen Zeichen. Einen ähnlichen Ansatz verfolgt die in

der Europäischen Akademie Bozen installierte Plastilinwand (2005). Nicht mehr die Codes des Malerischen stehen im Vordergrund, sondern die Absicht, sich durch die Einbindung des Betrachters der Herrschaft dieser Codes und der konventionellen Schemata des Darstellens zu entziehen. Intendiert ist dabei, dass sich der Code der Kunst vom Code der Wirklichkeit bewusst überformen lässt. Eine Strategie ist die Umdeutung, De- und Resemantisierung von Materialien, Mustern und Zeichensystemen. Rudolf Stingels kritische Malerei reflektiert zugleich den Ursprung und die Geschichte des visuellen Bildes, vom Bildträger bis zur Reproduktion des Bildes als Abbildung. Seine radikalen malerischen »Standortbestimmungen« finden sich in bedeutenden internationalen öffentlichen und privaten Kunstsammlungen.

Rudolf Stingel, Untitled, 2005

Die Einbeziehung der Betrachter/innen spielt auch in den Arbeiten der begehbaren Raumplastiken der gebürtigen Vinschgauer und in Wien lebenden Künstlerin Esther Stocker (geb. 1974) eine Rolle. Mit flimmernden Bildflächen bzw. Bildräumen irritiert die Malerin bewusst die Wahrnehmungsgewohnheiten der Rezipienten. Im Jahr 2004 wird die Künstlerin mit dem begehrten österreichischen Otto Mauer-Kunstpreis ausgezeichnet und 2009 mit dem Preis der Stadt Wien für Bildende Kunst. Die Orientierung in den Rastern und Faltungen der gemalten oder begehbaren modularen Felder fordert inmitten von horizontalen und vertikalen Strukturen die Wahrnehmung in der »Vagheit exakter Formen« (Esther Stocker) heraus.

Esther Stocker, Cafeteria, 2008

Performance in Ich-Form

Vor allem Fragen an sich selbst und an eine unübersehbar gewordene Realität stehen im Zentrum einer aktuellen internationalen Kunstproduktion. In der Pluralität an Positionen kennt sie keine vorherrschenden Tendenzen oder Stilbekundungen und setzt sich gleichermaßen kritisch mit der Wirklichkeit wie den künstlerischen Darstellungsmitteln auseinander. Als prototypische Sisyphosarbeit gestaltet sich die Welterkundung des gebürtigen Obervinschgers Michael Fliri (geb. 1978), die der Künstler in eindrückliche video- und fotografische Bilder zu übersetzen versteht. Ob als Schneemann, Huhn, Schafschwein ... – eine ironische Distanz kenn-

Michael Fliri, from the forbidden zone, 2009

zeichnet die tragikomischen Videoarbeiten und selbstinszenierenden Performances vor dem Handlungshintergrund intensiver Körper- oder Raumerfahrungen. Mit seinen performativen Konzepten und Inszenierungen wird Michael Fliri zu renommierten Festivals und Ausstellungen eingeladen, wie etwa der Moskau Biennale (2009) oder der Expo Shanghai (2010).

Kippbilder zwischen Realität und Fiktion stehen im

Sissa Micheli, investigating room 45, 2009

Zentrum der fotografischen Bildergeschichten von Sissa Micheli (geb. 1975), denen Momente der Inszenierung bzw. Re-Inszenierung von Fakten aus der Tagespresse vorausgehen. Die fotografische Gratwanderung zwischen Findung und Erfindung reagiert nicht zuletzt auf einen medialen Alltag, in dem sich das eigene Heim durch eine Katastrophenkultur permanent bedroht sieht. Die Selbstdarstellung in Verbindung mit der inszenierenden Fotografie ist eines der großen fotografischen Themen der Gegenwart und wird von der gebürtigen Brunecker Künstlerin, die in Wien lebt, in durchaus eigenständiger Weise interpretiert.

Wien ist in den letzten Jahren zur zweiten Heimat etlicher beachteter Südtiroler Künstler/innen geworden. So auch für Siggi Hofer (geb. 1970 in Bruneck): Die (Ver)ortung des Individuums in den Einrichtungen einer postmedialen Wirklichkeit – vom privaten Wohnzimmer bis zur Dorf- und Stadtlandschaft – bildet den Fokus seiner künstlerischen Arbeit. Mit unterschiedlichen Medien, von der großformatigen Zeichnung über Performance, Kleinplastik oder kommentierendem Text setzt sich der Künstler mit dem tragisch-komischen Moment menschlicher Existenz auseinander.

Undisziplinierte Gattungen

Das Aufweichen von Gattungsgrenzen macht sich seit den 1990er Jahren als eine Überblendung der Reflexionen über Kunst, Design und Architektur bemerkbar. In diesem Zusammenhang ist es der gebürtige Meraner und in London lehrende Designer Martino Gamper (geb. 1971), der vor allem durch seine Ausstellung »100 Chairs in 100 Days and its 100 Ways« im Londoner Design Museum und durch seine Live-Performance auf der »Design/Miami/Basel 2007« internationale Aufmerksamkeit findet. Seiner künstlerischen Arbeit ist eine gewisse Elastizität zu eigen: Die akribische Untersuchung der psycho-sozialen, historischen und kulturellen Aspekte eines Objekts trägt letztlich immer den Impuls, Zufälligkeit und Spontaneität freizusetzen. In der eigenwilligen Bearbeitung bestehender und etablierter Objekte geht es im Wesentlichen immer um die Frage nach der Motivation, die sich hinter einem Motiv, hinter einer speziellen Form verbirgt.

Weniger Objekthandlungen als Raum(be)handlungen stehen im Zentrum des künstlerischen Werks des gebürtigen Vinschgauers Manfred Alois Mayr (geb. 1952). Seine Haltung ist symptomatisch für den Paradigmenwechsel in der Auffassung von Kunst am Bau, wie er sich am Ende des 20. Jahrhunderts manifestiert: als ein Abschied von tradierten applikativen Formen und als eine Auseinandersetzung mit der Architektur als räumliches und gesellschaftliches Ganzes. Das Spektrum reicht von zwar unauffälligen, aber umso deutlicher spür-

Siggi Hofer, Selbstporträt, 2000/01

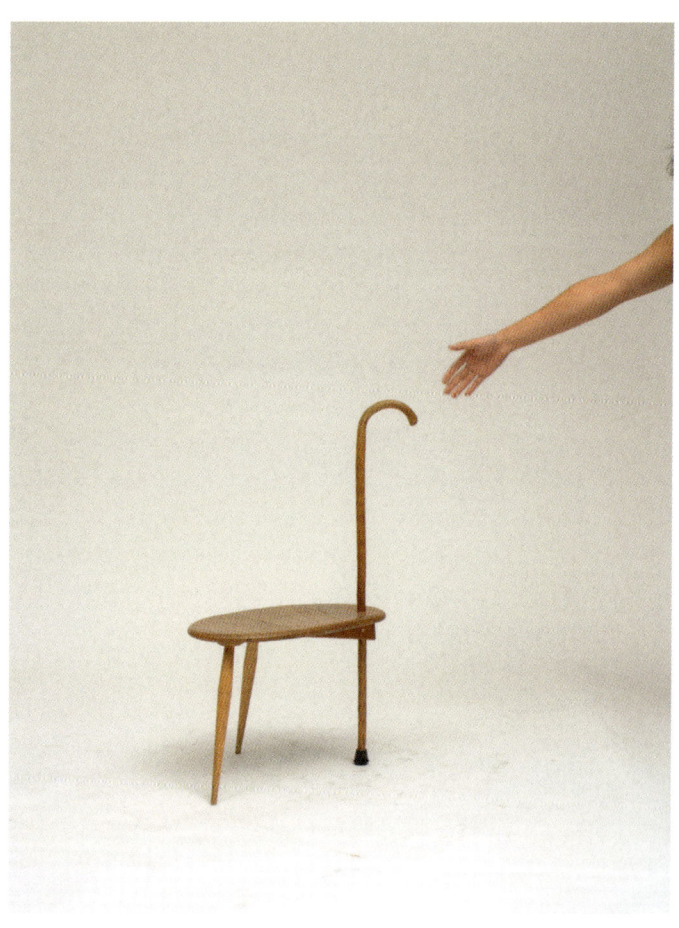

Martino Gamper, Hands On. 100 Chairs in 100 Days, 2007

Krüger & Pardeller, Expanded Notion, 2009

baren Material- und Farbkonzepten bis zu plakativen Interventionen wie jener an der Freien Universität Bozen. Hier wurde die traditionelle Farbsymbolik von Rosa und Hellblau für das Weibliche und Männliche bei den jeweiligen Toilettentüren einfach vertauscht und somit ein irritierendes Plädoyer für eine radikale Farbwahrnehmung manifestiert.
Das Spannungsverhältnis von Kunstobjekt und Serviceleistung bzw. künstlerischer Autonomie und Funktionalität verhandelt auch das Künstlerpaar Krüger & Pardeller, sowohl in seinen eigenen Arbeiten wie auch in den von den Künstlern kuratierten thematischen Ausstellungen mit bezeichnenden Titeln wie »Undiszipliniert« oder »Twilight Zone«. Die Wienerin Doris Krüger (geb. 1974) und der gebürtige Südtiroler Walter Pardeller (geb. 1962) fordern die Betrachter/innen bewusst heraus, in der Unschärfe der Präsentation nach Kriterien der Unterscheidung von Zuschreibungen wie »frei« und »angewandt« zu suchen
Aber nicht nur die »Natur« des Artefakts wird hinterfragt, sondern auch der Ort seiner Präsentation oder Einrichtung bzw. die Ein- und Auswirkung des Kontextes auf dessen Identität. Eine systematische Auseinandersetzung mit den Archiven und Architekturen unserer Kunst- und Kulturräume verfolgt Martina Steckholzer (geb. 1974 in Sterzing). Eine fotografische und videografische Dokumentation von

Martina Steckholzer, In and out of, 2008

Architekturen und Exponaten aus der internationalen Museumslandschaft, scheinbar beiläufig und aus dem Augenwinkel heraus, bildet den Ausgangsmoment ihrer Malereien und Installationen. Das in den Patientenzimmern des Krankenhauses Brixen realisierte Projekt »In and out of« (2008) stellt in einer bewussten Gratwanderung zwischen dekorativer Fototapete und institutionskritischer Praxis zugleich die Wirkung bestimmter Bildmotive wie gängige Präsentationsformen der Kunst ins Zentrum der Betrachtung.

System Kunst
Öffentliche Strukturen für die Präsentation, Produktion und Vermittlung der zeitgenössischen Kunst, für einen internationalen Austausch vor Ort, sind in Südtirol erst Mitte der 1980er Jahre ein Thema. Die Erfolge in den Autonomiebestrebungen bewirken, dass die kulturpolitisch Verantwortlichen neben der Bewahrung der Volkskultur endlich auch dem Zeitgenössischen Bedeutung und Raum zugestehen. Parallel zum länderübergreifenden Museumsboom und dem wirtschaftlichen – und damit auch gesellschaftlichen – Bedeutungszuwachs des Künstlerischen führt dies auch in der Autonomen Provinz zu einer Institutionalisierung und Professionalisierung des Kunstbetriebes. Das Museion Bozen (gegründet 1985) als die größte und

repräsentativste Institution garantiert im Zusammenwirken mit Vereinigungen wie der Ar/ge Kunst Bozen (ebenfalls im Jahr 1985 gegründet) und jüngeren Einrichtungen wie dem Kunsthaus Meran und den zahlreichen über das Land und die Gemeinden verteilten Künstlervereinigungen und Initiativen die Möglichkeiten der Begegnung und Auseinandersetzung mit dem Kunstschaffen der Gegenwart. So rückt die Präsenz des Zeitgenössischen, die Erinnerung an das Vergessene und die Entdeckung des Fremden – auch in der eigenen Kultur – verstärkt ins gesellschaftliche Bewusstsein. Der größte kulturelle Gewinn dieser Institutionalisierung des Südtiroler Kunstbetriebs liegt in der Netzwerkbildung: Südtiroler Einrichtungen und Kuratoren sind heute Mitglieder in führenden europäischen und weltweit tätigen Netzwerkorganisationen wie ICOM (International Council of Museums), AICA (International Association of Art Critics) oder IKT (International Association of Curators of Contemporary Art). Als »Medien der Kunst« (Hans Belting) bilden Museen und Galerien die Voraussetzung, um auf internationalem Niveau zu kommunizieren, aber auch den wichtigen Beitrag der sogenannten peripheren Zonen an der überregionalen bzw. internationalen Entwicklung aufzuzeigen. Nur im Prozess des Vergleichens können Denkhaltungen und Anschauungen an Tiefenschärfe gewinnen. Der Beitrag der Südtiroler Kunstszene an der europäischen Entwicklung liegt heute vor allem auch in seiner internationalen Vernetzung und in seinem Engagement, auch von sich aus anregende Produktionsanlässe für Kunst zu generieren und zur Debatte zu stellen wie zuletzt als gastgebende Region für die Europäische Kunstbiennale »Manifesta7« (2008). Die Rückwirkung all dieser Kunstpräsenzen im Land ist ihr Beitrag zu einer gesellschaftlichen Emanzipation, zur Bewusstwerdung und Sensibilisierung für die eigene Lebenswelt und damit auch für diejenige der anderen.

> Der größte kulturelle Gewinn der Institutionalisierung liegt in der Netzwerkbildung.

II. Atelierbesuch

Der Künstler Manfred Alois Mayr hat die Entwicklungen im Südtiroler Kunstbetrieb während der letzten Jahrzehnte aus nächster Nähe verfolgt und selbst auch mitgeprägt. Sein künstlerisches Werk kennzeichnet eine langjährige Erfahrung in der Auseinandersetzung mit ortspezifischen Gegebenheiten. Dabei spielt die Beschäftigung mit dem Raum eine zentrale Rolle: weniger als abstrakte Konstruktion oder distanzierte Raumpoetik als vielmehr als eine Art praktizierte Raumanthropologie, die ihre Substanz aus der Präsenz des Menschen im Raum generiert. Repräsentative Bildungsinstitutionen wie die Europäische Akademie, die Freie Universität Bozen oder das Bibliothekenzentrum Bozen sind ebenso Gegenstand der künstlerischen Auseinandersetzung wie ein Obstmagazin, eine Weinkellerei, ein Wohnhaus oder ein Kiosk. Die nachfolgenden Notizen und überarbeiteten Aufzeichnungen mehrerer

Begegnungen mit dem Künstler und seinen aktuellen Projekten bewegen sich zwischen gelebtem Alltagsraum einerseits und forschendem Kunstraum andererseits. Sie stellen Fragen nach der Konstruktion von Identität und Diversität alltäglicher Lebensräume. In seinen skulpturalen Objekten und subtilen – bisweilen kaum sichtbaren architekturbezogenen – Interventionen bewegt sich Manfred Alois Mayr auf dem schmalen Grat zwischen angewandter Funktionalität und autonomem Objektstatus. Dabei interessiert ihn vor allem das Aufdecken von Zusammenhängen und die Manipulation symbolischer Form- und Farboberflächen im Sinne eines Diskurses über kulturelle Prozesse des Einschleusens, Ausdifferenzierens und Repräsentierens, über das Spannungsfeld zwischen Eigen- und Fremdheiten – von konkreten Baumaterialien bis hin zu abstrakten Ideologien. Im Atelier des Künstlers begegnen und verschränken sich Fragen und Antworten:

Auf dem Tisch vor uns liegen ausgebreitet Diahüllen aus einem umfassenden Fotoarchiv. Reden wir also über Kunst als eine Möglichkeit, die Erscheinungsbilder der Kultur zu sortieren, über Kunst als eine Ansammlung von Regeln und Abweichungen, die zeigt, wie Identitäten, aber auch Klischees konstruiert, unterwandert und verändert werden können.

Erzählungen klammern sich an Bilder. Nehmen wir dieses Foto eines »Herrgottswinkels«, jener Zimmerecke in der bäuerlichen Wohnstube, wie man sie in ganz Europa in katholischen Häusern immer noch finden kann. Im konkreten Fall besteht er aus (dem hier nicht sichtbaren) Kruzifix, Fernsehapparat und Stickdecke. Der gestickte Spruch »Mein Heim ist meine Welt« kommentiert den Hausaltar, auf dem der Fernsehapparat die Wahrheit verkörpert wie vorher der Gekreuzigte. Das mag provokant klingen, aber es ist so. Der Herrgottswinkel befand sich immer in der zentralen Blickachse und am meist geschützten Ort einer Stube: Die Ecksituation bot Schutz von zwei Seiten und war somit *der* Platz im Raum. Völlig unbewusst geschieht nichts anderes, als das Wichtigste an diesem geschützten Ort zu positionieren. Seit etwa einem halben Jahrhundert ist der Fernsehapparat ein fester Bestandteil des Alltags-

Durch das »fern« Sehen wird ein Gefühl des In-der-Welt-Seins erzeugt.

lebens. Durch ihn, durch das »fern« Sehen wird ein Gefühl des In-der-Welt-Seins erzeugt. Ich muss jetzt spontan an ein Essen bei den Benediktinern in Marienberg denken, bei denen ich zu Gast war: Bei der Tischlesung während der Mahlzeit las ein Mitbruder eine Passage aus der Bibel. Andernorts läuft beim Essen eben der Fernseher.

Das Foto veranschaulicht ein Beziehungssystem von Dingen, verweist zugleich aber auch auf das Prozesshafte und Prekäre desselben Systems.

Dazu ein Beispiel aus der Tierwelt: Vögel, die in einem urbanisierten Umfeld leben, verändern den Charakter ihrer Nester. Trinkhalme aus Plastik oder Kunststofffäden werden ebenso gekonnt eingeflochten wie dünne Äste und Halme: Ersatzmaterialien bewirken eine Veränderung in der Bauweise.

Neue Materialien bzw. neue Anwendungsbereiche beeinflussen die »Natur« von Objekten und Architekturen. Womit wir bei der schwierigen Frage nach der sogenannten Ortsbezogenheit von Materialien und Formtypen wären, allerdings nicht in dem touristischen marketingmäßigen Sinn, wo vordergründig Klischees und Markenzeichen bedient werden.

Kulturspezifisch ist nicht das Material an sich, sondern die Differenzerfahrung in der Vergegenwärtigung der jeweiligen Beziehungen, was wiederum vor allem über einen Dialog und Austausch erfahrbar wird. Das Grenzland Südtirol mit dem Aufeinandertreffen zweier Kulturen ist eine permanente Versuchsanordnung für den Prozess des Ein- und Ausschließens, des Hereinlassens und Abwehrens, des Filtrierens und Besetzens.

Vieles wird leider ideologisch instrumentalisiert. So sind etwa qualitätvolle Bauten aus der Zeit der rationalistischen Architektur der 1930er Jahre dem Verfall preisgegeben, während andere, weit weniger wertvolle oder unwichtigere Bauwerke aus derselben Zeit in den Vordergrund gespielt werden, nur um daraus ein Politikum zu machen. In einer kritischen Debatte läge die Chance, exemplarisch den Wert der Differenzen zu thematisieren, um so zu einem besseren Verständnis und kritischen Umgang mit Geschichte und ihren Manifestationen zu gelangen. Die urbanistische Entwicklung Bozens zeigt, welch gewaltige städtebauliche und Identität stiftende Auswirkungen Architektur haben kann. Die Architektur der 1930er Jahre war politisch motiviert und wurde in Form und Maßstab als Fremdkörper in die Stadtlandschaft implantiert, so dass Bozen plötzlich als die »zweigeteilte« Stadt erschien, mit einem »italienischen Viertel« und der historisch gewachsenen Altstadt. Abgesehen vom politischen Hintergrund ist die Irritation verständlich, die der Maßstabsprung dieser neuen architektonischen Formen in der Bevölkerung bewirkt hat. Bozen hatte im Vergleich zu den oberitalienischen Städten der Zeit einen ganz anderen städtebaulichen Maßstab. Dass das Ganze trotzdem funktioniert, ist wiederum auf die gestalterische Qualität der meisten Bauten zurückzuführen. Heute sollte es möglich sein, das Ganze aus kritischer Distanz zu betrachten und zu bewerten, im Sinne einer reflektierenden Verständigung einer autonomen europäischen Bürgerschaft, die nicht in die manipulativen ideologischen Fallen tappt, die in der politischen Landschaft gerade so erfolgreich sind, weil sie das Komplexe in einfache demagogische Formeln bannt.

Die kontroverse Diskussion rund um das Bibliothekenzentrum Bozen und die Zusammenführung der Bibliotheken der drei Sprachgruppen unter einem Dach hat gezeigt, wie problematisch immer noch das Differenzmanagement ist. Inwiefern geht das für die Bibliothek geplante Kunstprojekt auf das Thema Sprache, Sprachenvielfalt, Original und Übersetzung ein?

Das stark architekturgebundene Konzept im Zuge des Umbaus der ehemaligen Pascoli-Schule sieht eine Innenraumgestaltung vor in Form einer komplexen Komposition oder »Collage« oder vielleicht auch »Enzyklopädie« aus unterschiedlichsten Holzdekoren – besser gesagt Holzimitationen. Der architektonische Bestand ist der eine Aspekt, der andere seine künftige Zweckbestimmung als Bibliothek, Dienstleistungseinrichtung, Archiv der publizierten Information in ihren verschiedensten Formaten (gedruckt, digital, vertont, …). Letztendlich interessiert aber auch die Genese der gespeicherten Informationen, deren Ursprung, die Arbeit des Autors / der Autorin hinter dem Buch und die Tatsache, wie das konkrete Einzelne in der Bibliothek Teil eines abstrakten Ganzen, eines eigenen Universums wird. Darauf gilt es mit der künstlerischen Intervention zu antworten. Die Begriffe »Holz« und »Hölzer« bezeichnen sowohl die Bäume und Baumgesellschaften selbst wie auch das daraus gewonnene Material, bis hin zum Papier, und gleichzeitig beschwören sie einen der ältesten Werkstoffe der Kulturgeschichte. Wenn anstelle von natürlichen Holzpräparaten verschiedene Holzdekore bzw. ein pflegeleichtes und strapazierfähiges Melamin in Holzoptik und damit die (Kultur)Technik der Imitation zum Einsatz kommen, setzt ein komplexes Spiel zwischen Fiktion und Wahrheit, Erhabenheit und Trivialität, aber auch zwischen Original und Übersetzung ein. Indem die Imitation offen und radikal eingesetzt wird, ist sie glaubwürdig, die Wahrheit im Stilbruch sozusagen.

Statt Mythen festzuschreiben oder Identitäten zu verfestigen, interessiert sich die Kunst für die kleinen Unterschiede, die feinen Zwischentöne und subtilen Nuancen. Wäre das nicht eine Antwort auf die diversen Forderungen nach einer »Leitkultur«?

Südtirol rühmt sich inzwischen, das Land der Klimahäuser zu sein und exportiert dieses Know-how auf Messen, vor allem in den Süden. Es wäre interessant, wenn man mit dem Südtiroler-Sein generell ein Expertentum in Sachen Klima und Milieu in einem allgemeinen gesellschaftlichen Sinn verbinden würde. Hier liegt ein enormes Potential. Im Zusammenhang mit Südtirol assoziiere ich Bilder von Natur, von der Verschiedenheit der Täler: Auf engstem Raum finde ich hier unterschiedlichste Landschaften und Charaktere, die wiederum ein Tal prägen. Zwischen dem Vinschgau und Überetsch etwa liegen Welten: In jeder Hinsicht, von der Mentalität, von den Leuten, von der Atmosphäre her. Dasselbe gilt auch zwischen dem Pustertal oder dem Eisacktal und dem Unterland. Es ist faszinierend, wie sich hier auf engstem Raum eine doch heterogene Welt versammelt. Von diesem Kapital der Diversität leben wir in Europa. Und im Kleinen lebt auch Südtirol von der Vielfalt seiner Landschaft. Ich denke an den Kontrast etwa zwischen dem archaischen Obervinschgau, wo ich mich in manchen Siedlungen fast an der Waldgrenze bewege und der südlichen Atmosphäre unten in Kaltern, wo Weinreben und Zypressen die Landschaft prägen. Was allzu schnell hinter Dachmarken verschwindet, sollte stärker ins Bewusstsein dringen, als Hometraining gewissermaßen für die Wahrnehmung der kleinen (großen) Unterschiede.

Ist es vielleicht auch eine solche differenzierende Wahrnehmung, die eine Institution wie die Kunstbiennale von Venedig mit ihrem immer wieder als überholt kritisierten Nationenprinzip in ihrer mittlerweile über hundertjährigen Geschichte vorantreibt? Ist

hier die permanente Suche und Forschung nach so etwas wie nationalen Idiomen in einem internationalisierten Kunstbetrieb repräsentiert?
Venedig hat mich immer fasziniert. Interessant finde ich ja, dass sich eine Großausstellung wie die Biennale mit ihrem fast schon ins Absurde gesteigerten Nationenprinzip als Wettstreit gerade in einer Stadt angesiedelt hat, die in allen Ecken und Enden selbst geprägt ist von exotischen Einflüssen und Fernweh – was heute ja wiederum ihre unverwechselbare Identität ausmacht.
Die Stadt Bozen wiederum scheint aufgrund ihrer Geschichte fast schon prädestiniert zu sein, um sich selbstkritisch und glaubwürdig mit Fragen der Identitätskonstruktion, des Zusammenlebens, der Migration oder dem kulturellen Erbe auseinanderzusetzen.
Vor allem, weil wir ja übersetzungstrainiert sein sollten. Im Grunde geht es in dem ganzen Diskurs um das Thema des Übersetzens. Meine gesamte künstlerische Arbeit, in der die Alltagsgeschichten eine zentrale Rolle spielen, ist ein permanentes Übersetzen. Wenn eine Farbe vom Weinberg ins Büro wandert, billiger Baustahl vergoldet wird, sich ein Werkzeuggriff in eine Hochglanztürklinke wandelt, so hat das mit »Übersetzung« zu tun.
In der konkreten künstlerischen Arbeit geht es nicht mehr um das isolierte gewichtige Objekt, sondern um den Eigensinn der Dinge, der sich aus einem Zusammenhang herauslösen oder besser herauslesen lässt. Die verschiedenen Handlaufprojekte bieten in diesem Zusammenhang »griffige« Beispiele.
Der Handlauf ist zugleich ein skulpturaler Gebrauchsgegenstand und eine symbolische Anspielung auf das Vorübergehende im Fluss der Zeit und im Wechsel der Aggregatzustände. In der Verdichtung verbindet sich das Konstruktive und Banale mit dem Geistigen und Irrationalen. Es geht nicht nur um Sichtbarkeit, sondern auch um die körperliche Interaktion des Tastens. Etwa der für die Festung Franzensfeste aus vergoldetem Baustahl konzipierte Handlauf geht von einem konkreten Ortsbezug aus, den Geschichten rund um die in der Festung gelagerten Goldreserven und die mit Gold und Reichtum verbundenen Glücksfantasien. Das ist aber auch nur die Zündung, der Anlass. Darüber hinaus geht es in der konkreten Materialisierung und Umsetzung ganz allgemein um einen Widerspruch zur geltenden Meinung. Es geht gegen Behauptungen, gegen auferlegte Bedeutungen, gegen die sogenannte »Natur der Sache« in der Kultur. Die »Aura« eines Materials kristallisiert sich aus der Funktion heraus. Indem ich billigen Baustahl vergolde und veredle, wird die »angestammte« Funktion in Abrede gestellt. Ein anderes »griffiges« Exempel wäre der Schaft eines Beils, der für eine Haustür zum Griff umfunktioniert wurde: Indem ich den Schaft glanzlackiere, ihm einen weißen Anzug verpasse, verändert sich die Wahrnehmung, öffnet sich ein Katalog anderer Ähnlichkeiten und Referenzen.

> Es geht nicht nur um Sichtbarkeit, sondern auch um die körperliche Interaktion.

Manfred A. Mayr, Goldlauf, 2009

Solche Interventionen generieren nicht nur Indizien des Eigensinns, sondern konterkarieren – vielleicht auch unterbewusst – die Strategien der Bemächtigung.
Und es sind Beispiele, in deren Zusammenhang auch noch mal interessant wäre, über die sogenannte »Ortsbezogenheit« von Materialien zu sprechen. Im Unterschied zur Politik oder Ökonomie geht es in der Kunst nicht darum, Behauptungen aufzustellen, die meistens nur Klischees produzieren, sondern darum, Fragen zu modellieren. Im Mittelpunkt steht nicht die Standardsprache, sondern der Dialekt, stehen die Dialekte, die Varietäten und Färbungen. Dialekte können plötzlich wertvoll werden: Die Kunstform, der Ausdruck einer kleinen Gruppierung kann für die Gesellschaft eines Landes plötzlich zum Kapital werden. Ich blicke jetzt bewusst über die nahe Grenze und denke an die spezielle Kunstsprache des Jugendstils. Da hat eine kleine Gruppe von Kunstschaffenden, Leute wie Josef Hoffmann, Adolf Loos, Gustav Klimt und andere, ihre Formensprache an fremden Kulturen, wie etwa der japanischen geschult, das Ganze dann verwoben mit der eigenen Geschichte und daraus etwas Neues entwickelt. Zunächst für eine kleine Gruppe von Kunstinteressierten, das dann aber wieder – etwa in der Rezeption derselben Japaner – plötzlich zu etwas Idealtypischen einer ganzen Kulturlandschaft wird. Die Wahrheit ist, dass der Wiener Kulturtourismus heute eben von den Ergebnissen solch »kleiner«, »marginaler« Kunstereignisse mehr zehrt als von den großen repräsentativen Institutionen. Als handle es sich um einen Apfel, der noch etwas abliegen musste, um das volle Aroma zu entfalten. Dabei bewundert der japanische Tourist im Wiener

Jugendstil interessanterweise doch eigentlich nur wieder die Ausformung ureigenster kultureller Strukturelemente. Worum es eigentlich geht, ist der Austausch von kultureller Substanz, um diesen Gärprozess, in dem das Eigene im Anderen und Fremden erst erkennbar wird.

Deine Arbeit kreist im wörtlichen und übertragenen Sinn um das »Erfassen« und »Begreifen« von Materialien, Bildern, Formen, Topoi in kulturellen Räumen. Und sie ist eine ausdrückliche Aufforderung, sich auf die »Stoffe« einzulassen und »Farbe zu bekennen«.
Das alles hat mit einer differenzierten Sehweise zu tun oder, wie es Ad Reinhardt ausdrückt, »Sehen ist schwieriger als es aussieht«. Ich selbst musste erst einmal das akademische Formenvokabular ablegen, um den Blick frei zu haben. Wichtig waren diesbezüglich Reisen und Aufenthalte im Ausland. Rotsehen ist in Venedig etwas anderes als in Moskau und ins Blaue hinein denkt es sich in Griechenland anders als in Tirol. Hier fiel mir dann beispielsweise einmal auf, dass der Bauer selbst beim Kirchgang am Sonntag die blaue Schürze nicht ablegt, sondern selbstbewusst unter dem Jackett hervorblitzen lässt. Das Königsblau, das göttliche Blau, die blaue Arbeitskleidung. Als den Mitarbeitern der Vinschgauer Obstproduzenten die neue Architektur zu kühl und modern erschien, lag die Lösung auf der Hand: »schurzblau« an die Fassade – und schon stand die Tür offen. Nicht nur Landschaften oder Räume können ein »Heimatgefühl« vermitteln, sondern auch Farben. Die Wirkung und Wahrnehmung von Farben ist ortsbezogen und kulturell bedingt. Blick, Sehweisen, Farberkennungen sind sozial geprägt. Die Frage stellt sich, wie weit man gehen kann, damit das Ganze kritisch, aber noch stimmig ist. Stimmigkeit hat vor allem mit Authentizität zu tun, mit Lebendigkeit. Das sind Vorstellungen, mit denen ich auch Heimat und Haus verbinde. Ich denke dabei an den Bauer im Nadelstreif, den John Berger beschreibt: Man kann einer Person, die eine ganz andere Körperhaltung und Ausstrahlung hat, nicht einfach irgendeinen Designeranzug überwerfen. Dasselbe Prinzip gilt für Räume. Alles hat seine berechtigte »Sprache«. Auch wenn ich zunächst immer »neutral« an eine Aufgabe herantrete: Ich versuche Räume und Orte unabhängig von ihrer Position auf der Landkarte aufzunehmen. Erst im

Nachhinein tritt dann oft wie von selbst, wie in einer chemischen Reaktion, eine bestimmte Verortung an die Oberfläche.

Du näherst Dich einem Ort über seine Erscheinung. Das wirkt wie eine phänomenologische Annäherung, die das Räumliche nicht als abstrakte geometrisch-physikalische Größe erschließt, sondern vorgängig erst einmal über den »Ort« an sich. Ort im Heideggerschen Sinn als lebensweltlich eingerichtete Dimension, als gelebter Raum, als Raumempfinden bzw. als Atmosphäre.

Es ist auch eine Antwort auf die progressive Ästhetisierung des Alltags. Es geht um den Umgang mit natürlichen Ressourcen, mit der Globalisierung der Materialien. In dem Augenblick, wo mir in jedem Moment alles zur Verfügung steht, muss ich viel überlegter handeln. Ein einfacher Vergleich mit den Essgewohnheiten verdeutlicht den Gedanken: Wenn der Supermarkt saisonunabhängig ständig das gesamte Angebot bereit hält, braucht es wieder viel mehr Disziplin, und vor allem muss ich auch die Konsequenzen meiner Entscheidungen bedenken, nicht nur unmittelbar auf meine Person bezogen, sondern auch auf den weltweiten Warenverkehr, in Folge auf die Umwelt, die Wirtschaft etc.

Im Zusammenhang mit der aktuellen Lebenslogik bedeutet dies für die künstlerische Arbeit, sich nicht allein auf die Herstellung materieller Produkte und schillernder Oberflächen zu konzentrieren – das beherrschen genügend Branchen schon nahezu perfekt – sondern

Manfred A. Mayr, Ohne Titel, 2008

den Begriff der »Gestaltung« umfassender, übergreifender, in Form von Kontextbezügen zu denken. Orte sind für mich Kraftfelder von Beziehungen, die sich durch Vergleiche und Maßstäbe herauskristallisieren. Durch Lebensspuren, durch Überlebensspuren, durch das Bewohnen, Bearbeiten, Formen, aber auch »Überformen« im Sinne von »Kolonialisieren« von einer Form durch eine andere. Alles ohne formale Hintergedanken oder ästhetisches Bewusstsein.

Die europäische Kunstbiennale Manifesta hat sich für ihr Gastspiel in Südtirol mit der Festung Franzensfeste und der Aluminiumfabrik Alumix Orte mit einer starken Präsenz und Atmosphäre ausgesucht.

Damit eine Veranstaltung wie die Manifesta überhaupt »manifestierbar« ist, braucht es ein Kraftfeld, einen Kulthügel – das kann wohlgemerkt auch eine Garage sein. Alles was in einem Kunstwerk als Potential vorhanden ist, tritt in Korrespondenz mit seiner Umgebung. Im Idealfall gestaltet sich das Ganze als ein subtiler Verweisungszusammenhang: Das im Kunstwerk vorhandene Potential wird in der spezifischen Umgebung augenfällig und umgekehrt tritt die Umgebung emotional und imaginativ in das Bewusstsein. Was die Soundinstallationen der Manifesta in Franzensfeste betrifft, so hatte ich den Eindruck, dass das Ganze dort besonders gut funktioniert hat, wo man sich außerhalb der Räumlichkeiten befand, so etwa der summende Kubus von Timo Kahlen auf dem Vorplatz. Vom Ort her war die Franzensfeste sicher faszinierend, allerdings war der visuelle Eindruck der Raumfolgen auch wiederum so stark, dass die kommentierenden Texte sprichwörtlich auf der Strecke geblieben sind. Vielleicht hätte man den Raumfluchten doch stärker auch visuell »widersprechen« sollen. Der ortsspezifische Ansatz, den die Manifesta von ihrem Selbstverständnis her vertritt, ist mit jedem Ortswechsel sicher eine gewaltige Herausforderung. Über den Erfolg entscheidet, ob das Potential der jeweiligen künstlerischen Recherchen sichtbar wird, oder anders ausgedrückt, ob der Samen auf den richtigen Humus fällt. Gerade der Wechsel des Milieus kann eine Reaktion auslösen. Manchmal trägt man einen Gedanken vor Ort lange mit sich herum, bis er dann unerwartet unter ganz anderen Verhältnissen zum Tragen kommt. Zum »Tragen«, ja, im wörtlichen Sinn, wenn ich etwa an die Kleiderentwürfe von Yoshi Yamamoto denke, die ihre Wurzeln in Japan haben, um sich letztendlich in Paris zu entfalten … –

> Der Wechsel des Milieus kann eine Reaktion auslösen.

Das ist wie mit dem Plus- und Minuspol beim Magneten. Eigentlich dreht sich alles um das soziale Vis-a-vis, das zunehmend aus unserem Blickfeld verschwindet, um den Raum für politische und ökonomische Spekulationen zu öffnen. Wir sollten uns wieder weniger im abstrakten als im vergleichenden Denken üben. Die künstlerische Arbeit im Kontext einer vernetzten Informationsgesellschaft ist komplex: Je mehr Informationen von außen die Recherche begleiten, umso mehr Überlegungen sind anzustellen, um letztendlich ein stimmiges Ergebnis zu erzielen.

Die aktuelle Wirtschaftslage zeigt, wie durchlässig Grenzen und Geographien heute sind. Grenzen werden heute zumeist künstlich am Leben erhalten, oft aus ökonomischen Gründen. Womit wir beispielsweise beim Bild des Wilderers wären: beim Bergler, der es aus Überlebensgründen als sein natürliches Recht empfindet, den Abschuss des Wildtieres rund um sein Haus zu vollziehen und nicht einsehen kann oder will, dass das jetzt ein Privileg des Aristokraten oder Städters mit Jagdschein sein soll. In diesem Zusammenhang geht es neben der rechtlichen Frage auch noch um diejenige eines würdevollen Todes, um das Verhältnis von Recht und Würde. Und es geht grundsätzlich um die Verbindung zwischen Regelwerk, Handlung und Wirkung und darum, wie die Künstlichkeit des Regelwerks die Natürlichkeit zwischen Handlung und Wirkung aufhebt. Die Globalisierungsdebatte oder die aktuelle Finanzkrise zeigen wie Systeme künstlich am Leben erhalten werden und dann platzen können wie eine Luftblase. Und das Wildern gibt es auch erst, seit es die Reglementierung der Jagd gibt. Im Verbot oder im Widerspruch zum Verbot liegt der Reiz.

Der Widerspruch war immer auch eine wesentliche Triebfeder des Künstlerischen. Und das Künstlerische ist eine Form von Freiheit. Bedauerlich, wenn die Absicht und Möglichkeit nicht erkannt wird und im Gegenteil versucht wird, Kunst abzuwehren, zu verbieten oder als bloße Propaganda zu instrumentalisieren.

Die Polemik um die Froschskulptur von Martin Kippenberger, durch die paradoxerweise der Sommer 2008 als Kunstsommer in die Südtiroler Annalen eingehen wird – absurderweise wahrscheinlich noch mehr als durch die Eröffnung des

Manfred A. Mayr, Pomarium, 1997

neuen Museums oder das Gastspiel der Europäischen Kunstbiennale Manifesta – beruht darauf, dass eine Grenze überschritten wurde. Ich meine das jetzt aber nicht in einem moralischen Sinn, sondern ganz wörtlich im Sinn von Landesgrenze. Solange das Werk außerhalb der Landesgrenzen sein Dasein gefristet hat, hat kein Hahn nach dem Frosch gekräht und tut es auch jetzt – wo er weiterhin in den verschiedensten Museen zirkuliert – nicht mehr. Kaum wanderte der Frosch ins Land herein, wurde er zum Problem. Bleibt der Frosch draußen, bleibt auch das Problem draußen.

Im Zusammenhang mit Grenzen geht es vor allem um »Sicherheitspolitik«. Grenzüberschreitungen sind riskant. Würde es sich deswegen nicht anbieten, notorische oder besser professionelle Grenzverletzer, wie es die Kunstschaffenden sind, erst recht zu Partnern zu machen, gerade auch um die Schwachstellen im System aufzudecken?

Vor allem fällt mir in diesem Zusammenhang das Bild der Zugvögel ein, die zu verschiedenen Jahreszeiten an verschiedenen Orten leben und sich nicht an Territorien binden. 50 Milliarden Zugvögel sollen es sein, die jährlich zwischen Europa und Afrika unterwegs sind und auf zwei Kontinenten leben. Aus logischen Gründen. Es sind Migranten, die aus Überlebensgründen ganz selbstverständlich ein Land verlassen und an einen anderen Ort wechseln.

… während wir Nestbauer / innen mit unserem Identitätswirrwarr als »Italiener, Ex- oder Möchtegernwiederösterreicher, Nur-Südtiroler, Großtiroler, Welschtiroler« (Hans Karl Peterlini) rangeln? Und die Frage mit der Sprachgruppenzugehörigkeitserklärung ad acta legen?

In diesem Zusammenhang hat die Vogelkunde auch wieder interessante Erkenntnisse anzubieten: Ornithologen haben beobachtet, dass Vögel Handytonalitäten und Klingeltöne nachpfeifen und in ihrem Zwitschern von Klangstrukturen beeinflusst werden. So wie sie eben industrielle Materialien in ihre Nester einflechten. Also zwitschert der Südtiroler Spatz in einem anderen Dialekt als der einer anderen Weltregion – ganz unideologisch …

Anmerkungen

1 Eine ausführliche Darstellung findet sich in: Marion Piffer Damiani, Kunst in Südtirol nach 1945, in: Paul Naredi Rainer / Lukas Madersbacher (Hg.), Kunst in Tirol, Bd. 2, Innsbruck / Bozen 2007, S. 725–766.
2 Notizen und bearbeitete Aufzeichnungen aus Begegnungen im Winter und Frühjahr 2009.

Bildnachweis

S. 337
Karl Plattner, Die zwei Balkone, 1978 / 80
Öl auf Leinwand, 170 x 190 cm
Land Tirol - Tiroler Landesmuseum Ferdinandeum, Innsbruck

S. 338
Willy Valier, Krieger, 1961
Mischtechnik auf Holz, 100 x 38,2 cm
Stiftung Museion - Museum für moderne und zeitgenössische Kunst, Bozen

S. 339
Oswald Oberhuber, Kind mit offenem Mund, 1969
Buntstift / Papier / Aluminium, 27,5 x 26,5 cm
Courtesy: Galerie Maier, Innsbruck

S. 340
Peter Fellin, Mauer, 1976
Gips auf Leinwand, 200 x 190 x 4 cm
Stiftung Museion – Museum für moderne und zeitgenössische Kunst, Bozen (Foto: Augustin Ochsenreiter)

S. 341
Markus Vallazza, Der Traum, 1973
Radierung, 43,8 x 34,5 cm
Stiftung Museion – Museum für moderne und zeitgenössische Kunst, Bozen

S. 342
Matthias Schönweger, ZU.KASER, 2009
Rauminstallation anlässlich der Landesausstellung »Labyrinth Freiheit«, Festung Franzensfeste (Foto: Julia Bornefeld)

S. 343
Gianpietro Sono Fazion, Appogiatevi ad un albero e cantate (Lao Tzu), 1969
s / w-Fotografie, 30 x 39,8 cm, aus der 3-teiligen Serie «Non-azione"
Stiftung Museion – Museum für moderne und zeitgenössische Kunst, Bozen (Foto: Gianpietro Sono Fazion, Vittorio Dianese, Sante Castignani)

S. 344
Walter Pichler, Haus neben der Schmiede meines Großvaters, 1996
Bleistift / Tusche / Tempera, 21 x 29,5 cm
Architekturzentrum, Wien

S. 345
Gilbert & George, Shod, 1992
Fotografie gefärbt, 169 x 142 cm
Stiftung Museion – Museum für moderne und zeitgenössische Kunst, Bozen (Foto: Augustin Ochsenreiter)

S. 346
Walter Niedermayr, Expo Zaragoza 2008, Frontgestaltung Austria Expo Pavillon, siebenteilige Fotoarbeit Pitztalgletscher 5 / 1997 mit Sommer- und Winteransicht auf drehbaren Lamellen; Digitaldruck auf PVC, 7,5 x 66 m (Foto: Walter Niedermayr)

S. 347
Rudolf Stingel, Untitled, 2005
Plastilin, Tiefdruck, 78 m², Wandinstallation
anlässlich der Ausstellung »Stimmen – Voci«,
Eurac-Tower, Bozen (Foto: Lupo & Burtscher)

S. 348
Esther Stocker, Cafeteria, 2008
Möbelgrundkonstruktion in Stahl, Oberfläche
Leder, ca. 6 x 10 m
Hypo Tirol Bank Zentrale, Innsbruck (Foto:
Günther Egger)

Michael Fliri, from the forbidden zone, 2009
Performance im Museion, Bozen
Courtesy: Galleria Raffaella Cortese, Mailand,
und Stiftung Museion – Museum für moderne
und zeitgenössische Kunst, Bozen (Foto: Ivo
Corrà)

S. 349
Sissa Micheli, investigating room 45, 2009
still, Video, 5'55, Farbe, Ton

S. 350
Siggi Hofer, Selbstporträt, 2000/01
Pastellkreide auf Papier, 21 x 29,7 cm
Courtesy: Galerie Meyer Kainer, Wien

Martino Gamper, Hands On. 100 Chairs in
100 Days, 2007
(Foto: Angus Mill, Credit: Manifesta 7, Trentino-
Südtirol 2008)

S. 351
Krüger & Pardeller, Expanded Notion, 2009
Rauminstallation anlässlich der Landesausstel-
lung »Labyrinth Freiheit«, Festung Franzensfeste
Aluminium, MDF lackiert, Gummischnur,
270 x 180 x 30 cm (Foto: Krüger & Pardeller)

S. 352
Martina Steckholzer, In and out of, 2008
Permanente Installation, Krankenhaus Brixen
44 Fotografien/Inkjetdruck, je 410 x 110 cm
(Foto: Martina Steckholzer)

S. 354
Manfred A. Mayr, Fotoarchiv, 2006, Serie
STL2506/1762, Walten - Passeier

S. 355
Manfred A. Mayr, Fotoarchiv, 2001, Serie
AA03/34, Goldrain

S. 356
Manfred A. Mayr, Fotoarchiv, 2008, Serie
FMK3006/0211

S. 357
Manfred A. Mayr, Fotoarchiv, 2009, Serie
AOA07/0947, Stilfs

S. 359
Manfred A. Mayr, Goldlauf, 2009
permanente Installation, Festung Franzensfeste
Baustahl 24 Karat vergoldet, ø 3 cm - L 117 m

S. 360
Manfred A. Mayr, Fotoarchiv, 2005, Serie
DGN05/07, Marlinger Berg

S. 361
Manfred A. Mayr, Ohne Titel, 2008,
Beilholm; Reinweiß RAL 9010 Hochglanz

S. 363
Manfred A. Mayr, Pomarium, 1997, Objektvitri-
ne, Vi.P Latsch, Archiv in progress

S. 364
Manfred A. Mayr, Fotoarchiv, 2001, Serie
LA09/14, Panzersperre aus dem Zweiten Welt-
krieg (»Drachenzähne«), Plamort – Reschen

Marion Piffer Damiani, geboren 1963 in Brixen. Studium der Kunstgeschichte und Deutschen Philologie an der Universität Innsbruck. 1989 bis 2000 Leiterin der ar/ge Kunst – Galerie Museum Bozen. Seit 2000 freiberufliche Kuratorin, Kunstpublizistin und Lehrbeauftragte. Mitglied zahlreicher Fachjurien und wissenschaftlicher Beiräte im In- und Ausland. Seit 2010 Präsidentin der Stiftung Museion – Museum für moderne und zeitgenössische Kunst Bozen. Zahlreiche Publikationen zur zeitgenössischen Kunst in Südtirol. Zuletzt Mitkuratorin der Landesausstellung »Labyrinth Freiheit«, Festung Franzensfeste 2009.

Manfred Alois Mayr, geboren 1952. Studium und Lehrauftrag an der Akademie der Bildenden Künste Wien. Zahlreiche Aufträge und Interventionen im Spannungsfeld von Bildkunst und Baukunst. Lebt und arbeitet in Bozen und Meran.

Sound Machine

GIORGIO MORODER
***1940**

Eine Facette des Südtiroler Wesens ist auch er: Nestflüchter, Grenzgänger, Weltenbürger. Einer, der den Panzer von Heimat und Tradition scheinbar mühelos abstreifen kann, um frei durch die globalisierte Moderne zu schweben. Als er mit 18 seinen Heimatort St. Ulrich in Gröden verlässt, eine Gitarre auf der Schulter, heißt er noch Hansjörg. Lange bevor die Achtundsechziger die spießige Gesellschaft schockieren, zieht er mit Musikbands durch die Gegend. Basel, Paris, Berlin, schließlich ein fester Aufenthalt in München.

Auf diesem Weg mutiert er zum Giorgio, was erheblich besser klingt als Hansjörg. Erste Plattencover zeigen ihn mit langen Haaren und mächtigem Schnauzer, ein Typ wie aus einem Roadmovie. Ein gesellschaftskritischer Rebell ist er aber nicht. Moroder will nicht die Welt verbessern, sondern Erfolg, wie sein Onkel Luis Trenker. Während die Studentenproteste die alte Ordnung sprengen, komponiert Giorgio Moroder für deutsche Schlagersänger Lieder wie »Sing, wenn du glücklich bist« oder »Denn ich liebe die Welt«.

Für seinen ersten eigenen größeren Hit wechselt er ins Englische, den neuen Weltsprech. Sein »Looky, Looky« ist 1969 ein frühes Werk des Bubblegum-Pop, der sich durch einfache Rhythmen, ins Ohr gehende Melodien und simple, fröhliche Texte mit wenig Tiefgang auszeichnet. Auch wenn Giorgio später das Genre wechselt, dieser hitparadengerechten Mischung bleibt er fast immer treu.

Moroder hat ein feines Ohr für das, was der Zeitgeist hören will. In Deutschland ist er 1970 einer der ersten, der sich einen Synthesizer zulegt – jene elektronischen Wunderorgeln, die mit ihren neuartigen Tönen die Pop-Musik entscheidend prägen. Der charakteristische Sound macht 1972 auch Moroders nächsten Hit, »Son of my Father«, zum Dauerrenner in den Charts.

Um diese Zeit lernt er eine amerikanische Sängerin kennen, die in München im Hippie-Musical »Hair« auftritt. Ihr, der späteren Donna Summer, schreibt Moroder etliche Melodien auf den lasziven Leib, die für beide den Durchbruch bringen. »Love to Love You, Baby«, ein 17 Minuten langes erotisches Epos, wird zwar von der puritanischen BBC wegen der intensiven Stöhneinlagen boykottiert, beherrscht aber die wichtigsten Hitparaden. Zusammen mit »I feel love« bildet das Stück die Grundlage für den Discosound. Beide Titel bringen Moroder Gerichtsverfahren ein. Er habe Rhythmen und Tonfolgen von anderen Musikern geklaut. Die Klagen werden nach langem Rechtsstreit abgewiesen. So kann ein Grödner namens Hansjörg von sich behaupten, »the father of disco« zu sein.

Mit diesem Orden am Revers, Haare und Schnauzer gestutzt und gestylt, macht er sich 1978 auf in den Olymp der Stars, ins Zentrum des Glamours. In Beverly Hills, vor den Toren Hollywoods, bezieht er eine Villa. Er ist damit das Gegenstück zu Tonio Feuersinger, der Hauptfigur in Trenkers Film »Verlorener Sohn«. Tonio hält es nur kurz im Betongebirge New York aus und flüchtet bei erster Gelegenheit nach Hause in seine Dolomiten. Giorgio dagegen bewegt sich im Zentrum des amerikanisierten Showbusiness wie ein Fisch im Wasser.

Kaum in der neuen Welt, erhält er den Auftrag für die Musik in »Midnight Express«, einem umstrittenen aber später vielfach ausgezeichneten Film. Ganz in seinem Stil der harmonisch-leichten Tonfolgen komponiert Moroder einen ins Ohr gehenden Disco-Rhythmus, der eine dramatische Fluchtszene in Istanbul schaurig untermalt. Für diese seine erste Filmmusik bekommt er auf Anhieb den Oscar. Giorgio Superstar. Mit 40 ist er der König unter den Komponisten des Elektronikzeitalters. Es bleibt nicht bei dem einen Preis. Seine Filmmusiken für »Flashdance« und »Top Gun« bringen zwei weitere Oscars ein. Dazu gesellen sich bislang drei Grammys, vier Golden Globes und 150 goldene Schallplatten für Melodien, die Moroder für die Größen des Pops produziert: etwa für Elton John und David Bowie, für Gianna Nannini und Barbra Streisand. Mit diesen Referenzen bekommt er reihenweise Aufträge für Megaevents. Moroder schreibt die Erkennungsmusik für die Olympischen Spiele in Los Angeles und in Seoul, die Schlussmelodie für die Spiele in Peking, die Hymne für die Fußball-WM in Italien.

»Kunst machen kann jeder. Aber Kunst machen, die sich verkaufen lässt – das ist eine Kunst«, lehrt Moroder. Er beherrscht die Kunst perfekt und wirkt dabei fast bieder. Die schrillen Exzesse dieser Branche sind seine Sache nicht. Die einzig bekannte Extravaganz ist der Versuch, mit einer Nobelschmiede in Los Angeles einen exklusiven Sportwagen zu bauen. Ehe das Projekt nach nur acht Exemplaren eingestellt wird, schluckt der Moroder-16-Zylinder etliche Millionen. Peanuts für Hansjörg aus Gröden, der einer Epoche ihren Sound gab.

1988	1989	1992
In der Südtiroler Kulturpolitik endet die 28-jährige Ära von Anton Zelger.	Im Forschungszentrum CERN bei Genf wird das Word Wide Web entwickelt.	MP3 wird zum Standard für den Musikaustausch zwischen Computern.

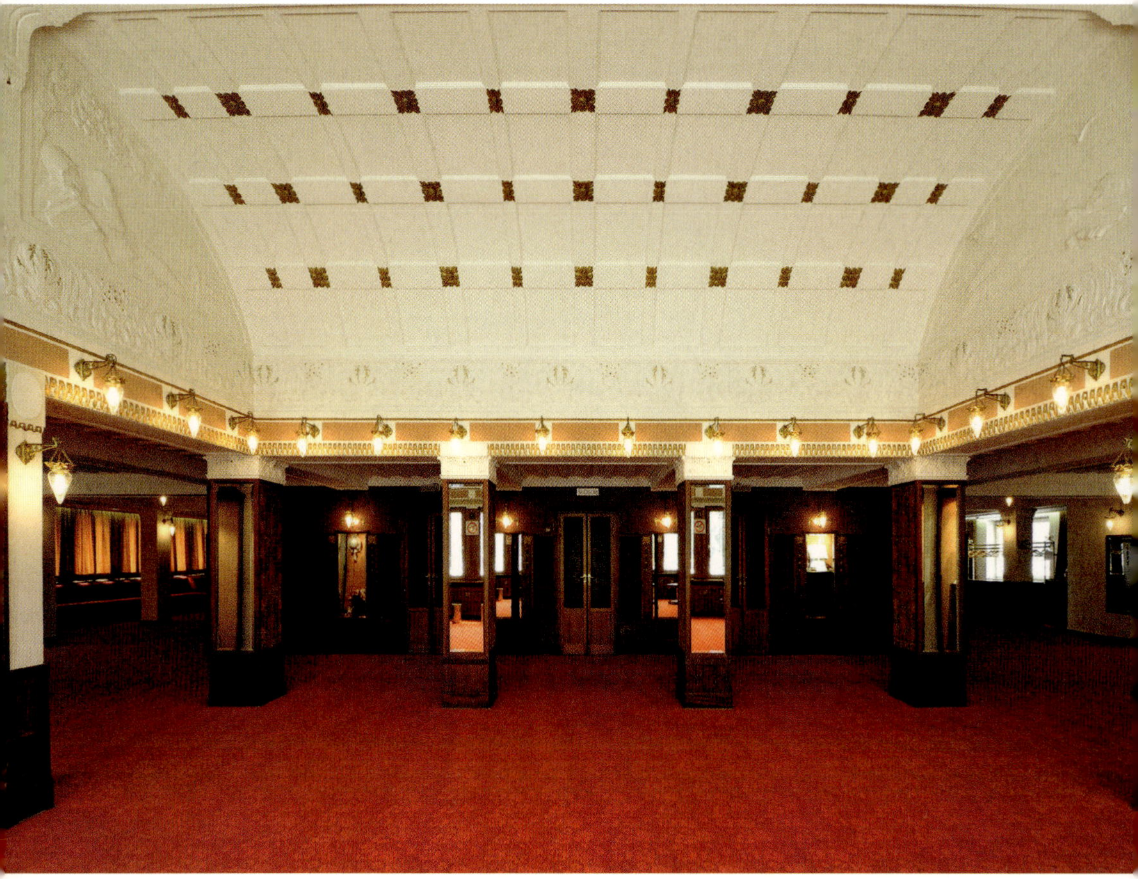

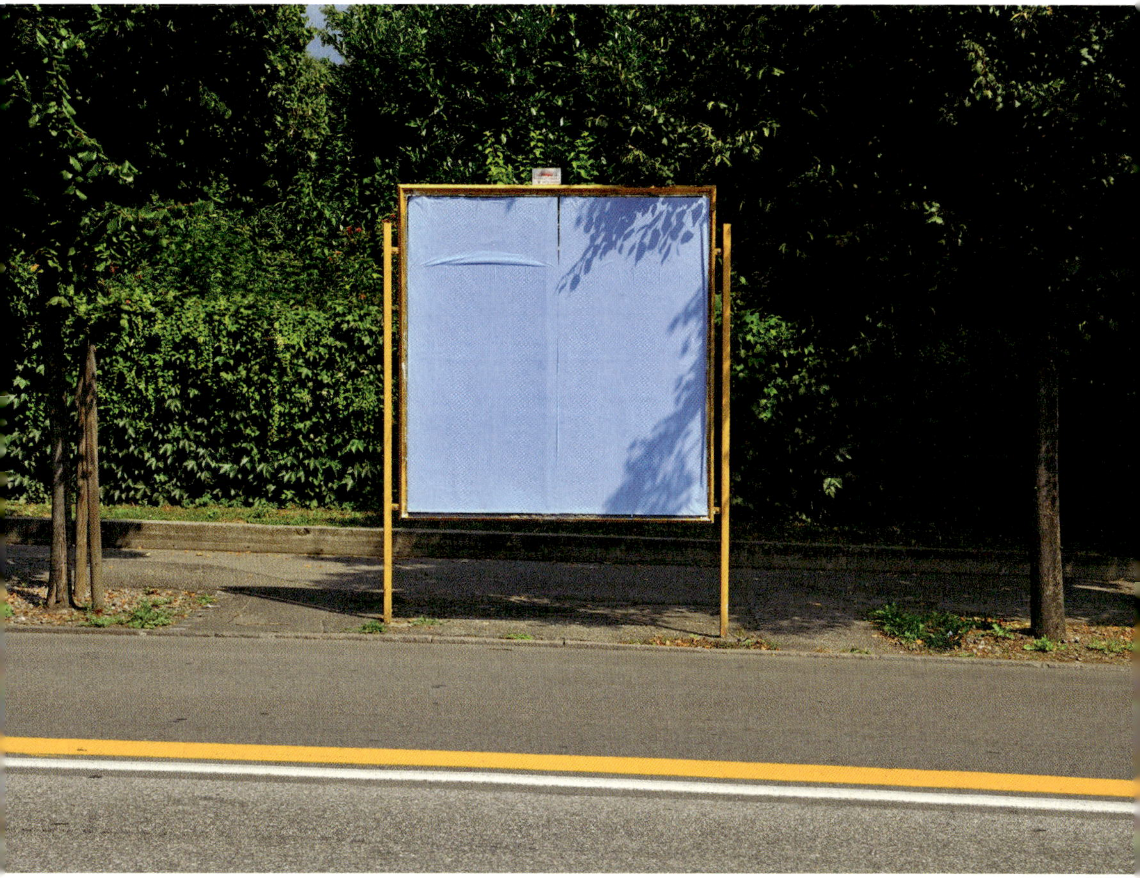

Roland Benedikter

Südtirol als Kulturmodell eines vereinten Europa
AUTONOMIE ALS KULTURELLE ERRUNGENSCHAFT

Zwei Kulturbegriffe: Ein enger und ein weiter
Wenn die Frage nach Kulturgütern gestellt wird, die Südtirol mit Europa verbinden, wird gewöhnlich an einzelne Kulturerzeugnisse im Sinn eines »engen« Kulturbegriffs gedacht: Literatur, Musik, Kunst. Zu selten wird bisher ein »weiter« Kulturbegriff auf diese Frage angewandt – ein Kulturbegriff nämlich, mittels dem auch Lebensformen, Gesellschaftsinstitutionen oder Sozialarrangements einer Region als »Kulturerzeugnisse« aufgefasst werden können.
Doch im Hinblick auf die heute im Raum stehende Herausforderung, Südtirol für eine stärkere Rolle im Hinblick auf Europa zu positionieren, kann die Verbindung des bisherigen »engen« mit einem »weiten« Kulturbegriff eine ausschlaggebende Rolle spielen. Denn es gilt, wie eine zunehmende Zahl führender Kulturschaffender seit Jahren einfordert, Europa nicht länger nur als wirtschaftliche und politische, sondern als kulturelle und »künstlerische« Aufgabe der Staatsbildung aufzufassen, deren Wert in der Abbildung kultureller Vielfalt auf der Institutionen-Ebene und im Aufbau eines grenzübergreifenden Bewusstseins liegt – mit Vorbildwirkung für weltweite Ausgleichs- und Befriedungsprozesse. Wollen wir eine solche Auffassung entwickeln, ist es notwendig, politische Strukturen als kulturelle Errungenschaften anzusehen – insbesondere, wenn sie aus kulturellen Erwägungen heraus entstanden sind.
Südtirol ist für eine solche Verbindung des »engen« mit einem »weiten« Kulturbegriff gut vorbereitet. Denn das institutionelle Arrangement der Autonomen Provinz Bozen-Südtirol praktiziert diese Verbindung bereits seit den 1970er Jahren – mit Erfolg. Südtirol gilt heute einer zunehmenden Anzahl internationaler Beobachter als europäisches Kulturmodell. Genauer: als Modell, wie kulturelle Dimensionen zur Einigung Europas beitragen – und mittels Institutionalisierung aktiv in die Schaffung pluralistischer regionaler Lebensformen und in die Überwindung nationalstaatlicher Differenzen einbezogen werden können.
Dieser Aufsatz führt zunächst in die Fragestellung ein, wie ein vereintes Europa mit Hilfe kultureller Dimensionen aufgebaut werden kann. Daran anschließend zeigt er,

warum Südtirol dafür als Modell in Frage kommt. Skizziert wird, wie das Südtirol-Modell der Institutionalisierung von kultureller und ethnischer Diversität heute für Europa ein Laboratorium grenzüberschreitender »sozialästhetischer« Experimente sein kann. Abschließend wird, unter Berücksichtigung von Errungenschaften und Grenzen des Südtirol-Modells, eine Perspektive gezeichnet.[1]

Die kulturelle Dimension der europäischen Einigung
Der US-amerikanische Kulturwissenschaftler Clifford Geertz hat in seinem Buch »Welt in Stücken. Kultur und Politik am Ende des 20. Jahrhunderts« (Wien 1996) bereits lange vor den Umbrüchen des 11. September 2001 das Finden geeigneter Modelle zur Verbindung von Politik und Kultur als die wichtigste »künstlerische« Aufgabe Europas bezeichnet. Die aus seiner Sicht entscheidenden zwei Zukunftsfragen für die Zukunft Europas lauten:
Was ist ein Land, das keine Nation mehr ist? Diese Frage beruht auf der Beobachtung, dass Nationalstaaten in Hinkunft immer weniger für sich selbst, sondern nur mehr in immer intensiverer grenzüberschreitender Kooperation und im Hinblick auf eine ihre eigene Homogenität überschreitende Aufgabe existieren können.
Was ist eine Kultur, wenn sie kein Konsens mehr ist? Diese Frage beruht auf der Beobachtung, dass die heutigen europäischen Kulturen nicht mehr nur untereinander, sondern auch in ihrem Inneren vielfältig, heterogen und mehrdimensional werden. Sprachen, Ethnien, Religionen mischen sich und die traditionelle »Einheitlichkeit« von nationalen Kulturen wird durch eine Vielfalt ersetzt, für die die Nationalstaaten keine institutionellen »Behälter« anzubieten haben. Deshalb kommt es in kulturell hochgradig pluralen Gesellschaften Europas zunehmend zu inneren Problemen.
Beide Fragen sind laut Geertz Kulturfragen. Sie bilden *gerade als solche* die Grundlage jedes neuartigen politischen Arrangements der Einheit Europas; und sie gehen dabei weit tiefer als wirtschaftliche und politische Dimensionen herkömmlicher Art, weil sie diesen lebensweltlich zugrunde liegen. Für beide Fragen müssen

einerseits zivilisatorisch umfassende, andererseits institutionell konkrete Lösungen des Rechtsumgangs gefunden werden.

Ähnlich haben die Kulturwissenschaftler Michael Ley, Max Preglau und Helmut Reinalter den Prozess der europäischen Einigung in seinem Wesen als Auflösung herkömmlicher nationaler und kultureller Einheit im Sinn eines »neuartigen Zivilisationsprozesses« beschrieben. Dieser bildet die Basis der politischen Einigung. Er kann nur dann in nachhaltiger Weise gelingen, wenn »sich in Europa ein Zivilisationsverständnis und -selbstverständnis entwickelt, das als *neue Oikumene* bezeichnet werden kann, eine transkulturelle Zivilisation, welche die relativ kurze Phase der ausschließenden Nationalkulturen und der damit verbundenen Nationalismen des 19. und 20. Jahrhunderts beendet [...] Im Zentrum stehen dabei Fragen der politischen Kultur [...] in jeweiligen regionalen Zusammenhängen.

Europa ist heute auf der Suche nach seiner ›Seele‹: [nach einer] Identität, nach einer Legitimationsgrundlage und nach den Grenzen einer politischen Konstruktion. Damit ist die Problemlage formuliert: Die Zukunft Europas kann nur innerhalb einer zukünftigen Weltordnung gedacht werden, und diese wiederum kann nur als ›multizivilisatorisches Organisationsfeld‹ verstanden werden, das verschiedene Zivilisationsräume miteinander in friedliche Beziehung setzt [...] Von zentraler Bedeutung für die Zukunft Europas ist dabei die Frage, ob den europäischen Gesellschaften der Übergang von nationalen Identitäten zu einer europäischen Zivilisation gelingen wird.«[2]

Beide Stellungnahmen heben, wie zahlreiche ähnliche in der heutigen Debatte, die zentrale Rolle von Kultur für den politischen Einigungsprozess Europas hervor. Und beide betonen, wie wichtig es ist, dass kulturelle Vielfalt künftig einen angemessenen, »künstlerischen« Rechtsrahmen »multizivilisatorischer« Art findet. Dieser Rechtsrahmen kann sich allerdings nicht, wie bisher von einigen progressiven Kreisen erträumt, in einem Modell der aktiven Nicht-Regelung kulturellen Zusammenlebens unter radikalen Gleichheitsgesichtspunkten finden lassen, wie es die Vordenker des Ansatzes der »Multikulturalität« seit den 1970er Jahren erhofften. Denn »die politischen Hoffnungen auf multikulturelle Gesellschaften, die die Logiken der nationalen Homogenität und damit die Ausgrenzung ethnisch ›Fremder‹ überwinden sollte, hat sich als illusorisch erwiesen. Multikulturalität in Nationalstaaten funktioniert nur in den engen Grenzen gesellschaftlich hoch spezialisierter Bereiche wie Wissenschaft und Kunst, nicht jedoch als gesellschaftliche und nationalstaatliche Alternative. Die gesellschaftlichen Folgen allgemeiner Multikulturalität sind gesellschaftliche Ghettoisierung – Parallelgesellschaften, die bestenfalls Gewaltverzicht üben [...] Wo lägen also europäische Lösungsstrategien?

Die zentrale Rolle von Kultur beim politischen Einigungsprozess

Im Zuge der Vertiefung der europäischen Gemeinschaft können transnationale Regionen entstehen, die sich über Landesgrenzen hinweg zu eigenständigen politischen Einheiten entwickeln und darüber hinaus gemeinsame Verwaltungsstrukturen, Bildungsstätten und Kulturinstitutionen aufbauen. In Ansätzen bestehen solche Bemühungen in Südtirol; grundsätzlich gilt dies für alle Grenzregionen, die einen Brückenkopf zwischen den einzelnen Ländern der Union bilden könnten. Aus den Regionen heraus würde langfristig die Überwindung des nationalstaatlichen Denkens gefördert werden, da in Zukunft die unmittelbaren ökonomischen, kulturellen und andere Interessen stärker sein werden als abstrakt nationale. Der transantionale Regionalisierung kommt damit eine wichtige Rolle im Prozess der Europäisierung zu, weil die gegenseitigen Vorteile – bei allen entstehenden Problemen – für die Betroffenen konkret nachvollziehbar sind. Gerade die Grenzregionen und deren transationales Zusammenwachsen würden die politischen und mentalen Bedingungen für die Schaffung eiens europäischen *demos* nachhaltig fördern. Über die Regionen könnten transnationale politische Parteien entstehen und in der Folge eine europäische Zivilgesellschaft wachsen. Darin […] liegt die Antwort auf die Nationalismen der Vergangenheit bzw. auf die noch bestehenden nationalistischen Einstellungen vieler Europäer angesichts der Herausforderungen von Globalisierung, Fundamentalismus und Terrorismus.«[3]

Wenn die Grundannahmen dieser beispielhaften Stellungnahmen zur Bedeutung von Kultur richtig sind, dann gewinnt das Modell der Südtirol-Autonomie heute tatsächlich eine europäische Vorreiterrolle. Denn die Beobachtungen und Forderungen beider Stellungnahmen sind in gewisser Weise praxisorientiert im Südtirol-Modell vereint. Inwiefern?

»Kultur erzeugt Gesetze, nicht umgekehrt.«
Südtirol als Kulturmodell für die Einigung Europas
Die im September 2003 ermordete irakische Zivilgesellschafterin Akila Hashimi, einzige Frau im Übergangs-Regierungsrat des damals neuen Staates, wies, wie

andere Mitglieder der internationalen Zivilgesellschaft, immer wieder darauf hin, dass Aussöhnungs- und Verständigungsprozesse »von unten nach oben« verlaufen müssen, nicht »von oben nach unten«. Sie betonte: Solche Prozesse müssen in der Sphäre kultureller Begegnung beginnen, nicht mit politisch-institutionellen Regelungen; und wenn doch mit letzteren, so nur dann, wenn diese ein Ausdruck kultureller Verhältnisse sind. Hashimi fasst diese »Grundregel des 21. Jahrhunderts« in dem Satz zusammen: »Kultur erzeugt Gesetze, nicht umgekehrt.«

Doch wo findet sich, angesichts der neuerdings wieder weltweit zunehmenden ethnisch-kulturellen Konflikte (Kosovo, Belgien, dänischer Karikaturenstreit, Niederlande, Tschetschenien, Irak, Tibet), ein konkret brauchbares Modell dafür? Ein Modell, in dem Kultur zur politisch-institutionellen Größe wird?

In Europa gibt es vor allem *ein* Modell, das für die Friedensstiftung in kulturell hoch divergenten Regionen vorbildlich ist: die Autonomieverfassung der tri-ethnischen Autonomen Provinz Bozen-Südtirol im Grenzgebiet zwischen Norditalien und Österreich. In diesem Modell vereinigen sich mehrere der oben angeführten Schlüssel-Aspekte in zukunftsweisender Art; und hier liegen jahrzehntelange Erfahrungswerte im Umgang mit der die Grenzen von Nationalstaaten überschreitenden kulturellen Dimension der europäischen Einigung vor.

Das Südtirol-Modell des Zusammenlebens verschiedener Kulturen, Sprachen und Ethnien gilt heute als Beispiel internationaler Konfliktlösung mittels Institutionalisierung von Kultur zur Rechtsgrundlage gesellschaftlichen Zusammenlebens. Es spiegelt die europäische Erfahrung des Umgangs mit ethnischen Diversitäten als »tiefen« kulturellen Differenzen wider – und hat sie einer weitgehend produktiven, im Wesentlichen erfolgreichen »zivilisationsorientierten« Lösung zugeführt.[4] In diesem Modell sammelt sich, nach jahrzehntelanger ethnischer Gewalt, seit 1972 – dem Beginn des Autonomisierungsprozesses Südtirols – und insbesondere seit 1992 – der politisch-juridischen Verwirklichung der wichtigsten autonomiepolitischen Grundlagen – die spezifisch »kerneuropäische« Erfahrung des Umgangs mit ethnischer und kultureller Differenz. Diese findet hier praktische Rechtslösungen, die als blicklenkende Grundlagen-Orientierung für Lösungen der Koexistenz auch für andere Gebiete je nach Ort und konkreten Anforderungen in unterschiedlichen regionalen Situationen dienen können.

> Das Südtirol-Modell gilt als Beispiel internationaler Konfliktlösung.

Im ersten Jahrzehnt des 21. Jahrhunderts, das nach dem 20. Jahrhundert, dem »Jahrhundert der Extreme«[5], das »Jahrhundert der Mäßigung«, nämlich des Findens zu nachhaltigkeitsfähigen Proportionen und Verhältnissen werden will – mehrt sich weltweit das Interesse an diesem Modell. So ist sich zum Beispiel die Europaparlamentarierin Ria Oomen-Rujiten aus Holland mit dem ehemaligen deutschen Bundeskanzler Helmuth Kohl, dem italienischen Staatspräsidenten

Carlo Azeglio Ciampi, den ehemaligen italienischen Außenministern Giulio Andreotti und Lamberto Dini oder dem ehemaligen österreichischen Außenminister Alois Mock einig, wenn sie sagt: »Südtirol ist, nach einer von gewalttätigen ethnisch-kulturellen Konflikten gekennzeichneten Vergangenheit, heute das beste Beispiel für das friedliche Zusammenleben zwischen verschiedenen ethnischen und kulturellen Gruppen, das wir in Europa haben.«[6] Nicht zufällig besuchte der Dalai Lama bereits Ende der 1990er Jahre die Autonome Provinz Bozen-Südtirol zu Studienzwecken und entsandte anschließend eine eigene Studiengruppe aus seinem engsten Mitarbeiterstab, um das Autonomie-Modell ausführlich auf seine Anwendbarkeit auf die Tibetfrage innerhalb Chinas zu studieren. Der Dalai Lama lässt sich bis heute in langfristiger Perspektive von Vertretern der Südtiroler Autonomieregierung und Wissenschaftseinrichtungen beraten.[7] Zahlreiche weitere Beispiele anwendungsorientierten Studiums dieses Modells wären zu nennen, darunter vonseiten zahlreicher Minderheiten aus dem ehemaligen Ostblock, unter anderem Tschetscheniens.

Eine Reihe anwendungsorientierter Studien dieses Modells

Angesichts der Bandbreite des Interesses aus unterschiedlichen Gebieten, Kulturen und sozio-ökonomischen Lagen, die mit sehr unterschiedlichen Problemlagen und Anforderungen konfrontiert sind, liegt es nahe, dass mit dem Südtirol-Modell im Hinblick auf die Lösung von ethnisch-kulturellen Problemzonen eine Vorbild-Lösung für die Institutionalisierung kultureller Diversität und für die erwähnte »zivilisatorische« Perspektive Europas im Raum steht. Diese kann über ein reines »Abschreiben« hinaus – was in der Praxis selten möglich ist, weil die konkreten Situationen meist zu unterschiedlich sind, als dass einmal implementierte Lösungen einfach von einem Ort auf einen anderen, von einer Kultur und einer sozio-ökonomischen Situation in eine andere übertragen werden könnten – anregend für eigenständige Lösungsfindungen anderer Gebiete wirken.

Sehen wir uns also das Südtirol-Modell im Folgenden näher an, bevor wir anschließend darauf eingehen, wie es für »Schachtellösungen« »geschichteter« territorialer Autonomisierung im Rahmen der anstehenden »zivilisatorischen« Einigung Europas praktisch brauchbar sein – oder zumindest als »konkretisierende« Inspirationsquelle dafür dienen kann.[8]

Historischer Werdegang

Südtirol ist eine kleine Provinz im Zentrum des europäischen Kontinents. Sie liegt südlich des Alpenhauptkamms zwischen Österreich im Norden und Osten, der Schweiz im Westen und Italien im Süden und zählt heute (2008) etwa 480.000 Einwohner. Bis zum Ende des Ersten Weltkriegs (1918) bildete Südtirol gemeinsam mit dem heutigen österreichischen Bundesland Tirol und der norditalienischen Provinz

Trentino das »Kernland Tirol« der habsburgischen Monarchie Österreich-Ungarn. 95 Prozent der Einwohner des Landes waren österreichischer Kultur und deutscher Muttersprache.[9]

Infolge der Niederlage der Habsburger-Monarchie im Ersten Weltkrieg wurde der südliche Teil Tirols gegen der Willen der Bevölkerung im Friedensvertrag von St. Germain von Italien annektiert. Drei Jahre später (1922) kam mit Benito Mussolini der Faschismus in Italien an die Macht, der aller kulturellen Diversität feindlich gesinnt war. Er begann im Zeichen »nationaler Homogenisierung« damit, das annektierte Territorium mit Gewalt zu italianisieren. Die Mittel dazu waren – neben Morden, Verschleppungen und systematischer Einschüchterung – eine massive Einwanderungspolitik mit der künstlichen Ansiedlung von mehr als 100.000 Italienern in wenigen Jahren, Abschaffung der österreichischen Ortsnamen und deren Ersetzung durch willkürlich erfundene italienische Namen, Verbot der deutschsprachigen Schule und der deutschen Sprache in Ämtern und vor Gericht, aber auch in der Öffentlichkeit. Das ging so weit, dass in vielen Fällen sogar die österreichischen Namen auf den Grabsteinen durch italianisierte Namen ersetzt wurden.

Bei der Volkszählung 1910, der letzten vor dem Ersten Weltkrieg und vor dem Beginn der faschistischen Italianisierungspolitik, wurden 17.339 italienischsprachige Einwohner in Südtirol registriert (2,9 % der Bevölkerung). Die rasante Zunahme der italienischen Bevölkerung erfolgte in den 1930er Jahren, als innerhalb weniger Jahre tausende Industriearbeiter künstlich angesiedelt wurden, aber auch in den Jahren nach 1945, als die faschistische Italianisierungspolitik von den ersten demokratischen Regierungen Italiens fortgesetzt wurde. Sie erreichte ihren Höhepunkt 1961 mit einem Bevölkerungsanteil von 34,3 Prozent. Seitdem ist der italienische Bevölkerungsanteil leicht im Abnehmen begriffen, hält sich aber insgesamt stabil um die 27 Prozent.

Nach der Niederlage von Nationalsozialismus und Faschismus und dem Ende des Zweiten Weltkrieges (1945) begannen Vertreter Südtirols und der provisorischen

Regierung Österreichs, an der nationalstaatlichen Rückgliederung Südtirols an Österreich zu arbeiten. Die Alliierten lehnten diese Bestrebungen trotz der breiten Forderung nach einer Volksabstimmung, die von 80 Prozent der Bevölkerung vorgetragen wurde, und trotz massiver Demonstrationen aus militärisch-strategischen Gründen ab: Italien war nun Bestandteil der westlichen Allianz und ein strategisch wichtiger Faktor in der beginnenden Auseinandersetzung mit der Sowjetunion, Österreich dagegen sowjetisch besetzt und insgesamt vor einer ungewissen Zukunft zwischen Ost und West stehend. Der Streit zwischen Österreich und Italien über den Status und die nationale Zugehörigkeit Südtirols eskalierte.

Der einzige Weg zur Streitbeilegung waren nun direkte Verhandlungen zwischen den beiden Nationen über einen exemplarischen Kompromiss: eine weitreichende Autonomieregelung für Südtirol im Rahmen einer »Schutzmacht«-Rolle Österreichs bei weiterer nationaler Zugehörigkeit zu Italien. Am 5. September 1946 wurde der sogenannte »Pariser Vertrag« von den Außenministern Österreichs und Italiens, Karl Gruber und Alcide Degasperi, unterzeichnet. Mittels eigener Gesetze und Erlässe sollte der österreichischstämmigen Bevölkerung des Landes die Gleichstellung der deutschen mit der italienischen Sprache in allen öffentlichen Angelegenheiten sowie der Erhalt von Kultur, ethnischen Eigenheiten und Traditionen garantiert werden.

In den darauf folgenden Jahren kam Italien seinen Verpflichtungen aus dem Pariser Vertrag jedoch nicht nach. Südtirol wurde Teil einer norditalienischen Region, der Autonomen Region Trentino-Südtirol, in der die italienische Bevölkerung die Mehrheit hatte, was die Autonomierechte der österreichischstämmigen Minderheit faktisch außer Kraft setzte. Ausschlaggebend war dabei, dass die *Provinz* Südtirol keine Sub-Autonomie im Sinn einer »Schachtellösung« innerhalb der autonomen *Region* erhielt. Zugleich wurde die Italianisierungspolitik durch massive Wohnbau- und Zuwanderungspolitik ungebrochen fortgeführt. Das führte zu bürgerkriegsähnlichen Unruhen. Daher wurde das sogenannte »Südtirol-Problem« im September 1959 vom österreichischen Außenminister Bruno Kreisky vor den Sicherheitsrat der Vereinten Nationen in New York gebracht. Zugleich nahmen die ethnisch und nationalistisch motivierten Sezessionsbestrebungen zu: 1961 wurde von Separatisten, die eine Rückgliederung Südtirols an Österreich gewaltsam herbeiführen wollten, eine Reihe von Aufsehen erregende Bombenanschlägen ausgeführt (37 allein in der Nacht vom 10. auf den 11. Juni 1961).

> Südtirol erhielt Schritt für Schritt eine weitgehende Selbstverwaltung.

Daraufhin wurden die Verhandlungen zwischen Italien und Österreich intensiviert und erreichten einen vorläufigen, einvernehmlichen Abschluss. Eine Autonomielösung wurde gefunden, die vorsah, dass Südtirol Schritt für Schritt eine weitgehende Selbstverwaltung im Sinn einer stark ausgebauten Sub-Autonomie innerhalb der autonomen Region Trentino-Südtirol erhalten sollte, während es zugleich Teil dieser Region wie des Nationalstaates Italien blieb. Diese Autonomielösung wurde am 23. November 1969 von der 1946 gegründeten ethnisch-kulturellen Sammelpartei der österreichischstämmigen Südtiroler, der Südtiroler Volkspartei (SVP), befürwortet und anschließend auch von den Regierungen Italiens und Österreichs gutgeheißen. 1972 trat die sogenannte »neue« oder »zweite« Autonomieverfassung in Kraft, die – und dies ist bedeutend – seitdem ein Verfassungsgesetz der Republik Italien ist, das nur mit einem Zweidrittel-Mehrheitsbeschluss des nationalen Parlaments und internationaler Zustimmung der europäischen Union geändert werden kann.

In den folgenden zwanzig Jahren – bis 1992 – wurden in zum Teil zähem Ringen zwischen SVP, der »Schutzmacht« Österreich und rasch wechselnden Regierungen in Rom Schritt für Schritt die gesetzlichen Grundlagen durch Italien geschaffen, die Südtirol eine faktische Eigenständigkeit auf den meisten wichtigen Gebieten sicherten. Daraufhin erfolgte 1992 eine einvernehmliche »Streitbeilegungserklärung« durch Österreich und Italien.[10] Die Zustimmung der ethnischen Sammelpartei der österreichischen Minderheiten zu dieser »Streitbeilegungserklärung« erfolgte, nachdem in die Note, mit der Italien den Bericht über die Durchführung des Autonomiestatuts übermittelte, ein ausdrücklicher Verweis auf den Pariser Vertrag von 1946 aufgenommen und damit sichergestellt worden war, dass eine eventuelle Nichteinhaltung der Vereinbarung weiterhin vor internationalen Rechtsinstanzen einklagbar bleibt. Die »Streitbeilegungserklärung« markiert seitdem einen vorläufigen Abschluss des Südtirol-Konflikts, obwohl sich die Autonomieregelung in Umfang und Praxis weiterhin in dynamischer Entwicklung befindet.

> Eine faktische Eigenständigkeit auf den meisten wichtigen Gebieten

Perspektiven der Weiterentwicklung

Die Streitbeilegungserklärung zwischen Österreich und Italien aus dem Jahr 1992 bedeutet jedoch nicht, dass die Südtirol-Autonomie vollendet oder gar abgeschlossen ist. Autonomie wird in der autonomen Provinz weiterhin als dynamischer Prozess wachsender Eigenständigkeit, Verantwortung, Zuständigkeit und Kompetenz verstanden – und zwar in ständigem Austausch zwischen Provinz, Region (Föderalstruktur) und Staat. Dieser Austausch schließt auch Konkurrenz und wechselseitige Kritik zwischen den institutionellen »Schachteln« ein.

Derzeit werden von Südtirol zur Erweiterung bestehender Befugnisse angestrebt:
- *Primäre Gesetzgebungsbefugnis im Schulbereich.* Südtirol hat zwar deutschsprachige Kindergärten und Schulen bis zum Oberschulabschluss, und seine Hochschul-Studenten aller drei Ethnien können dank eines Abkommens zwischen Österreich und Italien gleichgestellt mit österreichischen Staatsbürgern an österreichischen Universitäten studieren. Doch bisher müssen Gesetzeserlässe im Schulbereich

nicht nur im Hinblick auf formale Fragen, sondern auch was die meisten Inhalte betrifft, *erstens* auf der Grundlage nationaler Rahmengesetze oder jedenfalls in enger Abstimmung mit ihnen erfolgen, *zweitens* in jedem einzelnen Fall von der Nationalregierung offizielle Zustimmung erlangen. Fehlt aus der Sicht der Nationalregierung die Kompatibilität mit Staatsregelungen, können die Provinz-Gesetze rückverwiesen werden.

• *Definitive Lösung für die Frage der Ortsnamensgebung.* Das betrifft insbesondere die Verbesserung der nationalen und internationalen Rechtsgrundlagen für die faktisch bereits bestehende, aber noch nicht offiziell gültige Zweisprachigkeit der Ortsnamen, gegebenenfalls darüber hinaus auch die Reduktion der erfundenen italienischen Ortsnamen aus der Faschistenzeit, wo dies sinnvoll und möglich ist. Diskutiert wird auch eine gesetzliche Alternativlösung zu flächendeckender Mehrsprachigkeit der Ortsnamen, die vorsehen würde, dass eine Einwohner-Prozenthürde (zum Beispiel mindestens 5 Prozent einer Ethnie innerhalb einer Gemeinde) für mehrsprachige Beschilderungen eingeführt wird; hat eine Gemeinde mehr als 95 Prozent Einwohner einer Ethnie, würde eine einsprachige Beschilderung genügen. Diese Variante ist allerdings zwischen den Ethnien umstritten.

• *Erweiterung der Kompetenzen im Bereich der Energiegewinnung und -distribution.* Derzeit gehört die Mehrzahl der Wasserkraftwerke der autonomen Provinz noch immer gesamtstaatlichen italienischen Konzernen, die sie sich im Zug der Italianisierung zwischen 1920 und 1972 angeeignet hatten. Ziel der autonomen Provinz ist, einen Großteil der Energie-Produktionsstätten sowie der dazugehörigen Wasserrechte, die im Rahmen der Globalisierung in den kommenden Jahren eine besonders wichtige Rolle spielen werden (Wasser als »weißes Gold« oder »Erdöl des 21. Jahrhunderts«[11]), vollständig in ihr Eigentum zu bringen.

• *Eigene Polizei.* Bisher bestehen bei Militär und Polizei keine regionalen und provinziellen Zuständigkeiten. Während das Militär ebenso wie die Außenbeziehungen in nationaler Hand verbleiben werden, gibt es betreffend Übertragung von Polizeikompetenzen gewisse Perspektiven.

- *Übertragung verschiedener Verwaltungskompetenzen der Region auf die Provinz.* Bereits seit 1992 erfolgt eine fortschreitende Übertragung von strategisch wichtigen Verwaltungszuständigkeiten (wie zum Beispiel des Katasteramtes zur Registrierung von Besitzrechten) von der »Schachtel« Region an die »Schachtel« Provinz. Diese Tendenz soll durch die Übertragung weiterer Zuständigkeiten weitergeführt werden.
- *Übertragung der Kompetenzen des bisherigen Regierungskommissärs an die autonome Provinz.* Die Institution eines »nationalen Regierungskommissärs« hat derzeit noch die Aufgabe, die lokale Autonomie aus nationaler Sicht vor Ort zu beobachten sowie gegebenenfalls die Belange und Interessen des italienischen Nationalstaates gegenüber den autonomen Provinzbehörden, dem autonomen Provinzparlament und der autonomen Provinzregierung geltend zu machen. Geht es nach dem Willen der Provinz, sollen diese Institution abgeschafft und entsprechende Aufgaben an die Provinzregierung übertragen werden.

Die Situation ist für diese Vorhaben der Erweiterung der Provinz-Autonomie gegenüber Region und Staat in europäischer Einigungsperspektive besehen insgesamt nicht ungünstig. So war zum Beispiel bereits 1997 die Entwicklung der Südtirol-Autonomie so weit gediehen, dass am 31. Oktober 1997 die Gründung einer eigenständigen, von gesamtstaatlicher Regulierung weitgehend freien, dreisprachigen Universität möglich wurde: der »Freien Universität Bozen«. Diese Universität steht in halbstaatlicher Trägerschaft, aber unter finanzieller und institutioneller Kontrolle der Provinz. Sie erhielt, ähnlich wie die Provinz, ein Autonomie-Sonderstatut innerhalb geltender nationaler Rahmengesetze.

Ähnliche Regelungen sind in den kommenden Jahren für verschiedene weitere Bereiche denkbar. Mit der gesamtstaatlichen italienischen Verfassungsreform seit Ende der 1990er Jahre setzen sich vier Tendenzen in Italien durch, die zugleich – und das ist für die nationalen Demokratien in Europa wesentlich – *gemeinsame* europaweite Richtungnahmen meta-nationaler Entwicklung darstellen:

1. Delegierung von primären gesetzgeberischen Befugnissen vom Nationalstaat an Regionen und Provinzen;

2. Delegierung von Verwaltungsbefugnissen;
3. Privatisierung von Staatsbetrieben und deren Tochterbetrieben;
4. insgesamt: fortschreitende Föderalisierung und Regionalisierung des Nationalstaates in allen Bereichen – außer nationaler Sicherheit, Außenpolitik, Grundlagen der nationalen Wirtschafts- und Sozialpolitiken sowie verschiedener, national unterschiedlich definierter Kernkompetenzen.

Die Punkte 1, 2 und 4 sind für lokale und regionale Autonomisierungs-Tendenzen im Hinblick auf »Schachtellösungen« ethnischer Befriedung förderlich. Sie tragen dazu bei, Selbstverwaltungsregelungen zu stärken und in einzelnen Dimensionen auszubauen. Punkt 3 (Privatisierung von Staatsbetrieben und Staatseigentum) wurde von der italienischen Nationalregierung bisher noch nicht ernsthaft begonnen, obwohl entsprechende Komissionen eingesetzt wurden, welche die Privatisierbarkeit von Staatsbetrieben prüfen sollen. Lediglich im Bereich der Kulturdenkmäler wurden erste konkrete Schritte gesetzt, die allerdings national umstritten sind.[12]

Besonders bezüglich Punkt 3 ergeben sich für eine autonome Provinz einerseits große Chancen: Ankauf oder Rückkauf von lokalen Wasser- und anderen Bewirtschaftungsrechten, von Gebäuden, Grund und Boden und von Kulturdenkmälern, Übertragung von Produktionsstätten. Andererseits muss ein autonomes, ethnisch-kulturell definiertes Gebiet erfahrungsgemäß zugleich genau aufpassen, dass die Privatisierungstendenzen nicht überhand nehmen; denn eine *radikale* Privatisierung stellt – wirtschaftlich und kulturell – für ein ethnisch gemischtes Gebiet eine nicht zu unterschätzende Gefahr dar. Dies vor allem deshalb, weil durch Privatisierung autonome Zuständigkeiten aus den kollektiven territorialen Rahmenrechten herausgenommen werden und dadurch neue Verteilungskämpfe beginnen können.

> Keine Autonomie kann jemals eine starre oder fixierte Lösung sein.

Bei alledem zeigt sich, dass keine Autonomie oder Sub-Autonomie jemals eine starre oder fixierte Lösung sein kann. Wer glaubte, Lösungen auf ethnischem Gebiet könnten jemals »endgültig« oder auch nur dauerhaft sein, würde sich einer Illusion hingeben. Autonomien müssen, wenn das »Schachtelsystem« einer »geschichteten« Autonomisierung als Ganzes Bestand haben soll, stets ein sich veränderndes und variables Gewebe auf der Grundlage einiger fixer Eckpfeiler und Garantien bleiben, um in der Praxis inmitten eines komplexen und vielfältigen Konfliktpotentials lebensfähig zu sein – und zu bleiben innerhalb des immer schnelleren kulturellen, sozialen und gesellschaftlichen Wandels, der ständig Parameter verändert und dadurch auf das Ganze einwirkt.[13]

Die Lehren: Was kann auf andere Regionen Europas übertragen werden?
Stellen wir nach diesem Überblick über das – insgesamt seit mehr als drei Jahrzehnten erfolgreiche – Modell der »geschichteten« Südtirol-Autonomie nun einige für

die weitere Einigung Europas daraus hervorgehende Fragen: Wie verhält sich das Südtirol-Modell territorialer ethnischer Befriedung und »Zivilisations«-Entwicklung zu den kulturellen Dimensionen der europäischen Einigung, die sich uns in den Beobachtungen und Stellungnahmen von Clifford Geertz, Michael Ley, Max Preglau und Helmut Reinalter eingangs ergeben haben? Welche von den dort aufgewiesenen Aspekten ist es in der Lage zu integrieren, welche nicht? Und welche Entscheidungen zwischen sich wechselseitig ausschließenden Varianten und Instrumenten trifft es, mit welchen Vor- und Nachteilen?

Wie unschwer zu erkennen ist, ist im Rahmen des Südtirol-Modells »geschachtelter Autonomisierung« die Mehrzahl der eingangs angeführten Schlüsselelemente vorhanden, und zwar in realistischer Kombination unter spezifischen Praxisbedingungen mit langjährigen Erfahrungswerten. Diese Elemente werden voraussichtlich in ähnlicher Form für die Zukunft ethnisch-kultureller Konfliktschlichtung im Rahmen der weiteren europäischen Einigung bedeutsam sein. Unter diesen Elementen sind:

> Würde eines der Elemente fehlen, hätte das Modell nicht diesen Erfolg

1. *Der zunehmend konstitutive Zusammenhang zwischen ethnisch-kulturellen, wirtschaftlichen und liberaldemokratischen Elementen.* Die Südtirol-Autonomie ist ein Kombinationsmodell zwischen freier und variabler Zugehörigkeitserklärung zu den einzelnen Ethnien, weitreichender Finanz-Autonomie sowie porportionaler Ressourcenverteilung an die Kulturen. Die überwiegende Mehrzahl der Analytiker ist sich darin einig, dass dieses Modell ethnischer Konfliktschlichtung bereits beim Fehlen eines dieser drei Elemente nicht den heute feststellbaren Erfolg haben würde.[14]

2. *Langfristiger Prozess des Institutionenaufbaus und der Rechtsentwicklung.* Die Südtirol-Autonomie hat sich, nach ersten Anläufen seit 1945/46 und entsprechenden Konflikten über mehr als zwei Jahrzehnte, seit dem Zweiten Autonomiestatut 1972 zunächst über weitere zwei Jahrzehnte (bis 1992, Verwirklichung der Grundpfeiler mit anschließender »Streitbeilegungserklärung« zwischen Italien und Österreich) und danach eineinhalb weitere Jahrzehnte lang (dynamischer Ausbau der Autonomie) entwickelt, um das zu werden, was sie heute ist. Dabei hat sie mindestens *drei Entwicklungsphasen* durchgemacht, die als Orientierung für vergleichbare Prozesse dienen können: eine *Pionierphase* (1945/46–1972), eine *Differenzierungsphase* (1972–1992) und eine *Integrationsphase* (seit 1992). Dieser »aufbauende« Prozess war notwendig, um eine ausreichende »Tiefe« der Rechtsregelung ethnisch-kultureller Ausdifferenzierung zu erreichen und in angemessener Weise juridisch-institutionell zu verankern. Der Prozess des Institutionenaufbaus ist zwar bis zu einem gewissen Grad abschließbar, aber die permanente Entwicklung von Rechtsregelungen nicht.

3. *Föderaler Staat mit substantiellen regionalen Autoritäten.* Der italienische Nationalstaat ist seit 1945 in Regionen unterteilt, die sich ihrerseits in Provinzen untergliedern. Während beide Sub-Autoritäten bis Ende der 1990er Jahre vergleichsweise

wenig autonome Kompetenzen innehatten, war die Südtirol-Autonomie hier eine Ausnahme, weil sie eine ethnisch-kulturell bedingte Sonderlösung für die nördliche Grenzregion zu Österreich, und zwar, wie gesehen, »geschichtet« zwischen Region und Provinz darstellt. Seit Ende der 1990er Jahre ist in Italien jedoch ein allgemeiner Prozess der Föderalisierung und Stärkung subsidiärer Einheiten in Gang gekommen, für den die bereits bestehende und in Vor- und Nachteilen erprobte Territorialautonomie der autonomen Provinz Südtirol in verschiedenen Bereichen Vorbild- und Anschubwirkung entfaltet.

4. *Autonomien sollten nicht »ethnisch vereinheitlicht« grundgelegt werden.* Das Südtirol-Modell ist ausdrücklich keine Autonomie für einzelne Ethnien, sondern eine ethnisch motivierte Territorial-Autonomie, die *allen* auf ihrem Gebiet lebenden Ethnien gleichermaßen und nach proportionalem Schlüssel zugute kommt.

5. *Dem Verlierer gebührt auch etwas, oder: Auch jene, die nur einen kleinen Anteil der Stimmen erhalten, sollten eine Vertretung in den Machtgremien erhalten.* Das Südtirol-Modell sieht in seinen Verfassungsgrundlagen verpflichtend vor, dass alle drei Ethnien, mindestens aber die zwei großen (deutschsprachige und italienische) an der Bildung jeder autonomen Provinzregierung beteiligt werden müssen.

6. *Gesicherte Vertretung der autonomen Provinzen im nationalstaatlichen Parlament.* Das italienische Nationalparlament ist ein Zwei-Kammern-System (Abgeordnetenhaus und Senat), wobei durch die Einteilung der Wahlkreise und durch verfassungsrechtliche Garantien die Vertretung der Minderheiten der autonomen Provinz nicht nur in einer, sondern in beiden Kammern gewährleistet ist. Die zwei großen Ethnien Südtirols sind aufgrund der Einteilung der Wahlkreise, verfassungsrechtlicher Garantien der Mindestrepräsentation und einem eigenständigen Wahlschlüssel ständig vertreten, während die Ladiner zum Teil durch deutschsprachige Minderheitenvertreter mit repräsentiert werden.

> Die Vertretung ist in beiden Kammern des Parlaments gewährleistet.

7. *Meta-Ethnizität des Landeshauptmannes.* Der Landeshauptmann der autonomen Provinz ist explizit und per Gesetzauftrag der Vertreter aller drei Ethnien und als solcher supra partes. Er hat dabei innerhalb der Provinzgrenzen eine »starke« Position, weil er in der Praxis nicht nur koordinatorische, sondern Letztentscheidungsbefugnisse in den meisten Sachfragen innehat. Gegenüber dem Präsidenten des Nationalstaates steht er faktisch im Rang eines Ministers.

8. *Man sollte die Bemühungen um aus kulturellen Gründen erwachsende nationale Zivilisationsprozesse in Europa (siehe zum Beispiel Kosovo) zunächst bremsen und den Fokus der Energien auf die Entwicklung lokaler und regionaler Zivilisationsprozesse richten.* Das Südtirol-Modell ist insbesondere seit Ende der 1990er Jahre ein gutes Beispiel dafür, dass ein solches Vorgehen Erfolg haben und nationale Prozesse zumindest in Teilbereichen anschieben kann.

9. *Lokale und regionale Europäisierung ist die beste Lehrmeisterin für nationale Europäisierung.* Der »natürliche Wettbewerb« zwischen verschiedenen Formen lokaler Selbstverwaltungen und autonomer Gebilde in Mikro- und Meso-Maßstab ist seit einigen Jahren in Europa eine stärkere Realität als vordem und setzt sich langsam auch innerhalb des italienischen Nationalstaats durch. Für das Modell Südtirol spielt dabei auch die nationenübergreifende Entwicklung zu »starken Grenzregionen« in Europa eine Rolle, wie zum Beispiel der »Europaregion Tirol-Trentino«.

10. *Kultur schafft Gesetze, nicht umgekehrt.* Das bedeutet: Sollen angemessene, mittel- bis langfristig tragfähige juridisch-institutionelle Lösungen für ethnisch-kulturelle Problematiken in sensiblen Gebieten gefunden werden, dann setzt das kulturelle Entwicklung erstens innerhalb der einzelnen Ethnien und zweitens in einem gemeinsamen Raum kultureller Begegnung voraus. Die diesbezügliche »Tiefen«-Auseinandersetzung und »innere« kulturelle Evolutionsbestrebung wurde in Südtirol bei allen Ethnien lange Zeit zugunsten ethnischer »Reihen-Schließungs«-Bestrebungen vernachlässigt, was mit ein Grund dafür sein mag, warum die Entwicklungsprozesse so lange Zeit benötigten.

Entstehungshintergründe der Südtirol-Autonomie 1945–1972 und die soziokulturellen und ethnischen Problemstellungen Europas im 21. Jahrhundert: Parallelen und Unterschiede

Aus diesem kleinen Katalog von Schlüsselaspekten, die dazu beitragen können, Europa »zivilisatorisch« aufzubauen, ergibt sich, dass die überwiegende Mehrzahl der – hier skizzenhaft angeführten – praktischen Erfahrungswerte dreier Jahrzehnte des Südtirol-Modells für die Zukunft Europas von Belang ist. Von grundsätzlicher Bedeutung sind insbesondere:

Die kulturelle Dimension als Ursache, Anstoß und Motor gesellschaftlicher, politischer und wirtschaftlich-ressourcenbezogener Differenzierung. Im Südtirol Ende der 1960er Jahre gab es einen starken ethnischen Separatismus. Dieser beruhte im Wesentlichen auf kulturellen Impulsen, die sich in komplexer Weise mit ökonomischen Motiven verbanden. Der Nationalstaat wurde damals als tendenziell fremdes und künstliches Gebilde ohne ausdrücklich friedlich-konsensuale Zustimmung der *gesamten* Bevölkerung empfunden. Ein solches Empfinden setzt sich heute aus der Kulturstimmung der »Postmoderne« heraus allgemein in Europa durch.

Pariser Vertrag und Autonomiegesetzgebung sind Kulturdokumente.

Der Pariser Vertrag von 1946 sowie die Autonomiegesetzgebung Südtirols seit 1972 und darauf aufbauend seit 1992 sind ihrem Wesen nach Kulturdokumente. Ebenso werden institutionelle Regelungsversuche der ethnischen Problematik im künftigen Europa Kulturdokument-Charakter aufweisen müssen. Beide Dokumente, auf die Südtirols Autonomie heute aufbaut, sind erst auf der Grundlage von ethnisch-kulturellen

Schutz- und Differenzierungserwägungen entstanden. Sie stellen nichts anderes als deren juridisch-institutionellen Ausdruck dar. Ebenso wird es in den kommenden Jahren in den ethnisch konfliktträchtigen Gebieten des erweiterten Europa (zum Beispiel Kosovo) so sein müssen, dass die Gesetze auf Kultur gegründet werden, nicht umgekehrt. In diesem Sinn schreibt Armin Gatterer bezogen auf die »geschichtete« Provinz-Autonomie Südtirols: »Kulturpolitik war von Anfang an das Herzstück der Südtirol-Politik [...] Der Autonomie-Gesetzgebung verdanken wir [...] die langfristige Sicherung der ethnisch-kulturellen Identität, und damit die Wegnahme von Angst, Befriedung, Rechtssicherheit und Wohlstand. Politik ist mehr als das Zufriedenstellen von Interessensgruppen. Sie braucht auch Werte und Visionen.«[15] Das ist wie ein Programm für dasjenige, was in den kommenden Jahren in den ethnischen Spannungsgebieten eines größeren Europa als institutionelle Bewusstseinsbildung im Hinblick auf die Ausdifferenzierung und »Befreiung« soziokultureller »Tiefendimensionen« für eine langfristige Befriedung notwendig sein wird. Die mittel- bis langfristig am günstigsten erscheinenden, lokalspezifisch unterschiedlichen »Schachtellösungen« zwischen Provinzen, Föderalstaaten und Nationalstaaten werden auf ein Primat der Kulturpolitik, auf Kulturpolitik als Gravitationszentrum aller anderen Politiken (Wirtschaftspolitik, »politische« Politik) gründen müssen.[16] Das Südtirol-Modell ist diesbezüglich eines der wenigen in seinen Grundprinzipien zur Gänze kulturell motivierten Rechtsmodelle Europas. *Sowohl in Südtirol wie im heutigen erweiterten Europa insgesamt sind die ethnisch heiklen Sondersituationen innerhalb regionaler Konstellationen auf vergleichsweise kleinräumige Gebiete mit einem geringen Prozentsatz der Bevölkerung beschränkt.* So machen die Minderheiten in Südtirol 0,5 Prozent der nationalen Staatsbevölkerung aus – im Gegensatz etwa zu vier Millionen Muslimen, die mittlerweile in Italien leben und 2008 sieben Prozent der Gesamtbevölkerung ausmachten. Das bedeutet, dass die Inklusion von »Schachtellösungen« innerhalb einer künftigen »europäischen Zivilisation« nicht mehr als eine Detaillösung innerhalb eng umgrenzter Gebiete sein wird, was ihre politische Durchsetzbarkeit und Akzeptanz innerhalb der größeren Rahmenstrukturen von Nationalstaat und Union grundsätzlich erleichtern dürfte. Denn es handelt sich aus der Sicht der Mehrheits- und Machtverhältnisse innerhalb beider institutioneller Ebenen um »Restgrößen«, denen vor allem symbolischer, aber wenig *unmittelbar* realpolitischer Einfluss auf die jeweiligen Ebenen zukommt.[17] *Sowohl in Südtirol wie auch im heutigen Osteuropa (Kosovo) war – und ist – die Gründung ethnischer Sammelparteien der erste Schritt zu ethnisch-kultureller Ausdifferenzierung. Sowohl hier wie da herrschen, wenn auch in unterschiedlicher Größenordnung, bürgerkriegsähnliche Zustände aus ethnisch-kulturellen Motivationen heraus, und zwar periodisch wiederkehrend und über längere Zeiträume.*

> Die Gesetze gründen auf Kultur, nicht umgekehrt.

Sowohl im Hinblick auf die Entwicklung des Südtirol-Modells wie hinsichtlich der anstehenden Einigung Europas mittels föderaler und in sie eingelagerter provinzieller Autonomielösungen war und ist der Einfluss angrenzender Staaten auf die ethnischkulturelle »Tiefenproblematik« ein mit entscheidender Faktor.
Stabiles demokratisches Umfeld über Jahrzehnte. Zur historischen Entfaltung des Modells Südtirols trugen erstens die stabil demokratisierten Nachbarregionen Europas, zweitens der lang anhaltend stabile nationale und internationale politische Kontext nach dem Zweiten Weltkrieg bei. Wären Italien und Österreich nicht beiderseits »tiefendemokratisierte« Staaten im Rahmen einer schrittweise immer engeren europäischen Gemeinschaft gewesen, wäre das Südtirol-Modell vermutlich nicht in der heutigen Form möglich geworden. Diese Situation ist inzwischen weniger günstig; der internationale Kontext ist seit den Terroranschlägen vom 11. September 2001, dem folgenden Feldzug der USA und ihrer Verbündeten sowie der faktischen Depotenzierung der Vereinten Nationen auch für Europa unberechenbarer – und tendenziell auch unsicherer – geworden. Unsicherheit aber führt zu einer Stärkung nationalstaatlicher »Schulterschlüsse« und wirkt – zumindest temporär – als Gegenmittel gegen »multizivilisatorische Organisationsfelder« und die Entstehung einer »transkulturellen Zivilisation«.

> Eine immer engere europäische Gemeinschaft begünstigte Südtirol.

Frühe und kontinuierliche Internationalisierung. Die Bereitschaft zur ausgewogenen Einbeziehung internationaler Protagonisten ist in ethnischen Spannungsgebieten nicht selbstverständlich, war aber in Südtirol mit Unterbrechungen seit 1946 der Fall. In heutigen Gebieten Europas, in denen das Südtirol-Modell Anwendung finden könnte, wie etwa dem Kosovo, wird eine angemessene Internationalisierung derzeit durch den einseitigen Einfluss der USA, aber auch durch die Schwächung der Vereinten Nationen gebremst.
Demilitarisierte interne und internationale Situation: Absenz von Krieg und Bürgerkrieg. Das ist eine wesentliche Voraussetzung für den Beginn interethnischer Entspannung.
Klare Staatsgrenzen. Ereignisse wie die Unabhängigkeitserklärung des Kosovo von Serbien am 17. Februar 2008 sind für die Entstehung eines »multizivilisatorischen Organisationsfeldes« Europa kontraproduktiv. Die hinter der US-Unterstützung dieser kultur-nationalistischen Abspaltung stehende Ideologie der »Selbstbestimmung der Völker« ist ein Erbe des nationalstaatlich-romantischen Denkens des 19. und frühen 20. Jahrhunderts, das separatistisch und nationalistisch wirksam wurde. Angesichts der Tatsache, dass sich im Kosovo die wichtigsten historischen Symbole und Stätten des Identitäts- und Kulturbewusstseins Serbiens befinden, sind nun auf Jahrzehnte hin »tiefe«, weil maßgeblich kulturell verursachte Konflikte zu erwarten. Der Kosovo wäre mit einer Südtirol-ähnlichen Autonomielösung weit besser bedient gewesen,

und zwar auch angesichts der Tatsache, dass er als Nation nicht lebensfähig ist, sondern weiterhin enge Beziehungen zu Serbien unterhalten wird müssen. An diesem Fall hat sich erneut gezeigt, dass Abspaltung beziehungsweise »ethnisch-kulturelle Separation« (Jerry Muller) entgegen der weiterbestehenden Meinung führender US-Spitzentheoretiker[18] keine Lösung für ethnische und kulturelle Probleme ist. Dieses Denken sollte möglichst bald beendet werden, um auf der Grundlage äußerer Stabilität den Weg für *meta-national kulturgliedernde* statt *nationalistisch kulturtrennende* Maßnahmen regionaler und lokaler Natur freizugeben.

»Mind-building« statt »Nation-building«. Um das Denken zu verändern, ist »Mind-building« notwendig. In diesem »Mind-building« liegt eine der wichtigsten Kulturaufgaben Europas; es ist dazu bestimmt, das derzeit noch im Vordergrund stehende »Nation-building«, wie es derzeit von führenden US-Strategen wie Francis Fukuyama, Fareed Zakaria, Gary Schmitt, Robert Kagan oder Samuel P. Huntington noch immer im Geist des 19. und 20. Jahrhunderts zur Lösung von Diversitätskonflikten forciert wird, im Sinn einer mittels Gliederung »durchlässigeren« zivilisatorisch-kulturellen Perspektive europäischer Bauart abzulösen.

Rechtsstaatlichkeit. Manche Gebiete im heute allmählich entstehenden größeren Europa, wie etwa der Kosovo oder Tschetschenien, sind – im Unterschied zum Italien der zweiten Hälfte des 20. Jahrhunderts – noch keine stabilen Rechtsstaaten. Rechtsstaatliche Bedingungen müssen in diesen Gebieten in den kommenden Jahren auch durch Einfluss Europas erst nach und nach geschaffen werden. Im Rahmen stabiler Rechtsstaatlichkeit werden sich dann angemessene, längerfristig tragfähige »Schachtellösungen« subsidiärer Autonomisierung implementieren lassen.

Wille zu Kompromiss und »dynamischer Autonomisierung« auf allen beteiligten Seiten. In Südtirol war seit Ende der 1960er Jahre der politische Wille aller Seiten zu Verhandlungen und die Offenheit zum Kompromiss vorhanden. Das gilt sowohl für die involvierten Nationalstaaten wie auch für die Verantwortungsträger auf subsidiären Ebenen wie der Region und der Provinz. Ethnien in einem »transkulturellen« Europa müssen systemisch denken lernen, das heißt im Sinn der bestmöglichen Entwicklung des Ganzen, von dem sie letztlich selbst entscheidend abhängen und nicht vorrangig ihre eigenen Vorteile zuungunsten der anderen Gruppen verfolgen.

> Der politische Wille aller Seiten zu Verhandlungen war vorhanden.

Der Zeitfaktor: Wille zur Langzeitimplementation. Die Südtirol-Autonomie hat sich aufgrund des allgemeinen Willens zu einer konstruktiven Lösung trotz zahlreicher Rückschläge und Destabilisierungsversuche seitens Extremisten letztlich über viele Jahrzehnte kontinuierlich entwickeln können. In manchen multiethnischen Schwellengebieten Europas ist nicht nur aufgrund politischer, sondern auch wegen wirtschaftlicher Interessen fraglich, wie lange Zeit für einzelne, zum Teil langwierige Entwicklungsschritte gegeben sein wird.

Gemeinsame Religion widerstreitender ethnischer Gruppen. Ein weiterer Zentrumsfaktor, den es für die Genese einer »transkulturellen Zivilisation« zu berücksichtigen gilt, ist die Religion. Dieser Faktor erlangt im Zeitalter der »globalen Renaissance der Religionen« auch in Europa zunehmende kulturelle und politische Bedeutung. Bei allen kulturellen Kämpfen war in Südtirol eine gemeinsame Religion (Christentum) in einer gemeinsamen Ausprägung (Katholizismus) als sprach- und ethnienübergreifender Grund vorhanden. Demgegenüber sind in Gebieten wie etwa dem heutigen Kosovo verschiedene Weltreligionen (Islam, Christentum) in zum Teil unterschiedlichen Ausprägungen vorhanden, was die ethnisch-kulturellen Gräben vertieft und in noch weit grundsätzlichere Dimensionen hineinführt, als das in Südtirol historisch der Fall sein konnte.[19]

All dies sind allgemeine Voraussetzungen und kontextuelle Bedingungen, die mit zum Erfolg des Südtirol-Modells geführt haben. Sie können gerade dann nicht ignoriert werden, wenn man »multizivilisatorische Organisationsfelder« für Europa in ethnisch durchmischten Schlüsselgebieten exakt planen und dabei einzelne strategische Erfolgsfaktoren des Südtirol-Modells realitätsnah adaptieren will.

Zur Frage der Übertragbarkeit

Aufbauend auf diese Erwägungen lauten im Hinblick auf die heutige Kulturaufgabe Europas und auf einen möglichen »sozialkünstlerischen« Beitrag Südtirols dazu die zentrale Fragen: Worin genau könnten – bei allen durchaus tiefgreifenden historischen, kulturellen, ethnischen und Umfeld-Unterschieden, die heute in Europa bestehen – mögliche grundsätzliche Übertragungsaspekte des Südtirol-Modells auf andere kulturelle Problemzonen des heutigen Europa bestehen? Was kann an Detaillösungen für spezifische Problemregionen mit hoher ethnischer Durchmischung wie etwa den Balkan, Kosovo oder Tschetschenien »importiert« werden oder zumindest als Orientierungshilfe für den institutionalisierten Umgang mit kultureller Mehrdimensionalität in »transkultureller« Perspektive dienen?

> Worin könnten mögliche Übertragungsaspekte bestehen?

Um die Frage der Übertragbarkeit sinnvoll und im Hinblick auf die konstruktive Lösung von konkreten Problemen angemessen diskutieren zu können, gilt es, zunächst von drei unverzichtbaren Prämissen auszugehen:

Es ist nötig, von einigen Missverständnissen wegzukommen, die gewöhnlich mit dem Leitbegriff der »Übertragbarkeit« verbunden sind. »Übertragbarkeit« ist ein Schlüsselbegriff der ersten, mechanisch-ideologischen Moderne. Er riecht, in ihrem Geist, nach Duplizierung, wiederholender Rekonstruktion oder identischer Reproduktion.[20] Die zweite, gereifte und »flüssigere« Moderne hat gezeigt, dass diese Konzeption von Übertragbarkeit eine Illusion darstellt. Denn »Übertragung« (nicht zufällig einer der Schlüsselbegriffe der Psychoanalyse) besteht immer auch in der unbewussten Zuschreibung von Eigenem an einen Anderen. Gerade in diesem Grundmechanismus des Umgangs mit dem Anderen zeigt sich, dass »Übertragung« immer in Gefahr steht, eine symbolische Projektion zu bleiben, die eher verstellt als zeigt und eher Bestehendes wiederholt als Neues eröffnet. Das gilt auch für multizivilisatorisch ausgerichtete politisch-institutionelle Modelle. Nicht zufällig hat der ehemalige österreichische Außenminister Alois Mock darauf hingewiesen, dass man bei allem Vorbild-Wert des Südtirol-Modells für andere, vergleichbare Situationen doch »immer davor warnen muß, Minderheiten über einen Kamm zu scheren. Jedes Minderheitenvolk hat eine andere Tradition und muß als eigener, spezifischer Fall betrachtet werden.«[21] Das gilt nicht nur für die *Minderheiten* selbst, sondern auch für *Territorien* mit ethnisch-kulturell gemischten Bevölkerungen.

> Es kann nie um eine identische Übertragung gehen.

Es kann im Hinblick auf die heutige Kulturaufgabe Europas daher nie – und zwar ausdrücklich in keinem gesellschaftlichen Zusammenhang, sei er nun politisch, wirtschaftlich oder kulturell – um »identische Übertragung« von lokalen Modellen der Institutionalisierung kultureller Diversität gehen. Denn eine solche ist angesichts der historischen, religiösen, kulturellen und sozio-ökonomischen Unterschiede in der real stets »ereignishaften« und daher prinzipiell »unwiederholbaren«[22] Praxis unmöglich. Stattdessen geht es um Anregung im Sinn freier Anwendung von geeigneten Bausteinen in spezifischen Situationen, die zumindest einige Schlüsselelemente der Problemsituation mit der Situation des Vorbild-Modells teilen. Diese Anregung sollte vollkommen frei und, soweit sinnvoll, eklektisch erfolgen: es dient dasjenige, was vor Ort sinnvoll und praktisch realisierbar ist.

Grundeinsicht sollte dabei sein: Für kulturelle Problemdimensionen gibt es nie eine definitiv abschließende »Lösung«, solange es kollektive Kultur-Realitäten gibt, sondern nur eine förderliche Prozessqualität als prinzipiell offen bleibende Steuerungswirklichkeit. Es geht um Steuerung kultureller Problematiken innerhalb von Diskontinuität, Zeitverschiebung und prinzipiell offen bleibender, weil »inkommensurabler«[23] kultureller, sozialer und religiöser Differenz. Diese Grundeinsicht steht am Beginn produktiven, konsensfähigen Handelns – gerade was den Aufbau von geeigneten Institutionen und konkreter Strukturen »transkultureller Zivilisation« betrifft. Erst aufbauend auf diesen Prämissen kann die Frage der Übertragbarkeit pragmatisch und konstruktiv diskutiert werden. Dann zeigt sich, dass diese Frage mindestens zweidimensional betrachtet werden muss, um zu praxisnaher Urteilsbildung zu gelangen:

bezogen auf grundsätzliche Erwägungen hinsichtlich kultureller Grundhaltungen, Bewusstseinsfragen und kollektiver Transformation;

bezogen auf konkrete Instrumente, Vorgangsweisen und institutionelle Struktur-Lösungen.

Diese beiden Dimensionen sind in der (kultur-)politischen Praxis nicht unabhängig voneinander zu denken. Sie bedingen und beeinflussen sich im tagespolitischen Prozess gegenseitig, und zwar sowohl mittelbar als auch unmittelbar.

Das Leitprinzip: Ethik der Identitäten
Das Südtirol-Modell nationübergreifender, institutionalisierter Plurikulturalität baut auf der Grundthese auf, dass dem Schutz kultureller Identität im Hinblick auf die Prävention potentieller Konflikte in Gebieten, wo sich mehrere Ethnien treffen, eine Schlüsselrolle zukommt. Die Beachtung des Zusammenhangs zwischen dem qualitativen Grad der Sicherung kulturell definierter Identität einerseits und den Möglichkeiten politisch-sozialer Interaktion zwischen verschiedenartigen ethnischen Gruppen andererseits wird in Europa in den kommenden Jahren gesteigerte Bedeutung zukommen.

Daher liegt es nahe, insbesondere in den heute im Mittelpunkt der Aufmerksamkeit stehenden ethnischen Spannungsgebieten Mittel-, Ost- Südosteuropas, aber auch bezogen auf die kulturelle Ausdifferenzierung Europas insgesamt, das allgemeine, für die Lösung von Detailproblemen und zur Hilfe tagespolitischer Entscheidungsfindung blicklenkende (nicht normative) Leitprinzip einer »Ethik der Identitäten« einzuführen und es, ebenso wie in Südtirol, konsequent in allen drei Schlüsselbereichen der Gesellschaft, Kultur, Politik und Wirtschaft, zu praktizieren. Das Leitprinzip einer »Ethik der Identitäten« auch auf europäischer Ebene kann vor allem dort, wo sich diese drei Dimensionen in der Praxis begegnen und überschneiden, dabei helfen, in »tiefenambivalenten« Situationen das Handeln auszurichten. Es kann, konstant und berechenbar angewandt, vor allem in den ersten Phasen der »gerechten« Institutionalisierung von Plurikulturalität die Atmosphäre der Entwicklung im Hinblick auf langfristige wechselseitige Vertrauensbildung konstruktiv prägen. Das Wesentliche am Leitbild der »Ethik der Identitäten« ist die Überzeugung, *dass Friedenslösungen in plurikulturellen Gebieten umso dauerhafter und »tiefer« sein werden, je stärker und gefestigter die einzelnen Gruppenidentitäten sich auf der Grundlage institutioneller Regelung und Absicherung behaupten und entfalten können*. Zugleich muss dieses Prinzip *allen* ethnischen Gruppen eines Gebietes *gleichermaßen* zugute kommen. In Südtirol wurden mit den Grundsätzen einer Ethik der Identität insgesamt gute Erfahrungen gemacht. Diese könnte daher als Leitbild in den kommenden Jahren auch für Europa angebracht sein.

Eine wesentliche Frage für die anstehenden Kulturphasen der europäischen Einigung: Multikulturalität oder Plurikulturalismus?
Auch wenn das Leitprinzip der »Ethik der Identitäten« international vergleichsweise unumstritten sein dürfte, ergibt sich aus ihm ein gewisser Widerspruch zum heute

in Europa dominierenden Leitprinzip der »Multikulturalität«, welches Michael Ley, Max Preglau und Helmut Reinalter eingangs erwähnten. Inwiefern?

Die großen emanzipatorischen Geisteskulturen der Moderne – als solche würde ich die bis in die 1980er Jahre hinein dominierenden philosophischen und politischen Strömungen definieren, die mit dem Anspruch auftraten, den umfassenden Leitrahmen für individuelle und gesellschaftliche Entwicklung zu liefern – haben sich innerhalb der westlichen Demokratien unter dem Einfluss der radikal pluralistischen »Postmoderne«[24] so entwickelt, dass sie heute im Wesentlichen das gleichberechtigte, ungehinderte Neben- und Durcheinander von Kulturen und Ethnien vertreten. Sie haben auf dieser Grundlage ein Modell für die Gestaltung des Zusammenlebens unterschiedlicher ethnischer Gruppen entwickelt: das der Multikulturalität, das bereits in den 1960er Jahren in den USA und Kanada[25] entstanden ist. Der Kern dieses Konzeptes besteht darin, die mit Assimilation verbundene »Schmelztiegeltheorie« zusehends durch eine »Kochtopftheorie« abzulösen – sehr verkürzt gesagt: Alles kocht unterschiedslos im selben Topf, kulturelle Praktiken werden beliebig ausgetauscht und durcheinandergemischt.[26]

»Multikulturalität« steht für den breit empfundenen Wunsch, kulturelle und politische Normen zu finden, die den stärker heterogenen Gesellschaften unserer Zeit angemessener sind als die traditionellen Konzepte des Einheitsstaates mit seinen überkommenen Mechanismen der Produktion und der Verteilung von ethnischer und kultureller Uniformität. Unter »Multikulturalität« sind grundsätzlich so diverse Erscheinungen wie die Europäische Integration, das Zusammenwachsen von West und Ost oder die Globalisierung der Weltwirtschaft mit zu subsummieren. Der Begriff zeichnet sich aufgrund seiner utopischen Faszinationskraft, die ihn wesentlich mitträgt, aber auch durch eine paradigmatische, um nicht zu sagen programmatische Unschärfe aus.

> Die Gesellschaften unserer Zeit sind stärker heterogen.

»Multikulturalität« erlangt seine gesellschaftliche Wirksamkeit vor allem dort, wo sich in der modernen Massenkultur der Gedanke der Differenz zur Erscheinung bringt. Es geht im Rahmen dieses Begriffs nicht um Identität oder Formfindung, sondern im Gegenteil um Dekonstruktion oder Auflösung eines in seinen überkommenen Formen als einheitlich-starr begriffenen gesellschaftlichen Gefüges. »Multikulturalität« zeigt, wenn sie argumentativ auftritt, dass sie ein wendiges und flüssiges Konzept ist, worin ihr Vorteil, aber auch ihre implizite Aporie liegt. Sie kann sehr verschiedene Stile kultureller Beziehungen umfassen, ohne notwendig in eine kritische Urteilsfindung für den Einzelfall münden zu müssen.

Zur Vorherrschaft von »Multikulturalität« in führenden Intellektuellenkreisen der zweiten Hälfte des 20. Jahrhunderts und in der Empfindung »politischer Korrektheit« seitens der »kritischen Öffentlichkeit« kamen in Europa seit Ende der 1980er Jahre zwei Makro-Tendenzen hinzu, die beide ebenfalls gegen kollektiv ausdifferenzierende »Ethiken der Identität« ethnisch-gruppenhafter Art wirkten:

1. die europaweite Tendenz, Volksgruppenrechte durch Personalitätsrechte zu ersetzen;
2. die – zur europäischen Einigung gegenläufige – Tendenz zu »neuer nationaler Einheit« statt Differenz, die vor allem als Reaktion auf die »neue Unübersichtlichkeit« der Postmoderne zu verstehen war und auf Nation statt Multikulturalität zielte.

Beide Tendenzen haben das Modell der Multikulturalität zuungunsten des Modells der »Ethik der Identitäten« gestärkt – bis zu einem hohen Grad mit Recht, was gewisse Entwicklungsanforderungen innerhalb des Europa der 1980er und 1990er Jahre betraf. Das Problem ist, dass die damit verbundene Grundhaltung der Nicht-Regelung ethnisch-kultureller Diversität und ihrer potentiellen Konfliktmuster *damals* eine sinnvolle Passage war, aber heute für die *nun anstehenden Strukturierungs- und Aufbau-Anforderungen der Vereinigung Europas* nicht mehr angemessen ist. Plurikulturalität (Ethik der Identitäten) sollte für die nun anstehende Phase eines strukturierten europäischen »Zivilisationsprozesses« als Leitbild dem Modell der Multikulturalität vorgezogen werden. Inwiefern kann dies unter Rückgriff auf die spezifische Erfahrung Südtirols behauptet werden?

Dazu nur ein Beispiel unter vielen. Vertreter des Modells der Multikulturalität haben in den vergangenen Jahren in Südtirol politisch ambivalente Signale gesetzt. So führten sie einen Aufsehen erregenden Hungerstreik für die Abschaffung zentraler Eckpfeiler der Autonomie wie der Sprachgruppenzugehörigkeitserklärung durch, um den Bevölkerungsanteil als Verteilungsschlüssel zu kippen und stattdessen »alle Menschen gleich zu stellen«. Motto: »Wir sind alle Menschen«.

> Vertreter des Modells der Multikulturalität haben ambivalente Signale gesetzt.

Daneben veröffentlichten sie Serien von Zeitungsartikeln in der italienischen Presse, in denen Figuren aus der griechischen Mythologie als Beispiel für das friedliche Zusammenleben vorgeführt wurden.

Das Problem dabei war und ist, dass sich Teile dieser in ebenso radikaler wie schwärmerischer Weise »allgemeinmenschlich« ausgerichteten Szene bis heute nicht bewusst sind, dass sie mit ihrem Hinarbeiten auf die Aufweichung oder gar Abschaffung der Autonomie einen neuen ethnischen Bürgerkrieg riskieren. Dabei gilt diese Autonomie ja gerade eben *nicht* für eine Ethnie allein, sondern für *alle* in der Provinz lebenden Bürger, weil sie de facto keine ethnische, sondern eine territoriale Autonomie ist. Der Hinweis auf »Liebe«, die es hier und jetzt und sofort zu verwirklichen gelte, und auf die Gleichheit aller Menschen jenseits aller ethnischen Gruppenzugehörigkeit, die die meisten gesetzlichen Regelungen angeblich obsolet machen soll, ist tendenziell idealistisch. Er reicht aber nicht aus, um Realität dauerhaft und stabil zu strukturieren.[27]

Wie Joseph Marko richtungsweisend hervorgehoben hat[28], ist es ein Missverständnis, individuelle und kollektive Rechte als Dichotomie gegeneinander auszuspielen. Die Annahme, dass eine komplementaritäts- oder proportionalitätsorientierte Berücksichtigung von Gruppenrechten *automatisch* regressive Tendenzen, Privilegien und Sezession bedeutet, während Individualrechte *automatisch* für liberal-progressive Demokratie stehen sollen, wie die meisten führenden Vertreter von Multikulturalität meinen, zeigt ideologische Züge. Ethnische Gruppenrechte können in Wirklichkeit durchaus eine komplementäre Ergänzung zu den in liberalen Demokratien in der Tat unverzichtbaren Individualrechten sein. Und sie können wenigstens eine Zeit lang für Demokratisierungsbemühungen im Vordergrund stehen, sofern das für das Gesamtziel stufenweiser, in aufeinander aufbauenden Evolutionsstadien ablaufender Entwicklung sinnvoll und dem Kontext entsprechend ist. Was bedeutet das? Es bedeutet: Eine »wohlwollende Diskriminierung« ethnischer Gruppen kann auch in individualzentrierten Demokratien im vernünftigen gemeinsamen Interesse aller beteiligten Gruppen und Individuen sein. Sie ist sinnvoll

> Ethnische Gruppenrechte können eine Ergänzung zu den Individualrechten sein.

- zur kontextspezifischen Ausbalancierung kollektiver Interessen,
- zur Etablierung von Formen der Gleichheit sozio-kultureller und ethnischer Art, sowie
- zum Ausgleich zwischen individuellen und öffentlichen Rechten, das heißt zur Schaffung einer »Mittelebene«, in der das Individuum zugleich Nutznießer von Individual- *und* Gruppenrechten ist.

Eine solche »positive Diskriminierung« sollte sich als unbefristete Übergangslösung, nicht aber als unbegrenzte Dauermaßnahme und Definitivlösung verstehen. Sie kann zurücktreten, wenn höhere Stufen der Ausdifferenzierung und des *produktiven* gesellschaftlichen Widerstreits möglich werden.[29]

Was bedeutet das für die europäische Einigung im Sinn eines kulturübergreifenden »Zivilisationsprozesses«, vor allem im Hinblick auf die Befriedung und Entwicklung ethnischer Spannungsgebiete? Denkbar und praktikabel wäre gegenüber den »multikulturellen« »Jeder-Mensch-ist-gleich«- bzw. »Jeder-ist-unterschiedslos-ein-Bürger«-Denkweisen aus »kerneuropäisch« ausdifferenzierter Sicht ein Mehrstufenmodell:

1. Zuerkennung einer Provinz-Autonomie nach dem Vorbild Südtirols an ethnisch stark durchmischte und daher besonders konfliktträchtige Gebiete des erweiterten Europa. Diese Autonomie müsste, wie wir gesehen haben, eine zwar kulturell motivierte, aber in der Rechtsform territoriale Autonomie sein, das heißt, allen Bevölkerungsgruppen auf dem Autonomiegebiet gleichermaßen zugute kommen.
2. Schrittweiser Ausbau dieser Autonomie in enger Abstimmung mit den Autoritäten des Nationalstaates.

In beiden Stufen der Entwicklung müsste das Selbstverständnis einer »Ethik der Identität« der verschiedenen ethnischen Gruppen als Grundlage dienen und erst darauf aufbauend eine im Prozess immer mehr auf Kosten dieser »Ethik der Identität« zu stärkende »multizivilisatorische« Kultur aus Persönlichkeitsrechten und Menschenrechten sein. Die Kunst bestünde darin, diese beiden Haltungen gegeneinander auszubalancieren und die Gewichtungen mit Augenmaß zu handhaben.
Fazit: Das Südtirol-Modell als Beispiel der Institutionalisierung kultureller Vielfalt und als Verfassungsentwurf »zivilisatorischer« Europäisierung in Mikro-Maßstab
Fazit? Die Südtirol-Autonomie ist – bei allen ihr noch anhaftenden Unvollständigkeiten – ein vergleichsweise gutes Beispiel-Modell Europas für die Befriedung des Zusammenlebens verschiedener Ethnien durch Demokratisierung kraft »geschachtelter« Institutionalisierung kultureller Diversität. Sie stellt ein Europa spezifisches Modell ethnischer Konfliktlösung dar, das insbesondere für die ethnischen sowie sozio-kulturellen Befriedungs- und Demokratisierungsbedürfnisse des weiteren europäischen Einigungsprozesses auf Interesse stoßen sollte. Die Südtirol-Autonomie ist überdies ein vergleichsweise weit entwickeltes Modell hinsichtlich pragmatischer Anwendung der aufgezeigten Instrumente. Allerdings ist dieses Modell zugleich von einer Vielzahl von historischen, wirtschaftlichen, kulturellen und politischen Faktoren abhängig, die sich zudem ständig dynamisch weiterentwickeln.
Im Sinn solcher Strukturlösungen auf Erfahrungsbasis, die künftig allgemein für die »zivilisatorische« Entwicklung Europas adaptierbar werden sollen, wurde Mitte der 1990er Jahre unter Federführung der Autonomen Provinz Südtirol ein Entwurf für eine »Europäische Konvention zum Volksgruppenschutz in Europa«[30] verfasst, gedacht als Zusatzprotokoll zur Europäischen Menschenrechtskonvention. Dieser Entwurf ist ein wichtiger Ansatz im Konzert der Bemühungen um eine Festschreibung von ethnisch-kulturellen und Minderheitenrechten in Europa. Der Entwurf wurde von der Föderalistischen Union Europäischer Volksgruppen (FUEV), die als internationale Dachorganisation mehr als 70 europäische Minderheiten-Organisationen vertritt, den europäischen Gremien als Vorschlag vorgelegt. Außerdem wurde dem Europaparlament vom Fachbereich »Ethnische Minderheiten und regionale Autonomien« der Europäischen Akademie Bozen, einer wissenschaftlichen Forschungseinrichtung der Autonomen Provinz Südtirol, im Jahr 2000 ein »Paket für Europa«[31] überreicht, in dem juridisch-praktische Möglichkeiten der Verankerung des Minderheitenschutzes im europäischen Rechtssystem aufgezeigt sind. Dem folgte 2004 als nächste Entwicklungsstufe und Aktualisierung die »Bolzano / Bozen Declaration on Minority Protection in the Enlarged European Union«[32] der Europäischen Akademie, in dem die Möglichkeiten der Zusammenarbeit zwischen Europarat, Europaparlament und OSZE beim ethnisch-kulturellen Minderheiten-

Festschreibung von ethnisch-kulturellen und Minderheitenrechten in Europa

schutz und bei der Statusklärung ethnisch gemischter Gebiete erörtert werden. Alle drei Rechtsentwürfe sind Vorbildmodelle für grenzübergreifende Lösungen der ethnisch-kulturellen Diversitätsproblematik in Europa und sollten von den Verantwortlichen weltweit – eben im Sinn der Orientierung für Lösungen in anderen regionalen und lokalen Zusammenhängen – genau studiert werden.

Ausblick

Auch bei bestmöglicher institutioneller Regelung ethnisch-kultureller Problemzonen wird voraussichtlich auch in einem vereinten Europa ein gewisser Zusammenhang zwischen Autonomisierung, Föderalisierung und Separatismus bestehen bleiben.[33] Das zeigt die Erfahrung. Aber die separatistischen Bewegungen dürften durch »geschachtelte« Autonomisierungslösungen deutlich eingeschränkt, und ein beginnendes »zivilisatorisches« europäisches Bewusstsein durch sie gefördert werden.

Das Südtirol-Modell territorialer Autonomisierung kann gegenüber allen nationalregressiven Lösungen von Kulturproblemen, wie sie heute gewisse europäische Staatsmänner ganz im nationalstaatlichen Geist des 19. und 20. Jahrhunderts wieder unter dem Slogan eines »Europa der Vaterländer« ins Spiel bringen, um die Schwierigkeiten des europäischen Verfassungsprozesses durch Populismus zu überwinden, ein konkreter, auf langjähriger Erfahrung beruhender Orientierungsrahmen für Schachtellösungen einer realistischen inneren Ausdifferenzierung Europas zwischen Nationalstaat, Föderalstaaten sowie territorialen Selbstverwaltungen beziehungsweise territorialen Autonomien sein. Dieses Modell kann in den kommenden Jahren dazu beitragen, die Frage eines »zivilisatorischen« europäischen Bewusstseins in einer Weise »sozialkünstlerisch« zu bearbeiten, dass ein langfristig produktiver Umgang mit Kulturfragen in Europa ohne weitere Gewalt oder gar Auseinanderbrechen eines Landes – wie etwa jüngst Serbiens durch die Abspaltung Kosovos – möglich wird.

> Autonomie ist eine kulturelle Errungenschaft.

Was bedeutet das in Summe? Es bedeutet: Autonomie ist eine kulturelle Errungenschaft, und die heutige Südtiroler Verfassung – das sogenannte Autonomiestatut – daher ein Kulturdokument. Das Gebiet Südtirol als Ganzes ist in der Art seiner heutigen Verankerung im italienischen Nationalstaat und in Europa ein Kulturexperiment auf politischer und juridisch-legislativer Ebene. Die Institutionalisierung von kultureller Autonomie im Südtirol-Modell ist ein begründeter Anlass, warum Europa die autonome Provinz mit ihrer einzigartigen dreisprachigen Kulturverfassung zu einem Symbolfall der Überwindung nationalstaatlicher Konfrontation machen sollte. Denn dadurch kann ein Zeichen für ein grenzübergreifendes Zusammenwachsen Europas mittels einer rechtlich abgesicherten, friedlichen Koexistenz von Kulturen gesetzt werden.

Anmerkungen

1 Dieser Text ist den europäischen Wegbereitern Franz Pahl, Präsident der Autonomen Region Trentino Südtirol, und Bruno Hosp, ehemaliger Kulturlandesrat für die deutsche und ladinische Sprachgruppe der Autonomen Provinz Bozen-Südtirol, gewidmet.

2 M. Ley, M. Preglau, H. Reinalter, Europa als neue Oikumene. Forschungsprojekt an der Universität Innsbruck, in: Zeitschrift für Internationale Freimaurer-Forschung, 9. Jahrgang, 17. Heft, Wien 2007, S. 100–117.

3 Ebd.

4 Vgl. dazu näher R. Arquint, Minorities in Europe – A pan-European legacy? Adress at the Summer School 1999 of the European Academy of Bolzano / Bozen, available at the FUEN – Federal Union of European Nationa Minorities, www.fuen.org

5 Vgl. E. J. Hobsbawm, Das Zeitalter der Extreme, München 1998; Ders., Gefährliche Zeiten. Ein Leben im 20. Jahrhundert, München 2003.

6 Vgl. A. Mock, »Ein Modell für viele Minderheiten. Anfragen zeigen, dass großes Interesse an Südtirols Autonomieregelung besteht«, in: Dolomiten (Bozen), 10./11./12.04.2004, S. 18.

7 Vgl. dazu die entsprechenden Meldungen in: Academia. Das Wissenschaftsmagazin der Europäischen Akademie Bozen, unter anderem in Nr. 21, Dezember–März 2000, in: www.eurac.edu / press / Academia / index.htm sowie www.eurac.edu / org / Minorities / index.htm.

8 Passagen der folgenden Ausführungen beruhen auf Strategiepapieren, die ich als Persönlicher Referent – zum Teil mit Hilfe anderer Mitarbeiter – 1995–2003 für den Landesrat für die deutsche Kultur der Autonomen Provinz Bozen-Südtirol verfasst habe. Andere Teile beruhen auf Informationstexten des Presseamtes der Autonomen Provinz Bozen, Südtirol 2000–2003, insbesondere auf dem Buch: Autonome Provinz Bozen-Südtirol (Hg.), Autonomiestatut und Durchführungsbestimmungen, Bozen 2000. Weitere Informationen zum Autonomie-Modell Südtirols können unter den ständig aktualisierten Internet-Adressen www.provinz.bz.it / politik.htm sowie www.provinz.bz.it / lpa / publ / publikationen_d.asp (deutsch) oder unter www.provinz.bz.it / english / default.htm (englisch) abgerufen werden. Ein Studium einzelner Rechtsregelungen, Rechte und Pflichten ermöglichen die ebenfalls auf diesen Seiten vorfindlichen, jährlich aktualisierten Handbücher »Südtirols Autonomie. Beschreibung der administrativen und legislativen Kompetenzen der Autonomen Provinz Bozen«, »Südtirol-Handbuch. Eine historische, politische und statistische Übersicht über die Autonome Provinz Bozen« sowie »Über Südtirol. 30 Themen«. Diese Handbücher können kostenlos online beim Landespresseamt der Autonomen Provinz Bozen, Crispi-Straße 3, I-39100 Bozen bestellt werden.

9 A. Leidlmair, Bevölkerung und Wirtschaft in Südtirol (Tiroler Wirtschaftsstudien, Bd. 6), Innsbruck 1958; sowie H. Fiebiger, Bevölkerung und Wirtschaft Südtirols. Dissertation an der Universität Tübingen, Bergisch-Gladbach 1959.

10 Vgl. dazu S. Clementi und J. Woelk (Hg.), 1992: Ende eines Streits. Zehn Jahre Streitbeilegung im Südtirolkonflikt zwischen Italien und Österreich, Baden-Baden 2003; H. Kucera und G. Faustini, Ein Weg für das Miteinander. 20 Jahre neue Autonomie in Südtirol, Bozen 1992.

11 Siehe dazu die Aufsätze in R. Benedikter (Hg.), Postmaterialismus, Bd. 4: Die Natur, Wien 2004.

12 Siehe R. Benedikter, Privatization of Italian Cultural Heritage, in: E.U. v. Weizsäcker, Oran Young, Mathias Finger (ed.), Limits to Privatization. How To Avoid Too Much of A Good Thing. A Report to the Club of Rome 2003, London 2005.

13 Vgl. H. Lübbe, Gegenwartsschrumpfung und zivilisatorische Selbst-Historisierung, in: R. Benedikter / H. Reinalter (Hg.), Geisteswissenschaften wozu?, Thaur / Wien / München 1997, S. 39–44.

14 Vgl. dazu beispielhaft A. Gatterer, Augenhöhen. Essays zu Politik und Kultur, Bozen 2003.

15 Ebd.

16 Vgl. zur künftigen Zentralstellung von Kulturpolitik für alle anderen Formen von Politik im Jahrhundert des »Kampfes der Kulturen« und, damit zusammenhängend, zu einer möglichen zukunftsweisenden Neudefinition von »Kulturpolitik« R. Benedikter, Politische Subjektivierung. Gestalt und Aufgabe einer zeitgemäßen Kulturpolitik zwischen Moderne und Postmoderne, in: Aufklärung und Kritik. Zeitschrift für freies Denken und humanistische Philosophie, hg. von der Gesellschaft für kritische Philosophie Nürnberg, 10. Jahrgang, Heft 1 / 2003, Nürnberg 2003, S. 66–91.

17 Allerdings ist dieser symbolische Einfluss nicht zu unterschätzen, weil er erfahrungsgemäß unter bestimmten Rahmenbedingungen rasch als »Restrukturierungsfaktor für den gesamten politisch-institutionellen Raum« wirken kann. Vgl. dazu ausführlich S. Zizek, Plädoyer für die Intoleranz, Wien 2001 sowie Benedikter, Politische Subjektivierung.

18 Siehe dazu zuletzt beispielhaft Jerry Z. Muller: »Ethnonationalism has played a more profound and lasting role in modern history than is commonly understood […] This unfortunate reality creates dilemmas for advocates of humanitarian intervention in such conflicts, because making and keeping peace between groups that have come to hate and fear one another is likely to require costly ongoing military missions rather than relatively cheap temporary ones. When communal violence escalates to ethnic cleansing, moreover, the return of large numbers of refugees to their place of origin after a cease-fire has been reached is often impractical and even undesirable, for it merely sets the stage for a further round of conflict down the road. Partition may thus be the most humane lasting solution to such intense communal conflicts. It inevitably creates new flows of refugees, but at least it deals with the problem at issue. The challenge for the international community in such cases is to separate communities in the most humane manner possible: by aiding in transport, assuring citizenship rights in the new homeland, and providing financial aid for resettlement and economic absorption. The bill for all of this will be huge, but it will rarely be greater than the material costs of interjecting and maintaining a foreign military presence large enough to pacify the rival ethnic combatants or the moral cost of doing nothing […]. Once ethnic nationalism has captured the imagination of groups in a multiethnic society, ethnic disaggregation or partition is often the least bad answer.« J. Z. Muller, Us and Them. The Enduring Power of Ethnic Nationalism, in: Foreign Affairs, March / April 2008, pp. 14 ff. Vgl. zu den Hintergründen dieses Grundsatzproblems der überwiegenden Mehrzahl der zeitgenössischen US-Theoretiker, ethnische und kulturelle Probleme vor dem Hintergrund ihrer eigenen »Zivilisationserfahrung« vertieft zu verstehen und konstruktiv – nämlich ohne separatistischen Tendenzen – anzugehen, R. Benedikter, Nachhaltige Demokratisierung des Irak? Sozio-kulturelle und demokratiepolitische Perspektiven, Wien 2005, Kap. 3 und 4.

19 Vgl. zu den hier angeführten Aspekten S. Böckler, What can we learn from others? The case of South Tyrol, Vortrag im Rahmen der Sommerschule der Europäischen Akademie Bozen, »Regions and Minorities in a Greater Europe«, Brixen 2000 (unveröffentlichtes Manuskript); sowie M. Magliana, The Autonomous Province Of South Tyrol: A Model Of Self-Governance?, Working Papers of the European Academy of Bozen / Bolzano, No. 20, Bozen 2000.

20 Vgl. G. Deleuze, Differenz und Wiederholung, München 1972; sowie R. Benedikter, Deleuze / Guattari, in: F. Volpi (Hg.), Großes Werklexikon der Philosophie, Stuttgart 1999, Bd. 1, S. 355–361.

21 Mock, »Ein Modell für viele Minderheiten«.

22 Siehe C. Geertz, Welt in Stücken, Wien 1996; J.-F. Lyotard, Das Patchwork der

Minderheiten, Berlin 1976; J.-F. Lyotard, Postmoderne Moralitäten, Wien 1998; G. Deleuze, Differenz und Wiederholung, München 1972.

23 Vgl. dazu J.-F. Lyotard, Der Widerstreit, München 1987.
24 Vgl. J.-F. Lyotard, Das postmoderne Wissen, Wien 1982.
25 Vgl. N. Bissoondath, Selling Illusions. The cult of multiculturalism in Canada. Toronto / London 1994.
26 Vgl. W. Welsch, Unsere postmoderne Moderne, Weinheim 1994.
27 Vgl. Chicago Cultural Studies Group, Critical Multiculturalism, in: Critical Inquiry 18, nb. 3, Spring 1992, S. 530–556.
28 Siehe J. Marko, Equality / Difference: Ethnicity and the Constitutional Protection of Groups. Lecture given at the summer school of the European Academy of Bozen / Bolzano, Brixen / Bressanone 1999 (manuscript).
29 Vgl. Lyotard, Der Widerstreit.
30 Vgl. FUEV, Das Rahmenabkommen zum Schutz nationaler Minderheiten, in: www.fuen.org/pages/deutsch/d_5c_2002.html; D. Murswiek, Demokratie und Freiheit im multiethnischen Staat, in: D. Blumenwitz / G. Gornig / D. Murswiek (Hg.), Minderheitenschutz und Demokratie, Freiburg 2002.
31 European Academy of Bozen / Bolzano, Package for Europe. Measures for Human Rights, Minority-Protection, Cultural Diversity and Economic and Social Cohesion. Working Papers of the European Academy of Bozen / Bolzano, No. 10, Bozen / Bolzano 1998.
32 Erschienen in G. v. Toggenburg (ed.), Minority Protection and the Enlarged European Union: The Way Forward. The Local Government Institute, Budapest / New York 2004. Siehe auch www.eurac.edu/ Press/Publications/package.asp
33 Vgl. G. Miglio / A. Barbera, Federalismo e secessione. Un dialogo, Milano 1997.

Literaturverzeichnis

ARQUINT, R.: Minorities in Europe – A pan-European legacy? Adress at the Summer School 1999 of the European Academy of Bolzano / Bozen, available at: FUEN – Federal Union of European Nationa Minorities, www.fuen.org

Autonome Provinz Bozen-Südtirol (Hg.), Autonomiestatut und Durchführungsbestimmungen, Bozen 2000.

BENEDIKTER, R.: Overcoming Ethnic Division in Iraq: A Model from Europe. In: Security Dialogue. Vol. 35 / 2, June 2004. Sage Publications London. Oslo et. al. 2004, pp. 263–266.

BENEDIKTER, R.: Politische Subjektivierung. Gestalt und Aufgabe einer zeitgemäßen Kulturpolitik zwischen Moderne und Postmoderne. In: Aufklärung und Kritik. Zeitschrift für freies Denken und humanistische Philosophie, hg. von der Gesellschaft für kritische Philosophie Nürnberg, 10. Jahrgang, Heft 1 / 2003. Nürnberg 2003, S. 66–91.

BENEDIKTER, R.: Nachhaltige Demokratisierung des Irak? Sozio-kulturelle und demokratiepolitische Perspektiven. Reihe Transdisziplinäre Gegenwartsstudien, Bd. 1. Wien 2005.

Chicago Cultural Studies Group: Critical Multiculturalism. In: Critical Inquiry 18, nb. 3, Spring 1992, S. 530–556.

European Academy of Bozen / Bolzano: Package for Europe. Measures for Human Rights, Minority-Protection, Cultural Diversity and Economic and Social Cohesion. Working Papers of the European Academy of Bozen / Bolzano, No. 10. Bozen / Bolzano 1998.

FUEV: Das Rahmenabkommen zum Schutz nationaler Minderheiten. In: www.fuen.org/pages/deutsch/d_5c_2002.html

GATTERER, A.: Augenhöhen. Essays zu Politik und Kultur. Bozen 2003.

GEERTZ, C.: Welt in Stücken. Wien 1996.

HOBSBAWM, E. J.: Das Zeitalter der Extreme. München 1998.

LEY, M. et. al.: Europa als neue Oikumene. Forschungsprojekt an der Universität Innsbruck. In: Zeitschrift für Internationale Freimaurer-Forschung, 9. Jahrgang, 17. Heft. Wien 2007, S. 100–117.

LYOTARD, J.-F.: Das Patchwork der Minderheiten. Berlin 1976.

LYOTARD, J.-F.: Der Widerstreit. München 1987.

MULLER, J. Z.: Us and Them. The Enduring Power of Ethnic Nationalism. In: Foreign Affairs, March / April 2008, pp. 14 ff.

MURSWIEK, D.: Demokratie und Freiheit im multiethnischen Staat. In: Blumenwitz, D. / Gornig, G. / Murswiek, D. (Hg.): Minderheitenschutz und Demokratie. Freiburg 2002.

ZIZEK, S.: Plädoyer für die Intoleranz. Wien 2001.

Roland Benedikter ist Europäischer Stiftungsprofessor für Kulturanalyse und Politische Soziologie in residence am »Center for Global and International Studies« der University of California at Santa Barbara, und Visiting Scholar / Research Affiliate 2009-13 am »Forum on Contemporary Europe« der Stanford University, USA. 1995 bis 2003 persönlicher Referent des Kulturlandesrates von Südtirol Dr. Bruno Hosp, seit 2009 Vorstandsmitglied des zivilgesellschaftlichen Vereins »Ecolnet« Bozen. Lehr- und Forschungsaufträge unter anderem an der Columbia University New York, Georgetown University Washington DC, Villanova University Philadelphia, RMIT University Melbourne, University of Northampton, Universität Wien, Mersin University und Universidad Catholica del Peru. Benedikter ist Mitherausgeber mehrerer Fachzeitschriften, Autor und Herausgeber zahlreicher Bücher und Aufsätze in Zeitschriften des europäischen und anglo-amerikanischen Raums.

Literaturverzeichnis der Personenporträts

Margarete von Tirol
HÖRMANN-THURN UND TAXIS, Julia (Hg.), Margarete. Gräfin von Tirol, Innsbruck 2007

FEUCHTWANGER, Lion, Die hässliche Herzogin, Berlin 2002

Südtiroler Landesmuseum Schloss Tirol (Hg.), Margarete Maultasch. Geschichte einer Dämonisierung. Ausstellungskatalog, Meran 2007

Oswald von Wolkenstein
KÜHN, Dieter, Ich Wolkenstein – eine Biographie, Frankfurt am Main, 1988

SCHWOB, Anton, Oswald von Wolkenstein. Eine Biographie/Schriftenreihe des Südtiroler Kulturinsituts, Bozen 1989

Geschichte des Landes Tirol, Band 1, Bozen 1998

Michael Pacher
ANDERGASSEN, Leo/PLIEGER, Cornelia, Michael Pacher und sein Kreis – ein Tiroler Künstler der europäischen Spätgotik, Bozen 1998

ANDERGASSEN, Leo, Südtirol. Kunst vor Ort, Bozen 2002

GOMBRICH, E. H., Die Geschichte der Kunst, Frankfurt am Main, 1996

Michael Gaismair
MACEK, Josef, Michael Gaismair – vergessener Held des Tiroler Bauernkrieges, Wien 1988

FORCHER, Michael, Michael Gaismair – um Freiheit und Gerechtigkeit. Leben und Programm des Tiroler Bauernführers und Sozialrevolutionärs 1490–1532, Innsbruck 1982

HARTUNGEN, Christoph, Michael Gaismair und seine Zeit. Gaismair-Tage 1982, Bozen 1983

Maria Hueber
GELMI, Josef, Maria Hueber. »Mutter Anfängerin« der Tertiarschwestern des hl. Franziskus in Brixen, Kehl 1995

Geschichte des Landes Tirol, Band 2, Bozen 1998

Andreas Hofer
OBERHOFER, Andreas, Weltbild eines Helden. Andreas Hofers schriftliche Hinterlassenschaft, Innsbruck 2008

SÉVILLA Jean, Le chouan du Tyrol. Andreas Hofer contre Napoléon, Paris 1991

MuseumPasseier (Hg.), Helden + Hofer, St. Leonhard/Passeier 2009

Jakob Fallmerayer
HASTABA, Ellen (Hg.), Jakob Philipp Fallmerayer (1790-1861), Innsbruck-Wien, 2009

Südtiroler Landesmuseum Schloss Tirol (Hg.), Für Freiheit, Wahrheit und Recht / Ausstellungskatalog, Dorf Tirol-Innsbruck 2009

Emma Hellenstainer
LUGER, Kurt/REST, Franz (Hg.), Der Alpentourismus, Innsbruck 2002

Touriseum Meran (Hg.), Frau Emma Europa. Eine große Gastwirtin, Meran 2004

Touriseum Meran (Hg.), Zimmer frei. Das Buch zum Touriseum, Meran 2003

Max Valier
BRANDECKER, Walter, Ein Leben für eine Idee – der Raketenpionier Max Valier, Stuttgart 1961

Luis Trenker
PANITZ, Hans-Jürgen, Luis Trenker, ungeschminkt, Innsbruck 2009

KÖNIG, Stefan, Bera Luis – das Phänomen Luis Trenker. Eine Biographie, München 1992

Silvius Magnago
PETERLINI, Hans Karl (Hg.), Silvius Magnago. Das Vermächtnis. Bekenntnisse einer politischen Legende, Bozen 2007

ALCOCK, Anthony Evelyn, Geschichte der Südtirol-Frage. Südtirol seit dem Paket 1970–1980, Wien 1982

STEININGER, Rolf, Südtirol im 20. Jahrhundert. Vom Leben und Überleben einer Minderheit, Innsbruck 1997

Giorgio Moroder
http://www.youtube.com/watch?v=WmNH1e8yqdY

Über den Autor der Personenporträts

Josef Rohrer, 1955 in Dorf Tirol geboren, lebt als freischaffender Autor und Museumsgestalter in Meran. Nach 25 Jahren im Journalismus, u. a. bei Tageszeitungen in Baden-Württemberg sowie bei *ff* und *südtirol-profil* in Bozen, hat er das 2003 eröffnete Landesmuseum für Tourismus (Touriseum) in Meran mitentwickelt. Sein bislang letztes größeres Projekt ist die Dauerausstellung »Helden + Hofer« im Museum Passeier (2009).

Über den Fotografen

Martin Pardatscher, geboren 1960 in Bozen. Nach der Matura an der Gewerbeoberschule in Bozen Ausbildung zum biomedizinischen Analytiker, tätig am Krankenhaus Bozen. Fotoarbeiten und Ausstellungen seit 1990, Vizepräsident der Galerie »Foto Forum« Bozen. Verschiedene Gemeinschafts- und Einzelausstellungen im In- und Ausland: u. a. »Grenzlandschaften« (Bozen 1994), »Salon de l'animal« (Wien 2001), »heimatsofern« (Bozen 2006, Landeck 2007). Publikationen: »Adria – out of season« (Edition Raetia 2007), »Frühere Wasser« mit Martha Lanz (Edition Raetia 2008).

Über den Koordinator der Publikation

Martin Sagmeister, 1972 geboren, absolvierte nach dem Studium der Geschichte und Deutschen Philologie an der Universität Innsbruck die Bayerische Akademie für Werbung und Marketing, München, sowie die Akademie für Public Relations, arbeitet in der Direktion der Landeskulturabteilung, zuvor Mitarbeiter im Präsidium der Südtiroler Landesregierung, ist nebenberuflich in den Bereichen PR und Marketing tätig.